Die Ambivalenz des Bußgeldverfahrens

Schriften zum deutschen, europäischen und internationalen Wirtschaftsstrafrecht

Herausgegeben von Robert Esser

Band 4

PETER LANG

Ludwig Reißmann

Die Ambivalenz des Bußgeldverfahrens

Reformbestrebungen im Ordnungswidrigkeitengesetz vor dem Hintergrund schwerer Wirtschaftsordnungswidrigkeiten

PETER LANG

Bibliografische Information der Deutschen Nationalbibliothek
Die Deutsche Nationalbibliothek verzeichnet diese Publikation in der Deutschen Nationalbibliografie; detaillierte bibliografische Daten sind im Internet über http://dnb.d-nb.de abrufbar.

Zugl.: Passau, Univ., Diss., 2019.

Gedruckt auf alterungsbeständigem, säurefreiem Papier.

D 739
ISSN 2190-0469
ISBN 978-3-631-81366-9 (Print)
E-ISBN 978-3-631-82190-9 (E-Book)
E-ISBN 978-3-631-82191-6 (EPub)
E-ISBN 978-3-631-82192-3 (EMobi)

DOI 10.3726/b16905

PL Academic Research ist ein Imprint der Peter Lang GmbH.

Peter Lang – Frankfurt am Main · Bern · Bruxelles · New York · Oxford · Warszawa · Wien

Diese Publikation wurde begutachtet.

www.peterlang.com

Ludwig Reißmann

Die Ambivalenz des Bußgeldverfahrens

Reformbestrebungen im Ordnungswidrigkeitengesetz vor dem Hintergrund schwerer Wirtschaftsordnungswidrigkeiten

Inaugural-Dissertation

zur Erlangung der Doktorwürde
der Juristischen Fakultät
der Universität Passau

Tag der Disputation: 12. Dezember 2019

Widmung

Meinen Eltern und Großeltern

Vorwort

Die vorliegende Arbeit wurde von der Juristischen Fakultät der Universität Passau im Wintersemester 2019/2020 als Dissertation angenommen. Mein besonderer Dank gilt zunächst meinem Doktorvater Herrn Prof. Dr. Robert Esser. Das hervorragende Betreuungsverhältnis sowie die stets konstruktiven Anmerkungen haben entscheidend zum Gelingen der Dissertation beigetragen.

Bedanken möchte ich mich ebenfalls bei Herrn Prof. Dr. Martin Asholt für die freundliche Übernahme und die rasche Erstellung des Zweitgutachtens sowie bei Frau Prof. Dr. Bettina Noltenius für die Übernahme des Vorsitzes in der Prüfungskommission.

Großer Dank gebührt auch meinen Kollegen, Freunden und Eltern, die mich in meiner Promotionszeit begleitet und stets unterstützt haben.

London, im Dezember 2019
Ludwig Reißmann

Inhaltsverzeichnis

Teil 1 Hinführung zum Thema

„Das Modell des Ordnungswidrigkeitenrechts erweist sich als zutiefst widersprüchlich: Es soll sanktioniert werden, aber ohne zu strafen. Das Verfahren wird im Strafgericht geführt, aber Transparenz und Rechtsschutz eines Strafprozesses werden geflissentlich umgangen."[1]

A. Problemaufriss: Die Ambivalenz des Ordnungswidrigkeitenverfahrens[2]

Ordnungswidrigkeiten sind ein Massenphänomen.[3] Viele Menschen werden im Laufe ihres Lebens mit einem Bußgeldbescheid konfrontiert, zumeist im Bereich des Straßenverkehrs.[4] So beläuft sich die Zahl der im FAER[5] registrierten Personen zum 1. Januar 2018 auf 10.584.187, die Zahl der begangenen Verkehrsordnungswidrigkeiten im Jahre 2017 auf 4.431.074.[6] Insgesamt entfallen damit über 95 % aller Ordnungswidrigkeiten auf straßenverkehrsrechtliche Normübertretungen.[7]

---

1 So *Kutschaty*, ehemaliger Justizminister des Landes Nordrhein-Westfalen in seinem Beitrag zu einem Entwurf für ein Verbandsstrafgesetzbuch, comply 2015, 14, 16.

2 Zum Begriff: *Herrlinger*, ZWeR 2012, 137, 138 f., der speziell von der Ambivalenz der quasi-strafrechtlichen Einordnung des Kartellbußgeldverfahrens spricht.

3 Dies wird schon anhand der gerichtlichen Praxis deutlich. Oft werden beim Amtsgericht auf dieselbe Terminsstunde über zehn Sachen gelegt, zu diesen sog. „Massenterminen": *Fromm*, NJW 2012, 1131; siehe darüber hinaus auch OLG Bamberg, Beschluss vom 01.12.2015, 3 Ss OWi 834/15, StraFo 2016, 116, 117; OLG Schleswig, Beschluss vom 09.12.2014, 1 Ss OWi 197/04 (154/04), BeckRS 2013, 20235; *Frister*, Strafrecht AT, S. 4 f.; KK-OWiG/*Kurz*, § 61, Rn. 3; *Mitsch*, Recht der Ordnungswidrigkeiten, § 15, Rn. 10; *Ruderisch*, Rechtsprechung Verkehrsordnungswidrigkeitenrecht, S. 209; *Schäler*, NZV 2017, 422, 423; *Koehl*, SVR 2018, 94, 96; *Scheffler/Matthies*, NZV 2007, 607, 609; *Schmitz*, wistra 2016, 129, 130.

4 Zu Recht weist deshalb *Seier*, NZV 1996, 17, darauf hin, dass das Ansehen der Justiz nicht unerheblich durch das Bußgeldverfahren geprägt werde, da zahlreiche Menschen damit in Berührung kommen; ähnlich: *Fehl*, S. 104; siehe auch *Mitsch*, Recht der Ordnungswidrigkeiten, § 25, Rn. 1; Beck/Berr/Schäpe/*Heberlein*/*Bergmann*, OWi-Sachen Straßenverkehrsrecht, Rn. 2.

5 Das sog. Fahreignungsregister gibt Auskunft über Verkehrsteilnehmer, gegen die eine bestandskräftige Entscheidung im Zusammenhang mit Normübertretungen im Straßenverkehr ergangen ist, NK-GVR/*Trautmann*, § 28 StVG, Rn. 4; näher dazu auch *Schurig*, AnwaltKommentar StVO, § 49, S. 764 f.

6 Statistik des KBA (Kraftfahrt-Bundesamt) über Verkehrsauffälligkeiten, abrufbar unter https://www.kba.de/DE/Statistik/Kraftfahrer/Verkehrsauffaelligkeiten/verkehrsauffaelligkeiten_node.html (zuletzt abgerufen am: 23.05.2019).

7 Beck/Berr/Schäpe/*Heberlein*/*Bergmann*, OWi-Sachen Straßenverkehrsrecht, Rn. 2; siehe auch Himmelreich/Halm/*Dronkovic*, Kap. 34, Rn. 1.

Das Recht der Ordnungswidrigkeiten allein durch Verstöße im Straßenverkehr zu definieren, wäre jedoch verfehlt: Mittlerweile existieren in mehr als 300 Gesetzen eigene Bußgeldtatbestände.[8] Deren Anwendungsbereich erstreckt sich von der Erregung unzulässigen Lärms, § 117 OWiG, über eine leichtfertige Steuerverkürzung, § 378 Abs. 1 S. 1 AO, bis hin zu einem Zuwiderhandeln gegen Vorschriften des Wertpapierhandelsgesetzes, § 120 WpHG. Dies hat Auswirkungen auf den Bußgeldrahmen. Während das Erregen unzulässigen Lärms eine Geldbuße bis zu *fünftausend* Euro nach sich ziehen kann, ist im Fall des § 120 Abs. 18 S. 1 WpHG die Verhängung einer Geldbuße gegen eine natürliche Person von bis zu *fünf Millionen* Euro möglich. Gegenüber einer juristischen Person oder Personenvereinigung beläuft sich die Ahndungsmöglichkeit nach § 120 Abs. 18 S. 2 Nr. 1 WpHG sogar auf bis zu *fünfzehn Millionen* Euro und *15 Prozent des Gesamtumsatzes*, den die juristische Person oder Personenvereinigung im der Behördenentscheidung vorausgegangenen Geschäftsjahr erzielt hat.[9]

Für alle diese Unrechtstatbestände beansprucht das Ordnungswidrigkeiten- bzw. Bußgeldverfahren[10] Geltung, an dessen Ende die Verhängung einer Geldbuße als nachdrückliche Pflichtenmahnung steht.[11] Dabei können die verschiedenen Ordnungsverstöße einen unterschiedlichen Ermittlungsaufwand nach sich ziehen. In einem Bußgeldverfahren einer Geschwindigkeitsüberschreitung, in dem die Behörde den Betroffenen mithilfe eines Lichtbilds oder mehreren Zeugen eindeutig identifizieren kann[12], lassen sich an das Vor-, Zwischen- und Hauptverfahren andere Anforderungen stellen, als bei einem Verfahren im Wirtschaftsrecht, dem

---

8 *Gaier*, wistra 2014, 161, 162; siehe auch *Achenbach*, Wirtschafts-Ordnungswidrigkeiten, S. 101, 102; *Coeppicus*, DAR 1985, 97, 104 f.

9 Zu den Höchstmaßfixierungen der Geldbußen im Finanzmarktrecht: *Achenbach*, wistra 2018, 13, 14; neben dem Recht des Wertpapierhandels können sich die Bußgelder besonders im Kartellrecht im mehrstelligen Millionenbereich bewegen, *Beninca/Zschocke*, S. 95. So verhängte das Bundeskartellamt Mitte April 2003 Geldbußen gegen sechs Zementhersteller in Höhe von 661 Millionen Euro; vgl. dazu auch *Achenbach*, Wirtschafts-Ordnungswidrigkeiten, S. 101, 104 f. oder *Maiazza*, S. 220.

10 Die Arbeit verwendet die Begriffe des Ordnungswidrigkeitenverfahrens und Bußgeldverfahrens in übereinstimmender Weise.

11 Zum Begriff der nachdrücklichen Pflichtenmahnung: BVerfGE 27, 18, 33 = NJW 1969, 1619, 1622 = DÖV 1969, 715, 716; BVerfGE 45, 272, 289 = NJW 1977, 1629; KK-OWiG/*Mitsch*, § 17, Rn. 7; Maunz/Dürig/*Maunz*, Band V, Art. 74 GG, Rn. 65; *Klesczewski*, § 8, Rn. 582; *Wessels/Beulke/Satzger*, § 1, Rn. 20; *Krumm*, DAR 2010, 612; *Pichler/Klar*, NZKart 2015, 217, 220.

12 Siehe etwa *Huckenbeck/Krumm*, NZV 2017, 453, 455; vgl. vor diesem Hintergrund auch die Möglichkeit der Bestellung eines Sachverständigen des Fachgebiets der Anthropologie: Himmelreich/Halm/*Dronkovic*, Kap. 34, Rn. 197 und Roth/*Kucklick*, § 11, Rn. 84.

im Regelfall ein komplexer Sachverhalt zugrunde liegt und der für den Betroffenen eine enorm hohe Geldbuße zur Folge haben kann.[13]

Angesichts der Faktoren einer hohen Geldbuße und eines umfangreichen Sachverhalts wäre eine Ausdehnung der Betroffenenrechte für schwere Wirtschaftsordnungswidrigkeiten denkbar. Hierzu merkt *Weigend* für das Strafverfahrensrecht an: *„Je gravierender die drohende Sanktion, desto höher sind einerseits die Anforderungen an die Sicherheit der Tatsachengrundlage für die gerichtliche Entscheidung und desto ausgeprägter und effektiver müssen andererseits die Verteidigungsmöglichkeiten des Beschuldigten ausgestaltet sein"*.[14] Im Umkehrschluss wäre es nur konsequent, die prozessualen Mitwirkungsrechte der Betroffenen für geringfügige Verstöße abzusenken und für diese Fälle eine schnellere Ahndung zuzulassen. Diese Folgerung umschreibt gleichzeitig einen Grundgedanken des Ordnungswidrigkeitenrechts und seines Verfahrens: Verstöße unterhalb der vom Gesetzgeber festgelegten Grenze der Schwelle zur Strafwürdig- und Strafbedürftigkeit sollen zügig sanktioniert werden.[15] Damit ist dem eingangs zitierten Standpunkt von *Kutschaty* entgegenzutreten: Das Ordnungswidrigkeitenverfahren will im Vergleich zum Strafprozess gerade auf übermäßige Transparenz und Rechtsschutz verzichten, um die täglich massenhaft auftretenden Ordnungsverstöße überhaupt bewältigen zu können.[16] Daher stellt es grundsätzlich keinen Widerspruch dar, wenn die verfahrensrechtlichen Standards im Vergleich zum Strafprozess herabgesetzt werden.

Es wäre jedoch vorschnell, diesem Befund jeglichen Bedeutungsgehalt abzusprechen. Denn bei schweren Wirtschaftsordnungswidrigkeiten aus dem Kartell- oder Wertpapierhandelsrecht handelt es sich nicht um Bagatellverstöße.[17] Vielmehr weisen solche Ordnungswidrigkeiten einen hohen Unrechtsgehalt

---

13 BGH, Beschl. v. 9.10.2018 – KRB 60/17 (Flüssiggas III), NZKart 2019, 155, 156 f.; Hintergrundpapier des Bundeskartellamtes zum Kartellbußgeldverfahren, S. 27; *Schmitz*, wistra 2016, 129, 130; Zwischenbericht des Bundeskartellamtes zum Expertenkreis Kartellsanktionenrecht, NZKart 2015, 2, 3; zur Höhe der im Kartellrecht verhängten Geldbußen: Bericht des Bundeskartellamtes über seine Tätigkeit in den Jahren 2015/2016 (Unterrichtung durch die Bundesregierung), Drs. 18/12760, S. VIII.

14 *Weigend*, ZStW 113 (2001), 271, 276; ähnlich für das Kartellordnungswidrigkeitenrecht: KK-Kartellrecht/*Reher*, Band 2, vor § 81, Rn. 7.

15 BGH, NJW 1997, 1862, 1863 = NZV 1997, 315; *Klesczewski*, § 9, Rn. 675; Beck/Berr/Schäpe/*Heberlein*/*Bergmann*, OWi-Sachen Straßenverkehrsrecht, Rn. 2; *Mitsch*, Recht der Ordnungswidrigkeiten, § 14, Rn. 6; *Schmitz*, wistra 2016, 129, 130; davon unabhängig zu betrachten ist das aus dem Rechtsstaatsprinzip, Art. 20 Abs. 3 GG, folgende Beschleunigungsgebot, das auch im Bußgeldverfahren Geltung beansprucht, *Tepperwien*, NStZ 2009, 1 f.

16 *Vockeroth*, DVP 2008, 1, 9; *Engemann*, JA 2002, 152, 156; siehe auch *Schmitz*, wistra 2016, 129, 130.

17 *Schmitz*, wistra 2016, 129, 130.

auf.[18] Einzelne ordnungswidrigkeitenrechtliche Tatbestände können daher sogar Straftatbeständen ähneln, stellt man auf deren Sozialschädlichkeit ab.[19] *Achenbach* stellt dazu fest, dass eine Unterscheidung zwischen Ordnungswidrigkeiten und Straftaten im Wirtschaftsrecht oft nicht möglich ist, wenn man alleine auf die Schwere und Struktur solcher Verstöße abstellt.[20] Damit wäre eine umfassendere Geltung der Strafprozessordnung eigentlich konsequent. Zahlreiche Vorschriften des Ordnungswidrigkeitenrechts bleiben aber aus Effizienzgründen hinter einem solchen Standard zurück, was in einer Gesamtbetrachtung speziell bei Kartellordnungswidrigkeiten einem fairen Verfahren nach Art. 6 Abs. 1 S. 1 EMRK zuwiderlaufen könnte.[21]

Wandelt man die These von *Kutschaty* ab, lässt sich damit festhalten: *Das Modell des Ordnungswidrigkeitenverfahrens erweist sich bei schweren Wirtschaftsordnungswidrigkeiten als nicht mehr zeitgemäß: Es wird im Strafgericht geführt, aber Transparenz und Rechtsschutz eines Strafprozesses werden geflissentlich umgangen.* In diesem Gedankengang erschöpft sich auch die im Arbeitstitel genannte Ambivalenz des Ordnungswidrigkeitenverfahrens:[22] Ihm unterliegen sowohl geringfügige Geschwindigkeitsüberschreitungen als auch sozialschädliche Kartellverstöße.[23] Die hierfür geltenden prozessualen Vorschriften sind jedoch nicht auf die speziellen Anforderungen von komplexen Wirtschaftsordnungswidrigkeiten zugeschnitten, sondern zielen in erster Linie auf eine Ahnung geringfügiger Ordnungswidrigkeiten ab.[24]

---

18 BVerfG v. 27.04.1973, WuW/E VG 235 f.; siehe ferner BGHSt 41, 385, 390 f. = NJW 1996, 1973, 1974 = NStZ 1996, 551, 552 = WRP 1996, 699, 701 = JZ 1997, 98, 99 f.: „Aus der Subsidiaritätsklausel des § 21 Abs. 1 OWiG folgert das OLG, daß der Unrechtsgehalt einer Ordnungswidrigkeit generell hinter dem einer Straftat zurückbleibt. Ob diese Bewertung, die auf eine Vielzahl von Ordnungswidrigkeiten mit Bagatellcharakter zutrifft, auch Kartellordnungswidrigkeiten (...) gerecht wird, erscheint zweifelhaft (...)."

19 *Achenbach,* Wirtschafts-Ordnungswidrigkeiten, S. 101, 108; siehe auch *Bunte,* NJW 2018, 123, 124.

20 *Achenbach,* Wirtschafts-Ordnungswidrigkeiten, S. 101, 109 f.; *Biermann,* ZWeR 1/2007, 1, 19, spricht gar von einem Fremdkörper im Gefüge des Ordnungswidrigkeitenrechts.

21 *Schmitz,* wistra 2016, 129 f.; Immenga/Mestmäcker/*Dannecker/Biermann,* Band 2, vor § 81, Rn. 279; ebenso: Hohnel/*Hohnel,* 2. Teil, § 68, Rn. 2.

22 Siehe dazu: *Herrlinger,* ZWeR 2012, 137, 138 f.

23 *Achenbach,* GA 2008, 1, 9 identifiziert in diesem Zusammenhang drei „Schichten" im heutigen Ordnungswidrigkeitenrecht: Die Tatbestände gegen den reinen Verwaltungsungehorsam, bagatellarische Rechtsgutsverletzungen und große Ordnungswidrigkeiten von erheblicher Sozialschädlichkeit.

24 BGH, NJW 1997, 1862, 1863 = NZV 1997, 315; *Klesczewski,* § 9, Rn. 675; siehe auch: Hintergrundpapier des Bundeskartellamtes zum Kartellbußgeldverfahren, S. 27; *Schmitz,* wistra 2016, 129, 130.

Spiegelbildlich zu diesem Ansatz fordern zahlreiche Stimmen aufgrund der oftmals langen Verfahrensdauer bei Kartellordnungswidrigkeiten, einzelne strafprozessuale Prinzipien im Ordnungswidrigkeitenverfahren zu lockern.[25] Gerade die schweren Wirtschaftsordnungswidrigkeiten sind daher ein idealer Schauplatz für den Konflikt zwischen einer effizienten Ausgestaltung des Verfahrens einerseits und der Wahrung rechtsstaatlicher Grundsätze sowie der Garantie weitreichender Mitwirkungsrechte der Betroffenen andererseits.

Will man die hier beschriebenen Unstimmigkeiten lösen und Neuordnungen im Ordnungswidrigkeitenverfahren anstreben, so steht man gleich vor mehreren Problemen. Das zeigt ein Blick auf das ordnungswidrigkeitenrechtliche Vorverfahren: So erscheint eine Reform, die die Rechte des Betroffenen dort stärkt, zwar für das Kartellverfahren vorstellbar. Für Verkehrsordnungswidrigkeiten droht eine solche Forderung bereits an der Vielzahl der in der Praxis zu bewältigenden Fälle zu scheitern.[26] Nicht umsonst hat der Gesetzgeber das Vorverfahren im Ordnungswidrigkeitenrecht bewusst summarisch ausgestaltet.[27] Ferner sind gerade Wirtschaftsordnungswidrigkeiten in hohem Maße von europäischen Vorgaben geprägt. Zahlreiche EU-Richtlinien und Verordnungen umschreiben für zukünftige Reformvorhaben im Ordnungswidrigkeitenrecht Untermaßverbote, an denen sich der Gesetzgeber orientieren muss.[28] Mögliche Änderungen haben darüber hinaus auch die Besonderheiten des Verfahrens zu beachten, die sich für die Sanktionierung von juristischen Personen ergeben. In diesem Zusammenhang wird derzeit diskutiert, ob man speziell für Straftaten, die aus einem Unternehmen heraus begangen werden, ein eigenes Strafrecht für Unternehmen schaffen sollte, das von der derzeitigen Sanktionspraxis des § 30 OWiG abweicht.[29]

Vor diesem Hintergrund macht es sich die Untersuchung zur Aufgabe, die zentralen Reformbestrebungen im Verfahren für Wirtschaftsordnungswidrigkeiten

---

25 *Lübbig,* WuW 2012, 376, 378 f.; *Haucap,* WuW 2013, 1163; *C. Dannecker,* NZKart 2015, 30; *Stockmann,* ZWeR 2015, 189, 208 f.; *Chmeis,* NZKart 2016, 564, 566 f.; *Klockner/Ost,* FS Bechtold, S. 229, 243 f.; *Vockeroth,* DVP 2008, 1, 11.

26 Vgl. Beck/Berr/Schäpe/*Heberlein*/*Bergmann,* OWi-Sachen Straßenverkehrsrecht, Rn. 2.

27 BGHSt 49, 230, 237 = NJW 2004, 3643, 3644 f. = NStZ 2005, 171, 172 = StraFo 2005, 34, 35; BGHSt 61, 100, 108 = NJW 2016, 1188, 1190 = DAR 2016, 212, 214 = NZV 2016, 342, 344 = NStZ 2016, 476, 477; *Bohnert,* S. 20; *Vockeroth,* DVP 2008, 1, 9; *Engemann,* JA 2002, 152, 156; für das gesamte Bußgeldverfahren *Klesczewski,* § 9, Rn. 675.

28 Siehe dazu beispielsweise die Richtlinie zur Stärkung der Wettbewerbsbehörden der Mitgliedstaaten im Hinblick auf eine wirksamere Durchsetzung der Wettbewerbsvorschriften und zur Gewährleistung des reibungslosen Funktionierens des Binnenmarkts v. 22.3.2017, 2017/0063 (COD).

29 Siehe dazu u.a. *Jahn/Pietsch,* ZIS 1/2015, 1; *Wittig,* Wirtschaftsstrafrecht, § 8, Rn. 9 oder *Kasiske,* Wirtschaftsstrafrecht, S. 23 f.

darzustellen und im Kontext des derzeitigen Ordnungswidrigkeitenverfahrens zu bewerten. Im Mittelpunkt stehen dabei die Änderungsvorschläge für das deutsche Kartellordnungswidrigkeitenverfahren.[30] Daran anknüpfend liefert die Arbeit eigene Reformansätze, die den oben beschriebenen Konflikt für die Zukunft lösen sollen. Hindernisse eines solchen Vorhabens werden nicht nur durch die Rechtsprechung nationaler Gerichte oder durch die Vorgaben des Grundgesetzes gesteckt. Vor allem die Europäische Menschenrechtskonvention und ihre Interpretation durch den EGMR sollen angesichts ihrer zunehmenden Bedeutung für die Rechtspraxis bei der Ausarbeitung von Reformvorschlägen im Vordergrund der Betrachtung stehen. Im Allgemeinen und speziell für das Kartellrecht werden dabei auch die Charta der Grundrechte der Europäischen Union und die Rechtsprechung des EuGH Eingang in die Arbeit finden.

B. Gang der Abhandlung

Die Arbeit beginnt in *Teil 2* mit der Darstellung der Ordnungswidrigkeit im Wirtschaftsrecht. Hier geht es zunächst um den Charakter einer Ordnungswidrigkeit und die Abgrenzung derselben zu einer Straftat. Der Schwerpunkt der Ausarbeitung liegt auf der zunehmenden Ausdehnung des Nebenstrafrechts durch den Gesetzgeber und der Frage um die Kriminalisierung von Hardcore-Kartellen. Aus diesem Kontext heraus werden die Eigenheiten von Ordnungswidrigkeiten im Wirtschaftsrecht beleuchtet. Gleichzeitig geht die Arbeit der Frage nach, welche Folgen die zutage tretenden Ergebnisse auf die grundlegende Ausgestaltung des Ordnungswidrigkeitenverfahrens haben und welches Mindestmaß an Rechten den Betroffenen im Ordnungswidrigkeitenverfahren mit Blick auf den Rechtscharakter einer Geldbuße als Sanktion einer Ordnungswidrigkeit zukommen müssen.

Teil 3 setzt sich sodann vertieft mit dem Unterschied zwischen einem Ordnungswidrigkeitenverfahren im Wirtschaftsrecht und dem eines Straßenverkehrsverstoßes auseinander. Dafür wird das derzeitige Verfahren zunächst in seinen Grundlagen skizziert und anhand seines Regelfalles, nämlich dem Verstoß gegen Gebote im Straßenverkehr, beleuchtet. Im Anschluss können die so gewonnenen Ergebnisse mit dem Verfahren eines Ordnungsverstoßes im Kartell-, Wertpapierhandels- und Steuerrecht verglichen werden. Die daraus resultierenden Unterschiede sollen aufzeigen, welche grundlegenden Problemstellungen im Ordnungswidrigkeitenverfahren existieren.

Die nachfolgenden Abschnitte der Arbeit knüpfen an die bestehenden verfahrensrechtlichen Unzulänglichkeiten an und widmen sich der Darstellung und Bewertung von aktuellen Reformvorschlägen, vordergründig für das Verfahren

30 Kartellordnungswidrigkeiten werden dabei als Prototyp einer schwerwiegenden Ordnungswidrigkeit angesehen, da dort ein besonders wichtiges Schutzgut, nämlich fundamentale Funktionsbedingungen des Wettbewerbs geschützt werden, *Maiazza*, S. 227.

von Wirtschaftsordnungswidrigkeiten. Hierzu wirft *Teil 4* zunächst die Frage auf, wie man die Debatte um die Einführung eines Unternehmensstrafrechts als Chance für das Ordnungswidrigkeitenverfahren begreifen kann und mit welchen Veränderungen sich die Sanktionierung von Unternehmen für die Zukunft verwirklichen lässt. Hier soll es weniger um die Frage nach der Notwendigkeit der Einführung eines Unternehmensstrafrechts gehen, als vielmehr um die möglichen Auswirkungen eines solchen auf das bestehende Ordnungswidrigkeitenverfahren. Darüber hinaus werden Reformansätze beleuchtet, wie sich die Sanktionierung von Unternehmen weiterhin über das Ordnungswidrigkeitenverfahren verwirklichen lässt.

Teil 5 befasst sich sodann mit der Problemstellung der grundlegenden Ausrichtung des Ordnungswidrigkeitenverfahrens. Bevor die Arbeit damit auf spezielle Reformbestrebungen einzelner Vorschriften eingeht, diskutiert sie, ob speziell Kartellordnungswidrigkeiten oder allgemein schwere Ordnungswidrigkeiten im Wirtschaftsrecht einer eigenen Verfahrensordnung unterliegen sollten. In diesen Abschnitt gehört auch die Frage, ob die Verhängung von hohen Geldbußen bei schweren Wirtschaftsordnungswidrigkeiten de lege ferenda erstinstanzlich den Gerichten vorbehalten sein sollten. Am Ende wird damit gleichsam ein Ordnungsrahmen abgesteckt, innerhalb dessen sich spezifische Änderungen im OWiG und den jeweiligen Nebengesetzen vollziehen können.

Teil 6 greift den in *Teil 4* und *Teil 5* herausgearbeiteten Ordnungsrahmen auf und zielt auf die Frage nach Reformen *im Vorverfahren* ab. Hier wird unter anderem beleuchtet, ob eine zunehmend partizipatorische Ausgestaltung dieses Verfahrensabschnittes sinnvoll erscheint. In diesem Zusammenhang lässt sich ein Recht des Betroffenen auf konfrontative Zeugenbefragung schon im Ermittlungsverfahren diskutieren. Ein anderer Aspekt schürt Zweifel an einer rechtsstaatlichen Ausgestaltung dieses Verfahrensabschnitts: Das im Vorverfahren geltende Opportunitätsprinzip ermöglicht den Behörden eine flexible Verfahrensführung und könnte speziell für schwere Ordnungswidrigkeiten im Wirtschaftsrecht die Rechte der Betroffenen stark beschneiden.[31] Daher könnte man an eine punktuelle Einschränkung dieses Grundsatzes denken. Darüber hinaus betrachtet die Arbeit geltende Vorschriften im OWiG, namentlich §§ 46 Abs. 2, 47 Abs. 3, 55 und 66 OWiG, die angesichts der eingangs beschriebenen Ambivalenz des Ordnungswidrigkeitenverfahrens einer genaueren Überprüfung speziell auf ihre Vereinbarkeit mit Art. 6 EMRK bedürfen. Zuletzt werden die Auswirkungen der Einführung der elektronischen Akte auf das Kartellbußgeldverfahren und das Ordnungswidrigkeitenverfahren des Wertpapierhandelsrechts untersucht. Reformen im Vorverfahren stehen damit im Zeichen einer Stärkung der Betroffenenrechte speziell für schwere Wirtschaftsordnungswidrigkeiten.

Der *7. Teil* über Reformen *im Zwischenverfahren* widmet sich der Fragestellung, ob die Beteiligung der Staatsanwaltschaft gem. § 69 Abs. 3, 4 OWiG in diesem

---

31 Vgl. *Herrlinger*, ZWeR 2012, 137, 143.

Verfahrensabschnitt überhaupt noch eine sinnvolle Regelung ist und inwieweit das Zutun der Behörde für die Rechtspraxis gewinnbringend umgesetzt werden kann. Ferner wird der Frage nachgegangen, ob die Vorschrift des § 69 Abs. 5 OWiG, also die Möglichkeit des Richters der Zurückverweisung der Sache an die Verwaltungsbehörde bei ungenügender Aufklärung des Sachverhalts, noch praxistauglich ist und welche alternativen Regelungsansätze zur Verfügung stehen. Anders als im Vorverfahren zielen Reformen im Zwischenverfahren vornehmlich auf eine Anpassung des Verfahrens an die vorherrschende staatsanwaltliche und gerichtliche Praxis ab und versuchen eine effizientere Nutzung von staatlichen Ressourcen zu verwirklichen.

Innerhalb der Reformen *im Hauptverfahren* in *Teil 8* geht die Arbeit der Frage nach, inwieweit man – losgelöst von der Debatte im Strafprozess – speziell für das Ordnungswidrigkeitenverfahren vom Grundsatz der formellen und materiellen Unmittelbarkeit, sowie dem Mündlichkeitsgrundsatz abrücken kann. Bedeutsam ist allen voran die Fragestellung, ob man aus Gründen der Effizienz die Ergebnisse im Vorverfahren ohne förmliche Beweiserhebung in die Hauptverhandlung transferieren sollte. An dieser Stelle beschäftigt sich die Arbeit mit zahlreichen verfassungsrechtlichen Fragen, wie etwa mit der Vereinbarkeit einer solchen Regelung mit der Unschuldsvermutung oder darüber hinaus mit der Rechtsprechung des EGMR zu Art. 6 Abs. 3 lit. d) EMRK. Außerhalb dieser Debatte wird für eine Reform der ordnungswidrigkeitenrechtlichen Hauptverhandlung neben Einschränkungen des Beweisantragsrechts diskutiert, ob eine mögliche Einführung einer Rügeobliegenheit im Rechtsmittelverfahren als sachdienliche Änderung bewertet werden kann.

Teil 9 schließt die Arbeit durch eine Zusammenfassung der wesentlichen Ergebnisse ab. Gleichzeitig liefert die Arbeit einen Ausblick auf die Zukunft des Ordnungswidrigkeitenverfahrens und die Herausforderungen, denen sich der Gesetzgeber bei einer Reform desselben gegenübersieht.

Teil 2 Abgrenzung einer Wirtschaftsordnungswidrigkeit von einer Straftat

Schon aus der Abgrenzung einer Ordnungswidrigkeit zur Straftat lassen sich erste Rückschlüsse auf die grundlegende Ausgestaltung der Verfahrensordnung im Ordnungswidrigkeitenrecht ziehen. Sie gibt ferner Aufschluss über die Nähe des Ordnungswidrigkeitenverfahrens zum Strafverfahren. Eine solche Betrachtungsweise dient damit als Ausgangspunkt für die Diskussion um Reformbestrebungen im Ordnungswidrigkeitenverfahren und definiert gleichzeitig erste Leitlinien und Begrenzungen eines solchen Vorhabens. Zunächst geht die Arbeit dabei der Frage nach, wie sich eine Ordnungswidrigkeit von einer Straftat im Einzelfall abgrenzen lässt und welcher Ermessensspielraum dem Gesetzgeber bei der Erwägung zukommt, ein Unrechtsverhalten als Ordnungswidrigkeit oder Straftat einzustufen.

A. Ordnungswidrigkeit oder Straftat?

§ 1 Abs. 1 OWiG definiert die Ordnungswidrigkeit als rechtswidrige und vorwerfbare Handlung, die den Tatbestand eines Gesetzes verwirklicht, das die Ahndung mit einer Geld*buße* zulässt. Straftatbestände drohen dem Beschuldigten hingegen mit Freiheits*strafe* oder mit Geld*strafe*.[32] Beide Rechtsgebiete lassen sich somit über ihre Rechtsfolgen voneinander abgrenzen.[33] Unrechtstatbestände im Ordnungswidrigkeitenrecht weisen darüber hinaus eine Besonderheit bei ihrer Formulierung auf. So spricht beispielsweise § 81 Abs. 1 GWB ausdrücklich von einem *ordnungswidrigen* Handeln.[34]

Trotz der verschiedenen Rechtsfolgen wird das Ordnungswidrigkeitenrecht zum Strafrecht im weiteren Sinne gerechnet, da sich die Voraussetzungen einer Straftat und Ordnungswidrigkeit kaum unterscheiden.[35] Während eine Straftat nach § 11 Abs. 1 Nr. 5 StGB i.V.m. § 46 Abs. 1 S. 1 StGB als „rechtswidrige Tat, die den Tatbestand eines Strafgesetzes verwirklicht und schuldhaft begangen worden

32 Siehe auch *Hefendehl*, ZIS 2016, 636, 637.

33 *Klesczewski*, § 1, Rn. 4; *Mitsch*, Recht der Ordnungswidrigkeiten, § 3, Rn. 3 f.

34 Siehe *Klesczewski*, § 1, Rn. 4.

35 *Suchy*, S. 26 f.; *Fromm*, Verteidigung in Straßenverkehrs-Ordnungswidrigkeiten, S. 1; *Erhardt*, Strafrecht für Polizeibeamte, Rn. 548; *Rosenkötter/Louis*, Rn. 1; *Klesczewski*, § 1, Rn. 1; *Mitsch*, Recht der Ordnungswidrigkeiten, § 1, Rn. 2; BeckOK-OWiG/*Gerhold*, § 2, Rn. 4; vgl. auch *Achenbach*, StV 2008, 324, der das Wirtschaftsordnungswidrigkeitenrecht dem Begriff des Wirtschaftsstrafrechts zuordnet.

ist" definiert wird,[36] spricht auch § 1 Abs. 1 OWiG von einer rechtswidrigen und vorwerfbaren Handlung. Besonders gut lässt sich diese Ähnlichkeit anhand der Tatbestände des § 316 StGB und § 24a StVG verdeutlichen.[37] Hier gibt maßgeblich die Promillegrenze Aufschluss darüber, ob ein Verhalten ordnungswidrig oder strafbar ist: Nach § 24a Abs. 1 StVG liegt bei einem Führen eines Kraftfahrzeugs *ab* einem Wert von 0,5 Promille eine Ordnungswidrigkeit vor. Ab einem Wert von 1,1 Promille kann ein solches Verhalten – abhängig von den sonstigen Tatbestandsmerkmalen – den Straftatbestand des § 316 StGB erfüllen.[38] Diese Nähe des Ordnungswidrigkeitenrechts zum Strafrecht ist daher auch allgemein der Grund, warum das formelle[39] und materielle[40] Ordnungswidrigkeitenrecht unter den Begriff des Strafrechts i.S.d. Art. 74 Abs. 1 Nr. 1 StGB zu fassen sind.[41]

B. Ermessensspielraum des Gesetzgebers

Dagegen ist die Frage, unter welchen Voraussetzungen der Gesetzgeber eine unerwünschte Verhaltensweise als Ordnungswidrigkeit oder Straftat *einordnen* kann, schwieriger zu beantworten.[42] Ab welcher Grenze beispielsweise darf der Gesetzgeber ein Unrechtsverhalten nicht mehr als Ordnungswidrigkeit ausgestalten, sondern muss zum Mittel der Strafe greifen?

Vor diesem Hintergrund ist anerkannt, dass dem Gesetzgeber ein Gestaltungsspielraum zukommt, der gewissen Schranken unterliegt.[43] Eine solche Schranke ist zunächst der sog. Kernbereich des Strafrechts, zu dem alle „bedeutsamen

---

36 *Klesczewski*, § 1, Rn. 1.

37 Siehe *Krüger*, NJW 1981, 1642, 1643.

38 MüKo-StGB/*Pegel*, Band 5, § 316, Rn. 37.

39 Das vorangehende behördliche Verfahren wird eigentlich als Ländersache gesehen – nach überwiegender Auffassung hat der Bund aber auch hier die konkurrierende Gesetzgebung als Annexkompetenz inne, siehe *Klesczewski*, § 1, Rn. 3; Göhler/*Gürtler*, § 2, Rn. 3; ebenso: KK-OWiG/*Rogall*, § 2, Rn. 5; BeckOK-OWiG/*Gerhold*, § 2, Rn. 5; NK-GVR/*Krenberger*, § 2 OWiG, Rn. 2; zu dem verbleibenden Spielraum der Länder siehe Blum/Gassner/Seith/*Blum*, § 2, Rn. 2.

40 BVerfGE 27, 18, 32 f. = NJW 1969, 1619, 1622 = DÖV 1969, 715, 716; Göhler/*Gürtler*, § 2, Rn. 2; KK-OWiG/*Rogall*, § 2, Rn. 3 f.; BeckOK-OWiG/*Gerhold*, § 2, Rn. 4; *Krenberger/Krumm*, § 2, Rn. 1; *Bohnert/Bülte*, § 1, Rn. 13; *Knapp*, JuS 1979, 609, 611; *Weber*, FS Tröndle, S. 337, 348; *Tiedemann*, AöR 1964, 56, 83; vgl. auch *Patzig*, DÖV 1956, 261, 265.

41 Siehe dazu insgesamt *Klesczewski*, § 1, Rn. 3.

42 *Mitsch*, Recht der Ordnungswidrigkeiten, § 3, Rn. 6; KK-OWiG/*Mitsch*, Einl., Rn. 112; *Hefendehl*, ZIS 2016, 636, 638.

43 BVerfGE 27, 18, 30 = NJW 1969, 1619, 1621 = DÖV 1969, 715, 716; *Bohnert/Bülte*, § 1, Rn. 32; *Krey/Esser*, § 1, Rn. 22; *Heinrich*, Strafrecht AT, Rn. 52; *Mitsch*, Recht der Ordnungswidrigkeiten, § 3, Rn. 13; *Tiedemann*, AöR 1964, 56, 79; *Preuß*, NZV 2017, 105, 111.

Unrechtstatbestände" gehören.[44] Hierunter fallen etwa Mord, § 211 StGB, oder Raub, § 249 StGB.[45] Begeht der Täter beispielsweise einen Raub, so verletzt er gewichtige Rechtsgüter, namentlich die Freiheit der Willensbetätigung und das Eigentum des Betroffenen.[46] Hier erscheint es befremdlich, das Opfer auf den Zivilrechtsweg zu verweisen oder den Mörder oder Räuber lediglich mit einer Geldbuße zu belegen. Auch ein *Schwangerschaftsabbruch* sei grundsätzlich als Unrecht anzusehen, da sonst das Lebensrecht des nasciturus zur Disposition Dritter stünde.[47] Insoweit verpflichte das Grundgesetz den Staat, das geborene und ungeborene Leben des Menschen zu schützen.[48] Diese Pflicht würde vor allem in der Menschenwürde, Art. 1 Abs. 1 GG, wurzeln und durch das Recht auf Leben und körperliche Unversehrtheit in Art. 2 Abs. 2 GG konkretisiert.[49] Folgerichtig führt das Bundesverfassungsgericht an, dass solche gewichtigen Unrechtstatbestände „der Rechtsprechung vom Gesetzgeber nicht entzogen werden" können.[50] Zu einer Begrenzung des Gestaltungsspielraums des Gesetzgebers kann es darüber hinaus kommen, wenn der Gesetzeber dazu verpflichtet ist, neue Straftatbestände zu schaffen, etwa zum Schutz gewichtiger Rechtsgüter oder durch Vorgaben europäischer Richtlinien oder internationaler Abkommen.[51]

Auf der anderen Seite darf Strafe nicht inflationär zum Einsatz kommen. Damit ein Verhalten als Straftat eingestuft werden kann, muss es als *strafwürdig* und *strafbedürftig* qualifiziert werden.[52] Aus dem Charakter der Strafe als „ultima ratio" folgt, dass diese nur dort angewandt werden darf, wo der Schutz der zugrunde liegenden Rechtsgüter nicht vorrangig über das Zivilrecht und das öffentliche Recht verwirklicht werden kann.[53] Nur besonders sozialschädliches Verhalten darf mit Strafe sanktioniert werden.[54] So erscheint etwa die Verhängung einer – wenn

---

44 BVerfGE 22, 49, 81 = NJW 1967, 1219, 1221 = DÖV 1967, 453, 455; *Lagodny,* S. 419. Dabei hat sich die Annahme eines Kernbereichs des materiellen Ordnungswidrigkeitenrechts noch nicht durchgesetzt, *Dietrich,* S. 193 f.; ferner: *Gaier,* wistra 2014, 161, 162.

45 *Roxin,* Strafrecht AT, Band 1, § 2, Rn. 132.

46 Schönke/Schröder/*Eser/Bosch,* § 249, Rn. 1; siehe auch NK-StGB/*Kindhäuser,* § 249, Rn. 1; BeckOK-StGB/*Wittig,* § 249, Rn. 1.

47 BVerfGE 88, 203, 255.

48 BVerfGE 88, 203, 251.

49 Näher: BVerfGE 88, 203, 251.

50 BVerfGE 22, 49, 81 = NJW 1967, 1219, 1221 = DÖV 1967, 453, 455.

51 *Krey/Esser,* § 1, Rn. 25 ff.; siehe ferner: *Vigano,* FS Beulke, S. 65.

52 *Krey/Esser,* § 1, Rn. 17 f. m.w.N.; *Otto,* Strafrecht AT, § 1, Rn. 48 ff.; *M. Achenbach,* S. 44 f.; *Cornelius,* S. 17 f.; *Seer/Krumm,* DStR 2013, 1814, 1815; *Esser,* NZWiSt 2018, 201, 204; am Beispiel des Straftatbestandes zur Zwangsheirat, *Letzgus,* FPR 2011, 451, 453 f.; instruktiv: *Frisch,* GA 2017, 364 ff.

53 *Roxin,* Strafrecht AT, Band 1, § 2, Rn. 98; *Krey/Esser,* § 1, Rn. 18; vgl. auch *Frister,* Strafrecht AT, S. 4.

54 *Roxin,* Strafrecht AT, Band 1, § 2, Rn. 130; *Krey/Esser,* § 1, Rn. 18; *Heinrich,* Strafrecht AT, Rn. 11; *Becker/Rönnau,* ZStW 130 (2018), 340, 356.

auch nur kurzen – Freiheitsstrafe gegenüber einer Person, die die Parkzeit auf ihrer Parkuhr geringfügig überschreitet, als ein unangemessenes Mittel. Das Personal der Strafjustiz wäre einer solchen Flut von „Strafverfahren" schon gar nicht gewachsen.[55] Hier genügt die Sanktionierung der Verhaltensweise durch eine Geldbuße im Ordnungswidrigkeitenverfahren.[56] Dieser Gedankengang findet seinen Ursprung im Übermaßverbot als Ausprägung des Rechtsstaatsprinzips, Art. 20 Abs. 3 GG.[57]

Damit bleibt festzuhalten, dass der Ermessensspielraum des Gesetzgebers auf der einen Seite durch den „Kernbereich des Strafrechts"[58] und internationale Kriminalisierungsgebote als eine Art „Untermaßverbot" sowie auf der anderen Seite durch das Übermaßverbot, Art. 20 Abs. 3 GG, begrenzt wird. Während der Kernbereich des Strafrechts und internationale Vorgaben zur Verhaltenskriminalisierung zumindest handfeste Konturen aufweisen, ist die Reichweite des Übermaßverbots nach Art. 20 Abs. 3 GG dagegen nur schwer greifbar und bedarf der Konkretisierung durch das Bundesverfassungsgericht.

C. Strafähnliche Ordnungswidrigkeiten und ordnungswidrigkeitenähnliche Straftaten

Der bezeichnete Ermessensspielraum des Gesetzgebers bringt es mit sich, dass im Recht der Ordnungswidrigkeiten zahlreiche Tatbestände existieren, die der Gesetzgeber aufgrund ihres erhöhten Unrechtsgehalts ebenso als Straftat hätte ausgestalten können. Auf der anderen Seite hat der Gesetzgeber bei der Ausdehnung des Nebenstrafrechts Straftatbestände geschaffen, deren Existenzberechtigung angesichts ihrer Strafwürdig- und Strafbedürftigkeit zweifelhaft ist.[59] Eine solche Rechtspolitik erscheint nicht nur angesichts des Ultima-ratio-Grundsatzes fragwürdig, sondern bringt auch auf prozessualer Ebene einige Besonderheiten mit sich, blickt man auf die divergierenden Rechte der Beteiligten eines Ordnungswidrigkeitenverfahrens und eines Strafprozesses.

---

55 Stellungnahme der BRAK Nr. 03/2016, S. 9 f.; weitere Nachteile liegen in der „Frustration der Opfer durch Anwendungsdefizite im Strafrecht", sowie in der „Entwertung der normstabilisierenden Währung des Strafrechts durch Inflation", *Weigend,* StV 2016, S. 1 (Editorial).

56 Verwunderlich ist daher auch nicht die andauernde Diskussion über die Überführung von strafrechtlichen Bagatelldelikten in das Ordnungswidrigkeitenrecht. Dazu gehört etwa der Diebstahl oder die Unterschlagung geringwertiger Sachen oder die Beförderungserschleichung, § 265a StGB, siehe dazu *Hoven*, ZStW 129 (2017), 334, 346 f. oder *Kreuzer*, NK 2018, 141, 153 f.

57 Vgl. BVerfG, Beschl. v. 26.2.2008, 2 BvR 392/07, NJW 2008, 1137, 1138; Maunz/Dürig/*Grzeszick*, Band III, Art. 20 GG und die allgemeine Rechtsstaatlichkeit, Rn. 107 u. 124; MüKo-StGB/*Joecks,* Bd. 1, Einl., Rn. 21.

58 BVerfGE 22, 49, 81 = NJW 1967, 1219, 1221 = DÖV 1967, 453, 455.

59 *Hoven*, ZStW 129 (2017), 334, 340 f.

Dies soll im Folgenden anhand zweier Beispiele näher erörtert werden, namentlich anhand der Debatte um die Kriminalisierung von Hardcore-Kartellen und des Straftatbestands zu § 10 RiFlEtikettG a.F. Während die Bußgeldtatbestände zur Sanktionierung von Hardcore-Kartellen eine Nähe zu Strafvorschriften erkennen lassen, erscheint die Strafnorm des § 10 RiFlEtikettG auf den ersten Blick als typischer Ordnungsverstoß.

I. Straftatbestand des § 10 RiFlEtikettG a.F.

1. Ausgestaltung des § 10 RiFlEtikettG a.F. als Blankettnorm

Die Vorschrift des § 10 RiFlEtikettG a.F. steht sinnbildlich für eine Ausdehnung des Nebenstrafrechts durch den Gesetzgeber, die vor allem das Wirtschaftsrecht betrifft.[60] Nach § 10 Abs. 1 RiFlEtikettG a.F. wurde mit Freiheitsstrafe bis zu einem Jahr oder mit Geldstrafe bestraft, wer einer unmittelbar geltenden Vorschrift in Rechtsakten der Europäischen Gemeinschaft oder der Europäischen Union im Anwendungsbereich des § 1 Abs. 1 RiFlEtikettG zuwiderhandelte, soweit eine Rechtsverordnung nach Abs. 3 für einen bestimmten Tatbestand auf diese Strafvorschrift verwies. Entsprechend enthielt erst § 1 der aufgrund des § 10 Abs. 3 RiFlEtikettG a.F. erlassenen Rindfleischetikettierungsstrafverordnung (RiFlEtikettStrV) die eigentlich strafbare Verhaltensweise in Form des Falschetikettierens von Rindfleisch.[61] Schon auf den ersten Blick war für den Rechtsanwender damit nicht klar, durch welches Verhalten der Betroffene sich dem Risiko strafrechtlicher Ermittlungen aussetzt. Das Bundesverfassungsgericht sah in dieser Formulierung einen Verstoß gegen die verfassungsrechtlichen Bestimmtheitsanforderungen, Art. 103 Abs. 2 GG.[62] Der Gesetzgeber hätte es mit der Ausgestaltung der Vorschrift als Blankettstrafgesetz versäumt, klarzustellen, „welche Verstöße gegen unionsrechtliche Vorgaben sanktioniert werden sollen".[63]

---

60 BVerfGE 133, 168, 172; *Anders,* ZStW 130 (2018), 374 f.; *Schünemann,* ZRP 2015, 68, 71; *Hamm/Gerhardt,* ZRP 2016, 59, 60; Wabnitz/Janovsky/*Dannecker/Bülte,* Einführung, Rn. 2; vgl. *Bittmann,* NStZ 2016, 249, 255; siehe auch *Nobis,* StV 2018, 453, 457; zum Einsatz des Wirtschafts*strafrechts* als milderes Mittel im Vergleich zum öffentlichen Recht: *Tiedemann,* Wirtschaftsstrafrecht, Rn. 228; *Nöckel,* Marktwirtschaftsstrafrecht, Rn. 427; siehe auch *Zabel,* S. 360; *Prittwitz,* Handlungsfreiheit des Unternehmers, S. 58.

61 *Dannecker* in: *Rotsch,* Zehn Jahre ZIS, S. 1037, 1042 f.

62 BVerfGE 143, 38, 59 = NJW 2016, 3648, 3651 = StV 2017, 71, 74 f.; Zur verfassungs- und europarechtlichen Dimension dieser Entscheidung: *Bülte,* BB 2016, 3075, 3076 f.; ebenso: *Cornelius,* NStZ 2017, 682 f.

63 BVerfGE 143, 38, 59 = NJW 2016, 3648, 3651 = StV 2017, 71, 74 f.

2. Ultima-ratio-*Grundsatz als taugliche Begrenzung des gesetzgeberischen Handlungsspielraums?*

Für die Debatte um die Ausdehnung des Nebenstrafrechts durch den Gesetzgeber und die unterschiedlichen Verfahrensrechte der Betroffenen bedeutsam ist jedoch ein anderer Gesichtspunkt: Ein bloßes Falschetikettieren von Rindfleisch erscheint auf den ersten Blick als typische Ordnungswidrigkeit. So brachte das Bundesministerium für Ernährung und Landwirtschaft in einer Erklärung zur Gebotenheit des § 10 RiFlEtikettG a.F. zwar an, dass die Strafvorschrift durch das Vertrauen der Verbraucher in die ordnungsgemäße Rindfleischproduktion und die Rückverfolgbarkeit der Lieferkette legitimiert wird.[64] Dem ist auf der anderen Seite entgegenzusetzen, dass es hier aber noch nicht einmal zu einer *abstrakten* Gefährdung der Gesundheit von Konsumenten kommt, da kein verdorbenes, sondern nur falsch etikettiertes Fleisch in Umlauf gebracht wird.[65]

Vor diesem Hintergrund führte die Bundesrechtsanwaltskammer in einer Stellungnahme zum Vorlagebeschluss des LG Berlin vom 16.04.2015 an das Bundesverfassungsgericht aus, aus dem *Ultima-ratio-Grundsatz* sollen „konkrete verfassungsrechtliche Anforderungen" folgen, anhand derer sich der Gesetzgeber orientieren müsse.[66] Er wäre insbesondere verpflichtet, den Bedarf für eine neue strafrechtliche Vorschrift genau zu begründen.[67] Anderenfalls wäre das Gesetz verfassungswidrig.[68] So soll ein Verstoß gegen die Verfassung schon dann vorliegen, wenn nicht direkt erkennbar ist, dass eine Strafvorschrift in Bezug zu Belangen des Gemeinwohls steht.[69] Überflüssig sei die Erfüllung dieser Darlegungs- und Begründungspflicht nur dann, „wenn die soziale Unerträglichkeit und die Verletzung sozialethisch fundierter Minimalanforderungen des Gemeinschaftslebens für jeden Vernünftigen ihrerseits evident ist, z.B. bei der Neufassung von Tatbeständen des Kernstrafrechts."[70] Je weiter sich eine Strafnorm an das Ordnungswidrigkeitenrecht annähere, desto höhere Anforderungen seien an eine solche Begründungspflicht zu stellen.[71] § 10 RiFlEtikettG würde diesen Vorgaben nicht genügen.[72]

Eine solche Überlegung liefe damit gleichsam auf eine weitere Begrenzung des oben skizzierten gesetzgeberischen Handlungsspielraumes hinaus: Dem Gesetzgeber wäre die Verabschiedung neuer Strafgesetze besonders im Grenzbereich

---

64 *Hamm*, NJW 2016, 1537, 1538.
65 Stellungnahme der BRAK Nr. 03/2016, S. 14.
66 Stellungnahme der BRAK Nr. 03/2016, S. 12.
67 Stellungnahme der BRAK Nr. 03/2016, S. 12.
68 Stellungnahme der BRAK Nr. 03/2016, S. 12; siehe allgemein zu Straftatbeständen, die in der Literatur als *unverhältnismäßige* Vorschrift angesehen werden: *Hoven*, ZStW 129 (2017), 334, 340 f.
69 Stellungnahme der BRAK Nr. 03/2016, S. 12.
70 Stellungnahme der BRAK Nr. 03/2016, S. 12.
71 Stellungnahme der BRAK Nr. 03/2016, S. 12.
72 Stellungnahme der BRAK Nr. 03/2016, S. 12.

zwischen Straftaten und Ordnungswidrigkeiten deutlich erschwert, wenn er aufgrund der verfassungsrechtlichen Anforderungen des *Ultima-ratio-Grundsatzes* genaue Nachweise für die Notwendigkeit neuer Strafvorschriften erbringen müsste.

3. *Handlungsvollmacht für den Gesetzgeber durch die Rechtsprechung des Bundesverfassungsgerichts*

a. *Beschluss zum Geschwisterbeischlaf*

Zu einer Begrenzung des gesetzgeberischen Handlungsspielraums durch spezifische Vorgaben des *Ultima-ratio-Grundsatzes* hat sich das Bundesverfassungsgericht in seinem Beschluss zu § 10 RiFlEtikettG nicht geäußert. Hinweise finden sich lediglich in dessen Beschluss zum *Geschwisterbeischlaf*.[73] Das Strafrecht solle nur dann herangezogen werden, wenn ein bestimmtes Verhalten „in besonderer Weise sozialschädlich“ sei, sich „für das geordnete Zusammenleben der Menschen“ als „unerträglich“ darstelle und seine „Verhinderung besonders dringlich“ erscheine.[74] Es sei allein Sache des Gesetzgebers, den Anwendungsbereich des Strafrechts zu definieren.[75] Der Aufgabenbereich des Gerichts würde sich ausschließlich darin erschöpfen, zu überprüfen, ob eine Strafnorm „materiell in Einklang mit den Bestimmungen der Verfassung steht [...].“[76]

b. *Cannabis-Beschluss*

Der *Cannabis*-Beschluss[77] des Bundesverfassungsgerichts vermag diese Aussage zu präzisieren: Hier hatte das Gericht zu prüfen, ob die Straftatbestände des BtMG, die Cannabisprodukte betreffen, mit dem Übermaßverbot in Einklang stehen.[78] Das Gericht stellte zunächst fest, dass sich der rechtswidrige Konsum von Cannabisprodukten nicht nur in einem „Ungehorsam gegenüber Verwaltungsvorschriften“ erschöpfe.[79] Es würden dadurch vielmehr „wichtige Gemeinschaftsbelange“ berührt.[80] Daran ändere auch nichts, dass es sich lediglich um abstrakte Gefährdungsdelikte handele.[81] Das Gericht machte gleichzeitig deutlich, dass die

---

73 BVerfGE 120, 224 – *„Geschwisterbeischlaf“* = NJW 2008, 1137 = NStZ 2008, 614; krit. dazu *Noltenius,* ZJS 2009, 15, 17 f.

74 BVerfGE 120, 224, 240 = NJW 2008, 1137, 1138 = NStZ 2008, 614, 615; siehe dazu näher *Noltenius,* HRRS 2009, 499, 503.

75 BVerfGE 120, 224, 240 = NJW 2008, 1137, 1138 = NStZ 2008, 614, 615.

76 BVerfGE 120, 224, 241 = NJW 2008, 1137, 1138 = NStZ 2008, 614, 615.

77 BVerfGE 90, 145 – *„Cannabis“* bzw. *„kein Recht auf Rausch“* = NJW 1994, 1577 = StV 1994, 295.

78 BVerfGE 90, 145, 183.

79 BVerfGE 90, 145, 184 = NJW 1994, 1577, 1581 = StV 1994, 295, 299.

80 Näher: BVerfGE 90, 145, 184 = NJW 1994, 1577, 1581 = StV 1994, 295, 299.

81 BVerfGE 90, 145, 184 = NJW 1994, 1577, 1581 = StV 1994, 295, 299.

Gefährdung dieser Gemeinschaftsgüter „ein so geringes Maß“ erreichen könne, dass die Strafe sich „im Blick auf die Freiheitsrechte des Betroffenen und unter Berücksichtigung der individuellen Schuld des Täters“ als eine übermäßige Sanktion darstelle und daher verfassungswidrig sei.[82]

Diese Aussage relativierte das Gericht, indem es betonte, dass der Gesetzgeber dem Übermaßverbot beim Konsum kleiner Mengen zum Eigenverbrauch dadurch genüge, dass er es den Strafverfolgungsorganen in einzelnen Fällen ermöglichen könne, von einer Strafverfolgung abzusehen, §§ 153, 153a StPO, §§ 29 Abs. 5, 31a BtMG.[83]

c. *Materiell-prozessualer Beurteilungsrahmen*

Eine solche Argumentation des Gerichts ist nicht unproblematisch. Den Verstoß der Kriminalisierung des Erwerbs, Besitzes und Konsums geringer Mengen von Cannabis zum Eigenverbrauch gegen das Übermaßverbot versucht das Bundesverfassungsgericht durch Berücksichtigung von prozessualen Vorschriften zu kompensieren. Damit bezieht es strafprozessuale Maßnahmen in die Verhältnismäßigkeitsprüfung einer materiellen Strafnorm mit der Verfassung ein. Strafprozessuale Regelungen vermögen einer überzogenen materiellen Strafnorm aber nicht ihren Sanktionsgehalt abzusprechen: Die Angemessenheit der Sanktion einer Strafnorm darf nur ihr selbst entnommen werden.[84] Anderenfalls müsste man das materielle Strafrecht und Strafprozessrecht stets als einen Maßstab zur Bestimmung der Verhältnismäßigkeit eines Straftatbestands heranziehen.[85] Führte man diesen Gedanken weiter, so könnte man geringfügige, sozial anstößige Verhaltensweisen kriminalisieren und Bedenken hinsichtlich der Verhältnismäßigkeit mit der Möglichkeit auf eine Einstellung nach §§ 153, 153a StPO ausräumen. Der Gesetzgeber erhielte gleichsam einen Blankoschein zur Ausdehnung der Kriminalisierung ohne verfassungsrechtliche Korrekturmöglichkeiten. Ebenso bedenklich erscheint, dass der Gesetzgeber auf diese Weise über Änderungen der Strafprozessordnung Einfluss auf die verfassungsrechtliche Bewertung von Strafnormen nehmen kann. Das Argument des Bundesverfassungsgerichts konterkariert damit zentrale rechtsstaatliche Gesichtspunkte: Für den Bürger ist nicht mehr vorhersehbar, ob sein Verhalten im Einzelfall strafrechtlich verfolgt wird oder nicht.[86] Dies

---

82 BVerfGE 90, 145, 185 = NJW 1994, 1577, 1581 f. = StV 1994, 295, 299.

83 BVerfGE 90, 145, 189 = NJW 1994, 1577, 1582 f. = StV 1994, 295, 300.

84 *Nelles/Velten,* NStZ 1994, 366, 367; siehe aber auch *Weiß,* JR 1994, 490, 492.

85 Zum Verhältnis von materiellem Strafrecht und Strafprozessrecht (auch) aus historischer Perspektive: *Asholt,* Verjährung im Strafrecht, S. 288 ff.; siehe darüber hinaus auch: *Noltenius,* Materielles Strafrecht und Strafverfahren, S. 309.

86 Maunz/Dürig/*Grzeszick,* Band III, Art. 20 GG und die allgemeine Rechtsstaatlichkeit, Rn. 58; vgl. für das Ordnungswidrigkeitenverfahren: *Rebler,* NZV 2016, 304; im Kontext des Cannabis-Beschlusses des BVerfG: *Nelles/Velten,* NStZ 1994, 366, 368.

gilt umso mehr, wenn es um die Beschränkung der Freiheit des Einzelnen geht.[87] Hier ist ferner zu berücksichtigen, dass der Betroffene keinen *Anspruch* auf eine Einstellung des Verfahrens hat und die Staatsanwaltschaften die §§ 153, 153a StPO möglicherweise unterschiedlich anwenden.[88]

d. Zwischenergebnis: Weiter Gestaltungsspielraum des Gesetzgebers

Damit ist festzustellen, dass das Bundesverfassungsgericht zwar stets die Wichtigkeit der Subsidiarität des Strafrechts hervorhebt und das Übermaßverbot als verfassungsrechtliche Grenze strafrechtlicher Normsetzung zieht. Praktisch macht es von seinem verfassungsrechtlichen Auftrag kaum Gebrauch: Vielfach verneint es schon seine Prüfungskompetenz anlässlich des weiten Beurteilungsspielraums des Gesetzgebers. In eindeutigen Fällen der Überschreitung des Übermaßverbots greift es auf strafprozessuale Normen zurück, um das Abwägungsergebnis in die von ihm gewünschte Richtung zu lenken. Eine solche Praxis mag man einerseits gutheißen, garantiert das Gericht dem Gesetzgeber damit weitgehende Handlungsfreiheit.[89] Auf der anderen Seite kann eine solche Rechtsprechung zu einer enormen Ausdehnung des Nebenstrafrechts führen, da dem Gesetzgeber faktisch keinerlei Grenzen gesetzt werden. Viele Straftatbestände zielen schon heute weniger auf den Ausgleich von Unrecht ab, sondern stehen im Zeichen von Intervention und Prävention von Risiken.[90]

Blickt man daher erneut auf die Vorschrift des § 10 RiFlEtikettG a.F., so wäre deren Verfassungswidrigkeit nach der Rechtsprechung des Bundesverfassungsgerichts allein unter dem Gesichtspunkt des *Ultima-ratio*-Grundsatzes zu verneinen. Dem Übermaßverbot könnte bei geringfügigen Verstößen auch in solchen Konstellationen mit Verweis auf strafprozessuale Einstellungsmöglichkeiten Rechnung getragen werden.

---

87 Maunz/Dürig/*Grzeszick*, Band III, Art. 20 GG und die allgemeine Rechtsstaatlichkeit, Rn. 65.

88 *Backmann*, NZV 2013, 465, 469 f.

89 Siehe auch *Noltenius*, HRRS 2009, 499, 503: „Das Bundesverfassungsgericht spricht dem Gesetzgeber also deswegen einen weiten Beurteilungsspielraum hinsichtlich der Zweckbestimmung, der Geeignetheit und Erforderlichkeit einer Strafnorm zu, weil es der Auffassung ist, dass die Festlegung eines bestimmten Strafrahmens nur in einem begrenzten Maße rational nachvollziehbar ist und das Grundgesetz dem Gesetzgeber bei der Bestimmung von Strafnormen einen weiten Gestaltungsspielraum zuerkannt habe."

90 *Hassemer*, S. 116; *Prittwitz*, FS Roxin II, S. 23, 29; vgl. zur Ausdehnung des Strafrechts allerdings auch den Gedanken von *Tiedemann*, Wirtschaftsstrafrecht, Rn. 228, der anführt, dass das mildere Mittel im Wirtschaftsstrafrecht häufig darin besteht, einzelne Straftatbestände gegen bestimmte missbräuchliche Verhaltensweisen zu schaffen als „ein umfassendes Kontrollnetz verwaltungsrechtlicher Mechanismen zu installieren"; in diese Richtung auch *Achenbach*, ZStW 119 (2007), 789, 813; *Nöckel*, Marktwirtschaftsstrafrecht, Rn. 427; m.w.N. *Cornelius*, S. 300.

4. *Folgen für den Beschuldigten und Betroffenen: Unterschiedlicher Rechtsumfang*

Auf prozessualer Ebene haben eine solche Rechtspolitik des Gesetzgebers und Rechtsprechung des Bundesverfassungsgerichts zur Folge, dass der Beschuldigte sich zunehmend schon bei geringem Unrechtsverhalten mit den Belastungen eines Strafverfahrens und einem strafrechtlichen Unwerturteil konfrontiert sieht. Auf der anderen Seite kommen ihm die im Vergleich zum Ordnungswidrigkeitenverfahren höheren Schutzstandards des Strafprozesses zugute.

Durch die Einordnung eines Verhaltens als Ordnungswidrigkeit oder Straftat bestimmt der Gesetzgeber also indirekt den Umfang der (Verteidigungs-)Rechte eines Betroffenen bzw. Beschuldigten. Dies kann im Zuge der Ausdehnung des Nebenstrafrechts im Einzelfall zu ungewöhnlichen Konstellationen führen: Während sich ein Rindfleischproduzent nach alter Rechtslage bei einer Falschetikettierung seiner Produkte nach § 10 Abs. 1 RiFlEtikettG strafbar machen und damit für ihn die Schutzstandards der Strafprozessordnung gelten, werden Kartelltätern, deren Verhalten oft einen großen wirtschaftlichen Schaden auslösen kann[91] und denen in § 81 Abs. 4 GWB eine enorm hohe Geldbuße angedroht wird[92], einige in der Strafprozessordnung vorgesehene Beschuldigtenrechte in dem auf Beschleunigung angelegten Ordnungswidrigkeitenverfahren[93] vorenthalten. Dieser Umstand ist mittelbar dem oben skizzierten Einschätzungsspielraum des Gesetzgebers geschuldet. Hierbei garantiert ihm die Rechtsprechung des Bundesverfassungsgerichts einen nahezu unbegrenzten Handlungsspielraum und setzt fortschreitenden Kriminalisierungsbestrebungen kaum nennenswerte Grenzen.

Oftmals lässt sich der Gesetzgeber bei der Überlegung zur Kriminalisierung einer bestimmten Verhaltensweise sogar substanziell von den Aspekten der anzuwendenden Verfahrensordnung leiten. Dies vermag die Debatte um die Kriminalisierung von sog. Hardcore-Kartellen zu verdeutlichen. Gleichzeitig veranschaulicht diese Diskussion wie keine andere, dass bestimmte Tatbestände im Ordnungswidrigkeitenrecht aufgrund des zugrunde liegenden Unrechtsgehalts ebenso als Straftatbestand hätten ausgestaltet werden können.

---

91 *Biermann,* ZWeR 1/2007, 1, 13 f.; *Teupe,* Tatort Unternehmen, S. 102 f.; *Krüger,* Kartellverbot, S. 40.

92 Vgl. dazu beispielsweise § 81 Abs. 4 GWB; zur beispielhaften Berechnung einer Geldbuße im nationalen Kartellrecht: Meßmer/Bernhard/*Meßmer/Bernhard,* Rn. 39 f.

93 BGH, NJW 1997, 1862, 1863 = NZV 1997, 315; *Klesczewski,* § 9, Rn. 675.

II. Strafwürdigkeit und/-bedürftigkeit von sog. Hardcore-Kartellen

1. *Begriff des „hardcore-Kartells“*

Ein Hardcore-Kartell wird als besonders gravierender Verstoß gegen kartellrechtliche Normgebote qualifiziert, durch den die beteiligten Unternehmen ihre Marktmacht steigern können und durch den es zu einer bewussten Einschränkung des Wettbewerbs kommt.[94] Eine häufige Ausprägung eines solchen Verstoßes stellt die Aufteilung von Gebieten oder horizontale Preisabsprachen dar.[95] Der Unrechtsgehalt solcher Verstöße ist angesichts eines gewissen Organisationsaufwands und Bemühungen zur Verschleierung erhöht.[96]

2. *Debatte um die Kriminalisierung von besonders schweren Kartellverstößen*

a. *Argumente für eine Kriminalisierung von Hardcore-Kartellen*

Ein Hardcore-Kartellverstoß wird derzeit nur als Ordnungswidrigkeit verfolgt, § 81 Abs. 1 Nr. 1, Abs. 2 Nr. 1 GWB.[97] Dies stößt in der Wissenschaft teils auf Widerspruch: Für schwere Kartellverstöße soll ein eigener Straftatbestand für natürliche Personen eingeführt werden.[98] Um dies zu begründen, werden mehrere Argumente vorgebracht.

Unternehmensgeldbußen würden heute keine hinreichende Abschreckung der verantwortlichen Personen mehr bewirken,[99] die Geldbußen oft schon mit

---

94 Wiedemann/*Ewald*, § 7, Rn. 94; siehe auch Knierim/Rübenstahl/Tsambikakis/*Köhnen*, Kap. 27, Rn. 44; dabei kann man auch anhand des Bußgeldrahmens zwischen leichten und schweren Verstößen differenzieren, dazu: Kamann/Ohlhoff/Völcker/*Krauß*, § 18, Rn. 5.

95 Hauptgutachten XX. der Monopolkommission, S. 86; *Kapp*, Kartellrecht in der Unternehmenspraxis, S. 54 f.; *Bräunig*, HRRS 2011, 425, 426; Kamann/Ohlhoff/Völcker/*Krauß*, § 18, Rn. 6.

96 *G. Dannecker*, FS Tiedemann, S. 811.

97 Derzeit ist lediglich in § 298 StGB eine Strafbarkeit wettbewerbsbeschränkender Absprachen bei Ausschreibungen vorgesehen. Täuschende kartellrechtswidrige Verhaltensweisen können über § 263 StGB erfasst werden, dazu *Hotz*, JuS 2017, 922 f. sowie *Seier*, S. 294; vgl. darüber hinaus *Kubiciel*, ZStW 129 (2017), 473, 488 f.

98 Einen Überblick liefern: *Glöckner*, Kartellrecht, Rn. 245; *Biermann*, ZWeR 1/2007, 1, 47; KK-Kartellrecht/*Reher*, Band 2, vor § 81, Rn. 4; *Baumann/Arzt*, ZHR 1970, 24, 31 f.; *Engelbracht*, S. 65 f.

99 Siehe *Bontrup*, Orientierungen zur Wirtschafts- und Gesellschaftspolitik 2010, 17, 23; Hintergrundpapier des Bundeskartellamtes zum Kartellbußgeldverfahren, S. 25 f.; zust. *Immenga*, NZKart 2016, 201, 202.

in den Absatzpreis der Ware einberechnet.[100] Eine effektive Prävention ließe sich nur verwirklichen, wenn es zur Einleitung strafrechtlicher Ermittlungen gegen die Beteiligten käme.[101] Besonders bei gravierenden Kartellabsprachen läge die Verhängung einer Freiheitsstrafe nicht fern.[102] Da die Ermittlungsbefugnisse im Strafprozess die des Ordnungswidrigkeitenverfahrens übersteigen, käme es auch zu einer erhöhten Aufdeckung von Verstößen.[103] Dass es sich nicht um übliche Ordnungswidrigkeiten handelt, mache schon die Höhe der Bußgelder gem. § 81 Abs. 4 GWB deutlich.[104] Es sei nicht ersichtlich, warum Straftatbestände im Gesetz über Urheberrecht und verwandte Schutzrechte (UrhG) und im Gesetz über den Wertpapierhandel (WpHG), nicht aber im Gesetz gegen Wettbewerbsbeschränkungen (GWB) existieren.[105] Weiter sprächen rechtssystematische Gründe für eine Kriminalisierung von Hardcore-Kartellen: Einzelne Kartellabsprachen im Bereich der Ausschreibung würden bereits unter den Straftatbestand des § 298 StGB fallen.[106] Zuletzt soll das Beispiel der USA beweisen, dass sich ein Kartellstrafrecht als praxistauglich erweisen kann; selbst die OECD befürwortet ausdrücklich den verstärkten Einsatz strafrechtlicher Vorschriften im GWB.[107]

b. Argumente gegen eine Kriminalisierung von Hardcore-Kartellen

Die Gegenseite argumentiert, dass es in gesellschaftspolitischer Hinsicht noch nicht gänzlich geklärt sei, ob schwere Kartellverstöße dem Strafrecht unterfallen sollen.[108] Durch den Wechsel zum Strafprozess würde es zu einer Schwerfälligkeit bei der Kartellverfolgung kommen.[109] Auch die Bonusregelung müsste neu

---

100 *Bontrup,* Orientierungen zur Wirtschafts- und Gesellschaftspolitik 2010, 17, 23.

101 Immenga/Mestmäcker/*Dannecker/Biermann,* Band 2, vor § 81, Rn. 123; *Wagner-von Papp,* WuW 2010, 268, 272; Sondergutachten 72 der Monopolkommission, S. 44.

102 *Biermann,* ZWeR 1/2007, 1, 19; *G. Dannecker,* FS Tiedemann, S. 811; vgl. dazu auch *Mühlenfeld,* S. 113.

103 *Wagner-von Papp,* WuW 2010, 268, 276, der auf die Möglichkeit der Telekommunikationsüberwachung hinweist.

104 *Hombrecher,* NZKart 2017, 143; zur Vereinbarkeit der europäischen Bußgeldpraxis mit dem Bestimmtheitsgrundsatz, vgl. *Soltész/Steinle/Bielesz,* EuZW 2003, 202, 207 ff.; *Schwarze,* WuW 2009, 6, 8.

105 *Volk,* FS Hassemer, S. 915, 921; *Wagner-von Papp,* WuW 2010, 268, 270; siehe ebenso die Darstellung bei *Hombrecher,* NZKart 2017, 143 m.w.N.

106 Hintergrundpapier des Bundeskartellamtes zum Kartellbußgeldverfahren, S. 25 f.; *Biermann,* ZWeR 1/2007, 1, 20.

107 Siehe *Biermann,* ZWeR 1/2007, 1, 11 m.w.N.; *Wagner-von Papp,* WuW 2010, 268, 269; siehe auch *Schroeder,* FS Bechtold, S. 437, 452.

108 *Dreher,* WuW 2011, 232, 236; *Hotz,* JuS 2017, 922, 929 m.w.N.

109 *Klockner/Ost,* FS Bechtold, S. 229, 241; *Bräunig,* HRRS 2011, 425, 433; *Bischke/Brack,* NZG 2016, 99, 101; *Glöckner,* Kartellrecht, Rn. 245.

konzipiert werden.[110] Bei der Staatsanwaltschaft als Ermittlungsbehörde würde die Durchsetzung des Kartellrechts aufgrund deren Arbeitsbelastung nicht in gleicher Weise im Mittelpunkt stehen, wie bei den Kartellbehörden.[111] Außerdem könnte sich das Bundeskartellamt nicht weiter auf den flexiblen Grundsatz der Opportunität berufen, § 47 Abs. 1 OWiG.[112] Überdies droht die Gefahr, dass Kartellabsprachen vermehrt im Ausland vollzogen werden, um die strafrechtliche Verfolgung derselben zu erschweren.[113] Bedenken bestehen auch hinsichtlich der möglichen Beeinträchtigung der „Beratungs- und Gestaltungsfunktion" der Kartellämter und der sinkenden Zusammenarbeit der Unternehmen mit den Behörden, käme es zu einer Kriminalisierung des Kartellrechts.[114] § 298 StGB stehe auch nicht für eine zunehmende Kriminalisierung von Kartellabsprachen, da die Norm enge Bezüge zum Betrug aufweist.[115] Der Schwerpunkt der Vorschrift liege im Bereich der Korruption.[116] Damit einhergehend kann man an der Strafwürdigkeit von Hardcore-Kartellabsprachen zweifeln: Es erscheint schon zweifelhaft, ob eine abstrakte Gefährdung des Wettbewerbs als taugliches Kriterium zur Kriminalisierung von Hardcore-Kartellen herangezogen werden kann.[117] Es fehle ein individuelles Rechtsgut, wie das des Vermögens.[118]

3. Zwischenergebnis: Bedeutung des Ordnungswidrigkeitenverfahrens für die Kriminalisierung von Hardcore-Kartellen

Hardcore-Kartellverstöße weisen aufgrund ihrer Schädlichkeit für den freien Wettbewerb einen hohen Unrechtsgehalt auf.[119] Es ist umstritten, ob schwere Kartellverstöße als strafwürdiges Unrecht anzusehen sind und die Schaffung eines

---

110 *Klockner/Ost,* FS Bechtold, S. 229, 242; KK-Kartellrecht/*Reher,* Band 2, vor § 81, Rn. 9; Hintergrundpapier des Bundeskartellamtes zum Kartellbußgeldverfahren, S. 25; vgl. ebenso die Darstellung bei *Wagner-von Papp,* WuW 2010, 268, 275 f., der auch die Argumente gegen eine Kriminalisierung von Hardcore-Kartellen beleuchtet.

111 *Hombrecher,* NZKart 2017, 143, 144 f.

112 *Wagner-von Papp,* WuW 2010, 268, 279; anders das Hauptgutachten XX. der Monopolkommission, S. 103, das kaum Bedenken zur Schwerfälligkeit des Strafprozesses für Hardcore-Kartelle äußert.

113 *Wagner-von Papp,* WuW 2010, 268, 280.

114 *Wagner-von Papp,* WuW 2010, 268, 280.

115 *Dreher,* WuW 2011, 232, 235.

116 *Dreher,* WuW 2011, 232, 235; vgl. dazu auch *Mühlenfeld,* S. 126.

117 *Hombrecher,* NZKart 2017, 143, 144.

118 *Hombrecher,* NZKart 2017, 143, 144; siehe auch *Bräunig,* HRRS 2011, 425, 432; *Wittig,* Wirtschaftsstrafrecht, § 32, Rn. 1; vgl. dazu auch für das Straßenverkehrsrecht: *Asholt,* Straßenverkehrsstrafrecht, S. 174 f.: „Konstitutiv für die Einordnung als Vergehen statt als Übertretung bzw. Ordnungswidrigkeit ist damit nur ein Merkmal: das der Individualgefährdung."

119 Vgl. *Biermann,* ZWeR 1/2007, 1, 19; *G. Dannecker,* FS Tiedemann, S. 811.

Straftatbestands für Hardcore-Kartelle eine sachgerechte Lösung darstellt. Auf rechtspolitischer Ebene ist die Debatte wohl vorerst zum Abschluss gekommen. Die Bundesregierung befürchtet, dass die Effizienz der Kartellverfolgung unter einem Wechsel zum Strafprozess leiden könnte.[120] Eine Kriminalisierung von gravierenden Kartellverstößen bedürfe daher einer „sehr sorgfältigen Prüfung".[121] Bis heute steht eine Umsetzung der Kriminalisierung von schweren Kartellverstößen aus.[122]

Demnach bleibt es bei einer Ahndung von schweren Kartellverstößen als Ordnungswidrigkeit. Diese politische Entscheidung ist hinzunehmen: Der Gesetzgeber kann sich nach der Rechtsprechung des Bundesverfassungsgerichts für die Ausgestaltung als Ordnungswidrigkeit oder Straftat entscheiden, *selbst wenn er sich dabei primär von den Wirkungen der Verfahrensordnungen leiten lässt.* Die Debatte um die Kriminalisierung von Hardcore-Kartellen beweist daher eindrucksvoll, dass gewichtige Unrechtstatbestände im Wirtschaftsrecht sowohl als Ordnungswidrigkeit, als auch als Straftat eingestuft werden können. Damit bleibt auch insgesamt festzustellen, dass sich Ordnungswidrigkeiten zwar durch den Charakter ihrer Rechtsfolge als nachdrückliche Pflichtenmahnung auf den ersten Blick *qualitativ* von einer Strafe als sozialethisches Unwerturteil[123] unterscheiden lassen, im Einzelfall kann eine Ordnungswidrigkeit, etwa in Gestalt eines schweren Kartellverstoßes nach § 81 Abs. 2 Nr. 1 GWB, aber durchaus so schwer wiegen kann wie eine Straftat.[124]

D. Folgerungen der Abgrenzung zwischen Straftat und Ordnungswidrigkeit für das Bußgeldverfahren

Vor dem Hintergrund möglicher Reformen im Ordnungswidrigkeitenverfahren stellt sich vor allem die Frage, welche Folgen die aus der Abgrenzung der Straftat von der Ordnungswidrigkeit gewonnenen Ergebnisse für die *grundlegende* Ausgestaltung des Ordnungswidrigkeitenverfahrens nach sich ziehen können. Eine solche Untersuchung dient gleichzeitig der für den weiteren Verlauf der Arbeit

---

120 BT-Drs. 18/4721, v. 22.04.2015, S. 6.

121 BT-Drs. 18/4721, v. 22.04.2015, S. 6.

122 Vgl. dazu den Vorschlag von *Weck,* ZStW 131 (2019), 65, 91 f., der eine Zweiteilung des Verfahrens anstrebt.

123 *Klesczewski,* § 8, Rn. 579.

124 *Mitsch,* Recht der Ordnungswidrigkeiten, § 3, Rn. 11; die sog. *gemischt qualitativ-quantitative Methode* ist dabei die derzeit herrschende Betrachtungsweise zur Abgrenzung der Ordnungswidrigkeit von der Straftat, siehe dazu *Petersohn,* S. 237; *Frister,* Strafrecht AT, S. 5; Blum/Gassner/Seith/*Gassner,* Einleitung, Rn. 3; *Weßlau,* StV 1999, 278, 287; *Achenbach,* GA 2008, 1, 10 f.; *Zabel,* S. 358; *Wohlers,* S. 102 ff.; *Hefendehl,* ZIS 2016, 636, 641; einen Überblick zum gesamten Streitstand liefert *Klesczewski,* § 1, Rn. 5 ff.

wichtigen Fragestellung nach dem Umfang der Bindung des Ordnungswidrigkeitenverfahrens an die Strafprozessordnung. Im Mittelpunkt soll dabei die Frage stehen, welche Mindestgarantien im Ordnungswidrigkeitenverfahren angesichts der Rechtsnatur der Geldbuße als nachdrückliche Pflichtenmahnung gelten.

I. Sinngemäße Anwendung der Strafprozessordnung?

Schon aufgrund der Differenzierung zwischen der im Ordnungswidrigkeitenverfahren verhängten Geldbuße als nachdrückliche Pflichtenmahnung und der im Strafprozess angedrohten Geld- oder Freiheitsstrafe als sozialethisches Unwerturteil wird deutlich, dass das Ordnungswidrigkeitenrecht ein vom Strafrecht eigenständig zu betrachtendes Rechtsgebiet ist: Die dort verhängte Pflichtenmahnung ist – anders als eine verhängte Kriminalstrafe – „sozialethisch neutral".[125] So spricht schon das Bundesverfassungsgericht davon, dass die Pflichtenmahnung des Ordnungswidrigkeitenrechts „keine ins Gewicht fallende Beeinträchtigung des Ansehens und des Leumundes des Betroffenen zur Folge hat, mag sie dessen Vermögen auch ebenso stark belasten wie eine vergleichbare Geldstrafe".[126]

Diese Eigenständigkeit des Ordnungswidrigkeitenrechts wird außerdem durch die Vorschrift des § 46 Abs. 1 OWiG untermauert, wonach die Vorschriften der StPO für das Bußgeldverfahren nur *sinngemäß* gelten und die Verfahrensvorschriften im OWiG vorrangig zu beachten sind. Man kann das Ordnungswidrigkeitenverfahren daher als eine Verfahrensart *sui generis* beschreiben, die sich zwar zunächst an strafprozessualen Vorschriften orientiert, diese aber durch ihre eigenen Wertungen überlagern kann.[127] Die Bindung an die Form des Strafprozesses ist dabei keine Selbstverständlichkeit. Unabhängig von verfassungsrechtlichen Problemstellungen und rechtsstaatlichen Garantien könnte man es aus Effektivitätsgründen in Betracht ziehen, das ordnungswidrigkeitenrechtliche Verfahren dem verwaltungsgerichtlichen Verfahren nachzubilden, wie es derzeit speziell für das Kartellordnungswidrigkeitenrecht diskutiert wird.[128]

---

125 KK-OWiG/*Mitsch,* § 17, Rn. 7; Göhler/*Gürtler,* vor § 1, Rn. 9; differenzierend: *Achenbach,* ZIS 2012, 178, 180.

126 BVerfGE 27, 18, 33 = NJW 1969, 1619, 1622 = DÖV 1969, 715, 716.

127 Anders *Mitsch,* Recht der Ordnungswidrigkeiten, § 21, Rn. 1: „Das Bußgeldverfahrensrecht schottet sich nämlich vom Strafverfahrensrecht nicht hermetisch ab, sondern verhält sich zu ihm als *lex specialis.*"; vgl. auch *Klesczewski,* § 9, Rn. 683: „eigenartige Mischung aus Verwaltungs- und Strafverfahren"; Göhler/*Seitz/Bauer,* § 46, Rn. 8: „Wegen der unterschiedlichen Bedeutung beider Verfahren sind die Vorschriften der allgemeinen Gesetze über das Strafverfahren *nicht immer in vollem Umfang* auf das Bußgeldverfahren *übertragbar*"; ursprünglich war das Verfahren streng zweigleisig ausgestaltet, dazu näher: KK-OWiG/*Lampe,* § 46, Rn. 1.

128 *C. Dannecker,* NZKart 2015, 30; Hintergrundpapier des Bundeskartellamtes zum Kartellbußgeldverfahren, S. 26 f.; *Stockmann,* ZWeR 2015, 189, 196 f.; Zwischenbericht des Bundeskartellamtes zum Expertenkreis Kartellsanktionenrecht, NZKart 2015, 2, 7 f.; *Chmeis,* NZKart 2016, 564, 567.

II. Gestaltung des Verfahrens: Beschleunigungsgebot

Aus den bisherigen Ausführungen folgt auch, dass es im Vorverfahren einer Ordnungswidrigkeit Unterschiede zum Strafprozess geben muss. Ordnungsverstöße treten in einer viel größeren Anzahl auf, als Verstöße gegen strafrechtliche Normgebote.[129] Im Vorverfahren einer Ordnungswidrigkeit übernimmt daher eine Verwaltungsbehörde die Ermittlungen und bringt das Verfahren mit einem Bußgeldbescheid zunächst selbstständig zum Abschluss.[130] Im Strafverfahren führt die Staatsanwaltschaft als Verfolgungsbehörde lediglich die Ermittlungen und klagt den Beschuldigten an.[131] Sie kann also, anders als die Verwaltungsbehörde, keine vorläufige Freiheits- oder Geldstrafe verhängen, gegen die der Beschuldigte Einspruch erheben müsste. Aus Art. 92 GG folgt, dass nur der Richter zur Verhängung einer Kriminalstrafe befugt ist.[132]

Auch das ordnungswidrigkeitenrechtliche Hauptverfahren kann aufgrund des Charakters der Geldbuße als nachdrückliche Pflichtenmahnung grundsätzlich an weniger strenge Grundsätze hinsichtlich der Beweisaufnahme, Prozesshandlungen oder allgemein der Beteiligtenrechte der Betroffenen geknüpft werden.[133] Diese Annahme wird durch die Grundkonzeption des Ordnungswidrigkeitenrechts untermauert, das von seiner Zielrichtung her auf die Behandlung und den Abschluss vornehmlich geringfügiger Ordnungsverstöße ausgelegt ist.[134] Dies zeigt die Vorschrift des § 17 Abs. 1 OWiG, die als allgemeines Höchstmaß einer Geldbuße 1000 € vorsieht.[135] Als weitere typische Regelung, die den Beschleunigungscharakter der Hauptverhandlung im Ordnungswidrigkeitenverfahren zum Ausdruck bringt, ist § 77a OWiG zu nennen. In einer vereinfachten Art der Beweisaufnahme kann nach § 77a Abs. 1 OWiG die Vernehmung eines Zeugen, Sachverständigen oder Mitbetroffenen durch Verlesung von Protokollen über eine frühere Vernehmung ersetzt werden. Das Ziel des Gesetzgebers war es, „eine rasche Entscheidung ohne übermäßigen Verfahrensaufwand treffen zu können".[136]

---

129 Vgl. nur *Scheffler/Matthies*, NZV 2007, 607, 609.

130 *Klesczewski*, § 9, Rn. 675; *Wieser*, S. 25; KK-OWiG/*Lampe*, § 35, Rn. 1; BeckOK-OWiG/*Inhofer*, § 35, Rn. 12; Rosenkötter/*Louis*, Rn. 444; *Mitsch*, Recht der Ordnungswidrigkeiten, § 26, Rn. 2; *Krenberger/Krumm*, § 35, Rn. 1; Göhler/*Gürtler*, § 35, Rn. 2.

131 *Roxin/Schünemann*, § 9, Rn. 4; *Volk/Engländer*, StPO, § 6, Rn. 7 f.; BeckOK-StPO/*Beukelmann*, § 151, Rn. 1 f.; MüKo-StPO/*Peters*, Band 2, § 151 StPO, Rn. 1.

132 BVerfGE 22, 49, 80; *Bohnert/Bülte*, § 1, Rn. 40; Maunz/Dürig/*Hillgruber*, Band VI, Art. 92, Rn. 52.

133 Vgl. BT-Drs. 10/2652 v. 17.12.1984, S. 24.

134 *Schmitz*, wistra 2016, 129.

135 So *Schmitz*, wistra 2016, 129; siehe auch *Bohnert/Bülte*, § 1, Rn. 31.

136 BT-Drs. 10/2652 v. 17.12.1984, S. 24.

III. Mindeststandard an Betroffenenrechten?

Im Ordnungswidrigkeitenverfahren erscheint also in einem Vergleich zum Strafverfahren ein abgesenkter Standard an Betroffenenrechten denkbar. Doch wie weit darf ein solcher Unterschied reichen und welches verfassungsrechtliche Mindestmaß an Verfahrensgarantien soll auf der anderen Seite existieren? Dies wird in erster Line davon abhängen, *wie nah* sich eine Ordnungswidrigkeit und Straftat genau stehen. So wurde bereits dargelegt, dass sich die Verhängung einer Geldbuße im Ordnungswidrigkeitenrecht in einer bloßen Pflichtenmahnung erschöpft, während Strafe ein sozialethisches Unwerturteil nach sich zieht.[137] Um sich gegen ein solches strafrechtliches Unwerturteil zur Wehr zu setzen, wird man dem Beschuldigten mehr Verteidigungsrechte zugestehen müssen, als in einem Bußgeldverfahren. Streng genommen ist es daher maßgeblich die *Rechtsfolge*, die die Schutzstandards des Betroffenen bzw. Beschuldigten im Straf- bzw. Ordnungswidrigkeitenverfahren konstruiert.

Im Folgenden bleibt daher zu untersuchen, welcher Rechtscharakter einer Geldbuße als Rechtsfolge einer Ordnungswidrigkeit zukommt. Je mehr man dabei von einem strafrechtlichen Charakter sprechen kann, desto höhere Anforderungen wird man in Anlehnung an den Strafprozess an die Geltung von Betroffenen- und Verfahrensrechten im gesamten Bußgeldverfahren stellen können.

1. Ausgangspunkt: Rechtsnatur der Geldbuße

Die Rechtsnatur einer Geldbuße wird höchst unterschiedlich beurteilt. Dabei kann man sich dem Problem von verschiedenen Seiten nähern: Zunächst beleuchtet die Arbeit, wie der europäische Gesetzgeber in Abweichung vom deutschen Gesetzgeber die Rechtsnatur einer Geldbuße bestimmt. Im Anschluss wird anhand der Rechtsprechung des Bundesverfassungsgerichts, des Europäischen Gerichtshofs für Menschenrechte und der Europäischen Gerichte (EuGH, EuG) dargelegt, welche unterschiedlichen Ansätze zur Einordnung der Natur der Geldbuße in der nationalen und europäischen Judikatur existieren und welcher Mindeststandard an Verfahrens- und Betroffenenrechten aus diesen Gerichtsentscheidungen folgt.

a. Vorüberlegung: Unrechtsgehalt als Definitionskriterium?

Zunächst könnte man jedoch vorgelagert danach fragen, ob nicht schon der Unrechtsgehalt der jeweiligen Ordnungswidrigkeit Auskunft über den Rechtscharakter der Geldbuße geben kann, also etwa das konkrete Überschreiten der Höchstgeschwindigkeit, § 3 StVG, oder ein wettbewerbswidriges Handeln in Form einer Hardcore-Kartellabsprache, z.B. nach § 81 Abs. 2 Nr. 1 GWB. Dieses Kriterium blickt aber nur mittelbar auf den der Geldbuße zugrunde liegenden Verstoß. Bei der Frage nach der Rechtsnatur der Geldbuße geht es gerade nicht

137 *Klesczewski,* § 8, Rn. 579; *Bohnert/Bülte,* § 2, Rn. 125.

um die Voraussetzungen eines Ordnungswidrigkeitentatbestands, sondern um die konkrete Sanktion als Rechtsfolge eines solches Verhaltens. Das Kriterium des Unrechtsgehalts des jeweiligen Tatbestandes erscheint damit insgesamt als kein geeignetes Mittel, um Auskunft über den Rechtscharakter einer Geldbuße zu geben.

b. Einordnung durch den nationalen und europäischen Gesetzgeber

Im nationalen Ordnungswidrigkeitenrecht dient die Geldbuße sowohl der Ahndung, als auch der Gewinnabschöpfung, § 17 Abs. 4 S. 1 OWiG.[138] Gleichzeitig kommt ihr ein Abschreckungseffekt zu: Die Geldbuße soll Normadressaten in Zukunft zu ordnungsgemäßem Verhalten bewegen.[139] Speziell die Kriterien der Ahndung und Prävention deuten auf eine Nähe zum Strafrecht hin.[140]

Blickt man dagegen auf die europäische Rechtslage, so ordnet Art. 23 Abs. 5 VO 1/2003 an, dass die im europäischen Kartellrecht verhängten Geldbußen *keinen strafrechtlichen Charakter* haben. Mit der Vorschrift sollte zum Ausdruck kommen, dass die Europäische Union keine Kompetenz zum Erlass von Strafnormen hat, da die Mitgliedsstaaten ihre Zuständigkeiten hier nur zurückhaltend übertragen wollten.[141] Aufgrund der Tatsache, dass höherrangiges Recht dem Wortlaut des Art. 23 Abs. 5 VO 1/2003 vorgeht, sollte man den tatsächlichen Auswirkungen der Vorschrift keine allzu große Bedeutung beimessen.[142]

c. Einordnung durch nationale und europäische Gerichte

Genauere Anhaltspunkte zur Rechtsnatur der Geldbuße lassen sich aus Entscheidungen europäischer und nationaler Gerichte entnehmen. Bedeutsam sind hier vor allem die Rechtsprechung des Europäischen Gerichtshofs für Menschenrechte und die des Bundesverfassungsgerichts.

---

138 *Klesczewski,* § 8, Rn. 594; *Fehl,* S. 101 f.; BeckOK-OWiG/*Sackreuther,* § 17 OWiG, Rn. 5; Immenga/Mestmäcker/*Biermann,* EU-Wettbewerbsrecht, Band 1, Art. 23 VO 1/2003, Rn. 335; KK-OWiG/*Mitsch,* § 17, Rn. 8; vgl. auch Momsen/Grützner/*Dessecker,* S. 113 oder *Achenbach,* wistra 2018, 13, 18; Kamann/Ohlhoff/Völcker/*Wagener/Oest,* § 18, Rn. 91.

139 Blum/Gassner/Seith/*Gassner,* § 17, Rn. 2; vgl. auch KK-OWiG/*Mitsch,* § 17, Rn. 4 oder BeckOK-OWiG/*Sackreuther,* § 17 OWiG, Rn. 8.

140 Vgl. dazu MüKo-StGB/*Joecks,* Bd. 1, Einl., Rn. 52 ff.

141 Immenga/Mestmäcker/*Dannecker/Biermann,* Band 1, Art. 23 VO 1/2003, Rn. 328; *Lorenzmeier,* ZIS 2008, 20, 21; umfassend dazu auch *Theurer,* S. 64.

142 *Möschel,* DB 2010, 2377, 2378; Immenga/Mestmäcker/*Dannecker/Biermann,* Band 1, Art. 23 VO 1/2003, Rn. 328.

aa. Bundesverfassungsgericht

(1) Beschluss vom 14.10.1958 – *Bußgeldverfahren*

In seinem Beschluss vom 14.10.1958 hat das Bundesverfassungsgericht angeführt, dass die Geldbuße als nachdrückliche Pflichtenmahnung „nicht in eine Freiheitsstrafe umgewandelt" werden könne.[143] Der Zuordnung einer hohen Geldbuße zum Strafrecht hat das Gericht damit eine Absage erteilt. Auf der anderen Seite brachte das Gericht in einem Fall, der einen Durchsuchungs- und Beschlagnahmebeschluss wegen des Verdachts von Kartellabsprachen betraf, an, dass „eine Ordnungswidrigkeit im Einzelfall das Gemeinwohl weitaus empfindlicher treffen kann, als ein mit Strafe bedrohtes Handeln".[144] Das Bundesverfassungsgericht trennt damit zwar auf der einen Seite zwischen Straftaten und Ordnungswidrigkeiten, erkennt aber auf der anderen Seite die hohe Gemeinschädlichkeit bestimmter Ordnungswidrigkeiten an. Schon daraus wird eine erste Tendenz erkennbar, dass das Bundesverfassungsgericht Ordnungswidrigkeiten als strafähnliche Sanktionen betrachtet.

(2) Entscheidungen zu Art. 103 Abs. 2 GG

Klarheit in der Frage bringt ein Blick auf Entscheidungen des Bundesverfassungsgerichts zu Art. 103 Abs. 2 GG. Nach Art. 103 Abs. 2 GG kann eine Tat nur bestraft werden, wenn die *Strafbarkeit* gesetzlich bestimmt war, bevor die Tat begangen wurde. Aus dieser Formulierung lassen sich bestimmte Rechtsgrundsätze ableiten, darunter der strafrechtliche Bestimmtheitsgrundsatz, das Rückwirkungsverbot, das Analogieverbot sowie das Verbot von Gewohnheitsrecht.[145] Durch diese grundrechtlichen Gewährleistungen soll der Bürger nicht nur vor „willkürlicher Ausübung und Ausdehnung der staatlichen Strafgewalt" geschützt werden, sondern auch vorhersehen können, welches Verhalten einen strafrechtlichen Vorwurf nach sich ziehen kann.[146] Blickt man allein auf den Wortlaut des Art. 103 Abs. 2 GG, scheint sich die Vorschrift nur auf das Strafrecht im engeren Sinne zu beschränken und das Ordnungswidrigkeitenrecht auszuklammern („*bestraft*/*Strafbarkeit*").

Das Bundesverfassungsgericht stellt dazu fest, dass Art. 103 Abs. 2 GG auf staatliche Maßnahmen beschränkt sei, die eine „missbilligende hoheitliche Reaktion auf ein rechtswidriges, schuldhaftes Verhalten darstellen und wegen dieses Verhaltens ein Übel verhängen, das dem Schuldausgleich dient".[147] Hiervon erfasst sind

143 BVerfGE 8, 197, 207; vgl. dazu *Möschel,* WuW 2010, 869,872 f.

144 BVerfG v. 27.04.1973, WuW/E VG 235 f.; *Möschel,* WuW 2010, 869, 874; siehe ebenso die Unterrichtung durch die Bundesregierung: Bericht des Bundeskartellamts über seine Tätigkeit im Jahr 1973 sowie über Lage und Entwicklung auf seinem Aufgabengebiet (§ 50 GWB), v. 14.06.1974, Drs. 7/2250, S. 117.

145 *Wessels/Beulke/Satzger,* § 2, Rn. 72 ff.; BeckOK-GG/*Radtke*/*Hagemeier*, Art. 103 GG, Rn. 18.

146 *Wessels/Beulke/Satzger,* § 2, Rn. 69.

147 BVerfGE 109, 133, 167; siehe auch BeckOK-GG/*Radtke*/*Hagemeier*, Art. 103, Rn. 19.

auch Ordnungswidrigkeiten.[148] Aus letzterem Beschluss wird die Einordnung einer Geldbuße als strafrechtliche Sanktion, für die die verfassungsrechtlichen Anforderungen des Art. 103 Abs. 2 GG gelten müssen, deutlich. Deswegen ordnet auch § 3 OWiG ausdrücklich an, dass eine Handlung nur dann als Ordnungswidrigkeit geahndet werden kann, wenn die Möglichkeit der Ahndung gesetzlich bestimmt war, bevor die Handlung begangen wurde.[149]

bb. Europäischer Gerichtshof für Menschenrechte

(1) Ausgangspunkt: Art. 6 Abs. 1 S. 1 EMRK

Neben dem Bundesverfassungsgericht hat auch schon der EGMR mehrfach zum Rechtscharakter einer Geldbuße Stellung bezogen. Nach Art. 6 Abs. 1 S. 1 EMRK hat jede Person ein Recht darauf, dass über Streitigkeiten in Bezug (...) über eine gegen sie erhobene *strafrechtliche Anklage* von einem unabhängigen und unparteiischen, auf Gesetz beruhenden Gericht in einem fairen Verfahren, öffentlich und innerhalb angemessener Frist verhandelt wird. Nach dem Wortlaut von Art. 6 Abs. 1 S. 1 EMRK ist zunächst unklar, ob eine Ordnungswidrigkeit unter das Merkmal der *strafrechtlichen* Anklage zu subsumieren ist und ob sich der Betroffene in einem Bußgeldverfahren auf die in Art. 6 EMRK bezeichneten Rechte berufen kann. Hier ist zunächst festzustellen, dass auf dieser Ebene die Abgrenzung zwischen Ordnungswidrigkeit und Straftat schon gar keine Rolle spielt. Vielmehr geht es hier um die eigentliche Auslegung des Begriffs des *Strafrechts*, da Art. 6 EMRK der einheitliche Begriff der „strafrechtlichen Anklage" zugrunde liegt. Der EMRK ist der Begriff einer „Ordnungswidrigkeit" damit fremd.

(2) Interpretation der strafrechtlichen Anklage: Die *Engel*-Kriterien

Der EGMR legt das Merkmal der „strafrechtlichen Anklage" unabhängig von dem Verständnis der Vertragsparteien aus:[150] „These expressions [Anm: „criminal charge" bzw. „charged with a criminal offence"] are to be interpreted as having an ‚autonomous' meaning in the context of the Convention and not on the basis of their meaning in domestic law."[151] Zur näheren Bestimmung des Begriffs der strafrechtlichen Anklage ist die Rechtssache *Engel* wegweisend.[152] Dort stellte der

148 BVerfG, Beschl. v. 09.10.2000, 1 BvR 1627/95, Rn. 55 – *juris*; BeckOK-GG/*Radtke*/*Hagemeier*, Art. 103, Rn. 18.

149 BeckOK-GG/*Radtke*/*Hagemeier*, Art. 103, Rn. 18.

150 EGMR, Urt. v. 26.03.1982, Nr. 8269/78 (*Adolf/Österreich*), § 30; Karpenstein/Mayer/*Meyer*, Art. 6 EMRK, Rn. 23; ausf. zum Zeitpunkt des Vorliegens der strafrechtlichen Anklage: *Esser*, Auf dem Weg zu einem europäischen Strafverfahrensrecht, S. 81 ff.; siehe auch SK-StPO/*Meyer*, Band X, Art. 6 EMRK, Rn. 33.

151 EGMR, Urt. v. 26.03.1982, Nr. 8269/78 (*Adolf/Österreich*), § 30.

152 EGMR Urt. v. 8.6.1976, Nr. 5100/71 (*Engel u.a./Niederlande*).

EGMR anhand dreier Kriterien dar, wann von einer strafrechtlichen Anklage zu sprechen ist.[153] Diese Kriterien gelten alternativ.[154]

In einem ersten Schritt blickt der EGMR auf die rechtliche Einordnung der infrage stehenden Vorschriften durch den nationalen Gesetzgeber.[155] So untersucht er im zugrunde liegenden Fall, ob die Rechtsnormen zum Strafrecht oder zum Disziplinarrecht gehören.[156] Dabei macht er aber gleichzeitig deutlich, dass diesem ersten Kriterium keine allzu große Bedeutung zugemessen werden darf.[157] Mehr Klarheit bringt nach Ansicht des EGMR das zweite Kriterium in Form der Natur des zugrunde liegenden Verstoßes.[158] Gegen die Einordnung als Strafe spricht daher beispielsweise, wenn eine Sanktion nur dem Zwecke der Kompensation dient oder auf den Schutz dritter Interessen abzielt.[159] Das dritte Kriterium schließlich stellt maßgeblich auf die Art und Schwere der Sanktion ab.[160]

(3) Geldbußen als strafrechtliche Anklage? Die Rechtssache *Öztürk*

Fragt man speziell nach der Einordnung einer Ordnungswidrigkeit unter den Begriff der strafrechtlichen Anklage, so sticht die Entscheidung des EGMR in der Rechtssache *Öztürk* heraus.[161] Dort lies der Gerichtshof keine Zweifel daran offen, dass Verkehrsordnungswidrigkeiten im deutschen Recht ein strafrechtlicher Charakter zukommt:[162] „Above all, the general character of the rule and the purpose of the penalty, being both deterrent and punitive, suffice to show that the offence in question was, in terms of Article 6 (art. 6) of the Convention, criminal in nature."[163] Gleichgültig sei dagegen, welcher Schweregrad der Straftat im Einzelfall zukommt:[164] „The fact that it was admittedly a minor offence hardly likely to harm the reputation of the offender does not take it outside the ambit of Article 6 (art. 6). There is in fact nothing to suggest that the criminal offence referred to in the Convention necessarily implies a certain degree of seriousness."[165] Diese

153 EGMR Urt. v. 8.6.1976, Nr. 5100/71 (*Engel u.a./Niederlande),* § 82; *Engel,* S. 36 f.; *Poelzig,* NZG 2016, 492, 500 f.

154 *Grabenwarter/Pabel,* § 24, Rn. 19; *Vocke,* S. 126 oder *Manzel,* S. 78 f.

155 EGMR Urt. v. 8.6.1976, Nr. 5100/71 (*Engel u.a./Niederlande),* § 82.

156 EGMR Urt. v. 8.6.1976, Nr. 5100/71 (*Engel u.a./Niederlande),* § 82.

157 EGMR Urt. v. 8.6.1976, Nr. 5100/71 (*Engel u.a./Niederlande),* § 82.

158 EGMR Urt. v. 8.6.1976, Nr. 5100/71 (*Engel u.a./Niederlande),* § 82.

159 *Poelzig/Bauermeister,* NZKart 2017, 491, 493 m.w.N.

160 EGMR Urt. v. 8.6.1976, Nr. 5100/71 (*Engel u.a./Niederlande),* § 82; Meyer-Ladewig/ *Meyer-Ladewig/Harrendorf/König,* Art. 6, Rn. 24; *Vocke,* S. 126.

161 EGMR, Urt. v. 21.2.1984, Nr. 8544/79 (*Öztürk/Germany).*

162 EGMR, Urt. v. 21.2.1984, Nr. 8544/79 (*Öztürk/Germany),* § 53; siehe dazu auch LR-EMRK/*Esser,* Art. 6, Rn. 74; *Koch,* S. 60; für die Kartellgeldbuße siehe die Abhandlung bei *Poelzig/Bauermeister,* NZKart 2017, 491, 493 f.

163 EGMR, Urt. v. 21.2.1984, Nr. 8544/79 (*Öztürk/Germany),* § 53.

164 EGMR, Urt. v. 21.2.1984, Nr. 8544/79 (*Öztürk/Germany),* § 53.

165 Zum Ganzen: EGMR, Urt. v. 21.2.1984, Nr. 8544/79, (*Öztürk/Germany),* § 53.

Rechtsprechung bestätigte der EGMR schließlich in seinem Urteil in der Sache *Menarini*.[166] Dort gab er an, dass auch Bußgelder im Kartellrecht der strafrechtlichen Anklage i.S.d. Art. 6 Abs. 1 S. 1 EMRK unterfallen.[167]

Festzuhalten bleibt, dass der EGMR – anders als der deutsche Gesetzgeber – schon gar nicht zwischen Straftaten und Ordnungswidrigkeiten differenziert, sondern mithilfe seiner eigens aufgestellten *Engel*-Kriterien einen eigenständigen Begriff des Strafrechts prägt. Führt man diesen Gedanken zuende, könnte man annehmen, dass Geldbußen im deutschen Recht auf der Ebene der EMRK nicht nur *strafrechtsähnliche*, sondern sogar *strafrechtsgleiche* Wirkungen entfalten. Konsequenterweise könnten sich Betroffene im Bußgeldverfahren auf den uneingeschränkten Schutz der Garantien des Art. 6 EMRK berufen. Dies widerspräche in einer ersten Betrachtung der Grundstruktur des Bußgeldverfahrens zur zügigen Ahndung von Massenverstößen, in dem die Verfahrensrechte der Betroffenen im Vergleich zum Strafprozess abgesenkt werden können.[168]

(4) Einschränkungen durch die *Jussila*-Rechtsprechung

Damit ließe man jedoch das Urteil *Jussila/Finnland* außer Acht.[169] Hier nahm der EGMR ausdrücklich auf die Rechtssache *Öztürk*[170] Bezug, um klarzustellen, dass es durch das Verständnis der strafrechtlichen Anklage anhand der *Engel*-Kriterien zu einer Ausdehnung des Anwendungsbereichs des Art. 6 EMRK auf Vorschriften komme, die schon gar nicht zu den üblichen Kategorien des Strafrechts zählen.[171] Dazu gehören insbesondere auch Ordnungswidrigkeiten.[172] In dem Urteil differenziert der EGMR damit zwischen Straftaten von gewichtiger und geringer Bedeutung: „[...] it is self-evident that there are criminal cases which do not carry any significant degree of stigma. There are clearly ‚criminal charges' of differing weight."[173] Als konkretes Beispiel führt er Steuerzuschläge an, die sich klar von einem Kernbereich des Strafrechts trennen lassen.[174] Im Ergebnis, so der EGMR, würden die Garantien des Art. 6 EMRK außerhalb traditioneller Bereiche des Strafrechts nicht zur vollen Anwendung gelangen:[175] „[...] the criminal-head guarantees will not necessarily apply with their full stringency."[176]

---

166 EGMR, Urt. v. 27.09.2011, Nr. 43509/08 (*Menarini/Italien*).
167 EGMR, Urt. v. 27.09.2011, Nr. 43509/08 (*Menarini/Italien*), § 42 u. 44; siehe auch: *Soltész,* WuW 2012, 141, 145; *Bueren,* EWS 2012, 363, 367; *Noltenius,* Europäisches Strafrecht, S. 30.
168 *Klesczewski*, § 9, Rn. 675; *Mitsch,* Recht der Ordnungswidrigkeiten, § 14, Rn. 6.
169 EGMR, Urt. v. 23.11.2006, Nr. 73053/01 (*Jussila/Finnland*).
170 EGMR, Urt. v. 21.2.1984, Nr. 8544/79 (*Öztürk/Germany*).
171 Vgl. EGMR, Urt. v. 23.11.2006, Nr. 73053/01 (*Jussila/Finnland*), § 43.
172 EGMR, Urt. v. 23.11.2006, Nr. 73053/01 (*Jussila/Finnland*), § 43.
173 EGMR, Urt. v. 23.11.2006, Nr. 73053/01 (*Jussila/Finnland*), § 43.
174 EGMR, Urt. v. 23.11.2006, Nr. 73053/01 (*Jussila/Finnland*), § 43.
175 EGMR, Urt. v. 23.11.2006, Nr. 73053/01 (*Jussila/Finnland*), § 43.
176 EGMR, Urt. v. 23.11.2006, Nr. 73053/01 (*Jussila/Finnland*), § 43.

Nach der Rechtsprechung des EGMR kann den Geldbußen im Wirtschaftsrecht daher zwar kein strafrechtsgleicher, jedoch ein strafrechtsähnlicher Charakter zugesprochen werden; sie unterfallen nach diesen Grundsätzen dem Strafrecht im weiteren Sinne.[177] Das hat speziell für Ordnungswidrigkeiten und das Bußgeldverfahren zur Folge, dass auch die Garantien des Art. 6 EMRK nur in abgestufter Weise zur Anwendung kommen. Durch die Rechtssache *Jussila* hat der EGMR damit indirekt einen Widerspruch zum Bußgeldverfahren vermieden, indem bei Ordnungswidrigkeiten nun sowohl auf der Ebene der EMRK, als auch im nationalen Recht verfahrensrechtliche Standards abgesenkt werden können.

cc. Europäische Rechtsprechung

Nach einem Urteil des EuG kommt Geldbußen, die Verstöße gegen das Wettbewerbsrecht sanktionieren, kein strafrechtlicher Charakter zu.[178] Der EuGH hat sich bisher jedenfalls noch nicht klar zum Charakter von Geldbußen geäußert, stellt aber die Nähe zum Verwaltungsrecht her.[179] Er erkennt jedoch an, dass durch Geldbußen eine Abschreckungswirkung erzielt wird.[180] Jedenfalls müssten auch in solchen Fällen die strafrechtlichen Garantien beachtet werden, die sich aus der EMRK ergeben.[181]

d. Einordnung der Geldbußen: Strafrecht im weiteren Sinne

Nach der hier vertretenen Ansicht sind Geldbußen im Ordnungswidrigkeitenrecht insgesamt dem Strafrecht im weiteren Sinne zuzuordnen. Zwar soll eine Geldbuße nur eine nachdrückliche Pflichtenmahnung darstellen.[182] Sie wird jedoch als repressive Maßnahme und Reaktion auf vergangenes Verhalten genutzt und ist damit mittelbar mit dem Schuldprinzip, § 46 Abs. 1 S. 1 StGB, verknüpft.[183] Ferner soll

---

177 *Bueren,* EWS 2012, 363, 369.

178 EuG, Urt. v. 13.07.2011, Rs. T-138/07 – *Schindler,* Rn. 53, juris; *Ackermann,* ZWeR 2012, 3, 10.

179 EuGH, Urt. v. 10.05.2007, C-328/05 P, *SGL Carbon,* Rn. 70; *Lorenzmeier,* ZIS 2012, 20, 22; vgl. auch Immenga/Mestmäcker/*Biermann,* EU-Wettbewerbsrecht, Band 1, Art. 23 VO 1/2003, Rn. 331oder die Darstellung bei *Schwarze,* WuW 2009, 6, 9.

180 EuGH, Urt. v. 07.06.1983, C-100/80, Rn. 106; *Lorenzmeier,* ZIS 2008, 20, 22 m.w.N.

181 EuGH, Urt. v. 08.07.1999, C-199/92 P, Rn. 149 f.; *Lorenzmeier,* ZIS 2008, 20, 22; Loewenheim/*Nowack,* Art. 23 VO 1/2003, Rn. 51.

182 BVerfGE 27, 18, 33 = NJW 1969, 1619, 1622 = DÖV 1969, 715, 716; BVerfGE 45, 272, 289 = NJW 1977, 1629; KK-OWiG/*Mitsch,* § 17, Rn. 7.

183 Immenga/Mestmäcker/*Biermann,* EU-Wettbewerbsrecht, Band 1, Art. 23 VO 1/2003, Rn. 335; *Wilfert,* S. 145.

die Sanktion andere natürliche Personen von ähnlichen Handlungen in Zukunft abhalten.[184] Damit entfaltet die Geldbuße eine präventive Wirkung.[185]

In eine ähnliche Richtung gehen auch die Ausführungen der Bundesregierung beim Entwurf eines Gesetzes zur Regelung der Verständigungen im Strafverfahren.[186] Hier bezeichnete diese speziell Kartellordnungswidrigkeiten als „schwerwiegende Ordnungswidrigkeiten", für die im Prozess eine Situation entstehen könne, „die eine „Verständigung" angezeigt erscheinen lassen kann".[187] Für diese Konstellation kann es notwendig sein, (sogar) „die im Strafverfahren aufgestellten prozessualen Anforderungen und Bedingungen auch im Bußgeldverfahren greifen zu lassen".[188]

Speziell die Schwere der Sanktionen von Bußgeldtatbeständen im Wirtschaftsrecht weist auf eine strafähnliche Wirkung der Geldbuße hin.[189] Hierfür spricht beispielsweise die Signalwirkung der im Kartellrecht verhängten, hohen Geldbußen.[190] Nicht außer Betracht lassen darf man hier freilich, dass bei bestimmten Ordnungswidrigkeiten im Wirtschaftsrecht die Bußgelder gerade deshalb so hoch ausfallen, da sonst gegenüber dem Betroffenen keine hinreichende Abschreckung erzielt werden kann. Ferner muss man die Möglichkeit der Erhöhung der Geldbuße bei Wiederholungstätern miteinbeziehen.

2. Folgen: Geltung zentraler strafprozessualer Grundsätze

Es herrscht Uneinigkeit darüber, ob und in welchem Ausmaß Geldbußen, die in einem Ordnungswidrigkeitenverfahren verhängt werden, dem Strafrecht zuzuordnen sind. Das vertretene Meinungsspektrum reicht von einer reinen verwaltungsrechtlichen Sanktion auf europäischer Ebene bis hin zu einer Zuordnung zum Strafrecht im weiteren Sinne.

In jedem Fall gelten die durch die *Jussila*-Rechtsprechung des EGMR eingeschränkten Garantien aus Art. 6 Abs. 1 EMRK und entsprechend auch die in Art. 6 Abs. 2 EMRK verbürgte Unschuldsvermutung, die sich auf alle Verfahren nach

184 Immenga/Mestmäcker/*Biermann,* EU-Wettbewerbsrecht, Band 1, Art. 23 VO 1/2003, Rn. 336.

185 Immenga/Mestmäcker/*Biermann,* EU-Wettbewerbsrecht, Band 1, Art. 23 VO 1/2003, Rn. 336; siehe auch *Theurer,* S. 76; *Harrendorf,* NK 2018, 250, 261.

186 Gesetzentwurf der Bundesregierung zur Regelung der Verständigung im Strafverfahren, BT-Drs. 16/12310, v. 18.03.2009.

187 Gesetzentwurf zur Regelung der Verständigung im Strafverfahren, BT-Drs. 16/12310, v. 18.03.2009, S. 15 f.; *Herrlinger,* ZWeR 2012, 137, 139.

188 Gesetzentwurf zur Regelung der Verständigung im Strafverfahren, BT-Drs. 16/12310, v. 18.3.2009, S. 15 f.; dazu auch *Herrlinger,* ZWeR 2012, 137, 139.

189 Immenga/Mestmäcker/*Biermann,* EU-Wettbewerbsrecht, Band 1, Art. 23 VO 1/2003, Rn. 334 f.; *Winkler,* S. 61; vgl. auch *Noltenius,* Europäisches Strafrecht, S. 28.

190 Immenga/Mestmäcker/*Dannecker/Biermann,* EU-Wettbewerbsrecht, Band 1, Art. 23 VO 1/2003, Rn. 334 f.; siehe auch *Schwarze/Bechtold/Bosch,* Rechtsstaatliche Defizite S. 21; Loewenheim/*Nowak,* Art. 23 VO 1/2003, Rn. 50 oder *Fehl,* S. 103.

Art. 6 EMRK erstreckt.[191] Der ahnende Charakter einer Geldbuße ist außerdem Grund zur Geltung des Nemo-tenetur-Grundsatzes.[192] Selbst der Grundsatz *ne bis in idem* findet im Bußgeldverfahren Anwendung.[193] Ist der Bußgeldbescheid nicht mehr anfechtbar, so ist eine erneute Ahndung der Tat als Ordnungswidrigkeit ausgeschlossen.[194] Für den Betroffenen existiert daher auch im Ordnungswidrigkeitenverfahren eine Fülle an Garantien und Rechte, die sich vornehmlich durch den strafähnlichen Charakter der Geldbuße begründen.

E. Zwischenergebnis: Divergierende Rechte im Straf- und Ordnungswidrigkeitenverfahren

Straftaten und Ordnungswidrigkeiten müssen getrennt voneinander betrachtet werden. Bis auf einen strafrechtlichen Kernbereich obliegt es dem Gesetzgeber, ein Unrechtsverhalten einer der beiden Rechtsmaterien zuzuordnen.[195] Um ein Ausufern der Straftatbestände zu verhindern, ist das Bundesverfassungsgericht berufen, dem Übermaßverbot eine stärkere Geltung bei der Überprüfung einer Strafrechtsnorm mit der Verfassung zu verschaffen. Es gilt, den Ultima-ratio-Grundsatz des Strafrechts zu wahren.[196] Einer Transformation des Strafrechts in ein Gefahrenabwehrrecht ist entschieden entgegenzutreten.[197]

Aus der Einordnung eines Unrechtstatbestands als Straftat oder Ordnungswidrigkeit ergeben sich auch prozessual gewichtige Folgen: Das Verfahren einer Ordnungswidrigkeit kann im Grundsatz effizienter ausgestaltet werden als ein Strafverfahren. Eine Einschränkung der Rechte des Betroffenen im Vergleich zum Strafprozess ist ebenso möglich. Ob dies im Einzelfall bei einem Tatbestand, der sowohl als Straftat als auch als Ordnungswidrigkeit eingestuft werden könnte, gerecht erscheint, muss nicht entschieden werden: Der demokratisch legitimierte Gesetzgeber verfügt in diesem Grenzbereich über einen weitreichenden Gestaltungsspielraum.[198] Dieser kann einzig durch Kriminalisierungsgebote, die EMRK oder Vorgaben des Grundgesetzes eingeschränkt werden.[199] Eine Einschränkung

---

191 Meyer-Ladewig/*Meyer-Ladewig/Harrendorf/König*, Art. 6, Rn. 211.

192 *Klesczewski*, § 9, Rn. 711.

193 *Klesczewski*, § 9, Rn. 712.

194 *Klesczewski*, § 9, Rn. 712.

195 BVerfGE 27, 18, 30 = NJW 1969, 1619, 1621 = DÖV 1969, 715, 716; *Bohnert/Bülte*, § 1, Rn. 32; *Krey/Esser*, § 1, Rn. 22; *Heinrich*, Strafrecht AT, Rn. 52; *Mitsch*, Recht der Ordnungswidrigkeiten, § 3, Rn. 13; *Tiedemann*, AöR 1964, 56, 79; *Preuß*, NZV 2017, 105, 111.

196 Vgl. *Mantovani* in: Feindstrafrecht, S. 141, der von einem „Freiheits-Strafrecht" spricht; *Asholt*, ZIS 2011, 180, 190 f.

197 *Hassemer*, HRRS 2006, 130, 143.

198 BVerfGE 27, 18, 30 = NJW 1969, 1619, 1621 = DÖV 1969, 715, 716; *Bohnert/Bülte*, § 1, Rn. 32; *Krey/Esser*, § 1, Rn. 22; *Heinrich*, Strafrecht AT, Rn. 52; *Mitsch*, Recht der Ordnungswidrigkeiten, § 3, Rn. 13.

199 *Krey/Esser*, § 1, Rn. 25 ff.

der Betroffenenrechte befreit den Gesetzgeber aufgrund des strafähnlichen Charakters einer Geldbuße jedoch nicht von der Einhaltung gewisser Mindeststandards im Bußgeldverfahren. Dazu gehört vor allem das Recht auf ein faires Verfahren nach Art. 6 Abs. 1 EMRK. Die nachfolgenden Ausführungen werden zeigen, dass hier nach der derzeitigen Ausgestaltung des Bußgeldverfahrens gerade im Wirtschaftsrecht noch Reformbedarf besteht.[200]

Zunächst soll dabei geklärt werden, ob das Ordnungswidrigkeitenverfahren überhaupt noch eine effiziente Verfahrensordnung für die verschiedenen Ordnungsverstöße im Wirtschaftsrecht darstellt. Dazu beleuchtet der nächste Abschnitt vorab die Grundstruktur des Ordnungswidrigkeitenverfahrens. Im Anschluss wird anhand der geltenden Ordnungswidrigkeitentatbestände im Wirtschaftsrecht, namentlich solcher im Kartell-, Wertpapierhandels- und Steuerrecht, untersucht, inwieweit sich diese Tatbestände in die geltende Struktur des Ordnungswidrigkeitenverfahrens einfügen und welche Probleme hierbei bestehen.

200 Vgl. dazu *Schmitz*, wistra 2016, 129, 131 ff.

Teil 3 Das Ordnungswidrigkeitenverfahren als Verfahrensordnung für gewichtige Ordnungsverstöße im Wirtschaftsrecht?

A. Ordnungswidrigkeitenverfahren – Ein Überblick

Das ordnungswidrigkeitenrechtliche Erkenntnisverfahren gliedert sich in Vorverfahren, Zwischenverfahren und das abschließende gerichtliche Verfahren.[201] Aufgrund der Nähe des Ordnungswidrigkeitenrechts zum Strafrecht zieht der Gesetzgeber für das Ordnungswidrigkeitenverfahren die Vorschriften der Strafprozessordnung heran.[202] Dementsprechend gelten gem. § 46 Abs. 1 OWiG für das Bußgeldverfahren grundsätzlich die Vorschriften der allgemeinen Gesetze über das Strafverfahren, namentlich also die Strafprozessordnung, das Gerichtsverfassungsgesetz und das Jugendgerichtsgesetz.[203] Auch die sich anschließende Hauptverhandlung richtet sich nach den Vorschriften der Strafprozessordnung, und zwar nach jenen, die nach zulässigem Einspruch gegen einen Strafbefehl gelten, § 71 Abs. 1 OWiG.[204]

Ein typisches Strafverfahren ist das Ordnungswidrigkeitenverfahren aber nicht.[205] Dies zeigt sich beispielsweise daran, dass im Vorverfahren eine Verwaltungsbehörde ermittelt, die den Verfahrensabschnitt mit einem Bußgeldbescheid *abschließt*.[206] Hierbei gilt anstatt des Legalitätsprinzips, § 152 Abs. 2 StPO, das Prinzip der Opportunität[207]: Die Verfolgung einer Ordnungswidrigkeit liegt im

---

201 *Wieser*, S. 25 ff.; *Mitsch*, Recht der Ordnungswidrigkeiten, § 22, Rn. 2 ff.; *Klesczewski*, § 9, Rn. 681; *Bohnert/Bülte*, § 3, Rn. 1 ff.; *Rosenkötter/Louis*, Rn. 436; *Adam/Hentschke/Kopp-Assenmacher*, S. 141.

202 KK-OWiG/*Lampe*, § 46, Rn. 1; *Mitsch*, Recht der Ordnungswidrigkeiten, § 21, Rn. 2; zu den Gefahren eines solchen Generalverweises: Blum/Gassner/Seith/*Gassner*, § 46, Rn. 3 f.

203 Siehe auch Burhoff/*Burhoff*, OWi-Verfahren, Rn. 2874.

204 Das Ziel dabei war es, eine einheitliche Verfahrensordnung zu schaffen und die Verfahrensabläufe gleichzeitig zu straffen, siehe *Lemke/Mosbacher*, § 46, Rn. 1 f.

205 *Klesczewski*, § 9, Rn. 683; Göhler/*Seitz/Bauer*, § 46, Rn. 8: „Wegen der unterschiedlichen Bedeutung beider Verfahren sind die Vorschriften der allgemeinen Gesetze über das Strafverfahren *nicht immer in vollem Umfang* auf das Bußgeldverfahren *übertragbar*"; vgl. auch *Bohnert/Bülte*, § 3, Rn. 10 ff.

206 *Noak*, ZJS 2012, 458, 459; *Mitsch*, Recht der Ordnungswidrigkeiten, § 22, Rn. 1; *Klesczewski*, § 9, Rn. 681; *Bohnert/Bülte*, § 3, Rn. 139.

207 *Noak*, ZJS 2012, 458; *Gebhardt*, Das verkehrsrechtliche Mandat, Band 1, § 26, S. 393; Göhler/*Seitz/Bauer*, § 47, Rn. 1; KK-OWiG/*Mitsch*, § 47, Rn. 1; *Krenberger*/Krumm, § 47, Rn. 1; Schulte/Just/*Küstner*, vor § 81, Rn. 2; siehe auch *Erb*, S. 204.

pflichtgemäßen *Ermessen,* § 47 Abs. 1 OWiG, der zuständigen Verwaltungsbehörde.[208] Bei ihren Ermittlungen hat die Behörde den Umständen des Einzelfalls Rechnung zu tragen, etwa wenn sich die Rechtslage als unüberschaubar gestaltet oder sich der zugrunde liegende Verstoß wiederholt.[209] Im Bußgeldverfahren wird das Legalitätsprinzip lediglich in Form der Gesetzmäßigkeit der Verwaltung berücksichtigt.[210] Von einer Einleitung des Verfahrens ist daher abzusehen, wenn schon dessen gesetzliche Voraussetzungen fehlen.[211] *Klesczewski* beschreibt das Bußgeldverfahren daher zutreffend als *„eigenartige Mischung aus Verwaltungs- und Strafverfahren, wobei in den verschiedenen Abschnitten des Bußgeldverfahrens die verwaltungs- bzw. strafprozessualen Elemente sich jeweils unterschiedlich mischen".*[212] Der konkrete Einfluss des Straf- bzw. des Verwaltungsrechts kann durch eine genaue Betrachtung der Abschnitte des Ordnungswidrigkeitenverfahrens verdeutlicht werden. Im Folgenden befasst sich die Arbeit damit zunächst mit dem ordnungswidrigkeitenrechtlichen Vorverfahren.

I. Vorverfahren und sein summarischer Charakter

Im Vor- oder Ermittlungsverfahren wird zunächst der Sachverhalt aufgeklärt, um bei Erfüllung der Tatbestandsvoraussetzungen einer Ordnungswidrigkeit eine Geldbuße gegen den Betroffenen verhängen zu können.[213] Obwohl nach § 46 Abs. 1 OWiG die Vorschriften des Strafverfahrensrechts Anwendung finden, weist das behördliche Vorverfahren einige Elemente auf, die dem Verwaltungsverfahren nachgebildet sind.[214] Herrin des Ermittlungsverfahrens ist dementsprechend eine Verwaltungsbehörde, § 35 Abs. 1 OWiG.[215] Sie kann darauf verzichten, die

---

208 Näher: *Kay/Keller,* Bußgeldverfahren, 5 f.; *Rosenkötter/Louis,* Rn. 474; Blum/Gassner/Seith/*Gassner,* § 47, Rn. 3; *Mitsch,* Recht der Ordnungswidrigkeiten, § 23, Rn. 3 f.; Göhler/*Seitz/Bauer,* § 47, Rn. 1.

209 Blum/Gassner/Seith/*Gassner,* § 47, Rn. 13; Müller-Gugenberger/*Niemeyer,* § 14, Rn. 15.

210 *Klesczewski,* § 9, Rn. 708; *Mitsch,* Recht der Ordnungswidrigkeiten, § 23, Rn. 4.

211 *Klesczewski,* § 9, Rn. 708; *Mitsch,* Recht der Ordnungswidrigkeiten, § 23, Rn. 4.

212 *Klesczewski,* § 9, Rn. 683.

213 *Noak,* ZJS 2012, 458; *Mitsch,* Recht der Ordnungswidrigkeiten, § 22, Rn. 2; *Wieser,* S. 25; *Bohnert/Bülte,* § 3, Rn. 67.

214 *Klesczewski,* § 9, Rn. 684; andere sprechen von einer Ähnlichkeit zum strafprozessualen Ermittlungsverfahren: *Bohnert/Bülte,* § 3, Rn. 67; *Mitsch,* Recht der Ordnungswidrigkeiten, § 27, Rn. 1; *Wieser,* S. 25 u. 28; zum Unterschied zwischen Verwaltungs- und Bußgeldverfahren speziell im Kartellrecht: *Neef,* Kartellrecht, Rn. 325.

215 Göhler/*Gürtler,* § 35, Rn. 1; *Krenberger/Krumm,* § 35, Rn. 8; *Klesczewski,* § 10, Rn. 843; Himmelreich/Halm/*Dronkovic,* Kap. 34, Rn. 128; *Noak,* ZJS 2012, 458.

Ordnungswidrigkeit zu verfolgen.[216] Dies ist eine Folge des im Vorverfahren geltenden Opportunitätsprinzips.[217]

Betroffenenrechte werden im Vergleich zur Strafprozessordnung in einem größeren Ausmaß beschnitten. So schreibt beispielsweise § 55 Abs. 1 OWiG vor, dass § 163a StPO mit der Einschränkung anzuwenden ist, dass es genügt, wenn dem Betroffenen Gelegenheit gegeben wird, sich zu der Beschuldigung zu äußern. Nach § 55 Abs. 2 OWiG braucht der Betroffene ferner nicht darauf hingewiesen werden, dass er auch schon vor seiner Vernehmung einen von ihm zu wählenden Verteidiger befragen kann.[218] In diesen Vorschriften spiegelt sich der in *Teil 2* beschriebene Gedanke wider, dass die Rechte des Betroffenen im Ordnungswidrigkeitenverfahren im Vergleich zum Strafprozess herabgesetzt werden können.

Das Vorverfahren in einer Bußgeldsache kann auf unterschiedliche Art und Weise beendet werden: Entweder stellt die Behörde das Verfahren nach §§ 46 Abs. 1 OWiG, 170 Abs. 2 StPO ein, wenn sie zu dem Ergebnis gelangt, dass das Verhalten des Betroffenen keinen ordnungswidrigkeitenrechtlichen Tatbestand erfüllt.[219] Das Verfahren kann auch durch eine sog. *Verwarnung* in einem speziellen Verfahren beendet werden.[220] Ist die Behörde nach Abschluss der Ermittlungen jedoch überzeugt, dass das Verhalten des Betroffenen den Tatbestand eines Bußgeldtatbestands erfüllt und sind keine Verfolgungshindernisse ersichtlich, erlässt sie eine Sanktion in Form eines Bußgeldbescheids.[221]

II. Zwischenverfahren

Will der Betroffene gegen den Bußgeldbescheid vorgehen, so muss er dagegen Einspruch einlegen, § 67 Abs. 1 OWiG. Der Einspruch wird als „Rechtsbehelf eigener Art" qualifiziert.[222] Er ähnelt dem Einspruch gegen einen Strafbefehl, § 410 Abs. 1 StPO.[223] Mit dessen Einlegung durch den Betroffenen beginnt gleichzeitig

---

216 *Mitsch,* Recht der Ordnungswidrigkeiten, § 23, Rn. 7; siehe auch *Krenberger/Krumm,* § 47, Rn. 5.

217 *Mitsch,* Recht der Ordnungswidrigkeiten, § 23, Rn. 7; Beck/u.a./*Siegert,* § 1, Rn. 2 f.; *Adam/Hentschke/Kopp-Assenmacher,* S. 141; Göhler/*Seitz/Bauer,* § 47, Rn. 1; freilich setzt dies immer eine vorangehende pflichtgemäße Ermessensausübung voraus, *Klesczewski,* § 9, Rn. 839.

218 *Lemke/Mosbacher,* § 55, Rn. 2; Blum/Gassner/Seith/*Schulz,* § 55, Rn. 1 f.

219 *Mitsch,* Recht der Ordnungswidrigkeiten, § 22, Rn. 3.

220 *Noak,* ZJS 2012, 458, 461 f.; *Engemann,* JA 2002, 152, 155 f.; *Burhoff,* ZAP 2017, 437, 441; *Klesczewski,* § 10, Rn. 932 ff.; Göhler/*Gürtler,* § 56, Rn. 1; Blum/Gassner/Seith/*Seith,* § 56, Rn. 1 f.; *Krenberger/Krumm,* § 56, Rn. 1.

221 *Rosenkötter/Louis,* Rn. 668; *Wieser,* S. 406; Himmelreich/Halm/*Dronkovic,* Kap. 34, Rn. 136; *Mitsch,* Recht der Ordnungswidrigkeiten, § 28, Rn. 2; *Bohnert/Bülte,* § 3, Rn. 139; Kamann/Ohlhoff/Völcker/*Krauß,* § 18, Rn. 81.

222 *Klesczewski,* § 11, Rn. 947.; *Mitsch,* Recht der Ordnungswidrigkeiten, § 29, Rn. 1; vgl. dazu auch BeckOK-OWiG/*Gertler,* § 69, Rn. 1 f.

223 *Klesczewski,* § 11, Rn. 948.

das Zwischenverfahren.[224] Er hindert den Eintritt der Rechtskraft[225] und damit die Vollstreckbarkeit des Bußgeldbescheids, § 66 Abs. 2 Nr. 1 a) OWiG.[226] Das Zwischenverfahren erfüllt dabei eine Filterfunktion:[227] Der ihm innewohnende Zweck erschöpft sich darin, dass die Gerichte mit Sachverhalten konfrontiert werden, die keine Ermittlungsdefizite aufweisen.[228]

§ 69 OWiG regelt den konkreten Ablauf des Zwischenverfahrens: Wenn die Verwaltungsbehörde den Einspruch nicht nach § 69 Abs. 1 S. 1 OWiG als unzulässig verwirft und den Bußgeldbescheid nicht zurücknimmt, § 69 Abs. 2 S. 1 OWiG, übersendet sie die Akten über die Staatsanwaltschaft, § 69 Abs. 3 S. 1 Hs. 1 OWiG, an das Amtsgericht. Mit Eingang der Akten bei der Staatsanwaltschaft gehen die Aufgaben der Verfolgungsbehörde auf sie über, § 69 Abs. 4 S. 1 OWiG. Sie hat keine Befugnis, den Bußgeldbescheid zurückzunehmen, den ursprünglichen Bußgeldbescheid in seinem Inhalt zu ändern oder neu zu erlassen,[229] wohl aber, weitere Ermittlungen anzustellen, § 69 Abs. 4 S. 2 OWiG. Stellt die Staatsanwaltschaft das Verfahren nicht ein, so legt sie die Akten dem Richter am Amtsgericht vor, § 69 Abs. 4 S. 2 OWiG. Sind die Akten bei dem zuständigen Gericht eingegangen, obliegt diesem die weitere Verfahrensherrschaft.[230] Die Verwaltungsbehörde wird hier schon gar nicht beteiligt. Ihre Mitwirkung wird allenfalls in der späteren gerichtlichen Hauptverhandlung nach Maßgabe der Vorschrift des § 76 OWiG relevant.[231]

---

224 Blum/Gassner/Seith/*Blum*, § 69, Rn. 1; *Krumm*, NJ 2017, 187; *Klesczewski*, § 11, Rn. 946; Himmelreich/Halm/*Dronkovic*, Kap. 34, Rn. 148; für das Steuerordnungswidrigkeitenverfahren: *Peter/Kramer*, Steuerstrafrecht, S. 179 f.

225 Warum der Gesetzgeber in § 66 Abs. 2 Nr. 1a) OWiG und § 84 OWiG von „Rechtskraft" und nicht von „Bestandskraft" spricht, lässt sich nur anhand der Rechtsnatur des Bußgeldbescheids als „Verwaltungsmaßnahme sui generis" erklären, siehe KK-OWiG/*Lutz*, § 84, Rn. 2.

226 *Noak*, ZJS 2012, 458, 463; *Wieser*, S. 555; *Bohnert/Bülte*, § 3, Rn. 206; *Mitsch*, Recht der Ordnungswidrigkeiten, § 29, Rn. 1.

227 BeckOK-OWiG/*Gertler*, § 69, Rn. 2 m.w.N.; vgl. auch *Bohnert*, NZV 1999, 322, 323.

228 Göhler/*Seitz/Bauer*, § 69, Rn. 1; Blum/Gassner/Seith/*Blum*, § 69, Rn. 1; *Krumm*, NJ 2017, 187; *Krumm*, ZfS 2011, 487; zum Prüfungsumfang der Verwaltungsbehörde ausführlich: *Krenberger/Krumm*, § 69, Rn. 3 f.

229 *Klesczewski*, § 11, Rn. 958; KK-OWiG/*Ellbogen*, § 69, Rn. 102; Blum/Gassner/Seith/*Blum*, § 69, Rn. 16; *Krenberger/Krumm*, § 69, Rn. 35; siehe dazu auch Göhler/*Seitz/Bauer*, § 69, Rn. 45 ff.

230 *Mitsch*, Recht der Ordnungswidrigkeiten, § 29, Rn. 12; *Klesczewski*, § 11, Rn. 959; Göhler/*Seitz/Bauer*, § 69, Rn. 54; *Krenberger/Krumm*, § 69, Rn. 49 f.

231 *Wieser*, S. 618 f.; ferner: *Bohnert/Bülte*, § 3, Rn. 258; Blum/Gassner/Seith/*Krumm*, § 76, Rn. 1; *Noak*, ZJS 2012, 458, 464.

III. Gerichtliches Verfahren

Das ordnungswidrigkeitenrechtliche Hauptverfahren richtet sich nach § 71 Abs. 1 OWiG nach den Vorschriften der Strafprozessordnung, die nach zulässigem Einspruch gegen einen Strafbefehl gelten. Der Prozessstoff des gerichtlichen Verfahrens wird maßgeblich durch die Tat bestimmt, wie sie durch den Bußgeldbescheid bezeichnet wird.[232] Dem Bußgeldbescheid kommt nach Einlegung des Einspruchs durch den Betroffenen eine Beschuldigungsfunktion zu, die den „Gegenstand des gerichtlichen Verfahrens – in persönlicher, sachlicher und rechtlicher Hinsicht abgrenzt und mithin auch den Umfang der Rechtskraft (§ 84 OWiG) bestimmt."[233] Das Gericht muss über den Verfahrensstoff von Grund auf neu verhandeln.[234] Ist der Sachverhalt von der Verwaltungsbehörde und der Staatsanwaltschaft nur ungenügend aufgeklärt, so kann der Richter die Sache unter Angabe der Gründe mit Zustimmung der Staatsanwaltschaft an die Verwaltungsbehörde zurückverweisen, § 69 Abs. 5 S. 1 Hs. 1 OWiG. Diese kann nun entweder die angeordneten Nachermittlungen anstellen oder den Bußgeldbescheid zurücknehmen und das Verfahren einstellen.[235] Alternativ kann das Amtsgericht nach § 71 Abs. 2 S. 1 OWiG weitere Beweiserhebungen anordnen, um den Sachverhalt genauer aufzuklären.[236]

Innerhalb des gerichtlichen Verfahrens ist zwischen dem Urteilsverfahren und dem Beschlussverfahren zu differenzieren.[237] Das Beschlussverfahren, das sich durch seine Schriftlichkeit charakterisiert, kommt überwiegend bei einfachen Sachen oder bei der Entscheidung bloßer Rechtsfragen in Betracht.[238] Falls

232 *Klesczewski*, § 12, Rn. 963; Göhler/*Seitz/Bauer*, vor § 71, Rn. 2; siehe auch *Bohnert/Bülte*, § 3, Rn. 240; Blum/Gassner/Seith/*Krumm*, § 71, Rn. 1.

233 BGHSt 23, 336, 339 = NJW 1970, 2222; siehe auch: BayObLG, Beschluss v. 26.10.1994, 3 ObOWi 73/94, NJW 1995, 2862, 2863; *Rebler*, NZV 2016, 304, 305; *Haas*, S. 353; Ludovisy/Eggert/Burhoff/*Burhoff*, § 5, Rn. 339; siehe auch: *Bechtold/Bosch*, GWB, vor § 81, Rn. 6; Hintergrundpapier des Bundeskartellamtes zum Kartellbußgeldverfahren, S. 6.

234 *Mitsch*, Recht der Ordnungswidrigkeiten, § 29, Rn. 1; *Klesczewski*, § 9, Rn. 693; Zwischenbericht des Bundeskartellamtes zum Expertenkreis Kartellsanktionenrecht, NZKart 2015, 2, 6;

235 *Wieser*, S. 625; Blum/Gassner/Seith/*Krumm*, § 69, Rn. 21; *Krenberger/Krumm*, § 69, Rn. 53.

236 Siehe KK-OWiG/*Senge*, § 71, Rn. 25.

237 *Klesczewski*, § 12, Rn. 964 u. 988; *Mitsch*, Recht der Ordnungswidrigkeiten, § 30, Rn. 23; *Bohnert/Bülte*, § 3, Rn. 314.

238 *Bohnert/Bülte*, § 3, Rn. 314; *Wieser*, S. 631; KK-OWiG/*Ellbogen*, § 72, Rn. 1; Blum/Gassner/Seith/*Krumm*, § 72, Rn. 1; *Engemann*, JA 2002, 152, 157; *Klesczewski*, § 12, Rn. 988.

das Beschlussverfahren durchgeführt werden soll, dürfen der Betroffene und die Staatsanwaltschaft nicht widersprechen, § 72 Abs. 1 S. 1 OWiG.[239]

Über die Beteiligung der Verwaltungsbehörde in der Hauptverhandlung entscheidet der Richter unter Heranziehung des Kriteriums der besonderen Sachkunde derselben, § 76 Abs. 2 OWiG.[240] Der Betroffene ist zum Erscheinen in der Hauptverhandlung verpflichtet, § 73 Abs. 1 OWiG, außer er wird vom Erscheinen entbunden, § 73 Abs. 2 OWiG. In letzterem Fall kann er sich nach § 73 Abs. 3 OWiG durch einen schriftlich bevollmächtigten Verteidiger vertreten lassen. Ob schon das Gericht die Anwesenheit eines Verteidigers während der Hauptverhandlung sicherstellen muss, soll dabei von der „Bedeutung der Bußgeldsache und ihrer tatsächlichen und rechtlichen Schwierigkeiten" abhängen.[241]

Die Staatsanwaltschaft ist nicht verpflichtet, an der Hauptverhandlung teilzunehmen, § 75 Abs. 1 S. 1 OWiG. Ein Sitzungsvertreter wirkt regelmäßig nur an bedeutsamen Bußgeldverfahren mit, Nr. 287 Abs. 2 RiStBV.[242] Im Prozess kommt es zu einer vereinfachten Art der Beweisaufnahme, § 77a OWiG. Dies wirkt sich auch auf die Möglichkeit der Beteiligten aus, Beweisanträge zu stellen. So kann das Gericht einen Beweisantrag ablehnen, wenn es das bisherige Ergebnis der Beweisaufnahme für geklärt hält und nach § 77 Abs. 2 Nr. 1 OWiG die Beweiserhebung zur Erforschung der Wahrheit nach dem Ermessen des Gerichts nicht erforderlich ist. Ein Beweisantrag kann auch dann abgelehnt werden, wenn er erheblich verspätet ist, § 77 Abs. 2 Nr. 2 OWiG.[243] Solche weitreichenden Ablehnungsmöglichkeiten des Gerichts sind dem Strafprozess fremd.[244]

IV. Rechtsbeschwerde und Vollstreckungsverfahren

Gegen das gerichtliche Urteil und den Beschluss nach § 72 OWiG ist die Rechtsbeschwerde nach § 79 OWiG statthaft. Sie kann nur darauf gestützt werden, dass das Amtsgericht eine Rechtsnorm nicht oder nicht richtig angewendet hat und die gerichtliche Bußgeldentscheidung darauf beruht, §§ 79 Abs. 3 S. 1 OWiG, 337

---

239 *Bohnert/Bülte,* § 3, Rn. 315; *Wieser,* S. 631; Göhler/*Seitz/Bauer*, § 72, Rn. 11 f.; Blum/Gassner/Seith/*Krumm,* § 72, Rn. 4; BeckOK-OWiG/*Hettenbach,* § 72, Rn. 6; KK-OWiG/*Senge,* § 72. Rn. 10.

240 *Wieser,* S. 632; Blum/Gassner/Seith/*Krumm*, § 76, Rn. 14; *Krenberger/Krumm,* § 76, Rn. 6; vgl. aber auch BeckOK-OWiG/*Hettenbach,* § 76, Rn. 3, sowie KK-OWiG/*Senge,* § 76, Rn. 18: „Bei der Bestimmung handelt es sich um eine eng begrenzte Ausnahmeregelung".

241 Siehe OLG Hamm, Beschl. v. 28.2.2019, 4 RBs 71/19, Rn. 9 – *juris.*

242 *Wieser,* S. 634; BeckOK-StPO/*Sackreuther*, 287 RiStBV, Rn. 2 f.

243 Näher: *Klesczewski,* § 12, Rn. 982; siehe auch: Müller-Gugenberger/*Niemeyer,* § 14, Rn. 1; Himmelreich/Halm/*Dronkovic,* Kap. 34, Rn. 163; Ludovisy/Eggert/Burhoff/*Burhoff,* § 5, Rn. 412 m.w.N.

244 *Mitsch,* Recht der Ordnungswidrigkeiten, § 30, Rn. 19.

Abs. 1, Abs. 2 StPO.[245] An das gerichtliche Erkenntnisverfahren schließt sich das Vollstreckungsverfahren an. Es ist in den §§ 90 ff. OWiG geregelt.

V. Ordnungswidrigkeitenverfahren eines Straßenverkehrsverstoßes

Im Folgenden werden nun die Besonderheiten eines Ordnungswidrigkeitenverfahrens anhand seines Regelfalls in Form eines Verstoßes gegen Verhaltensgebote im Straßenverkehr untersucht. Hier wird sich zeigen, dass dem Grundsatz der Beschleunigung ein besonders hoher Stellenwert zukommt. Dies bedingt schon die enorme Zahl an Ordnungswidrigkeiten, die im Straßenverkehr begangen werden.

1. Massenverfahren bei Straßenverkehrsordnungswidrigkeiten

Der häufigste Gegenstand eines Ordnungswidrigkeitenverfahrens ist ein Ordnungsverstoß im Straßenverkehr.[246] Für solche Verstöße sieht § 24 Abs. 2 StVG einen Bußgeldrahmen bis zu 2.000 € vor.[247] Hiervon erfasst sind nicht nur Ordnungswidrigkeiten nach der StVO, sondern auch nach der Straßenverkehrs-Zulassungs-Ordnung (StVZO) oder der Verordnung über die Zulassung von Personen zum Straßenverkehr (FeV).[248] So verweist beispielsweise § 75 FeV ausdrücklich auf § 24 StVG. Typischerweise erschöpft sich ein solcher Verstoß aber in einer Geschwindigkeitsüberschreitung.[249] Bei Ordnungswidrigkeitenverfahren im Straßenverkehr handelt sich daher um Massenverfahren.[250] Schon im Jahre 1985 wurde angebracht, Bußgeldverfahren im Straßenverkehr seien ein „juristisches Dauerthema“ und stünden schon seit geraumer Zeit im Mittelpunkt zahlreicher Tagungen.[251] Aufgrund des hohen Erledigungsdrucks nehmen die einzelnen Ermittlungsverfahren nur wenig Zeit in Anspruch.[252] Die Staatsanwaltschaft verzichtet in der Regel sogar auf die Teilnahme an der Hauptverhandlung, § 75 Abs. 1 OWiG.[253]

---

245 *Noak,* ZJS 2012, 458, 465.

246 Beck/Berr/Schäpe/*Heberlein*/*Bergmann,* OWi-Sachen Straßenverkehrsrecht, Rn. 2; siehe auch Himmelreich/Halm/*Dronkovic,* Kap. 34, Rn. 1; zur Entwicklung der dort angewandten Sanktionen: *Schubert,* NZV 2018, 21, 23 f.

247 Burhoff/*Gübner,* OWi-Verfahren, Rn. 1734; an einzelnen Stellen sieht das StVG auch höhere Bußgeldrahmen vor, etwa bei einer Drogen- oder Trunkenheitsfahrt, § 24a Abs. 4 StVG.

248 Burhoff/*Gübner,* OWi-Verfahren, Rn. 1734; NK-GVR/*Krumm,* § 24 StVG, Rn. 2.

249 https://www.kba.de/DE/Statistik/Kraftfahrer/Verkehrsauffaelligkeiten/verkehrsauffaelligkeiten_node.html (zuletzt abgerufen am: 23.05.2019); Burhoff/*Burhoff,* OWi-Verfahren, Rn. 1781.

250 *Fromm,* NJW 2012, 1131; *Albrecht,* SVR 2007, 121 f.; *Schmitz,* wistra 2016, 129, 130.

251 *Krüger,* NJW 1981, 1642 m.w.N.; *Coeppicus,* DAR 1985, 97: „lawinenartiger Anstieg von gerichtlichen Verfahren“.

252 May/Vogt/*Weder,* S. 72; *Bohnert/Bülte,* § 3, Rn. 122.

253 *Detter,* Verkehrsstrafrecht, S. 253.

2. *Verwarnungsverfahren*

Bei Straßenverkehrsordnungswidrigkeiten spielt darüber hinaus das Verwarnungsverfahren eine größere Rolle, da in vielen Fällen lediglich ein Verwarnungsgeld verhängt wird.[254] Das Verwarnungsverfahren, das sich nach den §§ 56 – 58 OWiG richtet, zielt darauf ab, dass bei geringfügigen Ordnungsverstößen schon gar kein Ordnungswidrigkeitenverfahren eingeleitet wird.[255] Gerade bei Massenverfahren im Straßenverkehr kann eine solche Vorgehensweise zu einer deutlichen Entlastung der Behörden und Polizei führen.[256]

3. *Beweisrecht*

Speziell die Beweisbarkeit des begangenen Verstoßes bei einer Ordnungswidrigkeit im Straßenverkehr kann die Zielrichtung des Bußgeldverfahrens zur zügigen Ahndung seiner Verstöße bekräftigen. Ein Beispiel vermag dies zu verdeutlichen: So erscheint es im Einzelfall schon aufgrund allgemeiner Lebenserfahrung nicht fernliegend, dass der Betroffene, der die zulässige Höchstgeschwindigkeit innerorts überschritten hat, auf einem Lichtbild eindeutig identifiziert werden kann[257] oder von mehreren Polizeibeamten während der Begehung der Tat beobachtet und anschließend angehalten wurde.[258] Das Gericht muss bei solchen Sachverhalten regelmäßig nur einen überschaubaren Aufwand zur Ermittlung und Tatsachenbewertung betreiben. Eine besondere Rolle innerhalb der Beweisaufnahme einer Straßenverkehrsordnungswidrigkeit spielen in diesem Zusammenhang der Ermessensspielraum des Richters bei der Beweisaufnahme, sowie die Anerkennung sog. standardisierter Messverfahren.

a. *Ermessensspielraum des Richters*

Dem Richter kommt in der Hauptverhandlung unter bestimmten Umständen ein erweiterter Ermessensspielraum zu. So kann er insbesondere einfache technische und medizinische Fragen aufgrund seiner eigenen Sachkunde beurteilen, sodass er in diesen Konstellationen einen Antrag auf Einholung eines Sachverständigengutachtens ablehnen kann.[259] Eine Ausnahme muss bei Vorgängen im Straßenverkehr

---

254 *Bohnert/Bülte*, § 3, Rn. 122; vgl. auch: *Krumm*, NJ 2018, 144; *Schurig*, AnwaltKommentar StVO, § 49, S. 71; *Noak*, ZJS 2012, 458, 461 f.; *Klesczewski*, § 10, Rn. 932 ff.; Göhler/*Gürtler*, § 56, Rn. 1; Blum/Gassner/Seith/*Seith*, § 56, Rn. 1 f.; *Krenberger/Krumm*, § 56, Rn. 1; Ludovisy/Eggert/Burhoff/*Burhoff*, § 5, Rn. 225 f.

255 *Kay/Keller*, Bußgeldverfahren, S. 179.

256 *Kay/Keller*, Bußgeldverfahren, S. 179.

257 *Huckenbeck/Krumm*, NZV 2017, 453,455.

258 Vgl. dazu aber auch: *Krumm*, DAR 2018, 710, 712: „Bei dem Vorwurf des Fahrens mit nicht angepasster Geschwindigkeit ist aber eine polizeiliche Schätzung *ohne weitere tatsächliche Feststellungen* nicht ausreichend als Verurteilungsgrundlage."

259 Beck/Berr/Schäpe/*Heberlein*/*Bergmann*, OWi-Sachen Straßenverkehrsrecht, Rn. 117.

gelten, die der Richter aufgrund ihrer Komplexität nicht mehr selbst beurteilen kann.[260] Hier ist er auf das Urteil von Sachverständigen angewiesen.[261] Diesen kommt für die infrage stehenden Sachverhalte eine besondere fachliche Kenntnis zu, aufgrund derer sie dem Gericht Auskünfte und Schlussfolgerungen über bestimmte Tatsachen erteilen können.[262] Dem Aufgabenbereich des Sachverständigen kann etwa die Einschätzung der psychischen Verfassung des Betroffenen unterfallen.[263]

b. Standardisierte Messverfahren

Auch bei Geschwindigkeitsüberschreitungen gestaltet sich die Beweislage oftmals übersichtlich. Um im Einzelfall die konkrete Geschwindigkeit eines Verkehrsteilnehmers zu ermitteln, kann die Polizei auf verschiedene Verfahren zurückgreifen.[264] Hier bieten sich etwa eine Laser- oder Radarmessung bzw. die Messung mit Videofahrzeugen an.[265] Bestimmte technische Messverfahren können darüber hinaus als sog. „standardisierte Messverfahren" qualifiziert werden.[266] Hierunter ist ein „durch Normen vereinheitlichtes (technisches) Verfahren zu verstehen, bei dem die Bedingungen seiner Anwendbarkeit und sein Ablauf so festgelegt sind, daß unter gleichen Voraussetzungen gleiche Ergebnisse zu erwarten sind."[267] Für dieses Verfahren zugelassene Messgeräte müssen sich in einem geeichten Zustand befinden und in Übereinstimmung mit ihrer Gebrauchsanwendung bedient werden.[268]

Aus der Qualifizierung eines Messverfahrens als „standardisiert" ergeben sich für den Richter weitergehende Möglichkeiten zur Gestaltung der Beweisaufnahme. So ist im Einzelfall bei einem Ergebnis, das durch ein standardisiertes Messergebnis ermittelt wurde, nicht nur seine Amtsermittlungspflicht eingeschränkt,

---

260 *Detter,* Verkehrsstrafrecht, S. 225; siehe auch: Beck/Berr/Schäpe/*Heberlein*/*Bergmann*, OWi-Sachen Straßenverkehrsrecht, Rn. 117.

261 *Detter,* Verkehrsstrafrecht, S. 225.

262 BGHSt 9, 292, 293 = NJW 1956, 1526, 1527; *Detter,* Verkehrsstrafrecht, S. 225; *Burhoff,* Handbuch für die strafrechtliche Hauptverhandlung, Rn. 2658 ff.

263 *Detter,* Verkehrsstrafrecht, S. 225; siehe auch BGHSt 9, 292, 293 = NJW 1956, 1526, 1527; *Sommer,* Effektive Strafverteidigung, Rn. 1946; *Hentschel*/*Krumm*, S. 82.

264 Siehe dazu zunächst *Rebler,* SVR 2013, 208.

265 *Rebler,* SVR 2013, 208, 210 u. 214; Krumm/Kuhnert/Staub/Weber/*Krumm*, S. 428; Himmelreich/Halm/*Dronkovic*, Kap. 34, Rn. 73 ff.; Beck/u.a./*Schmedding*, § 9, Rn. 1.

266 Siehe *Schäler,* NZV 2017, 422, 423; Blum/Gassner/Seith/*Krumm*, § 77, Rn. 15; *Krumm,* SVR 2013, 18 spricht hierbei von einem „der Zentralbegriffe des verkehrsrechtlichen Ordnungswidrigkeitenverfahrens".

267 BGHSt 43, 277, 284 = NJW 1998, 321, 322 = MDR 1998, 214, 215 = NZV 1998, 120, 122 = VersR 1998 646; *Rebler,* SVR 2017, 458, 459; Krumm/Kuhnert/Staub/Weber/*Krumm*, S. 430 m.w.N.; zu standardisierten Messverfahren bei Führen eines KFZ unter Alkoholeinflusses: Himmelreich/Halm/*Dronkovic*, Kap. 34, Rn. 28 f.

268 *Rebler,* SVR 2013, 208, 210.

sondern es kommt auch zu einer Absenkung der tatsächlichen Darlegungsanforderungen an das Urteil.[269] So kann sich der Richter in den Urteilsgründen beispielsweise bei einem Ordnungsverstoß des Betroffenen in Form einer Überschreitung der Geschwindigkeit darauf beschränken, das konkrete Messverfahren, den Toleranzwert sowie die berechnete Geschwindigkeit anzugeben.[270] Bringt ein Betroffener in einer solchen Konstellation vor, dass ein Messfehler vorliegt und existieren hierfür tatsächliche Anhaltspunkte, so muss sich der Richter von der Zulässigkeit der Messung jedoch ein eigenes Bild machen.[271] Eine Behauptung des Betroffenen „ins Blaue hinein" genügt hierfür freilich nicht.[272] Es müssen vielmehr „konkrete Anhaltspunkte" vorgetragen werden, die auf einen Fehler beim Messverfahren schließen lassen.[273]

Durch die Möglichkeit des Richters, einen Antrag auf Einholung eines Sachverständigengutachtens bei einfachen technischen oder medizinischen Fragen abzulehnen, durch die Einschränkung des Amtsermittlungsgrundsatzes und der Darlegungsanforderungen an das Urteil bei standardisierten Messverfahren, sowie durch die ohnehin überschaubare Beweislage bei Ordnungswidrigkeiten im Straßenverkehr, kann sich die gerichtliche Hauptverhandlung je nach der konkreten Gestaltung des Sachverhalts deutlich verkürzen.[274] Bei Straßenverkehrsordnungswidrigkeiten zeigt sich damit sogar in der konkreten Ausgestaltung der gerichtlichen Hauptverhandlung der Charakter des Bußgeldverfahrens als Verfahrensordnung zur effektiven und schnellen Bewältigung von massenhaft auftretenden Ordnungsverstößen.[275]

VI. Bedeutung der Ergebnisse für Reformen von Wirtschaftsordnungswidrigkeitenverfahren

Aus den Ausführungen wird deutlich, dass das Ordnungswidrigkeitenverfahren im Gegensatz zum Strafprozess auf Effizienz und schnelle Erledigung ausgelegt ist.[276]

---

269 Näher dazu: *Krumm*, SVR 2013, 18 f.; siehe auch: Ludovisy/Eggert/Burhoff/*Burhoff*, § 5, Rn. 22 m.w.N.

270 *Rebler*, SVR 2013, 208, 210; siehe auch: *Wendt*, NZV 2018, 441, 442.

271 Krumm/Kuhnert/Staub/Weber/*Krumm*, S. 430; vgl. dazu auch OLG Celle NZV 2009, 575, 576: „Indes wird anerkannt, dass sich die weitere Beweisaufnahme zur Aufklärung bei einer auf ein standardisiertes Messverfahren gestützten Beweisführung aufdrängt oder diese doch nahe liegt, wenn konkrete Anhaltspunkte für technische Fehlfunktionen des Messgerätes behauptet werden."

272 *Krumm*, SVR 2013, 18, 19.

273 VerfGH Saarland, Beschl. v. 27.04.2018 – Lv 1/18, NZV 2018, 275, 279; *Wendt*, NZV 2018, 441, 442; *Leichthammer*, NJW 2018, 3760.

274 Vgl. hierzu nur *Fromm*, NJW 2012, 1131.

275 Siehe Blum/Gassner/Seith/*Krumm*, § 77, Rn. 15; *Klesczewski*, § 9, Rn. 675; *Mitsch*, Recht der Ordnungswidrigkeiten, § 14, Rn. 6; *Schmitz*, wistra 2016, 129. 130.

276 Blum/Gassner/Seith/*Krumm*, § 77, Rn. 15.

Schon das Ermittlungsverfahren wird von der Verwaltungsbehörde bewusst summarisch durchgeführt[277] und schränkt beispielsweise durch § 55 OWiG sogar die Betroffenenrechte teilweise ein. Dies entspricht seinem Charakter zur Erledigung von Massenverfahren.[278]

Hierfür dienen die zahlreichen Ordnungswidrigkeitenverfahren im Straßenverkehr als ideales Beispiel. Mithilfe der standardisierten Messverfahren können die Anforderungen an die tatrichterlichen Feststellungen und das Urteil abgesenkt werden.[279] Im Bereich von Straßenverkehrsverstößen sind diese auf Beschleunigung des Verfahrens gerichteten Vorschriften auch notwendig. Anderenfalls könnte man die in Massen auftretenden Verkehrsverstöße kaum bewältigen.[280] Eine Ausdehnung der prozessualen Rechte der Betroffenen in diesem Bereich ist daher nur bedingt zu empfehlen, zumal bestimmtes Verteidigerverhalten das Verfahren deutlich in die Länge ziehen kann.[281] Reformen in diesem Bereich können daher allenfalls auf eine Vereinfachung der prozessualen Abläufe abzielen, ohne dass die Betroffenenrechte allzu weit eingeschränkt werden.

Vor diesem Hintergrund müssen sich alle noch folgenden Reformbestrebungen für Ordnungswidrigkeiten im Wirtschaftsrecht daran messen lassen, dass die derzeitige Praxis der Verfolgung von Straßenverkehrsordnungswidrigkeiten nicht beeinträchtigt wird. Schon an dieser Stelle kann man daher schlussfolgern, dass es bei Reformen im Ordnungswidrigkeitenverfahren zu einem zweispurigen System für einfache und schwere Verstöße kommen muss: Entweder schafft man für die jeweiligen Bereiche bzw. Gesetze im Wirtschaftsordnungswidrigkeitenrecht abweichende Vorschriften für das Ordnungswidrigkeitenverfahren oder man trägt den unterschiedlichen Anforderungen durch Änderungen im Ordnungswidrigkeitengesetz selbst Rechnung. Letztere Möglichkeit liefe dann auf eine doppelspurige Gewährung von Rechten für die Betroffenen hinaus, die beispielsweise den Umfang dieser Rechte von der Schwere des Verstoßes abhängig macht. Alternativ kann man daran denken, bestimmte Wirtschaftsordnungswidrigkeiten vollständig aus dem Ordnungswidrigkeitenverfahren zu lösen und einer eigenen Verfahrensordnung zu unterwerfen.[282] Ob und inwieweit die derzeitige Rechtslage diese Probleme zu lösen versucht und wie stark sich Ordnungsverfahren im Straßenverkehrs- und Wirtschaftsrecht unterscheiden, soll im Folgenden behandelt werden.

---

277 *Bohnert/Bülte,* § 3, Rn. 123; so schon: *Bohnert,* S. 20.

278 *Bohnert/Bülte,* § 3, Rn. 122; *Mitsch,* Recht der Ordnungswidrigkeiten, § 14, Rn. 6; *Schmitz,* wistra 2016, 129, 130.

279 Ludovisy/Eggert/Burhoff/*Burhoff,* § 5, Rn. 22; Krumm/Kuhnert/Staub/Weber/*Krumm,* S. 430.

280 Vgl. *Schmitz,* wistra 2016, 129, 130 oder *Fromm,* NJW 2012, 1131.

281 Krumm/Kuhnert/Staub/Weber/*Krumm,* S. 415 ff.

282 Vgl. dazu *De Bronett,* NZKart 2015, 512, 520; *Klockner/Ost,* FS Bechtold, S. 229, 244; siehe auch: Hintergrundpapier des Bundeskartellamtes zum Kartellbußgeldverfahren, S. 25; *Ost* in. Bien, S. 321 oder: *Rosenfeld,* ZWH 2016, 139, 140.

Die so herausgearbeiteten Unterschiede werden zeigen, welcher genaue Reformbedarf im Ordnungswidrigkeitenverfahren besteht.

B. Ordnungswidrigkeitenverfahren im Wirtschaftsrecht

Ordnungswidrigkeiten sind außerhalb des Rechts des Straßenverkehrs über verschiedene Gesetze verstreut.[283] Dies gilt insbesondere im Bereich der Wirtschaft. Dort existieren beispielsweise mit den §§ 81 ff. GWB, 120 WpHG, 60 WpÜG oder 19 AWG zahlreiche Bußgeldnormen. Sowohl auf materieller, als auch auf prozessualer Seite bringen diese Tatbestände einige Besonderheiten mit sich. So erschöpft sich ein Charakteristikum der Vorschriften beispielsweise darin, dass sie in ihrem Tatbestand oft auf andere nationale oder europäische Regelungen verweisen.[284] Verfahren im wirtschaftsstraf- und ordnungswidrigkeitenrechtlichen Kontext sind darüber hinaus oft umfangreich, was ihre Abläufe verkomplizieren kann.[285] Hier besteht die Gefahr langer und schwerfälliger Prozesse.[286] Dies führt mittelbar auch zu einem erhöhten Verbrauch öffentlicher Ressourcen.[287] Als typische Beispiele von Ordnungswidrigkeitenverfahren im Wirtschaftsrecht werden das Steuer-, Wertpapierhandels- und Kartellordnungswidrigkeitenverfahren genauer skizziert. Die dort geltenden Sonderregelungen veranschaulichen, wo zentrale Unterschiede zu einem Ordnungswidrigkeitenverfahren eines Straßenverkehrsverstoßes liegen.

I. Kartellordnungswidrigkeitenverfahren

Der nächste Abschnitt beschäftigt sich nunmehr vertieft mit den verfahrensrechtlichen Besonderheiten einer Kartellordnungswidrigkeit. Näher beleuchtet werden dabei insbesondere die unternehmensbezogene Sanktionspraxis und der im Kartellrecht bestehende europäische Rechtsrahmen.

---

283 *Mitsch,* Recht der Ordnungswidrigkeiten, § 2, Rn. 4; *Kleinheisterkamp,* S. 76; *Erhardt,* Strafrecht für Polizeibeamte, Rn. 550.

284 ERST/*Engelhart,* Vor § 1 OWiG, Rn. 12.

285 *Kudlich/Oglakcioglu,* Wirtschaftsstrafrecht, Rn. 15; Stober/Paschke/*Keller/Steinke,* Rn. 1385; *Achenbach,* StraFo 2011, 422, 427.

286 *C. Dannecker,* NZKart 2015, 30; Zwischenbericht des Bundeskartellamtes zum Expertenkreis Kartellsanktionenrecht, NZKart 2015, 2; siehe auch *Keller/Schmid,* wistra 1984, 201.

287 Siehe Zwischenbericht des Bundeskartellamtes zum Expertenkreis Kartellsanktionenrecht, NZKart 2015, 2; zur Rolle des Richters in komplexen Wirtschaftsstrafverfahren: *Schünemann,* wistra 2015, 161, 163.

1. Verhängung hoher Bußgelder als Regelfall

In zahlreichen Wirtschaftsbereichen konnte man bereits von Verstößen gegen das Kartellrecht hören.[288] Vor diesem Hintergrund ist es auch nicht verwunderlich, dass der Schwerpunkt der Tätigkeit des Bundeskartellamts nicht im verwaltungsrechtlichen, sondern im bußgeldrechtlichen Bereich liegt.[289] Kommt es zu einer Zuwiderhandlung gegen wettbewerbsrechtliche Vorschriften, so kann die jeweils zuständige Kartellbehörde, § 81 Abs. 10 GWB, eine Geldbuße nach § 81 GWB verhängen.[290] Die konkrete Zuständigkeitsverteilung im Falle des § 81 Abs. 10 Nr. 3 GWB richtet sich dabei nach § 48 Abs. 2 S. 1 GWB. Weist hiernach eine Vorschrift des GWB eine Zuständigkeit nicht einer bestimmten Kartellbehörde zu, so nimmt das Bundeskartellamt die in diesem Gesetz der Kartellbehörde übertragenen Aufgaben und Befugnisse wahr, wenn die Wirkung des wettbewerbsbeschränkenden Verhaltens *über das Gebiet eines Landes* hinausreicht. In den übrigen Fällen ist gem. § 48 Abs. 2 S. 2 GWB die nach Landesrecht zuständige oberste Landesbehörde zuständig.[291]

Blickt man auf die Bußgelder im Kartellrecht, so sticht zunächst deren Höhe heraus. So hat das Bundeskartellamt im Jahr 2015 wegen verbotener Kartellabsprachen gegen die beteiligten Personen und Unternehmen Geldbußen in Höhe von 208 Millionen Euro, 2016 in Höhe von 124,6 Millionen Euro verhängt.[292] 2014 beliefen sich die verhängten Bußgelder auf nahezu 1,12 Milliarden Euro.[293] Aufgrund der Größenordnung solcher Sanktionen werden in der Literatur Stimmen laut, die solche Geldbußen mit einer echten Geldstrafe vergleichen[294] und daraus Konsequenzen für die konkrete Ausgestaltung des Bußgeldverfahrens fordern.[295]

---

288 *Bosch,* NJW 2018, 1731, 1737 f.; *Teupe,* Tatort Unternehmen, S. 102 f.; *Jaeger/Dicks* in: *Paulsen,* S. 191 oder becklink, Wurstkartell, 1033537, v. 15. Juli 2014. Dabei bleibt nahezu kein Wirtschaftsbereich verschont. Verstöße sind beispielsweise bei Brillenherstellern, Apothekern, Kaffeeröstern, Papiergroßhändlern oder Zementherstellern aufgetreten, dazu Große Strafrechtskommission des Deutschen Richterbundes, S. 41.

289 Große Strafrechtskommission des Deutschen Richterbundes, S. 41; vgl. auch *Chmeis,* S. 37.

290 Dabei ist zum Kartellverwaltungsverfahren zu unterscheiden, *Glöckner,* Kartellrecht, Rn. 207; zur Systematik der Bußgeldtatbestände siehe Immenga/Mestmäcker/*Dannecker/Biermann*, Band 2, § 81, Rn. 6.; zu differenzieren ist ferner zwischen der Sanktionierung von natürlichen Personen und Unternehmen, siehe dazu einerseits *Krauß,* NZKart 2017, 179, 180, andererseits Loewenheim/*Meyer-Lindemann,* § 81, Rn. 32 ff.

291 Siehe im Detail: Immenga/Mestmäcker/*Dannecker/Biermann,* Bd. 2, § 81, Rn. 613 ff.

292 Bericht des Bundeskartellamtes über seine Tätigkeit in den Jahren 2015/2016 (Unterrichtung durch die Bundesregierung), Drs. 18/12760, S. VIII.

293 Bericht des Bundeskartellamtes über seine Tätigkeit in den Jahren 2015/2016 (Unterrichtung durch die Bundesregierung), Drs. 18/12760, S. VIII.

294 *Möschel,* WuW 2010, 869, 870

295 *Möschel,* WuW 2010, 869, 876 f.

Solche Zuwiderhandlungen stünden in keinerlei Verbindung zu der Grundidee des Bußgeldverfahrens zur Sanktionierung von Bagatellverstößen.[296] Vergleicht man solche hohen Geldbußen mit dem Bußgeldrahmen des § 24 Abs. 2 StVG, der eine Geldbuße bis zu 2.000 Euro vorsieht, so wird deutlich, wie deutlich sich die im Kartellrecht verhängten Bußgelder von denen im Straßenverkehr unterscheiden und welche enormen finanziellen Folgen ein Kartellbußgeldverfahren für die Betroffenen mit sich bringen kann.

2. Verfahrensrechtliche Besonderheiten

a. Vom OWiG abweichende oder das OWiG ergänzende Verfahrensvorschriften

Im Kartellsanktionenverfahren gelten grundsätzlich die Vorschriften des OWiG und seines Verfahrens, das allerdings durch einzelne Vorgaben der §§ 81 ff. GWB überlagert wird.[297] Auch anhand solcher Sondervorschriften kann man erkennen, dass sich das Verfahren einer Kartellordnungswidrigkeit von einem Ordnungswidrigkeitenverfahren eines Straßenverkehrsverstoßes unterscheidet.[298]

aa. § 81b GWB – Auskunftspflichten

§ 81b GWB sieht über die Grundsätze des OWiG hinaus erweiterte Auskunftspflichten für *juristische Personen* gegenüber der Kartellbehörde vor. So muss diese der Kartellbehörde nach § 81b Abs. 1 Nr. 1 GWB Auskünfte erteilen über den Gesamtumsatz des Unternehmens in dem Geschäftsjahr, das für die Behördenentscheidung nach § 81 Abs. 4 S. 2 GWB voraussichtlich maßgeblich sein wird oder maßgeblich war, sowie über die vorausgehenden fünf Geschäftsjahre. Darüber hinaus muss das Unternehmen nach § 81b Abs. 1 Nr. 3 GWB beispielsweise auch gesellschaftsrechtliche Verbindungen, wie Beteiligungsverhältnisse, Gesellschafts- und Unternehmensverträge oder Sitzungen von Beratungs-, Aufsichts- und Entscheidungsgremien offenlegen und entsprechende Unterlagen herausgeben. Mithilfe der in § 81b GWB festgeschriebenen Auskunftspflichten soll die Berechnung und Ermittlung des konkreten Umsatzes von Unternehmen erleichtert werden.[299] Die Regelung zielt mittelbar auch auf eine Beschleunigung des Vorverfahrens ab, da sich die selbstständige Ermittlung von Auskünften von Unternehmen besonders bei globalen Konzernen als schwierig und aufwendig gestalten kann.[300] Aus dieser

---

296 *Möschel*, WuW 2010, 869, 870; vgl. ebenso *Schwarze/Bechtold/Bosch*, Rechtsstaatliche Defizite, S. 28 und S. 51; KK-Kartellrecht/*Reher*, Band 2, vor § 81, Rn. 7.

297 Müller-Gugenberger/*Müller-Gugenberger*, § 15, Rn. 130; Berg/Mäsch/*Seitz*, vor § 81, Rn. 1; *Schuler*, S. 34.

298 Siehe *Schmitz*, wistra 2016, 129 f.

299 BeckOK-OWiG/*Sackreuther*, § 81b GWB, Rn. 1.

300 BeckOK-OWiG/*Sackreuther*, § 81b GWB, Rn. 2.

Vorschrift wird in einer abstrakten Betrachtung deutlich, dass der Sanktionierung von Unternehmen in der kartellbußgeldrechtlichen Praxis eine herausgehobene Stellung zukommt: Eine ausdrücklich normierte Pflicht zur Auskunftserteilung zeigt, dass die Kartellbehörden auf die Mitwirkung von Unternehmen in besonderer Weise angewiesen sind.

bb. § 82a GWB – Befugnisse und Zuständigkeiten im gerichtlichen Bußgeldverfahren

Nach § 82a Abs. 1 GWB kann dem Vertreter der Kartellbehörde über § 76 Abs. 1, 2 OWiG hinaus gestattet werden, im gerichtlichen Bußgeldverfahren Fragen an Betroffene, Zeugen und Sachverständige zu richten. Der Kartellbehörde kommt zwar nicht direkt ein Anspruch auf eine Beteiligung zu, jedoch kann der Grundsatz der Amtsermittlung dem Gericht eine solche nahelegen.[301] Ursprünglich sollte das Bundeskartellamt im kartellgerichtlichen Verfahren sogar an die Stelle der Staatsanwaltschaft treten.[302] Dies konnte sich jedoch nicht durchsetzen:[303] Allein die Staatsanwaltschaft soll über die erforderliche Kompetenz verfügen, ein solches Verfahren zu führen.[304] Aufgrund ihrer strafrechtlichen Expertise könne sie besser erkennen, ob ein Verhalten des Betroffenen im Einzelfall nicht sogar unter einen Straftatbestand zu subsumieren ist.[305] Dennoch beschreibt § 82a Abs. 1 GWB mittelbar die hohe Kompetenz der nationalen Kartellbehörden, die Anlass dafür ist, ihren Fragen und Ausführungen vor Gericht besondere Bedeutung zu schenken.[306]

cc. § 90 GWB – Benachrichtigung und Beteiligung der Kartellbehörden

Nach § 90 Abs. 1 GWB schließlich unterrichten die deutschen Gerichte das Bundeskartellamt über alle Rechtsstreitigkeiten, deren Entscheidung von der Anwendung der Vorschriften des GWB oder von der Anwendung von Art. 101 oder 102 AEUV abhängen.[307] Hierzu hat das Gericht dem Bundeskartellamt auf Verlangen

---

301 BeckOK-OWiG/*Sackreuther*, § 82a GWB, Rn. 1; siehe dazu auch *Barth/Budde*, WuW 2010, 377, 383.

302 BT-Drs. 15/3640 v. 12.08.2004, S. 82: „Damit soll eine unnötige Doppelarbeit zwischen Bundeskartellamt und Generalstaatsanwaltschaft vermieden werden, was auch zu einer Entbürokratisierung beiträgt."

303 Loewenheim/*Meyer-Lindemann*, § 82a GWB, Rn. 1.

304 Siehe Loewenheim/*Meyer-Lindemann*, § 82a GWB, Rn. 1 m.w.N.

305 Siehe Loewenheim/*Meyer-Lindemann*, § 82a GWB, Rn. 1 m.w.N.

306 Immenga/Mestmäcker/*Dannecker*/*Biermann*, Band 2, § 82a GWB, Rn. 3.

307 Streng genommen besteht hier nur ein geringer Bezug zu den Ordnungswidrigkeitenverfahren, da die Vorschrift vornehmlich auf Zivilprozesse abzielt. Der Anwendungsbereich der Vorschrift wurde jedoch im Zuge der siebten GWB-Novelle angepasst, siehe: Immenga/Mestmäcker/*Schmidt*, Band 2, § 90 GWB, Rn. 2; *Bechtold/Bosch*, § 90 GWB, Rn. 2.

Abschriften von allen Schriftsätzen, Protokollen, Verfügungen und Entscheidungen zu übersenden. § 90 Abs. 2 GWB ermöglicht es der Behörde, vor Gericht eine Vertretung zu bestellen, die befugt ist, dem Gericht schriftliche Erklärungen abzugeben, auf Tatsachen und Beweismittel hinzuweisen, den Terminen beizuwohnen und Fragen an Parteien, Zeugen und Sachverständige zu richten. Das Gericht muss die Rechtsausführungen des Bundeskartellamts jedoch nicht zwingend beachten.[308] Das Bundeskartellamt macht von seiner Möglichkeit der Beteiligung als amicus curiae nur gelegentlich Gebrauch.[309] Der Zweck der Vorschrift erschöpft sich darin, dass es den Kartellbehörden ermöglicht wird, von sämtlichen wettbewerbsrelevanten Sachverhalten unterrichtet zu werden.[310]

dd. Zwischenergebnis: Herausgehobene Stellung der Bußgeldbehörden und Fokus auf Unternehmenssanktionierung

Schon aus § 81b GWB wird deutlich, dass in Kartellbußgeldverfahren nicht nur natürliche Personen, sondern auch Unternehmen eine große Rolle spielen. § 82a GWB und § 90 GWB hingegen verdeutlichen die besondere Sachkunde der Kartellämter, die ein Grund dafür ist, dass diesen in gerichtlichen Verfahren eine herausgehobene Stellung eingeräumt wird.[311] Im Bußgeldverfahren eines Straßenverkehrsverstoßes fehlen solche speziellen Vorschriften. Ein deutlicher Unterschied zwischen einem straßenverkehrsrechtlichen und kartellrechtlichen Ordnungswidrigkeitenverfahren liegt damit in der Existenz von Ausnahmeregelungen, die das Bußgeldverfahren geringfügig modifizieren oder die Befugnisse der Verwaltungsbehörde stärken. Weitere Unterschiede zwischen den beiden Verfahrensarten zeigen sich aber vor allem bei der praktischen Durchführung der jeweiligen Abschnitte des Bußgeldverfahrens. Hier sind speziell das Vor- und das Hauptverfahren einer Kartellordnungswidrigkeit zu nennen.

b. Besonderheiten des Vorverfahrens

aa. Bonusregelung, Settlement-Verfahren und Leitlinien zur Bußgeldbemessung

Speziell der Ablauf des Vorverfahrens einer Kartellordnungswidrigkeit weist einige praktische Besonderheiten auf. So leitet das Bundeskartellamt das zugrunde liegende Verfahren häufig durch einen sog. Kronzeugenantrag ein, der in der

---

308 Loewenheim/*Dicks*, § 90 GWB, Rn. 4; Berg/Mäsch/*Seitz*, § 90, Rn. 3.

309 Bericht des Bundeskartellamtes über seine Tätigkeit in den Jahren 2015/2016 (Unterrichtung durch die Bundesregierung), Drs. 18/12760, S. 41; zur Funktion der Behörde als amicus curiae siehe Berg/Mäsch/*Seitz*, § 90 GWB, Rn. 3; *Poelzig*, S. 198; *Bechtold/Bosch*, § 90 GWB, Rn. 2.

310 Loewenheim/*Dicks*, § 90 GWB, Rn. 1.

311 Immenga/Mestmäcker/*Dannecker*/*Biermann*, Band 2, § 82a GWB, Rn. 3.

kartellrechtlichen Verfolgungspraxis aufgrund seiner Bedeutung für die Aufdeckung von Kartellen eine große Rolle spielt.[312] Dem liegt die sog. „Bonusregelung" des Bundeskartellamts zugrunde.[313] Die Bonusregelung kann als eine Richtlinie beschrieben werden, die einem Kartellteilnehmer den Erlass oder die Reduzierung seines Bußgelds in Aussicht stellt, sofern dieser mit dem Bundeskartellamt kooperiert und die genauen Umstände des Verstoßes offenlegt.[314] Auf diese Weise sollen Kartelle nicht nur von außen, sondern auch von innen aufgedeckt werden.[315] Damit wird es für alle Kartellbeteiligten erschwert, ihre Absprachen abzuschirmen.[316] Eine solche „Kronzeugenregelung"[317] ist dem Bußgeldverfahren eines Straßenverkehrsverstoßes fremd.

Die Kronzeugenregelung könnte de lege ferenda sogar gesetzlich verankert werden. Dies deutet der aktuelle Referentenentwurf des Bundesministeriums für Wirtschaft und Energie eines Zehnten Gesetzes zur Änderung des Gesetzes gegen Wettbewerbsbeschränkungen für ein fokussiertes, proaktives und digitales Wettbewerbsrecht an.[318] Dort werden in § 81h – § 81l GWB n.F. der Anwendungsbereich, allgemeine Voraussetzungen, der Erlass und die Ermäßigung der Geldbuße sowie Form und Verfahren des Kronzeugenprogrammes detailliert festgelegt.[319]

Mit der Bonusregelung verwandt ist auch das sog. „Settlement-Verfahren" des Bundeskartellamts, bei dessen erfolgreichen Abschluss die Geldbuße um bis zu 10 % gemildert werden kann.[320] Ein solches „Settlement" ist an die Voraussetzung geknüpft, dass der Betroffene darauf verzichtet, Einsicht in die Verfahrensakte zu

---

312 Momsen/Grützner/*Prechtel/Schulz*, S. 770; *Poelzig*, S. 204; *Pierenkemper*, S. 84; dazu allgemein: Schilling/Dolata/*Schilling*, S. 85; siehe auch *Schroeder*, FS Bechtold, S. 437; Große Strafrechtskommission des Deutschen Richterbundes, S. 41; Kamann/Ohlhoff/Völcker/*Krauß*, § 18, Rn. 28.

313 *Herrlinger*, ZWeR 2012, 137, 149 ff.; siehe auch: *Bien*, ZWH 2016, 133, 136 f.

314 OLG Hamm, NZKart 2014, 107, 109; *Herrlinger*, ZWeR 2012, 137, 149; siehe auch: Wabnitz/Janovsky/*Dannecker/N. Müller*, Kap. C, Rn. 157; Immenga/Mestmäcker/*Dannecker/Biermann*, Bd. 2, § 81, Rn. 509; *Kaul*, ZEuS 2018, 269, 272 f.

315 Immenga/Mestmäcker/*Dannecker/Biermann*, Band 2, § 81 GWB, Rn. 510; *Herrlinger*, ZWeR 2012, 137, 149.

316 Immenga/Mestmäcker/*Dannecker/Biermann*, Band 2, § 81 GWB, Rn. 510.

317 *Herrlinger*, ZWeR 2012, 137, 149; Kamann/Ohlhoff/Völcker/*Krauß*, § 18, Rn. 28.

318 Der Referentenentwurf ist derzeit abrufbar unter: https://www.d-kart.de/wp-content/uploads/2019/10/GWB-Digitalisierungsgesetz-Fassung-Ressortabstimmung.pdf (zuletzt abgerufen am: 4.12.2019).

319 Referentenentwurf des Bundesministeriums für Wirtschaft und Energie eines Zehnten Gesetzes zur Änderung des Gesetzes gegen Wettbewerbsbeschränkungen, S. 46 – 50, https://www.d-kart.de/wp-content/uploads/2019/10/GWB-Digitalisierungsgesetz-Fassung-Ressortabstimmung.pdf (zuletzt abgerufen am: 4.12.2019).

320 *Herrlinger*, ZWeR 2012, 137, 151; Loewenheim/*Meyer-Lindemann*, § 81, Rn. 120; *Dawirs*, S. 77.

nehmen, den Hergang der Tat beschreibt und sich mit dem festgesetzten Betrag der Geldbuße einverstanden erklärt.[321]

Daneben hat das Bundeskartellamt in Leitlinien für die Bußgeldbemessung festgelegt, wie es bei der konkreten Bemessung einer Geldbuße für gravierende Ordnungswidrigkeiten im Kartellrecht vorgeht und welche Kriterien dabei eine Rolle spielen.[322] Die Ermächtigungsgrundlage für solche Leitlinien ist in § 81 Abs. 7 GWB kodifiziert.[323] Hiernach kann das Bundeskartellamt allgemeine Verwaltungsgrundsätze über die Ausübung seines Ermessens bei der Bemessung der Geldbuße, insbesondere für die Feststellung der Bußgeldhöhe als auch für die Zusammenarbeit mit ausländischen Wettbewerbsbehörden, festlegen.

bb. Einheitliche Verfahrensrechte der Betroffenen

Im Vorverfahren einer Kartellordnungswidrigkeit gelten außerdem die Regelungen des OWiG und ergänzend die der Strafprozessordnung, § 46 Abs. 1 OWiG. Damit stehen dem Bundeskartellamt grundsätzlich die Befugnisse zur Verfügung, die in der StPO aufgeführt sind.[324] Darunter fallen beispielsweise neben der Beschlagnahme, § 94 Abs. 2 StPO, auch das Recht auf die Durchsicht elektronischer Dokumente, § 110 Abs. 3 StPO.[325]

Aus dem GWB selbst lassen sich für das Vorverfahren einer Kartellordnungswidrigkeit jedoch keine weitergehenden Rechte für die Betroffenen herleiten, die der Schwere des Unrechts von Kartellgeldbußen und den drohenden hohen Bußgeldern ausreichend Rechnung tragen und den Betroffenen in solchen Verfahren ein Mehr an Verteidigungs- und Mitwirkungsrechten zugestehen.[326] Dies ist speziell im Hinblick auf die Bewertung des Gesetzgebers verwunderlich, der Kartellordnungswidrigkeiten als schwerwiegend einstuft und vor diesem Hintergrund anmerkt, dass für diese Fälle gar „die im Strafverfahren aufgestellten prozessualen Anforderungen und Bedingungen“ gelten könnten.[327] Auch das LG Bonn stellte bereits fest, dass Ausmaß und Schwere von Kartellabsprachen im Einzelfall „denen einer Straftat erheblicher Bedeutung“ gleichen.[328] Der BGH zweifelt gar daran, ob

---

321 Loewenheim/*Meyer-Lindemann*, § 81, Rn. 120; *Schmitz*, wistra 2016, 129, 132.

322 Siehe dazu die Leitlinien für die Bußgeldzumessung in Kartellordnungswidrigkeitenverfahren vom 25.06.2013, abrufbar unter: https://www.bundeskartellamt.de/SharedDocs/Publikation/DE/Leitlinien/Bekanntmachung%20-%20Bu%C3%9Fgeldleitlinien-Juni%202013.html (zuletzt abgerufen am: 23.05.2019).

323 Loewenheim/*Meyer-Lindemann*, § 81, Rn. 113.

324 BeckOK-OWiG/*A. Bücherl*, § 46, Rn. 13; *Krenberger/Krumm*, § 46, Rn. 7 f.; ausführlich hierzu: Blum/Gassner/Seith/*Gassner*, § 46, Rn. 10 ff.; *Herrlinger*, ZWeR 2012, 137, 140.

325 Siehe *Herrlinger*, ZWeR 2012, 137, 140 f.

326 Vgl. *Schmitz*, wistra 2016, 129, 130 f.

327 Gesetzentwurf zur Regelung der Verständigung im Strafverfahren, BT-Drs. 16/12310, v. 18.03.2009, S. 15 f.; *Herrlinger*, ZWeR 2012, 137, 139.

328 LG Bonn, Beschluss v. 10.01.2011, 27 Qs 33/10, Rn. 13 – *juris*; *Herrlinger*, ZWeR 2012, 137, 139.

die Feststellung, dass der Unrechtsgehalt eines Bußgeldtatbestands „generell hinter dem einer Straftat zurückbleibt", für Kartellordnungswidrigkeiten überhaupt herangezogen werden kann.[329] Die derzeitige Rechtslage stößt auch in der Literatur teils auf Kritik.[330] Hier wird angesichts der starken Beschneidung von Betroffenenrechten gar die Fairness solcher Verfahren infrage gestellt.[331]

cc. Zwischenergebnis

Damit kann man für das Vorverfahren einer Ordnungswidrigkeit im Kartellbußgeldverfahren festhalten, dass dieses stark vom Modell der Kooperation geprägt ist:[332] Vor allem das Settlement-Verfahren und die Bonusregelung bieten den Kartelltätern zahlreiche Mitwirkungsmöglichkeiten, um die ihnen drohende Geldbuße abzumildern oder vollständig zu vermeiden. Auf der anderen Seite fehlen im Vorverfahren rechtliche Vorgaben, die den Rechten der Betroffenen angesichts der Schwere der Kartellverstöße ausreichend Rechnung tragen. Für Betroffene gelten damit im Grunde dieselben rechtlichen Vorgaben wie bei einem Ordnungsverstoß im Straßenverkehr.

c. Besonderheiten der gerichtlichen Verhandlung

Anders als im Ordnungswidrigkeitenverfahren eines Straßenverkehrsverstoßes entscheidet in einem Kartellbußgeldverfahren nicht das Amtsgericht, sondern nach § 83 Abs. 1 GWB das Oberlandesgericht, in dessen Bezirk die zuständige Kartellbehörde ihren Sitz hat.[333] Nach § 91 S. 1 GWB wird dort ein Kartellsenat gebildet. Über die Rechtsbeschwerde entscheidet nach § 84 GWB der Bundesgerichtshof. Damit will der Gesetzgeber erreichen, dass die gerichtliche Zuständigkeit für Kartellsachen auf nur wenige, spezialisierte Spruchkörper konzentriert wird.[334]

Die Verhandlungstage eines ordnungswidrigkeitenrechtlichen Hauptverfahrens erreichen häufig einen zweistelligen Bereich.[335] Dies ist durch mehrere Faktoren bedingt. So nehmen an einem Verfahren mehrere Nebenbetroffene mit jeweils eigenen Verteidigern teil.[336] Ferner umfassen die Zeiträume, in denen die

---

329 BGH, NJW 1996, 1973, 1974.

330 *Schmitz*, wistra 2016, 129, 131 f.

331 *Schmitz*, wistra 2016, 129, 136.

332 Vgl. dazu auch: Kamann/Ohlhoff/Völcker/*Krauß*, § 18, Rn. 27 f.

333 Wiedemann/*Klusmann*, § 58, Rn. 1; *Bechtold/Bosch*, GWB, vor § 81, Rn. 6; Loewenheim/*Meyer-Lindemann*, § 83, Rn. 2; Immenga/Mestmäcker/*Dannecker/Biermann*, Band 2, § 83, Rn. 1.

334 Immenga/Mestmäcker/*Dannecker/Biermann*, Band 2, § 83 GWB, Rn. 1 u. 5; Loewenheim/*Meyer-Lindemann*, § 83 GWB, Rn. 2.

335 C. *Dannecker*, NZKart 2015, 30; vgl. auch *Mäger*, WuW 2018, 293 oder *Glöckner*, Kartellrecht, Rn. 263; Hintergrundpapier des Bundeskartellamtes zum Kartellbußgeldverfahren, S. 17; *Ost/Breuer*, NZKart 2019, 119, 122.

336 Große Strafrechtskommission des Deutschen Richterbundes, S. 50.

Kartellverstöße begangen werden, oft mehrere Jahre.[337] Entsprechend umfangreich gestaltet sich vor allem die Beweisaufnahme.[338] Dazu gehört vorgelagert die Durchsuchung zahlreicher Server und tausender Papierakten.[339] Auch müssen zahlreiche Zeugen vernommen werden.[340] Das Bundeskartellamt selbst gab zu einem Fall Ende 2014 bei Hafenschleppdienstleistern an, dass sich die angefallene Datenmenge auf 667.089 Dokumente, 164.281 Tabellen, 235 Stehordner, sowie 1.468.638 E-Mails belief.[341]

Für Kartellverfahren ist darüber hinaus ökonomischer Sachverstand gefragt.[342] Diesem Umstand kann zwar allgemein durch die eigene Sachkunde des Gerichts Rechnung getragen werden.[343] Nimmt die Komplexität der Beurteilung wirtschaftlicher Vorgänge jedoch im Einzelfall zu, so wird die Bestellung eines Sachverständigen, vor allem für die Bemessung der Bußgeldhöhe, unabdingbar.[344] Aus eben diesen Gründen kann das Gericht aufgrund seiner Pflicht zur Aufklärung des Sachverhalts auch weniger Gebrauch von den verfahrensvereinfachenden Vorschriften im OWiG machen.[345] Dies verdeutlicht vor allem ein Beschluss des BGH vom 9.10.2018.[346] Hier führte der BGH aus, dass das zugrunde liegende Kartellbußgeldverfahren „aufgrund seiner rechtlichen und tatsächlichen Komplexität, die auch in der Dauer der Hauptverhandlung zum Ausdruck kommt, nicht zu den von § 77 Abs. 3 OWiG erfassten Regelfällen zählt."[347] Gem. § 77 Abs. 3 OWiG kann nämlich die Begründung für die Ablehnung eines Beweisantrages nach § 77 Absatz 2 Nr. 1 OWiG in dem Gerichtsbeschluss *in der Regel* darauf beschränkt werden, dass die Beweiserhebung zur Erforschung der Wahrheit nicht erforderlich ist. Wenn es in solchen Kartellverfahren um „zentrale Fragen" ginge, so hätte das Gericht nach Ansicht des BGH in dem Beschluss die Gründe anzuführen, warum eine Beweiserhebung zur Erforschung der Wahrheit im Einzelfall nicht erforderlich ist.[348] Aufgrund der durch diese Umstände bedingten Verzögerung von Kartellverfahren

337 Große Strafrechtskommission des Deutschen Richterbundes, S. 50.
338 Große Strafrechtskommission des Deutschen Richterbundes, S. 50.
339 Große Strafrechtskommission des Deutschen Richterbundes, S. 51.
340 Große Strafrechtskommission des Deutschen Richterbundes, S. 51; Hintergrundpapier des Bundeskartellamtes zum Kartellbußgeldverfahren, S. 18.
341 Bundeskartellamt, Papier zur erfolgreichen Kartellverfolgung, S. 25.
342 Hintergrundpapier des Bundeskartellamtes zum Kartellbußgeldverfahren, S. 18.
343 Große Strafrechtskommission des Deutschen Richterbundes, S. 44; siehe auch: *Wurmnest,* Marktmacht, S. 236; siehe auch *Ewald,* ZWeR 2011, 15, 16 f.
344 *Nothdurft,* FS G. Hirsch, S. 285, 298; Gutachten der großen Strafrechtskommission, S. 44.
345 Große Strafrechtskommission des Deutschen Richterbundes, S. 50.
346 BGH, Beschl. v. 9.10.2018 – KRB 60/17 (Flüssiggas III), NZKart 2019, 155.
347 BGH, Beschl. v. 9.10.2018 – KRB 60/17 (Flüssiggas III), NZKart 2019, 155, 156 f.
348 BGH, Beschl. v. 9.10.2018 – KRB 60/17 (Flüssiggas III), NZKart 2019, 155, 157.

werden Stimmen laut, die eine Reform der Hauptverhandlung fordern, um das Verfahren zu beschleunigen.[349]

Auch die tatsächlichen Anforderungen an eine Hauptverhandlung im Kartellbußgeldverfahren unterscheiden sich damit zentral von den Anforderungen an die Hauptverhandlung eines Bußgeldverfahrens im Straßenverkehr, bei dem sich die Beweislage überschaubar gestaltet und das oft schon innerhalb eines Tages abgeschlossen werden kann.[350] Dieser Unterschied setzt sich auch in der Sanktionierungspraxis durch die Kartellämter fort.

3. Unternehmen als Adressaten einer Geldbuße

Im Kartellrecht sind Adressaten der dort aufgeführten Bußgeldtatbestände natürliche Personen. Dies verdeutlicht schon der Wortlaut des § 81 Abs. 1, 2 GWB („Ordnungswidrig handelt, wer [...]).[351] Blickt man auf den Zeitraum der Jahre 2008 bis 2016, so belief sich das gegen natürliche Personen verhängte Bußgeld durch das Bundeskartellamt auf insgesamt 24,4 Millionen Euro.[352] Während ein geringfügiger Verstoß gegen ein kartellrechtliches Verhaltensgebot mit einem Bußgeld von 500 Euro geahndet wurde, belief sich die höchste, gegen eine natürliche Person verhängte Geldbuße auf 800.000 Euro.[353]

Geldbußen können darüber hinaus aber auch gegen Unternehmen verhängt werden.[354] Rechtlicher Anknüpfungspunkt sind hierbei die §§ 30, 130 OWiG.[355] Hiernach hat das Unternehmen für das Verhalten von seinen Organen einzustehen.[356] Die Geldbuße kann nach § 81 Abs. 4 S. 2 GWB bis zu 10 % des weltweiten Gesamtumsatzes des Unternehmens betragen.[357] Der Tätigkeitsschwerpunkt des Bundeskartellamts bei der Ahndung von Kartellverstößen liegt dabei auf der

---

349 Siehe etwa den Zwischenbericht des Bundeskartellamtes zum Expertenkreis Kartellsanktionenrecht, NZKart 2015, 2 f.

350 Vgl. *Fromm,* NJW 2012, 1131.

351 Vgl. dazu Kamann/Ohlhoff/Völcker/*Krauß,* § 18, Rn. 2 u. 17.

352 Bericht des Bundeskartellamtes über seine Tätigkeit in den Jahren 2015/2016 (Unterrichtung durch die Bundesregierung), S. 33 f.

353 Bericht des Bundeskartellamtes über seine Tätigkeit in den Jahren 2015/2016 (Unterrichtung durch die Bundesregierung), Drs. 18/12760, S. 33 f.; das europäische Kartellrecht hingegen sieht eine Bußgeldpflicht nur für Unternehmen und Unternehmensvereinigungen vor, dazu *Dreher,* FS Konzen, S. 85, 106.

354 *Bunte,* NJW 2018, 123, 125 führt vor diesem Hintergrund an, dass das auf den Zweck der Wirtschaftsaufsicht ausgerichtete Kartellrecht unternehmensgerichtet ist.

355 *Glöckner,* Kartellrecht, Rn. 205.

356 *Glöckner,* Kartellrecht, Rn. 205; hierzu allgemein: Göhler/*Gürtler,* § 30, Rn. 1; siehe insb. Blum/Gassner/Seith/*Schmitt-Leonardy,* § 30, Rn. 8; *Bohnert/Bülte,* § 2, Rn. 167 f.; *Mitsch,* Recht der Ordnungswidrigkeiten, § 16, Rn. 5.

357 *Glöckner,* Kartellrecht, Rn. 205; siehe auch: *Deselaers,* WuW 2006, 118, 121 sowie *Buntscheck,* WuW 2008, 941, 943.

Sanktionierung von Unternehmen.[358] Dies zeigen schon die gegen Unternehmen verhängten Bußgelder, die teils sogar die Milliardengrenzen sprengen, wenn man den Zeitraum eines Jahres zugrunde legt.[359] Den Unternehmen fließen auch vornehmlich die wirtschaftlichen Vorteile der Kartellverstöße zu.[360] Die schwerpunktmäßige Bebußung von Unternehmen ist damit ein weiteres, zentrales Differenzierungskriterium zu einem Ordnungswidrigkeitenverfahren im Straßenverkehr, das sich überwiegend gegen natürliche Personen richtet.[361]

4. Europäische Bezüge

a. Angleichung des nationalen an das europäische Kartellrecht

Kartellordnungswidrigkeitenverfahren unterliegen darüber hinaus einer starken Prägung durch das Europarecht.[362] Im Zuge der 6. GWB-Novelle im Jahre 1998 wurde das deutsche Kartellrecht an die europäische Rechtslage angepasst.[363]

Die Zweischrankentheorie regelte dabei zunächst außerhalb des Bereichs der Fusionskontrolle das Verhältnis des nationalen und europäischen Rechts bei Kartellverstößen, die grenzüberschreitende Auswirkungen mit sich brachten:[364] Europäisches und nationales Kartellrecht sind parallel anwendbar.[365] Führen beide Verfahren zu unterschiedlichen Ergebnissen, ging in Anlehnung an das *Walt Wilhelm* Urteil des EuGH das Europäische Kartellrecht dem nationalen Kartellrecht vor.[366] Heute regelt die VO Nr. 1/2003 das Verhältnis zwischen europäischem und nationalem Kartellrecht. Art. 3 Abs. 2 VO Nr. 1/2003 stellt klar, dass die Anwendung des nationalen Wettbewerbsrechts nicht zum Verbot von Vereinbarungen zwischen Unternehmen führen darf, welche den Handel zwischen Mitgliedsstaaten zu beeinträchtigen geeignet sind, aber den Wettbewerb im Sinne des Art. 101 Abs. 1 AEUV nicht einschränken oder die Bedingungen des Art. 101 Abs. 3 AEUV erfüllen. Die deutschen Kartellbehörden sind damit neben der Kommission dazu berechtigt und verpflichtet, die EU-Wettbewerbsvorschriften der Art. 101, 102

---

358 Kamann/Ohlhoff/Völcker/*Krauß*, § 18, Rn. 2; vgl. auch *Bunte*, NJW 2018, 123, 125; Hintergrundpapier des Bundeskartellamtes zum Kartellbußgeldverfahren, S. 24.

359 Bericht des Bundeskartellamtes über seine Tätigkeit in den Jahren 2015/2016 (Unterrichtung durch die Bundesregierung), Drs. 18/12760, S. VIII.

360 Kamann/Ohlhoff/Völcker/*Krauß*, § 18, Rn. 2.

361 Vgl. dazu aber auch *Fromm*, SVR 2015, 406, 407.

362 Hintergrundpapier des Bundeskartellamtes zum Kartellbußgeldverfahren, S. 25.

363 *Glöckner*, Kartellrecht, Rn. 21; *Wunderlich*, S. 14 f.; umfassend: *Kirchner*, Kooperationen, S. 463 f.; kritisch damals *Bechtold*, NJW 1998, 2769, 2770.

364 *Glöckner*, Kartellrecht, Rn. 41.

365 Immenga/Mestmäcker/*Rehbinder*, EU-Wettbewerbsrecht, Band 1, Art. 3 VO 1/2003, Rn. 1; *Kapp*, Kartellrecht in der Unternehmenspraxis, S. 26; *Glöckner*, Kartellrecht, Rn. 41.

366 EuGH, Urt. v. 13.02.1969, C-14/68, *Walt Wilhelm*, Rn. 3 ff.; vgl. auch Grabitz/*Ludwigs*, Band 2, Art. 103 AEUV, Rn. 34; *Glöckner*, Kartellrecht, Rn. 42.

AEUV direkt anzuwenden, Art. 3 Abs. 1 VO 1/2003.[367] Dies stellt auch § 50 GWB klar.[368] Nach Art. 11 Abs. 6 VO Nr. 1/2003 hat die Kommission jedoch ein Eintrittsrecht und kann Fälle der nationalen Kartellbehörden an sich ziehen.

b. European Competition Network (ECN)

Um der Gefahr von sich widersprechenden Entscheidungen verschiedener Kartellbehörden entgegenzuwirken, existiert seit Oktober 2002 das sog. European Competition Network (ECN), das aus der Kommission und den Wettbewerbsbehörden der Mitgliedstaaten besteht.[369] Die Bekanntmachung der Kommission über die Zusammenarbeit innerhalb des Netzes der Wettbewerbsbehörden gibt an, welche Behörde gut geeignet ist, den Fall an sich zu nehmen.[370] Die Kommission gilt dabei ab mehr als drei betroffenen Mitgliedsstaaten als besonders gut geeignet.[371] Befassen sich mehrere Wettbewerbsbehörden in Europa mit dem Fall, so stellt der Umstand, dass eine Behörde den Fall bereits bearbeitet, für die übrigen Behörden einen hinreichenden Grund dar, das bei ihnen anhängige Verfahren entweder zunächst auszusetzen oder eine Beschwerde von vornherein zurückzuverweisen.[372] Die Zusammenarbeit im Netzwerk der europäischen Wettbewerbsbehörden ist auch in § 50a GWB gesetzlich festgeschrieben.

c. Verfahrensautonomie der Mitgliedsstaaten?

Das nationale Kartellverfahren in Form des Ordnungswidrigkeitenverfahrens ist vor dem Hintergrund der Europäisierung des Kartellrechts und der Möglichkeit der Einleitung eines eigenständigen Kartellverfahrens durch die Kommission Ausfluss der Verfahrensautonomie der Mitgliedstaaten.[373] Dieser Grundsatz wird nur durch die wirksame und einheitliche Anwendung des europäischen Kartellrechts eingeschränkt.[374] Die nationalen Verfahrensvorschriften dürfen daher nicht dazu

---

367 *Glöckner,* Kartellrecht, Rn. 177.

368 *Glöckner,* Kartellrecht, Rn. 177; Berg/Mäsch/*Seckler,* § 50 GWB, Rn. 5; *Bechtold/ Bosch,* § 50, Rn. 1; Immenga/Mestmäcker/*Rehbinder,* Band 2, § 50, Rn. 1 f.; Loewenheim/*Quellmalz,* § 50, Rn. 1.

369 Grützner/Jakob/*Grützner/Jakob,* Compliance, European Competition Network; *Koch,* S. 63 f.; Hintergrundpapier des Bundeskartellamtes zum Kartellbußgeldverfahren, S. 8 f.; *Glöckner,* Kartellrecht, Rn. 181a.

370 Bekanntmachung der Kommission über die Zusammenarbeit innerhalb des Netzes der Wettbewerbsbehörden (2004/C 101/03) vom 27.04.2004; siehe dazu *Glöckner,* Kartellrecht, Rn. 182; Hintergrundpapier des Bundeskartellamtes zum Kartellbußgeldverfahren, S. 8.

371 *Koch,* S. 65 f.; *Glöckner,* Kartellrecht, Rn. 182; *Polley,* Leniency, S. 269.

372 *Glöckner,* Kartellrecht, Rn. 183.

373 *Krönke,* S. 246 f.; *Ebers,* S. 349 f.; Zwischenbericht des Bundeskartellamtes zum Expertenkreis Kartellsanktionenrecht, NZKart 2015, 2, 3.

374 Zwischenbericht des Bundeskartellamtes zum Expertenkreis Kartellsanktionenrecht, NZKart 2015, 2, 3.

führen, dass die wirksame Anwendung der Art. 101, 102 AEUV beeinträchtigt wird.[375] Der Effektivitätsgrundsatz kann damit als eine Art Untermaßverbot angesehen werden.[376]

In Zukunft ist nicht auszuschließen, dass auch das Kartellsanktionenrecht und sein Verfahren weiteren Angleichungen an den europäischen Rechtsrahmen unterliegt. So zielt beispielsweise eine aktuelle Richtlinie vom 11.12.2018 darauf ab, die Wettbewerbsbehörden der Mitgliedstaaten im Hinblick auf eine wirksamere Durchsetzung der Wettbewerbsvorschriften zu stärken.[377] Ein solcher Prozess bedeutet schlussendlich auch die Verabschiedung neuer Sondervorschriften für das GWB, die das Ordnungswidrigkeitenverfahren weiter modifizieren.[378] Diese starke Einflussnahme des Europarechts ist dem Ordnungswidrigkeitenverfahren im Straßenverkehr fremd.

5. *Zwischenergebnis: Unterschiede zwischen Kartell- und Straßenverkehrsordnungswidrigkeitenverfahren*

Das kartellrechtliche Bußgeldverfahren weicht durch seine zahlreichen Sondervorschriften schon heute in mehrfacher Hinsicht vom allgemeinen Ordnungswidrigkeitenverfahren ab. Dies ist nicht nur durch die im Kartellrecht umschriebenen verbotenen Verhaltensweisen bedingt, die aufseiten der Beteiligten einen hohen ökonomischen Sachverstand erfordern.[379] Eine Rolle spielt auch, dass sich Kartelle ohne zusätzliche Anreize nur schwer aufdecken lassen.[380] Nicht zu unterschätzen ist auch die Einflussnahme durch das Europarecht.[381] Dazu kommt die Besonderheit, dass – verglichen mit Ordnungswidrigkeiten im Straßenverkehr – die Sanktionierung von Unternehmen im Fokus der Kartellämter steht.[382] Auch in seinen tatsächlichen Abläufen unterscheidet sich das Kartellordnungswidrigkeitenverfahren vom üblichen Bußgeldverfahren: So können vor allem die gerichtlichen

---

375 Zwischenbericht des Bundeskartellamtes zum Expertenkreis Kartellsanktionenrecht, NZKart 2015, 2, 3.

376 Zwischenbericht des Bundeskartellamtes zum Expertenkreis Kartellsanktionenrecht, NZKart 2015, 2, 3.

377 Richtlinie (EU) 2019/1 des Europäischen Parlaments und des Rates vom 11.12.2018 zur Stärkung der Wettbewerbsbehörden der Mitgliedsstaaten im Hinblick auf eine wirksamere Durchsetzung der Wettbewerbsvorschriften und zur Gewährleistung des reibungslosen Funktionierens des Binnenmarkts.

378 Siehe dazu beispielsweise nur den neuen Art. 30 Abs. 2 der RL 2019/1/EU, der darauf abzielt, die Stellung der Kartellbehörden vor Gericht weiter zu stärken.

379 *Nothdurft*, FS G. Hirsch, S. 285, 298; Gutachten der großen Strafrechtskommission, S. 44.

380 Loewenheim/*Meyer-Lindemann*, § 81, Rn. 114.

381 Hintergrundpapier des Bundeskartellamtes zum Kartellbußgeldverfahren, S. 25.

382 *Bunte*, NJW 2018, 123, 125; Hintergrundpapier des Bundeskartellamtes zum Kartellbußgeldverfahren, S. 4 f.

Verfahren einen enormen Zeitraum in Anspruch nehmen.[383] Dies ist durch mehrere Faktoren bedingt, beispielsweise durch den großen Umfang des Prozessstoffes, oder die Vernehmung zahlreicher Zeugen.[384]

Damit lässt sich abschließend feststellen, dass sich das Bußgeldverfahren im Kartellrecht in seinen praktischen Abläufen erheblich von dem Ordnungswidrigkeitenverfahren eines Straßenverkehrsverstoßes unterscheidet. Durch die gezielte Abtrennung von Sondervorschriften für das GWB macht der Gesetzgeber die Sonderstellung des Kartellrechts im Gefüge des Ordnungswidrigkeitenrechts deutlich. Ob er diesen Sonderweg auch für andere gewichtige Ordnungswidrigkeiten im Wirtschaftsrecht, namentlich für solche im Wertpapierhandelsrecht, geht und dort weitergehende Regelungen getroffen hat, bleibt im Folgenden zu untersuchen. Hierbei wird gleichzeitig beleuchtet, welche Unterschiede ein Bußgeldverfahren des Wertpapierhandels zu einem solchen des Kartellrechts aufweist.

II. Ordnungswidrigkeitenverfahren im Recht des Wertpapierhandels

Verstöße gegen wertpapierhandelsrechtliche Normgebote werden in § 120 WpHG mit Geldbuße sanktioniert.[385] Die hierfür zuständige Behörde ist die Bundesanstalt für Finanzdienstleistungsaufsicht (BaFin), § 6 Abs. 1 S. 1 WpHG.[386] Die Verfolgung von Ordnungswidrigkeiten des WpHG oder WpPG wird dabei durch das Referat für Ordnungswidrigkeiten wahrgenommen, das eine „spezialisierte Organisationseinheit" darstellt.[387] Den Hauptteil der bußgeldrechtlichen Fallbearbeitung nimmt dabei das WpHG ein.[388] Bei der Verfolgung von Ordnungswidrigkeiten kommt der BaFin dank des Opportunitätsprinzips ein weiter Ermessensspielraum beim „Ob" und „Wie" der Sanktionierung zu.[389] Das Ordnungswidrigkeitenverfahren wird teils sogar als sachgerechte Ahndungsgrundlage für das Wertpapierhandelsrecht aufgefasst.[390]

---

383 Hintergrundpapier des Bundeskartellamtes zum Kartellbußgeldverfahren, S. 17.

384 Große Strafrechtskommission des Deutschen Richterbundes, S. 50 f.

385 Zur alten Rechtslage des § 39 WpHG siehe noch: *Seier*, S. 324 ff.

386 *Seier*, S. 354 f.

387 *Canzler/Hammermaier*, AG 2014, 57, 60; *Weinhold*, S. 309; ERST/*Theile*, § 39 WpHG, Rn. 38; *Knops/Korff/Lassen*, Rn. 628; Hohnel/*Hohnel*, 2 Teil, § 4, Rn. 2.

388 *Canzler/Hammermaier*, AG 2014, 57, 60.

389 *Canzler/Hammermaier*, AG 2014, 57, 63; *Maume*, ZHR 180 (2016) 358, 381; *Kleinheisterkamp*, S. 73; Erbs/Kohlhaas/*Wehowsky*, § 39 WpHG, Rn. 86.

390 So *Canzler/Hammermaier*, AG 2014, 57, 58; ganz allgemein Just/Voß/*Klepsch*, § 39, Rn. 3.

1. *Besonderheiten des Verfahrens*

Auch im Bußgeldverfahren, dem ein Verstoß gegen das WpHG zugrunde liegt, sind einige Besonderheiten zu beachten, allen voran die Ausgestaltung der Ordnungswidrigkeiten als Blankettnormen sowie die erneute schwerpunktmäßige Bebußung von Unternehmen.

a. Ordnungswidrigkeiten im WpHG als Blankettnormen

Kapitalmarktrechtliche Zuwiderhandlungen sind zwar zumeist gut nachzuweisen.[391] Bei den ordnungswidrigkeitenrechtlichen Tatbeständen im WpHG handelt es sich aber vermehrt um komplexe Blanketttatbestände.[392] So handelt beispielsweise gem. § 120 Abs. 2 Nr. 16 WpHG ordnungswidrig, wer einer unmittelbar geltenden Vorschrift in delegierten Rechtsakten der Europäischen Union, die die Verordnung (EG) Nr. 1060/2009 des Europäischen Parlaments und des Rates vom 16. September 2009 über Ratingagenturen, die zuletzt durch die Richtlinie 2014/51/EU geändert worden ist, ergänzen, im Anwendungsbereich dieses Gesetzes zuwiderhandelt, soweit eine Rechtsverordnung nach Absatz 28 für einen bestimmten Tatbestand auf diese Bußgeldvorschrift verweist.

Bei solchen Vorschriften besteht besonders bei Verweisungsketten die Gefahr, dass bei der konkreten Prüfung der Normen Fehler unterlaufen und es zu Fehlentscheidungen der Verwaltung kommt.[393] Selbst dem Gesetzgeber unterlaufen bei der Neukonzeption von Tatbeständen gelegentlich Ungenauigkeiten.[394] Daraus folgt, dass die Gerichte und die Behörden den zugrunde liegenden Verfahrensstoff besonders genau prüfen sollten. Dies wiederum gelingt nur mit genügend zeitlichen und personellen Ressourcen.

b. Sanktionierung von Unternehmen

Begeht eine Leitungsperson eine unternehmensbezogene Ordnungswidrigkeit, so wird eine Geldbuße üblicherweise im Zuge eines selbstständigen Verfahrens gem. § 30 Abs. 1, 4 OWiG verhängt.[395] Nur ausnahmsweise wird eine Geldbuße gegen die handelnde Leitungsperson allein festgesetzt.[396] Wenn die verantwortliche Person nachweisbar aus den in § 30 Abs. 1 OWiG genannten Personen stammt, ist

---

391 *Canzler/Hammermaier*, AG 2014, 57, 65.

392 Siehe *Klein*, S. 368 (noch zu § 39 WpHG) oder *Achenbach*, Wirtschafts-Ordnungswidrigkeiten, S. 101, 102 f.; *Nestler*, Bank- und Kapitalmarktstrafrecht, Rn. 660 ff.; umfassend: Leitner/Rosenau/*Trüg*, § 39 WpHG, Rn. 2; zu damit einhergehenden verfassungsrechtlichen Problemen: Park/*Sorgenfrei/Saliger*, §§ 38, 39 WpHG, Rn. 24 und *Trüg*, NZG 2016, 820, 821 f.

393 Park/*Eggers*, Kap. 13.1, Rn. 2.

394 Näher: Park/*Eggers*, Kap. 13.1, Rn. 2.

395 *Teigelack/Dolff*, BB 2016, 387, 391; *Canzler/Hammermaier*, AG 2014, 57, 64.

396 *Canzler/Hammermaier*, AG 2014, 57, 64.

auch die Verhängung einer sog. anonymen Geldbuße anerkannt.[397] Ähnlich wie im Kartellrecht stellt daher auch im Recht des Wertpapierhandels die Sanktionierung von Unternehmen den Schwerpunkt der bußgeldrechtlichen Ahndung durch die BaFin dar.[398] Die Geldbußen, die gegen ein Unternehmen verhängt werden, können bis zu fünfzehn Millionen Euro und 15 Prozent des Gesamtumsatzes, den die juristische Person oder Personenvereinigung im der Behördenentscheidung vorangegangenen Geschäftsjahr erzielt hat, betragen, § 120 Abs. 18 S. 2 Nr. 1 WpHG.

Die BaFin hat ihre Praxis bei der Bußgeldbemessung dabei in sog. Bußgeldleitlinien festgelegt.[399] Ziel ist es, die Transparenz von Bußgeldentscheidungen gegenüber allen Beteiligten zu erhöhen und eine gleichmäßigere Ahndung von Ordnungswidrigkeiten zu ermöglichen.[400] Damit ist sie die neben dem Bundeskartellamt die zweite Bundesbehörde, die ihre Ermessensausübung in einer derartigen Richtlinie konkretisiert.[401] Die Kriterien der Unternehmenssanktionierung und der Erlass von Bußgeldleitlinien lassen eine starke Ähnlichkeit zum Ermittlungsverfahren einer Kartellordnungswidrigkeit erkennen. Damit könnte man davon ausgehen, dass beide Verfahren nahezu identisch ausgestaltet sind. Eine solche Annahme greift aber zu kurz, was die konkrete Zuständigkeit der Gerichte zu verdeutlichen vermag.

c. *Zuständigkeit der Gerichte*

Legt der Betroffene gegen den Bußgeldbescheid Einspruch ein, so werden nach erneuter Überprüfung durch das Bußgeldreferat die Akten an die Schwerpunktstaatsanwaltschaft für Wirtschaftsstrafsachen in Frankfurt am Main zur weiteren Bearbeitung übermittelt.[402] Anders als beim Kartellverfahren ist jedoch zunächst das Amtsgericht mit dem Fall befasst.[403] Es gibt keine dem § 83 GWB vergleichbare Vorschrift. Dies ist angesichts der Komplexität der Materie ungewöhnlich und bedarf eines gesetzgeberischen Tätigwerdens. Besonders aufgrund der hohen Sanktionen, die im Recht des Wertpapierhandels verhängt werden können und aufgrund der Schwierigkeit der Sach- und Rechtsmaterie wäre auch hier die Zuständigkeit eines Oberlandesgerichts angezeigt.

---

397 *Canzler/Hammermaier,* AG 2014, 57, 64 f.; siehe auch: *Mitsch,* Recht der Ordnungswidrigkeiten, § 16, Rn. 17.

398 *Canzler/Hammermaier,* AG 2014, 57, 66: „Im Kalenderjahr 2012 sind gut 70 % der Geldbußen gegen Verbände festgesetzt worden.".

399 *Canzler/Hammermaier,* AG 2014, 57, 68 f.

400 *Canzler/Hammermaier,* AG 2014, 57, 68 f.

401 *Maume,* ZHR 180 (2016) 358, 381; Derleder/Knops/Bamberger/*S. Frisch,* Band 2, S. 502.

402 *Canzler/Hammermaier,* AG 2014, 57, 70; *Maume,* ZHR 180 (2016) 358, 391.

403 Hohnel/*Hohnel,* 2. Teil, § 68, Rn. 1; *Canzler/Hammermaier,* AG 2014, 57, 69; vgl. auch Park/*Sorgenfrei/Saliger,* §§ 38, 39, Rn. 372; zur abweichenden Zuständigkeit im WpÜG siehe die Kritik von *Moosmayer,* wistra 2004, 401, 406.

2. *Statistiken und Fallpraxis*

Bis zum Jahre 2014 hatte die BaFin insgesamt über 4000 Bußgeldverfahren abgeschlossen, und in über 1300 Verfahren rechtskräftige Bußgeldbescheide verhängt.[404] Im Jahre 2016 wurden wegen Verstößen gegen das Kapitalmarktrecht 288 neue Ordnungswidrigkeitenverfahren eingeleitet.[405] Davon wurden 114 mit einem Bußgeld abgeschlossen.[406] Für das Kapitalmarktrecht betrug die Gesamthöhe der Geldbußen im gesamten Jahr 2.570.000 Euro.[407] Ahndungsschwerpunkte waren Verstöße gegen die Ad-hoc-Publizitätspflicht.[408]

Die Geldbußen des Kartellrechts gelten dabei als Leitbild.[409] So wurde beispielsweise eine Geldbuße von 195.000 € gegen ein MDAX-Unternehmen festgesetzt, dass eine Insiderinformation nicht rechtzeitig veröffentlichte und die Verantwortlichen sich dieses Umstands auch bewusst waren.[410] Die Verhängung von hohen Geldbußen wird damit auch im Recht des Wertpapierhandels zum Regelfall.[411]

3. *Zwischenergebnis: Unterschiede zum Kartellbußgeldverfahren*

Anders als im Kartellrecht kann man für die Verfolgung von Ordnungswidrigkeiten im Recht des Wertpapierhandels keine Stimmen vernehmen, die Neuordnungen im Verfahren fordern. Dies ist verwunderlich, ähneln die Verstöße angesichts ihrer Komplexität und Schwere doch den kartellrechtlichen Bußgeldtatbeständen.[412] Auch die Verfolgungspraxis durch die beiden Behörden weist gewisse Ähnlichkeiten auf, denkt man beispielsweise an die Veröffentlichung von Leitlinien zur Bußgeldbemessung durch das Bundeskartellamt und die BaFin.[413] Ferner zeigt die konkrete Höhe der Geldbußen im Wertpapierhandelsrecht, dass die kartellrechtlichen Bußgelder als Vorbild für die Sanktionierung im Wertpapierhandelsrecht dienen.[414] Anders als im GWB existieren im WpHG

---

404 *Canzler/Hammermaier,* AG 2014, 57 f.; zu der konkreten Anzahl der Untersuchungen: Park/*Sorgenfrei/Saliger,* § 38, 39 WpHG, Rn. 36.

405 Jahresbericht der BaFin 2016, S. 59.

406 Jahresbericht der BaFin 2016, S. 59.

407 Jahresbericht der BaFin 2016, S. 59.

408 Jahresbericht der BaFin 2016, S. 59.

409 Näher: *Canzler/Hammermaier,* AG 2014, 57, 71 f.; vgl. aber auch *Kiehne,* S. 208 f.

410 Jahresbericht der BaFin 2016, S. 198: Zwar stufte das Unternehmen eine notwendig gewordene Prognoseänderung und Gewinnerwartung als Insiderinformation ein, veröffentlichte diese Information aber zu spät, nämlich mehrere Handelstage nach der internen Erstellung und Freigabe des Veröffentlichungstextes.

411 Siehe dazu *Maume,* ZHR 180 (2016) 358, 383; *Becker/Canzler,* NZG 2014, 1090, 1096.

412 Siehe auch: *Szesny,* DB 2016, 1420, 1423; ERST/*Theile,* § 39 WpHG, Rn. 15.

413 Vgl. *Maume,* ZHR 180 (2016) 358, 381; Derleder/Knops/Bamberger/*S. Frisch,* Band 2, S. 502.

414 *Canzler/Hammermaier,* AG 2014, 57, 71 f.

jedoch keine Sondervorschriften, die das Verfahren modifizieren und seinen Eigenheiten Rechnung tragen. Dies bedingt, dass in erster Instanz ein Amtsgericht statt einem Oberlandesgericht mit der Fallbearbeitung von Verstößen gegen das WpHG betraut wird.[415] Ob dies den verfahrensrechtlichen Besonderheiten im Wertpapierhandelsrecht gerecht wird, ist mehr als fraglich. Im Hinblick auf die tatsächliche Ahndungspraxis wäre es daher nur konsequent, auch für das Ordnungswidrigkeitenverfahren des Wertpapierhandelsrechts weitere Vorschriften zu schaffen, die die Eigenheiten des dort anfallenden Prozessstoffs und der Rechtsmaterie berücksichtigt.

Zuletzt bleibt damit festzustellen, dass selbst im Bußgeldverfahren des Wertpapierhandels- und Kartellrechts trotz der Ähnlichkeit der Verstöße deutliche Unterschiede bei der Ausgestaltung des Verfahrens zutage treten. Der von *Baumann* und *Arzt* geprägte Begriff des *„Ordnungswidrigkeitensalats"*[416] setzt sich damit auf der verfahrensrechtlichen Seite fort. Will man das Ordnungswidrigkeitenverfahren genauer charakterisieren, muss man besonders im Hinblick auf den Unterschied von schweren Wirtschaftsordnungswidrigkeiten und Straßenverkehrsordnungswidrigkeiten heute von *individuellen Verfahren* sprechen, die alle gleichsam durch das OWiG als kollektiver Ordnungsrahmen zusammengehalten werden. Es wäre daher nicht präzise, bei der Sanktionierung eines Kartellverstoßes generell von einem „Ordnungswidrigkeitenverfahren" zu sprechen. Terminologisch richtig wäre der Begriff des „Kartellordnungswidrigkeiten-" bzw. „Kartellbußgeldverfahrens", der sich in der Wissenschaft und Rechtsprechung aus Gründen der Präzisierung ohnehin etabliert hat.[417] Entsprechend hat man auch im Wertpapierhandelsrecht vom „Bußgeld- bzw. Ordnungswidrigkeitenverfahren im Wertpapierhandelsrecht" zu sprechen. Ein solches Begriffsverständnis kann auch durch die Rechtslage im Ordnungswidrigkeitenverfahren des Steuerrechts untermauert werden.

---

415 *Canzler/Hammermaier,* AG 2014, 57, 69.

416 *Baumann/Arzt,* ZHR 1970, 24, 33.

417 So beispielsweise: BGH, Beschluss v. 12.07.2016, KRB 16/15, WuW 2016, 499 f.; OLG Frankfurt 1 Kartellsenat, Urt. v. 17.11.2015, 11 U 73/11 (Kart), NJOZ 2017, 319, 320 = WuW 2016, 312, 313; *C. Dannecker,* NZKart 2015, 30; *Dannecker,* NZKart 2015, 14, 16; *Schmitz,* wistra 2016, 129; *Saller,* CCZ 2012, 189; *Bosch,* NZKart 2018, 1731, 1736; *Hiéramente/Pfister,* BB 2016, 968; vgl. dazu auch *Ost,* NZKart 2019, 69, der gar von einer Emanzipation des Kartellbußgeldverfahrens vom klassischen Ordnungswidrigkeitenverfahren spricht.

III. Ordnungswidrigkeitenverfahren im Steuerrecht

1. Besonderheiten des Verfahrens

a. Sondervorschriften in den Steuergesetzen

Steuerordnungswidrigkeiten sind nach § 377 AO Zuwiderhandlungen, die nach den Steuergesetzen mit Geldbuße geahndet werden können, also beispielsweise die §§ 378, 379, 380 AO oder §§ 26a, 26b UStG.[418] Der Bußgeldrahmen dieser Vorschriften unterscheidet sich deutlich von dem einer Ordnungswidrigkeit im Kartell- oder Wertpapierhandelsrecht. So beträgt eine Geldbuße bei einer Steuergefährdung gem. § 379 Abs. 6 AO bis zu 25.000 Euro. Bei einer leichtfertigen Steuerverkürzung kann sich der Betrag der Geldbuße auf bis zu 50.000 Euro belaufen, § 378 Abs. 2 AO. Obwohl beide Bußgeldrahmen also hinter denen des § 81 Abs. 4 GWB und § 120 Abs. 18 WpHG zurückbleiben, überschreiten sie zumindest den in § 17 Abs. 1 OWiG vorgesehenen, regulären Bußgeldrahmen von höchstens 1.000 Euro.

Nach § 377 Abs. 2 AO gelten für Steuerordnungswidrigkeiten die Vorschriften des ersten Teils des Gesetzes über Ordnungswidrigkeiten, soweit die Bußgeldvorschriften der Steuergesetze nichts anderes bestimmen. Hier sind die zahlreichen Sonderregelungen des § 410 AO zu beachten.[419] Diese lassen sich – ähnlich wie bereits im Kartellordnungswidrigkeitenverfahren – auf die besondere Sachkunde der Finanzbehörden zurückführen.[420] § 410 AO modifiziert die Vorgaben des Ordnungswidrigkeitenverfahrens beispielsweise hinsichtlich der Zuständigkeit der Finanzbehörde, § 410 Abs. 1 Nr. 1. AO, deren Rechte und Pflichten, § 410 Abs. 1 Nr. 7 AO, sowie deren Beteiligung am gerichtlichen Verfahren, § 410 Abs. 1 Nr. 11 AO.

Die umfassende Verweisung auf das Ordnungswidrigkeitenverfahren stößt dabei nicht nur auf Zuspruch. So wird kritisiert, dass es dem Rechtsschutz des Betroffenen bei Steuerordnungswidrigkeiten nicht genüge, wenn die auf Effizienz ausgerichteten Vorschriften des OWiG zur Anwendung gelangen.[421] Dies widerspreche den im Steuerordnungswidrigkeitenverfahren verhängten Sanktionen und der Komplexität der Sachverhalte.[422] Die Debatte ähnelt stark der Diskussion im Kartellordnungswidrigkeitenverfahren. Die in den verschiedenen Rechtsbereichen wiederholt vorgebrachten Gründe für die Ungeeignetheit des allgemeinen Bußgeldverfahrens zur Sanktionierung wirtschaftsrechtlicher Verstöße sind damit zum

---

418 Müller-Gugenberger/*Muhler*, § 15, Rn. 55; Flore/Tsambikakis/*Heerspink*, vor § 377 AO, Rn. 2; siehe auch: Hüls/Reichling/*Groß*, § 377, Rn. 2; zur Bedeutung des Steuerordnungswidrigkeitenrechts: Simon/Wagner/*Simon*, Kap 11, S. 435.

419 Leitner/Rosenau/*Pelz*, § 377 AO, Rn. 4.

420 *Peter/Kramer*, Steuerstrafrecht, S. 175.

421 Flore/Tsambikakis/*Idler*, vor § 409 AO, Rn. 3.

422 Flore/Tsambikakis/*Idler*, vor § 409 AO, Rn. 3.

einen die hohen Sanktionen und zum anderen die Schwierigkeit und der Umfang des Fallmaterials.

b. *BuStra als zuständige Bußgeldbehörde*

Im steuerlichen Bußgeldverfahren ist das Finanzamt, konkret die BuStra, die zuständige Bußgeldbehörde, §§ 387 Abs. 1, 409 S. 1 AO, § 36 Abs. 1 Nr. 1 OWiG.[423] Eine Ausprägung des im Ordnungswidrigkeitenverfahren vorherrschenden Prinzip der Opportunität stellt Nr. 104 Abs. 3 AStBV dar, wonach die BuStra von der Verfolgung absehen kann, wenn der verkürzte oder gefährdete Betrag insgesamt weniger als 5000 € beträgt, sofern nicht ein besonders vorwerfbares Verhalten für die Durchführung eines Bußgeldverfahrens spricht.[424] Das schon oben beschriebene Verwarnungsverfahren kann bei der Begehung von Steuerordnungswidrigkeiten dann relevant werden, wenn sich die jeweilige Ordnungswidrigkeit als geringfügig darstellt und sich der zugrunde liegende Betrag lediglich bis zu 1.500 Euro steuerlich auswirkt.[425]

Wenn die Staatsanwaltschaft die Akten an das zuständige Gericht geschickt hat und dieses eine Hauptverhandlung für erforderlich hält, wird die BuStra nach den Vorgaben des § 410 Abs. 1 Nr. 11 AO i.V.m. § 407 AO beteiligt.[426] Vor diesem Hintergrund hat das Gericht nach § 407 Abs. 1 S. 1 AO der Finanzbehörde insbesondere Gelegenheit zu geben, die Gesichtspunkte vorzutragen, die von ihrem Standpunkt für die Entscheidung von Bedeutung sind. Dazu wird ihr gem. § 407 Abs. 1 S. 3 AO der Termin zur Hauptverhandlung mitgeteilt. Nach § 407 Abs. 1 S. 5 AO ist es dem Vertreter darüber hinaus zu gestatten, Fragen an den Betroffenen, an die Zeugen und die Sachverständigen zu richten. Damit existiert auch im Steuerrecht eine Vorschrift, die sich die Kenntnisse der Finanzbehörden für das gerichtliche Verfahren fruchtbar machen will und hierfür – über die Vorgaben § 76 OWiG hinaus – eine eigene Vorschrift zur Verfügung stellt. Im Ordnungswidrigkeitenverfahren des Steuerrechts besteht darüber hinaus die Besonderheit, dass sich der Betroffene unter bestimmten Voraussetzungen eines Steuerberaters oder Wirtschaftsprüfers als Verteidiger bedienen kann, §§ 410 Abs. 1 Nr. 3, 392 AO.[427]

---

423 Siehe: Wabnitz/Janovsky/*Pflaum*, Kap. 20, Rn. 198; siehe auch Flore/Tsambikakis/*Idler*, § 410 AO, Rn. 21.

424 Quedenfeld/Füllsack/*Quedenfeld*, Rn. 1214.; Leitner/Rosenau/*Pelz*, § 377 AO, Rn. 5; vgl. auch: Müller-Gugenberger/*Muhler*, § 46, Rn. 3; Hüls/Reichling/*Groß*, § 377, Rn. 7 oder ERST/*Bach*, § 378 AO, Rn. 42.

425 So *Gehm*, Kompendium Steuerstrafrecht, S. 526.

426 *Tormöhlen*, AO-StB 2013, 316, 321; *Gehm*, Kompendium Steuerstrafrecht, S. 528; Flore/Tsambikakis/*Idler*, § 410 AO, Rn. 42.

427 Siehe auch Knierim/Rübenstahl/Tsambikakis/*Knierim*/*Schröder*, Kap. 16, Rn. 52.

2. *Statistiken und Fallpraxis*

Im Gebiet des Bundes haben die Stellen der BuStra im Jahr 2015 4.855 Bußgeldverfahren abgeschlossen.[428] Die verhängten Bußgeldbescheide beliefen sich dabei auf insgesamt auf eine Zahl von 3063.[429] Häufig vorkommende Tatbestände bildeten dabei die leichtfertige Steuerverkürzung, § 378 AO, Steuergefährdung, § 379 AO, oder die Schädigung des Umsatzsteueraufkommens, § 26b UStG.[430] Blickt man auf Verfahren der leichtfertigen Steuerverkürzung, so lagen die verkürzten Beträge insgesamt bei 16,3 Millionen Euro.[431]

3. *Zwischenergebnis: Eigenständigkeit des Steuerbußgeldverfahrens*

Das Steuerordnungswidrigkeitenverfahren zeichnet sich ähnlich wie das Kartellordnungswidrigkeitenverfahren oder das Ordnungswidrigkeitenverfahren im Wertpapierhandelsrecht durch ein hohes Maß an Komplexität aus.[432] Es ist damit nur konsequent, auch einen Steuerberater oder Wirtschaftsprüfer mit in die Verteidigung des Betroffenen einzubeziehen.[433] Bereits heute wird dabei Kritik an der auf zügige Erledigung angelegten Verfahrensordnung des OWiG laut. Die Vorschriften würden auf ein solch komplexes Verfahren mit teils hohen Bußgeldern nicht passen.[434] Daher erschiene es im Grunde auch nicht fernliegend, für das Steuerordnungswidrigkeitenrecht ein eigenständiges Verfahrensrecht zu fordern.[435]

IV. Zusammenfassung: Kluft zwischen Verfahren in Straßenverkehrs- und Wirtschaftsordnungswidrigkeiten

1. *Spezialisierte Behörden und Komplexität der Verfahren*

Ordnungswidrigkeitenverfahren im Wirtschaftsrecht unterscheiden sich deutlich von einem Verfahren einer Straßenverkehrsordnungswidrigkeit. Zwar werden im Wirtschaftsrecht deutlich weniger Bußgeldverfahren eingeleitet und zum Abschluss gebracht, doch sind die dort behandelten Fälle von oftmals großer

---

428 Ermittlungen des Bundesministeriums für Finanzen, http://www.bundesfinanzministerium.de/Content/DE/Monatsberichte/2016/11/Inhalte/Kapitel-3-Analysen/3-6-Verfolgung-Steuerstraftaten-und-Steuerordnungswidrigkeiten-2015.html (zuletzt abgerufen am: 23.05.2019).

429 Ebd.

430 Ebd.

431 Ebd.

432 Flore/Tsambikakis/*Idler*, vor § 409 AO, Rn. 3.

433 Knierim/Rübenstahl/Tsambikakis/*Knierim*/*Schröder*, Kap. 16, Rn. 52.

434 Flore/Tsambikakis/*Idler*, vor § 409 AO, Rn. 3.

435 Flore/Tsambikakis/*Idler*, vor § 409 AO, Rn. 2 (alte Aufl. 2013); siehe auch Hüls/Reichling/*Apfel*, § 410, Rn. 2.

rechtlicher und tatsächlicher Komplexität.[436] Im Vordergrund stehen nicht nur natürliche Personen, sondern auch Unternehmen, gegen die im Einzelfall hohe Geldbußen verhängt werden können.[437] Aufgrund dieser Umstände kann sich das Verfahren, insbesondere die Hauptverhandlung, im Einzelfall erheblich verlängern.[438] Bonusprogramme oder Selbstanzeigen sollen die Betroffenen schon vor Verfahrensbeginn zur Offenbarung des Sachverhalts und der Beweismittel bewegen.[439] Die Behörden im Wirtschaftsrecht verfügen dabei über das nötige Fachwissen und die Erfahrung, um die auftretenden Verstöße bestmöglich verfolgen und ahnden zu können.[440] Dementsprechend kommt ihren Ausführungen vor allem im nachfolgenden gerichtlichen Verfahren erhöhte Bedeutung zu. Dies zeigt für das Kartellrecht schon die das OWiG ergänzende Regelung des § 82a GWB.

2. *Umfangreiche Beweisaufnahme speziell in Kartellbußgeldverfahren*

Ein deutlicher Unterschied zwischen Bußgeldverfahren im Wirtschafts- und Straßenverkehrsrecht tritt bei der Beweisaufnahme zutage. Hier bedarf es im Regelfall nicht nur der Beurteilung komplexer ökonomischer Sachverhalte.[441] Gerade die Sichtung von umfangreichen Papier- und IT-Asservaten, zahlreiche Zeugenvernehmungen und die Sanktionierung von Unternehmen ziehen die Beweisaufnahme in der ordnungswidrigkeitenrechtlichen Hauptverhandlung in die Länge.[442] Zudem fallen gerade bei Kartellabsprachen, die über mehrere Jahre fortdauern, zahlreiche Beweismittel an.[443]

3. *Einflussnahme durch das Europarecht*

Auch das Europarecht nimmt großen Einfluss auf Wirtschaftsordnungswidrigkeiten.[444] So sind beispielsweise die Straf- und Ordnungsvorschriften der §§ 119, 120

---

436 Vgl. Bericht des Bundeskartellamtes über seine Tätigkeit in den Jahren 2015/2016 (Unterrichtung durch die Bundesregierung), Drs. 18/12760, S. VIII; *Kudlich/Oglakcioglu*, Wirtschaftsstrafrecht, Rn. 15; Stober/Paschke/*Keller/Steinke*, Rn. 1385; Große Strafrechtskommission des Deutschen Richterbundes, S. 44.

437 Siehe nur *Canzler/Hammermaier*, AG 2014, 57, 66.

438 C. *Dannecker*, NZKart 2015, 30; vgl. auch *Mäger*, WuW 2018, 293 oder *Glöckner*, Kartellrecht, Rn. 263; Hintergrundpapier des Bundeskartellamtes zum Kartellbußgeldverfahren, S. 17.

439 *Herrlinger*, ZWeR 2012, 137, 150; *Gänswein/Hiéramente*, NZKart 2017, 502, 504; *Wiesner*, WuW 2005, 606, 610.

440 Siehe nur: Große Strafrechtskommission des Deutschen Richterbundes, S. 41.

441 Große Strafrechtskommission des Deutschen Richterbundes, S. 50 ff.

442 Große Strafrechtskommission des Deutschen Richterbundes, S. 50 ff; Hintergrundpapier des Bundeskartellamtes zum Kartellbußgeldverfahren, S. 18.

443 Wiedemann/*Ewald*, § 7, Rn. 94; siehe auch Knierim/Rübenstahl/Tsambikakis/*Köhnen*, Kap. 27, Rn. 44.

444 Hintergrundpapier des Bundeskartellamtes zum Kartellbußgeldverfahren, S. 25.

WpHG in materieller Hinsicht durch das Unionsrecht bestimmt, indem deren Tatbestandsmerkmale auf Verordnungen verweisen. Das nationale Kartellrecht geht sogar noch weiter: Abhängig von einem grenzüberschreitenden Element des Sachverhalts kann die Europäische Kommission das Verfahren übernehmen, Art. 11 Abs. 6 VO Nr. 1/2003. Diese fortschreitende Anpassung des nationalen Rechts und insbesondere des Verfahrens an europäische Vorgaben ist gerade im Kartellrecht noch lange nicht zu einem Abschluss gelangt.[445] Hier wird vor allem ein Konflikt mit dem Ordnungswidrigkeitenverfahren drohen, dem nur über die Einführung weiterer Bereichsausnahmen im GWB beizukommen sein wird.

C. Reformbedürftigkeit des Ordnungswidrigkeitenverfahrens

I. Grenzen des Ordnungswidrigkeitenverfahrens

Die Zielrichtung des Ordnungswidrigkeitenverfahrens ist in erster Linie die Bewältigung und der schnelle Abschluss der Verfahren, was für die massenhaft auftretenden Verstöße gegen straßenverkehrsrechtliche Normen angemessen erscheint.[446] Spätestens bei komplexen Sachverhalten im Wirtschaftsrecht stößt die Verfahrensordnung an ihre Grenzen. Dies belegen die zahlreichen Beschwerden in Praxis und Literatur über die lange Verfahrensdauer im Kartellrecht oder die unzureichenden Rechte des Betroffenen im Vorverfahren von Wirtschaftsordnungswidrigkeiten.[447] Verkehrsordnungswidrigkeiten und Wirtschaftsordnungswidrigkeiten scheinen damit nur schwer unter derselben Verfahrensordnung vereinbar zu sein. Doch damit nicht genug: Selbst innerhalb des Wirtschaftsrechts existieren einige Besonderheiten: So wäre schon die hohe Abhängigkeit und Wandelbarkeit des nationalen Kartellrechts aufgrund europäischer Vorgaben Grund genug, über eine eigene Kartellverfahrensordnung nachzudenken oder das Verfahren zumindest aus dem Ordnungswidrigkeitenrecht herauszulösen und dem Verwaltungsprozess zu unterwerfen.[448]

---

445 Siehe dazu die Richtlinie (EU) 2019/1 des Europäischen Parlaments und des Rates vom 11.12.2018 zur Stärkung der Wettbewerbsbehörden der Mitgliedsstaaten im Hinblick auf eine wirksamere Durchsetzung der Wettbewerbsvorschriften und zur Gewährleistung des reibungslosen Funktionierens des Binnenmarkts.

446 Vgl. Beck/Berr/Schäpe/*Heberlein*/*Bergmann*, OWi-Sachen Straßenverkehrsrecht, Rn. 2; *Mitsch*, Recht der Ordnungswidrigkeiten, § 14, Rn. 6; *Schmitz*, wistra 2016, 129, 130.

447 Stellvertretend: *Schmitz*, wistra 2016, 129, 137; Zwischenbericht des Bundeskartellamtes zum Expertenkreis Kartellsanktionenrecht, NZKart 2015, 2; vgl. auch *Keller*/*Schmid*, wistra 1984, 201 oder Flore/Tsambikakis/*Idler*, vor § 409 AO, Rn. 3; vgl. dazu auch: *Follert*, ZStW 130 (2018), 420, 436 f.

448 Hintergrundpapier des Bundeskartellamtes zum Kartellbußgeldverfahren, S. 25.

Es bleibt damit festzuhalten, dass im Ordnungswidrigkeitenverfahren Verstöße aus den unterschiedlichsten Rechtsgebieten behandelt werden. Alle haben gemeinsam, dass der Gesetzgeber das verwirklichte Unrecht mit einer nachdrücklichen Pflichtenmahnung[449] sanktioniert und deshalb derselben Verfahrensordnung unterworfen hat.[450] Dies bringt angesichts der tatsächlichen Sozialschädlichkeit und Komplexität der einzelnen Verstöße große Probleme mit sich: Verfahren im Wirtschaftsrecht stellen gänzlich andere *tatsächliche* Anforderungen an die Beweisaufnahme als solche eines Straßenverkehrsverstoßes, denkt man an die oben beschriebene Komplexität der Sachverhalte oder die umfangreichen Verfahrensakten in Kartellbußgeldsachen.[451] Gerade für diese Konstellation erscheinen Reformen im Ordnungswidrigkeitenverfahren für die Zukunft unvermeidbar.

II. Fortgang der Arbeit: Grundlegende vor spezifischen Reformen

In den folgenden Kapiteln bleibt daher zu untersuchen, wie dieser Konflikt im derzeitigen Schrifttum behandelt wird, welche Lösungsvorschläge für eine Neuordnung des Verfahrens angeboten werden und welche Reformansätze in Betracht zu ziehen sind. Letztere werden dabei in erster Linie an ihrer Kompatibilität mit dem Kartellordnungswidrigkeitenrecht als Leitbild einer gewichtigen Ordnungswidrigkeit im Wirtschaftsrecht gemessen.

Bevor man dabei an *spezifische* Reformvorhaben denkt, die auf die Änderung einzelner Vorschriften im OWiG abzielen, muss vorab eine andere, grundlegende Frage geklärt werden: Wie soll sich die generelle Ausrichtung des Ordnungswidrigkeitenverfahrens in Zukunft gestalten und unter welchen abstrakten Rahmenbedingungen erscheinen Neuordnungen überhaupt sinnvoll? Diese Frage führt zur Erörterung zweier wesentlicher Aspekte, die zunächst auf Reformen der Grundstruktur des Ordnungswidrigkeitenverfahrens abzielen. So wirft *Teil 4* angesichts der Diskussion über ein Strafrecht für Unternehmen die Frage auf, wie man die zukünftige Sanktionierung von Unternehmen handhaben möchte und welche Auswirkungen die derzeitigen Vorschläge eines eigenständigen Unternehmensstrafrechts auf das Ordnungswidrigkeitenverfahren nach sich ziehen würden. Im Anschluss geht die Arbeit dem Problem nach, wie man die Rechtslage im Ordnungswidrigkeitenverfahren angesichts bestehender Sanktionierungslücken optimieren könnte. Zu diskutieren wäre hier speziell die Geltung des Legalitätsprinzips als Ausnahme vom Prinzip der Opportunität bei strafrechtlichen Anknüpfungstaten

---

449 BVerfGE 27, 18, 33 = NJW 1969, 1619, 1622 = DÖV 1969, 715, 716; BVerfGE 45, 272, 289 = NJW 1977, 1629; KK-OWiG/*Mitsch*, § 17, Rn. 7.

450 Siehe *Schmitz*, wistra 2016, 129 f.

451 Große Strafrechtskommission des Deutschen Richterbundes, S. 50 ff.; vgl. auch BGH, Beschl. v. 9.10.2018 – KRB 60/17 (Flüssiggas III), NZKart 2019, 155, 156 f.

des § 30 OWiG. *Teil 4* steht damit im Zeichen von grundlegenden Reformen speziell bei der Verbandssanktionierung.

Teil 5 hingegen widmet sich sodann der Frage nach grundlegenden Reformen im *gesamten Ordnungswidrigkeitenverfahren,* etwa in Form der vollständigen Ausgliederung des Kartellsanktionenverfahrens bzw. sonstiger schwerer Wirtschaftsordnungswidrigkeiten aus dem derzeitigen Bußgeldverfahren und geht dem Gedanken einer Neustrukturierung des Ordnungswidrigkeitenverfahrens durch die erstinstanzliche Verhängung hoher Geldbußen durch die Gerichte nach. Erst in Anschluss befasst sich die Arbeit mit konkreten Reformvorhaben für geltende Vorschriften im OWiG.

Teil 4 Debatte um die Einführung eines Unternehmensstrafrechts als Chance für das Ordnungswidrigkeitenverfahren

A. Einführung: Debatte um die Einführung eines Unternehmensstrafrechts

I. Stand der Debatte

Auf Vorschlag des Justizministeriums des Landes Nordrhein-Westfalen wurde im November 2013 der Entwurf eines Gesetzes zur Einführung der strafrechtlichen Verantwortung von Unternehmen und sonstigen Verbänden der Justizministerkonferenz der Länder vorgelegt.[452] Anlässlich dieses Entwurfes entbrannte auch in der Wissenschaft eine erneute Debatte über die Notwendigkeit der Einführung eines Unternehmensstrafrechts in Deutschland.[453] Im Jahr 2017 folgte dem Vorschlag der sog. Kölner Entwurf eines Verbandssanktionengesetzes nach.[454] Dabei kam in der Debatte um die Einführung eines Unternehmensstrafrechts die Frage nach den praktischen Auswirkungen der Entwürfe auf das Ordnungswidrigkeitenrecht und sein Verfahren zu kurz. Die Arbeit befasst sich daher zunächst mit der Überlegung, welche Folgen die Einführung eines Verbandsstrafrechts nach dem Modell aus Nordrhein-Westfalen und Köln auf den Anwendungsbereich des § 30 OWiG nach sich ziehen könnte und welche Probleme sich für den Gesetzgeber bei einer Reform der Verbandssanktionierung stellen. Dabei wird auch der aktuelle Referentenentwurf eines Gesetzes zur Bekämpfung der Unternehmenskriminalität

---

452 *Jahn/Pietsch,* ZIS 1/2015, 1; der Gesetzentwurf ist abrufbar unter http://www.strafrecht.de/media/files/docs/Gesetzentwurf.pdf (zuletzt abgerufen am: 23.05.2019); zu den sonstigen Modellen einer Unternehmenssanktionierung siehe *Wittig,* Wirtschaftsstrafrecht, § 8, Rn. 9 oder *Kasiske,* Wirtschaftsstrafrecht, S. 23 f.

453 Siehe *Grützner,* CCZ 2015, 56 oder den Überblick bei *Süße/Schneider,* Newsdienst Compliance 2014, 71002; zum Verbandsstrafrecht in den USA siehe *Hoven/ Weigend,* ZStW 130 (2018), 213, 214 f.

454 *Henssler/Hoven/Kubiciel/Weigend,* Kölner Entwurf eines Verbandssanktionengesetzes, 2017, derzeit abrufbar unter http://www.verbandsstrafrecht.jura.uni-koeln.de/sites/fg_verbandsstrafrecht/user_upload/Koelner_Entwurf_eines_Verbandssanktionengesetzes__2017.pdf (zuletzt abgerufen am: 23.05.2019); siehe dazu auch *Schünemann,* StraFo 2018, 317, 325 f.

des Bundesministeriums der Justiz und für Verbraucherschutz vom 15.08.2019 kursorisch beleuchtet.[455]

Ebenso geht die Arbeit der Frage nach, wie sich die in den Entwürfen genannten Reformvorhaben auch innerhalb des Ordnungswidrigkeitenverfahrens fruchtbar machen lassen, also welcher grundlegenden Neuordnungen es innerhalb des Ordnungswidrigkeitenverfahrens speziell bei der Sanktionierung von Verbänden bedarf. Hierfür fasst die Arbeit im Ausgangspunkt zunächst die wesentlichen Neuordnungen der Entwürfe zusammen. Nur an der Oberfläche behandelt wird dagegen die Überlegung nach der Sinnhaftigkeit und Verfassungsmäßigkeit eines Unternehmensstrafrechts, da diese Diskussion bereits an zahlreichen Stellen in der Literatur geführt wurde.[456]

1. *Gesetzesantrag aus Nordrhein-Westfalen zur Einführung der strafrechtlichen Verantwortlichkeit von Unternehmen und sonstigen Verbänden*[457]

a. *Verhängung einer Verbandssanktion*

Nach dem Gesetzesantrag aus Nordrhein-Westfalen, der am 18.09.2013 vom Landeskabinett Nordrhein-Westfalens vorgelegt wurde[458], kann gegen Unternehmen eine sog. Verbandssanktion verhängt werden. Dies sind nach § 4 Abs. 1 VerbStrG einerseits Verbandsstrafen, wie die Verbandsgeldstrafe, die Verbandsverwarnung mit Strafvorbehalt oder die öffentliche Bekanntmachung der Verurteilung. Vorgesehen sind nach § 4 Abs. 2 VerbStrG aber auch Verbandsmaßregeln, wie der Ausschluss des Verbandes von Subventionen oder der Vergabe öffentlicher Aufträge. Im schlimmsten Fall droht nach § 4 Abs. 2 Nr. 3 VerbStrG die Auflösung des Verbands.

Eine solche Verbandssanktion kann nur dann verhängt werden, wenn nach § 2 Abs. 1 VerbStrG durch einen Entscheidungsträger in Wahrnehmung der Angelegenheiten eines Verbandes vorsätzlich oder fahrlässig eine verbandsbezogene

---

455 Referentenentwurf des Bundesministeriums der Justiz und für Verbraucherschutz eines Gesetzes zur Bekämpfung der Unternehmenskriminalität; Bearbeitungsstand v. 15.08.2019; abrufbar unter: https://www.steuerberater-center.de/media/VerSanG_RefE.pdf (zuletzt abgrufen am: 3.12.2019).

456 Siehe nur *Schünemann*, Zur Frage der Verfassungswidrigkeit und der Folgen eines Strafrechts für Unternehmen, S. 12 f.; *Wagner*, NZWiSt 2018, 399 f.; *Leipold*, StraFo 2017, 217, 219 f.; *Asholt*, ZStW 126 (2014), 925, 935 f.; *Wittig*, Wirtschaftsstrafrecht, § 8, Rn. 9 f. m.w.N. oder *Weck*, wistra 2017, 169, 172.

457 Gesetzesantrag des Landes Nordrhein-Westfalen zur Einführung der strafrechtlichen Verantwortlichkeit von Unternehmen und sonstigen Verbänden, abrufbar unter: https://www.strafrecht.de/media/files/docs/Gesetzentwurf.pdf (zuletzt abgerufen am: 23.05.2019).

458 *Schünemann*, ZIS 2014, 1, 7.

Zuwiderhandlung begangen worden ist. Hier trifft den Verband der Vorwurf, unternehmensinterne Schlüsselpositionen mit ungeeignetem Personal besetzt zu haben.[459] Eine andere Möglichkeit zur Verhängung einer Verbandssanktion findet sich in § 2 Abs. 2 VerbStrG. Ist hiernach in Wahrnehmung der Angelegenheiten eines Verbandes eine verbandsbezogene Zuwiderhandlung begangen worden, so soll gegen den Verband eine Sanktion verhängt werden, wenn durch einen Entscheidungsträger dieses Verbandes vorsätzlich oder fahrlässig zumutbare Aufsichtsmaßnahmen, insbesondere technischer, organisatorischer oder personeller Art, unterlassen worden sind, durch die die Zuwiderhandlung verhindert oder wesentlich erschwert worden wäre. Diese Alternative knüpft an ein vorsätzliches oder fahrlässiges Aufsichts- oder Überwachungsverschulden der Entscheidungsträger an und ist an § 130 OWiG angelehnt.[460]

Wann von einer Verbandsbezogenheit der Zuwiderhandlung zu sprechen ist, klärt § 1 Abs. 2 S. 2 VerbStrG. Hiernach müssen durch die Zuwiderhandlung Pflichten verletzt worden sein, die den Verband treffen, oder wenn durch sie der Verband bereichert ist oder bereichert werden sollte. § 5 VerbStrG will dem Unternehmen einen Anreiz geben, Compliance-Programme zu schaffen oder auszubauen. Dazu sieht § 5 Abs. 1 VerbStrG vor, dass das Gericht von einer Verbandssanktion absehen kann, wenn der Verband ausreichende organisatorische oder personelle Maßnahmen getroffen hat, um vergleichbare Verbandsstraftaten in Zukunft zu vermeiden und wenn ein bedeutender Schaden nicht entstanden oder dieser zum überwiegenden Teil wieder gut gemacht ist.

b. Verfahrensrechtliche Neuerungen

Die für das Verfahren weitreichendsten Folgen ordnet § 13 VerbStrG an. Nach dessen Abs. 1 gelten für das Strafverfahren gegen Verbände die Vorschriften der allgemeinen Gesetze über das Strafverfahren, namentlich die Strafprozessordnung und das Gerichtsverfassungsgesetz sinngemäß, es sei denn, dass sie ausschließlich auf natürliche Personen angewendet werden können oder das VerbStrG etwas anderes bestimmt. Dies umfasst konsequenterweise auch die Geltung des Legalitätsprinzips, § 152 Abs. 2 StPO, und die grundsätzliche Geltung der §§ 153, 153a StPO.[461]

§§ 18 und 19 VerbStrG widmen sich den Beschuldigtenrechten und insbesondere der Verteidigung des Verbands und seiner Entscheidungsträger. So kann nach § 18 Abs. 2 VerbStrG ein Verteidiger gleichzeitig den Verband wegen der Verbandsstraftat und eine natürliche Person wegen der verbandsbezogenen Zuwiderhandlung oder Unterlassung verteidigen, sofern dies der Aufgabe der Verteidigung

459 Gesetzesantrag des Landes Nordrhein-Westfalen zur Einführung der strafrechtlichen Verantwortlichkeit von Unternehmen und sonstigen Verbänden, S. 27.

460 Gesetzesantrag des Landes Nordrhein-Westfalen zur Einführung der strafrechtlichen Verantwortlichkeit von Unternehmen und sonstigen Verbänden, S. 45.

461 *Hoven/Wimmer/Schwarz/Schumann,* NZWiSt 2014, 201, 209 ff.

nicht entgegensteht.[462] Nach § 18 Abs. 1 S. 1 VerbStrG sind im Verfahren gegen den Verband wegen einer Verbandsstraftat auch die Personen, die einer verbandsbezogenen Zuwiderhandlung oder einer Unterlassung i.S.d. § 2 Abs. 2 VerbStrG verdächtig sind, als Beschuldigte zu vernehmen. Nach § 18 Abs. 1 S. 3 VerbStrG gelten die §§ 133 bis 136a StPO entsprechend. In der Begründung des Entwurfs wird aus diesem Normtext gefolgert, dass nunmehr der Streit, „ob, in welcher Form und in welchem Umfang juristischen Personen oder Personenvereinigungen ein Aussageverweigerungsrecht zustehen kann", entschieden sei.[463] Da sich die Sanktionen nunmehr direkt an ein Unternehmen richten kann, müsste diesem Umstand auf prozessualer Ebene Rechnung getragen werden.[464] Daher sei die Anwendung des Nemo-tenetur-Grundsatzes konsequent.[465] Der Normtext liefert hierfür jedoch nur schwerlich Anknüpfungspunkte. Eine deutlichere Klarstellung des Entwurfes hinsichtlich des Nemo-tenetur-Grundsatzes wäre angesichts seiner Bedeutung und praktischen Auswirkungen wünschenswert.[466]

2. *Kölner Entwurf eines Verbandssanktionengesetzes*

a. *Verhängung einer Verbandssanktion*

Der Kölner Entwurf eines Verbandssanktionengesetzes[467] sieht in § 4 VerbSanktG die Verhängung einer Verbandssanktion vor. Diese besteht nach § 4 Abs. 1 VerbSanktG in einer Geldzahlung, die teilweise zur Bewährung ausgesetzt werden kann. Nach § 4 Abs. 3 VerbSanktG sind bei der Bemessung der Geldzahlung zahlreiche Umstände zu berücksichtigen, beispielsweise unter lit. c) die Strukturen innerhalb des Verbandes, die die Begehung von Verbandsverfehlungen erleichtern oder nach lit. e) die Zusammenarbeit des Verbandes mit den Strafverfolgungsbehörden.

Die Verhängung einer Verbandssanktion ist von einer Verbandsverfehlung einer Leitungsperson abhängig, § 3 Abs. 1 VerbSanktG. Hat nach § 3 Abs. 2 VerbSanktG ein Mitarbeiter in Wahrnehmung der Angelegenheiten eines Verbandes eine verbandsbezogene Zuwiderhandlung begangen, so wird gegen den Verband eine Sanktion verhängt, wenn die Begehung der Zuwiderhandlung dadurch ermöglicht

---

462 Näher zu der damit verbundenen Konstellation, dass die Verbände sich zulasten von Individualbeschuldigten verteidigen: *Hoven/Wimmer/Schwarz/Schumann,* NZWiSt 2014, 201, 207 f.

463 Gesetzesantrag des Landes Nordrhein-Westfalen zur Einführung der strafrechtlichen Verantwortlichkeit von Unternehmen und sonstigen Verbänden, S. 73.

464 Gesetzesantrag des Landes Nordrhein-Westfalen zur Einführung der strafrechtlichen Verantwortlichkeit von Unternehmen und sonstigen Verbänden, S. 75.

465 Gesetzesantrag des Landes Nordrhein-Westfalen zur Einführung der strafrechtlichen Verantwortlichkeit von Unternehmen und sonstigen Verbänden, S. 74 f.

466 *Hoven/Wimmer/Schwarz/Schumann,* NZWiSt 2014, 201, 206 f.

467 *Henssler/Hoven/Kubiciel/Weigend,* Kölner Entwurf eines Verbandssanktionengesetzes; mit einer Analyse zu den Grundlagen der Verbandsverantwortlichkeit: *Wohlers,* NZWiSt 2018, 412, 418 ff.

oder wesentlich erleichtert wurde, dass eine Leitungsperson des Verbandes erforderliche und zumutbare Maßnahmen zur Verhinderung solcher Zuwiderhandlungen unterlassen hat. § 1 Abs. 3 VerbSanktG definiert die Verbandsbezogenheit der Zuwiderhandlung. Diese liegt vor, wenn durch sie der Verband entweder bereichert wurde oder bereichert werden sollte, oder eine Pflicht verletzt wurde, die den Verband trifft, sofern er durch die Zuwiderhandlung nicht unmittelbar selbst geschädigt ist.

b. Verfahrensrechtliche Neuerungen

§ 11 VerbSanktG ordnet für das Verfahren gegen Verbände die Geltung der Strafprozessordnung und des Gerichtsverfassungsgesetzes sinngemäß an. Nicht für anwendbar erklärt werden dagegen das Strafbefehlsverfahren und das beschleunigte Verfahren. Anstelle der §§ 153 bis 154 f. StPO gelten nach § 14 VerbSanktG modifizierte Regelungen, die eine Verfahrenseinstellung durch die Staatsanwaltschaft vorsehen, falls der Verband nach § 14 Abs. 1 Nr. 1 VerbSanktG vor Begehung der Zuwiderhandlung technische, organisatorische und personelle Maßnahmen getroffen hat, die darauf gerichtet waren, Zuwiderhandlungen dieser Art zu verhüten, nach Nr. 2 mit den Ermittlungsbehörden kooperiert und ihnen die ihm zugänglichen Informationen übermittelt, nach Nr. 3 Maßnahmen ergriffen hat, die Begehung weiterer Zuwiderhandlungen zu verhindern und nach Nr. 4 den entstandenen Schaden wiedergutgemacht hat. § 14 Abs. 2 und 3 VerbSanktG sehen mit einer nur teilweisen Erfüllung dieser Voraussetzungen sowie der Anordnung von Auflagen eine flexiblere Verfahrenseinstellung durch die Staatsanwaltschaft vor. § 13 VerbSanktG spricht sich erneut für die Geltung des Legalitätsprinzips aus.

Nach § 17 Abs. 1 S. 1 VerbSanktG steht es den Vertretern des Verbandes frei, sich zu der Beschuldigung zu äußern oder nicht zur Sache auszusagen. Satz 2 ordnet an, dass sie auch im Übrigen nicht verpflichtet sind, aktiv an der Aufklärung des Sachverhalts mitzuwirken. § 19 Abs. 2 S. 1 VerbSanktG trifft Regelungen zur Verteidigung. So kann ein Verteidiger in Bezug auf dieselbe verbandsbezogene Zuwiderhandlung nicht gleichzeitig mehrere Verbände oder einen Verband wegen der Verbandsverfehlung und eine natürliche Person wegen der Zuwiderhandlung verteidigen.

Schon die Aufzählung der wesentlichen Vorschriften beider Regelungswerke zeigen, dass sich beide Entwürfe nah aneinander bewegen. Der Kölner Entwurf greift dabei jedoch die in der Literatur gegen den Entwurf aus NRW vorgebrachten Kritikpunkte auf und führt sie einer neuen Regelung zu.

3. Der Entwurf eines Gesetzes zur Bekämpfung der Unternehmenskriminalität des Bundesministeriums der Justiz und für Verbraucherschutz vom 15.08.2019

Durch den aktuellen Entwurf eines Gesetzes zur Bekämpfung der Unternehmenskriminalität des Bundesministeriums der Justiz und für Verbraucherschutz vom

15.08.2019 scheint sich ein Ende der Debatte über Reformvorhaben der Verbandsverantwortlichkeit abzuzeichnen:[468] Nach § 3 Abs. 1 Verbandssanktionengesetz (VerSanG) wird gegen einen Verband eine Verbandssanktion verhängt, wenn jemand entweder als Leitungsperson dieses Verbands eine Verbandsstraftat begangen hat oder sonst in Wahrnehmung der Angelegenheiten des Verbands eine Verbandsstraftat begangen hat, wenn Leitungspersonen des Verbands die Straftat durch angemessene Vorkehrungen zur Vermeidung von Verbandsstraftaten wie insbesondere Organisation, Auswahl, Anleitung und Aufsicht hätten verhindern oder wesentlich erschweren können.[469] Eine Verbandsstraftat ist dabei eine Straftat, durch die Pflichten, die den Verband treffen, verletzt worden sind oder durch die der Verband bereichert worden ist oder werden sollte, § 2 Abs. 1 Nr. 3 VerSanG.[470] Neu ist das Konzept eines „besonders schweren Falles", § 3 Abs. 2 VerSanG, bei welchem besondere, gegen den Verband sprechende Umstände vorliegen, etwa, wenn die Verbandsstraftat der Leitungsperson ein Verbrechen ist, § 3 Abs. 2 Nr. 1 VerSanG.[471] Die hier beschriebenen Änderungen bedeuten gleichzeitig eine Loslösung vom bisherigen System der Verbandssanktionierung über das OWiG.[472]

Die vorgesehenen Verbandssanktionen reichen von der Verbandsgeldsanktion über eine Verwarnung mit Verbandsgeldsanktionsvorbehalt bis hin zur Verbandsauflösung, § 8 VerSanG.[473] Die Verbandssanktion soll dabei eine „eigenständige

468 Referentenentwurf des Bundesministeriums der Justiz und für Verbraucherschutz eines Gesetzes zur Bekämpfung der Unternehmenskriminalität; Bearbeitungsstand v. 15.08.2019; abrufbar unter: https://www.steuerberater-center.de/media/VerSanG_RefE.pdf (zuletzt abgrufen am: 3.12.2019).

469 Referentenentwurf des Bundesministeriums der Justiz und für Verbraucherschutz eines Gesetzes zur Bekämpfung der Unternehmenskriminalität; Bearbeitungsstand v. 15.08.2019; abrufbar unter: https://www.steuerberater-center.de/media/VerSanG_RefE.pdf (zuletzt abgrufen am: 3.12.2019), S. 7.

470 Referentenentwurf des Bundesministeriums der Justiz und für Verbraucherschutz eines Gesetzes zur Bekämpfung der Unternehmenskriminalität; Bearbeitungsstand v. 15.08.2019; abrufbar unter: https://www.steuerberater-center.de/media/VerSanG_RefE.pdf (zuletzt abgrufen am: 3.12.2019), S. 6.

471 Referentenentwurf des Bundesministeriums der Justiz und für Verbraucherschutz eines Gesetzes zur Bekämpfung der Unternehmenskriminalität; Bearbeitungsstand v. 15.08.2019; abrufbar unter: https://www.steuerberater-center.de/media/VerSanG_RefE.pdf (zuletzt abgrufen am: 3.12.2019), S. 7.

472 Referentenentwurf des Bundesministeriums der Justiz und für Verbraucherschutz eines Gesetzes zur Bekämpfung der Unternehmenskriminalität; Bearbeitungsstand v. 15.08.2019, S. 41.

473 Referentenentwurf des Bundesministeriums der Justiz und für Verbraucherschutz eines Gesetzes zur Bekämpfung der Unternehmenskriminalität; Bearbeitungsstand v. 15.08.2019; abrufbar unter: https://www.steuerberater-center.de/media/VerSanG_RefE.pdf (zuletzt abgrufen am: 3.12.2019), S. 9.

Sanktionsart" darstellen.[474] Neben einer solchen Verbandssanktion kann das Gericht auch die öffentliche Bekanntmachung der Verurteilung des Verbands anordnen, § 15 VerSanG.[475]

Auch die Geltung des Legalitätsprinzips wird erwähnt: Nach § 25 Abs. 1 VerbSanG kommen für das Sanktionsverfahren gegen Unternehmen die Vorschriften der allgemeinen Gesetze über das Strafverfahren zur Anwendung, was den „eigenständigen Charakter des VerSanG" gegenüber der Verbandsgeldbuße nach § 30 OWiG betonen soll.[476] Durch diese Klarstellung sowie durch den Wortlaut des § 3 VerSanG („wird [...] verhängt") kommt auch die Geltung des Legalitätsprinzips für das Verbandssanktionenverfahren zum Ausdruck.[477] § 28 VerSanG macht darüber hinaus klar, dass dem Verband zukünftig dieselben Rechte wie einem Beschuldigten im Strafverfahren zukommen sollen („zentrale Figur" des Verfahrens).[478]

4. *Kritik der Entwürfe an der derzeitigen Rechtslage*

Sowohl der Kölner Entwurf als auch der Gesetzentwurf aus Nordrhein-Westfalen kritisieren die derzeitige Rechtslage. Kommt es in Unternehmen zu Mängeln bei der Aufsicht, so sei bei einer strafrechtlichen Anknüpfungstat die Verhängung einer Kriminalstrafe gegenüber Letzteren angezeigt.[479] Eine neutrale Pflichtenmahnung wäre dagegen nicht mehr zeitgemäß.[480] Die Zuweisung zu den Wirtschaftsstrafkammern würde ferner eine Stärkung des Öffentlichkeitsprinzips bewirken.[481]

474 Referentenentwurf des Bundesministeriums der Justiz und für Verbraucherschutz eines Gesetzes zur Bekämpfung der Unternehmenskriminalität; Bearbeitungsstand v. 15.08.2019, S. 56.

475 Referentenentwurf des Bundesministeriums der Justiz und für Verbraucherschutz eines Gesetzes zur Bekämpfung der Unternehmenskriminalität; Bearbeitungsstand v. 15.08.2019; abrufbar unter: https://www.steuerberater-center.de/media/VerSanG_RefE.pdf (zuletzt abgrufen am: 3.12.2019), S. 12.

476 Referentenentwurf des Bundesministeriums der Justiz und für Verbraucherschutz eines Gesetzes zur Bekämpfung der Unternehmenskriminalität; Bearbeitungsstand v. 15.08.2019, S. 59.

477 Ebd.

478 Referentenentwurf des Bundesministeriums der Justiz und für Verbraucherschutz eines Gesetzes zur Bekämpfung der Unternehmenskriminalität; Bearbeitungsstand v. 15.08.2019, S. 58 f.

479 Gesetzesantrag des Landes Nordrhein-Westfalen zur Einführung der strafrechtlichen Verantwortlichkeit von Unternehmen und sonstigen Verbänden, S. 2 u. 25.

480 Gesetzesantrag des Landes Nordrhein-Westfalen zur Einführung der strafrechtlichen Verantwortlichkeit von Unternehmen und sonstigen Verbänden, S. 2 u. 25; *Henssler/Hoven/Kubiciel/Weigend,* Kölner Entwurf eines Verbandssanktionengesetzes, S. 13.

481 Gesetzesantrag des Landes Nordrhein-Westfalen zur Einführung der strafrechtlichen Verantwortlichkeit von Unternehmen und sonstigen Verbänden, S. 28.

Auf verfahrensrechtlicher Seite wird besonders das Opportunitätsprinzip bei der Verfolgung von Ordnungswidrigkeiten i.R.d. § 30 OWiG als „Mangel des geltenden Rechts“ bezeichnet.[482] Es stünde einer konsequenten und landesweiten Ahndung und Bebußung von Unternehmen entgegen, wenn den Staatsanwaltschaften nach § 47 OWiG ein Ermessensspielraum zukäme.[483] Eine solche These lasse sich durch die Ergebnisse eines Forschungsprojekts untermauern.[484] Dort führte die Mehrheit der teilnehmenden Staatsanwälte an, dass diese nur in wenigen Konstellationen eine Geldbuße gemäß § 30 OWiG verhängen würden.[485] Dies begründe sich vornehmlich durch die fehlende Kenntnis der Strafverfolgungsbehörden im Kontext des Ordnungswidrigkeitenrechts und durch Personalmangel.[486] Hier könnte die Geltung des Legalitätsprinzips Abhilfe schaffen.[487] Die zu erwartenden Mehrkosten könnten durch höhere Geldstrafen, Abschöpfungsbeträge oder Geldauflagen abgefedert werden.[488] Notwendig wäre auch die Möglichkeit, Compliance-Bestrebungen von Unternehmen schon gesetzlich innerhalb der jeweiligen Verfahren zu berücksichtigen.[489]

Dieser Kritik schließt sich auch der Referentenentwurf eines Gesetzes zur Bekämpfung der Unternehmenskriminalität des Bundesministeriums der Justiz und für Verbraucherschutz an: Derzeit fehle es nicht nur an nachvollziehbaren Zumessungsregeln für Verbandsgeldbußen, sondern auch an Anreizen für Investitionen in Compliance.[490] Auch die Einführung eines Verfolgungszwangs sei dringend geboten.[491] Bestehende Ahndungslücken sollten auch nicht durch

---

482 *Henssler/Hoven/Kubiciel/Weigend,* Kölner Entwurf eines Verbandssanktionengesetzes, S. 14; dazu auch *Kubiciel,* NZWiSt 2016, 178, 179.

483 *Henssler/Hoven/Kubiciel/Weigend,* Kölner Entwurf eines Verbandssanktionengesetzes, S. 24 f.

484 *Henssler/Hoven/Kubiciel/Weigend,* Kölner Entwurf eines Verbandssanktionengesetzes, S. 14 f.

485 *Henssler/Hoven/Kubiciel/Weigend,* Kölner Entwurf eines Verbandssanktionengesetzes, S. 15; siehe ferner *Kirch-Heim,* S. 69 f.

486 *Henssler/Hoven/Kubiciel/Weigend,* Kölner Entwurf eines Verbandssanktionengesetzes, S. 15.

487 Vgl. Gesetzesantrag des Landes Nordrhein-Westfalen zur Einführung der strafrechtlichen Verantwortlichkeit von Unternehmen und sonstigen Verbänden, S. 23.

488 Gesetzesantrag des Landes Nordrhein-Westfalen zur Einführung der strafrechtlichen Verantwortlichkeit von Unternehmen und sonstigen Verbänden, S. 38.

489 Gesetzesantrag des Landes Nordrhein-Westfalen zur Einführung der strafrechtlichen Verantwortlichkeit von Unternehmen und sonstigen Verbänden, S. 2; zur Bedeutung unternehmensinterner Präventionsmaßnahmen: *Schneider,* FS Heinz, S. 663, 675 f.

490 Referentenentwurf des Bundesministeriums der Justiz und für Verbraucherschutz eines Gesetzes zur Bekämpfung der Unternehmenskriminalität; Bearbeitungsstand v. 15.08.2019; abrufbar unter: https://www.steuerberater-center.de/media/VerSanG_RefE.pdf (zuletzt abgrufen am: 3.12.2019), S. 1.

491 Ebd.

Änderungen am OWiG erfolgen, da dies „mit erheblichen systematischen Verwerfungen“ einhergehen würde.[492]

II. Rezeption der Gesetzgebungsvorschläge

1. *Kritik* Schünemanns*: Zwang zum Aufbau von Compliance-Strukturen*

Die beiden Entwürfe (*Nordrhein-Westfalen* und *Köln*) zur Einführung eines Strafrechts für Unternehmen wurden in der Literatur unterschiedlich aufgenommen.[493] *Schünemann* beispielsweise kritisiert an dem Entwurf aus Nordrhein-Westfalen nicht nur den faktischen Zwang für Unternehmen, formelle Compliance-Organisationen einzurichten, die hohe Prangerwirkung für mittelständische Unternehmen oder die Tendenz des Entwurfs zu einer Doppelbestrafung, sondern attestiert ihm seine Unvereinbarkeit mit einer Reihe von verfassungsrechtlichen Garantien.[494] An anderer Stelle spricht er gar von einem „rechtspolitischen Zombie“.[495]

2. *Bedenken des Deutschen Richterbunds und der BRAK: Überlastung der Strafrechtspflege*

Der Deutsche Richterbrund dagegen begrüßt die Diskussion um die Einführung eines Unternehmensstrafrechts, führt jedoch die geringe Verfolgungsdichte gegenüber Verbänden vornehmlich auf einen Personalmangel in der Justiz und insbesondere bei den Staatsanwaltschaften zurück.[496]

Größere Bedenken äußert die BRAK, die durch den Gesetzentwurf eine weitere Belastung der ohnehin überlasteten Strafrechtspflege erwartet.[497] So müsste

492 Ebd.

493 *Kutschaty*, ZRP 2013, 74, 75; *Von Hirsch*, NZWiSt 2016, 161, 162; einen Überblick hierzu liefern *Jahn/Pietsch*, ZIS 1/2015, 1, 3; *Leipold*, StraFo 2017, 217, 222.

494 Näher: *Schünemann*, Zur Frage der Verfassungswidrigkeit und der Folgen eines Strafrechts für Unternehmen, S. 4 f.; siehe auch die Analyse von *Gercke*, wistra 2012, 291, 295 über faktische Folgen für das Unternehmen.

495 *Schünemann*, ZIS 2014, 1.

496 Stellungnahme des Deutschen Richterbundes zur Einführung eines Unternehmensstrafrechts, S. 1 f.; die Forderung nach mehr Personal bei der Polizei und der Strafjustiz ist dabei nichts neues, vgl. *Kerl*, ZRP 1986, 312 oder *Keller/Schmid*, wistra 1984, 201.

497 Stellungnahme der BRAK Nr. 15/2014, Zum Entwurf eines Gesetzes zur Einführung der strafrechtlichen Verantwortlichkeit von Unternehmen und sonstigen Verbänden, S. 3 f.

die Staatsanwaltschaft „bei jedem Störfall in einem Unternehmen" Ermittlungen durchführen.[498]

3. *Gesetzesvorschlag des BUJ: Reformen im Ordnungswidrigkeitenrecht*

Der Bundesverband der Unternehmensjuristen (BUJ) spricht sich in einem eigenen Gesetzesvorschlag gegen die Einführung eines Unternehmensstrafrechts aus.[499] Die bisherige Rechtslage zur Ahndung von Unternehmenskriminalität biete zahlreiche Möglichkeiten zur Optimierung:[500] Für Unternehmen soll schon im Ordnungswidrigkeitenverfahren ein Anreizsystem geschaffen werden, das deren Maßnahmen zur Einrichtung von Compliance-Systemen belohnt.[501] Hier könne man den § 30 OWiG dergestalt reformieren, dass in einem neuen Abs. 7 gesetzliche Milderungsgründe festgeschrieben werden, die solche Compliance-Systeme berücksichtigen.[502] Compliance Maßnahmen von Unternehmen fänden nach derzeitiger Rechtslage zwar durch entsprechende Ausübung des Entschließungsermessens der Behörden Berücksichtigung.[503] Dies trage jedoch weder zu Rechtssicherheit noch zu einer einheitlichen Sanktionierungspraxis bei.[504] Der Entwurf sieht an anderer Stelle sogar die Möglichkeit vor, dass gegen das Unternehmen schon gar keine Geldbuße verhängt werden kann.[505] § 30 Abs. 8 OWiG n.F. soll vor diesem Hintergrund berücksichtigen, ob das Unternehmen den Verstoß offengelegt und bei der Aufklärung des Verstoßes mitgewirkt hat.[506] § 130 OWiG soll darüber hinaus eine Änderung dahin gehend erfahren, dass der Inhalt der Aufsichts- und Organisationspflichten im Unternehmen gesetzlich konkretisiert wird.[507]

Setzt man solche Änderungen um, so würde dies nach Ansicht des Entwurfs des BUJ höhere Kosten für die Ausbildung von Richtern und Staatsanwälten für den Bereich der Wirtschaftskriminalität verursachen.[508] Relativiert werden könnten diese Ausgaben jedoch einerseits durch die Prävention zahlreicher

---

498 Stellungnahme der BRAK Nr. 15/2014, Zum Entwurf eines Gesetzes zur Einführung der strafrechtlichen Verantwortlichkeit von Unternehmen und sonstigen Verbänden. S. 3 f.

499 Gesetzgebungsvorschlag des BUJ, S. 5; siehe dazu parallel: *Beulke/Moosmayer*, CCZ 2014, 146 ff.

500 Gesetzgebungsvorschlag des BUJ, S. 5; ebenso für die Beibehaltung der Rechtslage: *Willems*, GewArch Beilage WiVerw Nr. 03/2015, 135 f.; anders damals noch: *Krekeler*, FS Hanack, S. 639, 663.

501 Gesetzgebungsvorschlag des BUJ, S. 5; zust. *Beisheim/Jung*, CCZ 2018, 63, 67.

502 Siehe Gesetzgebungsvorschlag des BUJ, S. 6.

503 Gesetzgebungsvorschlag des BUJ, S. 12.

504 Gesetzgebungsvorschlag des BUJ, S. 12.

505 Gesetzgebungsvorschlag des BUJ, S. 6.

506 Gesetzgebungsvorschlag des BUJ, S. 6.

507 Gesetzgebungsvorschlag des BUJ, S. 6; dazu auch *Grützner*, CCZ 2015, 56, 61 f.

508 Gesetzgebungsvorschlag des BUJ, S. 6.

Wirtschaftsdelikte, sowie andererseits durch die Ausdehnung von Selbstanzeigen.[509]

4. *Zwischenergebnis*

Damit lässt sich feststellen, dass das in der Debatte um die Einführung eines Unternehmensstrafrechts vertretene Meinungsspektrum von der Zustimmung zu dem Entwurf aus Nordrhein-Westfalen bis hin zu eigenen Vorlagen mit Änderungen für das Ordnungswidrigkeitenverfahren reichen. Uneinigkeit herrscht damit insbesondere bei der Frage um die Anwendung der Verfahrensordnung für die Sanktionierung von Verbänden bei verbandsbezogenen, strafrechtlichen Zuwiderhandlungen. Betrachtet man diesen Aspekt im Detail, so lassen sowohl der Kölner Entwurf eines Verbandssanktionengesetzes als auch der Gesetzentwurf aus Nordrhein-Westfalen zur Einführung der strafrechtlichen Verantwortlichkeit von Unternehmen und sonstigen Verbänden die Frage um den Anwendungsbereich des § 30 OWiG *de lege ferenda* und sein Verhältnis zur den beiden Entwürfen unbeleuchtet. Diesem Aspekt möchte die Arbeit im nächsten Abschnitt nachgehen. Dazu ist es im Ausgangspunkt notwendig, zunächst den Anwendungsbereich des § 30 OWiG zu veranschaulichen, um sodann mögliche Überschneidungen mit den Entwürfen aus Nordrhein-Westfalen und Köln zu skizzieren.

B. Folgen der Entwürfe für das Ordnungswidrigkeitenverfahren

I. Anwendungsbereich des § 30 OWiG – de lege lata

Derzeit unterfällt die gesamte Wirtschaftskriminalität von Verbänden dem Anwendungsbereich des § 30 OWiG.[510] Der Bundesrepublik Deutschland ist damit ein originäres Unternehmensstrafrecht fremd.[511] Dies bringt einige materielle und prozessuale Besonderheiten mit sich.

---

509 Gesetzgebungsvorschlag des BUJ, S. 6.

510 Leitner/Rosenau/*Von Galen/Maass*, § 30 OWiG, Rn. 3; vgl. dazu auch *Achenbach*, wistra 1998, 168: „Die Besonderheit dieser Sanktion liegt darin, daß sie, obwohl im OWiG geregelt, nicht nur an Ordnungswidrigkeiten anknüpft, sondern auch als Folge einer Straftat verhängt werden kann, wenn diese von einer der genannten Leitungspersonen begangen worden ist." Welche Schwierigkeiten dies im Einzelfall mit sich bringen kann, erläutert *ders.*, wistra 2018, 13, 21: Im Zuge der aktuellen Neuerungen für die Höhe der Geldbuße gegen juristische Personen im Finanzmarktrecht hat der deutsche Gesetzgeber offensichtlich übersehen, dass gem. § 30 OWiG eine Verbandsgeldbuße auch als Rechtsfolge für eine Straftat ausgesprochen werden kann.

511 Große Strafrechtskommission des Deutschen Richterbundes, S. 38.

1. *Anknüpfungstat als Voraussetzung für die Verhängung einer Geldbuße*

Nach § 30 Abs. 1 OWiG kann gegen den Verband eine Geldbuße festgesetzt werden, wenn eine dort aufgeführte Leitungsperson *eine Straftat oder Ordnungswidrigkeit* begangen hat, durch die Pflichten, welche die juristische Person oder die Personenvereinigung treffen, verletzt worden sind oder die juristische Person oder die Personenvereinigung bereichert worden ist oder werden sollte.[512] Zur Sanktionsbegründung bedarf es also vorrangig einer sog. „Anknüpfungstat".[513]

Eine Straftat oder Ordnungswidrigkeit wird nur unter drei kumulativen Bedingungen zu einer Anknüpfungstat i.S.d. § 30 OWiG.[514] Zunächst muss es sich um eine rechtswidrige, vorwerfbare und schuldhaft verwirklichte Tat handeln; dies schließt auch die Verfolgbarkeit derselben ein.[515] Darüber hinaus muss eine Leitungsperson des Unternehmens die Tat begangen haben.[516] Hier kann man sich an der Aufzählung in § 30 Abs. 1 Nr. 1 – 5 OWiG orientieren.[517] Schließlich bedarf es eines besonderen Verbandsbezugs.[518] Ein Verbandsbezug liegt nach § 30 Abs. 1 OWiG vor, wenn durch die Straftat oder Ordnungswidrigkeit Pflichten verletzt worden sind, welche die juristische Person treffen. Hierunter versteht man „alle übrigen unmittelbar sanktionsbewehrten Pflichten, die primär den Verband wegen seines Betriebes bzw. seines sonstigen ihm eigenen Tätigkeitsbereiches treffen."[519] Ein häufiger Anwendungsfall ist die Verletzung einer Aufsichtspflicht durch den Inhaber des Unternehmens, § 130 OWiG.[520] Alternativ genügt für den Verbandsbezug, dass der Täter den Verband durch seine Ordnungswidrigkeit oder Straftat bereichert hat oder bereichern wollte, § 30 Abs. 1 OWiG. Unter einem Bereichern

---

512 Siehe *Bürger*, ZStW 130 (2018), 704, 711 ff. mit einem kursorischen Überblick über die Modelle der Unternehmenssanktionierung anderer Rechtsordnungen.

513 ERST/*Engelhart*/*Rübenstahl*/*Tsambikais*, § 30 OWiG, Rn. 12; bisweilen wird die zugrunde liegende Tat auch als Anlasstat beschrieben, Blum/Gassner/Seith/*Schmitt-Leonardy*, § 30, Rn. 15; *Mitsch*, Recht der Ordnungswidrigkeiten, § 16, Rn. 11; siehe auch *Kernberger/Krumm*, § 30, Rn. 7 („Bezugstat").

514 *Klesczewski*, § 8, Rn. 656.

515 *Klesczewski*, § 8, Rn. 656; *Krenberger/Krumm*, § 30, Rn. 7; KK-OWiG/*Rogall*, § 30, Rn. 88.

516 BeckOK-OWiG/*Meyberg*, § 30, Rn. 68.

517 Umfassend: *Klesczewski*, § 8, Rn. 658 ff.; *Krenberger/Krumm*, § 30, Rn. 11 ff.; Blum/Gassner/Seith/*Schmitt-Leonardy*, § 30, Rn. 19; siehe auch Graf/Jäger/Wittig/*Niesler*, § 30, Rn. 29 ff.

518 *Klesczewski*, § 8, Rn. 656; *Mitsch*, Recht der Ordnungswidrigkeiten, § 16, Rn. 13.

519 *Klesczewski*, § 8, Rn. 665; vgl. auch *Krenberger/Krumm*, § 30, Rn. 32; Blum/Gassner/Seith/*Schmitt-Leonardy*, § 30, Rn. 32; KK-OWiG/*Rogall*, § 30, Rn. 89; Achenbach/Ransiek/Rönnau/*Achenbach*, 1 Teil, Kap. 2, Rn. 7.

520 *Grützner*, CCZ 2015, 56; Blum/Gassner/Seith/*Schmitt-Leonardy*, § 30, Rn. 8.

versteht man allgemein das Verschaffen eines rechtswidrigen Vermögensvorteils, der in unmittelbarem Zusammenhang mit der Tat steht.[521]

Nach § 30 Abs. 4 OWiG kann die Geldbuße auch selbstständig gegen das Unternehmen festgesetzt werden. Dies ist an die Voraussetzung geknüpft, dass gem. § 30 Abs. 4 S. 1 OWiG wegen einer Straftat oder Ordnungswidrigkeit ein Straf- oder Bußgeldverfahren nicht eingeleitet, eingestellt oder von Strafe abgesehen wird. Nach § 30 Abs. 4 S. 3 OWiG ist die Festsetzung einer solchen selbstständigen Geldbuße jedoch ausgeschlossen, wenn die zugrunde liegende Straftat oder Ordnungswidrigkeit aus rechtlichen Gründen nicht verfolgt werden kann. Zu unterscheiden sind also einmal das verbundene Verfahren, in dem die Geldbuße gegen den Verband in einem Verfahren mit dem Anlasstäter verbunden wird und das selbstständige Verfahren, in dem das Verfahren der Anknüpfungstat aus den in § 30 Abs. 4 OWiG genannten Gründen nicht weitergeführt wird.[522] Die Legitimation eines solchen selbstständigen Verfahrens begründet sich in der Tatsache, dass das Unternehmen keinen Vorteil daraus ziehen soll, wenn eine Verfolgung des Täters aufgrund prozessualer Gründen nicht möglich ist.[523] Indem die Verwaltungsbehörden auf die Einleitung eines Ordnungswidrigkeitenverfahrens gegen den Repräsentanten von Beginn an verzichten, haben sie damit faktisch stets die Wahl, ein selbstständiges Verfahren gegen die juristische Person einzuleiten.[524]

2. *Unterschiedlicher Sanktionsrahmen*

Liegt eine Anknüpfungstat vor und kommt es zur Verhängung einer Geldbuße gegen eine juristische Person, so kann der Sanktionsrahmen deutlich variieren. Welcher Bußgeldrahmen angewendet wird, hängt davon ab, ob es sich bei der Anknüpfungstat um eine Ordnungswidrigkeit oder Straftat handelt. So beträgt die Geldbuße nach § 30 Abs. 2 S. 1 Nr. 1 OWiG im Falle einer vorsätzlichen Straftat bis zu zehn Millionen Euro, nach Nr. 2 im Falle einer fahrlässigen Straftat bis zu fünf Millionen Euro. Liegt der Anknüpfungstat eine Ordnungswidrigkeit zugrunde, so bestimmt sich das Höchstmaß der Geldbuße nach § 30 Abs. 2 S. 2 OWiG nach dem für die Ordnungswidrigkeit angedrohten Höchstmaß der Geldbuße. Sofern ein Gesetz auf die Vorschrift des § 30 Abs. 2 OWiG verweist, darf nach § 30 Abs. 2 S. 3 OWiG das Höchstmaß der Geldbuße nach § 30 Abs. 2 S. 2 OWiG für die im Gesetz bezeichneten Tatbestände *verzehnfacht* werden.

---

521 *Klesczewski*, § 8, Rn. 666; siehe auch Blum/Gassner/Seith/*Schmitt-Leonardy*, § 30, Rn. 35 oder KK-OWiG/*Rogall*, § 30, Rn. 99.

522 Blum/Gassner/Seith/*Schmitt-Leonardy*, § 30, Rn. 57 f.; KK-OWiG/*Rogall*, § 30, Rn. 162 f.; BeckOK-OWiG/*Meyberg*, § 30, Rn. 110 f.

523 *Mitsch*, Recht der Ordnungswidrigkeiten, § 16, Rn. 17.

524 KK-OWiG/*Rogall*, § 30, Rn. 163.

3. *Verfahrensrechtliche Besonderheiten*

a. *Strafrechtliche Anknüpfungstaten*

Die Differenzierung zwischen Ordnungswidrigkeit und Straftat ist nicht nur auf der tatbestandlichen Seite des § 30 OWiG von Bedeutung. Auch auf prozessualer Seite ergeben sich Besonderheiten, die im Folgenden veranschaulicht werden. Zunächst sollen die Eigenheiten des Verfahrens bei der Verbandssanktionierung bei einer Straftat als zugrunde liegende Anknüpfungstat beleuchtet werden. Hier ist zwischen dem sog. unselbstständigen bzw. einheitlichen und dem sog. selbstständigen Verfahren zu differenzieren.[525]

aa. Unselbstständiges Verfahren

Handelt es sich bei der Anknüpfungstat um eine Straftat, so richtet sich das Verfahren nach § 444 StPO und nach den dort aufgeführten Vorschriften. Zwar wurde der Wortlaut von § 444 StPO durch das Gesetz zur Reform der strafrechtlichen Vermögensabschöpfung am 01.07.2017 geringfügig modifiziert.[526] Blickt man auf die alte Rechtslage, hat sich der Regelungsgehalt der Norm jedoch kaum verändert.[527]

Nach § 444 Abs. 1 S. 1 StPO kommt der juristische Person zunächst die Stellung eines Nebenbeteiligten zu.[528] Die förmliche Beteiligung kann erst beschlossen werden, wenn die öffentliche Klage erhoben wurde.[529] Dennoch muss die Staatsanwaltschaft nach § 444 Abs. 2 i.V.m. § 426 StPO die juristische Person bereits im Ermittlungsverfahren anhören, wenn gegen diese eine Geldbuße verhängt werden soll.[530] Dabei wird der Vertreter der juristischen Person angehört, der sich nach den Vorschriften des Zivilrechts bestimmt.[531] Für Anhörung des Vertreters im Ermittlungsverfahren gelten die Regeln der Beschuldigtenvernehmung, § 444 Abs. 2 S. 2 i.V.m. § 426 Abs. 2 StPO.[532]

---

525 Siehe *Mitsch,* Recht der Ordnungswidrigkeiten, § 16, Rn. 16 f.; *Klesczewski,* § 10, Rn. 942 f.

526 Gesetz zur Reform der strafrechtlichen Vermögensabschöpfung vom 13.04.2017, BGBl. 2017 Teil I Nr. 22, S. 872.

527 BeckOK-StPO/*Inhofer,* § 444, vor Rn. 1.

528 *Mitsch,* Recht der Ordnungswidrigkeiten, § 16, Rn. 16; BeckOK-StPO/*Inhofer,* § 444, Rn. 2; Knierim/Rübenstahl/Tsambikakis/*Knierim/Schröder,* Kap. 16, Rn. 1; zum Begriff Müller-Gugenberger/*Niemeyer,* § 14, Rn. 13; Graf/Jäger/Wittig/*Niesler,* § 30, Rn. 74.

529 BeckOK-StPO/*Inhofer,* § 444, Rn. 3.

530 ERST/*Engelhart/Rübenstahl/Tsambikakis,* § 30, Rn. 96; BeckOK-StPO/*Inhofer,* § 444, Rn. 3.

531 BeckOK-StPO/*Inhofer,* § 444, Rn. 3; siehe auch: Blum/Gassner/Seith/*Schmitt-Leonardy,* § 30, Rn. 52; KK-OWiG/*Rogall,* § 30, Rn. 198.

532 KK-OWiG/*Rogall,* § 30, Rn. 196; BeckOK-StPO/*Inhofer,* § 444, Rn. 4.

Nach *Wimmer* ist § 426 Abs. 1 StPO vor dem Hintergrund eines fairen Verfahrens dahin gehend zu verstehen, dass die juristische Person in jedem Fall förmlich am Verfahren durch eine Verfügung zu beteiligen ist, wenn analog § 152 Abs. 2 StPO Anhaltspunkte dafür vorliegen, dass eine Sanktionierung derselben gem. § 30 OWiG naheliegt.[533] Ebenfalls soll die juristische Person über die Verweisung in § 444 Abs. 2 S. 2 StPO gem. § 426 Abs. 2 StPO über die Beschuldigtenrechte der Strafprozessordnung verfügen.[534] Richtigerweise verfügt der Verband als Nebenbeteiligter i.S.d § 444 StPO auch über ein einfachgesetzliches Schweigerecht, das durch dessen Organe ausgeübt wird.[535]

Das Gericht ordnet die Beteiligung des Verbandes nach § 444 Abs. 1 S. 1 StPO durch Beschluss an, wenn die Festsetzung einer Geldbuße gegen eine juristische Person auf den ersten Blick nicht fernliegt.[536] Ein möglicher Anhaltspunkt besteht darin, dass die Staatsanwaltschaft in ihrer Anklageschrift deutlich macht, dass sie gegen das Unternehmen eine Geldbuße verhängen will.[537] Im verbundenen Verfahren besteht die Besonderheit, dass die Geldbuße, die gegen den Verband verhängt wird, nicht in einem gesonderten Bußgeldbescheid, sondern im Urteil gegen die Leitungsperson festgelegt wird.[538] Alternativ kann die Geldbuße nach § 30 OWiG auch durch Strafbefehl festgesetzt werden, § 407 Abs. 2 Nr. 1 StPO.[539] In der Hauptverhandlung gleichen die prozessualen Befugnisse des Verbands denen eines Angeklagten, §§ 444 Abs. 2 S. 1, 427 Abs. 1 StPO.[540] Zur Wahrnehmung derselben ist der Vertreter des Verbands berufen, der konsequenterweise auch zur Hauptverhandlung geladen wird, § 444 Abs. 2 S. 1 StPO.[541]

---

533 *Wimmer,* NZWiSt 2017, 252 f.; dazu auch Leitner/Rosenau/*Von Galen/Maass,* § 30 OWiG, Rn. 74; Blum/Gassner/Seith/*Schmitt-Leonardy,* § 30, Rn. 51; siehe nun auch den Beschluss des BVerfG vom 27.06.2018, 2 BvR 1405/17, Rn. 93 ff. (*hinreichender Verdacht*); dazu auch: *Rieder/Menne,* CCZ 2018, 203, 205.

534 *Wimmer,* NZWiSt 2017, 252, 253.

535 Leitner/Rosenau/*Von Galen/Maass,* § 30 OWiG, Rn. 76; Kamann/Ohlhoff/Völcker/*Krauß,* § 18, Rn. 64; vgl. auch *Minoggio,* wistra 2003, 121, 124 f.; *Töllner,* EWS 2011, 21, 23; siehe auch: *Wimmer,* NZWiSt 2017, 252, 253; KK-OWiG/*Rogall,* § 30, Rn. 209.

536 KK-OWiG/Rogall, § 30, Rn. 203; BeckOK-OWiG/*Meyberg,* § 30, Rn. 125; BeckOK-StPO/*Inhofer,* § 444, Rn. 8.

537 BeckOK-OWiG/*Meyberg,* § 30, Rn. 125; KK-OWiG/*Rogall,* § 30, Rn. 205.

538 *Mitsch,* Recht der Ordnungswidrigkeiten, § 16, Rn. 16; BeckOK-OWiG/*Meyberg,* § 30, Rn. 122.

539 Siehe hierzu ausführlich BeckOK-StPO/*Inhofer,* § 444, Rn. 13; KK-OWiG/*Rogall,* § 30, Rn. 217.

540 KK-OWiG/*Rogall,* § 30, Rn. 205; BeckOK-OWiG/*Meyberg,* § 30, Rn. 124; BeckOK-StPO/*Inhofer,* § 444, Rn. 10.

541 BeckOK-StPO/*Inhofer,* § 444, Rn. 10.

bb. Selbstständiges Verfahren

Wird ein Strafverfahren nicht eingeleitet, wird es eingestellt oder von Strafe abgesehen, so kann die Geldbuße gegen das Unternehmen selbstständig festgesetzt werden, § 30 Abs. 4 OWiG.[542] Handelt es sich bei der Anknüpfungstat um eine Straftat, so ergänzt § 444 Abs. 3 StPO die Vorschrift des § 30 Abs. 4 OWiG. Da die Verwaltungsbehörde nicht dazu berufen sein soll, eine Straftat zu ermitteln und zu ahnden, wird das Verfahren in Form des Strafverfahrens geführt.[543] Dementsprechend kommt der Staatsanwaltschaft die Aufgabe zu, bei Gericht einen Antrag zu stellen, der darauf gerichtet ist, dass eine Geldbuße selbstständig gegen den Verband verhängt werden soll.[544] Nicht vorgesehen ist ein Verweis auf § 426 Abs. 2 StPO. Nach *Wimmer* befindet sich die juristische Person aber auch hier „prozessual in einer Lage, die der eines Beschuldigten entspricht".[545] Daher müssten auch im selbstständigen Verfahren die Beschuldigtenrechte analog gelten.[546]

b. Ordnungswidrigkeiten als Anknüpfungstaten

aa. Unselbstständiges Verfahren

Die Rechte des Unternehmens richten sich nicht nach strafprozessualen, sondern ordnungswidrigkeitenrechtlichen Standards, sofern sich die zugrunde liegende Anknüpfungstat einer Leitungsperson in einer Ordnungswidrigkeit erschöpft.[547] Dies hat auch Auswirkungen auf die Form der Ahndung. Die Geldbuße wird in dem Bußgeldbescheid festgelegt, der gegen den Repräsentanten gerichtet ist.[548] Zugestellt wird er beiden Seiten gesondert.[549] Aus § 88 Abs. 3 i.V.m. § 87 Abs. 2 OWiG sind keine genauen Vorschriften für das Verfahren ersichtlich, die für die juristische Person bis zum Zeitpunkt des Erlasses des Bußgeldbescheides Geltung beanspruchen.[550] Damit ist die rechtliche Ausgestaltung auch hier unbefriedigend.[551]

---

542 *Eidam,* wistra 2003, 447, 454 f.; KK-OWiG/*Rogall,* § 30, Rn. 219.

543 *Krenberger/Krumm,* § 30, Rn. 58; vgl. auch KK-OWiG/*Rogall,* § 30, Rn. 219.

544 *Krenberger/Krumm,* § 30, Rn. 58; dazu kritisch: *Eidam,* wistra 2003, 447, 455 f: „Das Gericht wird, wenn es dem Antrag der Staatsanwaltschaft entspricht, was regelmäßig geschieht, im Beschlusswege oder durch Urteil – niemals aber durch einen Bußgeldbescheid – entscheiden und eine Geldbuße festsetzen. Es ist mehr als fraglich, ob diese gesetzlich verankerte Verletzung der Zuständigkeitswege rechtens ist."

545 *Wimmer,* NZWiSt 2017, 252, 253 f.

546 *Wimmer,* NZWiSt 2017, 252, 253 f.

547 BeckOK-OWiG/*Meyberg,* § 30, Rn. 127.

548 ERST/*Engelhart/Rübenstahl/Tsambikakis,* § 30, Rn. 117; BeckOK-OWiG/*Beck,* § 88, Rn. 19; Blum/Gassner/Seith/*Gassner/Nenn,* § 88, Rn. 4.

549 *Krenberger/Krumm,* § 30, Rn. 48.

550 *Wimmer,* NZWiSt 2017, 252, 253; vgl. auch Blum/Gassner/Seith/*Gassner/Nenn,* § 88, Rn. 4.

551 *Wimmer,* NZWiSt 2017, 252, 253.

bb. Selbstständiges Verfahren

Im selbstständigen Verfahren nach einer vorausgegangenen Ordnungswidrigkeit setzt die Verwaltungsbehörde nach § 88 Abs. 2 S. 1 OWiG die Geldbuße in einem selbstständigen Bußgeldbescheid fest. Die Zuständigkeit der Verwaltungsbehörde begründet sich nach § 88 Abs. 2 S. 2 OWiG danach, welche Behörde im Falle der Verfolgung einer bestimmten natürlichen Person zuständig wäre. Anhaltspunkte zu den hier anzuwendenden Verfahrensregelungen fehlen.

4. *Zwischenergebnis: § 30 OWiG als zentrale Norm für die Sanktionierung von Unternehmen*

Damit bleibt festzuhalten, dass § 30 OWiG im Bereich der Verbandskriminalität eine große Bedeutung zukommt. Sowohl bei Ordnungswidrigkeiten, als auch bei Straftaten eröffnet er die Möglichkeit in einem verbundenen oder selbstständigen Verfahren eine Verbandsgeldbuße gegen das betroffene Unternehmen zu verhängen. Die Vorschriften zum Verfahren, insbesondere nach § 444 StPO und § 88 OWiG, sind dabei sehr vage und regeln die Rechte der Verbände nur in unzureichender Weise.[552] Der Gesetzgeber wäre vor diesem Hintergrund gefordert, umfassende Neuregelungen zu treffen.[553] Diese sollten in einem detaillierteren Regelungswerk die genaue Anwendung der Beschuldigten- und Betroffenenrechte vorsehen. Dem steht auch nicht entgegen, dass es nach *Kallfaß* speziell im Kartellbußgeldverfahren nur selten zu Beschwerden der Betroffenen käme, die das Taktieren von Ermittlungsbehörden betreffen:[554] Natürlichen wie juristischen Personen würden *üblicherweise* schon frühzeitig die Betroffenenrechte zugestanden.[555] Dem ist entgegenzusetzen, dass unklare Verfahrensvorschriften und ein dadurch zwischen Ermittlungsbehörden und Unternehmen etablierter gewohnheitsmäßiger Ablauf des Vorverfahrens eine rechtssichere Ausgestaltung des jeweiligen Verfahrensabschnitts nicht aufwiegen können.

In der Debatte einer Neufassung der Verfahrensvorschriften zu § 30 OWiG sollte daher angedacht werden, die zahlreichen Einzelverweise auf die Vorschriften zur Einziehung zu streichen und stattdessen im achten Abschnitt des zweiten Teils des OWiG bzw. – nimmt man von dem Gedanken eines Verbandsstrafgesetzbuches Abstand – im vierten Abschnitt des sechsten Buches der StPO Neuregelungen zu treffen, die speziell das Verfahren und die Reichweite der dort anzuwendenden Rechte für juristischen Personen regeln.

---

552 *Wimmer*, NZWiSt 2017, 252,253 f.
553 Siehe auch: *Korte*, NZWiSt 2018, 393, 396; *Wimmer*, NZWiSt 2017, 252,253 f.
554 *Schröder*, NZWiSt 2016, 452,457.
555 *Schröder*, NZWiSt 2016, 452,457.

II. Auswirkungen der Einführung eines Verbandsstrafgesetzbuches auf den Anwendungsbereich des § 30 Abs. 1 OWiG

1. Verbleibender Anwendungsbereich des § 30 OWiG

Würde man nun den Kölner Entwurf eines Verbandssanktionengesetzes oder den nordrhein-westfälischen Entwurf zur Einführung der strafrechtlichen Verantwortlichkeit von Unternehmen oder sonstigen Verbänden umsetzen, so stellt sich für das Ordnungswidrigkeitenverfahren in erster Linie die Frage nach dem Verhältnis der Entwürfe zu § 30 OWiG. In jedem Fall kommt es zu einer Überschneidung der Anwendungsbereiche. Dies wird schon anhand der konkreten Formulierungen deutlich: § 30 Abs. 1 OWiG sieht die Verhängung einer Geldbuße gegen eine juristische Person oder Personenvereinigung vor, wenn eine in Abs. 1 bezeichnete Leitungsperson eine Straftat oder Ordnungswidrigkeit begangen hat, durch die Pflichten, welche die juristische Person treffen, verletzt worden sind oder diese bereichert worden ist oder werden sollte. Über § 130 OWiG kann an die Verletzung von Aufsichtspflichten angeknüpft werden. Nach den Entwürfen aus Köln und Nordrhein-Westfalen kann gegen den Verband eine Verbandssanktion verhängt werden, wenn die Leitungsperson entweder selbst eine verbandsbezogene Zuwiderhandlung begangen hat oder sonst eine verbandsbezogene Zuwiderhandlung begangen wurde und der Entscheidungsträger oder die Leitungsperson die erforderlichen und zumutbaren Aufsichtsmaßnahmen unterlassen hat, wenn die Begehung der Zuwiderhandlung dadurch ermöglicht oder wesentlich erleichtert wurde.[556] Vor diesem Hintergrund gelten nach dem Kölner Entwurf eines Verbandssanktionengesetzes gem. § 1 die dort aufgeführten Bestimmungen ausschließlich wegen verbandsbezogener *Straftaten.*

Im Ergebnis wird schon durch die teilweise sehr eng übereinstimmenden Formulierungen deutlich, dass den §§ 30, 130 OWiG neben den Vorschriften des Verbandsstrafgesetzbuchs für den Bereich des Strafrechts keine Bedeutung mehr zukommen soll. Dementsprechend wäre es speziell für § 30 OWiG nur folgerichtig, den Satzteil „eine Straftat oder" aus § 30 Abs. 1 OWiG zu streichen und eine zusätzliche Klarstellung im Verbandsstrafgesetz vorzusehen, die anordnet, dass § 30 OWiG in den Fällen dieses Gesetzes keine Anwendung mehr findet. Gleiches würde für das selbstständige Verfahren nach § 30 Abs. 4 OWiG gelten. Eine Geldbuße gegen juristische Personen und Personenvereinigungen wäre i.R.d. § 30 OWiG dann nur noch für die Begehung von Ordnungswidrigkeiten relevant. Welche Verfahrensordnung anzuwenden wäre, hinge also davon ab, ob es sich bei der zugrunde liegenden Tat um eine Ordnungswidrigkeit oder Straftat handelt. Bei einer Straftat würde sich die einzelnen Verfahrensregelungen dann nach der

556 Siehe insoweit § 3 Abs. 2 VerbSanktG sowie § 2 Abs. 1, 2 VerbStrG.

Strafprozessordnung mit den Spezialvorschriften im jeweiligen Verbandsstrafgesetzbuch, bei einer Ordnungswidrigkeit nach § 88 OWiG richten.

Der aktuelle Referentenentwurf eines Gesetzes zur Bekämpfung der Unternehmenskriminalität des Bundesministeriums der Justiz und für Verbraucherschutz vom 15.08.2019 trägt diesen Bedenken nunmehr durch eine geplante Reform des § 30 OWiG Rechnung.[557] Durch zahlreiche Änderungen am Wortlaut der Vorschrift wird die geplante Abspaltung der Sanktionierung von Verbänden vom OWiG hinreichend deutlich.[558] Dies wird ferner durch die geplante Änderung des § 21 OWiG untermauert. In einem neu zu schaffenden § 21 Abs. 3 OWiG wird klargestellt, dass nur das Verbandssanktionengesetz angewendet wird, wenn eine Tat zugleich eine Ordnungswidrigkeit im Sinne von § 30 Abs. 1 OWiG und eine Verbandsstraftat im Sinne von § 3 Abs. 1 Nr. 1 des Verbandssanktionengesetzes ist.[559]

2. *Anwendungsbereich des § 82 GWB innerhalb eines Verbandsstrafrechts*

Freilich könnte man von der vorrangigen Geltung des VerbStrG auch Ausnahmen vorsehen. So müsste beispielsweise geklärt werden, inwieweit § 82 GWB[560] bei Einführung des VerbStrG noch Anwendung finden würde. Hiernach ist die Kartellbehörde für Verfahren nach § 30 OWiG in Fällen ausschließlich zuständig, denen nach § 82 S. 1 Nr. 1 GWB eine *Straftat*, die auch den Tatbestand des § 81 Abs. 1, 2 Nr. 2 und Abs. 3 GWB verwirklicht, zugrunde liegt.

Auch nach dem Inkrafttreten des § 298 StGB war es dem Gesetzgeber bei einer Verhängung einer Geldbuße gegen ein Unternehmen wichtig, sich die Kompetenz der Kartellbehörden bei der Verfolgung von Submissionsabsprachen zunutze zu machen.[561] Die tatsächliche Anwendung der Vorschrift des § 30 OWiG in der Praxis sollte sich auch nach der Einführung der Strafvorschrift nicht verringern.[562] Die

557 Siehe dazu umfassend: Referentenentwurf des Bundesministeriums der Justiz und für Verbraucherschutz eines Gesetzes zur Bekämpfung der Unternehmenskriminalität; Bearbeitungsstand v. 15.08.2019; abrufbar unter: https://www.steuerberater-center.de/media/VerSanG_RefE.pdf (zuletzt abgrufen am: 3.12.2019), S. 41.

558 Ebd.

559 Referentenentwurf des Bundesministeriums der Justiz und für Verbraucherschutz eines Gesetzes zur Bekämpfung der Unternehmenskriminalität; Bearbeitungsstand v. 15.08.2019; abrufbar unter: https://www.steuerberater-center.de/media/VerSanG_RefE.pdf (zuletzt abgrufen am: 3.12.2019), S. 40.

560 Eine ähnliche Regelung i.S.d. § 30 Abs. 4 S. 2 OWiG trifft § 96 EnWG; zur Frage, inwieweit sich das Ermessen der Verfolgungsbehörde in den Fällen des § 82 GWB zu einer Verfolgungs- und Kooperationspflicht verdichten muss, *Maiazza*, S. 270 f.; vgl. auch den Ansatz von § 122 WpHG für das Bußgeldverfahren im Wertpapierhandelsrecht, dazu *Baur*, AG 2018, 457, 458.

561 Immenga/Mestmäcker/*Dannecker/Biermann*, Band 2, § 82 GWB, Rn. 4.

562 Immenga/Mestmäcker/*Dannecker/Biermann*, Band 2, § 82 GWB, Rn. 4.

Abschreckungswirkung des Strafrechts hätte sonst gar an Bedeutung verloren.[563] Auch wurden die Marktkenntnisse der Strafverfolgungsbehörden in Zweifel gezogen.[564]

Der Gesetzgeber nahm daher bei einer Submissionsabsprache als Anknüpfungstat bewusst eine Spaltung in ein Strafverfahren gegen natürliche Personen und ein von der Kartellbehörde geleitetes ordnungswidrigkeitenrechtliches Ermittlungsverfahren gegen die juristische Person in Kauf.[565] Im Ergebnis läuft dies auf ein eigenständiges Kartellordnungswidrigkeitenverfahren speziell für Unternehmen hinaus.[566] Vereinzelt wird gar gefordert, der Kartellbehörde eine Sonderzuständigkeit bei einer strafrechtlichen Verfolgung von *natürlichen Personen* zu gewähren.[567]

Um vor allem eine Gefahr paralleler Ermittlungen zu vermeiden, sieht Nr. 242 RiStBV eine Zusammenarbeit zwischen Staatsanwaltschaft und Kartellbehörde in Form einer „vertrauensvollen gegenseitigen Abstimmung“ vor.[568] Um das zugrunde liegende Verfahren möglichst ökonomisch zu gestalten, kann die Kartellbehörde die Sache an die Staatsanwaltschaft nach § 82 S. 2 GWB abgeben.[569] Die tatsächliche Bedeutung dieser Vorschrift in der Praxis ist äußerst gering.[570] Gerade im Kartellrecht brächte die Einführung eines Verbandsstrafgesetzbuches damit weitere Frage- und Problemstellungen mit sich. Der Gesetzgeber müsste bei einer Reform des § 30 OWiG also auch sämtliche Regelungen ändern, die von der generellen Zuständigkeitsverteilung der Verwaltungsbehörden und Staatsanwaltschaften abweichen.

Auch dieser Umstand wird durch den Referentenentwurf eines Gesetzes zur Bekämpfung der Unternehmenskriminalität berücksichtigt.[571] So ordnen § 43 Abs. 1 und Abs. 2 VerSanG an, dass sich die zuständige Verfolgungsbehörde nach dem VerSanG und die Kartellbehörde in dem oben genannten Fall gegenseitig unterrichten.[572] Wenn nun gem. § 43 Abs. 3 VerSanG die nach § 48 GWB zuständige

563 Immenga/Mestmäcker/*Dannecker/Biermann*, Band 2, § 82 GWB, Rn. 4.
564 Immenga/Mestmäcker/*Dannecker/Biermann*, Band 2, § 82 GWB, Rn. 4.
565 Immenga/Mestmäcker/*Dannecker/Biermann*, Band 2, § 82 GWB, Rn. 5.
566 Immenga/Mestmäcker/*Dannecker/Biermann*, Band 2, § 82 GWB, Rn. 5.
567 Immenga/Mestmäcker/*Dannecker/Biermann*, Band 2, § 82 GWB, Rn. 5.
568 Siehe dazu auch: Loewenheim/*Meyer-Lindemann*, § 82 GWB, Rn. 6.
569 Loewenheim/*Meyer-Lindemann*, § 82 GWB, Rn. 10.
570 Gutachten der Großen Strafrechtskommission des deutschen Richterbundes, S. 37.
571 Referentenentwurf des Bundesministeriums der Justiz und für Verbraucherschutz eines Gesetzes zur Bekämpfung der Unternehmenskriminalität; Bearbeitungsstand v. 15.08.2019; abrufbar unter: https://www.steuerberater-center.de/media/VerSanG_RefE.pdf (zuletzt abgrufen am: 3.12.2019).
572 Referentenentwurf des Bundesministeriums der Justiz und für Verbraucherschutz eines Gesetzes zur Bekämpfung der Unternehmenskriminalität; Bearbeitungsstand v. 15.08.2019; abrufbar unter: https://www.steuerberater-center.de/media/VerSanG_RefE.pdf (zuletzt abgrufen am: 3.12.2019), S. 22.

Kartellbehörde mitteilt, dass sie die juristische Person oder Personenvereinigung im Verfahren wegen der Festsetzung einer Geldbuße verfolgt oder das Verfahren einstellt, hat die nach dem VerSanG zuständige Verfolgungsbehörde von einer Verfolgung des Verbandes abzusehen.[573] § 43 Abs. 4 VerSanG führt diese Entscheidung konsequent fort: Wenn die Verfolgungsbehörde im Falle des § 43 Abs. 3 VerSanG die öffentliche Klage erhoben hat, so hat das Gericht das Sanktionsverfahren in jeder Lage einzustellen.[574] Diese aktualisierte Zuständigkeitsverteilung sichert der Referentenentwurf durch eine Reform des § 82 GWB ab, die dessen Wortlaut an die beschriebene Arbeitsweise der Behörden anpasst.[575] Es soll sich de lege ferenda um eine „konkurrierende“ Verfolgungskompetenz handeln.[576] Zu Beginn sollen also Staatsanwaltschaft und Kartellbehörde gleichzeitig zuständig sein und sich durch die in § 43 VerSanG aufgestellten Unterrichtungspflichten über das weitere Vorgehen frühzeitig absprechen.[577]

3. *Zwischenergebnis: Reformbedarf des § 30 OWiG bei Einführung eines Verbandsstrafrechts*

Im Ergebnis führt eine Einführung der Verbandsstrafe also für alle strafrechtlich geprägten Sachverhalte zu einer Einschränkung des Anwendungsbereichs des § 30 OWiG. Inwieweit § 82 GWB in Kraft bleiben kann, hängt von der gesetzgeberischen Entscheidung einer weiteren Stärkung der Stellung der Kartellbehörden ab. Bei Umsetzung eines Unternehmensstrafrechts durch den Gesetzgeber wäre dieser daher zuvorderst gehalten, die Vorschrift des § 30 OWiG an eine derart neue Rechtslage anzupassen und seinen Anwendungsbereich ausdrücklich auf Ordnungswidrigkeiten zu reduzieren.

Ob eine solche Trennung der Verbandssanktionierung und die mit ihr verbundenen Vor- und Nachteile sinnvoll erscheinen, soll nun – angesichts der bereits ausführlichen Diskussion in der Literatur – nur der gebotenen Kürze nachgegangen

---

573 Ebd.

574 Ebd.

575 Referentenentwurf des Bundesministeriums der Justiz und für Verbraucherschutz eines Gesetzes zur Bekämpfung der Unternehmenskriminalität; Bearbeitungsstand v. 15.08.2019; abrufbar unter: https://www.steuerberater-center.de/media/VerSanG_RefE.pdf (zuletzt abgrufen am: 3.12.2019), S. 44 f.

576 Referentenentwurf des Bundesministeriums der Justiz und für Verbraucherschutz eines Gesetzes zur Bekämpfung der Unternehmenskriminalität; Bearbeitungsstand v. 15.08.2019; abrufbar unter: https://www.steuerberater-center.de/media/VerSanG_RefE.pdf (zuletzt abgrufen am: 3.12.2019), S. 144.

577 Referentenentwurf des Bundesministeriums der Justiz und für Verbraucherschutz eines Gesetzes zur Bekämpfung der Unternehmenskriminalität; Bearbeitungsstand v. 15.08.2019; abrufbar unter: https://www.steuerberater-center.de/media/VerSanG_RefE.pdf (zuletzt abgrufen am: 3.12.2019), S. 145.

werden. Der Schwerpunkt der nachfolgenden Ausführungen soll vielmehr auf verschiedenen Reformansätzen im bestehenden Ordnungswidrig-keitenverfahren liegen.

C. Alternative Reformansätze

I. Bedenken hinsichtlich der Einführung eines Unternehmensstrafrechts

Die Einführung eines Verbandsstrafgesetzbuchs bietet aus verfahrensrechtlicher Perspektive große Vorteile. Mit der sinngemäßen Anwendung der StPO gilt für die gesamten Verfahrensabschnitte zunächst eine klare Struktur. Diese wird durch die einzelnen Spezialvorschriften im Verbandsstrafgesetzbuch ergänzt und ermöglicht auf diese Weise auf die Eigenheiten eines solchen Verfahrens, beispielsweise durch Änderungen der Regelungen zur Verfahrenseinstellung oder der Berücksichtigung von Compliance-Systemen, angemessen zu reagieren. Eine solche Ausgestaltung weicht von dem derzeitigen System der Verbandssanktionierung über § 30 OWiG ab, das sich auf verfahrensrechtlicher Seite mit Verweisen auf die Vorschriften zur Einziehung beschränkt und damit viele Fragen, besonders im Ermittlungsverfahren, offenlässt.

Allerdings überwiegen aus rechtspolitischer und verfassungsrechtlicher Sicht die Gründe, statt der Einführung eines Verbandsstrafgesetzbuches Reformen am bestehenden System des Ordnungswidrigkeitenverfahrens vorzunehmen. Die Einführung eines Verbandsstrafgesetzbuches ändert zwar den Charakter der Sanktion von einer Geldbuße zur Strafe und führt möglicherweise zu einer erhöhten Abschreckungswirkung.[578] Allerdings werden dadurch natürliche Personen in Mitleidenschaft gezogen, die ein Unternehmensstrafrecht schon gar nicht erfassen will:[579] Hier drohen der Verlust der Dividende von Anteilseignern oder das Risiko eines Arbeitsplatzverlustes eines Mitarbeiters sowie die Schwächung von Zulieferern oder Vertragspartnern des Unternehmens durch die Wirkungen einer Verbandsstrafe.[580] Auch lassen sich Bedenken hinsichtlich des Schuldprinzips nicht umfassend ausräumen.[581] Verbleibende rechtliche Hindernisse ließen sich aber auch unproblematisch durch Justierungen im Ordnungswidrigkeitenrecht

578 Gesetzesantrag des Landes Nordrhein-Westfalen zur Einführung der strafrechtlichen Verantwortlichkeit von Unternehmen und sonstigen Verbänden, S. 25; umfassend dazu: *Kölbel*, NZWiSt 2018, 407, 409; siehe auch: *Zöller*, Zur Frage der Einführung eines Unternehmensstrafrechts, S. 22; *Gaede*, ZStW 129 (2017), 911, 931.

579 *Zöller*, Zur Frage der Einführung eines Unternehmensstrafrechts, S. 36.

580 *Zöller*, Zur Frage der Einführung eines Unternehmensstrafrechts, S. 36.

581 *Wagner*, NZWiSt 2018, 399 f.; *Leipold*, StraFo 2017, 217, 219 f.; *Asholt*, ZStW 126 (2014), 925, 935 f.; vgl. auch *Wittig*, Wirtschaftsstrafrecht, § 8, Rn. 9 f. oder *Weck*, wistra 2017, 169, 172.

beseitigen.[582] Ohne den Streit um die Sinnhaftigkeit eines Verbandsstrafrechts vertiefen zu wollen, beschäftigt sich der folgende Abschnitt damit vielmehr mit der Frage, welche verfahrensrechtlichen Änderungen im Ordnungswidrigkeitenrecht vorgenommen werden könnten, um bestehende rechtliche Unzulänglichkeiten bei der Verbandssanktionierung abzuschaffen.

II. Einführung des Legalitätsprinzips für strafrechtliche Anknüpfungstaten

1. *Rechtfertigung der Geltung des Legalitätsprinzips*

Derzeit bedingt die opportune Verfahrensführung nach § 30 OWiG, dass oftmals schon gar keine Ermittlungen gegen das Unternehmen eingeleitet werden, aus dem eine Straftat heraus begangen wurde.[583] Dieser Rechtszustand ist höchst unbefriedigend: Die zugrunde liegende Straftat der natürlichen Person und das mit ihr verbundene sozialethische Unwerturteil sollten le lege ferenda stets Anlass dafür sein, auch Ermittlungen gegen das Unternehmen einzuleiten.[584] Dies schärft schon in der gesamten Struktur des Verbands das Bewusstsein, dass Straftaten sozialschädliche Normverstöße darstellen, die es mit allen Mitteln zu vermeiden gilt.[585]

Unabhängig von einer möglichen Verdichtung des Ermessens reicht eine opportune Verfahrensführung für diese Konstellation nicht mehr aus: Ob und inwieweit das Unternehmen für den konkreten Verstoß verantwortlich ist und ob es bereits Maßnahmen getroffen hat, solche Verstöße für die Zukunft abzustellen, sollte für den *Beginn der Ermittlungen* noch nicht relevant sein.[586] Hier werden allenfalls nachgelagerte Einstellungskriterien oder Milderungen der Geldbuße relevant. Die Staatsanwaltschaft wäre dann verpflichtet, bei einer Straftat als Anknüpfungstat auch gegen den Verband zwingend zu ermitteln.[587]

Mit einer solchen Änderung trifft der Gesetzgeber gleichzeitig eine Grundsatzentscheidung: Unternehmensbezogene *Straftaten* natürlicher Personen werden in Zukunft in größerem Umfang auch eine Sanktionierung des Unternehmens nach § 30 OWiG nach sich ziehen.[588] Ein solches politisches Signal würde damit auch auf eine größere Verantwortlichkeit der Unternehmen für unternehmensbezogene

---

582 *Maume,* ZHR 180 (2016) 358, 393 f.; a.A. *Baur,* AG 2018, 457, 461.

583 *Henssler/Hoven/Kubiciel/Weigend,* Kölner Entwurf eines Verbandssanktionengesetzes, S. 14 f.

584 Gesetzesantrag des Landes Nordrhein-Westfalen zur Einführung der strafrechtlichen Verantwortlichkeit von Unternehmen und sonstigen Verbänden, S. 23.

585 Vgl. BVerfGE 120, 224, 240 = NJW 2008, 1137, 1138 = NStZ 2008, 614, 615.

586 Vgl. *Henssler/Hoven/Kubiciel/Weigend,* Kölner Entwurf eines Verbandssanktionengesetzes, S. 14; *Kubiciel,* NZWiSt 2016, 178, 179.

587 Vgl. hierzu auch *Korte,* NZWiSt 2018, 393, 396.

588 Vgl. *Korte,* NZWiSt 2018, 393, 396.

Straftaten abzielen und könnte mitunter gar verhaltenssteuernde Wirkungen entfalten: Wenn das Unternehmen de lege ferenda zwingend mit einem Ermittlungsverfahren rechnen muss, liegt es nahe, dass es von vorneherein mehr Gegenmaßnahmen zur Verhinderung interner Verstöße trifft.[589] Davon grundlegend zu unterscheiden ist die Konstellation der Begehung von Ordnungswidrigkeiten. Aufgrund der damit verbundenen nachdrücklichen Pflichtenmahnung gegenüber der natürlichen Person sollte es weiterhin der Verwaltungsbehörde überlassen werden, ob diese auch Ermittlungen gegen das Unternehmen einleitet.

2. Systematische Brüche durch Einführung des Legalitätsprinzips?

Der Einführung des Legalitätsprinzips für solche Fälle kann man zwar entgegenhalten, dass dieser Ansatz innerhalb des Ordnungswidrigkeitenrechts zu systematischen Brüchen führt, wenn nur für spezielle Verfahren von juristischen Personen das Opportunitätsprinzip aufgegeben oder eingeschränkt wird.[590] Auf der anderen Seite zeichnet die Vorschrift des § 30 OWiG aber eben diese Diskrepanz aus: Gerade weil sie auch die strafrechtliche Sanktionierung von Verbänden regelt, müssen bei Anknüpfungstaten nach § 30 Abs. 1 OWiG schon nach geltender Rechtslage strafprozessuale Vorschriften zur Anwendung kommen, vgl. § 444 StPO.[591] Mit Geltung strafprozessualer Vorschriften und den ohnehin für die Staatsanwaltschaft verpflichtenden Ermittlungen gegen die natürliche Person erscheint aber auch die Geltung des Legalitätsprinzips für das verbundene oder selbstständige Verfahren für juristische Personen bei strafrechtlichen Anknüpfungstaten naheliegend. Das Ordnungswidrigkeitenrecht selbst ist also in diesem Punkt keineswegs ein in sich geschlossenes Rechtssystem, sondern muss de lege lata und de lege ferenda bei der Verbandssanktionierung Ausnahmen zulassen.[592] Daran ändert auch nichts, dass als Rechtsfolge eine Geldbuße statt einer Geldstrafe oder Verbandssanktion verhängt wird. Entscheidend sind vielmehr die zugrunde liegende Anknüpfungstat und deren Rechtscharakter, über die eine Sanktion des Unternehmens überhaupt erst hergeleitet werden kann.[593]

Zunächst sollte es also bei strafrechtlichen Anknüpfungstaten bei der Sanktionierung mit einer Geldbuße bleiben. Auf der anderen Seite wären die

---

589 Vgl. weiterhin den Gesetzesantrag des Landes Nordrhein-Westfalen zur Einführung der strafrechtlichen Verantwortlichkeit von Unternehmen und sonstigen Verbänden, S. 23: „Die Einführung des mit dem Strafverfahren verbundenen Legalitätsprinzips auch für die Strafverfolgung von Unternehmen wäre ein wichtiger Garant für *die Transparenz des Verfahrens* und *die Gleichbehandlung aller Teilnehmer am Rechtsverkehr*."

590 *Kubiciel*, NZWiSt 2016, 178, 180.

591 *Krenberger*/*Krumm*, § 30, Rn. 1; KK-OWiG/*Rogall*, § 30, Rn. 192.

592 Ebd.

593 Vgl. auch *Kirch-Heim*, S. 93 f. zur Untersuchung, warum das Opportunitätsprinzip im Rahmen des § 30 OWiG auch bei Straftaten Anwendung findet.

Staatsanwaltschaften ab sofort verpflichtet, bei einer dem Verfahren zugrunde liegenden Straftat, die Verhängung einer Geldbuße nach § 30 OWiG anzustreben. Insoweit wird der Einfluss der Strafprozessordnung auf die Sanktionierung von Verbänden bei einer strafrechtlichen Anknüpfungstat ausgeweitet. Dass dies nach derzeitiger Rechtslage nur ausgewählte Straftatbestände betrifft und beispielsweise Ordnungswidrigkeiten im Kartell- und Wertpapierhandelsrecht von dieser Regelung ausgenommen sind, steht auf einem anderen Blatt. Der Gesetzgeber hat sich dafür entschieden, solche Verstöße nicht zu kriminalisieren und vielmehr der Ahndung durch das Ordnungswidrigkeitenrecht zu unterwerfen. Damit ist auch die Frage nach dem anzuwendenden Verfahren von vornherein geklärt.

3. Konkrete Umsetzung des Vorhabens in § 30 OWiG

Idealerweise sollte das Legalitätsprinzip direkt in der Vorschrift des § 30 Abs. 1 OWiG verankert werden. So bietet es sich an, in Abs. 1 „eine Straftat oder" zu streichen. Sodann sollte man in einem zweiten Satz in § 30 Abs. 1 OWiG klarstellen, dass im Falle einer Straftat als zugrunde liegende Anknüpfungstat eine Geldbuße verhängt *wird*. Insoweit wäre § 152 Abs. 2 StPO entsprechend anzuwenden. Bei § 30 Abs. 4 S. 1 OWiG ist ebenso zu verfahren.[594]

III. Berücksichtigung von Compliance-Maßnahmen und sonstigen Mitwirkungshandlungen von Unternehmen?

1. Forderung nach gesetzlichen Anreizen für das Bestehen von Compliance-Systemen

a. Vergleich zwischen natürlichen und juristischen Personen

Der Anwendungsbereich des § 30 OWiG hängt – wie oben dargestellt – von einer dort in Abs. 1 genannten Anknüpfungstat ab. Diese Anknüpfungstat muss von einer natürlichen Person begangen werden, die in dem Katalog des § 30 Abs. 1 OWiG aufgeführt ist. Der Entschluss zur Begehung einer Straftat oder Ordnungswidrigkeit dieser natürlichen Person ist zunächst einmal isoliert zu betrachten: Es bedarf eines eigenen, initialen Willensentschlusses dieser natürlichen Person zur Begehung einer Straftat. Diesen Willensentschluss kann die handlungsunfähige juristische Person in diesem Moment aber schon rein tatsächlich nicht verhindern: Sie ist an dieser für die Verwirklichung der Straftat kausalen Handlung nicht unmittelbar beteiligt. Vielmehr wird ihr das Verhalten der natürlichen Person nach den Maßstäben des § 30 OWiG zugerechnet.[595] Ihr bleibt damit nur die Möglichkeit,

---

594 Vgl. dazu auch den Ansatz von *Momsen/Grützner*, CCZ 2017, 242, 251.

595 So KK-OWiG/*Rogall*, § 30 OWiG, Rn. 61; ebenso: Blum/Gassner/Seith/*Schmitt-Leonardy*, § 30, Rn. 3; vgl. auch *Krenberger/Krumm*, § 30, Rn. 5; Kamann/Ohlhoff/

im Vorfeld oder *im Nachgang* an die begangene Tat verschiedene Maßnahmen zur Verhütung zukünftiger Rechtsverstöße zu treffen.

Derartigen Bemühungen von juristischen Personen wird nach geltender Rechtslage des OWiG jedoch nur unzureichend Rechnung getragen: Zwar kommt eine Berücksichtigung von Compliance-Maßnahmen i.R.d. § 30 OWiG auf Tatbestandsebene, i.R.d. §§ 30, 130 OWiG als Widerlegung von Aufsichtspflichtverletzungen, bei der Ermessensausübung und auf Rechtsfolgenseite als Milderung der Geldbuße in Betracht.[596] Insbesondere kann schon der Tatbestand des § 130 OWiG im Regelfall nicht erfüllt sein, wenn das Unternehmen sichergestellt hat, dass ein effektives Compliance-System besteht.[597] Ein solches System erfüllt nämlich gleichzeitig alle Anforderungen, die an eine Aufsichtspflicht i.S.d. § 130 Abs. 1 OWiG gestellt werden.[598] Jedoch lassen bestehende gesetzliche Vorgaben eine rechtssichere und klare Ausgestaltung vermissen, an denen sich die Unternehmen orientieren und ihre zukünftige Unternehmenspolitik ausrichten können. Gerade der Begriff des Ermessens bedeutet nämlich immer eine Entscheidung für den Einzelfall und gewährt damit keine allgemeinen Kriterien, die eine einheitliche Rechtsanwendung garantieren.[599]

Um diesen Rechtszustand zu beseitigen, sollten de lege ferenda gesetzliche Anreize für juristische Personen geschaffen werden, welche Compliance-Maßnahmen von Unternehmen fördern.[600] Solche Maßnahmen sind dem Unternehmen – wie soeben beschrieben – zunächst einmal im Vorfeld der Begehung von Straftaten oder Ordnungswidrigkeiten möglich. Hier hat die juristische Person durch ein Tätigwerden ihrer Organe überhaupt die Möglichkeit, Einfluss auf ihre Mitarbeiter und die konkrete Gestaltung der Betriebsabläufe auszuüben. Dies umschreibt gleichzeitig den Grundgedanken von Compliance, als „Vorkehrungen, durch die Unternehmen sicherstellen wollen, dass die für sie und ihre Mitarbeiter geltenden Regeln eingehalten, Rechtsverstöße aufgedeckt und eventuell sanktioniert werden".[601] Ein derartiges Vorhaben muss freilich die bereits skizzierten Reformen für die Verbandssanktionierung berücksichtigen, also sowohl an eine Geltung des

---

Völcker/*Wagener*/*Oest,* § 18, Rn. 105; mit einem Überblick zum Streitstand: *Klesczewski,* § 8, Rn. 645 f.

596 *I. Roxin,* ZIS 2018, 341 ff.

597 *I. Roxin,* ZIS 2018, 341, 346; vgl. auch KK-OWiG/*Rogall,* § 130, Rn. 58 m.w.N.

598 *I. Roxin,* ZIS 2018, 341, 346.

599 Vgl. *Mitsch,* Recht der Ordnungswidrigkeiten, § 23, Rn. 7; siehe auch *Krenberger*/*Krumm,* § 47, Rn. 5.

600 Siehe: *Bock* in: Kuhlen/Kudlich/Ortiz de Urbina, S. 69: „Nach derzeitigem Stand, von wenigen Spezialgesetzen abgesehen, existiert keine rechtlich gebotene, insbesondere keine strafrechtliche, spezielle Ausgestaltung der Compliance-Maßnahmen".

601 *Kuhlen,* Grundfragen von Compliance und Strafrecht in: Kuhlen/Kudlich/Ortiz de Urbina, S. 1; *Rotsch* in: Rotsch, S. 3; zu den vier Säulen eines Compliance-Programms: *Scharnberg,* S. 22. Zu geltenden rechtlichen Vorgaben, die derzeit Compliance schon anordnen: *Michalke,* ZIS 2018, 334 f.

Legalitäts-, als auch des Opportunitätsgrundsatzes anknüpfen. Welches Prinzip im Einzelfall Geltung beansprucht, richtet sich nach den obigen Änderungsvorschlägen danach, ob die Anknüpfungstat eine Ordnungswidrigkeit oder eine Straftat darstellt.

Reformen zur Berücksichtigung von Compliance-Systemen erscheinen Teilen der Literatur nicht nur aus kriminalpolitischer Sicht angezeigt; sie sollen auch im Zeichen der Risikoverringerung stehen.[602] Als Argument für eine Reform kann man auch eine Parallele zu natürlichen Personen ziehen. Diese verfügen de lege lata über zahlreiche Möglichkeiten, ihren Tatbeitrag entweder durch schlichtes Abstandnehmen von der Tat oder nach der Maßgabe des § 24 StGB schon bei Überschreitung des Versuchsbeginns i.S.d. § 22 StGB rückgängig zu machen. Selbst bei Beteiligung mehrerer kann sich der Betroffene nach geltendem Recht unter der Maßgabe des § 24 Abs. 2 S. 2 Alt. 2 StGB seiner Strafbarkeit entziehen, wenn die Tat begangen wird, dieser aber sich ernsthaft und freiwillig bemüht hat, die Vollendung der Tat zu verhindern, wenn sie unabhängig von seinem früheren Tatbeitrag begangen wird.

Warum man für juristische Personen keine differenzierenden Regelungen schafft, die für das Verhalten des Unternehmens und seiner Organe im Vorfeld der Tat greifen, um ein Mehr an Rechtssicherheit und Planungsmöglichkeit zu ermöglichen, ist nicht verständlich.[603] Wenn schon vorrangiges Ziel des § 30 OWiG war, die Besserstellung der juristischen Person gegenüber der natürlichen Person zu vermeiden[604], dann müssen bei einem so vorgenommenen Ausgleich auch Möglichkeiten für die juristische Person existieren, etwaige Strafbarkeitsrisiken abmildern zu können. Dies bedeutet keine Gleichsetzung von strafrechtlicher Verantwortlichkeit von juristischen und natürlichen Personen, sondern lediglich die Berücksichtigung der Besonderheiten von juristischen Personen und ihre begrenzten Möglichkeiten in solchen Situationen überhaupt Gegenmaßnahmen treffen zu können.[605] Freilich mag man dies bei Ordnungswidrigkeiten als Anknüpfungstaten noch unter dem Gesichtspunkt einer opportunen Verfahrensführung lösen können. Spätestens jedoch bei Einführung des Legalitätsprinzips und der damit verbundenen Ermittlungspflicht erscheinen rechtliche Vorgaben unerlässlich, die den Unternehmen vor Augen halten, durch welche Maßnahmen sie ein Sanktionierungsrisiko abmildern können.

---

602 Gesetzgebungsvorschlag des BUJ, S. 13; *Sieber,* FS Tiedemann, S. 449, 473; 449, 474 zu kriminologischen Erkenntnissen.

603 Vgl. dazu *Scharnberg,* S. 9: „Neben der zunehmenden Komplexität rechtlicher Vorgaben mag insbesondere in der national wie international festzustellenden Tendenz der Ausweitung der Unternehmens- und Organhaftung ein Grund für die zunehmende Etablierung von Compliance-Systemen liegen."

604 Dazu im Detail: BT-Drs. V/1269, S. 59; NK-GVR/*Mielchen/Richter,* § 30 OWiG, Rn. 3; KK-OWiG/*Rogall,* § 30, Rn. 17; siehe auch: *Zimmer/ Walther,* BB 2017, 629, 630.

605 Siehe dazu auch: *Martin* in: Kuhlen/Kudlich/Ortiz de Urbina, S. 37 m.w.N.

b. Dogmatische Fundierung des § 30 OWiG

In der Literatur ist vor diesem Hintergrund strittig, ob § 30 OWiG eine eigene täterschaftliche Handlung des Verbandes begründet oder der Verband unter Maßgabe des § 30 OWiG für fremde Delinquenz einstehen muss.[606] Hieran ist auch die Frage angebunden, welcher Charakter der Geldbuße speziell bei § 30 OWiG als Rechtsfolge zukommen muss.[607] Dies wird kontrovers diskutiert.[608] Während manche § 30 OWiG den Charakter eines eigenen Ordnungswidrigkeitentatbestands absprechen[609], erblicken andere in § 30 OWiG die Möglichkeit der Anordnung einer Hauptfolge eigener Art.[610]

Ohne den Streit an dieser Stelle vertiefen oder gar entscheiden zu wollen, läge die vorzugswürdige Lösung für die angestrebten Änderungen in Form der Berücksichtigung von Compliance-Systemen[611] in der Charakterisierung des § 30 OWiG als eine Unternehmenssanktion, in deren Mittelpunkt das Kriterium eines eigenen *Organisationsverschuldens* steht.[612] Dies setzt den Grundstein für eine präzisere Ausgestaltung des § 30 OWiG durch Entlastungsmöglichkeiten für Unternehmen. Wenn die juristische Person beispielsweise seit jeher ein funktionierendes Compliance-System geschaffen hat, durch umfassende Schulungen auf Mitarbeiter einwirkt und auch sonst alles Erforderliche getan hat, um Straftaten aus dem Unternehmen heraus zu vermeiden, so wäre eine gegen das Unternehmen

---

606 Graf/Jäger/Wittig/*Niesler*, § 30, Rn. 3 ff.; BeckOK-OWiG/*Meyberg*, § 30 OWiG, 17.2 m.w.N.; *Klesczewski*, § 8, Rn. 646 f.; KK-OWiG/*Rogall*, § 30, Rn. 4; Blum/Gassner/Seith/*Schmitt-Leonardy*, § 30, Rn. 3; vgl. dazu auch Immenga/Mestmäcker/*Dannecker/Biermann*, Band 2, Vor § 81 GWB, Rn. 122, die vom „Haftungsprinzip des Organisationsfehlers" sprechen, ähnlich: *Tiedemann*, NJW 1988, 1169, 1173.

607 Graf/Jäger/Wittig/*Niesler*, § 30, Rn. 4.

608 Graf/Jäger/Wittig/*Niesler*, § 30, Rn. 4 m.w.N.

609 Graf/Jäger/Wittig/*Niesler*, § 30, Rn. 4.

610 Achenbach/Ransiek/Rönnau/*Achenbach*, 1 Teil, Kap. 2, Rn. 1; vgl. auch *Korte*, NStZ 2007, 21, 23 f.; Wabnitz/Janovsky/*Dannecker/Bülte*, Kap. 1, D, Rn. 76.

611 *Sieber*, FS Tiedemann, S. 471 f.

612 Zur Vereinbarkeit einer solchen Lösung mit dem Schuldbegriff: *Tiedemann*, NJW 1988, 1169, 1172; siehe hierzu aber auch *I. Roxin*, ZIS 2018, 341, 342 m.w.N.; ausgehend von dem Gedanken eines Organisationsverschuldens oder Systemunrechts erwägen manche gar eine Abkehr vom Handlungsunrecht hin zum Systemunrecht als Grundlage eines strafrechtlichen Vorwurfs zur Begründung eines originären Unternehmensstrafrechts. Folgt man dem, wäre es, so *Bürger*, ZStW 130 (2018), 704, 741 f., konsequent, einen eigenen, verbandsbezogenen Schuldbegriff zu entwickeln, der die Schuld nicht weiter am Handlungsunrecht ausrichtet; vgl. ferner: *Haase/Brouwer*, CCZ 2018, 276 f.

verhängte „nachdrückliche Pflichtenmahnung“[613] schon vom Wortsinn her nicht zutreffend.[614]

c. *Folgeprobleme*

Eine Annäherung des Rechtsstandards von juristischen Personen an den von natürlichen Personen dergestalt, dass juristische Personen, aktiv zur Verringerung ihres eigenen Sanktionierungsrisikos beitragen können und dadurch ein gewisses Maß an Planungs- und Rechtssicherheit erhalten, ist damit empfehlenswert. Konsequenterweise wird man genau definieren müssen, unter welchen Voraussetzungen schon ein Absehen von Ermittlungen bei einer strafrechtlichen Anknüpfungstat bzw. dem Verzicht auf die Verhängung einer Geldbuße bei einer Ordnungswidrigkeit als zugrunde liegende Tat oder erst nachgelagert eine Milderung der Geldbuße in Betracht kommt. Der erste Schritt, also der Verzicht auf die Fortführung von Ermittlungen gegen das Unternehmen wird dabei an weitere, strengere Kriterien zu knüpfen sein, als die Milderung der Geldbuße.

2. *Lösungsvorschläge in der Literatur*

In der Literatur gab es bereits zahlreiche Überlegungen zur Berücksichtigung von Compliance-Maßnahmen von Unternehmen,[615] darunter auch der Kölner Entwurf eines Verbandssanktionengesetzes und der Gesetzgebungsvorschlag des BUJ zu einer Änderung der §§ 30, 130 OWiG. Die Arbeit beleuchtet im Folgenden die verschiedenen Ansätze beider Entwürfe und führt diese einem Vergleich zu. Der Gesetzentwurf aus Nordrhein-Westfalen findet aufgrund der Ähnlichkeit der Ansätze im Kölner Entwurf eines Verbandssanktionengesetzes keine Berücksichtigung.

a. *Vorgaben des Kölner Entwurfs eines Verbandssanktionengesetzes zur Einstellung des Verfahrens als Ausgangspunkt für Reformen im Ordnungswidrigkeitenverfahren*

aa. Einstellung des Verfahrens bei strafrechtlicher Anknüpfungstat

Eine Einstellung der Ermittlungen gegen den Verband bzw. eine Milderung der Verbandsgeldbuße müssen sich – in Fortführung des obigen Ansatzes – sowohl an den Eigenheiten einer strafrechtlichen Anknüpfungstat und der Geltung des Legalitätsprinzips, als auch an den Eigenheiten einer Ordnungswidrigkeit als

---

613 *Klesczewski*, § 8, Rn. 644; siehe dazu *Tiedemann*, NJW 1988, 1169, 1172; Achenbach/Ransiek/Rönnau/*Achenbach*, 1 Teil, Kap. 2, Rn. 1; vgl. aber auch BGH, NJW 2001, 1436, 1438.

614 Eine solche dogmatische Fundierung der Berücksichtigung von Compliance-Maßnahmen ist nicht unumstritten: Dazu *I. Roxin*, ZIS 2018, 341, 342 m.w.N.; *Petermann*, S. 222.

615 Zur konkreten Analyse und Bewertung der Compliance-Risiken: *Kark*, S. 121 ff.

Anknüpfungstat und dem dort geltenden Opportunitätsprinzip orientieren.[616] Eine solche Herangehensweise hat den Vorteil, dass mit Einführung des Legalitätsprinzips für strafrechtliche Anknüpfungstaten gleichzeitig eine auf Unternehmenssanktionen zugeschnittene Verfahrenseinstellung möglich wird, die auch Compliance-Systeme belohnt. So liefert beispielsweise § 14 des VerbSanktG eine mögliche Ausgestaltung einer Vorschrift, nach der die Staatsanwaltschaft schon von weiteren Ermittlungen absehen kann.

§ 14 Einstellung des Verfahrens (VerbSanktG)

(1) An Stelle der §§ 153 bis 154 f. der Strafprozessordnung gelten die folgenden Regelungen. Die Staatsanwaltschaft soll von der Verfolgung einer Verbandsverfehlung absehen, wenn die Schwere der Zuwiderhandlung nicht entgegensteht und der Verband

1. vor der Begehung der Zuwiderhandlung technische, organisatorische und personelle Maßnahmen getroffen hat, die darauf gerichtet waren, Zuwiderhandlungen dieser Art zu verhüten,

2. nachdem ihm die Begehung der Zuwiderhandlung bekannt geworden ist, mit den Ermittlungsbehörden zusammengearbeitet und ihnen, soweit rechtlich zulässig, die ihm zugänglichen Informationen über die Zuwiderhandlung übermittelt hat,

3. Maßnahmen ergriffen hat, die geeignet sind, die Begehung weiterer verbandsbezogener Zuwiderhandlungen dieser Art zu verhindern, und

4. den durch die Verbandsverfehlung entstandenen Schaden wiedergutgemacht hat.

(2) Die Staatsanwaltschaft kann von der Verfolgung auch dann absehen, wenn die Schwere der Zuwiderhandlung nicht entgegensteht und die Voraussetzungen nach Absatz 1 Satz 2 Nr. 1 bis 4 nur teilweise erfüllt sind.

Blickt man im Einzelnen auf den Entwurf, so fällt zunächst auf, dass bestehende effektive Compliance-Systeme der Unternehmen nicht das alleinige und entscheidende Kriterium für die Einstellung des Ermittlungsverfahrens sind. Dies ist überzeugend. Anders als bei der Bemessung der Höhe der Geldbuße sind für das Absehen von Ermittlungen oder von der Verhängung eines Bußgeldbescheids angesichts der Signalwirkung eines solchen Schritts enorme Anforderungen an das Unternehmen zu stellen, die über die bloße Einführung von Compliance-Systemen hinausgehen. In diesem Fall nämlich wird gegen das Unternehmen von vornherein auf die Verhängung einer Geldbuße verzichtet. Um einen solchen Verzicht rechtfertigen zu können, muss das Unternehmen aber alles in seiner Macht stehende unternommen haben, um Straftaten oder Ordnungswidrigkeiten von vornherein zu unterbinden, diese bei Kenntniserlangung sofort offenzulegen und für die Zukunft Schritte einzuleiten, die die Begehung solcher Taten erschweren oder gar unmöglich machen.

616 Vgl. *I. Roxin*, ZIS 2018, 341, 344 f.

Vor diesem Hintergrund bringen manche vor, dass bei Vorliegen eines effektiven Compliance-Systems bei vorsätzlichen Straftaten und Ordnungswidrigkeiten von Leitungspersonen keine Geschäftsbesorgung für das Unternehmen vorliege.[617] Hier sei von einem Exzess auszugehen, der die Verhängung einer Verbandsgeldbuße bereits auf Tatbestandsebene ausschließe.[618] Dementsprechend wären die hier normierten weitergehenden Vorgaben zur Einstellung eines Verfahrens in einem solchen Fall hinfällig. Diese Sichtweise ist jedoch nicht unbestritten.[619] Schon aus Gründen der Rechtsklarheit spricht damit vieles dafür, die Rechtslage de lege ferenda anhand eindeutiger Kriterien zu bestimmen.

bb. Absehen von der Verhängung einer Geldbuße bei einer Ordnungswidrigkeit als Anknüpfungstat

Auch für Ordnungswidrigkeiten als Anknüpfungstaten sollte man parallel über ähnliche Kriterien nachdenken und sich inhaltlich an der Richtung des § 14 des Kölner Entwurfs orientieren, nach denen die Festsetzung einer Geldbuße unterbleibt. Damit würde auch im Verfahren nach § 30 OWiG bei einer Ordnungswidrigkeit als Anknüpfungstat die Möglichkeit für Unternehmen bestehen, durch angemessene Vorsorgemaßnahmen schon die Verhängung einer Geldbuße zu verhindern.

b. Im Vergleich: Die Vorgaben des BUJ zur Reform der §§ 30, 130 OWiG

An dieser Stelle nun soll der Vorschlag des BUJ zu § 30 Abs. 8 OWiG n.F. beleuchtet und ausgewählte, dort enthaltene Kriterien mit denen des Kölner Entwurfs verglichen werden, um die unterschiedlichen Ansätze beider Regelungen deutlich zu machen. Im Zentrum der Betrachtung sollen vor allem drei Kriterien stehen, namentlich das der Schwere der Zuwiderhandlung, das Kriterium der umfassenden Zusammenarbeit mit den Ermittlungsbehörden, sowie die Anforderungen an ein wirksames Compliance-System.

§ 30 Abs. 8 OWiG n. F. (BUJ)

¹Die Festsetzung einer Geldbuße gegen die juristische Person oder Personenvereinigung wegen anderer als der in § 81 GWB[620] *genannten Ordnungswidrigkeiten unterbleibt, wenn*

617 So *I. Roxin*, ZIS 2018, 343 ff.

618 *I. Roxin*, ZIS 2018, 343 ff.; vgl. auch KK-OWiG/*Rogall*, § 30, Rn. 112; ERST/*Engelhart*/*Rübenstahl*/*Tsambikakis*, § 30 OWiG, Rn. 46.

619 BeckOK-OWiG/*Meyberg*, § 30, Rn. 76: „Schließt etwa die Leitungsperson für den Verband ungünstige aber wirksame Verträge ab, konnte sie dies nur aufgrund ihrer Leitungsfunktion."

620 Der Entwurf des BUJ, S. 19, klammert Kartellordnungswidrigkeiten bewusst aus, da hier bereits etablierte Regelungen existieren (Bonusregelung, Kronzeugenprogramme) und die Einheit mit der europäischen Rechtslage gewahrt bleiben soll; zu letzteren Programmen: Kamann/Ohlhoff/Völcker/*Krauß*, § 18, Rn. 28.

1. *diese der zuständigen Behörde die Zuwiderhandlung im Sinne des Absatzes 1 umfassend angezeigt und eine rechtlich gebotene Handlung unverzüglich nachgeholt hat,*
2. *diese geeignete und angemessene Maßnahmen zur Verhinderung einer Zuwiderhandlung aus gleichem Grund ergreift, wobei sie die Maßnahmen auf Verlangen darzulegen und glaubhaft zu machen hat, und*
3. *die zuständige Behörde im Zeitpunkt der Anzeigeerstattung gegenüber der juristischen Person oder Personenvereinigung die Einleitung von Ermittlungen wegen der angezeigten Zuwiderhandlung noch nicht bekannt gegeben hat.*

[2]Eine wirksame Selbstanzeige gemäß S. 1 schließt die Anordnung des Verfalls nach den §§ 73, 73a StGB, § 29a OWiG aus.

aa. Kriterium der Schwere der Zuwiderhandlung

Bevor überhaupt von Strafverfolgung nach § 14 Abs. 1 Nr. 1 – 4 VerbSanktG abgesehen werden kann, darf zunächst einmal für alle Fälle die *Schwere der Zuwiderhandlung* nicht entgegenstehen. § 30 Abs. 8 des BUJ verzichtet auf ein solches Kriterium. Damit ist festzustellen, dass innerhalb der beiden Entwürfe zwischen Kriterien zu differenzieren ist, die einerseits unmittelbar an Umstände anknüpfen, auf die das Unternehmen einen Einfluss hat und die es schon vorab durch entsprechende Maßnahmen einschränken kann und die andererseits außerhalb des Gestaltungsbereichs des Unternehmens liegen.

Vor allem das Kriterium der Schwere der Zuwiderhandlung entzieht sich sämtlichen Präventions- und Korrekturmöglichkeiten des Unternehmens und macht im Einzelfall getroffene Compliance-Maßnahmen und Kooperationsbestrebungen zumindest für die Einstellung des Verfahrens obsolet. Für das Unternehmen wäre es gleichsam ein Glücksspiel, ab welcher Schwere des Verstoßes ein Absehen von weiteren Ermittlungen noch möglich ist und in welchem Fall nicht. Begeht ein Mitarbeiter beispielsweise eine gewichtige Straftat mit Unternehmensbezug trotz umfassender Vorkehrungen und Maßnahmen innerhalb des Unternehmens, so gäbe es keine Möglichkeit, von einer weiteren Verfolgung der Straftat abzusehen. Ein derartiger Vorstoß ist nicht empfehlenswert. Das Unternehmen sollte vielmehr die Möglichkeit erhalten, durch umfassende Vorkehrungen und Compliance-Systeme sowie Schulungen von Mitarbeitern und Leitungspersonen auf allen Ebenen die Begehung von Straftaten schon von Beginn an unterbinden zu können.

bb. Kriterium der umfassenden Zusammenarbeit mit den Ermittlungsbehörden

Das Kriterium der umfassenden Zusammenarbeit mit den Ermittlungsbehörden erscheint zwar ebenfalls sinnvoll, muss jedoch unter dem Aspekt der „Privatisierung des Strafprozesses" und einer möglichen „Allianz" zwischen Unternehmen und Staat zulasten des jeweiligen Mitarbeiters betrachtet werden.[621] Der Arbeitnehmer ist nämlich schon vertraglich dazu verpflichtet, dem Arbeitgeber im Rahmen interner Ermittlungen Tatsachen preiszugeben, die mit dem Arbeitsverhältnis zusammenhängen.[622] Eine solche Offenbarungspflicht kann im Einzelfall dazu führen, dass das Unternehmen mit der Staatsanwaltschaft kooperiert und den betreffenden Mitarbeiter zugunsten einer Bußgeldvermeidung „opfert".[623] Dies gilt umso mehr, falls schon darin der entscheidende Beitrag zur Einstellung des Ermittlungsverfahrens gegenüber dem Unternehmen läge. Dem Betroffenen drohen damit zwei parallele „Ermittlungsverfahren": Solche staatlicher und privatrechtlicher Natur.[624]

Angesichts dieser doppelten Drohkulisse aus Unternehmen und Staat schlägt *Martín* vor, dass eine Kooperation nur in den Fällen möglich sein sollte, in denen gegen *Leitungspersonen* des Unternehmens ein strafrechtlicher Vorwurf erhoben werden kann.[625] Aufgrund deren Position und Einfluss könne man nur hier von einem ausgeglichenen Kräfteverhältnis sprechen.[626] Einem solchen Vorstoß ist jedoch kritisch gegenüberzustehen, da er pauschal bei sämtlichen Mitarbeitern auf mittlerer und unterer Ebene eine Kooperation der juristischen Person mit den Strafverfolgungsbehörden unmöglich macht und eine Bußgeldfreiheit von Beginn an faktisch ausschließt. Dies gilt speziell in Fällen, in denen der betroffene Mitarbeiter tatsächlich in Kenntnis aller funktionierenden unternehmensinterner Richtlinien und aufgrund eines vollständig eigenständigen Entschlusses eine Straftat oder Ordnungswidrigkeit begeht.

Überzeugender ist vielmehr ein anderer Gesichtspunkt: Bei unternehmensinternen Ermittlungen müssen angesichts der schwachen Stellung des einzelnen Mitarbeiters innerhalb eines Unternehmens und der Gefahr paralleler privater und staatlicher Ermittlungen gegen einen solchen Mitarbeiter strafprozessuale Garantien für die privaten Ermittlungen zur Anwendung kommen.[627] Dazu gehört vor allem die zwingende Belehrung der Betroffenen über sein Schweigerecht.[628] Hier kommt es zu einer weiteren Differenzierung: Während mache dem einzelnen

621 *Martin* in: Kuhlen/Kudlich/Ortiz de Urbina, S. 52.

622 Knierim/Rübenstahl/Tsambikakis/*Mengel*, Kap. 14, Rn. 39; *Scharnberg*, S. 282; *Martin* in: Kuhlen/Kudlich/Ortiz de Urbina, S. 52; *Theile*, StV 2011, 381, 383; *Anders*, wistra 2014, 329, 332; vgl. auch *Greeve*, StraFo 2013, 89, 94 oder *Süße*, ZIS 2018, 350, 357; zur grundlegenden Frage nach der Zulässigkeit privater Ermittlungen: *Rotsch* in Rotsch, S. 15.

623 *Martin* in: Kuhlen/Kudlich/Ortiz de Urbina, S. 52 f.

624 Zum Ganzen: *Scharnberg*, S. 57 ff.

625 *Martin* in: Kuhlen/Kudlich/Ortiz de Urbina, S. 53.

626 *Martin* in: Kuhlen/Kudlich/Ortiz de Urbina, S. 53; siehe aber auch *Rotsch* in Rotsch, S. 14 f.

627 *Martin* in: Kuhlen/Kudlich/Ortiz de Urbina, S. 53.

628 *Martin* in: Kuhlen/Kudlich/Ortiz de Urbina, S. 53 oder *Reuling*/*Schoop*, ZIS 2018, 361, 364.

Mitarbeiter schon im Zeitpunkt der Befragung ein Aussageverweigerungsrecht zusprechen, gelangen andere zu einem Beweisverwertungsverbot im nachfolgenden Strafprozess, das auf dem Grundsatz eines fairen Verfahrens beruhen soll.[629] Folgt man diesem Gedanken, so erscheint auch eine Regel, die die Zusammenarbeit von Unternehmen mit den Strafverfolgungsbehörden berücksichtigt, angebracht.

Einer Reform des § 30 OWiG unter Berücksichtigung der Compliance-Systeme von Unternehmen und einer möglichen Zusammenarbeit derselben mit den Strafverfolgungsbehörden zum Zwecke der Bußgeldvermeidung muss daher zwingend die Debatte vorausgehen, welche Rechte man einzelnen Mitarbeitern bei unternehmensinternen Ermittlungen zugesteht. Ein gangbarer Weg wäre die Versagung der hier vorgestellten begünstigenden Regelungen für das Unternehmen, das den Mitarbeiter bei internen Ermittlungen nicht oder nicht ausreichend über seine Aussageverweigerungsrechte belehrt. Hier stellen sich freilich Anschlussfragen, wie eine audiovisuelle Dokumentation eines solchen Vorgangs, die für mehr Transparenz eines solchen Gesprächs sorgen kann.[630] Ferner erscheint auch eine Einschaltung unabhängiger Dritter möglich, die das Gespräch überwachen und im Nachgang als Zeugen vernommen werden können.[631] Einem solchen Ansatz kann man wie schon internen Ermittlungen selbst entgegenhalten, dass durch eine solche Vorgehensweise bestehende staatliche Strukturen ausgehebelt und die staatliche Strafverfolgung auf Private verlagert wird.[632] Dies ist jedoch schon de lege lata kein Hindernis für private Ermittlungen.[633] Zu begrüßen ist daher der Vorstoß des Gesetzgebers, dass ausdrücklich gesetzliche Regelungen für interne Ermittlungen geschaffen werden sollen.[634]

Im Einzelfall kann dies nach der hier vorgestellten Reform bedingen, dass der betroffene Mitarbeiter sich auf sein Aussageverweigerungsrecht berufen kann und das Unternehmen es dennoch darzulegen vermag, nach obigen Voraussetzungen alles Erforderliche getan zu haben, um Verstöße aus dem Unternehmen heraus zu verhindern. Daher wird man das Kriterium der Zusammenarbeit mit den Ermittlungsbehörden um den Satzteil erweitern müssen, dass die Zusammenarbeit *wesentlich zur Aufklärung der entsprechenden Straftat geführt haben muss.* Das zwingt die Unternehmen schon im Vorfeld entsprechende Sicherungsmechanismen, beispielsweise die Archivierung von entsprechenden E-Mails, zu veranlassen und macht Strafverfolgungsmaßnahmen nicht von vornherein unmöglich oder aussichtslos. Zu berücksichtigen bleibt, dass der jeweilige Mitarbeiter gegen

---

629 Siehe *Scharnberg,* S. 296; *Taschke* in: Rotsch, S. 71 f. mit einer weitergehenden Darstellung zum Auskunftsverweigerungsrecht bei unternehmensinternen Ermittlungen; ebenso: *Bittmann/Brockhaus/von Coelln/Heuking,* NZWiSt 2019, 1, 9.

630 Knierim/Rübenstahl/Tsambikakis/*Knierim/Tsambikakis/Klug,* Kap. 7, Rn. 10 ff.

631 Knierim/Rübenstahl/Tsambikakis/*Knierim/Tsambikakis/Klug,* Kap. 7, Rn. 10 ff.

632 *Scharnberg,* S. 59 ff.

633 Näher: *Scharnberg,* S. 59 ff.

634 *Bittmann/Brockhaus/von Coelln/Heuking,* NZWiSt 2019, 1.

strafrechtliche Normgebote verstoßen hat und daher zumindest mit einer Weitergabe im Unternehmen angefallener Beweismittel rechnen muss.

Vor diesem Hintergrund erfreulich erscheint, dass der Referentenentwurf eines Gesetzes zur Bekämpfung der Unternehmenskriminalität des Bundesministeriums der Justiz und für Verbraucherschutz vom 15.08.2019 die Thematik aufnimmt und – wenn auch außerhalb einer Reform des OWiG – einer gesetzlichen Regelung zuführen will. So ordnet § 18 Abs. 1 Nr. 5 a) – c) VerSanG an, dass das Gericht die Verbandssanktion mildern kann, sofern neben weiteren Umständen bei einer verbandsinternen Untersuchung dem Grundsatz eines *fairen Verfahrens* Rechnung getragen wurde.[635] Dazu gehört gem. § 18 Abs. 1 Nr. 5 a), dass die Mitarbeiter vor ihrer Befragung darauf hingewiesen werden, dass ihre Auskünfte in einem Strafverfahren gegen sie verwendet werden können, § 18 Abs. 1 Nr. 5 b) den Befragten das Recht eingeräumt wird, einen anwaltlichen Beistand oder ein Mitglied des Betriebsrats zu Befragungen hinzuzuziehen, die Befragten auf dieses Recht vor der Befragung hingewiesen werden und den Befragten gem. § 18 Abs. 1 Nr. 5 c) ein Auskunftsverweigerungsrecht eingeräumt und sie ebenfalls auf dieses hingewiesen werden.[636]

cc. Anforderungen an ein effektives Compliance-System

Die Frage nach optimalen Maßnahmen zur Verhinderung von unternehmensbezogenen Straftaten und Ordnungswidrigkeiten ist eine Wirtschaftliche:[637] Die Einrichtung von Compliance-Systemen bedarf zunächst der vorherigen Zustimmung und Mittelbewilligung durch die Geschäftsführung.[638] Angesichts dessen und sich stets ändernden wirtschaftlichen und personellen Umständen erscheint ein fehlerloses oder perfektes System zur Vermeidung von Straftaten als Utopie.[639]

Damit stellt sich zudem die Frage, wie ein Compliance-System ausgestaltet sein muss, um von einer Wirksamkeit und Effizienz desselben sprechen zu können. Hier existieren mittlerweile (inter-)nationale Standards, an denen sich der Gesetzgeber orientieren kann.[640] Dazu gehören beispielsweise die Möglichkeit der Aufklärung von Verdachtsmomenten und konsequente Ahndung von Verstößen, eine vertrauliche Whistle-Blower-Hotline, eine sorgfältige Auswahl, Instruktion,

---

635 Referentenentwurf des Bundesministeriums der Justiz und für Verbraucherschutz eines Gesetzes zur Bekämpfung der Unternehmenskriminalität; Bearbeitungsstand v. 15.08.2019; abrufbar unter: https://www.steuerberater-center.de/media/VerSanG_RefE.pdf (zuletzt abgrufen am: 3.12.2019), S. 13 f.

636 Referentenentwurf des Bundesministeriums der Justiz und für Verbraucherschutz eines Gesetzes zur Bekämpfung der Unternehmenskriminalität; Bearbeitungsstand v. 15.08.2019; S. 13 f.

637 *Kark*, S. 133 f.

638 *Kark*, S. 133 f.; *Sieber*, FS Tiedemann, S. 477 f.

639 Näher: *Kark*, S. 137.

640 *I. Roxin*, ZIS 2018, 341, 345; hierzu auch: *Jüttner*, CCZ 2018, 168 f.

Überwachung und Kontrolle von Mitarbeitern oder eine unternehmensinterne Risikoanalyse.[641] Ein Compliance-System soll nach *I. Roxin* nur dann wirksam sein, wenn sich das *theoretisch* effektive System über einen längeren Zeitraum von etwa ein bis zwei Jahren als wirksam erwiesen hat und sich aufgrund der internen Kontrollen keine schwerwiegenden Verstöße gegen das Recht ergeben haben.[642] Dieser Gedanke ist zu konkretisieren: Ausgangspunkt eines wirksamen Compliance-Systems müssen die jeweils genannten, internationalen Standards sein. Ab der Integration dieser Standards in die betrieblichen Abläufe hat jedes Unternehmen dafür Sorge zu tragen, dass das neue *theoretisch* effiziente Compliance-System an die Besonderheiten und speziellen Gefahren im Unternehmen angepasst werden muss.[643] Dies gilt umso mehr, wenn das Unternehmen sein Geschäftsfeld erweitert oder neue Stellen ins Leben ruft, die das Risiko für Gesetzesverstöße erhöhen.[644]

dd. Zwischenergebnis: Optimierung der geltenden Rechtslage

Die derzeitige Rechtslage versäumt es, den Unternehmen klar ausgestaltete Entlastungsmöglichkeiten an die Hand zu geben. Speziell für die Frage nach dem Absehen von weiteren Ermittlungen bleibt festzuhalten, dass von Kriterien, die völlig außerhalb des Einflussbereichs des Unternehmens liegen, abzusehen ist. Bevor an ein Kriterium der Zusammenarbeit des Unternehmens mit den Ermittlungsbehörden zu denken ist, ist der Gesetzgeber aufgefordert, speziell für unternehmensinterne Ermittlungen das Schweigerecht der Beteiligten gesetzlich zu verankern. Für die Wirksamkeit von Compliance-Systemen bestehen bereits national wie international weitreichende Standards, anhand derer sich der Gesetzgeber orientieren kann.

c. Vorgaben des Kölner Entwurfs eines Verbandssanktionengesetzes und des BUJ zur Festlegung der Höhe der Geldbuße

Vom Einstellen der Ermittlungen bzw. dem Absehen der Verhängung einer Geldbuße zu unterscheiden sind Gesichtspunkte, die für die Bemessung der Sanktion eine Rolle spielen. Um sich die Vorteile von Compliance Strukturen auch hier fruchtbar zu machen, kann nun für beide Verfahrensarten, also bei strafrechtlichen und ordnungswidrigkeitenrechtlichen Anknüpfungstaten, in einem neu zu schaffenden Absatz des § 30 OWiG die Forderung aufgestellt werden, dass bei der Bemessung der Geldbuße auch Compliance Strukturen eine mildernde Rolle spielen können. Als Beispiel dient erneut die Grundlage des Kölner Entwurfs zu

---

641 Umfassend hierzu: *I. Roxin*, ZIS 2018, 341, 345; *Grützner/Boerger/Momsen*, CCZ 2018, 50, 59 f.; vgl. auch den Ansatz von *Wiedmann/Greubel*, CCZ 2019, 88, 89 ff. oder *Jüttner*, CCZ 2018, 168, 169: „Ein CMS sollte […] outputorientiert sein prinzipiell die Präventivmaßnahmen vor Implementierung einem Wirksamkeitstest unterziehen".

642 So *I. Roxin*, ZIS 2018, 341, 345 f.

643 Vgl. dazu *Grützner/Boerger/Momsen*, CCZ 2018, 50, 59 f.

644 *Grützner/Boerger/Momsen*, CCZ 2018, 50, 59 f.

einem Verbandssanktionengesetz in § 4 Abs. 3 oder der Entwurf des § 30 Abs. 7 n.F. des BUJ.

§ 4 Verbandssanktion (Kölner Entwurf)

(3) Bei der Bemessung der Geldzahlung sind insbesondere zu berücksichtigen:

a) Art, Schwere und Auswirkungen der Verbandsverfehlung,
b) der aus der Verbandsverfehlung gezogene Gewinn,
c) Strukturen innerhalb des Verbandes, die die Begehung von Verbandsverfehlungen erleichtern,
d) frühere Sanktionierungen des Verbandes,
e) die Zusammenarbeit des Verbandes mit den Strafverfolgungsbehörden gemäß § 14 Absatz 1 Satz 1 Nr. 2,
f) die Vornahme geeigneter technischer, organisatorischer und personeller Maßnahmen zur Vermeidung von Verbandsverfehlungen,
g) Leistungen zur Wiedergutmachung des durch die Verbandsverfehlung entstandenen Schadens und
h) die Folgen der Sanktion für die wirtschaftliche Existenz des Verbandes.

§ 30 Abs. 7 OWiG n. F. (BUJ)

1Bei der Zumessung der Geldbuße ist mildernd zu berücksichtigen, dass die Zuwiderhandlung im Sinne des Absatzes 1 begangen wurde, obgleich die betroffene juristische Person oder Personenvereinigung die in § 130 Abs. 1 festgelegte Pflicht erfüllt hat. 2Gleiches gilt, sofern sie geeignete und angemessene organisatorische oder personelle Maßnahmen ergreift, um vergleichbare Zuwiderhandlungen künftig zu verhindern. 3Auf Verlangen hat die juristische Person oder Personenvereinigung darzulegen und glaubhaft zu machen, welche Maßnahmen sie zur Erfüllung der Voraussetzungen gem. Satz 1 oder Satz 2 ergriffen hat beziehungsweise ergreift. 4Sind die Voraussetzungen des Satzes 1 oder 2 gegeben und ist infolge der Zuwiderhandlung kein bedeutender Schaden eingetreten oder wurde dieser zum überwiegenden Teil wiedergutgemacht, kann von der Festsetzung einer Geldbuße gegen die juristische Person oder Personenvereinigung abgesehen werden. 5Auch die Anordnung des Verfalls nach den §§ 73 oder 73a des Strafgesetzbuchs oder nach § 29a OWiG scheidet dann aus.

Zunächst ist unabhängig von den konkreten Vorgaben im Entwurf festzustellen, dass nun auf dieser Ebene gegen den Verband eine „nachdrückliche Pflichtenmahnung" verhängt wurde, da er im Vorfeld *nicht alles Erforderliche* getan hat, um Straftaten zu verhindern, oder bei Aufdeckung des Verstoßes nicht oder nicht in ausreichender Art und Weise mit den Ermittlungsbehörden zusammengearbeitet hat. Hier hat man nun also zu untersuchen, wie das jeweilige nicht optimale Compliance-System konkret ausgestaltet ist, oder inwieweit eine Zusammenarbeit mit den Behörden nicht dem Idealfall entsprach. Dies spiegelt sich dann in der konkret zu verhängenden Geldbuße gegen das Unternehmen wider. Freilich kann und muss auch hier das Kriterium der Zusammenarbeit mit den Strafverfolgungsbehörden eine Rolle spielen und kann in Ergänzung des obigen Ansatzes dann relevant werden, wenn die Zusammenarbeit *kein wesentlicher Faktor* für die Aufklärung der Straftat war. Die Wiedergutmachung des Schadens wird ausdrücklich in beiden Entwürfen erwähnt und spiegelt gleichsam den Willen des Unternehmens dar, dem Verstoß auch im Nachhinein ungeschehen machen zu wollen. Bei der konkreten Ausgestaltung der Milderungsmöglichkeit sollte der Gesetzgeber die Kriterien so klar wie möglich ausgestalten. Hier ist der Kölner Entwurf zu einem Verbandssanktionengesetz dem Vorschlag des BUJ überlegen.

3. *Kritik an der gesetzlichen Berücksichtigung speziell von Compliance-Systemen*

Schünemann kritisiert an einem solchen System, dass sich für den Fall der „drakonischen Ausgestaltung der Verbandsgeldstrafe“ so gut wie kein Unternehmen „dem Zwang zum Aufbau einer formalen Compliance-Organisation“ entziehen könnte.[645] Die Entscheidung über die Einrichtung eines solchen Systems sollte allein bei den Unternehmen verbleiben.[646] Alles andere würde einen unverhältnismäßigen Eingriff in die allgemeine Handlungsfreiheit des Unternehmers bedeuten, Art. 2 Abs. 1 GG.[647]

Zwar greift das Argument der drakonischen Verbandsstrafe bei einer Einführung eines solchen Systems im Rahmen des § 30 OWiG nicht mehr, da es sich selbst bei einer strafrechtlichen Anknüpfungstat nach wie vor um eine nachdrückliche Pflichtenmahnung handelt. Bei einer stetigen Anhebung des Bußgeldrahmens oder gar der Schaffung von umsatzbezogenen Geldbußen können solche Sanktionen bei gewichtigen Ordnungswidrigkeitentatbeständen zumindest der Schwere nach einer verbandsstrafrechtlichen Geldstrafe nahekommen.

Durch die Berücksichtigung von Compliance-Bestrebungen der Unternehmen werden die betroffenen Unternehmer aber nicht direkt gezwungen, eben solche Einrichtungen zu schaffen. Es existiert für diese lediglich *die Möglichkeit* durch Schaffung solcher Strukturen ihre Chancen zu vergrößern, einer Geldbuße im Ordnungswidrigkeitenverfahren zu entgehen oder diese abzumildern. Auch kann man schon von keinem strikten Zwang der Einführung eines Compliance-Systems im Unternehmen sprechen: Wenn es das Unternehmen auf andere Weise gewährleisten kann, dass keinerlei Verstöße gegen ordnungswidrigkeitenrechtliche und strafrechtliche Taten aus dem Unternehmen heraus begangen werden, kommt es schon gar nicht zu Ermittlungen. Dies dürfte insbesondere bei Unternehmen mit

---

645 *Schünemann,* Zur Frage der Verfassungswidrigkeit und der Folgen eines Strafrechts für Unternehmen, S. 29 f.; zu den damit für die Unternehmen zusammenhängenden Probleme siehe *Martin* in: Kuhlen/Kudlich/Ortiz de Urbina, S. 32 f.

646 *Schünemann,* Zur Frage der Verfassungswidrigkeit und der Folgen eines Strafrechts für Unternehmen, S. 30.

647 Umfassend dazu: *Schünemann,* Zur Frage der Verfassungswidrigkeit und der Folgen eines Strafrechts für Unternehmen, S. 30 f.

überschaubarer Mitarbeiterzahl anwendbar sein. Durch eine höhere Transparenz angesichts geringerer Personalzahlen können hier persönliche Überwachung und enge Zusammenarbeit der Führungsebene mit den übrigen Mitarbeitern dafür sorgen, dass ein Compliance-System gar nicht notwendig wird.

Durch das hier vorgestellte Modell erhält das Unternehmen gar weitergehende Freiheiten: Organisiert es seine interne Ausrichtung so, dass eine organisierte Unverantwortlichkeit weitgehend unmöglich gemacht wird und auch sonst alles Erforderliche zur Vermeidung von Straftaten in die Wege geleitet wurde, so können die Ermittlungsbehörden das Verfahren einstellen. Hält es das Unternehmen für ausreichend, ein funktionierendes, nicht optimales Compliance-System umzusetzen und kommt es daraufhin zu einem Rechtsverstoß, kann dies zumindest Bußgeld mindernd berücksichtigt werden.

4. Entwicklungen in der Rechtsprechung und Referentenentwurf eines Gesetzes zur Bekämpfung der Unternehmenskriminalität

Die Existenz von Compliance-Systemen gewinnt auch in der Rechtsprechung des BGH an Bedeutung, blickt man auf dessen Urteil vom 9.5.2017.[648] Hier wies der BGH darauf hin, dass im Hinblick auf die Höhe der gem. § 30 Abs. 1 OWiG zu bemessenen Geldbuße gegen ein Unternehmen als Nebenbeteiligter eine Rolle spiele, ob ein effizientes Compliance-Management besteht.[649] Dieses müsse auf die Vermeidung von Rechtsverstößen ausgerichtet sein.[650] Das Urteil wird teils sogar dahin gehend verstanden, dass Unternehmen, die noch kein Compliance-System eingerichtet haben, mit der Verhängung eines höheren Bußgelds rechnen müssen.[651] Im Anschluss an diese Rechtsprechung sollte der Gesetzgeber den letzten Schritt gehen und Compliance-Systeme neben den sonstigen oben genannten Kriterien auch im Sinne eines Anreizsystems gesetzlich verankern und so für mehr Rechtssicherheit für Unternehmen in Deutschland sorgen.

Auch der neue Referentenentwurf eines Gesetzes zur Bekämpfung der Unternehmenskriminalität des Bundesministeriums der Justiz und für Verbraucherschutz vom 15.08.2019 berücksichtigt Compliance Bestrebungen der Unternehmen innerhalb eines geplanten Systems der Sanktionierung verbandsbezogener Straftaten (VerSanG). Anknüpfungspunkt ist etwa § 10 VerSanG (Verwarnung mit Verbandsgeldsanktionenvorbehalt), wonach das Gericht den Verband verwarnen, eine

---

648 BGH, Urt. v. 9.5.2017, 1 StR 265/16, AG 2018, 39, 40 = HRRS 2017 Nr. 685, Rn. 124; zu den Auswirkungen auf die kartellrechtliche Verbandsgeldbuße: *Eufinger,* NZG 2018, 327, 329 f.

649 BGH, Urt. v. 9.5.2017, 1 StR 265/16, AG 2018, 39, 40 = HRRS 2017 Nr. 685, Rn. 124.

650 BGH, Urt. v. 9.5.2017, 1 StR 265/16, AG 2018, 39, 40 = HRRS 2017 Nr. 685, Rn. 124.

651 *Kleine,* CCZ 2017, 241; siehe dazu auch *Jenne/Martens,* CCZ 2017, 285, 286 f.; *Behr,* BB 2017, 1931, 1932; ebenso: *I. Roxin,* ZIS 2018, 341, 342 m.w.N.

Verbandsgeldsanktion bestimmen und deren Verhängung vorbehalten kann, wenn nach § 10 Abs. 1 Nr. 1/2 VerSanG zu erwarten ist, dass die Verwarnung ausreichend ist, um Verbandsstraftaten in Zukunft zu vermeiden oder bei Gesamtwürdigung der Verbandsstraftat und ihrer Folgen besondere Umstände vorliegen, die die Verhängung einer Verbandsgeldsanktion entbehrlich machen sowie (Nr. 3) die Verteidigung der Rechtsordnung die Verhängung einer Geldsanktion nicht gebietet.[652] Ein weiteres Beispiel der Einbeziehung von Compliance-Bestrebungen innerhalb des Systems des VerSanG ist die Berücksichtigung vor der Verbandsstraftat getroffener Vorkehrungen zur Vermeidung und Aufdeckung von Verbandsstraftaten bei der Bemessung der Verbandsgeldsanktion.[653]

IV. Zwischenergebnis: Einführung des Legalitätsprinzips für strafrechtliche Anknüpfungstaten und Regelung von Einstellungskriterien bzw. Kriterien zur Milderung der Geldbuße

Für strafrechtliche Anknüpfungstaten sollte für die Staatsanwaltschaft ein Verfolgungszwang für die Sanktionierung von Unternehmen nach § 30 OWiG eingeführt werden. Für Ordnungswidrigkeiten als Anknüpfungstaten sollte es bei der Geltung der Grundsätze des Opportunitätsprinzips bleiben. Damit verbunden müssen für beide Grundkonstellationen Möglichkeiten für eine Verfahrenseinstellung bei Straftaten und einem Absehen von der Verhängung eines Bußgeldbescheids bei Ordnungswidrigkeiten als Anknüpfungstaten geschaffen werden, die vor allem Compliance-Systeme der Unternehmen berücksichtigen. Ebenso kann man bei geringfügigen Versäumnissen der Unternehmen auch an eine Milderung des nach § 30 OWiG verhängten Bußgelds denken. Der Gesetzgeber kann sich aus der bisher angebrachten Debatte an den Vorschlägen des Kölner-Entwurfs und des BUJ orientieren, ohne dabei den Weg hin zu einem Unternehmensstrafrechts einschlagen zu müssen. In seiner genauen Ausgestaltung kann er den einzelnen Kriterien noch ein unterschiedliches Gewicht zumessen.

Durch solche Reformen gelangt auch der Gedanke der Ambivalenz des Bußgeldverfahrens in umfassenderer Weise zur Geltung als bisher, da es nun je nach der zugrunde liegende Anknüpfungstat als Straftat oder Ordnungswidrigkeit zur Geltung des Legalitäts- *oder* des Opportunitätsprinzips kommt. Die parallele Geltung zweier Verfahrensgrundsätze für dieselbe Verfahrensordnung erscheint zwar

---

652 Referentenentwurf des Bundesministeriums der Justiz und für Verbraucherschutz eines Gesetzes zur Bekämpfung der Unternehmenskriminalität; Bearbeitungsstand v. 15.08.2019,S. 57.

653 Referentenentwurf des Bundesministeriums der Justiz und für Verbraucherschutz eines Gesetzes zur Bekämpfung der Unternehmenskriminalität; Bearbeitungsstand v. 15.08.2019, S. 12 f.

auf den ersten Blick widersprüchlich, begründet sich aber – wie bereits erörtert – durch die Sanktionierung von Verbänden im Bußgeldverfahren auch und gerade bei einer *strafrechtlichen* Anknüpfungsstat der natürlichen Person. Die strafrechtliche Anknüpfungsstat erweitert damit gleichsam den Einfluss der Strafprozessordnung auf das Ordnungswidrigkeitenverfahrens bei der Sanktionierung von Verbänden.

D. Exkurs: Verankerung des Nemo-tenetur-Grundsatzes als prozessuale Gewährleistung?

I. Stand der Debatte

Über diese Debatte hinaus stellt sich die Frage, ob dem Verband de lege ferenda ein gesetzlich verankertes Schweigerecht zukommen sollte. Die Frage nach der Geltung des Nemo-tenetur-Grundsatzes für juristische Personen war bereits vielfach Gegenstand von Diskussionen in der Literatur und Rechtsprechung.

1. Menschenwürdebezogenes Verständnis des Bundesverfassungsgerichts

Das Bundesverfassungsgericht leitet den Nemo-tenetur-Grundsatz aus dem allgemeinen Persönlichkeitsrecht, Art. 2 Abs. 1 i.V.m. Art. 1 Abs. 1 GG, der allgemeinen Handlungsfreiheit, Art. 2 Abs. 1 GG und der in Art. 1 Abs. 1 GG festgelegten Menschenwürde her.[654] Für juristische Personen hat das Gericht eine sinngemäße Anwendung des Grundsatzes ausgeschlossen.[655] Anders als natürliche Personen würden juristische Personen keinen „Zwiespalt" bei einer selbstbelastenden Aussage erfahren, da sie zu einer Willensbildung nur durch ihre Organe in der Lage sind.[656] So sei ausschließlich der Organwalter als Täter zu qualifizieren, nicht aber die juristische Person, gegen die über § 30 OWiG lediglich eine Geldbuße festgesetzt werden könne, die als „Ausgleich für die aus der Tat gezogenen Vorteile" dienen soll.[657] Der Zwang zur Selbstbezichtigung finde seine Legitimation vornehmlich in der Menschenwürde.[658]

Eine solche Betrachtungsweise stößt in Teilen der Literatur auf größere Bedenken.[659] Nicht nur soll das Bundesverfassungsgericht die materiell-rechtlichen Wurzeln des Nemo-tenetur-Grundsatzes überbewerten und seine rechtsstaatlichen

---

654 BVerfG, NJW 1981, 1431.
655 BVerfGE 95, 220, 242.
656 BVerfGE 95, 220, 242.
657 BVerfGE 95, 220, 242.
658 BVerfGE 95, 220, 242.
659 *C. Dannecker*, ZStW 127 (2015), 370, 375; *Schuler*, JR 2003, 265, 268; *Weiß*, JZ 1998, 289 f.; dazu auch: Momsen/Grützner/*Prechtel/Schulz*, S. 783.

Bezüge missachten.[660] Auch die Einordnung der Geldbuße nach § 30 OWiG als alleiniges Mittel zur Vorteilsabschöpfung wird in Zweifel gezogen.[661]

2. *EGMR: Nemo-tenetur-Grundsatz als Teil eines fairen Verfahrens*

Der EGMR verfolgt einen anderen Ansatz. In seiner Rechtsprechung verdeutlicht er, dass die Selbstbelastungsfreiheit aus dem Gebot eines fairen Verfahrens, Art. 6 Abs. 1 EMRK, hergeleitet wird:[662] „*The general requirements of fairness contained in Article 6 apply to all criminal proceedings, irrespective of the type of offence in issue. Nevertheless, when determining whether the proceedings as a whole have been fair the weight of the public interest in the investigation and punishment of the particular offence in issue may be taken into consideration and be weighed against the individual interest that the evidence against him be gathered lawfully. However, public interest concerns cannot justify measures which extinguish the very essence of an applicant's defence rights, including the privilege against self-incrimination guaranteed by Article 6 of the Convention.*“[663] Angesichts dieses Maßstabs erscheint es schwierig, einen konkreten Gehalt des Nemo-tenetur-Grundsatzes in der Rspr. des EGMR auszumachen.[664] Zwar wäre es generell vorstellbar, dass juristische Personen gem. Art. 34 EMRK eine Verletzung des Nemo-tenetur-Grundsatzes rügen können.[665] Der EGMR hat bisher jedoch nicht ausdrücklich entschieden, dass sich juristische Personen auf den Nemo-tenetur-Grundsatz berufen können.[666] Da er allerdings auch die übrigen in Art. 6 EMRK verankerten Rechte juristischen Personen zugesteht, liegt eine Anwendung auf juristische Personen in einem zukünftigen Verfahren nach *C. Dannecker* nahe.[667]

3. *Rechtsprechung des EuGH in der Rechtssache* Orkem

Der EuGH hat in seiner Rechtssache *Orkem* ausgeführt, dass die Rechtsordnungen der Mitgliedstaaten der Europäischen Union ein Recht zur Zeugnisverweigerung in einem Strafverfahren nur natürlichen Personen gewähren.[668] „Die vergleichende Untersuchung der nationalen Rechtsordnungen rechtfertigt somit nicht den

---

660 *C. Dannecker*, ZStW 127 (2015), 370, 375 f. u. 405.

661 *C. Dannecker*, ZStW 127 (2015), 370, 375 f. u. 405; siehe ferner *Schuler*, JR 2003, 265, 268.

662 EGMR, Urt. v. 11.07.2006, Nr. 54810/00 (*Jalloh/Deutschland*), § 97; *Arslan*, S. 69 ff.; LR-EMRK/*Esser*, Art. 6, Rn. 880.

663 EGMR, Urt. v. 11.07.2006, Nr. 54810/00 (*Jalloh/Deutschland*), § 97.

664 So *Arslan*, S. 70.

665 *Weiß*, JZ 1998, 289, 291.

666 *C. Dannecker*, ZStW 127 (2015), 370, 371 f.

667 *C. Dannecker*, ZStW 127 (2015), 370, 371 f.; *Fink*, wistra 2014, 457, 461; *Schuler*, JR 2003, 265, 269 f.; *Weiß*, JZ 1998, 289, 291.

668 EuGH, Urt. v. 18.10.1989, C-374/87, *Orkem*, Rn. 29.

Schluß, daß ein solcher dem Recht der Mitgliedsstaaten gemeinsamer Grundsatz zugunsten juristischer Personen und in bezug [sic] auf Zuwiderhandlungen wirtschaftlicher Art, insbesondere auf dem Gebiet des Wettbewerbsrechts, bestünde."[669] Die Kommission dürfe in diesem Zusammenhang das Unternehmen zwar nicht dazu zwingen, Umstände offenzulegen, die eine Zuwiderhandlung gegen gesetzliche Normgebote beweist.[670] Jedoch sei sie berechtigt, dass Unternehmen zur Auskunftserteilung über Tatsachen zu verpflichten und die Übermittlung von Schriftstücken zu veranlassen.[671] Dies soll selbst dann gelten, wenn die Schriftstücke als Nachweis dafür dienen, dass das betroffene oder ein drittes Unternehmen gegen Vorschriften des Wettbewerbsrechts verstoßen hat.[672] Zusammenfassend kann man hier von einem partiellen Aussageverweigerungsrecht sprechen.[673]

4. *Prozessuales Verständnis des Nemo-tenetur-Grundsatzes?*

Teils wird der Nemo-tenetur-Grundsatz als prozessuale Gewährleistung gegen die Strafgewalt angesehen.[674] Dies untermauere auch die Rechtsprechung des EGMR, die jedoch handfeste Konturen zur Bestimmung eines konkretes Schutzgehaltes entbehrt und versucht, für den Einzelfall gerechte Ergebnisse zu erzielen.[675] Juristische Personen sollen sich nach *C. Dannecker* bei der Verhängung von Geldbußen im Kartellrecht aber jedenfalls auf einen prozessual fundierten Nemo-tenetur-Grundsatz berufen können.[676] So darf diesen nicht die Pflicht auferlegt werden, Tatsachen offenzulegen, die sich auf den zugrunde liegenden Rechtsverstoß beziehen.[677] Kenntnisse von natürlichen Personen, die über den Verstoß informiert waren, sollen aber berücksichtigt werden können, außer es handelt sich um die Vertreter der juristischen Personen, die deren Angelegenheiten im konkreten Verfahren wahrnehmen.[678] Fragt man nach der Offenlegungspflicht von Dokumenten, so sollen nur genau bestimmte Dokumente erfasst sein, die etwa freiwillig oder aufgrund „allgemeiner Pflichten" angefertigt wurden.[679] Vor diesem Hintergrund sei § 81b Abs. 1 Nr. 2 GWB kritisch zu betrachten, wonach das Unternehmen Auskunft

---

669 EuGH, Urt. v. 18.10.1989, C-374/87, *Orkem,* Rn. 29.
670 EuGH, Urt. v. 18.10.1989, C-374/87, *Orkem,* Rn. 35.
671 EuGH, Urt. v. 18.10.1989, C-374/87, *Orkem,* Rn. 34 f.
672 EuGH, Urt. v. 18.10.1989, C-374/87, *Orkem,* Rn. 34 f.
673 *Schuler,* JR 2003, 265, 269; vgl. dazu auch die Ausführungen von *Weiß,* JZ 1998, 289, 292 f. und *Ackermann,* NZKart 2015, 17, 21.
674 *C. Dannecker,* ZStW 127 (2015), 370, 391 f.; *G. Dannecker,* NZKart 2015, 14, 16; anders: *von Freier,* ZStW 122 (2010), 117, 154 f.
675 *C. Dannecker,* ZStW 127 (2015), 991, 1015.
676 *C. Dannecker,* ZStW 127 (2015), 370, 409; im Ergebnis gleich *Schuler,* JR 2003, 265, 270 sowie *Weiß,* JZ 1998, 289, 291; siehe auch *Zerbes/El-Ghazi,* NZWiSt 2018, 425, 428 f.
677 *C. Dannecker,* ZStW 127 (2015), 991, 1011.
678 *C. Dannecker,* ZStW 127 (2015), 991, 1012.
679 *C. Dannecker,* ZStW 127 (2015), 991, 1012.

über seine Umsätze erteilen muss, die mit Kunden oder Produkten innerhalb eines bestimmten Zeitraums erzielt wurden.[680] Solche Informationen enthalten nämlich oft auch Auskünfte über Marktanteile, die beispielsweise Tatbestandsvoraussetzungen des § 18 GWB betreffen können.[681]

II. Schwierigkeit einer ausdrücklichen Normierung des Nemo-tenetur-Grundsatzes

Ein Ende der Debatte zur Geltung und Reichweite des Nemo-tenetur-Grundsatzes ist bisher nicht abzusehen. Zwar wäre es wünschenswert, ähnlich dem Vorbild des Gesetzentwurfs aus NRW, die Geltung des Nemo-tenetur-Grundsatzes für Unternehmen ausdrücklich zu normieren oder ihn in Zukunft zumindest als prozessuale Gewährleistung zu verstehen. Derzeit macht das Bundesverfassungsgericht jedoch keine Anstalten, seine stringente Rechtsprechung zu ändern. Auch der EGMR hat sich zu dieser Streitfrage bisher nicht geäußert. Daher läge es am Gesetzgeber, den Nemo-tenetur-Grundsatz ausdrücklich auf juristische Personen zu erstrecken. Zum derzeitigen Stand liegt eine zeitnahe Umsetzung wohl noch in weiter Ferne. Es bleibt daher abzuwarten, ob und inwieweit vor allem das Bundesverfassungsgericht von einem rein menschenwürdebezogenen Verständnis des Nemo-tenetur-Grundsatzes abweicht und sich vermehrt auf ein prozessuales Verständnis bezieht. Dies würde gleichzeitig den Weg ebnen, eine zumindest abgestufte und differenzierende Anwendung des Grundsatzes auf juristische Personen zu ermöglichen. Vom EGMR sind keine weitergehenden Zugeständnisse zu erwarten. Die Gesamtbetrachtung der Verfahrensfairness i.R.d. Art. 6 EMRK macht es schwierig, einen konkreten Gehalt des Nemo-tenetur-Grundsatzes zu umschreiben.[682] Der Weg des EuGH, ist hingegen zu begrüßen. Mit seinem „*Orkem*"-Urteil definiert er klare Leitlinien zur Geltung des Nemo-tenetur-Grundsatzes für juristische Personen, unabhängig davon, ob man den Weg einer Möglichkeit der mittelbaren Verwertung von belastenden Materialien befürwortet oder nicht.

Blickt man auf den Referentenentwurf des Bundesministeriums der Justiz und für Verbraucherschutz eines Gesetzes zur Bekämpfung der Unternehmenskriminalität, so steht es gem. § 34 Abs. 1 S. 1 VerSanG dem gesetzlichen Vertreter des Verbandes frei, sich zu äußern oder nicht zur Sache auszusagen.[683] So sollen auch

---

680 *C. Dannecker,* ZStW 127 (2015), 991, 1014.

681 *C. Dannecker,* ZStW 127 (2015), 991, 1014; ob dies einen Verstoß gegen den Nemo-tenetur-Grundsatz begründet, ist noch nicht abschließend geklärt, vgl. *Achenbach,* wistra 2013, 369, 371; *Schmitz,* wistra 2016 129, 133.

682 *Arslan,* S. 70.

683 Referentenentwurf des Bundesministeriums der Justiz und für Verbraucherschutz eines Gesetzes zur Bekämpfung der Unternehmenskriminalität; Bearbeitungsstand v. 15.08.2019; abrufbar unter: https://www.steuerberater-center.de/media/VerSanG_RefE.pdf (zuletzt abgrufen am: 3.12.2019), S. 19.

die Vorschriften der StPO über die Vernehmung des Beschuldigten entsprechend für die Vernehmung des gesetzlichen Vertreters des Verbandes gelten, § 34 Abs. 1 S. 2 VerSanG.[684] Da dem Verband gem. § 28 VerSanG die Stellung eines Beschuldigten zukommt, kommt das hier normierte Aussageverweigerungsrecht des Vertreters damit einem einfachgesetzlichen Schweigerecht gleich, welches lediglich gem. § 50 VerSanG eingeschränkt werden kann.[685] § 50 VerSanG normiert bestimmte Auskunftspflichten, wenn die Verhängung einer Verbandsgeldsanktion in Betracht kommt, so etwa die Offenlegung des Jahresumsatzes der letzten drei Geschäftsjahre und entsprechende Unterlagen.[686]

E. Ausblick und Gesamtergebnis

In den aktuellen Koalitionsverhandlungen und dem vorläufigen Koalitionsvertrag stellen die Parteien klar, dass sie das „Sanktionsrecht für Unternehmen neu regeln" wollen.[687] Es ist die Rede von der „Abkehr vom Opportunitätsprinzip des bislang einschlägigen Ordnungswidrigkeitenrechts".[688] Es sollen weitere Sanktionsinstrumente geschaffen werden.[689] Die Ausführungen sind dabei freilich noch sehr vage und bedürfen weiterer Konkretisierungen. Ein ausdrückliches Bekenntnis zu einem Unternehmensstrafrecht oder der Verbleib im Ordnungswidrigkeitenrecht lässt sich der Passage nicht entnehmen. Die folgende Entwicklung bleibt dabei mit Spannung zu verfolgen.[690]

Der Einführung eines eigenen Unternehmensstrafrechts ist dabei kritisch gegenüberzutreten. Reformen können ebenso wirksam und unter Wahrung des Ultima-ratio-Grundsatzes System des Ordnungswidrigkeitenrechts vollzogen

684 Ebd.

685 Referentenentwurf des Bundesministeriums der Justiz und für Verbraucherschutz eines Gesetzes zur Bekämpfung der Unternehmenskriminalität; Bearbeitungsstand v. 15.08.2019; abrufbar unter: https://www.steuerberater-center.de/media/VerSanG_RefE.pdf (zuletzt abgrufen am: 3.12.2019), S. 114.

686 Referentenentwurf des Bundesministeriums der Justiz und für Verbraucherschutz eines Gesetzes zur Bekämpfung der Unternehmenskriminalität; Bearbeitungsstand v. 15.08.2019; abrufbar unter: https://www.steuerberater-center.de/media/VerSanG_RefE.pdf (zuletzt abgrufen am: 3.12.2019), S. 24 f.

687 *Korte,* NZWiSt 2018, 393, 395.

688 *Korte,* NZWiSt 2018, 393, 396.

689 *Korte,* NZWiSt 2018, 393, 397.

690 Siehe dazu auch die Einschätzung von *Mundt,* WuW 2018, 233 oder den jüngst in die Öffentlichkeit gelangten Referentenentwurf des Bundesministeriums der Justiz und für Verbraucherschutz eines Gesetzes zur Bekämpfung der Unternehmenskriminalität; Bearbeitungsstand v. 15.08.2019; abrufbar unter: https://www.steuerberater-center.de/media/VerSanG_RefE.pdf (zuletzt abgrufen am: 3.12.2019), der sich ausdrücklich gegen die Sanktionierung von Unternehmen über das Ordnungswidrigkeitenverfahren ausspricht.

werden. Hierfür bedarf es einiger *grundlegender* Reformen: Speziell für eine strafrechtliche Anknüpfungstat sollte man die Geltung des Legalitätsprinzips für die Ermittlungen gegen die juristische Person denken. Um dieser ausreichende Verteidigungsmöglichkeiten an die Hand zu geben, empfiehlt es sich in Fortführung der aktuellen Rechtsprechung des BGH, Kriterien für eine Einstellung des Verfahrens bzw. Kriterien für eine genaue Bemessung der Geldbuße aufzustellen, die unter anderem das im Unternehmen geltende Compliance-System berücksichtigen. Trägt das Unternehmen daher dazu bei, alles Erforderliche zur Vermeidung einer Straftat oder Ordnungswidrigkeit zu tun, so kann man diesem schon vom Wortsinn her keinen Vorwurf einer nachdrücklichen Pflichtenmahnung mehr machen und damit abhängig von zusätzlichen Kriterien, wie der Zusammenarbeit mit den Ermittlungsbehörden oder dem Versuch zur Wiedergutmachung des Schadens, von einer weiteren Fortführung der Ermittlungen absehen. Im Falle der nur teilweisen Erfüllung dieser Kriterien kann die Geldbuße gemildert werden. Eine ausdrückliche Normierung des Nemo-tenetur-Grundsatzes für juristische Personen ist zu empfehlen, liegt aber derzeit wohl noch in weiter Ferne.

Eine erste grundlegende Reform im Ordnungswidrigkeitenverfahren ist damit im Bereich der Verbandssanktionierung vorzunehmen. Diese fördert zwar die im Arbeitstitel genannte Ambivalenz des Bußgeldverfahrens vor allem hinsichtlich der Geltung zweier verschiedener Verfahrensgrundsätze in Form des Opportunitäts- und Legalitätsprinzips je nach der zugrunde liegenden Anknüpfungstat, ist aber der bisherigen Rechtslage hinsichtlich der Rechtsklarheit für Unternehmen und der Notwendigkeit der verstärkten Ermittlungen gegen letztere bei einer strafrechtlichen Anknüpfungstat überlegen.

Nach einer solchen Neuordnung bleiben aber weitere strukturelle Schwachstellen im Ordnungswidrigkeitenverfahren bestehen. Dazu gehört insbesondere die Frage, ob die Europäisierung des Kartellrechts und die Höhe der dort verhängten Geldbußen Grund für eine Abtrennung des Kartellsanktionenverfahrens vom allgemeinen Ordnungswidrigkeitenverfahren ist. Diesem Problem widmet sich der nachfolgende *5. Teil* der Arbeit. Dem nachgelagert wird die Diskussion aufgegriffen, ob aufgrund der hohen Geldbußen im Wirtschaftsrecht nicht eine erstinstanzliche Verhängung derselben durch die Gerichte notwendig erscheint, also die geltende Ausgestaltung des Bußgeldverfahrens rechtsstaatlichen Standards speziell bei schweren Wirtschaftsordnungswidrigkeiten nicht gerecht wird. Am Ende wird damit gleichsam ein Ordnungsrahmen abgesteckt, innerhalb dessen sich konkrete Reformvorhaben im Ordnungswidrigkeitenverfahren vollziehen können.

Teil 5 Neuausrichtung des Ordnungswidrigkeitenverfahrens?

A. Ergänzende Verfahrensvorschriften als Sonderregelungen im GWB oder eigene Kartellverfahrensordnung?

Zunächst könnte man für die oben bezeichneten schweren Ordnungswidrigkeiten im Wirtschaftsrecht und speziell für das Kartellrecht aufgrund der zunehmenden europäischen Harmonisierung und seines Ausnahmecharakters eine eigenständige Verfahrensordnung befürworten und an eine Loslösung vom Ordnungswidrigkeitenrecht denken.[691] Würde man einen solchen Schritt befürworten, stellen sich in diesem Bereich schon gar keine Reformdiskussionen für das allgemeine Ordnungswidrigkeitenverfahren mehr. Die hier zu behandelnde Frage führt gleichzeitig zu einer weiteren Überlegung: Gliedert man das Kartellrecht aus dem Gefüge des Ordnungswidrigkeitenrechts aus, was passiert dann mit den übrigen „schweren" Ordnungswidrigkeiten?

I. Sonderstellung des Kartellrechts im Gefüge des Ordnungswidrigkeitenrechts

Das Kartellrecht nimmt im Gefüge des Ordnungswidrigkeitenrechts und speziell im Vergleich zu den überwiegend geringfügigen Ordnungswidrigkeiten im Straßenverkehr eine Sonderstellung ein, denkt man an die dort verhängten Bußgelder in Millionenhöhe[692], die erstinstanzliche Zuständigkeit des Oberlandes- statt des Amtsgerichts[693], die Komplexität des Verfahrens[694] oder die zahlreichen vom OWiG abweichenden Sonderregelungen im GWB[695]. Insbesondere weist das nationale Kartellrecht eine starke Prägung durch das Europarecht auf.[696] Diese Anbindung

691 Vgl. etwa *Klockner/Ost,* FS Bechtold, S. 229, 244; siehe auch: Hintergrundpapier des Bundeskartellamtes zum Kartellbußgeldverfahren, S. 25.

692 Bericht des Bundeskartellamtes über seine Tätigkeit in den Jahren 2015/2016 (Unterrichtung durch die Bundesregierung), Drs. 18/12760, S. VIII.

693 Die Vorschrift des § 83 Abs. 1 S. 1 GWB überlagert insoweit die Vorgaben des § 68 Abs. 1 S. 1 OWiG.

694 *Nothdurft,* FS G. Hirsch, S. 285, 298; Gutachten der großen Strafrechtskommission, S. 44.

695 Siehe dazu die ergänzenden Vorgaben der §§ 81 – 86 GWB; *Ost,* NZKart 2019, 69.

696 Siehe nur *Glöckner,* Kartellrecht, Rn. 30 f.; Immenga/Mestmäcker/*Zimmer,* Band 2, § 1, Rn. 2 f.; Loewenheim/*Nordemann,* § 1, Rn. 10; Müller-Gugenberger/*Müller-Gugenberger,* § 15, Rn. 121; *Zimmermann,* S. 13; *Schünemann,* Europäisierung, S. 9; *Bosch,* NJW 2018, 1731, 1732.

des nationalen an das europäische Recht könnte gar zu dem Schluss verleiten, dass das Kartellrecht sich vom Ordnungswidrigkeitenverfahren lösen und einer eigenständigen Verfahrensordnung unterliegen müsse.[697] Manche Stimmen aus der Literatur bringen vor diesem Hintergrund an, aufgrund der parallelen Zuständigkeit der Europäischen Kommission und den nationalen Kartellämtern sei es unter „Gleichheits- und Effektivitätsgesichtspunkten" derzeit nur schwer verständlich, dass sich die Anwendung der konkreten Sanktionsbefugnisse nach der jeweils zuständigen – nationalen oder europäischen – Behörde richten würden.[698]

Wenn man nach dieser Argumentation ein vom Recht der Ordnungswidrigkeiten abgetrenntes Verfahren befürwortet, könnte man dieses an die Grundlagen des Ordnungswidrigkeitenverfahren anlehnen und mit Elementen anderer Verfahrensordnungen kombinieren. Der Gesetzgeber könnte einen solchen Schritt gar zum Anlass nehmen, für das Kartellsanktionenrecht einen nahezu vollständigen Gleichlauf an die europäische Rechtslage zu vollziehen.[699] Führt man diesen Gedanken fort, erscheint auf den ersten Blick auch ein Verzicht auf die Verfahrensstandards des OWiG möglich.[700]

Auf der anderen Seite muss man sich fragen, warum gerade das Kartellrecht aus dem Recht der Ordnungswidrigkeiten ausgegliedert werden soll. Betrachtet man Ordnungswidrigkeiten im Wertpapierhandelsrecht, so müsste man auch hier an eine Abspaltung des Verfahrens denken, da bestimmte Ordnungsverstöße in beiden Rechtsbereichen mit nahezu identischen Mitteln und in einem Verfahren von ähnlicher Komplexität sanktioniert werden können.[701] Damit stellt sich die Frage, ob Kartellordnungswidrigkeiten im Vergleich zu sonstigen schweren Ordnungswidrigkeiten eine derartige Sonderstellung zukommt, dass eine Abspaltung dieses Sanktionenverfahrens von den übrigen Ordnungswidrigkeitenverfahren gerechtfertigt erscheint. Dies soll im Folgenden anhand verschiedener Kriterien untersucht werden, nämlich der Höhe der Geldbußen, dem Umfang der Sanktionierung von juristischen Personen, einem Vergleich mit den Vorschriften zur Abschöpfung wirtschaftlicher Vorteile, sowie dem Einfluss von europäischen Richtlinien bzw. Verordnungen.

---

697 *De Bronett,* NZKart 2015, 512, 520; *Klockner/Ost,* FS Bechtold, S. 229, 244; siehe auch: Hintergrundpapier des Bundeskartellamtes zum Kartellbußgeldverfahren, S. 25; *Ost* in. Bien, S. 321 oder: *Rosenfeld,* ZWH 2016, 139, 140.

698 *Ost/Kallfaß/Roesen,* NZKart 2016, 447, 452 f.

699 Zur Diskrepanz zwischen deutschem Ordnungswidrigkeitenrecht und europäischem Wettbewerbsrecht: ERST/*Kubiciel,* § 81 GWB, Rn. 12.

700 Hintergrundpapier des Bundeskartellamtes zum Kartellbußgeldverfahren, S. 17, das speziell den Nemo-tenetur-Grundsatz als Anlass dafür bezeichnet, „alle Fakten zusammentragen zu müssen, ohne die Betroffenen dabei in die Pflicht nehmen zu können"; freilich wären bei einem solchen Vorhaben strafrechtliche Garantien zu beachten. Insbesondere die Rspr. des EGMR setzt einem solchen Vorhaben Grenzen, zusammenfassend: *Koch,* S. 299.

701 *Canzler/Hammermaier,* AG 2014, 57, 71.

II. Kriterien für und gegen eine Abspaltung des Kartellordnungswidrigkeitenrechts

1. *Betrachtung des Sanktionsrahmens*

Ordnungswidrigkeitentatbestände im Kartellrecht und im Recht des Wertpapierhandels sehen erhebliche Geldbußen für natürliche und juristische Personen vor. Vergleicht man die beiden Sanktionsnormen, so ist deren Ähnlichkeit kaum zu übersehen. So kann eine Ordnungswidrigkeit einer natürlichen Person nach § 120 Abs. 18 WpHG in bestimmten Fällen mit einer Geldbuße *bis zu fünf Millionen Euro* geahndet werden. Gegenüber einer juristischen Person oder Personenvereinigung kann die Geldbuße bis zu *fünfzehn Millionen Euro und 15 Prozent des Gesamtumsatzes*, den die juristische Person oder Personenvereinigung im der Behördenentscheidung vorangegangenen Geschäftsjahr erzielt hat, betragen.

Zum Vergleich spricht § 81 Abs. 4 S. 1 GWB davon, dass die Ordnungswidrigkeit, die gegen eine natürliche Person verhängt wird, in dort abschließend aufgezählten Fällen bis zu *eine Million Euro* betragen kann. Im Falle eines Unternehmens darf die Geldbuße nach § 81 Abs. 4 S. 2 GWB *10 vom Hundert* des im der Behördenentscheidung vorausgegangenen Geschäftsjahr erzielten Gesamtumsatzes nicht übersteigen.

Zwar muss man anerkennen, dass die Rechtsfolgen bei beiden Tatbeständen nicht deckungsgleich ausgestaltet sind. Dieser Aspekt unterstützt jedoch vielmehr die Annahme, dass eine Sonderbehandlung des Kartellrechts nicht angezeigt ist: So fällt schon das Abstecken einer Grenze, ab welcher genauen Höhe der Geldbuße das jeweilige Sanktionenverfahren einer eigenen Verfahrensordnung unterliegen sollte, schwer. Im konkreten Fall übersteigt der Sanktionsrahmen einer Geldbuße im Wertpapierhandelsrecht gegen natürliche Personen den des Kartellrechts um *vier Millionen Euro*. Hier müsste man gar vorrangig an eine Abspaltung des Sanktionenverfahrens des Wertpapierhandelsrechts denken.

Die Sonderstellung des Kartellrechts unter dem Blickwinkel der Höhe der Geldbuße wird weiter relativiert, wenn man auf Bußgeldtatbestände außerhalb des WpHG oder des GWB blickt. So existiert beispielsweise auch im AWG[702] ein Bußgeldtatbestand, der eine Normübertretung einer natürlichen Person mit einer Geldbuße *bis zu fünfhunderttausend Euro* ahnden kann, § 19 Abs. 6 AWG. Hierbei kann es sich beispielsweise um ein fahrlässiges Zuwiderhandeln gegen ein Ausfuhr- bzw. Einfuhrverbot eines im Amtsblatt der Europäischen Gemeinschaften veröffentlichten unmittelbar geltenden Rechtsaktes handeln.

Zwar übersteigt damit in einem Vergleich von § 81 Abs. 4 GWB und § 19 Abs. 6 AWG der maximale Sanktionsrahmen des GWB den des AWG gegen natürliche Personen um die Hälfte. Doch sieht das GWB selbst in § 81 Abs. 4 S. 5 für geringeres

702 Außenwirtschaftsgesetz, BGBl. I S. 1482, v. 06.06.2013.

Unrechtsverhalten eine Ahndung mit einer Geldbuße *bis zu hunderttausend Euro* vor. Damit wird deutlich, dass der Sanktionsrahmen im GWB je nach der Schwere des zugrunde liegenden Unrechtsverhaltens stark variiert.[703] Um eine passgenaue Differenzierung vorzunehmen, müsste man konsequenterweise nicht abstrakt an das jeweilige Rechtsgebiet des Kartell- oder Wertpapierhandelsrecht oder des AWG anknüpfen, sondern für die jeweiligen *besonders schwerwiegenden Verstöße* innerhalb des GWB über eine eigene Verfahrensordnung nachdenken. Dies führt aber wiederum zu gewichtigen Brüchen innerhalb des jeweiligen Rechtsgebiets und zu wenigen ausgewählten systemwidrigen Sonderverfahren. Eine klare Abgrenzung allein über die Sanktionshöhe ist damit ausgeschlossen.

2. Sanktionierung vornehmlich juristischer Personen

Für eine eigene Verfahrensordnung im Kartellsanktionenrecht könnte man weiter ins Feld führen, dass Adressaten des Kartellrechts vornehmlich Unternehmen sind, das Ordnungswidrigkeitenrecht jedoch vorrangig auf die Sanktionierung von natürlichen Personen abzielt.[704] Diese Betrachtung übersieht jedoch die auch sonst im Ordnungswidrigkeitenrecht bestehende Möglichkeit der Sanktionierung von Unternehmen. So spielt die Verbandsgeldbuße auch im Steuerrecht[705] oder im Recht des Wertpapierhandels[706] eine große Rolle. Die Steuerfahndung beispielsweise bevorzugt die Möglichkeit einer Unternehmensgeldbuße, da eine individuelle Verantwortlichkeit nicht nachgewiesen werden muss.[707] Darüber hinaus zeichnet sich das nationale Kartellverfahren dadurch aus, dass auch natürliche Personen mit Geldbuße belegt werden.[708] Dies steht im Widerspruch zum europäischen Kartellsanktionenverfahren, das ausschließlich die Sanktionierung von Unternehmen ermöglicht.[709]

Lediglich Straßenverkehrsordnungswidrigkeiten werden hauptsächlich von natürlichen Personen begangen.[710] Dies könnte allenfalls zu dem Schluss verleiten,

---

703 Zum Verhältnis des Unrechts der Tat zur Höhe der Strafe: *Hallmann,* S. 150.

704 So das Hintergrundpapier des Bundeskartellamtes zum Kartellbußgeldverfahren, S. 24. Dass sich das Ordnungswidrigkeitenrecht vorrangig an natürliche Personen richtet, zeigt schon die Existenz des § 30 OWiG, dessen Hauptzweck in der Gleichstellung juristischer Personen und Verbände in Bezug auf die aus einer Straftat oder Ordnungswidrigkeit folgenden Sanktionen liegt, BeckOK-OWiG/*Meyberg,* § 30 OWiG, Rn. 8.

705 Flore/Tsambikakis/*Heerspink*, vor § 377 AO, Rn. 40 f.

706 *Canzler/Hammermaier,* AG 2014, 57, 66.

707 *Beyer,* BB 2016, 542.

708 Bericht des Bundeskartellamtes über seine Tätigkeit in den Jahren 2015/2016 (Unterrichtung durch die Bundesregierung), Drs. 18/12760, S. 33 f.

709 Immenga/Mestmäcker/*Biermann*, EU-Wettbewerbsrecht, Band 1, Art. 23 VO 1/2003, Rn. 5 f.

710 Vgl. KK-OWiG/*Rogall*, § 30, Rn. 103; *Krenberger/Krumm*, § 30, Rn. 35; ausführlich hierzu: *Fromm,* SVR 2015, 406, 408 f.

sämtliche Wirtschaftsordnungswidrigkeiten aus dem geltenden Bußgeldverfahren auszugliedern und dort lediglich die Straßenverkehrsordnungswidrigkeiten und andere geringfügige Verstöße zu sanktionieren. Ein solches Vorhaben würde jedoch schon deshalb scheitern, da auch zahlreiche Ordnungswidrigkeiten des Wirtschaftsrechts im Bagatellbereich liegen können[711] und sich in diesem Fall von der Schwere des Unrechts und der Höhe der Sanktion nicht von einem Ordnungsverstoß im Straßenverkehr unterscheiden. Ferner bleibt auch die Sanktionierung von juristischen Personen bei Straßenverkehrsordnungswidrigkeiten – wenn auch in wenigen Konstellationen – möglich.[712] Das Differenzierungskriterium bei einer Abspaltung sämtlicher Wirtschaftsordnungswidrigkeiten läge damit in einem tatsächlich erhöhten Gebrauch der Vorschrift des § 30 OWiG in der Praxis. Dieser Umstand allein rechtfertigt aber keinesfalls eine Zweispaltung des gesamten Bußgeldverfahrens. Relevanz erlangt die Frage nach einer effektiveren Sanktionierung von Unternehmen allenfalls bei der Diskussion um eine praxistaugliche Ahndung von Unternehmenskriminalität.

Insgesamt sind keine Gründe ersichtlich, das Kartellrecht oder gar allgemein Ordnungswidrigkeiten des Wirtschaftsrechts wegen der häufigeren Anwendung des § 30 OWiG aus dem Gefüge des geltenden Ordnungswidrigkeitenverfahrens zu lösen. Daher geht auch die Annahme, dem nationalen Kartellsanktionenrecht komme aufgrund seiner überwiegenden Sanktionierung von Unternehmen eine Sonderstellung zu, fehl.

3. Vergleich mit den Vorschriften zur Abschöpfung wirtschaftlicher Vorteile

Das Bundeskartellamt führt zur Rechtfertigung eines drohenden Systembruchs an, dass die Abschöpfung wirtschaftlicher Vorteile gem. § 34 GWB die Betroffenen ähnlich schwer belasten kann, wie ein gegen sie verhängtes Bußgeld.[713] Anders als im Strafprozess würden aus solcher Einordnung jedoch verfahrensrechtliche Erleichterungen folgen, da gegen solche Verfügungen der Kartellbehörde die Beschwerde nach § 63 GWB zulässig sei.[714]

Der Zweck einer solchen Vorteilsabschöpfung durch die Kartellbehörde liegt jedoch insbesondere in der Prävention von Zuwiderhandlungen gegen kartellrechtliche Normgebote.[715] Das Unternehmen darf in solchen Absprachen schon

---

711 Das kann im Einzelfall beispielsweise eine leichtfertige Steuerverkürzung sein, § 378 Abs. 1 AO.

712 *Fromm*, SVR 2015, 406, 409.

713 Hintergrundpapier des Bundeskartellamtes zum Kartellbußgeldverfahren, S. 24; näher zur Vorschrift des § 34 GWB siehe Immenga/Mestmäcker/*Emmerich*, Band 2 § 34, Rn. 7 f.; zur Historie *Roth*, FS Huber, 1133.

714 Hintergrundpapier des Bundeskartellamtes zum Kartellbußgeldverfahren, S. 24.

715 Loewenheim/*Rehbinder*, § 34 GWB, Rn. 1.

keinen wirtschaftlichen Nutzen erkennen.[716] Es handelt sich damit um ein verwaltungsrechtliches Element, das sich von der Geldbuße und ihrem ahndenden Charakter unterscheidet.[717]

Böse merkt hierzu in seiner Monographie über Wirtschaftsaufsicht und Strafverfolgung an, dass das Verwaltungsverfahren vorrangig „durch den Parameter der Zweckmäßigkeit" geprägt sei.[718] Dies liege an seiner Ausrichtung zur Gefahrenabwehr und Schadensbeseitigung.[719] Im Strafverfahren hingegen herrsche die Pflicht zur Wahrheitsfindung.[720] Im Mittelpunkt stehe die Verhängung einer Strafe, durch die der Einzelne einen „gravierenden Ehrverlust" erleidet.[721] Letzteren Gedanken kann man sinngemäß für das Ordnungswidrigkeitenverfahren heranziehen: Auch hier knüpft die Sanktion generell an einen in der Vergangenheit liegenden Sachverhalt an und belegt den Betroffenen mit einer Geldbuße.

Der Geldbuße kann aber – im Unterschied zum Strafrecht – kein sozialethisches Unwerturteil, sondern lediglich eine nachdrückliche Pflichtenmahnung zugemessen werden.[722] *Achenbach* führt dazu aus, dass der Ahndung durch Geldbuße durchaus ein Tadel zugesprochen werden kann.[723] Eine Pflichtenmahnung, die an den Betroffenen gerichtet ist, stelle sich nicht als völlig wertfrei dar.[724] Jedoch komme dem Tadel kein stigmatisierender oder gar „image-schädlicher" Charakter zu, der einem strafrechtlichen Unwerturteil ähnelt.[725] Schon mit Blick auf die Sanktion als konkrete Rechtsfolge ähneln Ordnungswidrigkeiten und damit das mit ihnen verbundene Verfahren schon in ihrer Grundstruktur mehr dem Straf- als dem Verwaltungsrecht. Auch das Verwaltungs- und Ordnungswidrigkeitenverfahren sind damit von ihrer Zwecksetzung her verschieden.

Damit rechtfertigt der Unterschied zwischen einer Vorteilsabschöpfung als präventives, verwaltungsrechtliches Instrument und der Geldbuße als schwerpunktmäßig ahnendes Element ein Mehr an verfahrensrechtlichen Standards für den Betroffenen im Ordnungswidrigkeitenverfahren. Während § 34 GWB schon vom Wortsinn auf eine bloße Abschöpfung der wirtschaftlichen *Vorteile* abzielt, geht die Rechtsfolge im Ordnungswidrigkeitenrecht hierüber hinaus und belegt den

---

716 Loewenheim/*Rehbinder*, § 34 GWB, Rn. 1; vgl. dazu auch den Vorstoß der Großen Strafrechtskommission des Deutschen Richterbundes, S. 127, die die Vorteilsabschöpfung aus dem gerichtlichen Kartellbußgeldverfahren in das kartellrechtliche Verwaltungsverfahren verlagern will.

717 Loewenheim/*Rehbinder*, § 34 GWB, Rn. 1; *Glöckner*, Kartellrecht, Rn. 204 f.; siehe dazu auch *Poelzig/Bauermeister*, NZKart 2017, 491, 496.

718 *Böse*, Wirtschaftsaufsicht und Strafverfolgung, S. 35.

719 *Böse*, Wirtschaftsaufsicht und Strafverfolgung, S. 35.

720 *Böse*, Wirtschaftsaufsicht und Strafverfolgung, S. 34 f.

721 *Böse*, Wirtschaftsaufsicht und Strafverfolgung, S. 34 f.

722 *Klesczewski*, § 8, Rn. 579.

723 *Achenbach*, Grundfragen des Wirtschaftsstrafrechts, S. 66.

724 *Achenbach*, Grundfragen des Wirtschaftsstrafrechts, S. 66.

725 *Achenbach*, Grundfragen des Wirtschaftsstrafrechts, S. 66 f.

Betroffenen mit einem Bußgeld, das – ohne stigmatisierend wirken zu wollen – als Pflichtenmahnung dienen soll.[726] Das Argument, aus Vorschriften zur Abschöpfung wirtschaftlicher Vorteile folgen ähnlich schwerwiegende Belastungen, wie aus einer Geldbuße, mag zwar im Einzelfall tatsächlich zutreffen, kann aber keine Sonderstellung des Kartellrechts begründen.

4. Europäischer Rechtsrahmen

a. Reichweite des Grundsatzes der Verfahrensautonomie der Mitgliedsstaaten

Auch wenn man anbringt, dass im Kartellrecht die Besonderheit besteht, dass nicht nur die nationalen Behörden, sondern auch die Europäische Kommission das europäische Recht in einem selbstständigen Verfahren durchsetzt,[727] kann dies einen selbstständigen prozeduralen Rahmen von Kartellsanktionen nicht rechtfertigen. Zwar hat die Kommission weitreichende Befugnisse und kann beispielsweise durch eine eigene Verfahrenseinleitung nach Art. 11 Abs. 6 VO 1/2003 das Verfahren an sich ziehen. Dies hat zur Folge, dass die nationalen Kartellbehörden im Einzelfall nicht einmal mehr das nationale Kartellrecht anwenden können.[728]

Für alle anderen Fälle verbleibt es jedoch bei der Anwendung nationalen Rechts in der Form des geltenden Ordnungswidrigkeitenverfahrens, insbesondere dann, wenn der Handel zwischen Mitgliedsstaaten schon gar nicht beeinträchtigt ist.[729] Hier bedingt es der Ausfluss der Verfahrensautonomie der Mitgliedsstaaten, dass diese die Vorschriften des anzuwendenden Verfahrens grundsätzlich selbst ausgestalten können.[730]

Den derzeit verbleibenden Spielraum sollte der Gesetzgeber nutzen. Eine weitere Annäherung an das europäische Kartellsanktionenverfahren bringt erhebliche rechtsstaatliche Risiken mit sich. Genannt sei hier nur die eingeschränkte gerichtliche Kontrolle der Bußgeldentscheidungen der Kommission.[731] Im Rahmen

---

726 *Klesczewski,* § 8, Rn. 579.

727 So das Hintergrundpapier des Bundeskartellamtes zum Kartellbußgeldverfahren, S. 25.

728 Loewenheim/*Kallfaß,* Art. 11 VerfVO, Rn. 36; dies ist vor allem durch die Bedeutung des Wettbewerbsrechts als Pfeiler des Binnenmarktziels bedingt, vgl. dazu: Grabitz/*Terhechte,* Band 2, Art. 3 EUV, Rn. 41; siehe auch *Jungheim,* S. 249; *Glöckner,* Kartellrecht, Rn. 83.

729 Loewenheim/*Grave/Nyberg,* Art. 101 Abs. 1 AEUV, Rn. 54.

730 Kamann/Ohlhoff/Völcker/*Kamann,* § 3, Rn. 23 f.; *Rosenfeld,* ZWH 2016, 139, 140; *Danwitz,* S. 302; *Ebers,* S. 201; siehe auch *Lippert,* S. 107; diese Verfahrensautonomie unterliegt der Einschränkung durch eine einheitliche und effektive Durchführung des Unionsrechts, *Vincze,* ZaöRV 2017, 235; Zwischenbericht des Bundeskartellamtes zum Expertenkreis Kartellsanktionenrecht, NZKart 2015, 2, 3.

731 *Schwarze/Bechtold/Bosch,* Rechtsstaatliche Defizite, S. 5–7; *van Vormizeele,* NZKart 2013, 386, 392; vgl. auch *Brinker,* NZKart 2013, 2, 5.

einer Nichtigkeitsklage gem. Art. 263 AEUV müssen die Betroffenen und nicht die Kommission die Unrichtigkeit ihrer Bestrafung beweisen.[732] Ferner besteht für die Beteiligten nur bedingt die Möglichkeit, selbst Zeugen zu vernehmen.[733] Einer Einschränkung der Rechte der am Verfahren Beteiligten ist vor diesem Hintergrund kritisch gegenüberzustehen.

Eine Angleichung an den europäischen Rechtsrahmen müsste – um die Kohärenz im System des GWB zu wahren – darüber hinaus auch für Kartellvereinbarungen gelten, deren Auswirkungen nicht geeignet sind, den Handel zwischen den Mitgliedsstaaten zu beeinträchtigen. Damit droht aber ein gewichtiger Systembruch im gesamten Gefüge des Ordnungswidrigkeitenrechts: Sämtliche Kartellverstöße würden nun einem speziellen, an das Europäische System angepassten Verfahren unterfallen, während alle Verstöße außerhalb des Kartellrechts weiter im Ordnungswidrigkeitenverfahren und seinen im Vergleich zur europäischen Rechtslage höheren prozessualen Standards sanktioniert werden. Damit bleibt mit Spannung abzuwarten, welchen Weg die Gesetzgebung der Europäischen Union und die Europäische Kommission in Zukunft vollziehen.

b. Weitergehende Einschränkung des gesetzgeberischen Handlungsspielraums seit dem Urteil des Europäischen Gerichtshofs in der Rechtssache Åkerberg Fransson?

aa. Urteil des EuGH in der Rechtssache *Åkerberg Fransson*

Der eben skizzierte Handlungsspielraum des Gesetzgebers wird bei der Anwendung von europäischem Recht über die Möglichkeiten des Eintrittsrechts der Kommission auch durch den Äquivalenzgrundsatz und durch das Effektivitätsgebot[734], sowie durch die Charta der Grundrechte der EU[735] begrenzt. Für den Anwendungsbereich der Charta der Grundrechte der EU ordnet Art. 51 Abs. 1 S. 1 GRCharta an, dass die diese nicht nur für Organe oder Einrichtungen der Union, sondern auch für Mitgliedsstaaten gilt, dort jedoch ausschließlich bei der *Durchführung des Rechts der Union.*

Letzteren Aspekt griff der EuGH in seinem Urteil in der Rechtssache *Åkerberg Fransson* genauer auf.[736] So merkte der Gerichtshof an, dass die Unionsgrundrechte

732 *van Vormizeele*, NZKart 2013, 386, 392.

733 *Schwarze/Bechtold/Bosch*, Rechtsstaatliche Defizite, S. 6.

734 *Ionescu*, S. 276; siehe auch: Zwischenbericht des Bundeskartellamtes zum Expertenkreis Kartellsanktionenrecht, NZKart 2015, 2, 3; *Saurer*, S. 310; *Jaeger*, Immaterialgüterrechte, S. 392.

735 *Esser*, Anwendungsbereich der Grundrechtecharta, 55, 56.

736 EuGH, Urt. v. 26.02.2013, C-617/10, *Åkerberg Fransson* = NJW 2013, 1415 = EuZW 2013, 302 = UR 2014, 27 = EuR 2013, 446 m. Anm. *Kingreen*; *Esser*, Anwendungsbereich der Grundrechtecharta, 55, 57.

„in allen unionsrechtlich geregelten Fallgestaltungen [...] Anwendung finden."[737] Im konkreten Fall sprach der EuGH von einem unmittelbarem Zusammenhang „zwischen der Erhebung der Mehrwertsteuereinnahmen [...] und der Zurverfügungstellung entsprechender Mehrwertsteuermittel für den Haushalt der Union, da jedes Versäumnis bei der Erhebung Ersterer potenziell zu einer Verringerung Letzterer führt."[738] Aus diesem Urteil folgern manche, dass die Mitgliedsstaaten bei ihrer Rechtsanwendung nun in umfassenderem Maße an die Charta der Grundrechte der EU gebunden sind und der EuGH den Wortlaut des Art. 51 Abs. 1 S. 1 GRCharta sehr weit fasst.[739] Der wissenschaftliche Dienst des Bundestages empfiehlt sogar, dass nationale Maßnahmen bei Bestehen einer Unsicherheit nicht nur an nationalen, sondern auch am Maßstab der Charta der Grundrechte der EU zu messen sind.[740]

bb. Reaktion des Bundesverfassungsgerichts

In Reaktion auf das Urteil in der Sache zu *Åkerberg Fransson* mahnte das Bundesverfassungsgericht an, dass dem Urteil des EuGH keine Leseart unterstellt werden dürfe, nach der dieses „offensichtlich als Ultra-vires-Akt zu beurteilen wäre oder Schutz und Durchsetzung der mitgliedstaatlichen Grundrechte in einer Weise gefährdete, dass dies die Identität der durch das Grundgesetz errichteten Verfassungsordnung in Frage stellte."[741] Das Urteil des EuGH dürfe nicht dahin gehend interpretiert werden, dass die Mitgliedsstaaten durch die Grundrechte-Charta schon durch jeden sachlichen Bezug einer Regelung „zum bloß abstrakten Anwendungsbereich des Unionsrechts" gebunden werden.[742] Dasselbe gelte für rein tatsächliche Auswirkungen auf das Unionsrecht.[743]

cc. Urteil des EuGH in der Rechtssache *Hernández*

Einschränkend hat der EuGH in seinem Urteil *Hernández* dargelegt, dass der Teil des Wortlauts „Durchführung des Rechts der Union" in Art. 51 GRCharta einen *Zusammenhang* zwischen einem Rechtsakt der Union und einer nationalen Maßnahme bedinge, für welchen weder eine Nachbarschaft der Sachbereiche, noch

---

737 EuGH, Urt. v. 26.02.2013, C-617/10, *Åkerberg Fransson* = NJW 2013, 1415 = EuZW 2013, 302; Kamann/Ohlhoff/Völcker/*Kamann*, § 3, Rn. 27; *Geiß*, DÖV 2014, 265, 266.

738 EuGH, Urt. v. 26.02.2013, C-617/10, *Åkerberg Fransson* = NJW 2013, 1415, 1416 = EuZW 2013, 302, 303; *Esser*, Anwendungsbereich der Grundrechtecharta, 55, 57.

739 *Esser*, Anwendungsbereich der Grundrechtecharta, 55, 57 f.; siehe auch EuGH, Urt. v. 26.02.2013, C-617/10, *Åkerberg Fransson*, EuR 2013, 446 m. Anm. *Kingreen*; *Safferling*, NStZ 2014, 545, 551; *Winter*, NZA 2013, 473, 476 f.

740 *Kubicki*, Wissenschaftlicher Dienst des BT, Bindung der Mitgliedsstaaten an EU-Grundrechte und EuGH, Rs. C-617/10, S. 1 f.

741 BVerfGE 133, 277, 316 – *„Antiterrordateigesetz"* = NJW 2013, 1499, 1501.

742 BVerfGE 133, 277, 316 – *„Antiterrordateigesetz"* = NJW 2013, 1499, 1501.

743 BVerfGE 133, 277, 316 – *„Antiterrordateigesetz"* = NJW 2013, 1499, 1501.

mittelbare Auswirkungen genügen würden.[744] Ob eine Maßnahme der Durchführung des Rechts der Union unterfällt, soll anhand mehrerer Kriterien zu beurteilen sein.[745] So sei danach zu fragen, „ob mit der fraglichen nationalen Regelung die Durchführung einer Bestimmung des Unionsrechts bezweckt wird, welchen Charakter diese Regelung hat und ob mit ihr andere als die unter das Unionsrecht fallenden Ziele verfolgt werden, selbst wenn sie das Unionsrecht mittelbar beeinflussen kann, sowie ferner, ob es eine Regelung des Unionsrechts gibt, die für diesen Bereich spezifisch ist oder ihn beeinflussen kann."[746] An den Grundaussagen in *Åkerberg Fransson* hält der EuGH dennoch fest.[747] Damit wird klar, dass der Gerichtshof über die Anwendung des Art. 51 GRCharta noch keine klare Linie gefunden hat. Es bleibt vorerst bei vielen Einzelentscheidungen und damit einer hohen Rechtsunsicherheit.[748]

dd. Verfahren bei Kollision von nationalen und europäischen Grundrechten?

Offen bleibt jedoch, wie bei einer Kollision von nationalen und europäischen Grundrechten zu verfahren ist.[749] Diese Frage stellt sich insbesondere dann, wenn der Schutzgehalt der EU-Grundrechte unter dem der nationalen Grundrechte liegt.[750] Hier ordnet Art. 53 GRCharta an, dass keine Bestimmung dieser Charta als eine Einschränkung oder Verletzung der Menschenrechte und Grundfreiheiten auszulegen ist, die in dem jeweiligen Anwendungsbereich durch das Recht der Union und das Völkerrecht sowie durch die internationalen Übereinkünfte, bei denen die Union oder alle Mitgliedstaaten Vertragsparteien sind, darunter insbesondere die Europäische Konvention zum Schutz der Menschenrechte und Grundfreiheiten, sowie durch die *Verfassungen der Mitgliedstaaten* anerkannt werden. Vor diesem Hintergrund brachte der EuGH in seinem Urteil in *Melloni*[751] an,

744 EuGH, Urt. v. 10.7.2014, C-198/13, *Hernández*, EuZW 2014, 795, 796 f. m. Anmerkung *Pötters* = NZA 2014, 1325, 1326; *Esser*, Anwendungsbereich der Grundrechtecharta, 55, 63.

745 EuGH, Urt. v. 10.7.2014, C-198/13, *Hernández*, EuZW 2014, 795, 797 m. Anmerkung *Pötters* = NZA 2014, 1325, 1326.

746 EuGH, Urt. v. 10.7.2014, C-198/13, *Hernández*, EuZW 2014, 795, 797 m. Anmerkung *Pötters* = NZA 2014, 1325, 1326; m.w.N. *Esser*, Anwendungsbereich der Grundrechtecharta, 55, 63.

747 So *Esser*, Anwendungsbereich der Grundrechtecharta, 55, 64; anders *Epping*, Grundrechte, Kapitel 20, Rn. 1034, der die Åkerberg Fransson Rechtsprechung des EuGH als Ausnahme betrachtet; derselben Ansicht ist *Klement*, S. 342; zusammenfassend: *Staffler*, ZStW 130 (2018), 1147, 1156 ff.

748 Siehe *Classen*, EuR 2017, 347, 349 f.

749 *Esser*, Anwendungsbereich der Grundrechtecharta, 55, 58.

750 *Esser*, Anwendungsbereich der Grundrechtecharta, 55, 60.

751 EuGH, Urt. v. 26.02.2013, Rs. C-399/11 – *Melloni* = EuZW 2013, 305 = NJW 2013, 1215.

„dass es den nationalen Behörden und Gerichten, wenn ein Unionsrechtsakt nationale Durchführungsmaßnahmen erforderlich macht, weiterhin freisteht, nationale Schutzstandards für die Grundrechte anzuwenden, sofern durch diese Anwendung weder das Schutzniveau der Charta, wie sie vom Gerichtshof ausgelegt wird, noch der Vorrang, die Einheit und die Wirksamkeit des Unionsrechts beeinträchtigt werden."[752] Im Einzelfall kann sich ein Betroffener daher nicht auf einen höheren nationalen Grundrechtsschutz berufen, wenn dadurch die Wirksamkeit des Unionsrechts gefährdet würde.[753]

ee. Beschluss des Bundesverfassungsgerichts – *Europäischer Haftbefehl*

In seinem Beschluss zum Europäischen Haftbefehl stellte das Bundesverfassungsgericht vor diesem Hintergrund fest, dass deutsche Hoheitsakte einer Prüfung am Maßstab der nationalen Grundrechte dann nicht zugänglich sind, wenn sie durch das Unionsrecht „determiniert werden".[754] Dies sei durch den Anwendungsvorrang des Unionsrechts bedingt.[755] Letzterer Grundsatz unterliege jedoch auch Beschränkungen: Besonders die in Art. 23 Abs. 1 S. 3 GG i.V.m. Art. 79 Abs. 3 GG genannten Prinzipien seien integrationsfest.[756] Hierzu gehöre vor allem die in Art. 1 Abs. 1 S. 1 GG niedergelegte Würde des Menschen, auf der auch das strafrechtliche Schuldprinzip beruht.[757] Nur im Falle der substanziierten Darlegung der tatsächlichen Beeinträchtigung der Würde des Menschen könne der Beschwerdeführer eine Verletzung des „unabdingbaren Maßes an Grundrechtsschutz" rügen.[758] Ebenfalls betonte das Gericht, dass das zuständige OLG verpflichtet sei, im Rahmen einer Auslieferung, die auf einem Europäischem Haftbefehl beruht, die Mindestgarantien des Art. 1 Abs. 1 GG sicherzustellen.[759] Mit dem zugrunde liegenden Beschluss

---

752 EuGH, Urt. v. 26.02.2013, Rs. C-399/11 – *Melloni* = EuZW 2013, 305, 309 = NJW 2013, 1215, 1219; siehe auch: *Esser,* Anwendungsbereich der Grundrechtecharta, 55, 60; Zwischenbericht des Bundeskartellamtes zum Expertenkreis Kartellsanktionenrecht, NZKart 2015, 2, 4.

753 Zwischenbericht des Bundeskartellamtes zum Expertenkreis Kartellsanktionenrecht, NZKart 2015, 2, 4; dazu auch *Cornelius,* S. 385.

754 BVerfGE 140, 317, 334 f. = StV 2016, 220, 223 = NJW 2016, 1149, 1150 = NStZ 2016, 546, 547.

755 BVerfGE 140, 317, 334 f. = StV 2016, 220, 223 = NJW 2016, 1149, 1150 = NStZ 2016, 546, 547.

756 BVerfGE 140, 317, 334 f. = StV 2016, 220, 223 = NJW 2016, 1149, 1150 = NStZ 2016, 546, 547.

757 BVerfGE 140, 317, 334 f. = StV 2016, 220, 223 = NJW 2016, 1149, 1150 = NStZ 2016, 546, 547.

758 BVerfGE 140, 317, 334 f. = StV 2016, 220, 223 = NJW 2016, 1149, 1150 = NStZ 2016, 546, 547.

759 BVerfG, NJW 2016, 1149, 1155 f. = NStZ 2016, 546, 549; zu den Auswirkungen dieses Beschlusses: *Thiele,* EuR 2017, 367 f.

ist es dem Bundesverfassungsgericht nach *Sauer* möglich, Beeinträchtigungen der Menschenwürde im Rahmen der Identitätskontrolle zu rügen, ohne dass es zu einer Beschränkung durch die in der Solange II-Rechtsprechung geprägten Grundsätze kommt.[760] In letzterem Beschluss stellte das Bundesverfassungsgericht fest, dass es „seine Gerichtsbarkeit über die Anwendbarkeit von abgeleitetem Gemeinschaftsrecht, das als Rechtsgrundlage für ein Verhalten deutscher Gerichte und Behörden im Hoheitsbereich der Bundesrepublik Deutschland in Anspruch genommen wird, nicht mehr ausüben und dieses Recht mithin nicht mehr am Maßstab der Grundrechte des Grundgesetzes überprüfen“ würde, „solange die Europäischen Gemeinschaften, insbesondere die Rechtsprechung des Gerichtshofs der Gemeinschaften einen wirksamen Schutz der Grundrechte gegenüber der Hoheitsgewalt der Gemeinschaften generell gewährleisten.“[761]

ff. Folgeurteile des EuGH nach dem Beschluss des BVerfG zum Europäischen Haftbefehl

Zwei Folgeurteile des EuGH lassen zumindest auf eine Entspannung des Kompetenzkonfliktes hoffen. So darf nach einem Urteil des EuGH in der Rechtssache *Aranyosi und Căldăraru* die Vollstreckung eines europäischen Haftbefehls nicht dazu führen, dass dem Betroffenen im Aufnahmestaat eine unmenschliche oder erniedrigende Behandlung droht.[762] So seien unter „außergewöhnlichen Umständen“ sogar „Beschränkungen der Grundsätze der gegenseitigen Anerkennung und des gegenseitigen Vertrauens zwischen den Mitgliedstaaten möglich.“[763] Dies soll insbesondere bei Grundrechten gelten, die eng mit der Achtung der Menschenwürde zusammenhängen.[764] Nach *Swoboda* ist das Urteil des EuGH als Entgegenkommen an das Bundesverfassungsgericht zu verstehen.[765] *Satzger* spricht gar von einem „weitgehenden Gleichklang beider Gerichte“, wenn man die menschenwürdebezogene Beschränkung des Grundsatzes der gegenseitigen Anerkennung des EuGH betrachtet.[766] Eine „Solange 3“ Konstellation sei erst einmal nicht abzusehen.[767]

Als richtungsweisend für den weiteren Verlauf des Kompetenzstreits wird man auch das Urteil des EuGH vom 5.12.2017 (M.A.S und M.B.) bezeichnen können.[768]

760 *Sauer,* NJW 2016, 1134, 1135, der in 1137 f. auch die Folgen der Rspr. des BVerfG für die Fachgerichte herausarbeitet; zur Replik des EuGH siehe *Böhm,* NStZ 2017, 77, 78 f.

761 BVerfGE 73, 339, 387.

762 EuGH, Urt. v. 5.4.2016, C-404/15, C-659/15 PPU, NJW 2016, 1709, 1712.

763 EuGH, Urt. v. 5.4.2016, C-404/15, C-659/15 PPU, NJW 2016, 1709, 1712.

764 EuGH, Urt. v. 5.4.2016, C-404/15, C-659/15 PPU, NJW 2016, 1709, 1712.

765 Siehe *Swoboda,* ZIS 2018, 276, 290.

766 *Satzger,* NStZ 2016, 514, 521.

767 *Satzger,* NStZ 2016, 514, 521.

768 EuGH, Urt. v. 5.12.2017, C-42/17, NJW 2018, 217, m. Anm. *Pilz*; vgl. dazu auch die vorausgehende Rspr. des EuGH in der Sache *Taricco,* EuGH, Urt. v. 8.9.2015, C-105/14, NZWiSt 2015, 390, 396; *Swoboda,* ZIS 2018, 276, 291.

Zwar bringt der EuGH mit Verweis auf sein *Fransson*-Urteil erneut an, dass es den nationalen Behörden und Gerichten freisteht, „nationale Schutzstandards für die Grundrechte anzuwenden, sofern dadurch weder das Schutzniveau der Charta, wie sie vom Gerichtshof ausgelegt wird, noch der Vorrang, die Einheit oder die Wirksamkeit des Unionsrechts beeinträchtigt werden."[769] Auch müssten nationale Gerichte Verjährungsvorschriften, die zum *materiellen Recht* gehören, unangewendet lassen, wenn es sich um ein Strafverfahren wegen Mehrwertsteuerstraftaten handelt und diese der Verhängung wirksamer und abschreckender strafrechtlicher Sanktionen von gegen die finanziellen Interessen der Union gerichteten schweren Betrugsfällen entgegenstehen.[770] Hiervon sei nach dem EuGH aber dann eine Ausnahme zu machen, wenn die Nichtanwendung der Vorschriften „wegen mangelnder Bestimmtheit der anwendbaren Rechtsnorm oder wegen der rückwirkenden Anwendung von Rechtsvorschriften, die strengere Strafbarkeitsbedingungen aufstellen als die zum Zeitpunkt der Begehung der Straftat geltenden Rechtsvorschriften" „zu einem Verstoß gegen den *Grundsatz der Gesetzmäßigkeit* im Zusammenhang mit Straftaten und Strafen" führt.[771]

Ob es durch das Urteil *M.A.S.* und *M.B.* vom 5.12.2017 damit sogar zu einer Aufweichung der in der Rechtssache *Melloni* festgelegten Grundsätze kommt, ist umstritten.[772] Die Lehre vom Vorrang des Unionsrechts stellt der EuGH jedenfalls nicht grundsätzlich infrage.[773] Der EuGH hat den Schutzgehalt gemäß Art. 49 Abs. 1 GRCharta lediglich für den dem Sachverhalt zugrunde liegenden Einzelfall erhöht.[774] Das Urteil kann daher zumindest als „Ausdruck von Dialogbereitschaft" verstanden werden.[775]

---

769 EuGH, Urt. v. 5.12.2017, C-42/17, NJW 2018, 217, 219 f., m Anm. *Pilz.*

770 Näher: EuGH, Urt. v. 5.12.2017, C-42/17, NJW 2018, 217, 221 m. Anm. *Pilz.*

771 EuGH, Urt. v. 5.12.2017, C-42/17, NJW 2018, 217, 221 m. Anm. *Pilz.*

772 EuGH, Urt. v. 5.12.2017, C-42/17, NJW 2018, 217, 221 m. Anm. *Pilz*; vgl. auch *Swoboda*, ZIS 2018, 276, 293 oder *Burchardt*, EuR 2018, 248, 263: „Rechtspolitisch wird erst die weitere Entwicklung der Rechtsprechung zum Verhältnis von Unionsrecht und nationalem Recht durch den EuGH und durch die nationalen (Verfassungs-) Gerichte zeigen, ob dieses Urteil vor allem eine entschärfende Wirkung für mögliche Konflikte hat oder ob es mitgliedstaatlichen Bestrebungen, die gegen den Anwendungsvorrang des Unionsrechts gerichtet sind, eine neue Grundlage und weiteren Auftrieb bietet."

773 EuGH, Urt. v. 5.12.2017, C-42/17, NJW 2018, 217, 221 m. Anm. *Pilz*; instruktiv *Swoboda*, ZIS 2018, 276,293.

774 *Swoboda*, ZIS 2018, 276,293.

775 *Swoboda*, ZIS 2018, 276, 290; vgl. hierzu auch *Klein*, DÖV 2018, 605, 609, der von einem besonders herausgestellten Friedensangebot spricht. Die Richter in Luxemburg seien gewillt, Rücksicht auf nationale Grundrechte und die Auslegungskompetenz der jeweiligen Verfassungsgerichte zu nehmen.

gg. Kompetenzstreit zwischen BVerfG und EuGH

Beide Gerichte, der EuGH und das Bundesverfassungsgericht ziehen in einem indirekten Kompetenzstreit ihre Grenzlinien und versuchen dabei jedenfalls in ihrer Argumentationsstruktur die geltenden Grundsätze zum Verhältnis des nationalen zum europäischen Recht zu beachten. Die Auftaktentscheidung in der Sache *Åkerberg Fransson* sollte man mit *Dannecker* gerade angesichts der jüngsten Urteile des EuGH in der Sache *M.A.S* und *M.B.* sowie *Aranyosi und Căldăraru* daher nicht als eine Auflösung des dargestellten Streits der Gerichte zuungunsten des Schutzstandards der nationalen Grundrechte verstehen.[776] Der weitere Verlauf des Kompetenzstreits der Gerichte bleibt damit mit Spannung zu verfolgen.

III. Zwischenergebnis: Keine Abspaltung des Kartellsanktionenrechts vom Ordnungswidrigkeitenverfahren

Weder der Sanktionsrahmen von Kartellordnungswidrigkeiten, noch die dort praktizierte Sanktionierung vornehmlich juristischer Personen, ein Vergleich mit den Vorschriften zur Vermögensabschöpfung oder die geltende Europäische Rechtslage vermögen insgesamt eine Sonderstellung des Kartellrechts und damit eine eigenständige, vom OWiG losgelöste Verfahrensordnung zu rechtfertigen. Um den Besonderheiten des Kartellrechts und seiner weitergehenden Vereinheitlichung Rechnung zu tragen sollte es bei der Normierung von Ausnahme- und Sondervorschriften im GWB bleiben.

Eine mögliche *Sonderstellung* des Kartellrechts erschöpft sich einzig in der Möglichkeit der Kommission zur eigenständigen Führung des Verfahrens. Solange die Mitgliedstaaten noch ihre Verfahrensordnungen selbst ausgestalten können und das unionsrechtliche Äquivalenz- und Effektivitätsgebot nicht verletzt ist, ist von dem Vorhaben einer eigenen Verfahrensordnung für das Kartellsanktionenrecht angesichts des skizzierten Systembruchs und der niedrigeren verfahrensrechtlichen Standards auf europäischer Ebene Abstand zu nehmen. Hieran vermag auch das Urteil des EuGH in der Rechtssache *Åkerberg Fransson* nicht zu ändern, die durch das Bundesverfassungsgericht und den EuGH selbst im Nachgang wieder teilweise infrage gestellt wurde.

Ein solches Ergebnis könnte man zwar als „Eikettenschwindel" bezeichnen, da man mit einer zunehmenden Europäisierung des Kartellrechts und weiteren Ausnahmen im GWB faktisch von einer eigenen Verfahrensordnung sprechen kann. Jedoch würden in einem solchen System weiter die Standards des OWiG gelten. Erst, wenn auch der Grundsatz der Verfahrensautonomie der Mitgliedstaaten durch eine fortschreitende europäische Einigung für bestimmte Teilbereiche gänzlich abgeschafft wurde, naht der Zeitpunkt, das Kartellsanktionenrecht

---

776 *Dannecker*, NZKart 2015, 14, 15.

als eigenständiges und vollständig europäisiertes Rechtsgebiet anzusehen, dessen Fallbewältigung nur noch mit einer eigenen Verfahrensordnung beizukommen ist.[777] Dieser Zeitpunkt ist heute noch nicht erreicht[778] und für die Zukunft auch nicht abzusehen. Hier bleiben die weitere europäische Rechtsentwicklung und ihre Auswirkungen auf die Grundstruktur des Ordnungswidrigkeitenverfahrens mit Spannung abzuwarten. Einer Abspaltung des Kartellverfahrensrechts zum derzeitigen Zeitpunkt ist damit zu widersprechen.

IV. Eigenes Kartellverfahrensrecht *sui generis* für juristische Personen?

1. *Ausgangslage: Spaltung des nationalen Kartellsanktionenrechts*

Aufgrund der Besonderheiten der europäischen Rechtslage schlägt *Chmeis* vor, das nationale Kartellsanktionenrecht zu spalten: Während natürliche Personen weiterhin nach den Grundsätzen des Ordnungswidrigkeitenrechts sanktioniert werden sollen, könnte der Gesetzgeber ein „Kartellsanktionenverfahren sui generis" schaffen, das sich ausschließlich an juristische Personen richtet.[779] Dieser Gedanke sei schon in der VO 1/2003 angelegt.[780] Das Kartellsanktionenrecht würde sich für juristische Personen aus dem Straf- und Ordnungswidrigkeitenrecht lösen und als „besonderes Verwaltungsrecht" ausgestaltet werden.[781] So könnten Kartellsanktionen als Verwaltungssanktionen umgestaltet werden, was eine Annäherung an die europäische Rechtslage bedeuten würde.[782] Ein solcher Ansatz ist zwar grundsätzlich zu begrüßen, trägt er den Eigenheiten einer unternehmensgerichteten und europäisierten Kartellverfolgung umfassend Rechnung. Auf der anderen Seite stehen einem solchen Vorhaben aber verfassungsrechtliche Bedenken entgegen.

2. *Verfassungsrechtliche Bedenken*

Allen voran droht ein Verstoß gegen den Gleichheitsgrundsatz, Art. 3 Abs. 1 GG. So könnte etwa eine juristische Person, die in einem beschleunigten, an die europäische Rechtslage angepassten Kartellverfahren mit einer „Verwaltungssanktion" belegt würde, vorbringen, dass andere juristische Personen in ähnlich gelagerten Fällen mit schwerwiegenden Sanktionen weiterhin nach dem

---

777 Vgl. dazu *Schultze*, BB 2012, Heft 46, Seite 1 mit einem Plädoyer für ein einheitliches europäisches Verfahrensrecht für Kartellverstöße, das sich ausschließlich gegen Unternehmen richten sollte.

778 Siehe: *Kallfaß*, EuR 2018, 175, 190.

779 *Chmeis*, S. 308.

780 *Chmeis*, S. 308.

781 *Chmeis*, S. 309.

782 *Chmeis*, S. 310.

Ordnungswidrigkeitenverfahren und seinen höheren, an der Strafprozessordnung angelehnten Standards sanktioniert werden. Dies gilt gerade für Fälle des Wertpapierhandelsrechts oder des Außenwirtschaftsrechts. Hier drohen als Rechtsfolge ebenfalls erhebliche Geldbußen, die sich beispielsweise im Recht des Wertpapierhandels auch am Umsatz des Unternehmens orientieren, § 120 Abs. 17 S. 2, Abs. 18 S. 2 WpHG. Dass sich eine juristische Person über Art. 19 Abs. 3 GG hierbei auf Art. 3 Abs. 1 GG berufen kann, ist heute unbestritten.[783]

Schwieriger zu beantworten ist dabei die Frage, ob man einen solchen Schritt aufgrund der Erwägung der weiteren Annäherung des nationalen Kartellsanktionenrechts an die europäische Rechtslage *rechtfertigen* kann und ob man hierfür auf das Willkürverbot oder eine umfassende Verhältnismäßgkeitsprüfung zurückgreifen muss.[784] Hierbei ist anerkannt, dass die Kontrolldichte des Bundesverfassungsgerichts umso höher liegt, je gravierender sich die Ungleichbehandlung im konkreten Fall darstellt.[785] Das Gericht grenzt bei der Anwendung der Willkür- oder Verhältnismäßigkeitsprüfung vor allem danach ab, ob die Unterscheidungsmerkmale „personen-, oder sachverhaltsbezogen sind und nicht auf eine bestimmte Gruppe von Normadressaten zielen".[786]

Speziell für juristische Personen brachte das Bundesverfassungsgericht vor, dass diese „nichts anderes als ein Zusammenschluß natürlicher Personen" sein.[787] Dies soll dafür sprechen, dass „eine Ungleichbehandlung juristischer Personen nicht von vornherein als sachverhaltsbezogene zu behandeln" sei.[788] Bei gesetzlichen Regelungen gewährt das Bundesverfassungsgericht dem Gesetzgeber zudem einen gewissen Spielraum. Dieser soll erst dort enden, „wo die ungleiche Behandlung der geregelten Sachverhalte nicht mehr mit einer am Gerechtigkeitsgedanken orientierten Betrachtungsweise vereinbar ist, wo also ein einleuchtender Grund für die gesetzliche Differenzierung fehlt."[789] Die Unsachlichkeit einer gesetzlichen Regelung muss sich als evident herausstellen.[790]

Fraglich erscheint also, ob sich eine Abtrennung *ausschließlich* des Kartellsanktionenverfahrens vom Ordnungswidrigkeitenverfahren speziell bei juristischen Personen als evident unsachliche gesetzliche Regelung darstellt. Dies könnte man zwar zunächst mit der Bestrebung des Gesetzgebers verneinen, eine fortschreitende

783 Siehe nur BVerfGE 3, 383, 391 f.; 4, 7, 12; 21, 362, 368 f.
784 Vgl. dazu BeckOK-GG/*Kischel*, Art. 3 GG, Rn. 24 ff.
785 BeckOK-GG/*Kischel*, Art. 3 GG, Rn. 26; vgl. dazu auch Rn. 29: „Ein Grund, der für eine eher unbedeutende Beeinträchtigung noch einleuchtet, kann für eine gravierende Beeinträchtigung jeglicher Überzeugungskraft entbehren."
786 BeckOK-GG/*Kischel*, Art. 3 GG, Rn. 31.
787 BVerfGE 95, 267, 317.
788 BVerfGE 95, 267, 317.
789 BVerfG, Beschl. v. 7.10.1980 – 1 BvL 50, 89/79, 1 BvR 240/79. NJW 1981, 271, 272.
790 BVerfG, Beschl. v. 7.10.1980 – 1 BvL 50, 89/79, 1 BvR 240/79. NJW 1981, 271, 272.

Anpassung des nationalen an das europäische Recht verfolgen und eine effektivere Sanktionierung von Kartellverstößen bezwecken zu wollen.

Auf der anderen Seite ist aber zu bedenken, dass der Gesetzgeber damit andere Sanktionen, die solchen im Kartellrecht gleichkommen oder diese gar übersteigen können, bewusst von einem solchen Vorhaben ausnimmt. Dies betrifft vor allem umsatzbezogene Sanktionen, die sich ausdrücklich an ein Unternehmen richten. Hier ist nicht nur an die schon aufgeführten § 120 Abs. 17 S. 2 und 18 S. 2 WpHG zu denken, sondern beispielsweise auch an Art. 83 Abs. 5 und 6 DSGVO. Angesichts der Ähnlichkeit der Schwere der Verstöße, der Trennung der Sanktionsverfahren und auch der damit einhergehenden unterschiedlichen Verfahrensvorschriften liegt die Evidenz einer Ungleichbehandlung einer solchen *nicht verpflichtenden* Konvergenz an das Europarecht auf der Hand. Diese Ungleichbehandlung ließe sich jedoch relativieren, wenn man etwa ein nach *Chmeis* orientiertes Sanktionenverfahren für Unternehmen über das Kartellrecht hinaus auf weitere Rechtsgebiete erstreckt. Ein *ausschließliches* Kartellverfahrensrecht nur für Unternehmen ist damit aus verfassungsrechtlichen Gründen nicht zu empfehlen.

B. Verhängung von hohen Geldbußen durch die Gerichte

Blickt man auf die hohen Geldbußen im Wirtschaftsordnungswidrigkeitenrecht, so stellt sich die Frage, ob die Verwaltung überhaupt befugt ist, solche Sanktionen auszusprechen. Im nächsten Abschnitt geht es daher um den Aspekt der Reform der Grundstruktur des Verfahrens in Form einer Verhängung hoher Geldbußen durch die Gerichte.

I. Verfahrensrechtlicher Ansatz von *Möschel*

Insbesondere *Möschel* fragt in seinem Beitrag zu Kartellgeldbußen (und darüber hinaus auch für andere schwerwiegende Ordnungswidrigkeiten[791]) und Art. 92 GG, ob die dort verhängten Bußgelder nicht schon eine echte Geldstrafe darstellen würden.[792] Solche Sanktionen würden sich deutlich von denen bei Bagatellverstößen im Ordnungswidrigkeitenrecht unterscheiden.[793] Wer bei Bußgeldern in Milliardenhöhe noch von einer nachdrücklichen Pflichtenmahnung spreche, verletze nicht nur den „Verstand der Staatsbürger“, sondern überbeanspruche auch die „Elastizität juristischen Denkens“.[794] Zwar könne man selbst im Kartellrecht der Geldbuße als Rechtsfolge einer Ordnungswidrigkeit nicht ihren Charakter als

791 *Möschel*, WuW 2010, 869, 876.

792 *Möschel*, WuW 2010, 869, 870.

793 *Möschel*, WuW 2010, 869, 870; vgl. ebenso *Schwarze/Bechtold/Bosch*, Rechtsstaatliche Defizite, S. 28 und S. 51; KK-Kartellrecht/*Reher*, Band 2, vor § 81, Rn. 7.

794 *Möschel*, WuW 2010, 869, 874; beispielhaft zu den Höhen einzelner Geldbußen ders., DB 2010, 2377.

nachdrückliche Pflichtenmahnung absprechen, jedoch müssten für den Betroffenen Schutzmechanismen, wie die des Art. 92 GG, gelten.[795]

Einen Verstoß der heutigen Bußgeldpraxis gegen Art. 92 GG versucht *Möschel* über eine Änderung der Verfahrensordnung zu lösen.[796] Zwar könne es bei Kartellgeldbußen bei der Einstufung als Ordnungswidrigkeit verbleiben, jedoch fordere Art. 92 GG bei derart gewichtigen Verstößen, dass die Verhängung von Geldbußen generell der erstinstanzlichen Zuständigkeit der Gerichte unterfalle.[797] Dafür könne man sich am Strafbefehlsverfahren der StPO orientieren und der Kartellbehörde als Prozessvoraussetzung ein Antragsrecht zugestehen.[798] Dies käme dem Verfahren des US-amerikanischen Rechts gleich, in dem die Behörden sich mit ihrem Anliegen, eine Geldbuße zu verhängen, erst an ein Gericht wenden müssten.[799] Der gegenwärtige Rechtszustand sei dagegen verfassungswidrig.[800] Besonders das Inquisitionsprinzip, bei dem Ankläger und Richter in einer Einrichtung, nämlich der Kartellbehörde, zusammenfallen, sei kritisch zu sehen:[801] Ein solches Vorverfahren ist von vornherein auf eine Verurteilung gerichtet.[802] Die Weisungsabhängigkeit des Bundeskartellamts gewährleiste keine umfassende Unabhängigkeit desselben.[803] Die Geltung des Art. 92 GG für solche Ordnungsverstöße sei daher dringend angezeigt.[804] Das Gericht wäre als unabhängige Instanz zu einem neutralen Ausgleich der widerstreitenden Interessen in der Lage.[805]

Dem soll auch nicht der Beschluss des Bundesverfassungsgerichts vom 14.10.1958 entgegenstehen, in dem das Gericht den Gedanken, dass sich eine hohe Geldbuße in seiner Wirkung kaum von einer kriminellen Geldstrafe unterscheide, verwarf.[806] Das Urteil betraf nach *Möschel* nur einen Bagatellfall, in dem die Geldbuße im Verfahren der gerichtlichen Nachprüfung auf 3000 DM herabgesetzt war.[807] Ferner beträfe auch der Verweis im Urteil nur die „klassischen Fälle der Bagatellverstöße mit geringerem Unrechtsgehalt".[808]

---

795 *Möschel,* WuW 2010, 869, 874.
796 *Möschel,* WuW 2010, 869, 876.
797 *Möschel,* WuW 2010, 869, 876 f.
798 *Möschel,* WuW 2010, 869, 876 f.
799 *Möschel,* DB 2010, 2377, 2381.
800 *Möschel,* WuW 2010, 869, 877.
801 *Möschel,* DB 2010, 2377, 2380; so auch *Schmitz,* wistra 2016, 129, 132, der darauf hinweist, dass die Hauptaufgabe der Kartellbehörde damit eine andere sei, als die der Staatsanwaltschaft. Letztere werde nämlich stets nur nachträglich ermittelnd tätig und könne allein keine Sanktionen verhängen.
802 *Möschel,* DB 2010, 2377, 2380; *Schmitz,* wistra 2016, 129, 132.
803 *Möschel,* WuW 2010, 869, 875.
804 *Möschel,* WuW 2010, 869, 875.
805 *Brodowski,* ZStW 128 (2016), 370.
806 BVerfGE 8, 197, 207 = NJW 1952, 1963, 1964; *Möschel,* WuW 2010, 869, 872 f.
807 *Möschel,* WuW 2010, 869, 873.
808 *Möschel,* WuW 2010, 869, 873.

II. Grundrechtsschutz durch Verfahren mit rechtsstaatlichem Optimierungsgebot von *Brodowski*

Würde man sich bei einem neu zu schaffenden Ordnungswidrigkeitenverfahren für gewichtige Verstöße am Strafbefehlsverfahren orientieren, so erließe zwar der Richter den Strafbefehl auf Antrag der Staatsanwaltschaft bzw. dann der Kartellbehörde.[809] *Brodowski* macht jedoch geltend, dass die Staatsanwaltschaft als Verwaltung i.S.d. Art. 92 GG das Verfahren eines Strafbefehls weitestgehend kontrolliert.[810] Blickt man auf den Antrag der Staatsanwaltschaft, so sei der Richter als bloßes „Kontrollorgan" einzuordnen.[811] Die Verhängung einer Sanktion stehe nur unter dem Vorbehalt der Bestätigung durch den Richter.[812] Die Staatsanwaltschaft sei dazu in der Lage, ihren Antrag jederzeit bis zur Entscheidung des Richters zurückzuziehen.[813] Ihr obliege auch die Formulierung des Strafbefehls.[814] Der Richter sei zur Ablehnung des Antrags nur befugt, sofern er Bedenken an dem Erlass des Strafbefehls äußerte.[815] Zuvor wäre er allerdings noch dazu angehalten, die Staatsanwaltschaft von einer Änderung des Antrags zu überzeugen, § 408 Abs. 3 S. 2 StPO.[816] Eine Lösung sei ohnehin nicht über Art. 92 GG zu suchen, der für die Begrenzung der Verwaltungsbefugnisse ungeeignet erscheint.[817] Anhaltspunkte würden zunächst vielmehr die Art. 19 Abs. 4 GG und Art. 104 Abs. 2 S. 1 GG liefern, aus denen im Grunde auch eine Gestaltung der Verfahrensordnung möglich wäre, bei der die Verwaltung dazu berufen wäre, eine Geldstrafe zu verhängen.[818]

Sodann zielt *Brodowski* auf einen „Grundrechtsschutz durch Verfahren" ab, der jedoch zunächst nur wenig konkrete Konturen aufweist[819] und daher durch das Rechtsstaatsprinzip, Art. 20 Abs. 3 GG, angereichert werden soll.[820] Es wird ein Optimierungsgebot aufgestellt, das jedes neue Gesetz von Verfassung wegen daran misst, ein „Mehr an Gerechtigkeit als der status quo zu bewirken oder wenigstens bewirken zu wollen".[821] Orientiert man sich an diesen Grundsätzen, so soll das derzeitige System im Straf- und Ordnungswidrigkeitenrecht vergleichsweise gerecht sein, wenn die Gerichte zur Verhängung einer Strafe und die Verwaltung zur Verhängung einer Geldbuße berufen sind.[822] Dessen ungeachtet soll aus dem

809 *Brodowski*, ZStW 128 (2016), 370, 374.
810 Näher: *Brodowski*, ZStW 128 (2016), 370, 374.
811 *Brodowski*, ZStW 128 (2016), 370, 375; so auch *Bommer (u.a.)*, GA 2019, 1, 5 f.
812 *Brodowski*, ZStW 128 (2016), 370, 375.
813 *Brodowski*, ZStW 128 (2016), 370, 374.
814 *Brodowski*, ZStW 128 (2016), 370, 374.
815 *Brodowski*, ZStW 128 (2016), 370, 374.
816 *Brodowski*, ZStW 128 (2016), 370, 374 f.
817 So *Brodowski*, ZStW 128 (2016), 370, 385.
818 *Brodowski*, ZStW 128 (2016), 370, 386.
819 Umfassend: *Brodowski*, ZStW 128 (2016), 370, 390.
820 *Brodowski*, ZStW 128 (2016), 370, 390 f.
821 *Brodowski*, ZStW 128 (2016), 370, 391.
822 *Brodowski*, ZStW 128 (2016), 370, 393.

Gebot des Grundrechtsschutzes durch Verfahren verbunden mit dem rechtsstaatlichen Optimierungsgebot ab einer „bestimmten Schwere“ der Sanktion folgen, dass die Erstentscheidung über eine solche nur dem Gericht und nicht der Verwaltung zugewiesen werden muss.[823] Wann diese Schwere im Einzelfall erreicht ist, lässt *Brodowski* offen.

III. Bewertung

Zur Debatte steht die Frage nach einer grundlegenden Begrenzung der Sanktionierungsbefugnisse der Verwaltung für schwere Ordnungswidrigkeiten mit einem hohen Sanktionsrahmen, wie Kartellgeldbußen oder Geldbußen im Recht des Wertpapierhandels. In *Teil 2* wurde bereits dargelegt, dass der Geldbuße ein strafähnlicher Charakter zukommt. Hieran schließt sich die Frage an, ob welche Forderungen sich aus dem Grundgesetz oder der EMRK ableiten lassen, die die Sanktionsbefugnisse der Verwaltungsbehörden einschränken können. Aus dieser Darstellung heraus soll gezeigt werden, welche Verfahrensgestaltung dem Charakter solcher Geldbußen am besten gerecht wird oder ob eine Beibehaltung oder eine geringfügige Modifizierung der geltenden Rechtslage sinnvoller erscheint.

1. Vorgaben des Grundgesetzes für die Verhängung von Geldbußen

a. Art. 92 GG

Blickt man auf den Wortlaut von Art. 92 GG, so vermag man diesem zunächst nur entnehmen, dass die rechtsprechende Gewalt den Richtern anvertraut ist und durch das Bundesverfassungsgericht und die in dem Grundgesetz vorgesehenen Bundesgerichte, sowie durch die Gerichte der Länder ausgeübt wird. Schon aus dem nicht hinreichend definierten Begriff der „Rechtsprechung“ wird deutlich, dass man eine Trennlinie zwischen Rechtsprechung und Verwaltung nicht gänzlich ziehen kann und dass Konturen des Rechtsprechungsbegriffes gem. Art. 92 GG nur im Sinne einer positiven und negativen Abgrenzung vom Verwaltungsbegriff deutlich werden können.[824]

aa. Rechtshistorische Betrachtung

Im 18. Jahrhundert wurde erstmals eine Debatte über die Abgrenzung sog. „Policey-Sachen“ von den „Justizsachen“ entfacht.[825] Im Bereich der Strafrechtspflege grenzte man „Policeystrafen“ von der „peinlichen Gerichtsbarkeit ab“.[826] Der Polizei sollten vor allem die Ermittlung des Falles und die Verhütung von Verbrechen

---

823 *Brodowski*, ZStW 128 (2016), 370, 393.
824 Maunz/Dürig/*Hillgruber*, Band VI, Art. 92 GG, Rn. 20 f.
825 Maunz/Dürig/*Hillgruber*, Band VI, Art. 92 GG, Rn. 23.
826 Maunz/Dürig/*Hillgruber*, Band VI, Art. 92 GG, Rn. 23.

zukommen.[827] Auf der anderen Seite waren die „Criminalgerichte“ dazu berufen, eine förmliche Untersuchung durchzuführen und den Täter zu bestrafen.[828] Geringfügige „Policeyvergehen“ konnte die Polizei selbst ahnden.[829] Die Abgrenzung solcher Vergehen zu Verbrechen wurde durch Berücksichtigung mehrerer Kriterien angestellt, etwa durch die Schwere des Unrechts oder die Art des verletzten Rechtsguts.[830] Trotz solcher Kriterien war eine passgenaue Zuordnung einzelnen Unrechtsverhaltens zu einer der Kategorien oft nicht möglich.[831] Daraus wird deutlich, dass Konturen des Rechtsprechungsbegriffes und was hierunter zu subsumieren ist, schon in der Rechtsentwicklung nicht abschließend konkretisiert werden konnten.

bb. Rechtsprechung des Bundesverfassungsgerichts

Das Bundesverfassungsgericht sah bisher davon ab, den Begriff der Rechtsprechung in allen Einzelheiten genau festzulegen. Stattdessen lassen sich aus seiner Rechtsprechung verschiedene Fallgruppen ableiten.[832]

Teilweise legt das Gericht den Begriff der Rechtsprechung *formal* aus.[833] Danach ist die „Ausübung der hoheitlichen Befugnisse“ umfasst, „die bereits durch die Verfassung den Gerichten oder Richtern als der gerichtsorganisatorischen Grundeinheit zugewiesen sind“.[834] Hier kann man etwa Art. 104 Abs. 2 S. 1 und 2, Abs. 3 GG nennen.[835]

Rechtsprechung im *materiellen Sinne*[836] definiert sich durch die „konkrete sachliche Tätigkeit“.[837] Zur Rechtsprechung zählen damit „die traditionellen Kernbereiche der einzelnen, vom Verfassungsgeber vorgefundenen Gerichtsbarkeiten“.[838] Eine zentrale Aufgabe der rechtsprechenden Gewalt sei vor allem die Ausübung

827 Maunz/Dürig/*Hillgruber*, Band VI, Art. 92 GG, Rn. 23.
828 Maunz/Dürig/*Hillgruber*, Band VI, Art. 92 GG, Rn. 23.
829 Maunz/Dürig/*Hillgruber*, Band VI, Art. 92 GG, Rn. 23.
830 Maunz/Dürig/*Hillgruber*, Band VI, Art. 92 GG, Rn. 23.
831 Maunz/Dürig/*Hillgruber*, Band VI, Art. 92 GG, Rn. 23; gleiches gilt für die weitere Rechtsentwicklung im 19. Jahrhundert, ders. Rn. 24.
832 BeckOK-GG/*Morgenthaler*, Art. 92 GG, Rn. 6; Maunz/Dürig/*Hillgruber*, Band VI, Art. 92 GG, Rn. 31.
833 Maunz/Dürig/*Hillgruber*, Band VI, Art. 92 GG, Rn. 32.
834 Maunz/Dürig/*Hillgruber*, Band VI, Art. 92 GG, Rn. 33.
835 BVerfGE 22, 49, 76 f. = NJW 1967, 1219, 1220; BeckOK-GG/*Morgenthaler*, Art. 92 GG, Rn. 7.1; *Mager*, S. 366 f.; *Haas*, S. 314; Maunz/Dürig/*Hillgruber*, Band VI, Art. 92 GG, Rn. 33.
836 BVerfGE 22, 49, 74f = NJW 1967, 1219; Maunz/Dürig/*Hillgruber*, Band VI, Art. 92 GG, Rn. 35; vgl. auch *Gärditz*, S. 142 f.
837 Maunz/Dürig/*Hillgruber*, Band VI, Art. 92 GG, Rn. 35.
838 BVerfGE 22, 49, 77 f. = NJW 1967, 1219, 1220; Maunz/Dürig/*Hillgruber*, Band VI, Art. 92 GG, Rn. 35.

der Strafgerichtsbarkeit.[839] Gerade im strafrechtlichen Kernbereich komme den Richtern eine exklusive, präventive Rechtskontrolle zu.[840]

Manche lesen eine *funktionelle* Auslegung des Begriffes aus den Entscheidungen des Bundesverfassungsgerichts heraus.[841] Hier darf der Sachbereich zunächst nicht schon der Rechtsprechung im materiellen Sinne zuzurechnen sein.[842] Sodann muss der Gesetzgeber ein „gerichtsförmiges Verfahren hoheitlicher Streitbeilegung" vorsehen und den Entscheidungen, die dort ergehen, eine Rechtswirkung verleihen, „die nur unabhängige Gerichte herbeiführen können."[843]

Diese Grundsätze konkretisiert das Bundesverfassungsgericht in seinem Beschluss vom 26.07.1949 für das Bußgeldverfahren.[844] Hier fragt das Gericht danach, ob nicht mit manchen Stimmen im Schrifttum davon auszugehen sei, dass nur schwer zwischen der Wirkung einer hohen Geldbuße und einer Geldstrafe differenziert werden kann und deshalb die Verhängung beider Sanktionen gemäß Art. 92 GG in den ausschließlichen Zuständigkeitsbereich der Gerichte fallen müsste.[845] Im Anschluss gelangt es aber zu der Ansicht, dass das Bußgeldverfahren sich vom Strafverfahren unterscheide.[846] Hier herrsche weder ein Verfolgungszwang durch die Staatsanwaltschaft, noch komme es zur Eintragung eines Bußgelds in das Strafregister.[847] Die Frage, ob Kriterien existieren, durch die man den Begriff der rechtsprechenden Gewalt gem. Art. 92 GG genauer definieren könnte, lässt das Gericht in diesem Beschluss jedoch offen.[848]

Ob das Bundesverfassungsgericht seine Rechtsprechung ändern wird und hohe Geldbußen im Wirtschaftsrecht zukünftig dem Richtervorbehalt nach Art. 92 GG unterwirft, erscheint schon angesichts des Gestaltungsspielraums, den das Gericht dem Gesetzgeber bei der Frage nach der Ahndungsform eines Unrechtverhaltens einräumt, fraglich.[849] Dem Gericht ist durchaus bewusst, dass die Begehung einer Ordnungswidrigkeit im Einzelfall gemeinschädlichere Wirkungen nach sich ziehen kann, als ein Zuwiderhandeln gegen einen Straftatbestand.[850] Vor dem Hintergrund

839 Maunz/Dürig/*Hillgruber*, Band VI, Art. 92 GG, Rn. 36 m.w.N.
840 BVerfGE 22, 49, 81 = NJW 1967, 1219, 1221.
841 Maunz/Dürig/*Hillgruber*, Band VI, Art. 92 GG, Rn. 37.
842 Maunz/Dürig/*Hillgruber*, Band VI, Art. 92 GG, Rn. 37
843 Maunz/Dürig/*Hillgruber*, Band VI, Art. 92 GG, Rn. 37.
844 BVerfGE 8, 197 = NJW 1958, 1963.
845 BVerfGE 8, 197, 207 = NJW 1958, 1963, 1964; Zu dieser Thematik auch *Winkler*, S. 73 f.
846 BVerfGE 8, 197, 207 = NJW 1958, 1963, 1964.
847 BVerfGE 8, 197, 207 = NJW 1958, 1963, 1964.
848 BVerfGE 8, 197, 207 = NJW 1958, 1963, 1964.
849 Siehe zum Gestaltungsspielraum des Gesetzgebers: BVerfGE 27, 18, 30 = NJW 1969, 1619, 1621 = DÖV 1969, 715, 716; *Bohnert/Bülte*, § 1, Rn. 32; *Krey/Esser*, § 1, Rn. 22; *Heinrich*, Strafrecht AT, Rn. 52; *Mitsch*, Recht der Ordnungswidrigkeiten, § 3, Rn. 13.
850 BVerfG v. 27.04.1973, WuW/E VG 235 f.; *Möschel*, WuW 2010, 869, 874; siehe ebenso die Unterrichtung durch die Bundesregierung: Bericht des Bundeskartellamts über seine Tätigkeit im Jahr 1973 sowie über Lage und Entwicklung auf seinem

der Höhe von Geldbußen im Wirtschaftsrecht scheint damit keine Änderung der Rechtsprechung des Bundesverfassungsgerichts absehbar. Untermauert wird diese These durch die oben dargestellte Aussage des Gerichts, dass es im Kernbereich des Strafrechts allein dem Richter obliegt, eine präventive Rechtskontrolle auszuüben.[851] Eine Änderung der Rechtsprechung des Bundesverfassungsgerichts ist damit nicht abzusehen.

cc. Zwischenergebnis

Damit lässt sich Art. 92 GG nach der aktuellen Rechtsprechung des Bundesverfassungsgerichts nicht eindeutig entnehmen, ob hohe Geldbußen im Wirtschaftsrecht dem Richtervorbehalt unterfallen. Vielmehr obliegt es dem Gesetzgeber, eine zweckmäßige Entscheidung über die Einordnung des jeweiligen Unrechtsverhaltens im Grenzbereich zwischen Straf- und Ordnungswidrigkeit zu treffen.

b. Art. 19 Abs. 4 GG/Art. 104 Abs. 2 S. 1 GG

Auch aus den Art. 19 Abs. 4 GG und Art. 104 Abs. 2 S. 1 GG lassen sich keine unmittelbaren Forderungen an eine richterliche Verhängung des Bußgelds herleiten. Die beiden Vorschriften gewährleisten vielmehr vielfältige Gestaltungen eines Verfahrens.[852]

2. Vorgaben durch den Europäischen Gerichtshof für Menschenrechte für die Verhängung von Geldbußen

Der EGMR präzisiert in seinem Urteil *Menarini* die Bedingungen, unter denen eine kartellrechtliche Geldbuße von einer Verwaltungsbehörde verhängt werden kann.[853] So führte er an, dass die behördlich erlassene Entscheidung über ein Bußgeld einer nachträglichen Kontrolle durch ein Gericht mit der Befugnis zu uneingeschränkter Nachprüfung unterliegen muss.[854] Dem Gericht muss die Befugnis zukommen, die Entscheidung unter Berücksichtigung rechtlicher und tatsächlicher Kriterien aufheben zu können.[855] Aus dieser Entscheidung kann man im Umkehrschluss erkennen, dass die Gerichte nicht zwingend zur erstinstanzlichen Verhängung einer Geldbuße berufen sein müssen.

Aufgabengebiet (§ 50 GWB), v. 14.06.1974, Drs. 7/2250, S. 117 und *Canzler/Hammermaier,* AG 2014, 57, 63.

851 BVerfGE 22, 49, 81 = NJW 1967, 1219, 1221.

852 *Brodowski,* ZStW 128 (2016), 370, 386.

853 EGMR, Urt. v. 27.09.2011, Nr. 43509/08 (*Menarini/Italien*); siehe Zwischenbericht des Bundeskartellamtes zum Expertenkreis Kartellsanktionenrecht, NZKart 2015, 2, 7.

854 EGMR, Urt. v. 27.09.2011, Nr. 43509/08 (*Menarini/Italien*), § 59.

855 EGMR, Urt. v. 27.09.2011, Nr. 43509/08 (*Menarini/Italien*), § 59.

Erneut ist hier auf das Urteil *Jussila/Finnland* zu blicken,[856] in dem der EGMR darlegt, dass sich Verwaltungsstrafen im Wettbewerbsrecht vom Kernstrafrecht unterscheiden würden und aus diesem Grund die in Art. 6 EMRK gewährten strafrechtlichen Garantien nicht zur vollen Anwendung gelangen.[857] Auch dadurch wird zumindest indirekt klar, dass eine nachträgliche gerichtliche Kontrolle der behördlichen Bußgeldentscheidung in Kartellsachen auch mit Art. 6 EMRK vereinbar ist. Eine Verhängung der Geldbuße durch die Gerichte in erster Instanz ist damit nach der Rechtsprechung des EGMR nicht vorgesehen.

3. *Zwischenergebnis: Die Geldbuße als strafähnliche Sanktion*

Aus den Vorschriften des Grundgesetzes und Art. 6 EMRK folgen keine konkreten Anhaltspunkte über eine Pflicht der erstinstanzlichen Entscheidung eines Gerichts über die Verhängung einer Geldbuße. Dem Gesetzgeber verbleibt eine Einschätzungsprärogative bei der Zuordnung eines Verhaltens zum Straf- oder Ordnungswidrigkeitenrecht und damit auch bei der Frage um die jeweilige Sanktionsform und um die Ausgestaltung des Verfahrens. Daran wird sich auch in Zukunft nichts ändern, blickt man auf die vergangenen Entscheidungen, in denen das Bundesverfassungsgericht das Strafrecht vom Ordnungswidrigkeitenrecht abgrenzt und Stellung zum Bußgeld- und Strafverfahren bezieht.

4. *Erstinstanzliche, richterliche Verhängung einer hohen Geldbuße im Wirtschaftsrecht nach dem Vorbild des § 81 GWB a.F.?*

Damit ist noch nicht die Frage geklärt, ob eine erstinstanzliche richterliche Verhängung von Geldbußen eine sinnvolle Vorschrift darstellen würde. Unter den Maßgaben des Grundgesetzes und der EMRK wäre eine solche strengere Ausgestaltung des Verfahrens jedenfalls ohne Weiteres zu verwirklichen, da beide Regelwerke nur einen gewissen Mindeststandard für das Verfahren sichern wollen.[858]

a. *Ausklammerung von Bagatelldelikten*

Die erstinstanzliche Verhängung von Geldbußen durch die Gerichte sollte jedenfalls für die meisten Ordnungswidrigkeiten im Bagatellbereich ausgeschlossen sein. Dies würde zu einer erheblichen Belastung der Gerichte führen und das gesamte Verfahren in die Länge ziehen. Schon der Grundcharakter des Ordnungswidrigkeitenverfahrens zur schnellen und effektiven Bearbeitung von

---

856 EGMR, Urt. v. 23.11.2006, Nr. 73053/01 (*Jussila/Finnland*).

857 EGMR, Urt. v. 23.11.2006, Nr. 73053/01 (*Jussila/Finnland*), § 43; vgl. auch *Ackermann*, ZWeR 2012, 3, 9 f.

858 Siehe dazu den Zwischenbericht des Bundeskartellamtes zum Expertenkreis Kartellsanktionenrecht, NZKart 2015, 2, 10.

Massenordnungswidrigkeiten[859] steht einem solchen Vorhaben entgegen. Raum für eine solche Änderung kann es daher allenfalls bei schwerwiegenderen Ordnungswidrigkeiten im Bereich des Wirtschaftsrechts geben. Hier wird man sich zunächst die Frage stellen müssen, ob eine solche Verfahrensänderung ab einer gewissen monetären Grenze für alle Ordnungswidrigkeiten in Betracht zu ziehen ist, oder nur für bestimmte Bereiche im Wirtschaftsrecht anzuordnen wäre. Letzterer Ansatz beispielsweise würde für den Gesetzgeber ein großes Maß an Flexibilität gewährleisten. So kann er für jeden Bereich im Wirtschaftsrecht separat entscheiden, ob eine solche Regelung zur erstinstanzlichen Verhängung der Geldbuße durch die Gerichte angemessen erscheint.

b. Konkrete Ausgestaltung einer Vorschrift: § 81 GWB a.F. als Vorbild?

In einem zweiten Schritt wäre zu klären, wie man eine solche Vorschrift ausgestalten könnte. Hier empfiehlt sich ein Blick auf die alte Fassung des § 81 Abs. 1 – 3 GWB.[860] Diese sah bereits eine Verhängung der Geldbuße durch ein Gericht vor.

§ 81 GWB a.F.

(1) *Die Geldbuße wird in den Fällen der §§ 38 bis 41 abweichend von § 48 des Gesetzes über Ordnungswidrigkeiten auf Antrag der Kartellbehörde durch Beschluß von dem Oberlandesgericht festgesetzt, in dessen Bezirk die Kartellbehörde ihren Sitz hat. Das Oberlandesgericht entscheidet in der Besetzung von drei Mitgliedern mit Einschluß des Vorsitzenden.*

(2) *Die Kartellbehörde kann den Antrag stellen, wenn der Betroffene nach dem Ergebnis der Ermittlungen hinreichend verdächtig erscheint, die Ordnungswidrigkeit begangen zu haben, und nach ihrer Auffassung ein öffentliches Interesse an deren Verfolgung besteht.*

(3) *Der Antrag wird in einer Antragsschrift gestellt, die den Erfordernissen einer Anklageschrift im Strafverfahren entsprechen muß. Die Antragsschrift ist dem Betroffenen mit dem Hinweis zuzustellen, daß er binnen einer vom Vorsitzenden zu bestimmenden Frist dazu Stellung nehmen, Anträge stellen und insbesondere eine mündliche Verhandlung beantragen kann. Der Antrag kann nach Zustellung an den Betroffenen nicht mehr zurückgenommen werden.*

(4) *(...)*

Die Vorschrift des § 81 GWB a.F. sah vor, dass die Geldbuße in einem Kartellverfahren auf Antrag der Kartellbehörde durch Beschluss von einem Oberlandesgericht festgesetzt wird. Damit wird klar, dass die Behörden im Vorverfahren ihre Rolle als

859 BGH, NJW 1997, 1862, 1863 = NZV 1997, 315; *Klesczewski*, § 9, Rn. 675; Beck/Berr/Schäpe/*Heberlein*/*Bergmann*, OWi-Sachen Straßenverkehrsrecht, Rn. 2; *Mitsch*, Recht der Ordnungswidrigkeiten, § 14, Rn. 6; *Schmitz*, wistra 2016, 129, 130.

860 BGBl v. 09.08.1957, Nr. 41, Teil I, 1096.

Ermittlungsbehörden nicht vollumfänglich verlieren. Es kommt lediglich zur Trennung der Ermittlungs- von der Sanktionsbefugnis. Gleichzeitig wird die Stellung der Kartellbehörden näher zu der Staatsanwaltschaft gerückt, § 81 Abs. 2 und 3 GWB a.F. Insbesondere der Antrag der Kartellbehörde müsste in einer Antragsschrift gestellt werden, die den Erfordernissen einer Anklageschrift im Strafverfahren entspricht.

§ 82 Abs. 3 GWB a.F. sah darüber hinaus vor, dass über den Antrag nach § 81 GWB a.F. aufgrund mündlicher Verhandlung entschieden wird, wenn die Kartellbehörde es in der Antragsschrift anordnet, der Betroffene es beantragt oder das Gericht es für erforderlich hält. Die Staatsanwaltschaft sollte nach § 82 Abs. 1 S. 3 GWB a.F. am gesamten Verfahren nicht beteiligt sein. Dafür sollte nach § 82 Abs. 4 S. 2 und 3 GWB a.F. ein Vertreter der Kartellbehörde an der mündlichen Verhandlung teilnehmen. Er sollte die Aufgaben wahrnehmen, die in der Hauptverhandlung nach der Strafprozessordnung der Staatsanwaltschaft obliegen würden. Nach § 82 Abs. 5 GWB a.F. sollte das Gericht das Verfahren einstellen, wenn kein öffentliches Interesse an der Ahndung besteht. Gegen die Entscheidung des Gerichts sollte nach § 83 GWB a.F. die Rechtsbeschwerde zulässig sein, über die der Bundesgerichtshof entscheiden sollte.

c. *Zweifel an der Praxistauglichkeit einer solchen Gesetzesänderung*

Ob eine solche erstinstanzliche Verhängung der Geldbuße durch Beschluss eines Oberlandesgerichts eine praxistaugliche Regelung ist, kann aufgrund mehrerer Punkte angezweifelt werden. Zunächst würde sie zu einer Verlängerung des Bußgeldverfahrens führen, da sich der Richter nach den Ermittlungen der Behörde stets in jedes Verfahren einarbeiten und aufgrund der gefundenen Ergebnisse die Geldbuße selbst verhängen muss. Die dort aufgebrachte Arbeitskraft der Gerichte könnte man effektiver in einer Verfahrensordnung bündeln, die ausreichend Filterfunktionen vorsieht, bevor der Bußgeldbescheid den Richter erreicht. So hätte man auch den Wegfall der erneuten Überprüfung der Entscheidung durch die bereits mit der Sache befassten Behörde zu beklagen oder möglicherweise gar die direkte Akzeptanz des Bußgeldbescheids durch den Betroffenen, bevor der Fall überhaupt vor die Gerichte gebracht wird. Den Behörden wird auch die Möglichkeit genommen, das Ermittlungsverfahren durch Bußgeldleitlinien oder Kronzeugenregelungen auszugestalten, wenn sie auf die eigentliche Verhängung und auf die Höhe der Geldbuße keinen direkten Einfluss mehr haben. Dies könnte die Aufdeckung von Kartellen erheblich erschweren und damit einer effektiven Kartellverfolgung entgegenstehen.[861] Ein solcher Schritt steht auch in starkem Widerspruch zur europäischen Rechtsentwicklung, die die nationalen Wettbewerbsbehörden zu stärken versucht.[862]

---

861 Vgl. Momsen/Grützner/*Prechtel/Schulz*, S. 770; *Poelzig*, S. 204; *Pierenkemper*, S. 84.

862 Siehe dazu die Richtlinie (EU) 2019/1 des Europäischen Parlaments und des Rates vom 11.12.2018 zur Stärkung der Wettbewerbsbehörden der Mitgliedsstaaten im

Selbst wenn man eine solche Ausgestaltung des Verfahrens bejaht und sich bei der Neufassung am Strafbefehlsverfahren orientiert, so sind dabei – wie es *Brodowski* zutreffend ausführt – die weiterhin starke Stellung der Kartellbehörde und die begrenzten Möglichkeiten des Richters zu beachten.[863] Dem Richter käme nur eine „Kontrollfunktion" hinsichtlich des Antrags der Staatsanwaltschaft bzw. der Kartellbehörde zu.[864] Bei einer Neufassung müsste man sich also von den Vorschriften des Strafbefehls entfernen und dem Richter einen größeren Entscheidungsspielraum zugestehen. Damit wird der Behörde aber zugleich die Chance genommen, über ihren Bescheid erneut urteilen zu können, da das Einspruchsverfahren vor Adressierung an das Gericht vollständig wegfiele. Unter diesen Gesichtspunkten ist nicht ersichtlich, warum eine nachträgliche gerichtliche Kontrolle des Verstoßes nicht ausreichend soll. Das Argument, dass der Betroffene „das ganze Gewicht der Verwaltungsvorentscheidung gegen sich hat", vermag zwar an sich zu überzeugen.[865] Dieses Problem sollte aber weniger über eine eigene gerichtliche Entscheidung über die Verhängung eines Bußgelds, als vielmehr über die Stärkung der Betroffenenrechte im Vorverfahren einer Wirtschaftsordnungswidrigkeit gelöst werden.[866] Damit wird in diesem Bereich ein Systembruch mit dem übrigen Ordnungswidrigkeitenverfahren vermieden: Während im Kartellverfahren oder im Verfahren einer Ordnungswidrigkeit des Wertpapierhandelsrechts das zuständige OLG die Geldbuße verhängen müsste, bliebe es bei allen übrigen Verfahren bei der Verhängung der Geldbuße durch die Verwaltungsbehörde.

d. Zwischenergebnis: Beibehaltung der derzeitigen Rechtslage

Eine Änderung dahin gehend, dass nur ein Gericht eine hohe Geldbuße im Wirtschaftsrecht verhängen kann, empfiehlt sich daher trotz strafähnlicher Wirkung derselben nicht. Die derzeitige Rechtslage sollte daher – auch unter den Gesichtspunkten zukünftiger europäischer Vorgaben, wie etwa der Richtlinie 2019/1 EU zur Stärkung der Wettbewerbsbehörden der Mitgliedstaaten[867] – beibehalten werden. Die Lösung einer zu einseitigen Verwaltungsvorentscheidung ist daher insgesamt über die Stärkung der Betroffenenrechte im OWiG zu suchen.

Hinblick auf eine wirksamere Durchsetzung der Wettbewerbsvorschriften und zur Gewährleistung des reibungslosen Funktionierens des Binnenmarkts.

863 *Brodowski,* ZStW 128 (2016), 370, 375.

864 *Brodowski,* ZStW 128 (2016), 370, 375.

865 Siehe *Möschel,* WuW 2010, 869, 875 f.

866 Siehe aber auch *K. Schmidt,* wistra 1990, 131, 138: „Man muß dem Ordnungswidrigkeitenrecht nicht seine qualitative Eigenartigkeit absprechen, um vermeintlich strafrechtsspezifische Grundsätze der Rechtsstaatlichkeit in das Bußgeldverfahren herüberzuretten".

867 *Mühle/Weitbrecht,* EuZW 2018, 181, 186.

C. Zusammenfassung

Damit bleibt für die Gesamtstruktur des Ordnungswidrigkeitenverfahrens festzuhalten, dass eine eigene Kartellverfahrensordnung oder eine Abspaltung des GWB oder des WpHG oder lediglich der dort enthaltenen schweren Ordnungswidrigkeiten nicht zu empfehlen ist. Es würde angesichts der nahezu identischen Rechtsfolgen im WpHG oder AWG ein Systembruch drohen, der auch angesichts zunehmender europäischer Harmonisierung des Kartellrechts derzeit nicht zu rechtfertigen ist.

Eine vollständige Umstrukturierung des Systems hin zu einer Verhängung der Geldbuße durch die Gerichte in erster Instanz für alle Verfahren oder auch nur für schwere Wirtschaftsordnungswidrigkeiten ist ebenfalls nicht zu empfehlen. Neben einem Systembruch drohen weitere Verzögerungen des Verfahrens durch die Möglichkeit fehlender Selbstkorrekturen durch die Verwaltungsbehörde und eine Mehrbelastung der Richterschaft.

Unter Berücksichtigung von *Teil 4* und *Teil 5* sollte im Ergebnis also eine Änderung der Grundstrukturen des Verfahrens nur im Bereich der Verbandssanktionierung angestrebt werden. Schon an dieser Stelle wird deutlich, dass angesichts der fehlenden Möglichkeit zur vollständigen Abtrennung der schweren Wirtschaftsordnungswidrigkeiten vom derzeitigen Verfahren neue Regelungen geschaffen werden müssen, die dem Betroffenen ein Mehr an Rechten zugestehen. Allen voran bietet hier besonders das ordnungswidrigkeitenrechtliche Vorverfahren zahlreiche Anknüpfungspunkte, um ein solches Bestreben zu verwirklichen.

Teil 6 Reformvorschläge für das Vorverfahren

A. Partizipatorisches Ermittlungsverfahren

Bevor auf die spezifischen Reformvorhaben für einzelne rechtliche Vorschriften im Vorverfahren des Ordnungswidrigkeitenverfahrens einzugehen ist, stellt sich auch für diesen Abschnitt die Frage nach der grundsätzlichen Ausrichtung des Verfahrens. So könnte man – schon im Hinblick auf Reformen der späteren Hauptverhandlung – ein sog. partizipatorisches Ermittlungsverfahren anstreben und angesichts der Bedeutung des Ermittlungsverfahrens für den Ausgang des Verfahrens mehr Teilhabe- und Mitwirkungsrechte für den Betroffenen fordern.[868] Diese hier zu führende Debatte rührt ursprünglich aus dem Strafprozess.[869]

I. Begriff und Bedeutungsgehalt

Zuerst ist zu klären, welcher Bedeutungsgehalt dem Begriff des partizipatorischen Ermittlungsverfahrens überhaupt zukommt. Hierzu existieren zahlreiche Ansätze in der Literatur, die freilich auf eine Reform der Strafprozessordnung und nicht des Ordnungswidrigkeitengesetzes abzielen.

1. Alternativ-Entwurf Reform des Ermittlungsverfahrens

Der „Alternativ-Entwurf Reform des Ermittlungsverfahrens"[870] will das strafrechtliche Vorverfahren so ausgestalten, „dass in ihm die Gewichte zwischen den Verfahrensbeteiligten fair und angemessen verteilt sind, dass im größtmöglichen Umfang Chancengleichheit herrscht und dass dem Verfahrensziel der Verdachtsklärung stets das zumindest gleichrangige Korrektiv der Wahrung verfassungsrechtlich geschützter Individualinteressen entgegengehalten wird."[871] Freilich erkennt der Entwurf AE-EV auf der anderen Seite an, dass „ein strafrechtliches Ermittlungsverfahren nicht mehr allein auf die freiwillige Kooperation der Bürger vertrauen" kann.[872] Es seien vielmehr auch Eingriffe in verschiedene Grundrechtsbereiche

---

868 *Wallimann*, S. 81; zur Bedeutung des Ermittlungsverfahrens siehe *Landau*, ZRP 2002, 136 f.

869 AE-EV, Vorwort.

870 AE-EV, S. 1 ff.

871 AE-EV, S. 31 f.; ähnlich schon der Beschluss der BReg v. 6.4.2001 m. Eckpunkten zur Reform des Strafverfahrens, StV 2001, 314, 315; siehe auch *Safferling*, NStZ 2004, 181, der den Bezug zur Waffengleichheit dieses Begriffs herleitet.

872 AE-EV, S. 30.

notwendig, damit man der Wahrheitsfindung angemessen Rechnung tragen könne.[873]

2. *Begriffsverständnis in der Literatur*

Ignor und *Matt* fordern, dass der Gesetzgeber den Beschuldigten und dessen Verteidiger mehr in das Strafverfahren einbeziehen müsste.[874] Im Sinne des Transparenzgedankens bedürfte es eines erhöhten kommunikativen Austausches zwischen den Beteiligten des Verfahrens.[875] *Schünemann* merkt dazu an, dass die bisherige Kontrolle der Strafverfolgungsbehörden angesichts deren umfassender Ermittlungsbefugnisse nicht mehr ausreiche.[876] Insbesondere müssten die Mitwirkungsmöglichkeiten der Verteidigung ausgebaut werden.[877] Er plädiert daher für ein *„kontradiktorisch ausbalanciertes"* Ermittlungsverfahren.[878] In dessen Fokus steht die Videodokumentation für alle Vernehmungen und das Recht des Verteidigers auf eine Zeugenbefragung schon im Ermittlungsverfahren.[879] *Jahn* versteht unter dem partizipatorischen Ermittlungsverfahren „eine Struktur, die die gestalterische und kommunikative Kompetenz des Beschuldigten und seines Verteidigers durch die Einräumung von erweiterten Teilhaberechten (insbesondere Informations-, Anwesenheits-, Erklärungs-, Frage- und Beanstandungsrechten) für das Verfahrensziel zu nutzen versucht."[880]

Auch in diesen Themenkomplex gehört die Annahme, dass der Richter sich nach Lektüre des Akteninhalts ein bestimmtes Bild von dem Vorwurf der Anklage macht, von dessen Gegenteil er später nur schwer zu überzeugen ist.[881] Dem Vorstellungsbild des Richters zuwiderlaufende Informationen sollen der Gefahr ausgesetzt sein, dass sie für dessen Entscheidungsfindung nur eine untergeordnete Rolle spielen.[882] Dies gilt umso mehr, je später die jeweilige Tatsache in dem Prozess vorgebracht wird.[883] Daraus folgt für *Schlothauer* und *Weider,* dass die Verteidigung in der Lage sein müsse, die laufenden Ermittlungen nicht nur zu beeinflussen,

873 AE-EV, S. 30.
874 *Ignor/Matt,* StV 2002, 102, 103.
875 *Ignor/Matt,* StV 2002, 102, 103; dazu auch *von Galen/Wattenberg,* ZRP 2001, 445, 446.
876 *Schünemann,* ZStW 114 (2002), 1, 35.
877 *Schünemann,* ZStW 114 (2002), 1, 35.
878 *Schünemann,* StraFo 2004, 293, 294.
879 *Schünemann,* StraFo 2004, 293, 294.
880 *Jahn,* ZStW 115 (2003), 815, 823 f.
881 Siehe hierzu *Schünemann,* StV 2000, 159, 163; *ders.,* Rechtskultur, S. 26; *Schlothauer/Weider,* StV 2004, 504; *Klemke/Elbs,* Strafverteidigung, Rn. 674; *Sacher,* Stellung der Verteidigung, S. 9 f.; *Sommer,* Effektive Strafverteidigung, Rn. 278; umfassend *Gerson,* S. 261 ff.
882 *Schlothauer/Weider,* StV 2004, 504, 505; dazu grundlegend: *R. Hassemer/Bandilla,* StV 1989, 551, 553 f.; in eine ähnliche Richtung *Herdegen,* FS Eisenberg, S. 527 f.
883 *Schlothauer/Weider,* StV 2004, 504, 505.

sondern auch dabei mitzuwirken.[884] In diesem Kontext werden auch die Prozessabsprachen relevant. *Greco* bringt an, diese seien lediglich eine „Folgeerscheinung einer tieferen Spannung, die bereits der Struktur des deutschen Strafverfahrens anhaftet".[885] Der Mündlichkeits- und Unmittelbarkeitsgrundsatz waren schon in der RStPO teils gelockert.[886] Eine Verlagerung des Kernstücks des Strafprozesses von der Hauptverhandlung zum Ermittlungsverfahren war daher nur die logische Konsequenz.[887]

3. Zwischenergebnis: Ausbau der Rechte des Beschuldigten im Vorverfahren

Im Ergebnis fordern die dargestellten Entwürfe daher dieselben Zielvorgaben, namentlich die frühzeitige Bekanntgabe der Einleitung des Ermittlungsverfahrens gegenüber dem Beschuldigten, die Stärkung des Rechts auf Akteneinsicht, die Stärkung der Teilnahmerechte der Verteidigung bei Ermittlungshandlungen, die Beteiligung des Verteidigers an der Auswahl von Sachverständigen, sowie das Zugeständnis an den Beschuldigten, eigenständige Beweiserhebungen anordnen zu können.[888] Mit solchen Vorschlägen könnte man die gewonnenen Beweise dann auch leichter in der Hauptverhandlung verwerten.[889] Dem wird entgegengehalten, dass eine solche Änderung am Vorverfahren die Aufklärung des Sachverhalts erschweren könnte sowie diesen Verfahrensabschnitt insgesamt verkompliziert.[890]

---

884 *Schlothauer/Weider*, StV 2004, 504, 505.

885 *Greco*, GA 2016, 1, 6.

886 *Greco*, GA 2016, 1, 6.

887 *Greco*, GA 2016, 1, 7.

888 Siehe nur *Schlothauer/Weider*, StV 2004, 504, 505; *Landau*, ZRP 2004, 146, 147; *Satzger*, Chancen und Risiken einer Reform des strafrechtlichen Ermittlungsverfahrens, C 37; dazu auch *Salditt*, StV 2001, 311; *Schünemann*, ZStW 114 (2002), 1, 39 ff.; sowie *Däubler-Gmelin*, StV 2001, 359, 361 und *Ignor/Matt*, StV 2002, 102, 105 f.; diff. *Greco*, GA 2016, 1, 13; ausf. zu dem Vorschlag der Mitwirkung des Verteidigers bei Vernehmung von Mitbeschuldigten, Zeugen und Sachverständigen durch die StA, *Schünemann*, StraFo 2004, 293 f.

889 *Wohlers*, GA 2005, 11, 27.

890 *Bittmann*, ZRP 2001, 441, 444; *Satzger*, Chancen und Risiken einer Reform des strafrechtlichen Ermittlungsverfahrens, C40; vgl. auch *Theile*, S. 276; zu den Auswirkungen auf die Hauptverhandlung: *Stahlmecke/Roger*, Diskussion Ermittlungsverfahren, S. 67; *Satzger*, Chancen und Risiken einer Reform des strafrechtlichen Ermittlungsverfahrens, C 39 f.

4. *Keine Reformen in Richtung partizipatorisches Ermittlungsverfahren durch den Gesetzgeber*

Die von der Expertenkommission zur effektiveren und praxistauglicheren Ausgestaltung des allgemeinen Strafverfahrens[891] angebrachten Ideen zur Aufwertung der Beweiserhebung im Ermittlungsverfahren, der Stärkung der Beschuldigtenrechte im selben Verfahrensabschnitt und dem Transfer von Beweismitteln in das Hauptverfahren, hätten vermuten lassen, dass die oben angebrachten Vorschläge Eingang in den geltenden Strafprozess finden.[892] Von den Vorschlägen übrig geblieben sind jedoch beispielsweise nur die verpflichtende audiovisuelle Aufzeichnung von bestimmten Vernehmungen, sowie die Bestellung des Pflichtverteidigers auf Initiative des Gerichts.[893] Die Relevanz dieser Änderungen für das Ordnungswidrigkeitenverfahren ist daher äußerst gering. Trotz der großen Debatte in der Literatur ist eine vollständige Umsetzung eines partizipatorischen Ermittlungsverfahrens in dem oben bezeichneten Umfang derzeit noch nicht abzusehen.[894]

II. Bedeutung für eine Reform des ordnungswidrigkeitenrechtlichen Vorverfahrens

1. *Vorverfahren des Ordnungswidrigkeitenrechts als partizipatorisches Verfahren?*

a. *Nähe zum Strafverfahren als Argument?*

Angesichts der Nähe zum Strafverfahren könnte man fordern, auch im Vorverfahren des Ordnungswidrigkeitenrechts vermehrt partizipatorische Elemente zu integrieren. Dies könnte hinsichtlich der späteren Verwertbarkeit der Ermittlungsergebnisse im Hauptverfahren von Bedeutung sein, speziell, wenn man den Verteidiger im Ermittlungsverfahren umfassender als bisher einbindet. Im selben Zuge kann man die Rechte des Betroffenen stärken und sich vom summarischen Charakter des Vorverfahrens entfernen. Dies würde eine Abkehr des Vorverfahrens von seinen verwaltungsrechtlichen Elementen und eine Annäherung an die Grundsätze des Strafprozesses bedeuten. Gerade für gewichtige Kartellordnungswidrigkeiten

---

891 Bericht der Expertenkommission zur effektiveren und praxistauglicheren Ausgestaltung des allgemeinen Strafverfahrens und des jugendgerichtlichen Verfahrens, abrufbar unter: https://www.bmjv.de/SharedDocs/Downloads/DE/PDF/Abschlussbericht_Reform_StPO_Kommission.pdf?__blob=publicationFile&v=2 (zuletzt abgerufen am: 23.05.2019).

892 Siehe dazu umfassend: *Singelnstein/Derin*, NJW 2017, 2646, 2649 ff.

893 *Singelnstein/Derin*, NJW 2017, 2646, 2649 f.

894 MüKo-StPO/*Kölbel*, Band 2, § 160 StPO, Rn. 67; siehe auch die Analyse von *Schünemann*, StraFo 2016, 45, 49.

oder Ordnungswidrigkeiten des Wertpapierhandelsrechts würde der Betroffene damit eine Stellung im Verfahren erhalten, die verglichen mit der Komplexität der Sache, den angedrohten Rechtsfolgen und der Schwere des Verstoßes angemessen erschiene.[895]

b. Partizipatorisches Ermittlungsverfahren als Systembruch im Ordnungswidrigkeitenverfahren

Im Recht der Ordnungswidrigkeiten ist jedoch von einem solchen Vorstoß Abstand zu nehmen. Das Ordnungswidrigkeitenverfahren ist auf die schnelle Erledigung seiner Fälle ausgerichtet.[896] Selbst wenn man die nachfolgende Hauptverhandlung effizienter ausgestaltet, wird durch eine derartige Reform die Verfolgung und Ahndung von sämtlichen Ordnungsverstößen schon im Vorverfahren erheblich verzögert. Die effektive Sanktionierung von Massenverstößen[897] bedarf aber gerade einer Prozessordnung, in der der Beschleunigungsgedanke im Mittelpunkt steht. Der generelle Ausbau der Mitwirkungsrechte des Betroffenen und seines Verteidigers im Vorverfahren würde das Verfahren insgesamt erheblich verlangsamen, im schlimmsten Fall die Sanktionierung von einfachen Ordnungswidrigkeiten in der Praxis aufgrund der Vielzahl der Fälle sogar lahmlegen. Es bedürfte eines Personalzuwachses in den einzelnen Verwaltungsbehörden, um dem geänderten rechtlichen Rahmen überhaupt gerecht zu werden. Mag es freilich im Strafrecht angesichts des drohenden sozialethischen Unwerturteils und der sich daraus ergebenden öffentlichen Debatte angezeigt sein, mehr partizipatorische Elemente zu fordern, so erscheint eine derartige Erweiterung der Betroffenenrechte im Ordnungswidrigkeitenverfahren angesichts der Verhängung einer lediglich nachdrücklichen Pflichtenmahnung[898] nicht angemessen.

Daneben ermöglicht der Grundsatz der Opportunität den Verwaltungsbehörden bereits den Erlass sog. Leitlinien zur Bußgeldbemessung oder darüber hinaus die Möglichkeit eines vollständigen Bußgelderlasses bei einer Kooperation der Betroffenen Unternehmen.[899] Dies läuft bereits auf eine flexiblere, in das Ermessen der Behörden gestellte Möglichkeit zur verständlichen Verfahrenserledigung noch bevor es überhaupt zu einer Hauptverhandlung kommt und macht daher ähnliche Vorgaben, wie beispielsweise § 169b AE-EV[900], im Ordnungswidrigkeitenverfahren

---

895 Vgl. dazu *Schmitz*, wistra 2016, 129, 136.

896 BGH, NJW 1997, 1862, 1863 = NZV 1997, 315; *Klesczewski*, § 9, Rn. 675; Beck/Berr/Schäpe/*Heberlein*/*Bergmann*, OWi-Sachen Straßenverkehrsrecht, Rn. 2; *Mitsch*, Recht der Ordnungswidrigkeiten, § 14, Rn. 6.

897 *Vockeroth*, DVP 2008, 1, 9; *Engemann*, JA 2002, 152, 156; *Schmitz*, wistra 2016, 129, 130.

898 BVerfGE 27, 18, 33 = NJW 1969, 1619, 1622 = DÖV 1969, 715, 716.

899 Siehe nur: Schmola/Rapp/*Burholt*/*Kresken*, S. 259.

900 Diese Vorschrift sieht die Möglichkeit eines Schlussgespräches zur einverständlichen Verfahrenserledigung vor, AE-EV, S. 23.

überflüssig: Bieten gem. § 169b Abs. 1 AE-EV die Ermittlungen genügenden Anlass zur Erhebung der öffentlichen Klage wegen mindestens einer Tat, so soll die Staatsanwaltschaft in geeigneten Fällen ein Schlussgespräch zur einverständlichen Verfahrensvereinfachung oder Verfahrenserledigung anberaumen.

Freilich darf dies nicht darüber hinwegtäuschen, dass solche Mitwirkungsmöglichkeiten keine Erweiterung der Rechte des Betroffenen bedeuten, sondern lediglich auf einer Kooperation zwischen den Verfahrensbeteiligten beruhen, bei welcher der Betroffene den Verstoß von sich aus einräumen und damit gerade auf seine Rechte verzichten muss. Das Opportunitätsprinzip und die daraus folgende flexiblere Verfahrensführung vermögen daher einen Mangel an Verfahrensrechten des Betroffenen nicht aufzuwiegen.

c. *Zwischenergebnis: Unterschiedlicher Standard von Betroffenenrechten?*

Dies bedeutet nicht, dass die derzeitige Verfahrenslage zufriedenstellend ist. Wie oben festgestellt, sollte man gewichtige Ordnungswidrigkeiten nicht ohne Weiteres aus dem geltenden Verfahren ausgliedern. Bewegt man sich aber weiter im derzeitigen System, erscheint eine gesamte Ausweitung der Betroffenenrechte nicht praktikabel. Ebenso wenig darf man sich aber mit einem Rechtsstandard des Vorverfahrens zufriedengeben, der lediglich auf geringfügige Ordnungswidrigkeiten angelegt ist und in dessen Mittelpunkt der Beschleunigungsgedanke steht. Dieses Problem kann daher nur durch einen Rechtsrahmen gelöst werden, der dem Betroffenen im Ordnungswidrigkeitenverfahren erst ab gewissen, noch genauer zu definierenden Kriterien ein Mehr an Mitwirkungsrechten gewährleistet. Dies soll im Folgenden verdeutlicht werden.

2. *Möglichkeit des Betroffenen auf konfrontative Zeugenbefragung bereits im Ermittlungsverfahren*

a. *Zweispurigkeit des ordnungswidrigkeitenrechtlichen Vorverfahrens – de lege ferenda*

Speziell ein Aspekt aus der Debatte um ein partizipatorisches Ermittlungsverfahren kann als Ergänzung für Verfahren von schweren Wirtschaftsordnungswidrigkeiten herangezogen werden: So sollte man dem Betroffenen schon im Vorverfahren in *geeigneten Fällen* die Möglichkeit geben, zentrale Belastungszeugen konfrontativ befragen zu können.[901] Damit trägt man nicht nur dem Recht auf konfrontative Zeugenbefragung aus Art. 6 Abs. 3 lit. d) EMRK Rechnung, sondern schafft gleichsam auf der Ebene der gesamten Verfahrensstruktur die Grundlagen eines

901 Dagegen: *C. Dannecker*, NZKart 2015, 30, 41.

fairen Verfahrens nach Art. 6 Abs. 1 EMRK.[902] Dies ist insbesondere in Prozessen notwendig, in denen sich der Betroffene aufgrund des von ihm begangenen Fehlverhaltens, das einen hohen Unrechtsgehalt innehat und sich nahe am strafrechtlichen Vorwurf bewegt, einem hohen Bußgeld gegenübersieht. Es lässt sich hier im Einzelfall gar von einem Rechtsgutsbezug sprechen.[903] Zudem ermöglicht eine solche Regelung – wie noch zu zeigen sein wird – einen erleichterten Beweistransfer der Ermittlungsergebnisse in die Hauptverhandlung.

Freilich muss man auch hier die Besonderheiten des Ordnungswidrigkeitenverfahrens beachten. Schon nach den obigen Grundsätzen wird klar, dass eine solche Möglichkeit keinesfalls in jeder einzelnen Verfahrenskonstellation gewährt werden kann. Dies würde bei massenhaft auftretenden Verstößen, wie Verkehrsordnungswidrigkeiten, zu einer erheblichen Verzögerung des Ermittlungsverfahrens führen und die Verwaltungsbehörden an die Grenzen ihrer personellen und zeitlichen Kapazität bringen. Eine Möglichkeit zur konfrontativen Befragung von Belastungszeugen kommt daher nur bei Ordnungswidrigkeiten in Betracht, bei denen auch das zu erwartende Bußgeld ein großes Ausmaß erreichen kann oder bei denen der Umfang der Sache eine solche Regelung rechtfertigt. An dieser Stelle zeichnet sich nun das endgültige Bild des Ordnungswidrigkeitenverfahrens de lege ferenda ab: Durch Ausnahmevorschriften in den jeweiligen Spezialgesetzen und der Anwendung abgestufter verfahrensrechtlicher Standards im OWiG selbst lassen sich sämtliche bußgeldbewehrten Verstöße über alle Gesetze hinweg sachgerecht ahnden. Gleichzeitig bringt eine solche Struktur auch für den Gesetzgeber ein hohes Maß an Flexibilität mit sich, indem dieser schon durch geringfügige Feinjustierungen an den entsprechenden Vorschriften innerhalb und außerhalb des OWiG gesellschaftlichen Änderungen gerecht werden kann, ohne dabei einen Systembruch zu riskieren.

b. Regelungsvorschlag des AE-Beweisaufnahme für den Strafprozess als Vorbild für das Ordnungswidrigkeitenverfahren?

aa. Neuschaffung eines § 54 OWiG

Sucht man in der Literatur nach einem Regelungsvorschlag, der diesen Vorgaben gerecht werden soll, so empfiehlt sich ein Blick auf § 163a AE-Beweisaufnahme.[904] Dessen Absatz 1a) kann vom Wortlaut mit geringfügigen Änderungen an die Erfordernisse des Ordnungswidrigkeitenverfahrens angepasst werden. Regelungstechnisch bietet sich die Normierung der neuen Vorschrift im zweiten Teil und dritten Abschnitt des Ordnungswidrigkeitengesetzes an, konkret in § 54

902 Siehe *Cornelius,* NStZ 2008, 244, 247 f.; *Stoffers,* NJW 2013, 1495, 1496 oder *Esser/Gaede/Tsambikakis,* NStZ 2012, 619, 621 f.

903 *Achenbach,* Wirtschafts-Ordnungswidrigkeiten, S. 101, 108; abstrakt zum Rechtsgüterschutz: *Putzke/Hardtung,* Strafrecht AT, Rn. 12 ff.

904 *Eser (u.w.),* AE-Beweisaufnahme, GA 2014, 1, 34.

OWiG. Damit handelt es sich um eine allgemeine Verfahrensvorschrift im Vorverfahren, die systematisch neben den Rechten des Betroffenen zur Anhörung, § 55 OWiG, steht. So könnte man in einem neu zu schaffenden § 54 OWiG folgendes normieren:

(1) [1]In geeigneten Fällen soll die zuständige Verwaltungsbehörde dem Betroffenen schon im Ermittlungsverfahren Gelegenheit geben, Zeugen und Mitbetroffene zu befragen. [2]Dem Betroffenen ist in solchen Fällen eine Gelegenheit zu gewähren, sofern zu erwarten ist, dass ein Belastungszeuge in der Hauptverhandlung für eine Befragung nicht zur Verfügung stehen wird.

Wann speziell im Ordnungswidrigkeitenverfahren von einem geeigneten Fall zu sprechen ist, kann man in einem weiteren Abs. 2 klären, der angesichts der Besonderheiten des Bußgeldverfahrens über den Entwurf zu § 163a AE-Beweisaufnahme hinausgehen muss. Hier kann man anhand von mehreren Kriterien zwischen einfachen und schweren Verstößen gegen Ordnungstatbestände differenzieren.

(2) [1]Ein geeigneter Fall liegt insbesondere dann vor, wenn die Tat eine besondere Schwere aufweist [2]Dies ist in der Regel der Fall, wenn

1. *es sich um Ordnungswidrigkeiten nach dem GWB, WpHG, WpÜG handelt oder*
2. *sonst eine sonst schwerwiegende Ordnungswidrigkeit vorliegt, bei der aufgrund einer Zusammenschau der möglichen Höhe der Geldbuße, des Grades der Beeinträchtigung von individuellen oder kollektiven Rechtsgütern und der Schwierigkeit der Sach- oder Rechtslage eine Befragung des Zeugen schon im Ermittlungsverfahren geboten erscheint.*[905]

Mit einer solchen Ausgestaltung trägt man den Bedenken Rechnung, eine Möglichkeit zur Konfrontation von Belastungszeugen nur in bestimmten Fällen vorzusehen. Erst ab einer gewissen Schwere und eines Umfangs der Tat erhält der Betroffene weitergehende Rechte als bisher. Bei Ordnungswidrigkeiten im GWB, WpHG oder WpÜG ist dies ohnehin der Fall. Bei allen übrigen Ordnungswidrigkeiten lassen sich durch eine Kombination der Höhe der Geldbuße, dem Grad der Gefährdung von bedeutsamen Rechtsgütern und der Schwierigkeit der Sach- oder Rechtslage sachgerechte Ergebnisse erzielen. Selbst dann, wenn eines der Kriterien erfüllt ist, steht eine solche Gelegenheit zur Zeugenbefragung noch im Ermessen der Verwaltungsbehörde, § 54 Abs. 1 S. 1 OWiG.

---

905 Vgl. dazu auch den Ansatz von *Mühlenfeld*, S. 165, der sich jedoch ausschließlich auf das Opportunitätsprinzip beschränkt und von sich von diesem Vorschlag systematisch sowie durch abweichende Kriterien unterscheidet.

bb. Kriterien des § 54 Abs. 2 S. 2 OWiG n.F.

§ 54 Abs. 2 S. 2 Nr. 1 OWiG n.F. normiert als geeigneten Fall zunächst Ordnungswidrigkeiten nach dem GWB, WpHG oder WpÜG. Die dort bezeichneten Ordnungswidrigkeiten weisen regelmäßig eine besondere Schwere auf und beschreiben daher idealtypische Fälle einer schweren Wirtschaftsordnungswidrigkeit. Der Katalog kann auch um weitere, schwere Ordnungswidrigkeiten erweitert werden. Durch das Wort *in der Regel* in Satz 2 wird angedeutet, dass im Ausnahmefall ein geeigneter Fall zu verneinen sein kann, etwa, wenn in Anlehnung an die in Nr. 2 genannten Kriterien die Ordnungswidrigkeit nur mit einer geringfügigen Geldbuße belegt ist, ein Rechtsgut nur marginal gefährdet ist und sich die Sach- und Rechtslage überschaubar gestaltet. Aus dem systematischen Zusammenhang des Abs. 2 lässt sich daher schließen, dass selbst die in Abs. 2 S. 2 Nr. 1 genannten Ordnungswidrigkeiten zumindest bei Zweifelsfällen auch anhand der in Abs. 2 S. 2 Nr. 2 genannten Kriterien beurteilt werden können.

Außerhalb der in § 54 Abs. 2 S. 2 Nr. 1 OWiG bezeichneten Ordnungswidrigkeiten kann sich die Verwaltungsbehörde bei der Frage, ob sie in ihrem Vorverfahren nach § 54 Abs. 1 OWiG verfährt, anhand des Katalogs des § 54 Abs. 2 S. 2 Nr. 2 OWiG orientieren. Hier stehen drei zentrale Kriterien im Mittelpunkt, nämlich die Höhe der im Gesetz angedrohten Geldbuße, der Grad der Gefährdung von bedeutsamen individuellen oder kollektiven Rechtsgütern und die Schwierigkeit der Sach- und Rechtslage des konkreten Verfahrens. Diese Kriterien hat die Verwaltungsbehörde nach dem Wortlaut der Vorschrift *in einer Zusammenschau* zu beurteilen. Dabei stellt jedes Kriterium für sich betrachtet ein wichtiges Indiz für das Vorliegen einer schweren Ordnungswidrigkeit dar. Dies soll im Folgenden näher erörtert werden.

(1) Höhe der Geldbuße

Eine hohe Geldbuße kann darauf hinweisen, dass der Gesetzgeber ein begangenes Verhalten als besonders sozialschädlich eingestuft und dementsprechend mit einem hohen Bußgeld sanktioniert hat. Eine hohe monetäre Sanktion kann ebenfalls dafür sprechen, dass es sich um eine Ordnungswidrigkeit handelt, die sich gegen natürliche oder juristische Personen im Wirtschaftsbereich richtet. Dort sind hohe Sanktionen angesichts der möglichen Auswirkungen des Verstoßes auf gesamtgesellschaftliche Entwicklungen oder der Schädigung bestimmter Vermögenswerte der Regelfall. Auch § 17 Abs. 3 S. 1 OWiG spricht davon, dass Grundlage für die Zumessung der Geldbuße die *Bedeutung der Ordnungswidrigkeit* und der *Vorwurf, der gegen den Täter trifft,* ist. Gleichzeitig stellt § 17 Abs. 3 S. 2 OWiG jedoch klar, dass *auch die wirtschaftlichen Verhältnisse des Täters in Betracht kommen.* Das Kriterium der wirtschaftlichen Verhältnisse des Täters gibt jedoch keinen unmittelbaren Rückschluss auf die Schwere der einzelnen Ordnungswidrigkeit und den damit verbundenen Unrechtsgehalt. Aus einer hohen Geldbuße folgt nicht immer zwingend auch ein hoher Unrechtsgehalt des jeweiligen Verhaltens oder eine Gefährdung oder gar Verletzung eines bedeutenden individuellen oder kollektiven Rechtsguts, denkt man beispielsweise an beharrliche und wiederholte Ordnungsverstöße des Betroffenen. Erst die Zusammenschau beider Kriterien in Verbindung mit der Beurteilung der Komplexität der Sach- und Rechtslage dürfen für die Bewertung der Gewährung des in § 54 Abs. 1 OWiG genannten Rechts ausschlaggebend sein.

(2) Grad der Beeinträchtigung von individuellen oder kollektiven Rechtsgütern

Will man die Schwere und den Unrechtscharakter der Tat genauer einordnen, so kann man sich zunächst am *Handlungsunrecht* und am *Erfolgsunrecht* des Verhaltens des Täters orientieren.[906] Beide Begriffe setzen jedoch zunächst einmal eine Präzisierung voraus, namentlich welcher Erfolg vom Täter überhaupt geplant bzw. welche Interessen schon allein durch das Verhalten des Täters berührt werden. In einem zweiten Schritt kann man der Frage nachgehen, ob und in welchem Maße der anvisierte Erfolg tatsächlich eingetreten ist, oder ob der Täter im Falle von schlichten Tätigkeitsdelikten seine Handlung vollzogen und schon dadurch fremde Interessen berührt hat. Für den ersten Schritt muss man also zwingend bestimmen, worin der anvisierte Erfolg lag bzw. gegen welche konkreten individuellen oder allgemeinen Interessen sich die Handlung des Täters gerichtet hat. Dies ist jedoch nichts anderes als die Frage nach dem der Strafnorm oder der Ordnungswidrigkeit zugrunde liegende Schutz- oder Rechtsgut und nach dem Ausmaß der Beeinträchtigung desselben. Daher kann man als weiteres Kriterium nach der *Beeinträchtigung von individuellen oder kollektiven Rechtsgütern* fragen.[907]

Hier wird man sich zunächst die Frage stellen müssen, ob der Begriff des „Rechtsguts" an sich überhaupt geeignet ist, ein taugliches Kriterium für einen geeigneten Fall, also eine schwere Ordnungswidrigkeit, darzustellen. Zunächst schützen auch die einzelnen Ordnungswidrigkeitentatbestände Rechtsgüter.[908] Wie es *Hassemer* schon für das Strafrecht vorgebracht hat, ist es jedoch schwierig, den Begriff eines Rechtsguts so zu konkretisieren, dass man ihm feste Konturen zuschreiben kann.[909] Auch *Roxin* stellt fest, dass bisher nicht geklärt ist, was man überhaupt unter einem Rechtsgut versteht.[910] Dies ist auch durch seine hohe Wandelbarkeit bedingt.[911]

---

906 MüKo-StGB/*Duttge*, Band 1, § 15 StGB, Rn. 93 f.

907 Vgl. auch: *Mühlenfeld*, S. 165 f; im Ansatz ähnlich: *Meurer-Meichsner*, S. 107 f.;

908 *Roxin*, Strafrecht AT, Band 1, S. 31 f.

909 *Hassemer*, NStZ 1989, 553, 557; *ders.*, wistra 2009, 169, 172; siehe darüber hinaus auch: *Prittwitz*, Handlungsfreiheit des Unternehmers, S. 54 f.

910 *Roxin*, Strafrecht AT, Band 1, S. 14; umfassend: *ders.*, GA 2013, 433, 434 f. u. 443 mit Hinweis auf eine selbstständige, neben der Rechtsgutslehre zu entwickelnde „Subsidiaritätswissenschaft".

911 *Roxin*, Strafrecht AT, Band 1, S. 33.

Vor diesem Hintergrund bereiten speziell Universalrechtsgüter ein besonderes Problem, da diese oftmals „vage und großflächig formuliert“ sind.[912] Hier geht es um Begrifflichkeiten, wie die „Volksgesundheit“ oder die „Funktionsfähigkeit des Kapitalmarktes“.[913] Nach diesen Grundsätzen könnte man im Einzelfall dem Schutzgut der Sicherheit des Straßenverkehrs bei einer geringfügigen Ordnungswidrigkeit und der damit mittelbar geschützten körperlichen Unversehrtheit des Einzelnen einen höheren Stellenwert einräumen, als einer lediglich abstrakten Gefahr der Funktionsfähigkeit des Kapitalmarktes.

Vielfach handelt es sich bei Ordnungswidrigkeiten um sog. abstrakte Gefährdungsdelikte, bei denen die zu schützenden Rechtsgüter durch die zugrunde liegende Handlung nicht direkt verletzt, sondern lediglich gefährdet sind.[914] Umso wichtiger ist das Kriterium des *Grades der Beeinträchtigung* von individuellen oder kollektiven Rechtsgütern, oder anders ausgedrückt: Der Umfang des dem Täter vorgeworfenen Unrechts. Hier könnte man sich beispielsweise an den Kriterien des Zeitraums der Tatbegehung, der konkreten Begehungsweise der Tat, oder des Vorhandenseins mehrerer Beteiligter orientieren.[915] Je stärker das individuelle oder kollektive Rechtsgut also im konkreten Fall beeinträchtigt erscheint, desto eher handelt es sich in Zusammenschau mit der Höhe der Geldbuße und der Schwierigkeit der Sach- und Rechtslage um einen geeigneten Fall i.S.d. § 54 Abs. 2 S. 1 OWiG.

(3) Schwierigkeit der Sach- und Rechtslage

Bezieht man in eine Zusammenschau aus der Höhe der Geldbuße und des Grades der Beeinträchtigung von individuellen und kollektiven Rechtsgütern noch die Schwierigkeit der Sach- und Rechtslage mit ein, so wird sich das Ermessen der Verwaltungsbehörde nur in den allerwenigsten Fällen dahin gehend verdichten, dass eine Vernehmungsmöglichkeit für den Betroffenen schon im Vorverfahren geschaffen werden muss. Dies soll anhand von zwei Beispielen verdeutlicht werden. Verstößt der Täter beispielsweise gegen das in § 1 GWB normierte Kartellverbot, kann er nach § 81 Abs. 2 Nr. 1, Abs. 4 S. 1 GWB mit einer Geldbuße bis zu einer Millionen Euro belegt werden. Damit wird der Schutz der Institution des Wettbewerbs angestrebt.[916] Teilweise wird sogar argumentiert, der Wettbewerb

---

912 *Hassemer,* NStZ 1989, 553, 557.

913 *Hassemer,* NStZ 1989, 553, 557.

914 BeckOK-OWiG/*Gerhold,* Einl., Rn. 60; siehe auch: *Roxin,* Strafrecht AT, Band 1, S. 34 f.; vgl. dazu auch den Vorschlag von *Hassemer,* ZRP 1992, 378, 383, ein besonderes „Interventionsrecht“ zu schaffen, das zwischen Strafrecht und dem Recht der Ordnungswidrigkeiten angesiedelt ist, m. Kritik daran: *Roxin,* Strafrecht AT, Band 1, S. 36 f. m.w.N.

915 MüKo-StGB/*Miebach/Maier,* Band 2, § 46 StGB, Rn. 201 ff.

916 Loewenheim/*Nordemann,* § 1 GWB, Rn. 6.

diene auch dem Individualschutz, da er in seiner Gesamtheit nichts weiter als die „wettbewerblichen Handlungsfreiheiten aller Marktbeteiligten" sei.[917]

Eine Vereinbarung, die über mehrere Jahre hinweg bestand, die sich i.R.d. § 1 GWB bewegt und auf eine ausdrückliche Aufteilung von Absatzgebieten gerichtet ist, mithin als „hardcore-Kartell"[918] qualifiziert werden kann, müsste nach den oben genannten Kriterien also zunächst hinsichtlich der Höhe der angedrohten *Geldbuße* betrachtet werden, die hier am Beispiel der natürlichen Person bis zu eine Millionen Euro beträgt. Eine derart hohe Geldbuße spricht also für eine weitergehende Gewährung von Rechten im Vorverfahren.

Blickt man in einem zweiten Schritt auf das Kriterium des *Grades der Beeinträchtigung von individuellen oder kollektiven Rechtsgütern* wird man feststellen, dass die geschützte wettbewerbliche Handlungsfreiheit hier in hohem Maße berührt ist, da eine der schwersten Formen von Kartellabsprachen, nämlich die Gebietsaufteilung bzw. der Verdacht einer solchen naheliegt. Der Grad der Beeinträchtigung ist auch aufgrund der langen Dauer der Absprache über mehrere Jahre erhöht. Angesichts der Beteiligung mehrerer Personen bei der Absprache wurde das geschützte Rechtsgut auch unter diesem Gesichtspunkt stark beeinträchtigt.

Einem Kartellverstoß liegt auch regelmäßig eine komplexe Sach- und Rechtslage zugrunde, denkt man an die Auswertung von Dokumenten oder Servern im Unternehmen und die unterschiedlichen nationalen und europäischen Vorgaben.[919] Damit wird deutlich, dass die Verwaltungsbehörde dem Betroffenen bei Kartellverstößen regelmäßig das Recht zugestehen muss, Belastungszeugen schon im Ermittlungsverfahren befragen zu können. Daher sind Verstöße gegen das GWB in § 54 Abs. 2 S. 2 Nr. 1 OWiG n.F. per se im Katalog enthalten. Gleiches gilt für Ordnungswidrigkeiten im Wertpapierhandelsgesetz.

Zum Vergleich soll an dieser Stelle die Geschwindigkeitsüberschreitung auf einer Landstraße herangezogen werden. § 3 StVO regelt vor diesem Hintergrund die Anforderungen an die zulässige Höchstgeschwindigkeit im Straßenverkehr. Verstöße sind nach § 49 Abs. 1 Nr. 3 StVO bußgeldbewehrt. Als Ahndungsgrundlage dient § 24 StVG, der eine Ahndungsmöglichkeit der Geldbuße bis zu 2000 € vorsieht.[920] Im Vergleich zu einer Geldbuße im Kartellrecht ist der Ahndungsrahmen hier deutlich niedriger angesetzt, im Vergleich zu § 17 OWiG ist immerhin der doppelte Bußgeldrahmen vorgesehen.[921]

Als zusätzliches Kriterium hat man auch hier auf den *Grad der Beeinträchtigung von individuellen oder kollektiven Rechtsgütern* zu blicken. Das Schutzgut des § 3 StVO liegt im Schutz der gesamten Verkehrsteilnehmer in Form

917 Loewenheim/*Nordemann*, § 1 GWB, Rn. 7.

918 Wiedemann/*Ewald*, § 7, Rn. 94; siehe auch Knierim/Rübenstahl/Tsambikakis/*Köhnen*, Kap. 27, Rn. 44.

919 Siehe dazu auch: Große Strafrechtskommission des Deutschen Richterbundes, S. 51.

920 NK-GVR/*Krumm*, § 24 StVG, Rn. 2.

921 NK-GVR/*Krumm*, § 24 StVG, Rn. 4.

der Unfallprävention.[922] Unabhängig davon, welchen Stellenwert man diesem Rechtsgut im Vergleich zum Schutz des Wettbewerbs als Institution einräumt, muss vielmehr eine andere Zielrichtung angestrebt werden, namentlich der *Grad der Beeinträchtigung* des konkret zugrunde liegenden Rechtsguts. In einer Geschwindigkeitsüberschreitung liegt aber lediglich eine abstrakte und keine konkrete Gefährdung des Lebens und der Sicherheit anderer Verkehrsteilnehmer. Vom Eintritt eines Schadens – wie etwa bei einer Kartellabsprache – kann schon gar nicht gesprochen werden, selbst wenn die Geschwindigkeit erheblich von der zulässigen Höchstgeschwindigkeit abweicht. Oft gelangt man durch einen Blick auf das Dritte Kriterium, nämlich der Schwierigkeit der Sach- und Rechtslage in Verkehrssachen zum Ergebnis, dass die Verwaltungsbehörde davon absehen kann, Belastungszeugen durch den Betroffenen schon im Vorverfahren befragen lassen zu können. Dieses Ergebnis lässt sich auch dadurch belegen, dass § 54 Abs. 2 S. 2 Nr. 2 OWiG n.F. davon spricht, dass es sich um eine sonst schwerwiegende Ordnungswidrigkeit handeln muss und damit einen Vergleich zum GWB oder WpHG zieht.

(4) Ergebnis: Unterschiedlicher Standard an Betroffenenrechten im Ordnungswidrigkeitenverfahren

Durch die hier vorgestellten Kriterien wird innerhalb des Ordnungswidrigkeitenverfahrens de lege ferenda ein abgestufter Standard an Rechten des Betroffenen konstruiert. Eine solche Differenzierung zwischen einfachen und gewichtigen Ordnungswidrigkeiten ist notwendige Konsequenz des Eingangs erwähnten weiten Gestaltungsspielraum des Gesetzgebers[923], auch ein Verhalten mit hohem Unrechtsgehalt lediglich als Ordnungswidrigkeit und nicht als Straftat auszugestalten. Das für die Zweispurigkeit der Verfahrensrechte notwendige Differenzierungskriterium liegt vornehmlich in dem Unrechtscharakter, der Höhe der Geldbuße und der Schwierigkeit der Sach- und Rechtslage.

cc. Ausgestaltung des § 54 OWiG n.F. als Ermessensnorm

Die Gewährung der bezeichneten Befragungsrechte steht ausdrücklich im Ermessen der Verwaltungsbehörde. Dieses Ermessen ist nicht als „kann", sondern als „soll" Vorschrift ausgestaltet und wird sich daher insbesondere bei gewichtigen Anhaltspunkten des Vorliegens der in § 54 Abs. 2 S. 2 Nr. 2 OWiG genannten Kriterien im Regelfall dahin gehend verdichten, dass die Verwaltungsbehörde dem Betroffenen im Ermittlungsverfahren eine Möglichkeit zur Befragung des Zeugen

---

922 NK-GVR/*Gutt*, § 3 StVO, Rn. 1; vgl. auch: Burmann/Heß/Hühnermann/Jahnke/*Burmann*, § 3 StVO, Rn. 1 f.

923 BVerfGE 27, 18, 30 = NJW 1969, 1619, 1621 = DÖV 1969, 715, 716; *Bohnert/Bülte*, § 1, Rn. 32; *Krey/Esser*, § 1, Rn. 22; *Heinrich*, Strafrecht AT, Rn. 52.

zu gewähren hat. Handelt es sich dagegen um keinen geeigneten Fall, so kann die Verwaltungsbehörde von einem solchen Schritt absehen. Damit bleiben die überwiegende Anzahl von Verkehrsordnungswidrigkeiten und sonstige Bagatellverstöße von der Reform ausgenommen. Liegt dagegen beispielsweise ein Fall des GWB vor, § 54 Abs. 2 S. 2 Nr. 1 OWiG, ist dieser Verstoß von erheblichem Gewicht und großer Komplexität und steht bereits im Vorverfahren schon fest, dass ein Belastungszeuge zum Zeitpunkt der Hauptverhandlung nicht zur Verfügung stehen wird, so *ist* dem Betroffenen nach § 54 Abs. 1 S. 2 OWiG eine Gelegenheit zur Befragung zu gewähren.

dd. Problemstellungen: Ungleichbehandlung der Betroffenen und Systembruch?

(1) Verstoß gegen den Gleichbehandlungsgrundsatz?

Gegen eine solche Ausgestaltung könnte man anbringen, dass sie die Rechte der Betroffenen für das Vorverfahren spaltet und so zu einer Ungleichbehandlung führen kann. So müsste man zunächst nach einer Ungleichbehandlung von wesentlich Gleichem fragen, Art. 3 Abs. 1 GG, hier einer Ungleichbehandlung des einheitlich zu bestimmenden „Betroffenenstatus" durch Gewährung eines unterschiedlichen Standards von Rechten für das Vorverfahren. Jedoch ist auf der anderen Seite als Rechtfertigung anzuführen, dass die Zielrichtung der hier vorliegenden Gewährung von Rechten in Form einer Befragungsmöglichkeit des Belastungszeugen im Vorverfahren nur für solche Fälle vorgesehen wird, die sich schon durch die oben genannten Kriterien, namentlich die Schwere des Unrechts, die Höhe der Geldbuße und die Komplexität der Sach- und Rechtslage auszeichnen.

(2) Systembruch im Gefüge des Straf- und Ordnungswidrigkeitenverfahrens?

Bringt man als weiteren Punkt an, ein solches Vorgehen im Straf- und Ordnungswidrigkeitenverfahren sei systemfremd, so ist auf die Vorschriften §§ 140, 141 StPO hinzuweisen. Nach § 141 Abs. 3 StPO wird dem Beschuldigten im Vorverfahren unter den dort genannten Umständen ein Pflichtverteidiger bestellt. Dies ist letztlich nichts anderes als die gesetzlich vorgesehene, weitergehende Gewährung von Rechten für den Beschuldigten. Die hier angebrachten Differenzierungskriterien nach § 140 Abs. 1 StPO richten sich beispielsweise danach, ob die Hauptverhandlung im ersten Rechtszug vor dem Oberlandesgericht oder dem Landgericht stattfindet, dem Beschuldigten ein Verbrechen zur Last gelegt wird oder das Verfahren zu einem Berufsverbot führen kann. § 140 Abs. 2 S. 1 StPO spricht gar davon, dass der Vorsitzende von Amts wegen einen Verteidiger bestellt, wenn wegen der Schwere der Tat oder wegen der Schwierigkeit der Sach- oder Rechtslage die Mitwirkung eines Verteidigers geboten erscheint oder wenn ersichtlich ist, dass sich der Beschuldigte nicht selbst verteidigen kann. Dies läuft auf eine Einräumung von weitergehenden Rechten für den nicht verteidigten Betroffenen in bestimmten *schwereren Fällen* hinaus. Nichts anders regelt aber der hier vorgeschlagene Entwurf, wenn er in solchen schweren Fällen dem Betroffenen im Ordnungswidrigkeitenverfahren das Recht gewähren möchte, Belastungszeugen im Vorverfahren befragen zu können. Von einer systemwidrigen Regelung kann daher keine Rede sein.

(3) Strafbefehlsverfahren und beschleunigtes Verfahren als weitere Argumente

An anderer Stelle sieht das Gesetz gar die Möglichkeit vor, bestimmte Verfahrensstandards abzusenken, um Beschleunigungsinteressen Rechnung zu tragen. So spricht § 407 Abs. 1 S. 1 StPO für das Strafbefehlsverfahren davon, dass bei *Vergehen* auf schriftlichen Antrag der Staatsanwaltschaft die Rechtsfolgen der Tat durch schriftlichen Strafbefehl *ohne Hauptverhandlung* festgesetzt werden können. Allerdings dürfen in einem solchen Verfahren nach § 407 Abs. 2 S. 1 StPO nur bestimmte Rechtsfolgen angeordnet werden. Vor dem oben genannten Hintergrund verdient jedoch vor allem § 407 Abs. 2 S. 2 StPO Beachtung. Hat der Angeschuldigte nämlich einen Verteidiger, so kann auch Freiheitsstrafe bis zu einem Jahr festgesetzt werden, wenn deren Vollstreckung zur Bewährung ausgesetzt wird. Die StPO erachtet es also schon de lege lata als zulässig, dass bestimmte tatsächlich vorliegende Umstände des Verfahrens eine Erweiterung oder gar eine Einschränkung von Beschuldigtenrechten ermöglichen. Als weiteres Beispiel ist auf die Möglichkeit des beschleunigten Verfahrens nach § 417 StPO hinzuweisen. § 418 Abs. 4 StPO spricht davon, dass dem Beschuldigten, der noch keinen Verteidiger hat, für das beschleunigte Verfahren vor dem Amtsgericht ein Verteidiger bestellt wird, wenn eine Freiheitsstrafe von mindestens sechs Monaten zu erwarten ist. Aus alledem wird deutlich, dass die geplante Regelung im Ordnungswidrigkeitenverfahren die bereits bestehende gesetzliche Dogmatik der Strafprozessordnung aufgreift und an anderer Stelle weiterführt.

ee. Vorreiterrolle des Ordnungswidrigkeitenrechts

Freilich hat man sich im Anschluss der Frage zu stellen, warum eine solche Regelung zunächst im Ordnungswidrigkeitenrecht und nicht schon im Strafrecht einzuführen ist. Dies zu vertiefen ist jedoch nicht Gegenstand der Arbeit. Allein die Existenz schwerer Ordnungswidrigkeitentatbestände und nicht passgenaue Vorschriften im Vorverfahren machen eine solche Regelung unumgänglich. Für den Strafprozess bleibt an dieser Stelle festzuhalten, dass eine solche Ausgestaltung auch hier sinnvoll erscheinen könnte.

III. Zwischenergebnis: Recht des Betroffenen auf konfrontative Zeugenbefragung im Vorverfahren bei schweren Ordnungswidrigkeiten im Wirtschaftsrecht

Von dem Vorschlag eines umfassend partizipatorischen Ermittlungsverfahrens im Ordnungswidrigkeitenrecht ist Abstand zu nehmen. Allerdings kann der Debatte für das Bußgeldverfahren auch ein fruchtbarer Gedanke entnommen werden: Das neu zu schaffende Recht des Betroffenen auf konfrontative Zeugenbefragung für bestimmte schwere Ordnungswidrigkeiten. Dieser erste Schritt setzt gleichsam den Grundstein für einen späteren Transfer der Ermittlungsergebnisse in die Hauptverhandlung. Gleichzeitig sorgt er in diesen Fallgruppen für eine Anhebung der Betroffenenrechte, die angesichts der Nähe der Verstöße zum Strafrecht dringend angezeigt ist. Die hier festgelegten Kriterien ermöglichen den Verwaltungsbehörden durch Ausgestaltung der Norm als Ermessensvorschrift eine sachgerechte und einzelfallbezogene Rechtsanwendung.

B. Abkehr vom Opportunitätsgrundsatz im Ordnungswidrigkeitenrecht?

I. Abgrenzung der Forschungsfrage

Als weiteren Reformvorschlag für das Vorverfahren lässt sich eine Abkehr vom Opportunitätsgrundsatz nach § 47 Abs. 1 OWiG diskutieren. Dieser Gedankengang ist zunächst von der oben geführten Debatte um die Einführung des Legalitätsprinzips bei einer strafrechtlichen Anknüpfungstat i.R.d. § 30 OWiG zu unterscheiden. Dort ist die zugrunde liegende *strafrechtliche* Anknüpfungstat der Grund dafür, dass das im Strafprozess geltende Legalitätsprinzip auf das Ordnungswidrigkeitenverfahren durchschlägt. Der folgende Abschnitt befasst sich dagegen ausschließlich mit der Geltung des Opportunitätsprinzips gem. § 47 Abs. 1 OWiG als allgemeinem Verfahrensgrundsatz des Bußgeldverfahrens.

II. Einstellung des Verfahrens aus Opportunitätserwägungen

Schon anhand der Befugnisse der Behörden im Ermittlungsverfahren unterscheidet sich das Ordnungswidrigkeitenverfahren vom Strafverfahren. Während im Strafprozess gem. § 152 Abs. 2 StPO das Legalitätsprinzip gilt, ist das Verfahren im Ordnungswidrigkeitenrecht vom Opportunitätsgedanken bestimmt. So schreibt § 47 Abs. 1 S. 1 OWiG vor, dass die Verfolgung von Ordnungswidrigkeiten im pflichtgemäßen Ermessen der Verfolgungsbehörde steht. Nach S. 2 *kann* sie das Verfahren, solange es bei ihr anhängig ist, einstellen.

Freilich sind dem Grundsatz der Opportunität auch Grenzen gesetzt: Die Behörde darf von einer gleichmäßigen Verwaltungspraxis oder Richtlinie nicht ohne Grund abweichen.[924] Das Opportunitätsprinzip ist insoweit durch die Pflicht zur fehlerfreien Ermessensausübung und die Gesetzmäßigkeit und Rechtmäßigkeit der Verwaltung, Art. 20 Abs. 3 GG, begrenzt.[925] Die Verwaltung darf ausschließlich in einfacheren Fällen von der Festsetzung einer Geldbuße absehen.[926] In schweren Fällen ist sie regelmäßig zum Einschreiten verpflichtet.[927]

III. Besonderheiten im Kartell- und Wertpapierhandelsrecht

Betrachtet man das Opportunitätsprinzip im Wirtschaftsordnungswidrigkeitenrecht, so sind einige Besonderheiten zu beachten. Speziell im Kartellrecht wird von dem Grundsatz der Opportunität unter dem Gesichtspunkt einer flexiblen Verfahrensführung rege Gebrauch gemacht.

1. Bonusregelung des Bundeskartellamts

Zum einen ist hier an die Bonusregelung des Bundeskartellamts zu denken.[928] So hat das Bundeskartellamt die Möglichkeit, den Betroffenen als Anreiz den Erlass der Geldbuße in Aussicht zu stellen oder zu reduzieren, falls diese durch die Preisgabe den Tathergang aufklären und dadurch bei der Aufdeckung des Kartells mitwirken.[929] Durch die Bonusregelung kommt es also zu einer Selbstbindung des Ermessens des Bundeskartellamts.[930] Auch die BaFin berücksichtigt durch Erlass der WpHG-Bußgeldleitlinien die Mitwirkung des Betroffenen bei der Aufklärung des Sachverhalts.[931] Diese stützen sich ebenfalls auf das Rechtsfolgeermessen nach § 47 Abs. 1 S. 1 OWiG.[932]

---

924 KK-OWiG/*Mitsch*, § 47, Rn. 109; BeckOK-OWiG/*A. Bücherl*, § 47, Rn. 9 f.

925 *Kay/Keller*, Bußgeldverfahren, S. 6; vgl. dazu auch *Gärditz*, S. 50 f.

926 Immenga/Mestmäcker/*Dannecker/Biermann*, Band 2, Vor § 81, Rn. 234.

927 Immenga/Mestmäcker/*Dannecker/Biermann*, Band 2, Vor § 81, Rn. 234; dazu auch *Bibbo*, S. 154 f. und *Krenberger/Krumm*, § 47, Rn. 5.

928 *Herrlinger*, ZWeR 2012, 137, 150; *Gänswein/Hiéramente*, NZKart 2017, 502, 504; *Wiesner*, WuW 2005, 606, 610; allgemein zu den Grundlagen der Bonusregelung: Wabnitz/Janovsky/*Dannecker/N. Müller*, Kap. 18, Rn. 157; Kamann/Ohlhoff/Völcker/*Krauß*, § 18, Rn. 28.

929 Näher: Loewenheim/*Meyer-Lindemann*, § 81, Rn. 114; zu den einzelnen Verpflichtungen des Antragsstellers siehe *Dawirs*, S. 71.

930 Beschluss des AG Bonn, 52 OWi 2/16 [b], abrufbar unter http://www.bundeskartellamt.de/SharedDocs/Publikation/DE/Sonstiges/Beschluss_Amtsgericht_Bonn_52%20OWi%202-16.pdf?__blob=publicationFile&v=2 (zuletzt abgerufen am: 23.05.2019).

931 *Canzler/Hammermaier*, AG 2014, 57, 68 f.; WpHG-Bußgeldleitlinien II der BaFin, abrufbar unter: https://www.bafin.de/SharedDocs/Downloads/DE/Leitfaden/WA/dl_bussgeldleitlinien_2016.html, S. 4 (zuletzt abgerufen am: 23.05.2019).

932 Siehe die WpHG-Bußgeldleitlinien II der BaFin, abrufbar unter: https://www.bafin.de/SharedDocs/Downloads/DE/Leitfaden/WA/dl_bussgeldleitlinien_2016.html, S. 4 (zuletzt abgerufen am: 23.05.2019); *Canzler/Hammermaier*, AG 2014, 57, 69 (Fn. 132).

2. *Nichtverfolgungszusage*

Damit eng verknüpft ist die Zusicherung der Behörde, bei einer ordnungswidrigen Verhaltensweise schon gar nicht einzuschreiten, sog. „Nichtverfolgungszusage".[933] In Ausübung seines Ermessens darf das Bundeskartellamt von der Verfolgung einer *Person* und der angestrebten Verhängung eines Bußgeldbescheids absehen.[934] Damit kann die betroffene natürliche Person später als Zeuge herangezogen werden, ohne dass diese sich auf ein Recht zur Auskunftsverweigerung nach § 55 StPO berufen könnte.[935]

3. *Settlement-Verfahren des Bundeskartellamts*

Auch das sog. Settlement-Verfahren des Bundeskartellamts ist Ausfluss des Opportunitätsgrundsatzes.[936] Hier kann die Geldbuße des Betroffenen um bis zu 10 % gemildert werden.[937] Dem vorgelagert muss er jedoch auf sein Recht zur Akteneinsicht verzichten, den Tathergang beschreiben und den durch die Kartellbehörde festgesetzten Geldbetrag akzeptieren.[938] Als Folge kann das Bundeskartellamt einen Kurzbescheid erlassen, der sich auf die in § 66 OWiG genannten Vorgaben beschränkt.[939]

4. *Vorteile für den Betroffenen?*

Alle diese Verfahrensinstrumente scheinen für die Betroffenen und für die Behörde auf den ersten Blick von Vorteil zu sein. Indem erstere mit der Behörde kooperieren und alle relevanten Tatumstände freiwillig preisgeben, wird das Verfahren zügig abgeschlossen und das Bußgeld teils erheblich reduziert oder gar vollständig erlassen.[940] Eine solche Betrachtungsweise ließe jedoch einige Nachteile außer Betracht. Settlements haben für die Betroffenen zur Folge, dass diese vollständig auf Akteneinsicht verzichten und ein Geständnis ablegen müssen.[941] Bei einem Bonusantrag

---

933 *von Brevern/Hack,* WuW 2013, 936, 937 f.; ferner LR-StPO/*Ignor/Bertheau,* Band 2, § 55 StPO, Rn. 6.

934 *von Brevern/Hack,* WuW 2013, 936, 940.

935 *von Brevern/Hack,* WuW 2013, 936, 938.

936 Loewenheim/*Meyer-Lindemann,* § 81, Rn. 119; *Grafunder/Gänswein,* BB 2015, 968; *Polley/Heinz,* WuW 2012, 14, 15; *Dawirs,* S. 77; Achenbach/Ransiek/Rönnau/*Achenbach,* 3 Teil, Kap. 6, Rn. 72; Kamann/Ohlhoff/Völcker/*Wagener/Oest,* § 18, Rn. 181.

937 *Herrlinger,* ZWeR 2012, 137, 151; Loewenheim/*Meyer-Lindemann,* § 81, Rn. 120; *Dawirs,* S. 77; Kamann/Ohlhoff/Völcker/*Wagener/Oest,* § 18, Rn. 182.

938 Loewenheim/*Meyer-Lindemann,* § 81, Rn. 120; *Schmitz,* wistra 2016, 129, 132.

939 Loewenheim/*Meyer-Lindemann,* § 81, Rn. 120.

940 Zu den Vorteilen des Settlements siehe Loewenheim/*Meyer-Lindemann,* § 81, Rn. 121.

941 *Herrlinger,* ZWeR 2012, 137, 154; *Schmitz,* wistra 2016, 129, 132 f.; siehe darüber hinaus auch: Kamann/Ohlhoff/Völcker/*Wagener/Oest,* § 18, Rn. 183.

muss das Unternehmen der Behörde sämtliche Tatsachen sowie Beweismittel weitergeben.[942] Unternehmen müssen am Kartell beteiligte Mitarbeiter benennen und dafür Sorge tragen, dass diese mit den Kartellbehörden kooperieren.[943] Hier drohen Widersprüche zum Grundsatz der Selbstbelastungsfreiheit.[944] Auch bei der Nichtverfolgungszusage ergeben sich weitere Spannungsfelder. So können diese beispielsweise bei einem Übergang des Ordnungswidrigkeitenverfahrens ins Strafverfahren ihre rechtliche Bindungswirkung verlieren.[945]

Die flexible Verfahrensführung des Bundeskartellamts sorgt damit für eine Einschränkung der Rechte der Betroffenen im Ermittlungsverfahren. Gleichzeitig weisen derartige Kartellverstöße einen hohen Unrechtsgehalt auf und nähern sich dem Bereich strafwürdigen Verhaltens an.[946] Es wäre daher nur konsequent, den Standard der Betroffenenrechte zumindest partiell an denen im Strafprozess zu orientieren.[947] Die derzeitige Ausgestaltung geht angesichts der Einseitigkeit des Vorverfahren und der Ermittlungsflexibilität der Behörden insgesamt zulasten der Rechte der Betroffenen.[948] Dies ist mittelbar dem Opportunitätsprinzip geschuldet, aufgrund dessen die Wirtschaftsbehörden eine derartig flexible Verfahrensführung überhaupt praktizieren können.[949] Man könnte daher schlussfolgern, das Opportunitätsprinzip zumindest bei bedeutenden Ordnungswidrigkeiten im Wirtschaftsrecht einzuschränken, um den Betroffenen ein faires Verfahren zu gewährleisten und ihre Rechte auf diese Weise zu stärken.

IV. Reform des Opportunitätsgrundsatzes

1. Anpassung des Wortlauts der Vorschrift des § 47 Abs. 1 OWiG?

Will man einen solchen Vorschlag umsetzen, könnte man zunächst an die Vorschrift des § 47 Abs. 1 S. 1 OWiG anknüpfen, die davon spricht, dass die Verfolgung von Ordnungswidrigkeiten im pflichtgemäßen Ermessen der Verfolgungsbehörde liegt. Hier könnte man das Wort „geringfügigen“ vor „Ordnungswidrigkeiten“ einfügen. In einem weiteren Satz könnte man, ähnlich dem § 152 Abs. 2 StPO, die Pflicht aufstellen, wegen gewichtigen Ordnungswidrigkeiten einzuschreiten,

942 *Gänswein/Hiéramente,* NZKart 2017, 502, 505.
943 *Gänswein/Hiéramente,* NZKart 2017, 502, 505.
944 Siehe hierzu *Gänswein/Hiéramente,* NZKart 2017, 502, 505; ferner *Meyer-Lohkamp/Hübner,* ZWH 2016, 99, 101 f.
945 *von Brevern/Hack,* WuW 2013, 936, 943.
946 BVerfG v. 27.04.1973, WuW/E VG 235 f.; siehe ferner BGHSt 41, 385, 390 f. = NJW 1996, 1973, 1974 = NStZ 1996, 551, 552 = WRP 1996, 699, 701 = JZ 1997, 98, 99 f.
947 Vgl. *Schmitz,* wistra 2016, 129, 136.
948 *Schmitz,* wistra 2016, 129, 136; vgl. dazu auf europäischer Ebene zur Stellung der Kommission im Kartellverfahren: *Schwarze,* WuW 2009, 6, 11 f.
949 *Herrlinger,* ZWeR 2012, 137, 146.

sofern zureichende tatsächliche Anhaltspunkt vorliegen. Dadurch würden die schweren Ordnungswidrigkeiten im Wirtschaftsrecht dem Legalitätsprinzip bzw. je nach Ausgestaltung einem begrenzten Prinzip der Opportunität unterfallen. Eine solche Reform schafft jedoch mehr Probleme, als sie zu lösen vermag: Der Rechtsanwender steht vor der Herausforderung der Einstufung einer jeden Ordnungswidrigkeit als geringfügig oder gewichtig. Angesichts der Dehnbarkeit solcher Begriffe führt eine solche Ausgestaltung zu einer hohen Rechtsunsicherheit in der Rechtsanwendung. Alternativ könnte man die Verfolgungspflicht konkretisieren und bestimmte Grenzen eines zu erwartenden Schadens oder der *Verletzung oder konkreten Gefährdung eines allgemein anerkannten Rechtsgutes* in Form einer Regelvermutung festlegen[950] oder sich erneut an einer Zusammenschau der unter § 54 OWiG n.F. aufgestellten Kriterien orientieren und bezüglich der Rechtsgutsdebatte nicht nach einer Verletzung oder konkreten Gefährdung, sondern in einer noch abstrakteren Betrachtung nach dem *Grad der Beeinträchtigung* des jeweiligen Rechtsguts, nach der Höhe der Geldbuße und nach Schwierigkeit der Sach- und Rechtslage fragen.

2. *Verfolgungszwang speziell für das Wirtschaftsordnungswidrigkeitenrecht?*

Eine solche Reform wäre jedoch nicht flexibel genug, da sie den Opportunitätsgrundsatz pauschal für sämtliche gewichtige Ordnungswidrigkeiten einengt. Ein gangbarer Weg wäre allenfalls die Schaffung von Ausnahmefällen, beispielsweise die Einführung eines Verfolgungszwangs speziell für das Kartell- oder Wertpapierhandelsrecht. Nur ein solcher Weg ermöglicht es dem Gesetzgeber flexibel auf etwaige Mängel in der Rechtsverfolgung eines bestimmten Sachbereichs zu reagieren.

Hier könnte man andenken, die jeweiligen Ordnungswidrigkeitentatbestände im Wirtschaftsrecht von einer „kann“-Ahndung auf „muss“-Ahndung umzustellen. Denn der Grundsatz der Opportunität spiegelt sich auch in der „kann“-Ahndung der jeweiligen Tatbestände wider.[951] Dafür spricht, dass sich Kartellabsprachen von der Art und Schwere des begangenen Unrechts nah am Strafrecht befinden können.[952] Nicht befremdlich sind daher schon die oben genannten Diskussionen

---

950 So *Mühlenfeld,* S. 165 f., der eine Verfolgungspflicht annehmen möchte ab einer Schadenshöhe von 300.000 €, einem potentiellen Schaden von 600.000 €, sowie der Verletzung oder konkreten Gefährdung eines allgemein anerkannten Rechtsguts. Diese Kriterien sollen eine Regelvermutung darstellen, die durch speziellere Vorschriften verdrängt werden können soll, beispielsweise auch durch die Entscheidung 18/2007 des BKartA über die Nichtverfolgung von Kooperationsabreden mit geringer wettbewerbsbeschränkender Bedeutung; zur Steuerung der Ermessensausübung durch die Vorgabe von Regelvermutungen siehe auch *Erb,* S. 205.

951 *Klesczewski,* § 9, Rn. 705; *Mitsch,* Recht der Ordnungswidrigkeiten, § 23, Rn. 1.

952 *Hombrecher,* NZKart 2017, 143.

um die Strafwürdigkeit von Hardcore-Kartellen. Wenn man so argumentiert, dann wäre es nur folgerichtig, für solche Verstöße auch das im Strafprozessrecht geltende Legalitätsprinzip anzuwenden oder das Opportunitätsprinzip nach den oben genannten Grundsätzen einzuschränken und die hieran anknüpfenden Folgen in Kauf zu nehmen, beispielsweise die Einschränkung der Bonusregelung. Zwar existiert mit § 46b StGB auch im Strafrecht eine Kronzeugenregelung. § 46b StGB berücksichtigt aber gerade nicht die zeitliche Reihenfolge mehrerer Kronzeugen, sondern stellt vornehmlich auf den jeweiligen Aufklärungsbeitrag ab.[953] Der Vorschrift des § 46b StGB ist ebenso keine Begrenzung des Geldbetrags für die jeweiligen Aufklärungsbeiträge zu entnehmen.[954] Ferner könnte man mit einer Einführung des Legalitätsprinzips eine Besserstellung des Betroffenen im Ermittlungsverfahren bezwecken. Ohne bzw. mit modifizierter Bonusregelung oder Settlementverfahren würden die Verfahrensrechte der Betroffenen in einer geringeren Art und Weise eingeschränkt.[955] Das Ordnungswidrigkeitenverfahren würde sich in wirtschaftsrechtlich geprägten Sachverhalten den Grundsätzen der Strafprozessordnung annähern.

3. Vorgaben der DSGVO als erster Riss im Fundament des ordnungswidrigkeitenrechtlichen Opportunitätsprinzips?

Vor diesem Hintergrund sollte den Vorgaben des Art. 83 DSGVO Beachtung geschenkt werden, die allgemeine Bedingungen für die Verhängung von Geldbußen aufstellt. Diese Vorschrift regelt in Abweichung zu sämtlichen nationalen Bußgeldtatbeständen („kann"), dass Geldbußen verhängt „*werden*". Jedoch lässt die DSGVO konkrete Verfahrensvorschriften zur Verhängung einer solchen Geldbuße vermissen und bedarf daher der näheren Ausgestaltung durch das nationale Recht.[956] Hier hat sich der Gesetzgeber in § 41 Abs. 2 S. 1 BDSG für eine entsprechende Geltung des Gesetzes über Ordnungswidrigkeiten entschieden. Damit findet aber auch der Grundsatz der Opportunität nach § 47 OWiG Anwendung, was der Fassung des Art. 83 DSGVO zuwiderlaufen scheint. Während manche § 41 Abs. 2 BDSG daher seine Europarechtswidrigkeit attestieren[957], kommen andere zu dem Ergebnis, dass den Behörden auch bei der Entscheidung über die Verhängung einer Geldbuße nach Art. 83 DSGVO ein Ermessen zukommt.[958] Gerade deshalb

953 *Herrlinger*, ZWeR 2012, 137, 150.

954 *Herrlinger*, ZWeR 2012, 137, 151; allgemein: MüKo-StGB/*Maier*, Band 2, § 46b StGB, Rn. 3 sowie *Schroeder*, FS Bechtold, S. 437, 452 f.

955 Vgl. *Schmitz*, wistra 2016, 129, 132 f.

956 BeckOK-DR/*Brodowski*/*Nowak*, § 41 BDSG, Rn. 26.

957 So *Bergt*, DuD 2017, 555, 556ff; ähnlich: *Golla*, CR 2018, 353, 355 f.: „§ 47 OWiG muss jedoch in unionsrechtskonformer Auslegung von dem Verweis in § 41 Abs. 2 S. 1 BDSG ausgenommen werden, da die Opportunitätserwägungen in Art. 83 Abs. 2 DSGVO insofern als abschließend erscheinen.".

958 BeckOK-DR/*Brodowski*/*Nowak*, § 41 BDSG, Rn. 41 f.; *Pohl*, PinG 2017, 85, 89.

habe der Gesetzgeber § 47 Abs. 1 OWiG auch nicht vom Verweis des § 41 Abs. 2 BDSG ausgenommen.[959] Der zweiten Ansicht ist beizupflichten, dass der Wortlaut des Art. 83 DSGVO und die dazugehörigen Erwägungsgründe, etwa EWG 148, alles andere als eindeutig sind. So stellt jede Aufsichtsbehörde nach Art. 83 Abs. 1 DSGVO sicher, dass die Verhängung von Geldbußen auch *verhältnismäßig* ist. Nach Abs. 2 S. 1 werden Geldbußen *je nach den Umständen des Einzelfalls* verhängt. Auch nach EWG 148 S. 1 *sollten* Geldbußen verhängt werden. Die derzeitige Fassung lässt also bezüglich der Geltung des Opportunitäts- oder Legalitätsprinzips einige Fragen offen. In jedem Fall ist der Ermessensspielraum der Aufsichtsbehörden aber schon aufgrund der eindeutigen Formulierungen deutlich eingeengt; es handelt sich um gebundenes Ermessen und nicht eine Anordnung des Grundsatzes der Legalität.[960] Daraus folgt insgesamt, dass der Grundsatz der Opportunität bereits heute durch europäische Vorgaben konkretisiert wird.

4. Plädoyer für die Beibehaltung des Opportunitätsgrundsatzes

a. Nachteile der Geltung des Legalitätsprinzips

Eine Geltung des Legalitätsprinzips im Gefüge des Ordnungswidrigkeitenverfahrens wäre für die Zukunft dennoch nicht zu empfehlen. So geht eine Umstellung der flexiblen Führung des Ermittlungsverfahrens zulasten der Effizienz und Praktikabilität der jeweiligen Verfahren.[961] Die Bonusregelung, das Settlement, die Nichtverfolgungszusage und die Bußgeldleitlinien sorgen beispielsweise in Kartellbußgeldverfahren für eine effektive Aufklärung und Erledigung derselben.[962] Bei Wegfall oder Einschränkung von privilegierenden Regelungen durch Abschaffung des Opportunitätsprinzips wäre die Aufdeckung des Kartells damit deutlich erschwert. Die gängige Verfolgungspraxis des Bundeskartellamts erweist sich zur Kartellbekämpfung als effizient.[963] Hieran sollte man auch für die Zukunft festhalten.

b. Gesetzlicher Ausschluss willkürlicher Behandlung

Die Beibehaltung des Opportunitätsgrundsatzes bedeutet auch nicht, dass der Betroffene willkürlich behandelt wird.[964] Eine solche Behandlung ist schon durch die Gesetzmäßigkeit und Rechtmäßigkeit der Verwaltung ausgeschlossen, Art. 20 Abs. 3 GG.[965] Es ist Voraussetzung für eine pflichtgemäße Ausübung des Ermessens,

959 BeckOK-DR/*Brodowski/Nowak*, § 41 BDSG, Rn. 41 f.; *Pohl*, PinG 2017, 85, 89.
960 *Kubiciel*, jurisPR-StrafR 14/2018 Anm. 1.
961 Siehe: *von Brevern/Hack*, WuW 2013, 936, 940; *Herrlinger*, ZWeR 2012, 137, 146; vgl. aber auch *Rieß*, NStZ 1981, 2.
962 Momsen/Grützner/*Prechtel/Schulz*, S. 770; *Poelzig*, S. 204; *Pierenkemper*, S. 84.
963 *Maiazza*, S. 263.
964 *Kay/Keller*, Bußgeldverfahren, S. 6.
965 *Kay/Keller*, Bußgeldverfahren, S. 6.

dass der Sachverhalt schon von Amts wegen ausreichend ermittelt wurde.[966] Nicht zulässig sind insbesondere Entscheidungen, die sich durch Nachlässigkeit, Freundschaft oder Übereifer auszeichnen.[967] Auch fiskalische Interessen dürfen nicht berücksichtigt werden.[968] Im Einzelfall kann sich der Spielraum der Behörde zur Ausübung des Ermessens bei schweren Rechtsverletzungen dahin gehend verdichten, dass diese zum Eingreifen angehalten ist.[969] Die so aufgestellten Schranken sorgen für eine sachgerechte und von persönlichen Motiven freie Ermessensausübung.[970]

c. *Einschränkung des Opportunitätsgrundsatzes als Systembruch im Ordnungswidrigkeitenrecht?*

Eine Einschränkung des Opportunitätsgrundsatzes brächte auch Probleme im gesamten Gefüge des Ordnungswidrigkeitenrechts mit sich. Dieses ist von dem Gedanken geprägt, Verstöße unterhalb des Strafrechts mit einer Geldbuße zu ahnden und auch zügig abzuschließen.[971] Die Behörden sollen das Vorverfahren mit einer größtmöglichen Handlungsfreiheit gestalten und selbst zum Abschluss bringen können.[972] Eine Änderung des Opportunitätsprinzips selbst für ausgewählte Tatbestände bedeutet gleichzeitig eine Typveränderung des gesamten Ordnungswidrigkeitenverfahrens. Eine Ausnahme für gewichtige Ordnungswidrigkeiten im Wirtschaftsrecht würde zu einem Systembruch führen, der weit über die Modifizierungen innerhalb der einzelnen Wirtschaftsgesetze hinausginge: Der Opportunitätsgrundsatz ist das im Ordnungswidrigkeitenverfahren vorherrschende Grundprinzip, § 47 Abs. 1 S. 1 OWiG. Dies steht in Übereinstimmung mit der Entscheidung des Gesetzgebers, schwere Kartellverstöße nicht dem Strafrecht zu unterwerfen, um von den verfahrensrechtlichen Effizienzen des Ordnungswidrigkeitenrechts zu profitieren, die sich wiederum maßgeblich auf das Opportunitätsprinzip stützen.[973]

---

966 *Kay/Keller,* Bußgeldverfahren, S. 6.

967 *Kay/Keller,* Bußgeldverfahren, S. 6 f.; dazu auch: *Dettmar,* S. 87 f. oder BeckOK-OWiG/*A. Bücherl,* § 47, Rn. 9 f.

968 *Kay/Keller,* Bußgeldverfahren, S. 7.

969 *Kay/Keller,* Bußgeldverfahren, S. 7.

970 *Erb,* S. 47 f.; *Krenberger/Krumm,* § 47, Rn. 6; vgl. aber auch BeckOK-OWiG/*A. Bücherl,* § 47, Rn. 11.

971 BGH, NJW 1997, 1862, 1863 = NZV 1997, 315; *Klesczewski,* § 9, Rn. 675; Beck/Berr/Schäpe/*Heberlein/Bergmann,* OWi-Sachen Straßenverkehrsrecht, Rn. 2; *Mitsch,* Recht der Ordnungswidrigkeiten, § 14, Rn. 6; *Schmitz,* wistra 2016, 129, 130.

972 Vgl. *Klesczewski,* § 9, Rn. 675; *Wieser,* S. 25; KK-OWiG/*Lampe,* § 35, Rn. 1.

973 BT-Drs. 18/4721, v. 22.04.2015, S. 6; mit Kritik daran *Mühlenfeld,* S. 126; in anderen Rechtsordnung geht dieser Gedanke sogar noch weiter, dazu beispielsweise *N'toumon,* ZStW 130 (2018), 909, 920.

Daneben kann man mit *Mühlenfeld* anbringen, dass bei Vorliegen einer schweren Wirtschaftsordnungswidrigkeit das Ermessen der Behörde aufgrund des öffentlichen Verfolgungsinteresses möglicherweise ohnehin auf Null reduziert ist.[974] Die Verwaltungsbehörde träfe nach *Maiazza* eine Pflicht zum Anstellen von Ermittlungen, wenn der Ermittlungsaufwand in Hinblick auf das spätere Bußgeld und die Gebühren „verhältnismäßig" erscheint und gleichzeitig naheliegt, dass – aufgrund der Handlungsmodalität und der Gesinnung des Täters – eine Wirtschaftsordnungswidrigkeit einschlägig ist.[975]

Einer Einführung des Legalitätsprinzips im Ordnungswidrigkeitenrecht oder der Umstellung auf eine „muss"-Ahndung der jeweiligen Tatbestände ist daher insgesamt entschieden zu widersprechen. Gegen eine „soll-Ahndung" oder ein in bestimmten Fällen verdichtetes Ermessen zur Aufnahme und Abschluss von Ermittlungshandlungen kann indes nichts eingewendet werden.[976] Inwieweit sich eine solche Ermessensausübung in der Praxis durchsetzen wird, bleibt abzuwarten. Die Lösung muss daher erneut in der Stärkung individueller Rechte der Beschuldigten gesucht werden. Dies gefährdet weder die flexible Verfahrenspraxis der Wirtschaftsbehörden[977] in einem solchen Maß wie eine Reform des Opportunitätsgrundsatzes, noch sorgt es für einen Systembruch innerhalb des Ordnungswidrigkeitenrechts.

V. Ergebnis: Keine Lockerung des Opportunitätsprinzips

Auch eine Abschwächung des Opportunitätsprinzips oder gar die Einführung des Legalitätsprinzips im Recht der Wirtschaftsordnungswidrigkeiten ist abzulehnen. Die geltende Rechtslage sorgt derzeit mit der Möglichkeit der flexiblen Verfahrensführung der Behörden für effiziente Ergebnisse und ermöglicht im Einzelfall überhaupt erst die Sanktionierung durch Geldbuße, denkt man beispielsweise an die Bonusregelung.[978] Dies bringt für die Betroffenen nicht nur die Möglichkeit, Einfluss auf ihr Verfahren zu nehmen, sondern sorgt auch für die zukünftig sichere und tatsächliche Erledigung von Ordnungswidrigkeitenverfahren. Damit einhergehend ist auch die gesetzgeberische Entscheidung, Kartellverstöße gerade nicht mit einer Straftat, sondern einer Ordnungswidrigkeit zu sanktionieren, zu respektieren.[979] Sich hieraus ergebende Nachteile können und müssen jedoch durch

---

974 *Mühlenfeld*, S. 166 ff. Zur Begründung führt er die Geschichte und Entwicklung des Ordnungswidrigkeitenrechts an. Das aktuelle System werde mit Rechtfertigungen gestützt, die nicht auf schwere Wirtschaftsordnungswidrigkeiten passen; zur Problematik auch: *Bibbo*, S. 76 f.

975 Siehe dazu umfassend: *Maiazza*, S. 224.

976 Vgl. dazu auch Gola/*Gola*, Art. 83 DSGVO, Rn. 30; Kühling/Buchner/*Bergt*, Art. 83 DSGVO, Rn. 30 ff.; *Golla*, CR 2018, 353, 355 f. m.w.N.; *Bülte*, StV 2017, 460, 463 oder *Eckhardt/Menz*, DuD 2018, 139, 141.

977 *Herrlinger*, ZWeR 2012, 137, 143.

978 *Bibbo*, S. 80 f.

979 Vgl. BT-Drs. 18/4721, v. 22.04.2015, S. 6.

partielle Stärkung der Betroffenenrechte gelöst werden. Das Recht des Betroffenen auf konfrontative Zeugenbefragung schon im Ermittlungsverfahren für schwere Ordnungswidrigkeiten ist ein erster Schritt in diese Richtung.

C. Reform des § 47 Abs. 3 OWiG: Erweitere Einstellungsmöglichkeiten im Ordnungswidrigkeitenverfahren?

I. Erweiterung der Einstellungsmöglichkeiten nach § 47 Abs. 3 OWiG insbesondere bei Ordnungswidrigkeiten im Wirtschaftsrecht

Konträr zur eben behandelten Einschränkung des Opportunitätsprinzips hat die Große Strafrechtskommission des Deutschen Richterbundes in ihrem Gutachten von 2012 den Gedanken geäußert, „ob durch die Erweiterung der Einstellungsmöglichkeiten nach dem Opportunitätsprinzip in Bußgeldsachen eine weitere Effektivierung der Verfahren möglich ist, ohne dass dies zulasten der gebotenen Rechtstaatlichkeit geht".[980] So könnte man § 47 Abs. 3 OWiG für sämtliche Bußgeldverfahren streichen, d.h. es bestünde die Möglichkeit zur Einstellung des Bußgeldverfahrens gegen Zahlung eines Geldbetrags an eine gemeinnützige Einrichtung oder sonstige Stelle.[981] Dabei wurde zunächst die Frage aufgeworfen, ob sich eine solche Reform auch für die übrigen Verfahren, beispielsweise bei einem Straßenverkehrsverstoß als angemessen erweisen würde.[982] Dies könnte man mit der Erwägung ablehnen, dass mit dem Bußgeldkatalog bei Straßenverkehrsordnungswidrigkeiten bereits eine Regelsanktion existiere.[983] Hier wären Opportunitätserwägungen schon gar nicht erforderlich.[984]

Andererseits könnte man anbringen, dass die Streichung der Vorgaben des § 47 Abs. 3 OWiG lediglich dazu führt, dass der Beamte gerade bei Massenverfahren mehr Handlungsfreiheit erhält.[985] Gerade im Verfahren von Kartellordnungswidrigkeiten würde dies dazu führen, dass gegen zahlreiche Betroffene individuell vorgegangen werden könnte.[986] Eine Gefahr, dass die Verwaltungsbehörden das Verfahren aufgrund der hohen Arbeitsbelastung einstellen, sei nicht abzusehen.[987] Daher müsste die Vorschrift des § 47 Abs. 3 OWiG in jedem Fall für Kartellverfahren

980 Große Strafrechtskommission des Deutschen Richterbundes, S. 114.
981 Große Strafrechtskommission des Deutschen Richterbundes, S. 114.
982 Große Strafrechtskommission des Deutschen Richterbundes, S. 115.
983 Große Strafrechtskommission des Deutschen Richterbundes, S. 115.
984 Große Strafrechtskommission des Deutschen Richterbundes, S. 115.
985 Große Strafrechtskommission des Deutschen Richterbundes, S. 116.
986 Große Strafrechtskommission des Deutschen Richterbundes, S. 116.
987 Große Strafrechtskommission des Deutschen Richterbundes, S. 119 f.

vor dem Oberlandesgericht gestrichen werden.[988] Dem Argument des Rechtsmissbrauchs lässt sich in solchen Fällen schon mit der Erwägung begegnen, dass das zuständige Oberlandesgericht mit drei Berufsrichtern besetzt ist.[989] Das Gericht unterliege dazu der Kontrolle der Generalstaatsanwaltschaft.[990]

II. Bewertung: Einschränkung rechtsstaatlicher Standards im Ordnungswidrigkeitenverfahren

1. *Zweck der Vorschrift des § 47 Abs. 3 OWiG*

Nach geltender Rechtslage darf nach § 47 Abs. 3 OWiG die Einstellung des Bußgeldverfahrens weder von der Zahlung eines Geldbetrages an eine gemeinnützige Einrichtung oder sonstige Stelle abhängig gemacht, noch mit einer solchen in sonstiger Art und Weise in Zusammenhang gebracht werden. Sinn der Vorschrift ist es, parallele „Quasi-Bußgeldverfahren“ zu verhindern.[991] Es sei schon unklar, wo der Unterschied zwischen einem Geldbetrag zugunsten einer gemeinnützigen Einrichtung oder der Staatskasse und der Geldbuße liege.[992] Eine Reform der Vorschrift würde gleichsam auf eine entsprechende Anwendung des § 153a StPO im Verfahren einer Ordnungswidrigkeit hinauslaufen.[993] Weil letztere Vorschrift als Ausnahme vom Prinzip der Legalität ins Leben gerufen wurde, drohe auch ein Widerspruch zum Opportunitätsprinzip.[994] Die Idee der Großen Strafrechtskommission würde darüber hinaus auch der Grundkonzeption einer Ordnungswidrigkeit widersprechen: Aufgrund der Neutralität einer Geldbuße kann dem Betroffenen bei einer Einstellung des Verfahrens gegen Zahlung an eine gemeinnützige Einrichtung schon kein strafrechtlicher „Makel“ erspart werden.[995]

---

988 Große Strafrechtskommission des Deutschen Richterbundes, S. 119.

989 Große Strafrechtskommission des Deutschen Richterbundes, S. 119.

990 Große Strafrechtskommission des Deutschen Richterbundes, S. 119.

991 KK-OWiG/*Mitsch*, § 47, Rn. 149; *Bohnert/Bülte*, § 3, Rn. 144; freilich ist es dem Wortlaut nach möglich, die Einstellung an eine andere Voraussetzung als die Zahlung eines Geldbetrags zu knüpfen, *Krenberger/Krumm*, § 47, Rn. 33 und *Sauer/Münkel*, Absprachen im Strafprozess, S. 80.

992 KK-OWiG/*Mitsch*, § 47, Rn. 149.

993 Göhler/*Seitz/Bauer*, § 47, Rn. 34; BeckOK-OWiG/*A. Bücherl*, § 47, Rn. 55.

994 Göhler/*Seitz/Bauer*, § 47, Rn. 34; BeckOK-OWiG/*A. Bücherl*, § 47, Rn. 55.

995 BT-Drs. 7/550, S. 347; vgl. aber auch LG Berlin, 76. Kleine Strafkammer, Beschluss v. 09.03.2007, (576) 95/124 PLs 4333/05 Ns (17/06), Rn. 3 (juris) bei Einstellung nach § 153a StPO bei Zusammenfallen von Straftat und Ordnungswidrigkeit; siehe auch Göhler/*Seitz/Bauer*, § 47, Rn. 34; BeckOK-OWiG/*A. Bücherl*, § 47, Rn. 55.

2. *Historie der Gesetzgebung*

In der Vergangenheit wurde das Verfahren des Öfteren nach Zahlung eines Geldbetrags an eine gemeinnützige Einrichtung eingestellt, um beispielsweise eine Eintragung in das Verkehrszentralregister (jetzt Fahreignungsregister) zu umgehen.[996] Dem wollte der Gesetzgeber entgegentreten:[997] „Erscheint eine Ordnungswidrigkeit nicht mehr geringfügig, sondern so bedeutsam, daß der Betroffene eine — über das Verwarnungsgeld (§ 56 OWiG) hinausgehende — geldliche Einbuße verdient, so ist sie in allen Fällen in Form der Geldbuße festzusetzen."[998] Aus § 47 Abs. 3 OWiG folge der Rechtsgedanke, dass eine Verfahrenseinstellung nicht dazu führen darf, Nebenfolgen, die das Gesetz an die Verhängung einer Geldbuße koppelt, zu vermeiden.[999]

3. *Gefahr der vorschnellen Einstellung der Verfahren?*

Dieser Gedanke ist überzeugend. Eine derartige Möglichkeit birgt angesichts der ohnehin knappen Ressourcen der Justiz die Gefahr, dass die Behörden und Gerichte die Verfahren vorschnell einstellen. Die Strafrechtskommission erkennt selbst, dass sich durch eine Reform des § 47 Abs. 3 OWiG die Zahl der Einsprüche gegen eine Entscheidung der Verwaltungsbehörde gar erhöhen könnte.[1000] Besonders wenn Eintragungen in das Fahreignungsregister drohen, wären Betroffene geneigt, auf eine Verfahrenseinstellung hinzuwirken.[1001]

Gleiches gilt für die nur vor dem Oberlandesgericht erstinstanzlich vorgesehene Möglichkeit der Verfahrenseinstellung. Warum das Oberlandesgericht gerade in Kartellverfahren, jedoch nicht bei einem Ordnungsverstoß im Straßenverkehr das Verfahren gegen Zahlung eines Geldbetrags an eine gemeinnützige Einrichtung einstellen können soll, dürfte sich nur den wenigsten Bürgern erschließen. Insoweit droht eine – nicht nur subjektiv empfundene – Privilegierung von Unternehmen und deren Verantwortlichen. Das Mittel der Verhängung einer Geldbuße im Ordnungswidrigkeitenrecht als nachdrückliche Pflichtenmahnung verkäme angesichts der schnelleren Möglichkeit zur Einstellung des Verfahrens zu einer Farce. Es liegt nahe, dass die Richter angesichts der oft monierten Arbeitsbelastung und knappen Ressourcen[1002] in der Fallbearbeitung gerade in Ordnungswidrigkeitenverfahren eher zu diesem Mittel greifen. Eine solche Regelung bedeutet damit eine zunehmende Abkehr von rechtstaatlichen Standards in der

996 BT-Drs. 7/550, S. 347; siehe auch: *Bibbo,* S. 90.
997 BT-Drs. 7/550, S. 347.
998 BT-Drs. 7/550, S. 348.
999 BT-Drs. 7/550, S. 348.
1000 Große Strafrechtskommission des Deutschen Richterbundes, S. 115.
1001 Große Strafrechtskommission des Deutschen Richterbundes, S. 115.
1002 *Krumm,* ZRP 2004, 85; *Helmken,* NZV 1997, 289 f.

ordnungswidrigkeitenrechtlichen Fallbearbeitung. Besonders im Kartellrecht reichen an dieser Stelle die bestehenden Ermessensspielräume der Wettbewerbsbehörden aus. Von Lockerungen des § 47 Abs. 3 OWiG ist damit eindringlich abzuraten.

D. Reform des § 55 OWiG

I. Rechtslage

1. § 55 Abs. 1 OWiG

Nach § 55 Abs. 1 OWiG ist § 163a Abs. 1 StPO mit der Einschränkung anzuwenden, dass es genügt, wenn dem Betroffenen Gelegenheit gegeben wird, sich zu der Beschuldigung – mündlich oder schriftlich – zu äußern.[1003] Die Vorschrift verwirklicht gleichzeitig das Recht des Betroffenen auf rechtliches Gehör im Ermittlungsverfahren, Art. 103 Abs. 1 GG[1004] und gewährt ihm eine Möglichkeit zur Verteidigung.[1005] Begründet wird der Verzicht auf eine förmliche Vernehmung unter anderem mit dem geringeren Unwertgehalts einer Ordnungswidrigkeit im Vergleich zu einer Straftat.[1006]

Bei geringfügigen Ordnungswidrigkeiten ist anerkannt, dass eine mündliche Anhörung an Ort und Stelle erfolgt und die Angaben des Betroffenen in einem Aktenvermerk festgehalten werden.[1007] Wird der Betroffene in einer häufig auftretenden Ordnungswidrigkeit nicht angetroffen oder handelt es sich um einen komplexen Sachverhalt, so ist anzuraten, ihm Gelegenheit zur schriftlichen Äußerung zu geben.[1008] Handelt es sich dagegen um eine „bedeutsame Ordnungswidrigkeit mit erheblichem Unwertgehalt", droht eine höhere Geldbuße oder Nebenfolge und ist auch der Verfahrensstoff in rechtlicher und tatsächlicher Hinsicht anspruchsvoll, so *kann* der Betroffene auch förmlich vernommen werden.[1009] Wurde vor Erlass des Bußgeldbescheids auf eine Anhörung verzichtet, so hindert dies nicht

---

1003 Siehe dazu: *Mitsch*, Recht der Ordnungswidrigkeiten, § 27, Rn. 10; *Klesczewski*, § 10, Rn. 845; *Krenberger/Krumm*, § 55, Rn. 3; KK-OWiG/*Lutz*, § 55, Rn. 3; *Trurnit*, Eingriffsrecht, Rn. 157.

1004 NK-GVR/*Kreusch*, § 55 OWiG, Rn. 1; *Rosenkötter/Louis*, Rn. 485; KK-OWiG/*Lutz*, § 55, Rn. 3; BeckOK-OWiG/*Straßer*, § 55, Rn. 1.

1005 Göhler/*Gürtler*, § 55 Rn. 3; KK-OWiG/*Lutz*, § 55, Rn. 4.

1006 KK-OWiG/*Lutz*, § 55, Rn. 1.

1007 VG Düsseldorf, Urt. v. 24.05.2012 – 6K 8411/10, juris, Rn. 47; *Klesczewski*, § 10, Rn. 846; KK-OWiG/*Lutz*, § 55, Rn. 7.

1008 KK-OWiG/*Lutz*, § 55, Rn. 8; in der Praxis wird dem Betroffenen häufig ein sog. Anhörungsbogen zugeschickt, siehe *Rosenkötter/Louis*, Rn. 485.

1009 KK-OWiG/*Lutz*, § 55, Rn. 9; *Klesczewski*, § 10, Rn. 847; BeckOK-OWiG/*Straßer*, § 55, Rn. 29.

die Wirksamkeit des Bußgeldbescheids, da der Betroffene sein Recht auf rechtliches Gehör noch im gerichtlichen Verfahren verwirklichen kann.[1010]

2. § 55 Abs. 2 OWiG

Ebenfalls aus Beschleunigungsgründen ordnet § 55 Abs. 2 OWiG an, dass der Betroffene nicht darauf hingewiesen werden braucht, schon vor seiner Vernehmung einen von ihm zu wählenden Verteidiger befragen zu können. Insoweit sind auch die § 136 Abs. 1 S. 3 – 5 StPO nicht anzuwenden. Wegen zu erwartender Schwierigkeit der Sach- und Rechtslage, sowie beispielsweise der Schwere des Tatvorwurfs, *kann* die Verfolgungsbehörde den Betroffenen auch über dieses Recht informieren.[1011]

II. Kritik in der Literatur: Gefährdung der Fairness des Verfahrens bei schweren Wirtschaftsordnungswidrigkeiten

Schmitz äußert an den Vorgaben des § 55 OWiG Kritik, insbesondere angesichts der hohen Sanktionen in Kartellverfahren.[1012] Dabei sieht er sowohl die Einschränkung des Anhörungsrechts, als auch die fehlende Belehrung des Betroffenen, einen Verteidiger befragen zu können, in Bezug auf den Grundsatz des fairen (Kartellordnungswidrigkeiten-)Verfahrens kritisch.[1013] § 55 OWiG müsse so ausgelegt werden, dass der Betroffene auf sein Recht hinzuweisen ist, vor seiner Vernehmung einen Verteidiger befragen zu dürfen.[1014] Das Anhörungsrecht dürfe – zumindest in Kartellverfahren – nicht weiter eingeschränkt werden.[1015] Der Gesetzgeber sei daher gefordert, insbesondere für Kartellordnungswidrigkeitenverfahren Regelungen vorzusehen, die einen dem Strafverfahren ähnlichen Standard gewährleisten.[1016]

Auch *Gürtler* hält es bei einer schwierigen Sach- oder Rechtslage oder einer hohen Geldbuße für geboten, den Betroffenen über sein Konsultationsrecht zu informieren,[1017] insbesondere, wenn der Betroffene nicht imstande ist, die Sach- und Rechtslage überhaupt zu verstehen.[1018] Durch die besseren Verteidigungsrechte des Betroffenen, wäre auch der Grundsatz der Wahrheitsermittlung gewahrt.[1019] *Schulz*

1010 Göhler/*Gürtler*, § 55 Rn. 6; *Klesczewski*, § 10, Rn. 849; vgl. dazu auch OLG Hamm, 3. Senat für Bußgeldsachen, Beschluss v. 7.7.1988, 3 Ss OWi 147/88, Rn. 4 (juris).

1011 KK-OWiG/*Lutz*, § 55, Rn. 23; Göhler/*Gürtler*, § 55 Rn. 13.

1012 *Schmitz*, wistra 2016, 129, 131; Immenga/Mestmäcker/*Dannecker/Biermann*, Band 2, Vor § 81, Rn. 279 oder Göhler/*Gürtler*, § 55, Rn. 13; KK-Kartellrecht/*Reher*, Band 2, vor § 81, Rn. 194.

1013 *Schmitz*, wistra 2016, 129, 131.

1014 *Schmitz*, wistra 2016, 129, 131.

1015 *Schmitz*, wistra 2016, 129, 132.

1016 *Schmitz*, wistra 2016, 129, 137.

1017 Göhler/*Gürtler*, § 55 Rn. 13; BeckOK-OWiG/*Straßer*, § 55, Rn. 43.

1018 Göhler/*Gürtler*, § 55 Rn. 13.

1019 Göhler/*Gürtler*, § 55 Rn. 13.

ergänzt diese Ausführungen dahin gehend, dass die Mitwirkung eines Verteidigers im Ordnungswidrigkeitenverfahren insbesondere in Fällen des § 140 Abs. 2 S. 1 StPO notwendig wäre.[1020] Dies ist beispielsweise der Fall, wenn ersichtlich ist, dass der Betroffene sich nicht selbst verteidigen kann.[1021] Für rechtlich oder tatsächlich anspruchsvoll gelagerte Sachverhalte fordern auch *Dannecker* und *Biermann*, dass der Betroffene schon vor der ersten Vernehmung über sein Recht, einen Verteidiger befragen zu dürfen, belehrt werden müsse.[1022] Dies folge aus dem Grundsatz eines fairen Verfahrens und gelte auch für juristische Personen.[1023]

III. Bewertung

Will man die Frage beantworten, ob § 55 OWiG in seiner derzeitigen Ausgestaltung mit Art. 6 EMRK vereinbar ist, so muss man zunächst den Gehalt und die Reichweite von Art. 6 EMRK ermitteln.

1. Vorgaben des Art. 6 EMRK

a. Anwendungsbereich von Art. 6 EMRK für das ordnungswidrigkeitenrechtliche Ermittlungsverfahren

Wie oben bereits erörtert, unterfallen Ordnungswidrigkeiten grundsätzlich dem Begriff der strafrechtlichen Anklage i.S.d. Art. 6 EMRK.[1024]

aa. „Unfaires" Vorverfahren im Ordnungswidrigkeitenrecht?

Für das strafrechtliche Ermittlungsverfahren ist anerkannt, dass Art. 6 EMRK umfassend zur Anwendung gelangt.[1025] Einige Stimmen im Schrifttum gehen jedoch davon aus, dass Art 6 EMRK für das *Vorverfahren im Ordnungswidrigkeitenrecht* keine Geltung beanspruchen soll.[1026] Insbesondere *Göhler* stellt klar, dass das Urteil des EGMR v. 21.02.1984 in der Rechtssache „*Öztürk*"[1027] Widerspruch

---

1020 Blum/Gassner/Seith/*Schulz*, § 55 OWiG, Rn. 18.

1021 Blum/Gassner/Seith/*Schulz*, § 55 OWiG, Rn. 18.

1022 Immenga/Mestmäcker/*Dannecker/Biermann*, Band 2, Vor § 81, Rn. 279.

1023 Immenga/Mestmäcker/*Dannecker/Biermann*, Band 2, Vor § 81, Rn. 279.

1024 EGMR, Urt. v. 21.2.1984, Nr. 8544/79 (*Öztürk/Germany*), § 52; LR-EMRK/*Esser*, Art. 6, Rn. 74; *Koch*, S. 60.

1025 EGMR, Urt. v. 8.2.1996, Nr. 18731/91 (*Murray/Vereinigtes Königreich*), § 62; näher: *Esser*, Auf dem Weg zu einem europäischen Strafverfahrensrecht, S. 452 f.

1026 Darunter Göhler/*Seitz/Bauer*, § 46, Rn. 10a; *Göhler*, NStZ 1985, 62, 64; KK-OWiG/*Lampe*, § 46, Rn. 9; *Meyer*, JurBüro 1980, 321, 324 f.; zusammenfassend: BeckOK-OWiG/*A. Bücherl*, § 46, Rn. 7.2.; ebenso: OLG Celle, Beschluss v. 17.11.1959 – 1 Ws (B) 9/59, NJW 1960, 880, 881; a.A. *Schmitz*, wistra 2016, 129, 131.

1027 EGMR, Urt. v. 21.2.1984, Nr. 8544/79 (*Öztürk/Germany*); näher dazu auch: *Milej*, S. 67 f.

hervorrufen muss.[1028] Er kritisiert, der EGMR habe die vom Bundesverfassungsgericht anerkannte Rechtsentwicklung in Deutschland zur Aufspaltung in Straf- und Ordnungswidrigkeiten verkannt und auch den bewussten Verzicht auf die Freiheitsstrafe nicht ausreichend berücksichtigt.[1029] Daher sei der Bewertung, dass auch Ordnungswidrigkeiten dem Strafrecht unterfallen und die vergleichsweise Geringfügigkeit der Sanktion daran nichts ändern kann, zu widersprechen.[1030] *Bélorgey* orientiert sich in seiner Arbeit zu dem Einfluss von Art. 6 EMRK auf das Bußgeldverfahren vorrangig am Wortlaut des Art. 6 EMRK, der sich nur auf ein „Gerichtsverfahren" bezieht.[1031] Demnach käme der Anspruch auf ein faires Verfahren erst *nach der Einspruchseinlegung* gegen den Bußgeldbescheid nach § 67 Abs. 1 OWiG in Betracht.[1032]

bb. Geltung des Art. 6 Abs. 1 EMRK im ordnungswidrigkeitenrechtlichen Vorverfahren

Wenn man anbringt, dass sich Art. 6 EMRK nur auf die gerichtlichen Verfahren, die der Rechtsprechung übertragen sind, bezieht, so greift dies zu kurz.[1033] Dies kann durch den Begriff der strafrechtlichen Anklage i.S.d. Art. 6 EMRK untermauert werden. Diese wird umschrieben als „die amtliche Mitteilung an den Betroffenen durch die zuständige Behörde, dass er einer Straftat beschuldigt wird."[1034] In bestimmten Fällen kann die Bekanntgabe dabei in „Form anderer Maßnahmen" bestehen, „die einen derartigen Vorwurf enthalten und die auf die Lage des Verdächtigen schwerwiegende Rückwirkungen haben".[1035] Die Reichweite bestimmt der EGMR nach der schon skizzierten Engel-Rechtsprechung.[1036] Durch diese Rechtsprechung und die alternative Anwendung der dort aufgezählten Kriterien hat der EGMR den Schutzbereich des Art. 6 EMRK erheblich ausgedehnt.[1037] Anstatt nun gewisse Bereiche wieder aus dem Schutzbereich auszugliedern, wählt der Gerichtshof vielmehr den Weg der abgestuften Geltung der strafrechtlichen Garantien der EMRK.[1038] Dies

---

1028 *Göhler,* NStZ 1985, 62, 64.
1029 *Göhler,* NStZ 1985, 62, 64.
1030 *Göhler,* NStZ 1985, 62, 64.
1031 *Bélorgey,* S. 90.
1032 *Bélorgey,* S. 92.
1033 *Meyer,* JurBüro 1980, 321, 325.
1034 EGMR, Urt. v. 27.02.1980, Nr. 6903/75 (*Deweer/Belgien*), § 46; Meyer-Ladewig/*Meyer-Ladewig/Harrendorf/König,* Art. 6, Rn. 31.
1035 EGMR, Urt. v. 21.2.1984, Nr. 8544/79 (*Öztürk/Deutschland*), § 55; siehe auch Meyer-Ladewig/*Meyer-Ladewig/Harrendorf/König,* Art. 6, Rn. 31 (Voruntersuchung oder Durchsuchungen).
1036 EGMR, Urt. v. 8.6.1976, Nr. 5100/71 (*Engel u.a./Niederlande*), § 82.
1037 Meyer-Ladewig/*Meyer-Ladewig/Harrendorf/König,* Art. 6, Rn. 30.
1038 Meyer-Ladewig/*Meyer-Ladewig/Harrendorf/König,* Art. 6, Rn. 30.

macht vor allem das Urteile in den Rechtssache *Jussila/Finnland*[1039] deutlich. Daraus kann man schlussfolgern, dass Art. 6 EMRK nun ausdrücklich auch schon für das Verfahren der Verhängung einer Sanktion durch die Verwaltungsbehörde gilt, dort jedoch dann – freilich in einer Gesamtbetrachtung des Verfahrens – mit einer abgestuften Anwendung der strafrechtlichen Garantien des Art. 6 EMRK.[1040]

Selbst wenn man sich strikt an den Wortlaut von Art. 6 EMRK hält[1041], sind sämtliche Umstände des Vorverfahrens noch im gerichtlichen Verfahren zu berücksichtigen.[1042] Der EGMR berücksichtigt bei einem möglichen Verstoß gegen Art. 6 EMRK die gesamten Umstände des Verfahrens.[1043] Wenn also im Einzelfall ein konkreter Verstoß gegen Art. 6 Abs. 3 EMRK auszumachen ist, kann dieser kompensiert werden, sofern sich das übrige Verfahren als fair erweist.[1044] Es wäre daher sinnwidrig auf der einen Seite die Umstände des Vorverfahrens im gerichtlichen Verfahren zu berücksichtigen, in einer isolierten Betrachtung des Vorverfahrens die Garantien des Art. 6 EMRK aber unangewendet zu lassen. Ferner ist der Betroffene gerade in diesem Stadium des Verfahrens besonders schützenswert, da die Verwaltungsbehörde gerade keine solche Unabhängigkeit wie ein Gericht garantiert und das Ziel der Ermittlungen von vornherein auf die Verhängung eines Bußgeldbescheids gerichtet ist.[1045] Damit müssen die Vorgaben der EMRK im Rahmen des Vorverfahrens für eine Bewertung der Verfahrensfairness herangezogen werden.

b. *Anforderungen an ein faires Verfahren*

Das Recht auf ein faires Verfahren gilt damit für das Vorverfahren einer Ordnungswidrigkeit. Es setzt sich aus Teilgarantien zusammen, so etwa aus dem Grundsatz der Waffengleichheit, dem Anspruch auf rechtliches Gehör, dem Recht auf Begründung von Entscheidungen, dem Nemo-tenetur-Grundsatz, sowie den

1039 EGMR, Urt. v. 23.11.2006, Nr. 73053/01 (*Jussila/Finnland*), § 36: „Furthermore, the Court is not persuaded that the nature of *tax-surcharge proceedings* is such that they fall, or should fall, outside the protection of Article 6."; Meyer-Ladewig/*Meyer-Ladewig/Harrendorf/König*, Art. 6, Rn. 30.

1040 Siehe Meyer-Ladewig/*Meyer-Ladewig/Harrendorf/König*, Art. 6, Rn. 30; für das europäische Kartellsanktionenrecht: *Lorenzmeier*, ZIS 2008, 20, 30; vgl. auch *Moser*, S. 94 f.

1041 Aus dem Wortlaut des Art. 6 EMRK folgen im Übrigen nicht nur Gründe gegen eine Anwendbarkeit auf das Ermittlungsverfahren des Ordnungswidrigkeitenrechts, dazu *Bélorgey*, S. 87 f.

1042 Siehe: Meyer-Ladewig/*Meyer-Ladewig/Harrendorf/König*, Art. 6, Rn. 92.

1043 MüKo-StPO/*Gaede*, Band 3–2, Art. 6 EMRK, Rn. 22 ff.; Meyer-Ladewig/*Meyer-Ladewig/Harrendorf/König*, Art. 6, Rn. 92.

1044 LR-EMRK/*Esser*, Art. 6, Rn. 245; im Detail: *Krausbeck*, S. 52 f.

1045 *Schmitz*, wistra 2016, 129, 132; vgl. auch *Möschel*, WuW 2010, 869, 875 f.

Rechten in Art. 6 Abs. 2 und 3 EMRK.[1046] Für die am Prozess beteiligten Personen sollen grundsätzlich dieselben Voraussetzungen gelten, Einfluss auf dessen weitere Entwicklung nehmen zu können.[1047] Die Prozessparteien sind daher *grundsätzlich* gleichzustellen.[1048] Dies betrifft sämtliche Teilnahme-, Informations- und Äußerungsrechte[1049] und den Zugang zum gesamten Verfahrensstoff.[1050]

Bei der konkreten Ausgestaltung des Verfahrens kommt dem Gesetzgeber ein Ermessensspielraum zu, indem er sich nicht auf einen bestimmten Verfahrenstyp beschränken muss.[1051] Eine Mindestvorgabe ist jedoch die kontradiktorische Ausgestaltung des Verfahrens.[1052] Zu einer Stellungnahme der Anklage hat der Betroffene diesbezüglich das Recht zur Kenntnisnahme und Äußerung.[1053] Ob § 55 OWiG den hier skizzierten Grundlagen genügt, bleibt im Folgenden zu untersuchen.

2. *Vereinbarkeit von § 55 Abs. 1 OWiG mit Art. 6 EMRK*

a. *Zahlreiche Äußerungsmöglichkeiten des Betroffenen als Wahrung der Gesamtfairness des Verfahrens*

§ 55 Abs. 1 OWiG schränkt das Äußerungsrecht des Betroffenen ein und ermöglicht es der ermittelnden Behörde, auf eine förmliche Vernehmung zu verzichten. Diese Regelung ist angesichts des Rechts auf ein faires Verfahren unbedenklich, in Einzelfällen erscheint eine Änderung möglicherweise sogar kontraproduktiv: Bei massenhaft vorkommenden Ordnungsverstößen, wie beispielsweise einer geringfügigen Geschwindigkeitsüberschreitung sollte es genügen, wenn sich der Betroffene kurz mündlich oder schriftlich äußern kann.[1054] Jede andere Entscheidung wird dem summarischen Charakter des Ermittlungsverfahrens nicht gerecht, bedeutet eine enorme Verzögerung des gesamten Verfahrensablaufs und führt zu einer Belastung der Ressourcen der Behörden.[1055] Auch bei komplexen wirtschaftsrechtlichen Verfahren ist keine andere Beurteilung angezeigt. Der EGMR

1046 *Grabenwarter/Pabel*, § 24, Rn. 66; *Pietrowicz*, S. 160; zur Bedeutung des Grundsatzes des fairen Verfahrens in der Rspr. des BGH siehe *Mosbacher*, GA 2018, 195, 197 ff.

1047 *Grabenwarter/Pabel*, § 24, Rn. 66; Karpenstein/Mayer/*Meyer*, Art. 6 EMRK, Rn. 115.

1048 *Grabenwarter/Pabel*, § 24, Rn. 67; Meyer-Ladewig/*Meyer-Ladewig/Harrendorf/König*, Art. 6, Rn. 106; *Kwaschik*, S. 112; *Manzel*, S. 126 f.; vgl. aber auch: Karpenstein/Mayer/*Meyer*, Art. 6 EMRK, Rn. 115.

1049 LR-EMRK/*Esser*, Art. 6, Rn. 202.

1050 LR-EMRK/*Esser*, Art. 6, Rn. 207.

1051 LR-EMRK/*Esser*, Art. 6, Rn. 189 f.

1052 LR-EMRK/*Esser*, Art. 6, Rn. 219; BeckOK-StPO/*Valerius*, Art. 6 EMRK, Rn. 11.

1053 Meyer-Ladewig/*Meyer-Ladewig/Harrendorf/König*, Art. 6, Rn. 96 ff.; LR-EMRK/*Esser*, Art. 6, Rn. 227.

1054 KK-OWiG/*Lutz*, § 55, Rn. 7.

1055 Vgl. KK-OWiG/*Lutz*, § 55, Rn. 7 oder *Vockeroth*, DVP 2008, 1, 9.

bewertet die Verfahrensfairness immer nur aufgrund einer Gesamtbetrachtung.[1056] Hier muss berücksichtigt werden, dass der Betroffene selbst bei einer vollständig unterbleibenden Anhörung sein Recht auf rechtliches Gehört im gerichtlichen Verfahren erneut verwirklichen kann.[1057] Spätestens im Zwischenverfahren oder vor Gericht wird der Betroffene zu den gegen ihn vorgebrachten Äußerungen umfänglich Stellung nehmen können.[1058] Bei derzeitiger Verfahrenslage erscheint ein Verstoß gegen Art. 6 EMRK daher fernliegend.

b. Ausnahmeregelungen im GWB oder WpHG als Lösung?

Davon losgelöst zu beantworten ist die Frage nach der Schaffung von Ausnahmeregelungen in den jeweiligen Spezialgesetzen im Wirtschaftsrecht (GWB, WpHG), die eine Vernehmung in Form einer mündlichen Anhörung mit einer Protokollierung des Vortrags vorsehen und damit der Bedeutung und den tatsächlichen Aufklärungsschwierigkeiten in diesen Bereichen gerecht werden könnten.[1059] Zwänge man die Behörden im Wirtschaftsrecht zu einer Vernehmung im Ermittlungsverfahren und würde man sich nicht auf ein bloßes Äußerungsrecht beschränken, könnte dies nicht nur einer umfangreicheren Sachverhaltsaufklärung zuträglich sein, sondern könnte damit gleichzeitig die Gefahr von Lücken des Ermittlungsergebnisses im späteren Verfahren reduzieren.[1060]

Auf der anderen Seite würde man den Behörden die große Flexibilität, die ihr das Ermittlungsverfahren im Ordnungswidrigkeitenrecht zugesteht, rauben. Dies ist nicht gewollt: Der Gesetzgeber hat sich bewusst dafür entschieden, dass Kartellverstöße als Ordnungswidrigkeit und nicht als Straftat sanktioniert werden. Dabei hat er sich auch vom zugrunde liegenden Verfahren und seiner im Vergleich zum Strafverfahren größeren Flexibilität leiten lassen.[1061] Die Behörden verfügen in der Praxis über die nötige Erfahrung, die jeweiligen Ermittlungen je nach Fallgestaltung sachdienlich zu führen und abzuschließen.[1062] Diese Erfahrung wird ihnen auch bei der Frage zugutekommen, ob sie den Betroffenen förmlich mündlich vernehmen oder sich auf schriftliche Äußerungen beschränken wollen. Diese Form einer effizienten, zweckmäßigen Verfahrensführung ist eine typische Ausprägung

---

1056 MüKo-StPO/Gaede, Band 3–2, Art. 6 EMRK, Rn. 22; Meyer-Ladewig/*Meyer-Ladewig/Harrendorf/König*, Art. 6, Rn. 92.

1057 Göhler/*Gürtler*, § 55 Rn. 6; *Klesczewski*, § 10, Rn. 849; vgl. dazu auch OLG Hamm, 3. Senat für Bußgeldsachen, Beschluss v. 7.7.1988, 3 Ss OWi 147/88, Rn. 4 (juris); Kamann/Ohlhoff/Völcker/*Krauß*, § 18, Rn. 65.

1058 Vgl. etwa Blum/Gassner/Seith/*Blum*, § 69, Rn. 11.

1059 Immenga/Mestmäcker/*Dannecker/Biermann*, Band 2, Vor § 81, Rn. 278.

1060 Siehe dazu exemplarisch: BVerfG, NJW 2016, 3711.

1061 BT-Drs. 18/4721, v. 22.04.2015, S. 6.

1062 Vgl. Immenga/Mestmäcker/*Dannecker/Biermann*, Band 2, § 82a GWB, Rn. 3; *Hummel*, Amtshaftung im Kartellrecht, S. 82 f.

des Ordnungswidrigkeitenverfahrens.[1063] Etwaige Ausnahmeregelungen zu § 55 Abs. 1 OWiG in den Spezialgesetzen sind damit nicht angezeigt. Die Regelung bedarf daher unter dem Gesichtspunkt eines fairen Verfahrens keine Neugestaltung und passt sowohl für einfache Ordnungsverstöße, als auch für schwerwiegende Ordnungswidrigkeiten im Wirtschaftsrecht.

3. *Vereinbarkeit von § 55 Abs. 2 OWiG mit Art. 6 EMRK*

Weitaus problematischer ist dagegen die Frage nach der Vereinbarkeit von § 55 Abs. 2 OWiG mit Art. 6 EMRK, da die Vorschrift die Belehrungspflicht über das Recht zur Verteidigerkonsultation in das *Ermessen* der Verfolgungsbehörde stellt. Insbesondere der Wortlaut der Vorschrift „braucht nicht darauf hingewiesen zu werden“, statt „Die Behörde *kann* darauf hinweisen“ macht deutlich, dass das Gesetz erstere Fallvariante zum Regelfall erklärt.

a. Rechtsprechung des EGMR

Ein Verstoß gegen Art. 6 EMRK hängt von einer Gesamtbetrachtung des Verfahrens ab.[1064] Daher ist auch das Recht auf Zugang zu einem Verteidiger immer nur einer von zahlreichen Aspekten, die in eine solche Betrachtung einfließen.[1065] Manchmal kann ein einzelner Verstoß aber so schwer wiegen, dass sich dieser auf die Gesamtfairness des Verfahrens negativ auswirkt.[1066] So kann man insbesondere dann von einem Verstoß gegen Art. 6 EMRK sprechen, wenn der Beschuldigte eine belastende Aussage tätigt, ohne vorher eine Möglichkeit zur Befragung seines Verteidigers bekommen zu haben und sich das spätere Urteil auf diese Aussage stützt.[1067] Fragt man nun nach einer Vereinbarkeit von § 55 Abs. 2 OWiG mit dem Fairnessgrundsatz, so stechen aus der Rechtsprechung des EGMR zwei Urteile hervor, die eine eindeutige Richtung vorgeben.

aa. Urteil *Panovits/Zypern*: Effektive Ausübung der Verteidigungsrechte

In seinem Urteil zu *Panovits/Zypern* war der jugendliche Beschwerdeführer durch die Ermittlungsorgane nicht auf das Recht auf Beratung durch einen

---

1063 BGH, NJW 1997, 1862, 1863 = NZV 1997, 315; *Klesczewski*, § 9, Rn. 675; Beck/Berr/Schäpe/*Heberlein*/*Bergmann*, OWi-Sachen Straßenverkehrsrecht, Rn. 2; *Mitsch*, Recht der Ordnungswidrigkeiten, § 14, Rn. 6.

1064 Meyer-Ladewig/*Meyer-Ladewig*/*Harrendorf*/*König*, Art. 6, Rn. 92; BeckOK-StPO/*Valerius*, Art. 6 EMRK, Rn. 14.

1065 EGMR, Urt. v. 11.07.2006, Nr. 54810/00 (*Jalloh/Deutschland*), § 97; *Arslan*, S. 69 ff.; *Esser*, FS Kühne, S. 557.

1066 *Esser*, FS Kühne, S. 557.

1067 EGMR, Urt. v. 27.11.2008, Nr. 36391/02 (*Salduz/Türkei*), NJW 2009, 3707, 3708; *Esser*, FS Kühne, S. 557.

Verteidiger hingewiesen worden und räumlich von seinem Vater getrennt.[1068] Der EGMR legte hierzu dar, dass die Strafverfolgungsbehörden ihm in aktiver Weise die effektive Ausübung seiner Verteidigungsrechte hätten ermöglichen müssen.[1069] *Esser* leitet daraus ab, dass diese Formulierung letztlich auf eine „Pflicht zur Belehrung des Beschuldigten über sein Recht auf Zugang zu einem Verteidiger (zusätzlich zum Schweigerecht) *vor* Beginn der Vernehmung" hinausläuft.[1070] Es werde allgemein erkennbar, dass der EGMR ein Recht auf Zugang – und damit auch auf Belehrung über die Möglichkeit der Bestellung eines Verteidigers – vor bzw. bei der ersten Vernehmung aus Art. 6 Abs. 1 i.V.m. Art. 6 Abs. 3 lit. c EMRK herleitet.[1071]

bb. Urteil *Ibrahim/U.K.*: Informationen über Zugang zu einem Anwalt als wichtiger Grundsatz eines fairen Verfahrens

Im Urteil des EGMR *Ibrahim/U.K.* wurde der zunächst nicht im Fokus der Ermittlung stehende Betroffene als Zeuge vernommen.[1072] Nachdem er selbstbelastende Aussagen tätigte, wurde er entgegen der geltenden Rechtslage nicht darauf hingewiesen, dass er einen Verteidiger konsultieren konnte.[1073] Hierzu stellte der EGMR in seinen Ausführungen fest, dass das Recht über seine Verteidigungsrechte informiert zu werden, in zahlreichen internationalen Vorgaben festgehalten sei.[1074] Es sei unabdingbar, dass der Beschuldigte seine Verteidigungsrechte überhaupt kenne, um diese ausüben zu können.[1075] Das Recht des Zugangs zu einem Anwalt, das Recht zu Schweigen, sowie die Gewährleistung der Selbstbelastungsfreiheit verbürgen daher auch, überhaupt über diese Rechte informiert zu werden: „*The Court therefore finds that it is inherent in the privilege against self-incrimination, the right to silence and the right to legal assistance that a person „charged with a criminal offence" for the purposes of Article 6 has the right to be notified of these rights.*"[1076] Für

1068 *Esser,* FS Kühne, S. 558.

1069 EGMR, Urt. v. 11.12.2008, Nr. 4268/04 (*Panovits/Zypern*), § 72 f.; *Esser,* FS Kühne, S. 558.

1070 *Esser,* FS Kühne, S. 556; anders insoweit LR-StPO/*Gleß*, Band 12, Nachtr. § 136 StPO, Rn. 9, die die Belehrungspflicht nur bei besonderer Schutzwürdigkeit des Beschwerdeführers annimmt.

1071 So *Esser,* FS Kühne, S. 558 f.

1072 EGMR, Urt. v. 13.09.2016, Nr. 50541/08 (*Ibrahim u.a./U.K.*), § 140.

1073 EGMR, Urt. v. 13.09.2016, Nr. 50541/08 (*Ibrahim u.a./U.K.*), § 140 u. § 157.

1074 EGMR, Urt. v. 13.09.2016, Nr. 50541/08 (*Ibrahim u.a./U.K.*), § 271.

1075 EGMR, Urt. v. 13.09.2016, Nr. 50541/08 (*Ibrahim u.a./U.K.*), § 272: „In order to ensure that the protection afforded by the right to a lawyer and the right to silence and privilege against self-incrimination are practical and effective, *it is crucial* that suspects be aware of them.".

1076 EGMR, Urt. v. 13.09.2016, Nr. 50541/08 (*Ibrahim u.a./U.K.*), § 272 f.

die jeweiligen Regierungen würde es umso schwieriger werden, die Vermutung für ein unfaires Verfahren zu widerlegen, wenn die zuständigen Stellen es versäumen, den Betroffenen über diese Rechte zu belehren.[1077]

cc. Zusammenfassung: Schwere Widerlegbarkeit einer fehlenden Belehrung über die Möglichkeit der Verteidigerbestellung

Aus letzterem Urteil wird deutlich, dass der EGMR nach wie vor die Gesamtfairness des Verfahrens in den Vordergrund stellt, wenn er untersucht, ob ein Verstoß gegen Art. 6 EMRK vorliegt. Damit deutet er an, dass auch der Verstoß über die fehlende Belehrung über die Möglichkeit der Verteidigerbestellung vor der eigentlichen Vernehmung durch den weiteren Verfahrensverlauf kompensiert werden kann. Dass es sich bei einer solchen Verhaltensweise gleichwohl um einen schwerwiegenden Verstoß gegen Art. 6 EMRK handelt, macht der EGMR dadurch deutlich, dass er an die Widerlegung des Verstoßes durch die Regierungen hohe Anforderungen stellt. Betrachtet man beide Urteile im Kontext der Verfahrensfairness des Art. 6 EMRK wird klar, dass der EGMR das Recht über die Belehrung der Möglichkeit einer Verteidigerkonsultation schon vom Recht zum Zugang zu einem Verteidiger umfasst sieht. Genügen die Behörden diesen Vorgaben nicht, so handelt es sich um einen gewichtigen Verstoß gegen Art. 6 EMRK, der – wenn überhaupt – nur schwer zu widerlegen ist.

Damit wird klar, dass das Recht über die Belehrung der Möglichkeit der Konsultation eines Verteidigers zentral für die Rechtsstellung des Beschuldigten im gesamten Strafverfahren ist. Es besteht zumindest indirekt für den Gesetzgeber die Pflicht, eine solche Belehrung auch schon vor der eigentlichen Vernehmung zu schaffen. Anderenfalls hätte der Gesetzgeber mit erheblichen Beweisschwierigkeiten im Verfahren eines Verstoßes gegen Art. 6 EMRK zu kämpfen.

b. Anwendbarkeit auf Ordnungswidrigkeitenverfahren

aa. Grundsätze

Problematisch ist nun, ob sich eine solche Pflicht auch für das Ordnungswidrigkeitenverfahren aufstellen lässt, da die oben genannten Fälle des EGMR ausschließlich ein Strafverfahren betrafen. Ordnungswidrigkeiten unterfallen zwar grundsätzlich dem Anwendungsbereich der strafrechtlichen Anklage i.S.d. EMRK.[1078] Man könnte jedoch argumentieren, wegen der lediglich nachdrücklichen Pflichtenmahnung und der im Vergleich zu einer Straftat milderen Sanktion der Geldbuße, wäre eine Belehrung über das Recht zur Verteidigerkonsultation bei Ordnungswidrigkeitenverfahren vor der eigentlichen Vernehmung obsolet. Es könnte genügen, wenn der

---

1077 EGMR, Urt. v. 13.09.2016, Nr. 50541/08 (*Ibrahim u.a./U.K.*), § 273.

1078 EGMR, Urt. v. 21.2.1984, Nr. 8544/79 (*Öztürk/Germany*), § 52; LR-EMRK/*Esser*, Art. 6, Rn. 74.

Betroffene bei seiner ersten Vernehmung oder jedenfalls zu Beginn des Zwischenverfahrens die Möglichkeit erhält, einen Verteidiger zu bestellen und hierüber informiert zu werden. Dies wird der heutigen Verfahrensrealität im Ordnungswidrigkeitenrecht jedoch nur schwerlich gerecht. In Fallgestaltungen des Ordnungswidrigkeitenrechts mit Bezug zum Kartell- oder Wertpapierhandelsrecht drohen enorm hohe Geldbußen.[1079] Ferner fällt den persönlich Beteiligten die rechtliche und tatsächliche Aus- und Bewertung des Sachverhalts schwer und übersteigt oft deren Kenntnis und Urteil.[1080]

Auch aus der *Jussila*-Rechtsprechung des EGMR[1081] lassen sich keine anderen Schlüsse ziehen. Hier sollen für Bereiche außerhalb des Kernstrafrechts, wie das Finanz- oder Wettbewerbsrecht die strafrechtlichen Garantien aus Art. 6 EMRK nicht in vollem Umfang zur Anwendung gelangen.[1082] Ein solcher Ansatz übersieht die Bedeutung des Rechts des Beschuldigten und Betroffenen auf eine effektive Verteidigung, wozu auch gerade die Konsultationsmöglichkeit gehört.[1083] Eine Verleugnung dieses Rechts im Recht der Ordnungswidrigkeiten läuft dem zentralen Anliegen des Art. 6 EMRK, nämlich für die am Verfahren Beteiligten Waffengleichheit herzustellen und ein Mindestmaß an Einfluss und Mitwirkungsrechten für den Betroffenen zu gewährleisten[1084], zuwider. Bei dem Recht auf Belehrung über die Verteidigerkonsultation schon vor der Vernehmung kann man damit von einer „Kerngarantie" des Art. 6 EMRK sprechen, die nur unter außerordentlichen Umständen eingeschränkt werden sollte. Gerade bei schweren Kartellordnungswidrigkeiten ist die Kenntnis der Betroffenen, überhaupt einen Verteidiger konsultieren zu können, essentiell. Wird diese im Einzelfall nicht erteilt, so kann sich dieser Umstand angesichts des oft nicht überschaubaren Sachverhalts und der komplexen Rechtslage zulasten des Betroffenen auf den gesamten späteren Verfahrensverlauf auswirken.

Der Betroffene muss daher in solchen Fällen darüber belehrt werden, dass er schon vor der eigentlichen Vernehmung einen Verteidiger bestellen kann.[1085] Die Norm des § 55 Abs. 2 OWiG läuft dem für die oben genannten Fallkonstellationen zuwider. Die Rechtsprechung des EGMR und die damit einhergehende erschwerte Beweislast für die jeweilige Regierung müssen daher auch für gewichtige Ordnungswidrigkeiten gelten.

1079 Siehe nur Bericht des Bundeskartellamtes über seine Tätigkeit in den Jahren 2015/2016 (Unterrichtung durch die Bundesregierung), Drs. 18/12760, S. VIII.

1080 *Nothdurft*, FS G. Hirsch, S. 285, 298; Gutachten der großen Strafrechtskommission, S. 44; vgl. auch *Kudlich/Oglakcioglu*, Wirtschaftsstrafrecht, Rn. 15; Stober/Paschke/*Keller/Steinke*, Rn. 1385; *Achenbach*, StraFo 2011, 422, 427.

1081 EGMR, Urt. v. 23.11.2006, Nr. 73053/01 (*Jussila/Finnland*).

1082 EGMR, Urt. v. 23.11.2006, Nr. 73053/01 (*Jussila/Finnland*), § 43.

1083 EGMR, Urt. v. 13.09.2016, Nr. 50541/08 (*Ibrahim u.a./U.K.)*, § 272 f.

1084 *Schmitz*, wistra 2016, 129, 130; *Grabenwarter/Pabel*, § 24, Rn. 66.

1085 Siehe auch: *Schmitz*, wistra 2016, 129, 131.

bb. § 55 Abs. 2 OWiG als Ermessensnorm

Ein starres Verbot, das es den Behörden verbietet, den Betroffenen über sein Recht zur Verteidigerkonsultation schon vor der Vernehmung zu belehren, liefe Art. 6 EMRK eindeutig zuwider. Die Norm ist jedoch als Ermessensvorschrift ausgestaltet. Damit verbietet die Vorschrift nicht per se, dass der Betroffene belehrt wird. Es besteht zumindest die Möglichkeit einer Belehrung, die ein Zuwiderlaufen der Norm gegen Art. 6 EMRK relativiert.

Eine solche Ausgestaltung bringt jedoch sowohl für den Rechtsanwender als auch für den Betroffenen ein hohes Maß an Rechtsunsicherheit mit sich: Wenn eine Behörde in einer der oben beschriebenen Fallkonstellationen darauf verzichtet, den Betroffenen angemessen zu belehren und dieser daraufhin selbstbelastende Aussagen trifft, so lässt sich ein Verstoß gegen den Fairnessgrundsatz für die Regierung nur schwerlich widerlegen. Damit ist der Gesetzgeber dringend gefordert, die Norm des § 55 Abs. 2 OWiG so zu ändern, dass für die oben benannten schweren Ordnungswidrigkeiten eine Belehrungspflicht auch schon vor der eigentlichen Vernehmung eingerichtet wird. Nur so kann er dem Grundsatz an ein faires Verfahren in den genannten Fallkonstellationen genügen.

4. § 55 Abs. 2 OWiG auf nationaler Ebene

a. Rechtsprechung des BGH

Auch bei einer Analyse der nationalen Rechtsprechung lassen sich Schwachstellen an der Regelung des § 55 Abs. 2 OWiG ausmachen. Mit dieser Norm geht der Gesetzgeber einen anderen Weg als bei der Strafprozessordnung, § 136 Abs. 1 S. 2 StPO. Diese Vorschrift sieht vor, dass der Beschuldigte über sein Recht, auch schon vor seiner Vernehmung einen von ihm zu wählenden Verteidiger zu befragen, hinzuweisen ist. Belehrungsmängel führen grundsätzlich zu einem Beweisverwertungsverbot.[1086] Insbesondere die enge Verbindung zum Schweigerecht lässt aufhorchen: Der Pflicht zur Belehrung über das Recht auf Verteidigerkonsultation soll nach dem BGH gegenüber dem Schweigerecht des Beschuldigten „kein geringeres Gewicht" zukommen.[1087] „Beide Rechte des Beschuldigten hängen eng zusammen und sichern im System der Rechte zum Schutz des Beschuldigten seine verfahrensmäßige Stellung in ihren Grundlagen; sie verdeutlichen ihm als Hinweise seine prozessualen Möglichkeiten."[1088] Erst durch eine Beratung durch einen Verteidiger soll der Beschuldigte überhaupt imstande sein, Einsicht über die Tragweite des Schweigerechts zu erlangen.[1089] Damit erhält er gleichsam eine

1086 Näher: BGH 1 StR 220/01, Urt. v. 22.11.2001, Rn. 17 (HRRS) = NJW 2002 975; vgl. auch BGH, NStZ 2008, 55, 56 (verspätete Belehrung zu konsularischem Beistand).

1087 BGH 1 StR 220/01, Urt. v. 22.11.2001, Rn. 18 (HRRS) = NJW 2002, 975.

1088 BGH 1 StR 220/01, Urt. v. 22.11.2001, Rn. 18 (HRRS) = NJW 2002, 975.

1089 BGH 1 StR 220/01, Urt. v. 22.11.2001, Rn. 18 (HRRS) = NJW 2002, 975; siehe ferner SK-StPO/*Rogall*, Band 2, § 136, Rn. 47.

Möglichkeit, den weiteren Verlauf des Ermittlungsverfahrens durch Anstellen solcher Erwägungen aktiv zu beeinflussen.[1090]

Die Ermessensvorschrift des § 55 Abs. 2 OWiG konterkariert diese enge Verbindung zwischen Belehrung über das Schweigerecht und über die Möglichkeit der Verteidigerkonsultation vor der Vernehmung des Betroffenen. Macht die Behörde im Einzelfall von diesem Recht Gebrauch und verzichtet sie auf eine Belehrung des Betroffenen, so ist der Schutz der Selbstbelastungsfreiheit des Betroffenen im Ordnungswidrigkeitenrecht in größerem Maße tangiert als im Strafprozess und das obwohl der Nemo-tenetur-Grundsatz in beiden Verfahrensarten gleichermaßen gilt.[1091]

b. Einschränkungen des Nemo-tenetur-Grundsatzes im Ordnungswidrigkeitenrecht?

Einzig wenn man auf die Herleitung des Nemo-tenetur-Grundsatzes aus der Menschenwürde blickt[1092], könnte man zu gewissen Einschränkungen gelangen. So wird vertreten, dass die Masse an Bagatellunrecht in den überwiegenden Ordnungswidrigkeitenverfahren eigentlich keiner derart stringenten Geltung des Nemo-tenetur-Prinzips bedürfe.[1093] Die Menschenwürdegarantie sei hier nicht so stark berührt, wie in einem Strafverfahren.[1094] Entsprechend könnte man den Nemo-tenetur-Grundsatz vor allem bei kleineren Ordnungswidrigkeiten zwar nicht vollständig preisgeben, aber lockern, beispielsweise über die Aufweichung einer seiner mittelbaren Gewährleistungen in Form des Verzichts auf die Belehrung zur Konsultation eines Verteidigers vor der Vernehmung, § 55 Abs. 2 OWiG. Für eine Reform des § 55 OWiG könnte es daher aus Gründen der Effektivität der Ahndung von massenhaft auftreten Ordnungswidrigkeiten bei der derzeitigen Rechtslage bleiben. Einer solchen Überlegung steht aber erneut der Gedanke entgegen, dass sich Ordnungswidrigkeiten heute nicht ausschließlich in Bagatellunrecht erschöpfen, sondern – wie etwa Hardcore-Kartelle – nah am Strafrecht liegen können. Daher bedarf es wie im Rahmen des partizipatorischen Ermittlungsverfahrens auch bei einer Reform des § 55 Abs. 2 OWiG einer differenzierenden Betrachtungsweise.

1090 So *Beulke*, NStZ 1996, 257, 258.

1091 *Klesczewski*, § 9, Rn. 711; Göhler/*Gürtler*, § 55, Rn. 8; Blum/Gassner/Seith/*Schulz*, § 55, Rn. 9.

1092 BVerfG, NJW 1981, 1431; BVerfG, NJW 1997, 1841, 1843; siehe dazu auch *C. Dannecker* ZStW 127 (2015), 370, 374.

1093 Göhler/*Gürtler*, § 55, Rn. 8; *Dietrich*, S. 257 f.

1094 So Göhler/*Gürtler*, § 55, Rn. 8; *Dietrich*, S. 257 f.

5. *Reform des § 55 Abs. 2 OWiG bei schweren Wirtschaftsordnungswidrigkeiten*

a. *Erneute Differenzierung zwischen einfachen und schweren Ordnungswidrigkeiten*

Ein Verstoß von § 55 Abs. 2 OWiG gegen Art. 6 EMRK ist aufgrund der Gesamtbetrachtung des EGMR vom konkreten Fall abhängig.[1095] Unterbleibt aufgrund des in der Norm vorgesehenen Ermessensspielraums eine Belehrung über das Recht zur Verteidigerkonsultation vor der Vernehmung und tätigt der Betroffene daraufhin eine selbstbelastende Aussage, so kann die Regierung einen Verstoß gegen Art. 6 EMRK besonders im Wirtschaftsordnungswidrigkeitenrecht nur schwerlich widerlegen.[1096] Hier sieht sich der Betroffene nämlich nicht nur regelmäßig einer hohen Geldbuße ausgesetzt, sondern ist mit rechtlich und tatsächlich anspruchsvollen Sachverhalten konfrontiert.[1097] Um seine Verteidigungsmöglichkeiten hier überhaupt wahren zu können, ist die Belehrung über das Konsultationsrecht von elementarer Bedeutung.

Der nationale Gesetzgeber ist daher gehalten, für alle Beteiligten mehr Rechtssicherheit zu schaffen und die Rechte der Betroffenen im Vorverfahren zu stärken. Nur so kann der Gedanke der Waffengleichheit im Wirtschaftsordnungswidrigkeitenverfahren tatsächlich zur Geltung gelangen. Angesichts einer effektiven Verfolgung und Ahndung von Ordnungswidrigkeiten kann man einen Belehrungsverzicht in einfach gelagerten Fällen und Massenverstößen zwar gutheißen. Für komplexe Verfahren im Wirtschaftsrecht gebietet sich jedoch eine Reform der Vorschrift. Nach diesen Grundsätzen muss der Betroffene vor allem in Wirtschaftsordnungswidrigkeiten darauf hingewiesen werden, dass er auch schon vor seiner Vernehmung einen von ihm zu wählenden Verteidiger befragen kann.[1098] Den Bagatellordnungswidrigkeiten muss durch einen weiteren Satz Rechnung getragen werden, in dem klargestellt wird, dass die zuständige Behörde von diesem Hinweis in einfach gelagerten Sachverhalten absehen kann. Für die überwiegende Anzahl von Ordnungswidrigkeiten bleibt es damit bei der geltenden Rechtslage. Damit trägt man dem Charakter des Ordnungswidrigkeitenverfahrens zur Erledigung von Massenverfahren[1099] Rechnung und ist gleichzeitig in der Lage, die

---

1095 Meyer-Ladewig/*Meyer-Ladewig/Harrendorf/König*, Art. 6, Rn. 92; BeckOK-StPO/*Valerius*, Art. 6 EMRK, Rn. 14.

1096 EGMR, Urt. v. 13.09.2016, Nr. 50541/08 (*Ibrahim u.a./U.K.*), § 273.

1097 Bericht des Bundeskartellamtes über seine Tätigkeit in den Jahren 2015/2016 (Unterrichtung durch die Bundesregierung), Drs. 18/12760, S. VIII; vgl. auch *Kudlich/Oglakcioglu*, Wirtschaftsstrafrecht, Rn. 15; Stober/Paschke/*Keller/Steinke*, Rn. 1385; Große Strafrechtskommission des Deutschen Richterbundes, S. 44.

1098 Siehe auch *Schmitz*, wistra 2016, 129, 131.

1099 BGH, NJW 1997, 1862, 1863 = NZV 1997, 315; *Klesczewski*, § 9, Rn. 675; Beck/Berr/Schäpe/*Heberlein/Bergmann*, OWi-Sachen Straßenverkehrsrecht, Rn. 2; *Mitsch*, Recht der Ordnungswidrigkeiten, § 14, Rn. 6; *Schmitz*, wistra 2016, 129, 130.

Verfahrensrechte des Betroffenen bei einer schweren Wirtschaftsordnungswidrigkeit oder sonst gewichtigen Ordnungswidrigkeiten zu stärken.

b. Konkrete Reformen: Blick auf die Kriterien des § 54 Abs. 2 S. 2 OWiG

Eine Neufassung der Vorschrift könnte sich damit wie folgt gestalten:

§ 55 OWiG n.F. – Anhörung des Betroffenen

(1) § 163a Abs. 1 der Strafprozeßordnung ist mit der Einschränkung anzuwenden, daß es genügt, wenn dem Betroffenen Gelegenheit gegeben wird, sich zu der Beschuldigung zu äußern.

(2) [1]Der Betroffene ist darauf hinzuweisen, dass er auch schon vor seiner Äußerung oder Vernehmung einen von ihm zu wählenden Verteidiger befragen kann. [2]In einfachen Sachen kann die zuständige Behörde von diesem Hinweis absehen. [3]Dies bestimmt sich nach den in § 54 Abs. 2 S. 2 OWiG genannten Kriterien. [4]In diesem Falle ist auch § 136 Abs. 1 Satz 3 bis 5 der Strafprozessordnung nicht anzuwenden.

Um eine effektive Verfolgung von Massenverstößen zu gewährleisten, wird in § 55 Abs. 2 S. 2 OWiG n.F. die geltende Rechtslage beibehalten. Daher ist auch eine Anwendung der § 136 Abs. 1 S. 3 – 5 StPO nicht vorgesehen. Dies führt zu einer schnelleren und effektiveren Verfolgung und Erledigung der meisten Verkehrsordnungswidrigkeiten oder sonstigen einfacheren Ordnungsverstößen. Der Normalfall der Vorschrift sieht in Abs. 2 S. 1 eine Belehrungspflicht über das Recht zur Verteidigerkonsultation vor. Dies ist angesichts der zunehmenden Weite des Rechts der Ordnungswidrigkeiten und der Nähe einzelner Tatbestände zum Strafrecht längst überfällig. Der Betroffene rückt im komplexen Gebiet des Wirtschaftsrechts wieder in die Richtung eines gleichberechtigten Verfahrenssubjekts und erhält schon zu Beginn die Möglichkeit, sich effektiv gegen die ihn gerichteten Vorwürfe zu verteidigen.[1100]

Dieses Regel-Ausnahmeverhältnis stellt den Rechtsanwender auch nicht vor große Schwierigkeiten hinsichtlich der Bewertung, wann eine einfache Sache vorliegt. Anders als beispielsweise bei der Einstufung einer Ordnungswidrigkeit als geringfügig oder gewichtig und den damit verbundenen Problemen der Bestimmbarkeit des zu erwartenden Schadens, geht es hier in erster Linie um die Komplexität des Vorverfahrens und die Schwere des Verstoßes. Unter diesen Maßstäben werden die Verwaltungsbehörden selbst unter einer großzügigen Auslegung der „einfachen Sache" eine Belehrungspflicht bei den schweren Ordnungswidrigkeiten im Wirtschaftsrecht nicht ohne weiteres ablehnen können. Idealerweise kann man sich in diesem Zusammenhang erneut an den schon oben aufgestellten Kriterien in § 54 Abs. 2 S. 2 OWiG n.F. orientieren, die vor allem die Höhe der Geldbuße,

1100 Vgl. *Schmitz*, wistra 2016, 129, 131.

den Grad der Beeinträchtigung individueller oder kollektiver Rechtsgüter und die Komplexität der Sach- und Rechtslage berücksichtigen, § 55 Abs. 2 S. 3 OWiG n.F.

c. *Alternativ: Ausnahmevorschriften in den Spezialgesetzen*

Sieht man in einer derartigen Änderung die Gefahr von zu langen Verfahren auch außerhalb der schweren Wirtschaftsordnungswidrigkeiten in sonstigen komplex gelagerten Sachverhalten und lehnt man deshalb eine solche Änderung des § 55 OWiG ab, sind – unabhängig von der hier beschriebenen Empfehlung – in jedem Fall Bereichsausnahmevorschriften in den jeweiligen Spezialgesetzen zu schaffen. So müsste dann in einem neu zu fassenden § 82b GWB n.F. klargestellt werden, dass abweichend von § 55 Abs. 2 OWiG der Betroffene auch schon vor seiner Äußerung oder Vernehmung einen von ihm zu wählenden Verteidiger befragen können muss.[1101] Gleiches gilt für das Wertpapierhandelsgesetz. Sieht man das Ordnungswidrigkeitenrecht und sein Verfahren aber als Rechtsgebiet an, das zunehmend verschieden schwere Tatbestände aus den verschiedensten Bereichen in einem Verfahren miteinander vereinbaren muss, so sollten Änderungen am OWiG selbst – gerade wenn es um die Rechte des Betroffenen geht – die erste Wahl sein. In jedem Fall besteht für den Gesetzgeber ein dringender Handlungsbedarf, dass der Betroffene im Bereich von gewichtigen Wirtschaftsordnungswidrigkeiten schon vor seiner Anhörung oder Vernehmung den Hinweis erhält, dass er einen von ihm zu wählenden Verteidiger befragen darf. Eine Möglichkeit hierauf angemessen zu reagieren, sind die hier vorgestellten zwei Handlungsoptionen.

E. Reform des § 46 Abs. 2 OWiG

I. Reichweite der Ermittlungsbefugnisse der Verwaltungsbehörden

Nach § 46 Abs. 2 OWiG hat die Verfolgungsbehörde, soweit das Ordnungswidrigkeitengesetz nichts anderes bestimmt, im Bußgeldverfahren dieselben *Rechte* und *Pflichten* wie die Staatsanwaltschaft bei der Verfolgung von Straftaten. Dazu gehört nach § 160 Abs. 2 StPO auch, die zur Entlastung des Betroffenen dienenden Umstände zu ermitteln.[1102] Die Stellung der Wirtschaftsbehörden erschöpft sich aber gleichzeitig in einer Ermittlungs- und Sanktionsfunktion.[1103] *Schmitz* stellt vor diesem Hintergrund infrage, ob die Ermittlungen der Kartellbehörde nicht sogar einseitiger ablaufen können, als die der Staatsanwaltschaft.[1104] Bejaht man diese

1101 Vgl. auch Immenga/Mestmäcker/*Dannecker/Biermann*, Band 2, vor § 81, Rn. 279.

1102 *Seier*, S. 293; *Schmitz*, wistra 2016, 129, 132.

1103 *Schmitz*, wistra 2016, 129, 132.

1104 *Schmitz*, wistra 2016, 129, 132.

Bedenken, stünde dies in Widerspruch zu dem Grundsatz eines fairen Verfahrens und den Vorgaben der §§ 46 Abs. 2 OWiG, 160 Abs. 2 StPO.[1105] Der Betroffene hat angesichts eines drohenden hohen Bußgelds im Wirtschaftsrecht ein Recht darauf, dass auch für ihn entlastende Umstände ermittelt werden.[1106] Dieser Kritikpunkt gewinnt umso mehr Bedeutung, wenn man – erneut – auf die Praxis der Bonusregelungen oder der Settlements des Bundeskartellamts blickt, die die Verteidigungsrechte der Betroffenen teils erheblich einschränken können.[1107] Rechtsstaatlich fragwürdig erscheint insbesondere die von *Schmitz* skizzierte Situation, dass es trotz überschaubarer Beweislage zum Nachweis eines Verstoßes des Betroffenen zu einem Angebot eines Settlements kommt und der Betroffene somit zu einer belastenden Aussage verleitet wird.[1108]

Damit stellt sich die Frage, wie man einen solchen Widerspruch für die Zukunft zumindest abmildern kann. Schließlich ist die Verhängung eines Bußgelds schon im Vorverfahren des Ordnungswidrigkeitenrechts angelegt und damit gesetzgeberisch gewollt, §§ 65 f. OWiG. Dazu gehört auch der Fall, dass der Betroffene den Bußgeldbescheid akzeptiert, ohne dass es zu weiteren verfahrensrechtlichen Schritten kommt.

II. Reformvorschlag: Hinweis auf die Ermittlungspflicht der Verwaltungsbehörde von entlastenden Umständen

1. *Normierung einer Appellfunktion*

Die Behörden im Wirtschaftsrecht haben trotz ihrer Möglichkeit zur flexiblen Gestaltung des Verfahrens und der späteren Verhängung eines Bußgeldbescheids Umstände zu ermitteln, die den Betroffenen nicht nur be-, sondern auch entlasten.[1109] Der Nachweis, dass die Verwaltungsbehörde im Einzelfall davon abgesehen hat, auch entlastende Umstände zu ermitteln, dürfte aber schwer zu führen sein.[1110] Für die Zukunft des Ordnungswidrigkeitenverfahrens von Verstößen im Wirtschaftsrecht, aber auch von Straßenverkehrsverstößen, sollte man daher eine Reform des § 46 Abs. 2 OWiG anstreben. So sollen sich die Ermittlungsbehörden die höhere Wahrscheinlichkeit einseitiger Ermittlungsmaßnahmen während des gesamten Vorverfahrens bewusst machen.[1111] Damit rückt auch der Gedanke, für den Betroffenen entlastende Umstände zu ermitteln, mehr in den Vordergrund. Trotz der bestehenden Ermittlungspflicht auch von entlastenden Umständen fehlt

---

1105 *Schmitz,* wistra 2016, 129, 132.
1106 *Schmitz,* wistra 2016, 129, 132.
1107 *Gänswein/Hiéramente,* NZKart 2017, 502, 505; *Schmitz,* wistra 2016, 129, 132 f.
1108 *Schmitz,* wistra 2016, 129, 133.
1109 *Schmitz,* wistra 2016, 129, 132.
1110 *Schmitz,* wistra 2016, 129, 132; siehe auch *Canzler/Hammermaier,* AG 2014, 57, 63.
1111 Vgl. *Schmitz,* wistra 2016, 129, 132.

dem § 46 Abs. 2 OWiG angesichts der systemimmanenten Einseitigkeit der Ermittlungen im Ordnungswidrigkeitenverfahren eine klare Appellfunktion. Daher empfiehlt es sich, dem § 46 Abs. 2 OWiG einen Satz 2 anzufügen.

§ 46 OWiG n.F. – Anwendung der Vorschriften über das Strafverfahren

(2) [1]Die Verfolgungsbehörde hat, soweit dieses Gesetz nichts anderes bestimmt, im Bußgeldverfahren dieselben Rechte und Pflichten wie die Staatsanwaltschaft bei der Verfolgung von Straftaten. [2]Sie ist insbesondere dazu verpflichtet, die zur Entlastung des Betroffenen dienenden Umstände zu ermitteln.

Eine solche Änderung hat über seine Apellfunktion hinaus auch Auswirkungen auf die Auslegung der Norm: § 46 Abs. 2 OWiG kann in seiner Gesamtheit entnommen werden, dass zwar einseitige Ermittlungsmaßnahmen im Vorverfahren des Ordnungswidrigkeitenrechts angelegt sind.[1112] Dies wird insbesondere durch die §§ 47 Abs. 1, 65 f. OWiG untermauert, die der Verfolgungsbehörde eine flexible Verfahrensführung ermöglichen und die eigenständige Ahndung der Ordnungswidrigkeit durch den Bußgeldbescheid anordnen. Das Ermittlungsverfahren ist jedoch stets mit Rücksicht auf die Rechte des Betroffenen durchzuführen.

2. Rein symbolische Wirkung der Änderung?

Durch die Änderung in § 46 Abs. 2 S. 2 OWiG wird damit indirekt eine Klarstellung zum Kräftegleichgewicht zwischen Ermittlungsbehörden und dem Betroffenen getroffen. Gleichzeitig wird der Umfang der behördlichen Ermittlungspflichten konkretisiert und die Stellung der Behörde im Vorverfahren des Ordnungswidrigkeitenrechts dargestellt. Das Ziel des Bußgeldverfahrens ist nach diesem Grundsatz zwar die schnelle und effektive Sanktionierung des Betroffenen durch einen Bußgeldbescheid. Dies dient dem Charakter als Verfahren zur zügigen Erledigung von massenhaften Ordnungsverstößen[1113] und bedeutet insbesondere in Kombination mit dem Opportunitätsprinzip eine einseitigere Verfahrensführung als im Strafverfahren.[1114] Doch ist die ermittelnde Verwaltungsbehörde als staatliche Einrichtung an Recht und Gesetz gebunden, Art. 20 Abs. 3 GG, und hat auch die Rechte des Betroffenen ausreichend zu achten.[1115] Die Änderung bedeutet damit nicht nur die Abkehr von zu einseitigen behördlichen Ermittlungen, sondern verpflichtet diese indirekt – abhängig von der Bedeutung der Sache – zu gründlicheren Ermittlungen. Dies stärkt die Stellung des Betroffenen im Ermittlungsverfahren und kann

1112 Siehe auch: *Schmitz,* wistra 2016, 129, 132.

1113 Zum Ganzen: BGH, NJW 1997, 1862, 1863 = NZV 1997, 315; *Klesczewski,* § 9, Rn. 675; Beck/Berr/Schäpe/*Heberlein*/*Bergmann,* OWi-Sachen Straßenverkehrsrecht, Rn. 2; *Mitsch,* Recht der Ordnungswidrigkeiten, § 14, Rn. 6; *Schmitz,* wistra 2016, 129, 130.

1114 *Schmitz,* wistra 2016, 129, 132.

1115 *Kay/Keller,* Bußgeldverfahren, S. 6.

sich auch positiv auf den weiteren gerichtlichen Prozess auswirken. So können Fälle, in denen sich erst im Hauptverfahren herausstellt, dass wesentliche für den Ausgang des Verfahrens tragende Umstände im Vorverfahren nicht ausreichend ermittelt wurden, vermieden werden.[1116]

Freilich darf man sich von einer solchen Änderung in der Praxis nicht zu viel versprechen, zumal der Rechtsanwender hieraus keine weitergehenden Vorgaben für sein Handeln ableiten kann. Eine derart klarstellend-systematische Änderung des Gesetzes vermag daher allenfalls durch eine geringfügig veränderte Wahrnehmung der Stellung von Verwaltungsbehörden im Bußgeldverfahren oder indirekt im Rahmen der Ermessensausübung der Behörden Einfluss auf die Rechtspraxis nehmen. Ungeachtet dessen ist eine solche Klarstellung angesichts der Gefahr einer zu einseitigen Behördenentscheidung notwendig.

F. Reform des § 66 OWiG: Erhöhte Begründungspflicht bei schweren Ordnungswidrigkeiten im Wirtschaftsrecht

I. § 66 OWiG: Vorgaben für Mindestinhalt des Bußgeldbescheids

§ 66 OWiG schreibt dem Gesetzesanwender den Mindestinhalt eines Bußgeldbescheids vor. Dieser muss nach § 66 Abs. 1 OWiG Angaben zur Person des Betroffenen und der Nebenbeteiligten, den Namen und die Anschrift des Verteidigers, die Bezeichnung der Tat, Zeit und Ort ihrer Begehung, die gesetzlichen Merkmale der Ordnungswidrigkeit und die angewendeten Bußgeldvorschriften enthalten. Ferner sollen Beweismittel, die konkrete Geldbuße und die drohenden Nebenfolgen angegeben werden. Dies dient seiner Funktion zur Umgrenzung des Verfahrensgegenstandes in persönlicher, sachlicher und rechtlicher Hinsicht.[1117]

Bezüglich der Informationsdichte ordnet § 66 Abs. 3 OWiG darüber hinaus an, dass der Bußgeldbescheid über die Angaben nach Absatz 1 Nr. 3 und 4 hinaus nicht begründet zu werden braucht. Dies bezieht sich auf die Bezeichnung der Tat, die Zeit und den Ort der Begehung, die gesetzlichen Merkmale der Ordnungswidrigkeit und die angewendeten Vorschriften, sowie die Beweismittel und dient zur Beschleunigung des Verfahrens.[1118] Eine Beweiswürdigung ist daher ebenso wenig zu verlangen, wie Ausführungen zur Bemessung des Bußgelds oder der

1116 Siehe dazu exemplarisch: *Krumm,* ZRP 2004, 85.

1117 OLG Dresden, NZV 1996, 42, 43; siehe auch: Ludovisy/Eggert/Burhoff/*Burhoff,* § 5, Rn. 311; *Gebhardt,* Das verkehrsrechtliche Mandat, Band 1, § 28, Rn. 1; näher auch: *Rebler,* NZV 2016, 304.

1118 *Klesczewski,* § 10, Rn. 926.

Begründung von Nebenfolgen.[1119] Das soll es bei sehr hohen Geldbußen nicht ausschließen, dass der Bescheid über diese Angaben hinaus begründet werden kann.[1120]

II. Eingeschränkte Begründungspflicht als Benachteiligung für den Betroffenen?

Die eingeschränkte Begründungspflicht der Behörde wird vor allem im Kartellrecht kritisiert.[1121] Insbesondere bei Zustandekommen eines Settlements würden sich die Angaben in dem Bußgeldbescheid oftmals auf die angeführten Mindestangaben belaufen.[1122] Erst, wenn der Betroffene Einspruch eingelegt hat, wird ihm überhaupt erst eine ausführliche Begründung zuteil.[1123] Dies senkt die Erfolgsaussichten des Betroffenen im Einspruchsverfahren, da ihm wesentliche Informationen zunächst vorenthalten wurden.[1124] Daher stelle der Kurzbescheid nach *Schmitz* für den Betroffenen eine erhebliche Benachteiligung dar.[1125]

Auf der anderen Seite kann eine solch eingeschränkte Begründungspflicht für den Betroffenen bzw. das Unternehmen auch von Vorteil sein: Aufgrund seiner unvollständigen Informationen zu den Grundlagen des Vorwurfs können private Dritte kein Schadensersatzverlangen geltend machen.[1126] Ein solcher Gesichtspunkt darf jedoch – selbst wenn er sich in einer anderen Rechtsmaterie mittelbar positiv für den Betroffenen auswirkt – nicht berücksichtigt werden.[1127] Für die Verteidigungsrechte des Betroffenen kommt es nur auf die jeweilige Verfahrensordnung und ihre Gewährleistungen an und nicht auf mittelbare Vorteile in anderen Rechtsbereichen.[1128]

III. Begründungspflicht bei schweren Ordnungswidrigkeiten

Angesichts der naheliegenden Möglichkeit einer Benachteiligung[1129] des Betroffenen bei gewichtigen Ordnungswidrigkeiten empfiehlt sich eine Reform des dritten Absatzes des § 66 OWiG. Allein die Praxis der Settlements im Kartellrecht und die mangelnde Eignung eines Kurzbescheides für einen Folgeprozess im Zivilrecht sind keine ausreichende Rechtfertigung für die Verkürzung der Betroffenenrechte

---

1119 BeckOK-OWiG/*Sackreuther*, § 66, Rn. 57.
1120 BeckOK-OWiG/*Sackreuther*, § 66, Rn. 58; Göhler/*Seitz/Bauer*, § 66, Rn. 29.
1121 *Mühlenfeld*, S. 117; *Schmitz*, wistra 2016, 129, 133.
1122 *Grafunder/Gänswein*, BB 2015, 968, 970; *Schmitz*, wistra 2016, 129, 133.
1123 *Schmitz*, wistra 2016, 129, 133.
1124 *Schmitz*, wistra 2016, 129, 133.
1125 *Schmitz*, wistra 2016, 129, 133.
1126 *Schmitz*, wistra 2016, 129, 133; *Grafunder/Gänswein*, BB 2015, 968, 971.
1127 *Schmitz*, wistra 2016, 129, 133.
1128 Siehe: *Schmitz*, wistra 2016, 129, 133.
1129 *Schmitz*, wistra 2016, 129, 133.

bei gewichtigeren Ordnungswidrigkeiten.[1130] Bei der Frage nach der Stellung des Betroffenen im Gefüge des Ordnungswidrigkeitenverfahrens dürfen spätere Aussichten auf mögliche Schadensersatzprozesse nicht berücksichtigt werden.[1131] Hier geht es allein um die Verhängung einer hohen Geldbuße als ahndendes Element mit ihrem Charakter einer Pflichtenmahnung. Vielmehr ist – losgelöst von diesen beiden Punkten – zu fordern, dass bei objektiver Betrachtung des Verfahrens und der erstmaligen Begründung des Bußgeldbescheids zumindest bei gewichtigen Ordnungswidrigkeiten eine umfassende Begründungspflicht der Behörden geschaffen wird.[1132] Ähnlich wie schon bei § 55 Abs. 2 OWiG sollte Wortlaut der Vorschrift nur auf einfach gelagerte Sachverhalte erstreckt oder, alternativ, zumindest im GWB eine weitere Bereichsausnahme geschaffen werden.

IV. Neugestaltung der Vorschrift des § 66 OWiG

Die Neuformulierung des § 66 Abs. 3 OWiG könnte sich wie folgt gestalten:

§ 66 OWiG n.F.

(3) [1]In einfachen Sachen braucht der Bußgeldbescheid über die Angaben nach Abs. 1 Nr. 3 und 4 hinaus nicht begründet zu werden. [italic]Dies bestimmt sich nach den in § 54 Abs. 2 S. 2 OWiG genannten Kriterien.

Ähnlich wie schon bei § 55 OWiG wird der Normgehalt dahin gehend geändert, dass er eine Begründungspflicht bei schwerwiegenden Ordnungswidrigkeiten zum Regelfall erklärt. Mit einer solchen Änderung trägt man dem Umstand Rechnung, dass das Ordnungswidrigkeitenverfahren mittlerweile die verschiedensten Verstöße, von einer einfachen Verkehrsordnungswidrigkeit bis zum Ordnungsverstoß gegen das Wertpapierhandelsgesetz unter einer Verfahrensordnung behandelt. Für letztere müssen jedoch die Rechte des Betroffenen partiell gestärkt werden. Eine Begründungspflicht sollte daher nur für gewichtige Ordnungswidrigkeiten existieren.[1133]

Eine solche Änderung der Vorschrift dient auch der besseren Nachvollziehbarkeit des Bußgeldbescheids für den Betroffenen. Außerdem zwingt dies die Behörde indirekt schon zu Beginn des Ermittlungsverfahrens den Sachverhalt erschöpfend zu ermitteln und die Gründe für ihre Ermessensentscheidung nachvollziehbar darzulegen.[1134] Für das Zwischen- und Hauptverfahren hat das mittelbar zu Folge, dass die Beteiligten sich umfassender mit der Rechtslage vertraut machen konnten und weniger unausgereifte Fälle in den nächsten

---

1130 Vgl. *Schmitz,* wistra 2016, 129, 133.

1131 *Schmitz,* wistra 2016, 129, 133.

1132 *Schmitz,* wistra 2016, 129, 133.

1133 Immenga/Mestmäcker/*Dannecker/Biermann,* Band 2, vor § 81 GWB, Rn. 293 oder Blum/Gassner/Seith/*Blum,* § 66, Rn. 26.

1134 *Schmitz,* wistra 2016, 129, 133.

Verfahrensschritt gelangen. Insgesamt könnte daher sogar eine Beschleunigung des Verfahrens erzielt werden. Der Gesetzgeber ist daher gehalten, auch Abs. 3 des § 66 OWiG zu reformieren.

Zweifelt man an der Praktikabilität eines solchen Vorhabens für das gesamte Vorverfahren und befürchtet gar eine Verlangsamung der Ermittlungen, so kann und sollte man als Alternative zumindest im GWB und WpHG eine Bereichsausnahme für die gewichtigen Wirtschaftsordnungswidrigkeiten schaffen.

G. Exkurs: Einsatz elektronischer Medien im Vorverfahren

I. Bedeutung elektronischer Medien für das Ordnungswidrigkeitenverfahren

Schon im Ermittlungsverfahren fallen in Wirtschafts- und Kartellbuß-geldverfahren enorme Datenmengen an.[1135] Eine Auswertung der darin enthaltenen Informationen wird besonders durch die Führung der Akten in Papierform erschwert.[1136] Ein Anlegen von Aktendoppeln erscheint angesichts des hohen personellen und finanziellen Einsatzes von Mitteln ein kaum gangbarer Weg.[1137] Akteneinsicht kann den Verfahrensbeteiligten in der Rechtspraxis oftmals nur nacheinander gewährt werden.[1138] Dies führt – gerade in Kartellbußgeldverfahren – zu einer deutlichen Verzögerung des Verfahrens.[1139]

Durch die Einführung der elektronischen Aktenführung würde nach der Großen Strafrechtskommission des Deutschen Richterbundes beispielsweise die Kommunikation zwischen den Behörden und den Verfahrensbeteiligten und die Aktenversendung beschleunigt, verschiedene Bearbeiter könnten die Akten gleichzeitig und örtlich unabhängig abrufen, der Akteninhalt könnte besser ausgewertet und Raum, Personal und Versandkosten reduziert werden.[1140] Die Strafrechtskommission hält es daher für erforderlich, besonders in Wirtschaftsstraf- und Kartellbußgeldverfahren die Einführung der elektronischen Akte bevorzugt voranzutreiben.[1141] Dazu müsste das Bundeskartellamt mit der notwendigen „elektronischen Infrastruktur“ ausgestattet werden.[1142] Angesichts der Datensicherheit sowie der technischen Anforderungen wird ein solches Vorhaben wohl noch mehr als 10 Jahre in

1135 Große Strafrechtskommission des Deutschen Richterbundes, S. 132.
1136 Große Strafrechtskommission des Deutschen Richterbundes, S. 132.
1137 Große Strafrechtskommission des Deutschen Richterbundes, S. 132.
1138 Große Strafrechtskommission des Deutschen Richterbundes, S. 132.
1139 *Von Stetten*, ZRP 2015, 138: „unpraktisch, zeitaufwändig, kostenintensiv“.
1140 Große Strafrechtskommission des Deutschen Richterbundes, S. 134.
1141 Große Strafrechtskommission des Deutschen Richterbundes, S. 136.
1142 Große Strafrechtskommission des Deutschen Richterbundes, S. 136 f.

Anspruch nehmen.[1143] Bis dahin empfiehlt die Kommission den Einsatz eines elektronischen Aktendoppels.[1144] Hierbei handelt es sich um Scans der Originalakte, die auf einem Server oder einer CD-ROM gespeichert werden können.[1145]

II. Gesetz zur Einführung der elektronischen Akte in der Justiz und zur weiteren Förderung des elektronischen Rechtsverkehrs

Der Deutsche Bundestag hat am 5. Juli 2017 das Gesetz zur Einführung der elektronischen Akte in der Justiz und zur weiteren Förderung des elektronischen Rechtsverkehrs verabschiedet.[1146] So muss die Justiz spätestens ab dem 01.01.2026 mit der elektronischen Akte arbeiten.[1147] Bis zum 31.12.2025 ist dementsprechend die elektronische Aktenführung optional.[1148] Dabei bestimmen die Bundesregierung und die Landesregierungen jeweils für ihren Bereich durch Rechtsverordnung den Zeitpunkt, von dem an die Akten elektronisch geführt werden, § 32 Abs. 1 S. 1 StPO. Ebenso bestimmen diese durch Rechtsverordnung nach § 32 Abs. 2 S. 1 StPO die für die elektronische Aktenführung geltenden organisatorischen und dem Stand der Technik entsprechenden technischen Rahmenbedingungen, einschließlich der Anforderungen des Datenschutzes, der Datensicherheit und der Barrierefreiheit. Derzeit sind alle Bundesländer mit der Erstellung geeigneter Systeme für die elektronische Aktenführung befasst.[1149]

Der Vorstoß des Gesetzgebers wird unterschiedlich beurteilt. Die eine Seite begrüßt die Einführung der elektronischen Akte im Straf- und Ordnungswidrigkeitenverfahren und verweist auf die erhebliche Vereinfachung und Verbesserung der praktischen Abläufe.[1150] Voraussetzung für einen befriedigenden Nutzen seien jedoch eine „leistungsfähige IT-Infrastruktur und vernünftige Software-Anwendungen".[1151] Es sei mit „Kinderkrankheiten" zu rechnen, die die spätere Praxis abstellen müsste.[1152]

Auf der anderen Seite wird gewarnt, dass die Papierakte „zentrale strafprozessuale Funktionen" erfülle.[1153] Hierzu gehören etwa die Aktenklarheit, die

---

1143 Große Strafrechtskommission des Deutschen Richterbundes, S. 138.
1144 Große Strafrechtskommission des Deutschen Richterbundes, S. 138.
1145 Große Strafrechtskommission des Deutschen Richterbundes, S. 138 f.
1146 BGBl 2017, Teil I Nr. 45, Gesetz zur Einführung der elektronischen Akte in der Justiz und zur weiteren Förderung des elektronischen Rechtsverkehrs v. 5. Juli 2017.
1147 *Claus,* jurisPR-StrafR 2/2018 Anm. 1.
1148 *Gerson,* StraFo 2017, 402, 403.
1149 *Kassebohm,* StraFo 2017, 393, 395 f.; einen kursorischen Überblick der Änderungen liefert *Gerson,* StraFo 2017, 402, 404.
1150 *Claus,* jurisPR-StrafR 2/2018 Anm. 1.
1151 *Claus,* jurisPR-StrafR 2/2018 Anm. 1.
1152 *Kassebohm,* StraFo 2017, 393, 402.
1153 *von Stetten,* ZRP 2015, 138.

Beweisfunktion sowie die Informationsfunktion.[1154] Der Verteidiger müsste bei Einführung der e-Akte – um die Echtheit eines Schriftstücks zu überprüfen – nunmehr stets in das Original Einsicht nehmen, da letzteres nun kein Bestandteil der Akte mehr ist.[1155] Bei der Digitalisierung der Originalakten drohe die Möglichkeit des Verlustes der „Originalität und Authentizität des Ausgangsdokuments", was im Widerspruch zum Grundsatz der Aktenklarheit und -/Wahrheit stehen könnte.[1156] Das Lesen digitaler Texte berge auch die Gefahr, dass der Betroffene den Inhalt der Akte nicht mehr in gleichem Maße wahrnehmen könne, wie bei einem körperlichen Schriftstück.[1157] So würden sich nach *Gerson* die Wahrnehmungstiefe und der Verständnisgrad beim Lesen von digitalen und körperlichen Texten qualitativ unterscheiden.[1158]

Angesichts der genannten erheblichen Vorteile in komplexen und aktenreichen Verfahren im Wirtschaftsordnungswidrigkeitenrecht empfiehlt sich in Übereinstimmung mit dem Vorschlag der Großen Strafrechtskommission des Deutschen Richterbundes dennoch eine schnelle Einführung der elektronischen Akte im Kartellbußgeldverfahren und in Ordnungswidrigkeitenverfahren des Wertpapierhandelsrechts. In jedem Fall können kurzfristige Beschleunigungseffekte durch Einsatz einer elektronischen Doppelakte erzielt werden, um Wartezeiten und Verzögerungen bei der Akteneinsicht zu vermeiden.[1159] Die damit einhergehenden Gefahren darf man hierbei freilich nicht unberücksichtigt lassen. Die Einführung einer elektronischen Akte darf nicht zu einer Schlechterstellung des Betroffenen und seiner Verteidigungsmöglichkeiten führen. Hierfür hat der Gesetzgeber die in der Literatur vorgebrachten Gesichtspunkte[1160] zu berücksichtigen und mögliche Bedenken von vornherein auszuräumen.

H. Zusammenfassung der gewonnenen Ergebnisse

Zum Ende dieses ersten Abschnitts sollen die gefundenen Reformergebnisse für das bußgeldrechtliche Vorverfahren in ihrer Gesamtheit beleuchtet werden.

I. Recht des Betroffenen auf konfrontative Zeugenbefragung für schwere Ordnungswidrigkeiten

Von dem Vorschlag eines umfassend partizipatorischen Ermittlungsverfahrens im Ordnungswidrigkeitenrecht ist Abstand zu nehmen. Speziell ein Aspekt der

1154 Dazu umfassend mit einem Vergleich zur e-Akte: *von Stetten*, ZRP 2015, 138 ff.
1155 *von Stetten*, ZRP 2015, 138.
1156 *von Stetten*, ZRP 2015, 138.
1157 *Gerson*, StraFo 2017, 402, 406.
1158 *Gerson*, StraFo 2017, 402, 406.
1159 Große Strafrechtskommission des Deutschen Richterbundes, S. 138.
1160 Siehe: *von Stetten*, ZRP 2015, 138 ff.

Debatte lässt sich jedoch für das Vorverfahren im Ordnungswidrigkeitenrecht fruchtbar machen, namentlich das Recht des Betroffenen auf konfrontative Zeugenbefragung für bestimmte schwere Ordnungswidrigkeiten. Ein solches Vorhaben sorgt für eine Anhebung der Betroffenenrechte, ohne dabei die Erledigung der überwiegenden Anzahl von Ordnungswidrigkeiten zu gefährden. Zur Abgrenzung zwischen einfachen und gewichtigen Ordnungswidrigkeiten ist eine Zusammenschau von drei Kriterien erforderlich, die Höhe der Geldbuße, der Grad der Beeinträchtigung individueller und kollektiver Rechtsgüter, sowie die Komplexität der Sach- und Rechtslage.

II. Keine Lockerungen des Opportunitätsgrundsatzes

Der im Bußgeldverfahren geltende Opportunitätsgrundsatz sollte beibehalten werden. Dies ermöglicht eine effektive und flexible Verfahrensführung durch die Verwaltungsbehörden.[1161] Die Geltung des Legalitätsprinzips wäre dem Ordnungswidrigkeitenrecht fremd und nicht zu empfehlen. Gegen eine „soll-Ahndung“ oder ein in bestimmten Fällen verdichtetes Ermessen zur Aufnahme und Abschluss von Ermittlungshandlungen kann indes nichts eingewendet werden.

III. Beibehaltung der Rechtslage gemäß § 47 Abs. 3 OWiG

Fragt man nach konkreten Änderungen im OWiG selbst, so könnte man eine Reform der Vorschrift des § 47 Abs. 3 OWiG ins Auge fassen, nach der die Einstellung des Bußgeldverfahrens weder von der Zahlung eines Geldbetrags an eine gemeinnützige Einrichtung oder sonstige Stelle abhängig gemacht werden, noch mit einer solchen in sonstiger Art und Weise in Zusammenhang gebracht werden darf und so eine noch flexiblere Verfahrensführung für die Behörden und Gerichte ermöglichen. Ein solches Vorhaben übersieht jedoch die drohende Rechtspraxis, dass das Verfahren eingestellt wird, um eine Eintragung beispielsweise in das Fahreignungsregister zu umgehen.[1162] Für sonstige geringfügige Verstöße existiert das Verwarnungsverfahren. Eine Ausnahmeregelung nur für das kartellgerichtliche Verfahren stellt eine unzulässige Sonderbehandlung für Unternehmen und deren Verantwortliche dar und sorgt für eine Beeinträchtigung des Gerechtigkeitsgefühls der Bevölkerung.

1161 Siehe *Herrlinger*, ZWeR 2012, 137, 143.
1162 Vgl. BT-Drs. 7/550, S. 347.

IV. Hinweispflicht der Behörde auf Möglichkeit zur Verteidigerkonsultation bei schweren Ordnungswidrigkeiten

Reformbedarf besteht jedoch bei § 55 Abs. 2 OWiG. De lege lata braucht der Betroffene nicht darauf hingewiesen zu werden, dass er auch schon vor seiner Vernehmung einen von ihm zu wählenden Verteidiger befragen kann. Zwar stellt diese konkrete Fassung aufgrund der Gesamtbetrachtungslehre des EGMR nicht per se einen Verstoß gegen Art. 6 EMRK dar. Unterbleibt aber im Einzelfall eine Belehrung über das Recht zur Verteidigerkonsultation vor der Vernehmung und tätigt der Betroffene daraufhin selbstbelastende Aussagen, so kann die Regierung einen Verstoß gegen Art. 6 EMRK besonders in umfangreichen und komplexen Fällen des Wirtschaftsordnungswidrigkeitenrechts nur schwerlich widerlegen.[1163] Daher bedarf es für letztere Fälle einer Belehrungspflicht des Betroffenen über sein Recht zur Verteidigerkonsultation schon vor der ersten Vernehmung. Zur Abgrenzung von einfachen und gewichtigen Ordnungswidrigkeiten kann erneut auf die schon für das partizipatorische Ermittlungsverfahren geltenden Kriterien verwiesen werden. In einfachen Fällen, also den überwiegenden Bagatellordnungswidrigkeiten, kann und soll die Behörde von einem solchen Hinweis weiter absehen. Sieht man in einer solchen Änderung die Gefahr von zu langen Verfahren auch außerhalb der Wirtschaftsordnungswidrigkeiten in sonstigen gewichtigen Fällen, empfehlen sich Bereichsausnahmevorschriften in den jeweiligen Spezialgesetzen. So müsste alternativ in einem neu zu fassenden § 82a GWB klargestellt werden, dass abweichend von § 55 Abs. 2 OWiG der Betroffene auch schon vor seiner Äußerung oder Vernehmung einen von ihm zu wählenden Verteidiger befragen kann.

V. Neue Appellfunktion des § 46 Abs. 2 OWiG

Eine klarstellend-systematische Änderung wird i.R.d. § 46 Abs. 2 OWiG empfohlen. Trotz der bestehenden Ermittlungspflicht von entlastenden Umständen fehlt der Vorschrift angesichts der systemimmanenten Einseitigkeit der Ermittlungen im Ordnungswidrigkeitenverfahren eine klare Appellfunktion.[1164] In einem S. 2 ist daher festzuhalten, dass die Verfolgungsbehörde insbesondere dazu verpflichtet ist, die zur Entlastung des Betroffenen dienenden Umstände zu ermitteln. Eine solche Änderung beeinflusst auch das Auslegungsergebnis der Norm. So wird in einer Zusammenschau von §§ 47 Abs. 1 und 65 f. OWiG deutlich, dass einseitige Ermittlungsmaßnahmen im Vorverfahren des Ordnungswidrigkeitenrechts zwar angelegt sind. Das Ermittlungsverfahren soll und muss jedoch stets mit Rücksicht auf die Rechte des Betroffenen durchgeführt werden. Durch eine solche Änderung trifft der Gesetzgeber damit indirekt eine Klarstellung zum Kräftegleichgewicht

---

1163 EGMR, Urt. v. 13.09.2016, Nr. 50541/08 (*Ibrahim u.a./U.K.)*, § 273.

1164 Vgl. *Schmitz,* wistra 2016, 129, 132.

zwischen den Ermittlungsbehörden und dem Betroffenen. Dies stärkt die Betroffenenrechte und kann sich auch auf das weitere Verfahren in den Fällen positiv auswirken, in denen sich nicht erst im gerichtlichen Verfahren ein Ermittlungsdefizit herauskristallisiert.

VI. Erhöhte Begründungspflicht bei schweren Ordnungswidrigkeiten, § 66 Abs. 3 OWiG

Von der eingeschränkten Begründungspflicht nach § 66 Abs. 3 OWiG ist im Kartellrecht und bei sonstigen schweren Ordnungswidrigkeiten Abstand zu nehmen. Eine solche Vorschrift verschiebt das Kräftegleichgewicht eindeutig zugunsten der Ermittlungsbehörden und stellt besonders bei vorangegangenen Settlements eine Benachteiligung für den Betroffenen dar.[1165] Kann er sich nicht umfassend mit den Gründen für die Verhängung einer Geldbuße auseinandersetzen, so erscheinen seine Rechtsschutzmöglichkeiten eingeschränkt. Ähnlich wie bei § 55 Abs. 2 OWiG sollte der Wortlaut der Vorschrift für die Zukunft daher nur noch auf einfach gelagerte Sachverhalte erstreckt werden.

VII. Förderung der Einführung der elektronischen Akte bevorzugt in Kartellverfahren

Zuletzt ist es gerade in Kartellverfahren angesichts der Vielzahl an Akten notwendig, die Einführung der elektronischen Akte bevorzugt voranzutreiben. Bis dahin können kurzfristige Beschleunigungseffekte durch den Einsatz einer elektronischen Doppelakte erzielt werden, um Wartezeiten und Verzögerungen bei der Akteneinsicht zu vermeiden.[1166]

VIII. Zwischenergebnis: Stärkung der Betroffenenrechte im Ordnungswidrigkeitenverfahren

Das Ermittlungsverfahren bildet auch im Recht der Ordnungswidrigkeiten den Grundstein des späteren Verfahrens. Umso wichtiger ist es, dass der Sachverhalt erschöpfend ermittelt wurde und der Betroffene als gleichwertiges Verfahrenssubjekt auf den Ausgang des Ermittlungsverfahrens Einfluss hat. Dies sorgt schon mittelbar für eine gründliche Untersuchung des zugrunde liegenden Sachverhalts und erspart den Beteiligten im späteren Verlauf des Prozesses Nachermittlungen. Insgesamt bleibt damit festzuhalten, dass Reformen im Vorverfahren vorwiegend auf die Stärkung der Betroffenenrechte für gewichtige Ordnungswidrigkeiten abzielen. Dies ist angesichts der Schwere und Komplexität bei Ordnungsverstößen im Wirtschaftsrecht auch angezeigt. Für die Gewährung weitergehender Rechte

---

1165 *Schmitz,* wistra 2016, 129, 133.

1166 Große Strafrechtskommission des Deutschen Richterbundes, S. 138.

der Betroffenen i.S.d. § 55 Abs. 2 OWiG, § 66 Abs. 3 OWiG entscheidend sind drei zentrale Kriterien, die einer neuen Vorschrift zu einem Konfrontationsrecht des Betroffenen zugrunde liegen, § 54 Abs. 2 OWiG n.F., namentlich die mögliche Höhe der Geldbuße, der Grad der Beeinträchtigung individueller oder kollektiver Rechtsgüter und die Schwierigkeit der Sach- und Rechtslage. Hiervon ist bei Ordnungswidrigkeiten des GWB, WpHG oder WpÜG standardmäßig auszugehen. Bei den überwiegenden Bagatellordnungswidrigkeiten kann es aber bei der geltenden Rechtslage bleiben. Aus dem weiten Spielraum des Gesetzgebers zur Einordnung eines Unrechtsverhaltens als Straftat oder Ordnungswidrigkeit außerhalb eines strafrechtlichen Kernbereichs folgt zwangsläufig eine gewaltige Kluft des Unrechtsgehalts der jeweiligen Ordnungsverstöße. Folglich ist es gerade systemimmanent, dass das Ordnungswidrigkeitenverfahren mit dieser Diskrepanz umgehen muss. Auch das Zwischenverfahren lässt vor diesem Hintergrund Raum für Verbesserungen, wie *Teil 7* der Arbeit zeigen wird.

Teil 7 Reformvorschläge für das Zwischenverfahren

A. Zwischenverfahren im Ordnungswidrigkeitenrecht: Aufwendiger als im Strafprozess?

I. § 69 OWiG als praxistaugliche Vorschrift für das Zwischenverfahren?

Das Zwischenverfahren nach § 69 OWiG betrifft den Abschnitt des Verfahrens zwischen der Einlegung des Einspruchs durch den Betroffenen und der Erwägung des Gerichts, das Hauptverfahren durchzuführen.[1167] Sofern die Verwaltungsbehörde den Einspruch nicht gem. § 69 Abs. 1 S. 1 OWiG als unzulässig verwirft und den Bußgeldbescheid nicht zurücknimmt, § 69 Abs. 2 S. 1 OWiG, übersendet sie die Akten über die Staatsanwaltschaft, § 69 Abs. 3 S. 1 Hs. 1 OWiG, an das Amtsgericht. Mit Eingang der Akten bei der Staatsanwaltschaft wird diese zur Verfolgungsbehörde, § 69 Abs. 4 S. 1 OWiG. Sie ist im weiteren Verfahrensverlauf auch dazu berufen, die Akten dem Richter vorzulegen, § 69 Abs. 4 S. 2 OWiG, wenn sie das Verfahren nicht einstellt.

Bei Reformbestrebungen im Zwischenverfahren ging es schon immer um das „Ob“ und „Wie“ einer Beteiligung der Staatsanwaltschaft.[1168] Das Ziel des Gesetzgebers war dabei auch die Entlastung der Gerichte.[1169] Diesem Anspruch ist der Gesetzgeber nach einhelliger Ansicht nicht gerecht worden.[1170] Vereinzelt wird in der Richterschaft vor diesem Hintergrund gar die Aussage *Besoldung als Schmerzensgeld* getroffen.[1171] Die Vorschriften im Zwischenverfahren würden nach *Krumm* dazu beitragen, dass eine sachgerechte gerichtliche Bearbeitung des Ordnungsverstoßes erschwert wird.[1172]

1167 *Klesczewski*, § 11, Rn. 946; siehe auch: *Mitsch*, Recht der Ordnungswidrigkeiten, § 29, Rn. 1.

1168 Siehe *Seier*, NZV 1996, 17, 19.

1169 *Seier*, NZV 1996, 17, 19; siehe auch: *Katholnigg*, NJW 1998, 568, 570; *Helmken*, NZV 1997, 289, 289 f.

1170 Beispielsweise *Krumm*, NJ 2017, 187; *ders.* ZRP 2004, 85; *Bohnert*, NZV 1999, 322, 323 f.; für das gesamte OWi-Verfahren *Deutscher*, NZV 1999, 185, 189; zur Verurteilung eines Richters wegen Rechtsbeugung aufgrund struktureller Insuffizienz des (Zwischen-)Verfahrens siehe BVerfG, NJW 2016, 3711, 3711 f.

1171 *Krumm*, ZRP 2004, 85; ähnlich *Helmken*, NZV 1997, 289 f.

1172 *Krumm*, ZRP 2004, 85.

II. Verfassungsbeschwerde eines ehemaligen Richters als Indikator für das Verhältnis zwischen den Gerichten und Bußgeldbehörden?

Stellvertretend für diese Feststellung kann man die Verfassungsbeschwerde eines ehemaligen Richters am Amtsgericht heranziehen, der wegen Rechtsbeugung verurteilt wurde.[1173] Der Betroffene hatte in seinen Verfahren gegenüber der Bußgeldbehörde mehrfach angebracht, dass der Akte weder ein Messprotokoll, noch der Eichschein beilag.[1174] Als sich an dieser Praxis nichts änderte, sprach er die Betroffenen durch Beschluss nach § 72 OWiG frei.[1175] Jedes dieser Verfahren gelangte zum zuständigen Oberlandesgericht, das die Sache an den betroffenen Richter zurückverwies und dem Richter Vorgaben machte, an die er sich hielt.[1176] Als in zukünftigen Verfahren die Akteninhalte erneut fehlten, sprach der Richter die Betroffenen wiederum frei.[1177] Er begründete die Freisprüche damit, dass das OLG bei seinen früheren Entscheidungen die „Funktion der gerichtlichen Aufklärungspflicht verkannt und die Rollen von Ermittlungsbehörden und Gericht vertauscht" hätte.[1178] Die Rolle des Gerichts sollte sich nach Auffassung des Richters darin erschöpfen, den Betroffenen „prozessuale „Waffengleichheit" mit den Bußgeldbehörden zu gewähren."[1179]

Seine Verfassungsbeschwerde wurde abgelehnt. Der Richter habe sich nicht allein an Gesetz und Recht orientiert.[1180] Die Urteilsfeststellungen würden belegen, dass der Richter die Verwaltungsbehörde und die Staatsanwaltschaft vorwiegend *disziplinieren* wollte.[1181] Die Verfehlungen des Richters beruhen damit mittelbar auch auf der teils mangelnden Kooperationsbereitschaft von Bußgeldbehörden bei der Einleitung des gerichtlichen Verfahrens. § 69 OWiG normiert vor diesem Hintergrund den Rechtsrahmen, in dem die Gerichte, die Bußgeldbehörden und die Staatsanwaltschaft miteinander arbeiten sollen. Hierzu führen *Scheffler* und *Matthies* an, dass nach geltender Rechtslage jede Ordnungswidrigkeit eigentlich viermal geprüft werde, bevor der Richter über das Urteil entscheidet.[1182] Aufgrund des Phänomens des „Aufeinanderverlassens" schlussfolgern sie, dass vier aufeinander folgende Kontrollen sogar weniger Sicherheiten böten als *eine* genaue Prüfung.[1183]

1173 BVerfG, NJW 2016, 3711.
1174 BVerfG, NJW 2016, 3711.
1175 BVerfG, NJW 2016, 3711.
1176 BVerfG, NJW 2016, 3711, 3712.
1177 BVerfG, NJW 2016, 3711, 3712.
1178 Ebd.
1179 Ebd.
1180 BVerfG, NJW 2016, 3711, 3712 f.
1181 BVerfG, NJW 2016, 3711, 3712 f.
1182 *Scheffler/Matthies,* NZV 2007, 607, 608: „Um feinen Sand zu erhalten, ist es auch zwecklos, mehrmals mit groblöchrigen Sieben zu filtern."
1183 *Scheffler/Matthies,* NZV 2007, 607, 608.

III. Notwendigkeit von Neuordnungen im Zwischenverfahren

Es liegt auf der Hand, dass ein solches System gerade im Wirtschaftsrecht zu einer erheblichen Verzögerung des Verfahrens führen kann. Hier muss freilich weiter differenziert werden: Die Verwaltungsbehörden im Wirtschaftsrecht verfügen i.d.R. über eine hohe Expertise.[1184] Die Gefahr, dass dem Gericht nicht ausreichend ermittelte Sachverhalte vorgelegt werden, ist daher geringer. Allerdings erscheinen beispielsweise die zahlreichen Prüfungsstationen gerade im Vergleich zum Strafprozess als zu aufwendig.[1185] Ein Vorwurf im Ordnungswidrigkeitenverfahren kann unter Umständen nicht nur zunächst bei der Anhörung des Betroffenen von der Verwaltungsbehörde geprüft werden, sondern auch im Zwischenverfahren jeweils von der Verwaltungsbehörde *und* der Staatsanwaltschaft, sowie vor dem Amtsrichter im gerichtlichen Verfahren.[1186] Angesichts dieser unbefriedigenden Rechtslage erscheint eine Reform und Neuordnung des Zwischenverfahrens zur sachgerechteren und differenzierten Ahndung der verschiedensten Verstöße unerlässlich. Dieser Teil der Arbeit geht daher der Frage nach, ob und inwieweit die Staatsanwaltschaft im Zwischenverfahren überhaupt noch mitwirken sollte und wie der Gefahr begegnet werden kann, dass das Gericht seltener mit nicht ausreichend ermittelten Sachverhalten konfrontiert wird.

B. Staatsanwaltschaft als weitere Kontrollinstanz, § 69 Abs. 3 und 4 OWiG

I. Doppelter Ermittlungsaufwand als Erschwernis beim Abschluss von schweren Wirtschaftsordnungswidrigkeiten

Nach § 69 Abs. 3 S. 1 OWiG übersendet die Verwaltungsbehörde nach erneuter Prüfung des Bußgeldbescheids die Akten *über die Staatsanwaltschaft* an das Amtsgericht. Nach § 69 Abs. 4 S. 1 OWiG gehen mit dem Eingang der Akten bei der Staatsanwaltschaft die Aufgaben der Verfolgungsbehörde auf sie über. § 69 Abs. 4 S. 2 OWiG gewährt der Staatsanwaltschaft das Recht, weitere Ermittlungen durchzuführen. Hieran wird kritisiert, dass die Staatsanwaltschaft den Fall heute oftmals schon gar nicht weiter prüft, sondern sich als „Aktenversendungsbehörde"

1184 *Hummel*, Amtshaftung im Kartellrecht, S. 82 f.: „Nachdem es sich beim Bundeskartellamt um eine auf das Kartellrecht spezialisierte Behörde handelt, die intern nach Aufgaben- und Wirtschaftsbereichen gegliedert ist und deren Entscheidungsträger ganz überwiegend akademisch ausgebildete Juristen und Ökonomen sind, verfügt das Bundeskartellamt über ein Maß an Rechtsanwendungs- und Branchenkompetenz, das der Sach- und Rechtskunde der ebenfalls auf die Anwendung des Kartellrechts spezialisierten Kartellsenate des OLG Düsseldorf kaum nachsteht".

1185 Vgl. dazu *Scheffler/Matthies*, NZV 2007, 607, 608.

1186 *Scheffler/Matthies*, NZV 2007, 607, 608.

versteht.[1187] Angesichts der hohen Fallzahlen von Ordnungswidrigkeiten und der generellen Arbeitsbelastung der Staatsanwaltschaften ist dies nicht verwunderlich.[1188]

Dabei wollte der Gesetzgeber die Staatsanwaltschaft durch verschiedene Gesetzesänderungen entlasten. Nach alter Rechtslage war es deren Aufgabe, die Sache bei ungenügender Aufklärung an die Verwaltungsbehörde zurückzusenden.[1189] *De lege lata* fällt diese Aufgabe dem Amtsrichter zu, § 69 Abs. 5 S. 1 OWiG.[1190] Angesichts der unveränderten Prüfungspflichten der Staatsanwaltschaft kann von einer Entlastung derselben aber keine Rede sein, vgl. § 69 Abs. 4 S. 1, 2 OWiG.[1191]

II. Referentenentwurf vom 25.05.1994 zum Verzicht der Mitwirkung der Staatsanwaltschaft im Zwischenverfahren

Nicht durchsetzen konnte sich vor diesem Hintergrund ein Referentenentwurf des Bundesjustizministeriums der Justiz vom 25.05.1994, der auf eine Mitwirkung der Staatsanwaltschaft im Zwischenverfahren gänzlich verzichten wollte.[1192] Deren Aufgaben sollten dem Amtsrichter zugewiesen werden.[1193] Der Entwurf sah sich enormer Kritik ausgesetzt. Dem Betroffenen werde eine weitere Kontrollinstanz entzogen, die sich von der Verwaltungsbehörde und dem Richter unterscheidet.[1194] Gerade bei Kartellordnungswidrigkeiten oder Verstößen gegen das Außenwirtschaftsgesetz sei dies aufgrund der Bedeutung der Fälle nicht hinzunehmen.[1195] Das Zwischenverfahren dürfe auch nicht allein in die Hände des Richters gelegt werden, da er sonst – ähnlich wie im Strafverfahren – speziell im späteren gerichtlichen Verfahren voreingenommen wäre.[1196] Andere kritisierten an dem Entwurf, dass das Gericht verpflichtet wäre, die Akten zunächst oberflächlich zu prüfen, um diese bei Verdacht einer Straftat an die Staatsanwaltschaft weiterzuleiten.[1197] Dies wurde angesichts der Auslastung der Gerichte als „völlig praxisfremd" bezeichnet.[1198] Es drohe ferner eine Einschränkung des Legalitätsprinzips, wenn

---

1187 *Seier,* NZV 1996, 17, 19; *Helmken,* NZV 1997, 289 f.; *Krumm,* NJ 2017, 187, 189; *Krumm,* ZfS 2011, 487; Burhoff/*Deutscher,* OWi-Verfahren, Rn. 3466. Im Übrigen trägt die mangelnde Aufklärung durch die Verwaltungsbehörde seit jeher zu der Überlastung der Gerichte bei, siehe *Kempf,* StV 1986, 364.

1188 Becklink 2006178, Staatsanwaltschaften klagen über Personalmangel, v. 27.3.2017.

1189 BeckOK-OWiG/*Gertler,* § 69, Rn. 122 f.

1190 *Bohnert,* NZV 1999, 322 f.; BeckOK-OWiG/*Gertler,* § 69, Rn. 122.

1191 *Bohnert,* NZV 1999, 322, 323.

1192 *Helmken,* NZV 1997, 290; *Seier,* NZV 1996, 17, 18.

1193 Näher: *Seier,* NZV 1996, 17, 19.

1194 *Seier,* NZV 1996, 17, 19.

1195 *Seier,* NZV 1996, 17, 19; anders insoweit der Zwischenbericht des Bundeskartellamtes zum Expertenkreis Kartellsanktionenrecht, NZKart 2015, 2, 13 f.

1196 *Seier,* NZV 1996, 17, 19.

1197 *Helmken,* NZV 1997, 289, 290.

1198 *Helmken,* NZV 1997, 289, 290.

die Staatsanwaltschaft nicht mehr die Möglichkeit erhalte, den Vorwurf einer Ordnungswidrigkeit auf Anhaltspunkte zu untersuchen, die eine Straftat nahelegen.[1199]

Dem wird die Prüfungs- und Weiterleitungspflicht der jeweiligen Verwaltungsbehörde und des Richters vor Eröffnung der Hauptverhandlung entgegengehalten.[1200] Vor allem der Richter verfügt i.d.R. über detaillierte Kenntnisse im Ordnungswidrigkeitenrecht und Strafrecht und kann die Sache bei Anhaltspunkten einer Straftat an die Staatsanwaltschaft abgeben.[1201] Gerade bei Verkehrsordnungswidrigkeiten verfügt die Polizei über ausreichend Erfahrung bei der Prüfung eines solchen Sachverhalts.[1202]

Über diese Debatte hinaus wird speziell im Kartellordnungswidrigkeitsverfahren die Mehrarbeit der Verfolgungsbehörden kritisiert.[1203] Einhellig wird angeregt, die behördliche Doppelstruktur speziell im Kartellverfahren zu beenden.[1204] Hieran kann man anknüpfen und das Ermittlungsverfahren der Verwaltungsbehörde mehr in den Fokus rücken.[1205] Schon hier entscheide sich, wie das Verfahren zukünftig abläuft und ob alle relevanten Tatsachen ermittelt wurden.[1206] Deshalb müsse man dem Betroffenen schon hier mehr Mitwirkungsmöglichkeiten verschaffen[1207] und den Gebührensatz für Rechtsanwälte anheben.[1208] Reformen im Zwischenverfahren scheinen nicht nur angesichts der zahlreichen Forderungen und Kritik über die Rolle der Staatsanwaltschaft, sondern auch angesichts der tatsächlichen Praxis der Staatsanwaltschaft als „Aktenversendungsbehörde"[1209] dringend angezeigt.

III. Reformvorschlag für § 69 OWiG

Die derzeitige Rechtslage ist nicht zufriedenstellend. Zwar erscheint die Einschaltung der Staatsanwaltschaft im Zwischenverfahren angesichts ihrer erneuten

---

1199 Referat von *Mehle,* zusammengefasst von *Göhler,* DAR 1996, 182, 185.

1200 *Helmken,* NZV 1997, 289, 291.

1201 Siehe: *Helmken,* NZV 1997, 289, 291.

1202 *Helmken,* NZV 1997, 289, 291.

1203 Zwischenbericht des Bundeskartellamtes zum Expertenkreis Kartellsanktionenrecht, NZKart 2015, 2, 13 f.

1204 Zwischenbericht des Bundeskartellamtes zum Expertenkreis Kartellsanktionenrecht, NZKart 2015, 2, 13 f.; Sondergutachten 41 der Monopolkommission zur 7. GWB Novelle, S. 15 f.; ebenso *Barth/Budde,* WuW 2010, 377, 386 f.; *Ost* in: Bien, S. 323; *Stockmann,* ZWeR 2015, 189, 201 f.

1205 Siehe *Ostendorf,* ZRP 1994, 335, 337.

1206 *Ostendorf,* ZRP 1994, 335, 337.

1207 *Ostendorf,* ZRP 1994, 335, 337.

1208 *Ostendorf,* ZRP 1994, 335, 338.

1209 *Seier,* NZV 1996, 17, 19; *Helmken,* NZV 1997, 289 f.; *Krumm,* NJ 2017, 187, 189; *Krumm,* ZfS 2011, 487; Burhoff/*Deutscher,* OWi-Verfahren, Rn. 3466. Im Übrigen trägt die mangelnde Aufklärung durch die Verwaltungsbehörde seit jeher zu der Überlastung der Gerichte bei, siehe *Kempf,* StV 1986, 364.

Kontrollmöglichkeit und rechtlichen Expertise, sowie der frühzeitigen Möglichkeit der Aufdeckung von Straftaten auf den ersten Blick sinnvoll.[1210] Auch der Betroffene und die Gerichte können durch die erneute Bewertung profitieren, wenn die Staatsanwaltschaft das Verfahren einstellt und die Durchführung einer Hauptverhandlung vermieden wird. Es ist aber schon angesichts der Schwere des Tatvorwurfs nicht ersichtlich, wieso im Bußgeldverfahren drei verschiedene Instanzen in das Verfahren eingebunden sind, im Strafverfahren dagegen nur die Staatsanwaltschaft und das Gericht.[1211] Das Argument, die Entscheidung der Bußgeldbehörde müsse in jedem Fall noch einmal einer rechtlichen Prüfung der Staatsanwaltschaft unterzogen werden, um die Gerichte nicht unnötig zu belasten, geht schon angesichts der heutigen Verfahrenspraxis fehl: Wegen der hohen Belastung der Staatsanwaltschaften und der personellen und finanziellen Lücken kann eine erneute Prüfungspflicht in zahlreichen Ordnungswidrigkeitenverfahren schon rein tatsächlich nicht realisiert werden.[1212] Ziel von Reformen im Zwischenverfahren muss es daher sein, die Staatsanwaltschaft und die Gerichte in den überwiegenden einfachen Ordnungswidrigkeiten tatsächlich zu entlasten.

1. *Steuerstrafverfahren als Vorbild für das Ordnungswidrigkeitenverfahren?*

Vor diesem Hintergrund liefert ein Blick auf das Steuerstrafverfahren eine interessante Perspektive. Dort kann das Finanzamt anstelle der Staatsanwaltschaft den Sachverhalt ermitteln, § 386 Abs. 1 AO. Die Finanzbehörde ist in geeigneten Fällen sogar dazu berufen, einen Antrag auf Erlass eines Strafbefehls beim zuständigen Amtsgericht zu stellen, § 400 Hs. 1 AO.[1213] Der Gesetzgeber hält es also durchaus für möglich, dass eine Behörde das gerichtliche Verfahren ohne Beteiligung der Staatsanwaltschaft einleiten kann.[1214] Warum er dann nicht auf eine erneute Prüfungskompetenz der Staatsanwaltschaft im Zwischenverfahren einer Steuerordnungswidrigkeit verzichtete, kann man nur erahnen: In erster Linie sollte es wohl zu keinem Systembruch im Ordnungswidrigkeitenverfahren kommen. Die Regelung in § 400 Hs. 1 AO zeigt, wohin der Weg führen kann: Die Staatsanwaltschaft

---

1210 Siehe das Referat von *Mehle*, zusammengefasst von *Göhler*, DAR 1996, 182, 185 oder *Seier*, NZV 1996, 17, 19.

1211 Vgl. *Scheffler/Matthies*, NZV 2007, 607, 608.

1212 Becklink 2006178, Staatsanwaltschaften klagen über Personalmangel, v. 27.3.2017; *Seier*, NZV 1996, 17, 19; *Helmken*, NZV 1997, 289 f.; *Krumm*, NJ 2017, 187, 189; *Krumm*, ZfS 2011, 487.

1213 *Tormöhlen*, AO-StB 2013, 316, 318; auf eine weitergehende Anklagebefugnis hat der Gesetzgeber angesichts der Ausbildung der Beamten der Staatsanwaltschaft verzichtet, Flore/Tsambikakis/*Ebner*, § 400 AO, Rn. 2.

1214 BeckOK-StPO/*Bachler*, § 400 AO, Rn. 3; freilich kann die Finanzbehörde die Strafsache jederzeit an die Staatsanwaltschaft abgeben. Die Staatsanwaltschaft kann die Strafsache aber auch jederzeit an sich ziehen, § 386 Abs. 4 S. 1, 2 AO.

wird durch die Ermittlungs- und Anklagetätigkeit der Steuerbehörden erheblich entlastet – die Norm ist in der Praxis „nicht mehr hinweg zu denken".[1215] Man könnte daher eine ähnliche Gestaltung für das Ordnungswidrigkeitenverfahren fordern.

Auf der anderen Seite ist nicht von der Hand zu weisen, dass der Richter bei schwerwiegenden Ordnungswidrigkeiten in der Hauptverhandlung den Argumenten der Staatsanwaltschaft Gehör schenken sollte, um nicht bei Ermittlungsdefiziten im Einzelfall mildere Sanktionen zu verhängen.[1216] Diese Kontrolle kann die Staatsanwaltschaft nur dann effektiv ausüben, wenn sie schon im Zwischenverfahren mit dem Sachverhalt betraut war.[1217] Angesichts der schon fehlenden Beteiligung der Staatsanwaltschaft in den überwiegenden gerichtlichen (Bagatell-) Verfahren, verliert ein solches Argument jedoch schnell an Bedeutung.[1218] Für die schweren Ordnungswidrigkeiten im Wirtschaftsrecht wird man für Reformvorhaben eine weitere Einflussnahme der Staatsanwaltschaft vorsehen müssen.

2. Keine Mitwirkung der Staatsanwaltschaft im Zwischenverfahren in einfachen Fällen

Ein zukünftiges Zwischenverfahren im Ordnungswidrigkeitenrecht sollte daher auf die Mitwirkung der Staatsanwaltschaft *in einfach gelagerten Fällen* verzichten.[1219] Eine Weiterleitung der Akten der Behörden an die Staatsanwaltschaft zur Registratur hat hier aus Gründen der Effizienz und Straffung des Verfahrens zu unterbleiben.[1220] Freilich muss es der Verwaltungsbehörde ermöglicht werden, die Akten bei Anhaltspunkten einer Straftat an die Staatsanwaltschaft zu übermitteln.[1221] Gleiches gilt auch für den Richter, wenn er sich mit der Sachlage zum Ersten Mal befasst. Daher droht schon keine Beeinträchtigung des Legalitätsprinzips, da zumindest der Richter in der Lage ist, Straftaten, die die Verwaltungsbehörde möglicherweise übersehen hat, aufzudecken.[1222]

3. Kriterien nach § 54 Abs. 2 S. 2 OWiG und Blick in die RiStBV

Will man eine Grenze ziehen, wann im Einzelfall von einem einfach gelagerten Sachverhalt zu sprechen ist, so bietet sich ein Blick in die RiStBV an. Nach 287

1215 Flore/Tsambikakis/*Ebner*, § 400 AO, Rn. 10.
1216 Vgl. *Helmken*, NZV 1997, 289, 290 f.
1217 Vgl. *Helmken*, NZV 1997, 289, 290 f.
1218 *Helmken*, NZV 1997, 289, 291.
1219 Dieser Ansatz fußt auf dem Vorschlag von *Helmken*, NZV 1997, 289, 291, der die Staatsanwaltschaft erst ab einer Geldbuße von über 300 DM in das Verfahren integrieren wollte.
1220 Vgl. *Helmken*, NZV 1997, 289, 291.
1221 Vgl. dazu das Referat von *Mehle*, zusammengefasst von *Göhler*, DAR 1996, 182, 185.
1222 *Helmken*, NZV 1997, 289, 291.

Abs. 2 RiStBV nimmt die Staatsanwaltschaft an der Hauptverhandlung teil, wenn die Mitwirkung aus besonderen Gründen geboten erscheint. Dies ist der Fall, wenn die Aufklärung des Sachverhalts eine umfangreiche Beweisaufnahme erfordert, eine hohe Geldbuße oder *bedeutsame Nebenfolge* in Betracht kommt, eine Rechtsfrage von allgemeiner Bedeutung zu entscheiden ist oder die Verwaltungsbehörde die Teilnahme des Staatsanwalts an der Hauptverhandlung angeregt hat, Art. 287 Abs. 2 RiStBV. Ebenso kann man die schon oben genannten Kriterien im Punkt des partizipatorischen Ermittlungsverfahrens i.R.d. § 54 Abs. 2 OWiG n.F. heranziehen, namentlich die mögliche Höhe der Geldbuße, den Grad der Beeinträchtigung individueller oder kollektiver Rechtsgüter und die Schwierigkeit der Sach- und Rechtslage. Vor diesem Hintergrund kann man den Wortlaut des § 69 Abs. 3 OWiG derart ändern, dass die Verwaltungsbehörde die Akten nicht an die Staatsanwaltschaft, sondern direkt an das Gericht weiterleitet, sofern es sich in einer Zusammenschau der genannten Kriterien um eine einfache Sache handelt. Eine Mitwirkung der Staatsanwaltschaft ist damit für die überwiegenden Ordnungswidrigkeiten ausgeschlossen. Blickt man auf die Ahndungshöhe und die Komplexität verschiedener Verstöße, so fallen vor allem Verkehrsverstöße mit geringerem Unrecht und einer einfachen Beweislage in eben diesen Bereich. Dies sind beispielsweise die überwiegende Anzahl von Geschwindigkeitsüberschreitungen, Parkverstöße oder beispielsweise die Handynutzung am Steuer.

Damit wird die Staatsanwaltschaft unterhalb dieses Bereiches tatsächlich entlastet, da sie die Akten noch nicht einmal zur Kenntnis nehmen muss. Der Großteil der Ordnungswidrigkeiten wird daher ausschließlich von den Behörden und Gerichten behandelt und zum Abschluss gebracht. Dies ist angesichts der Bedeutung geringfügiger Ordnungswidrigkeiten auch sachgerecht. Ergibt sich in solchen Fällen ausnahmsweise doch einmal ein Anhaltspunkt für eine Straftat, so reichen die Expertise der Polizei als Ermittlungsbehörde, die Kenntnisse der Verwaltungsbehörde, sowie die Erfahrung des Richters aus, um solche Sachverhalte an die Staatsanwaltschaft weiterzuleiten.[1223]

4. Pflicht der Staatsanwaltschaft zur Mitwirkung im Zwischenverfahren bei schweren Ordnungswidrigkeiten

Deutet sich anhand der Kriterien im Einzelfall an, dass eine höhere Geldbuße im Raum steht, die Sache von rechtlicher oder tatsächlicher Komplexität ist, oder ein Rechtsgut gar erheblich beeinträchtigt wurde, so hat die Verwaltungsbehörde die Sache an die Staatsanwaltschaft weiterzuleiten.[1224] In solchen Fällen nämlich erscheint die Einschaltung einer weiteren Kontrollinstanz sinnvoll, da hier die Erfüllung der Merkmale einer Straftat näherliegt.[1225] Zur Absicherung des

---

1223 Siehe *Helmken*, NZV 1997, 289, 291.

1224 Vgl. auch *Helmken*, NZV 1997, 289, 291

1225 Vgl. das Referat von *Mehle*, zusammengefasst von *Göhler*, DAR 1996, 182, 185.

Legalitätsprinzips wird man speziell für Zweifelsfälle ebenso eine Weiterleitungspflicht an die Staatsanwaltschaften befürworten müssen.

5. *Umfang der Beteiligung der Staatsanwaltschaft in Kartellverfahren* de lege ferenda *als Vorbild für das gesamte Ordnungswidrigkeitenverfahren?*

a. *Ausgangslage: Opt-out-Möglichkeit der Staatsanwaltschaft?*

Weiterhin erscheint es in Anschluss an den Vorschlag von *Ost* sinnvoll, eine „opt-out"-Möglichkeit der Staatsanwaltschaft in Form einer Wahlmöglichkeit vorzusehen.[1226] Diese soll entscheiden können, ob und in welchem Umfang sie am Verfahren teilnehmen möchte.[1227] Im Gegenzug müssten aber die Befugnisse der Kartellbehörden im Hauptverfahren gestärkt werden.[1228]

Speziell für das Kartellrecht könnte daher im GWB eine Ausnahmevorschrift eingeführt werden, die vorsieht, dass die Staatsanwaltschaft in enger Abstimmung mit dem Bundeskartellamt die Möglichkeit hat, sich schon ab dem Zwischenverfahren ganz oder teilweise zurückzuziehen und ihre Befugnisse im Hauptverfahren partiell auf die Kartellbehörde zu übertragen.[1229] Dies dient nicht nur den Interessen der Beteiligten, das Verfahren zügig abzuschließen, sondern auch der Umsetzung geltender und zukünftiger europäischen Vorgaben.[1230] Ein Wegfall dieses Zwischenschrittes und die Verlagerung der Prüfung zu den Kartellbehörden erscheinen angesichts deren weitergehenden Fachkenntnis und bereits umfassenden Einarbeitung in den Fall sinnvoll.[1231]

Ein derartiger Verstoß kann gar als Vorbild dafür dienen, eine „opt-out" Möglichkeit[1232] für sämtliche Ordnungswidrigkeitenverfahren vorzusehen. In Fällen, in denen also eine Pflicht der Staatsanwaltschaft zur Mitwirkung im Zwischenverfahren besteht, sollte diese zusätzlich darüber entscheiden können, ob und in welchem Umfang sie daran teilnehmen möchte. Verzichtet die Staatsanwaltschaft auf eine Prüfung des Sachverhalts im Zwischenverfahren, so übersendet die Verwaltungsbehörde die Akten direkt an das Gericht. So hat die Staatsanwaltschaft

1226 *Ost* in: Bien, S. 323.

1227 *Ost* in: Bien, S. 323.

1228 *Ost* in: Bien, S. 323; siehe dazu auch *Dannecker/Dannecker/Müller*, ZWeR 4/2013, 417, 440 f.; eingehend zu dieser Frage: *Mende*, S. 204 ff. u. 324 f.

1229 Vgl. dazu *Chmeis*, NZKart 2016, 564, 566 f.; ebenso: Zwischenbericht des Bundeskartellamtes zum Expertenkreis Kartellsanktionenrecht, NZKart 2015, 2, 14.

1230 Vgl. dazu nur Art. 30 Abs. 2 RL 2019/1/EU; Zwischenbericht des Bundeskartellamtes zum Expertenkreis Kartellsanktionenrecht, NZKart 2015, 2, 14.

1231 Immenga/Mestmäcker/*Dannecker/Biermann*, Band 2, § 82a GWB, Rn. 3; siehe auch: *Ost* in: Bien, S. 323; Zwischenbericht des Bundeskartellamtes zum Expertenkreis Kartellsanktionenrecht, NZKart 2015, 2, 14.

1232 *Ost* in: Bien, S. 323.

die Möglichkeit aufgrund der jeweiligen Umstände des Einzelfalles, die weitere Verfolgung der Ordnungswidrigkeit auf die Verwaltungsbehörden zu verlagern. Damit wird sichergestellt, dass die Behörde tatsächlich nur gewichtige Ordnungswidrigkeiten selbstständig ermittelt. In Richtlinien ließe sich das Arbeitsverhältnis der Staatsanwaltschaften zu den einzelnen Verwaltungsbehörden genauer ausgestalten.

b. Vorgaben der RL 2019/1/EU: Strukturänderung für das Zwischenverfahren im Kartellbußgeldrecht?

Mit einer solchen Regelung trägt man insbesondere den Vorgaben der RL 2019/1 EU Rechnung: Wenn nach Art. 30 Abs. 2 RL 2019/1/EU nationale Gerichte in Verfahren gegen Entscheidungen tätig werden, die nationale Wettbewerbsbehörden in Ausübung der Befugnisse nach Kap. IV und Art. 13 – 16 dieser Richtlinie (Anm. Geldbußen und Zwangsgelder) zur Anwendung von Art. 101 und 102 AEUV getroffen haben, so haben die Mitgliedsstaaten sicherzustellen, dass die für Wettbewerb zuständige nationale Verwaltungsbehörde *uneingeschränkt befugt ist, sich je nachdem eigenständig als Verfolgungsbehörde, Beklagte oder Antragsgegnerin an diesen Verfahren zu beteiligen und dass ihr dieselben Rechte eingeräumt werden wie den öffentlichen Parteien des Verfahrens.*

Im Ergebnis bedeutet eine solche Vorgabe eine Strukturänderung des Ordnungswidrigkeitenverfahrens speziell im Kartellbußgeldverfahren.[1233] Die Position der Staatsanwaltschaft wird geschwächt, während die Befugnisse der Kartellbehörden als Verfolgungsbehörde ausgebaut werden müssen.[1234] Eine Möglichkeit, die Position der Kartellbehörde zu stärken, liegt in Übereinstimmung mit den vorgestellten Reformen darin, der Kartellbehörde schon im Gefüge des Zwischenverfahrens die weiteren Ermittlungen und Anklageerhebung zu überlassen. Die Mitgliedsstaaten haben diese Vorgabe nach Art. 34 Abs. 1 RL 2019/1 EU bis zum 4.2.2021 umzusetzen.

Der jüngste Referentenentwurf des Bundesministeriums für Wirtschaft und Energie eines Zehnten Gesetzes zur Änderung des Gesetzes gegen Wettbewerbsbeschränkungen für ein fokussiertes, proaktives und digitales Wettbewerbsrecht 4.0 (GWB-Digitalisierungsgesetz) v. 7.10.2019 hat nun die Vorgaben der RL 2019/1 EU weiter konkretisiert.[1235] So soll ein neu zu schaffender § 82a Abs. 1 S. 1 GWB n.F. anordnen, dass im Verfahren nach Einspruch gegen eine Bußgeldentscheidung § 69 Absatz 4 und 5 Satz 1 zweiter Halbsatz des Gesetzes über Ordnungswidrigkeiten

1233 Vgl. dazu auch *Ost*, NZKart 2019, 69, 70.

1234 *Ost*, NZKart 2019, 69, 70.

1235 Der Referentenentwurf ist derzeit abrufbar unter: https://www.d-kart.de/wp-content/uploads/2019/10/GWB-Digitalisierungsgesetz-Fassung-Ressortabstimmung.pdf (zuletzt abgerufen am: 4.12.2019).

nicht anzuwenden sind. Ferner soll die Staatsanwaltschaft die Akten an das nach § 83 GWB zuständige Gericht übersenden, § 82a Abs. 1 S. 2 GWB n.F.[1236]

Im Referentenentwurf wird insoweit zutreffend angeführt, dass die bisherige Rollenverteilung im Ordnungswidrigkeitenverfahren nicht in Einklang mit den Vorgaben der RL 2019/1 EU stünde:[1237] „Wenn der Kartellbehörde zur Sicherung ihrer Unabhängigkeit und ihrer Pflichtenstellung in Rechtsbehelfsverfahren gegen ihre Entscheidungen die Stellung einer eigenständigen Verfolgungsbehörde und gleiche Rechte einzuräumen sind wie der Staatsanwaltschaft, kann es nicht zur Disposition der Staatsanwaltschaft gestellt werden, ob und, wenn ja, in welchem Zuschnitt ein Verfahren bei Gericht anhängig wird."[1238] Gleichzeitig sollen auch die Befugnisse der Kartellbehörden in der Hauptverhandlung ausgeweitet werden: § 82a Abs. 1 S. 3 GWB n.F. stellt die Voraussetzung auf, dass der Kartellbehörde im gerichtlichen Bußgeldverfahren dieselben Rechte wie die Staatsanwaltschaft zukommen.[1239] Insoweit ist auch § 76 OWiG auch nicht mehr anzuwenden, § 82a Abs. 1 S. 4 GWB n.F.[1240] Damit wären den Kartellbehörden zukünftig auch sämtliche prozessuale Rechte des OWiG und der StPO zuzusprechen.[1241] Der Entwurf bleibt aber leider insgesamt nur auf das Kartellordnungswidrigkeitenverfahren beschränkt und versäumt es, die Rechtslage auch für andere Rechtsbereiche, wie etwa das WpHG, umzugestalten.

c. *Ergebnis: Zukünftige Rolle der Staatsanwaltschaft im Zwischenverfahren*

Mit den hier vorgestellten Reformvorschlägen endet die derzeitige Praxis der Staatsanwaltschaft als „Aktenversendungsbehörde"[1242] in den meisten Fällen.

1236 Zum Ganzen: Referentenentwurf des Bundesministeriums für Wirtschaft und Energie eines Zehnten Gesetzes zur Änderung des Gesetzes gegen Wettbewerbsbeschränkungen, S. 51 f.

1237 Referentenentwurf des Bundesministeriums für Wirtschaft und Energie eines Zehnten Gesetzes zur Änderung des Gesetzes gegen Wettbewerbsbeschränkungen, S. 146.

1238 Referentenentwurf des Bundesministeriums für Wirtschaft und Energie eines Zehnten Gesetzes zur Änderung des Gesetzes gegen Wettbewerbsbeschränkungen, S. 146.

1239 Referentenentwurf des Bundesministeriums für Wirtschaft und Energie eines Zehnten Gesetzes zur Änderung des Gesetzes gegen Wettbewerbsbeschränkungen, S. 51.

1240 Ebd.

1241 Referentenentwurf des Bundesministeriums für Wirtschaft und Energie eines Zehnten Gesetzes zur Änderung des Gesetzes gegen Wettbewerbsbeschränkungen, S. 147.

1242 *Seier*, NZV 1996, 17, 19; *Helmken*, NZV 1997, 289 f.; *Krumm*, NJ 2017, 187, 189; *Krumm*, ZfS 2011, 487; Burhoff/*Deutscher*, OWi-Verfahren, Rn. 3466.

Ferner erhält sie die Möglichkeit, in bedeutsamen Fällen weiterhin einzuschreiten bzw. ihr Einschreiten in enger Kooperation mit der ermittelnden Verwaltungsbehörde abzustimmen. Natürlich darf nicht außer Acht gelassen werden, dass die Staatsanwaltschaft die entsprechenden Akten in den gewichtigeren Fällen einer genaueren Prüfung unterziehen muss. Eine solche Prüfung beschränkt sich jedoch nur auf schwere Fälle und lässt die größte Anzahl an Bagatellunrecht außer Betracht. Der Gesetzgeber ist daher zu einer Nachbesserungspflicht auch auf prozessualer Seite berufen.[1243]

6. Konkrete Ausgestaltung des § 69 Abs. 3 und 4 OWiG

a. Reform des § 69 Abs. 3 OWiG anhand der in § 54 Abs. 2 S. 2 OWiG genannten Kriterien

Die hier vorgeschlagenen Änderungen beziehen sich allen voran auf § 69 Abs. 3 OWiG. Die Ausgestaltung der Norm de lege lata lautet wie folgt:

(3) [1]Die Verwaltungsbehörde übersendet die Akten über die Staatsanwaltschaft an das Amtsgericht, wenn sie den Bußgeldbescheid nicht zurücknimmt und nicht nach Absatz 1 Satz 1 verfährt; sie vermerkt die Gründe dafür in den Akten, soweit dies nach der Sachlage angezeigt ist. [2]Die Entscheidung über einen Antrag auf Akteneinsicht und deren Gewährung (§ 49 Abs. 1 dieses Gesetzes, § 147 der Strafprozessordnung) erfolgen vor Übersendung der Akten.

Hier könnte man den Abs. 3 in Fortführung der obigen Ausgestaltung wie folgt ändern:

(3) [1]Die Verwaltungsbehörde übersendet die Akten über die Staatsanwaltschaft an das Amtsgericht, wenn sie den Bußgeldbescheid nicht zurücknimmt, nicht nach Abs. 1 S. 1 verfährt *und es sich um eine schwere Ordnungswidrigkeit handelt*; sie vermerkt die Gründe dafür in den Akten, soweit dies nach der Sachlage angezeigt ist. [2]Die Entscheidung über einen Antrag auf Akteneinsicht und deren Gewährung (§ 49 Abs. 1 dieses Gesetzes, § 147 der Strafprozessordnung) erfolgen vor Übersendung der Akten. [3]*Eine schwere Ordnungswidrigkeit liegt in der Regel vor, wenn*

a) *es sich um eine Ordnungswidrigkeit aus dem GWB, WpHG oder dem WpÜG handelt oder*

b) *sonst eine Ordnungswidrigkeit vorliegt, bei der aufgrund einer Zusammenschau der möglichen Höhe der Geldbuße, des Grades der Beeinträchtigung von individuellen oder kollektiven Rechtsgütern und der Schwierigkeit der Sach- oder Rechtslage eine Einschaltung der Staatsanwaltschaft geboten erscheint.*

1243 Ausführlich zur Beobachtungs- und Nachbesserungspflicht des Gesetzgebers im Strafrecht: *Hillenkamp*, FS Eisenberg, S. 301 f.

[4]Lassen Anhaltspunkte darauf schließen, dass die Begehung einer Straftat naheliegt, so hat die Verwaltungsbehörde die Akten an die Staatsanwaltschaft zu übersenden. [5]Sofern die Verwaltungsbehörde die Akten nicht an die Staatsanwaltschaft weiterleitet, übermittelt sie diese direkt an das Gericht.

b. Erläuterungen

Die Regelung orientiert sich damit eng an den Kriterien, die schon im Rahmen des partizipatorischen Ermittlungsverfahrens herausgearbeitet wurden. In den speziell aufgezählten Fällen einer besonders schweren Ordnungswidrigkeit wird die Staatsanwaltschaft damit zunächst einmal verpflichtet, die Sache selbst zu übernehmen, § 69 Abs. 3 S. 2 a) OWiG n.F. Daneben soll die Verwaltungsbehörde die Ordnungswidrigkeit an die Staatsanwaltschaft übersenden, sofern eine Zusammenschau der möglichen Höhe der Geldbuße, der Beeinträchtigung von individuellen oder kollektiven Rechtsgütern, sowie der Komplexität der Sach-und Rechtslage ergibt, dass die Staatsanwaltschaft als weitere Prüfungsinstanz herangezogen werden muss. In diesen Fällen nämlich, liegt auch die Begehung einer Straftat näher: Ist die Sach- oder Rechtslage beispielsweise sehr komplex, so können der Verwaltungsbehörde im Prozess der rechtlichen Bewertung eher Fehler unterlaufen. Ferner deutet der Grad der Beeinträchtigung von individuellen oder kollektiven Rechtsgütern an, dass eine Straftat im Einzelfall naheliegen kann. Auch die Höhe der Geldbuße kann ein Indiz dafür sein, dass die Staatsanwaltschaft die Sache aufgrund ihrer Bedeutung oder eines zugrunde liegenden besonderen Unwertgehalts erneut überprüfen möchte. Will man die Staatsanwaltschaft auch in das Verfahren einbeziehen, wenn eine bedeutsame Nebenfolge droht, so kann man den Katalog in § 69 Abs. 3 S. 3 b) OWiG n.F. auch um dieses Kriterium ergänzen.

Im Laufe der Zeit wird sich hier ein Verwaltungshandeln herausbilden, in welchen Fällen außerhalb des Regelkatalogs in § 69 Abs. 3 S. 3 a) OWiG n.F. von einer schweren Ordnungswidrigkeit auszugehen ist. Auf diese Weise kann sich ändernden tatsächlichen oder rechtlichen Umständen besser Rechnung getragen werden, als durch unabänderliche gesetzliche Vorgaben, wie etwa eine bestimmte Höhe der Geldbuße. Der Spielraum der Verwaltungsbehörden ist dabei nicht nur durch die genauen Vorgaben der Kriterien in § 69 Abs. 3 S. 3 b) OWiG n.F. begrenzt: Durch eine Auflistung schwerer Ordnungswidrigkeiten in § 69 Abs. 3 S. 3 a) OWiG n.F. obliegt die Entscheidung über eine Einbindung der Staatsanwaltschaft in das Ordnungswidrigkeitenverfahren in erster Linie dem Gesetzgeber.

Zur Absicherung des Legalitätsprinzips besagt § 69 Abs. 3 S. 4 OWiG n.F., dass die Verwaltungsbehörde die Akten an die Staatsanwaltschaft zu übersenden hat, falls Anhaltspunkte darauf schließen lassen, dass die Begehung einer Straftat naheliegt. Diese Regelung ist damit eine Wiederholung der Vorschrift des § 41 Abs. 1 OWiG speziell für das Zwischenverfahren.

c. *Umsetzung einer „opt-out" Möglichkeit der Staatsanwaltschaft*

Gleichzeitig hat man in Fortführung der obigen Reformansätze § 69 Abs. 4 OWiG zu ändern, um es der Staatsanwaltschaft zu ermöglichen, sich selbst bei einer schweren Ordnungswidrigkeit aus dem weiteren Verfahren zurückzuziehen, wenn etwa die besondere Expertise der Verwaltungsbehörde für eine gerichtliche Wahrnehmung der Interessen genügt. § 69 Abs. 4 OWiG lautet:

(4) [1]Mit dem Eingang der Akten bei der Staatsanwaltschaft gehen die Aufgaben der Verfolgungsbehörde auf sie über. [2]Die Staatsanwaltschaft legt die Akten dem Richter beim Amtsgericht vor, wenn sie weder das Verfahren einstellt noch weitere Ermittlungen durchführt.

Hier könnte man folgende Änderungen vornehmen:

(4) [1]Mit dem Eingang der Akten bei der Staatsanwaltschaft gehen die Aufgaben der Verfolgungsbehörde auf sie über, *sofern sie die Sache nach ihrem Ermessen nicht wieder an die Verwaltungsbehörde zurückgibt. [2]In diesem Fall übersendet die Verwaltungsbehörde die Akten direkt an das Gericht.* [3]Nimmt sich die Staatsanwaltschaft der Sache an, so legt sie die Akten dem Richter beim Amtsgericht vor, wenn sie weder das Verfahren einstellt noch weitere Ermittlungen durchführt.

Zur Ausgestaltung des Ermessens der Staatsanwaltschaft in § 69 Abs. 4 S. 1 OWiG n.F. kann und sollte diese Richtlinien erlassen, in welchen Fällen sie die Sache an die Verwaltungsbehörde zurückverweist. Hier muss man speziell für das Kartellverfahren und Verfahren im Wertpapierhandelsrecht eine enge Koordinierung der beiden Behörden fordern.

7. *Flankierende Maßnahmen*

a. *Änderungen im Vorverfahren*

Um die Neuordnung fruchtbar zu machen, wird man dem Betroffenen im behördlichen Vorverfahren mehr Mitwirkungsrechte zugestehen und die Behörde zu einer sorgfältigen Prüfung disziplinieren müssen. Die oben dargestellten Reformen im Vorverfahren zielen hierauf ab. Dies schont öffentliche Ressourcen und führt in einer Gesamtbetrachtung zu einer zügigen Beendigung des Verfahrens. Das Zwischenverfahren als „Nach-Ermittlungsverfahren"[1244] wäre damit – zumindest bei geringfügigen Ordnungswidrigkeiten – obsolet.

1244 *Bohnert,* NZV 1995, 140, 141; vgl. dazu auch schon die Bemerkungen von *Würzberg,* DAR 1972, 325, der schon damals an die Einhaltung der Prüfungspflichten der Verwaltungsbehörde appelliert.

b. Verfassungsrechtliche Vorgaben

Diese Änderungen verstoßen auch nicht gegen das Fairnessgebot des Art. 6 EMRK. Der Wegfall der Staatsanwaltschaft wird durch den Ausbau der Betroffenenrechte im Vorverfahren kompensiert. Selbst wenn man keine Änderungen am behördlichen Verfahren vornehmen würde, lässt sich kein Verstoß feststellen: Eine dritte Prüfungsinstanz ist in der EMRK und der Rechtsprechung durch den EGMR nicht vorgesehen.[1245] Die behördlich erlassene Entscheidung über ein Bußgeld muss lediglich *einer* unbeschränkten und nachträglichen Kontrolle durch ein Gericht unterliegen.[1246]

c. Auswirkungen

Die neue Ausgestaltung sollte zu einer gründlicheren Bearbeitung und Ermittlung bei den Bußgeldstellen führen. Sobald das Zwischenverfahren auf die Mitwirkung der Staatsanwaltschaft als weitere Prüfungsinstanz verzichtet, können die Sachbearbeiter in den Behörden die Verantwortung nicht auf eine weitere Stelle abwälzen.[1247] Mögliche Versäumnisse der Ermittlungstätigkeit sind dann ihnen zuzurechnen. Bei den Staatsanwaltschaften kommt es außerdem zu einer tatsächlichen und auch gefühlten Entlastung: Die Großzahl an Ordnungswidrigkeiten geht nun an ihnen vorüber.

8. Zwischenergebnis: Reduzierung der Mitwirkung der Staatsanwaltschaft in Bußgeldverfahren

In einfach gelagerten Ordnungswidrigkeitenverfahren soll auf die Mitwirkung der Staatsanwaltschaft im Zwischenverfahren verzichtet werden. Gleichzeitig sollten die Rechte der Betroffenen im behördlichen Vorverfahren partiell gestärkt werden. Diese Ausgestaltung entlastet die Staatsanwaltschaft in den überwiegenden Ordnungswidrigkeitenverfahren. In allen anderen Fällen, d.h. vor allem bei Ordnungswidrigkeiten im Wirtschaftsrecht ist die Mitwirkung der Staatsanwaltschaft empfehlenswert. Sie sollte jedoch die Möglichkeit erhalten zu entscheiden, ob und in welchem Umfang sie noch am Zwischenverfahren teilnehmen möchte.

1245 Zwischenbericht des Bundeskartellamts zum Kartellsanktionenrecht, NZKart 2015, 2, 7 m.w.N.

1246 EGMR, Urt. v. 27.09.2011, Nr. 43509/08 (*Menarini/Italien*), § 59.

1247 *Scheffler/Matthies*, NZV 2007, 607, 608.

C. Zurückverweisung an die Verwaltungsbehörde, § 69 Abs. 5 OWiG

I. Ausgangslage: Aufwendiges Verfahren durch fortdauernde Aktenweitergabe

Nach § 69 Abs. 5 S. 1 OWiG kann der Richter bei ungenügender Aufklärung des Sachverhalts die Sache unter Angabe der Gründe *mit Zustimmung der Staatsanwaltschaft* an die Verwaltungsbehörde zurückverweisen. Dies wird kritisiert, da das Gericht gegen seine Absicht in ein Hauptverfahren gezwungen wird.[1248]

Weiter wird angebracht, dass § 69 Abs. 5 S. 1 OWiG keine Bestimmung darüber enthalte, ob und wie die Verwaltungsbehörde bzw. die Staatsanwaltschaft die erste Zurückverweisung des Richters ähnlich § 210 Abs. 2 StPO anfechten können.[1249] Außerdem wird kritisiert, dass nach dem Wortlaut des § 69 Abs. 5 S. 1 OWiG nicht klar wird, wie die Verwaltungsbehörde nach der zweiten Zurückverweisung zu verfahren hat.[1250] Blickt man auf den Verfahrensgang allgemein, so kann sich aufgrund der Fassung des § 69 Abs. 5 OWiG ein aufwendiges Verfahren durch wechselweises Versenden der Akten zwischen den Behörden und Gerichten abspielen.[1251] In der Praxis neigen die Gerichte deshalb dazu, solche Sachen nach § 47 OWiG einzustellen oder die Sache zu terminieren, um überhaupt eine Aufklärung der Tatsachengrundlagen zu ermöglichen.[1252] *Krumm* fordert daher, dass der Richter die Möglichkeit haben muss, von Beginn an einen sofortigen Rückverweisungsbeschluss an die Verwaltungsbehörde zu erlassen.[1253] Der Staatsanwaltschaft soll ein Beschwerderecht zukommen.[1254]

II. Unanfechtbarer Rückverweisungsbeschluss als Lösung?

Bewertet man den Vorschlag eines sofortigen und unanfechtbaren Zurückverweisungsbeschlusses durch den Richter, so gelangt man zu dem Ergebnis, dass eine solche Verfahrensgestaltung der Verwaltungsbehörde zunächst die Möglichkeit nimmt, den Fall erneut vor Gericht zu bringen. Sie hätte also von Beginn an grundsätzlich nur „eine Chance". Dieser Vorstoß ist zu begrüßen. Auf diese Weise nimmt die Behörde ihre Pflichten ernster und ist schon von Beginn an bemüht, den Sachverhalt ausreichend zu ermitteln. Die Staatsanwaltschaft soll berufen sein, ihr Beschwerderecht in *bedeutenden* oder *schwerwiegenden* Fällen zu nutzen, um erneut eine gerichtliche Hauptverhandlung anstrengen zu können.[1255] Ein solches

---

1248 *Bohnert,* NZV 1999, 322, 323; ebenso *Helmken,* NZV 1997, 289.
1249 *Bohnert,* NZV 1999, 322, 323.
1250 *Bohnert,* NZV 1999, 322, 323 f.
1251 *Krumm,* ZRP 2004, 85.
1252 *Krumm,* ZRP 2004, 85.
1253 *Krumm,* ZRP 2004, 85.
1254 *Krumm,* ZRP 2004, 85.
1255 *Krumm,* ZRP 2004, 85.

Recht würde es im Einzelfall ermöglichen, auch bedeutendere Fälle trotz mangelnder Ermittlungen nicht fallen zu lassen.

In Zusammenschau mit den oben genannten Reformvorschlägen zu § 69 Abs. 3 und 4 OWiG empfiehlt sich eine Neuordnung des § 69 Abs. 5 OWiG dergestalt, dass der Richter die Sache bei unausgereiften Ermittlungen mit einem unanfechtbaren Beschluss an die Verwaltungsbehörde zurückgeben kann, womit das Verfahren grundsätzlich seinen Abschluss findet.[1256] Wie bisher kann er die Sache aber auch in einer anberaumten Hauptverhandlung aufklären.[1257] Sobald es sich um eine gewichtige Ordnungswidrigkeit handelt, kann die Staatsanwaltschaft Beschwerde einreichen.[1258] Dann kann sie erneute Ermittlungen anstellen und muss die Akte selbst an das Gericht weiterleiten. Das bringt es mit sich, dass die Staatsanwaltschaft über jeden einzelnen Beschluss des Richters Mitteilung erhalten muss, um ihr Beschwerderecht auch wirksam auszuüben zu können.

Wann im Einzelfall eine gewichtige Ordnungswidrigkeit vorliegt, kann in den Richtlinien für das Strafverfahren und das Bußgeldverfahren (RiStBV) genauer bestimmt werden. Auch könnte man sich erneut an den Vorgaben orientieren, die für § 54 Abs. 2 S. 2 OWiG n.F. aufgestellt wurden.

D. Zwischenergebnis: Entlastung der Staatsanwaltschaft und der Gerichte

Durch die hier vorgestellten Reformen im Zwischenverfahren kommt es zu einer Entlastung der beteiligten Stellen im Zwischenverfahren. Indem man die Staatsanwaltschaft aus dem Zwischenverfahren der überwiegenden Bagatellordnungswidrigkeiten ausschließt, stärkt man die Stellung der Verwaltungsbehörden und verzichtet auf einen doppelten Ermittlungsaufwand. Ein solcher ist für die überwiegenden Ordnungswidrigkeiten ohnehin kaum zu rechtfertigen. Eine derartige Regelung kann allerdings nur dann funktionieren, wenn man die Betroffenenrechte im Vorverfahren ausbaut und dem Betroffenen zumindest für schwere Fälle ein Mehr an Mitwirkungsrechten verschafft, damit dieser schon auf das Ergebnis des Ermittlungsverfahrens Einfluss nehmen kann. Dem Richter soll ein größerer Spielraum zukommen, indem er die Sache bei unausgereiften Ermittlungen durch einen unanfechtbaren Beschluss an die Verwaltungsbehörde zurückverweisen kann.[1259] Hiergegen kann die Staatsanwaltschaft in bedeutenden Fällen Beschwerde einreichen.[1260]

Das Ziel der Reformen im Zwischenverfahren besteht damit vor allem darin, die Staatsanwaltschaft im Ordnungswidrigkeitenverfahren zu entlasten, ohne

---

1256 Siehe *Krumm,* ZRP 2004, 85.
1257 *Krumm,* ZRP 2004, 85.
1258 Vgl. *Krumm,* ZRP 2004, 85.
1259 *Krumm,* ZRP 2004, 85.
1260 Vgl. *Krumm,* ZRP 2004, 85.

dabei eine Aufweichung oder Einschränkung des Legalitätsprinzips zu riskieren. Dies führt gleichzeitig zu einer effizienteren Nutzung von staatlichen Ressourcen. Gerade bei geringfügigen Ordnungswidrigkeiten ist es nicht ersichtlich, warum das Gesetz für den Betroffenen eine höhere Kontrolldichte vorsieht, als im Strafverfahren.[1261] Eine Trennung in einfache und gewichtige Ordnungswidrigkeiten erscheint daher auch im Zwischenverfahren sinnvoll. Damit bleibt in *Teil 8* zuletzt noch zu untersuchen, welche Reformvorhaben für das Hauptverfahren einer Ordnungswidrigkeit diskutiert werden und wie sich diese in die bestehenden Reformvorschläge für das Vor- und Zwischenverfahren einfügen.

1261 Vgl. *Scheffler/Matthies*, NZV 2007, 607, 608.

Teil 8 Reformvorschläge für das Hauptverfahren

A. Abkehr vom Grundsatz der formellen Unmittelbarkeit im gerichtlichen Verfahren des Ordnungswidrigkeitenrechts?

I. Beweisaufnahme im Straf- und Ordnungswidrigkeitenverfahren

Am Recht der Beweisaufnahme zeigt sich, wie effizient und rechtsstaatlich eine Verfahrensordnung tatsächlich ist. Im Strafprozess entscheiden als Ausprägung des formellen Unmittelbarkeitsgrundsatzes allein die in der Hauptverhandlung vorgebrachten Tatsachen über eine Verurteilung oder über einen Freispruch des Angeklagten.[1262] Der Beweisaufnahme kommt mithin eine prozessentscheidende Wirkung zu.[1263] Um die Rechte des Angeklagten in der Hauptverhandlung zu wahren, müssen die dort geltenden rechtlichen Vorgaben so formuliert sein, dass der Angeklagte maßgeblich auf den Prozessverlauf Einfluss nehmen kann und hierfür über ausreichende zeitliche Ressourcen verfügt.[1264] Gleichzeitig liegt es im Interesse aller Beteiligten den Verfahrensstoff in der gebotenen Kürze abzuschließen.[1265] Dies entlastet vor allem den Angeklagten von den Belastungen eines Strafverfahrens.[1266] Ferner wird auch dem öffentlichen Interesse an Rechtsfrieden Rechnung getragen.[1267] Dabei liegt es auf der Hand, dass es einen vollkommenen Ausgleich eines zügigen Strafprozesses und einer umfassenden und detaillierten Beweisaufnahme nicht geben kann.[1268]

1262 MüKO-StPO/*Kudlich*, Bd. 1, Einl., Rn. 180; Zwischenbericht des Bundeskartellamts zum Expertenkreis Kartellsanktionenrecht, NZKart 2015, 2, 8; *C. Dannecker*, NZKart 2015, 30 f.

1263 Vgl. etwa KK-StPO/*Krehl*, § 244, Rn. 36; siehe aber auch AE-EV, S. 27: „Im Strafverfahren fallen die Würfel nicht erst in der Hauptverhandlung, sondern bereits im Ermittlungsverfahren“; *Schlothauer/Weider*, StV 2004, 504.

1264 Vgl. *Wohlers*, FS Eisenberg, S. 808 f.; siehe auch: *Schmitz*, wistra 2016, 129, 130; *Grabenwarter/Pabel*, § 24, Rn. 66.

1265 Siehe hierzu *Franke*, StV 2010, 433, 434 f.; *Tepperwien*, NStZ 2009, 1 f.

1266 *Roxin/Schünemann*, § 16, Rn. 3; *Momsen/ Willumat*, NStZ 2018, 369 f.

1267 *Roxin/Schünemann*, § 16, Rn. 3.

1268 Vgl. *Roxin/Schünemann*, § 16, Rn. 3; siehe auch: *Volk/Engländer*, StPO, § 18, Rn. 11: „Ein Strafverfahren ist aber kein historisches Forschungsprojekt.“

1. Wahrheitsfindung als zentraler Grundsatz im Strafprozess

Im Recht der Beweisaufnahme des deutschen Strafprozesses kann man anhand der Wortwahl verschiedener Vorschriften eine klare Positionierung des Gesetzgebers erkennen. Zwar muss die Hauptverhandlung nach dem Gedanken des § 229 StPO möglichst ohne längere Unterbrechungen durchgeführt werden. Speziell im Beweisrecht sehen die § 244 Abs. 3 S. 2 StPO und § 245 Abs. 2 S. 3 StPO jedoch vor, dass ein Beweisantrag im Übrigen *nur* abgelehnt werden kann, wenn die Tatsache, die bewiesen werden soll, beispielsweise schon erwiesen oder offenkundig ist, das Beweismittel völlig ungeeignet ist oder der Antrag zum Zwecke der Prozessverschleppung gestellt ist. § 246 Abs. 1 StPO spricht gar davon, dass eine Beweiserhebung nicht deshalb abgelehnt werden darf, weil das Beweismittel oder die zu beweisende Tatsache zu spät vorgebracht worden sei. In der Beweisaufnahme der Strafprozessordnung wird damit der Beschleunigungsgedanke dem Grundsatz der Wahrheitsfindung hintenangestellt.[1269] Besonders zum Ausdruck kommt dies durch den sog. Grundsatz der Unmittelbarkeit:[1270] Die Forderung nach einer vollständigen Neuerhebung der im Ermittlungsverfahren gewonnenen Beweise in der Hauptverhandlung und der Vorrang des Personalbeweises vor dem Urkundsbeweis verleihen der Beweisaufnahme im Strafprozess eine besondere zeitliche Stellung.[1271] Insbesondere seit dem Jahr 2014 haben sich jedoch Stimmen gemehrt, die eine Reform der Beweisaufnahme im Strafprozessrecht fordern und dabei ganz gezielt den Unmittelbarkeitsgrundsatz infrage stellen.[1272] Dieser führe zu Doppelstrukturen bei der Beweisaufnahme und verzögere den Abschluss des Verfahrens.[1273] Die Wahrheitsfindung würde durch die zunehmenden Absprachen im Strafprozess ohnehin relativiert.[1274]

2. Auswirkungen der Reformen der Strafprozessordnung auf das Ordnungswidrigkeitenverfahren

Änderungen im Recht der Strafprozessordnung betreffen gleichzeitig auch das gerichtliche Verfahren im Ordnungswidrigkeitenrecht, § 46 Abs. 1 OWiG.[1275] Dort

---

1269 Siehe dazu aber auch: *Liebhart*, NStZ 2017, 254, 255 oder *Wohlers*, NJW 2010, 2470.

1270 Dazu: MüKO-StPO/*Kudlich*, Bd. 1, Einl., Rn. 180.

1271 *Pfeiffer*-StPO, § 250, Rn. 1 f.; *Volk/Engländer*, StPO, § 18, Rn. 26; *Roxin/Schünemann*, § 46, Rn. 3 ff.

1272 U.a. *Eser (u.w.)*, AE-Beweisaufnahme, GA 2014, 1, 3; *Frister*, FS Fezer, 211, 225 f.; *C. Dannecker*, NZKart 2015, 30; *Duttge*, ZStW 115 (2003), 539, 565; vgl. auch *Radtke*, GA 2012, 187, 200.

1273 Zwischenbericht des Bundeskartellamts zum Expertenkreis Kartellsanktionenrecht, NZKart 2015, 2, 6; Hintergrundpapier des Bundeskartellamtes zum Kartellbußgeldverfahren, S. 17.

1274 *Radtke*, GA 2012, 187, 200 f.

1275 Blum/Gassner/Seith/*Gassner*, § 46, Rn. 1 f.; *Krenberger/Krumm*, § 46, Rn. 1; *Klesczewski*, § 9, Rn. 675.

bestehen bereits geringfügige Lockerungen von strafprozessualen Grundsätzen, darunter auch solche, die den Unmittelbarkeitsgrundsatz betreffen.[1276] Hier sind allen voran die §§ 77, 77a OWiG zu nennen. Während § 77 Abs. 2 OWiG weitergehende Ablehnungsmöglichkeiten für einen Beweisantrag vorsieht, zielt speziell § 77a OWiG auf eine Lockerung des Unmittelbarkeitsgrundsatzes ab, indem etwa nach § 77a Abs. 1 OWiG die Vernehmung eines Zeugen, Sachverständigen oder Mitbetroffenen durch Verlesung von Protokollen über eine frühere Vernehmung sowie von Urkunden, die eine von ihnen stammende Äußerung enthalten, grundsätzlich ersetzt werden darf.

Die beiden Vorschriften machen deutlich, dass es im Interesse des Gesetzgebers liegt, die Hauptverhandlung im Ordnungswidrigkeitenverfahren zu beschleunigen und zügiger zu einem Abschluss zu bringen als im Strafverfahren.[1277] Dennoch kann selbst die abgeschwächte Geltung des Unmittelbarkeitsgrundsatzes in wirtschaftlich geprägten Verfahren aufgrund der vollständigen Wiederholung der Beweisaufnahme zu einer erheblichen Verlängerung der Hauptverhandlung führen.[1278] Dieser Abschnitt geht daher der Frage nach, ob und inwieweit der Unmittelbarkeitsgrundsatz innerhalb des ordnungswidrigkeitenrechtlichen Gerichtsverfahrens noch zeitgemäß erscheint.

II. Formeller Unmittelbarkeitsgrundsatz im Ordnungswidrigkeitenverfahren

1. *Natur des Bußgeldbescheids als Ausgangspunkt*

Hat der Betroffene den Einspruch eingelegt, § 67 Abs. 1 S. 1 OWiG, so erschöpft sich der Zweck des Bußgeldbescheids in der gerichtlichen Verhandlung darin, den Gegenstand des Verfahrens festzulegen und die Tat genau zu bezeichnen.[1279] Er verliert zudem seinen Charakter einer vorläufigen Entscheidung, die von der Verwaltungsbehörde getroffen wurde.[1280] Es handelt sich gleichsam um eine

1276 Blum/Gassner/Seith/*Krumm*, § 77, Rn. 1

1277 KK-OWiG/*Senge*, § 77, Rn. 1; § 77a, Rn. 1; Blum/Gassner/Seith/*Krumm*, § 77, Rn. 1; § 77a, Rn. 2; vgl. auch *Schmitz*, wistra 2016, 129, 130.

1278 Zwischenbericht des Bundeskartellamts zum Expertenkreis Kartellsanktionenrecht, NZKart 2015, 2, 8; *Gärditz*, AöR 2014, 139, 329, 369.

1279 OLG Düsseldorf, NStZ 2000, 42, 43; KK-OWiG/*Ellenbogen*, § 67, Rn. 1; Ludovisy/Eggert/Burhoff/*Burhoff*, § 5, Rn. 339; *Schmitz*, wistra 2016, 129, 134; Zwischenbericht des Bundeskartellamts zum Expertenkreis Kartellsanktionenrecht, NZKart 2015, 2, 6.

1280 OLG Düsseldorf, NStZ 2000, 42, 43; KK-OWiG/*Ellenbogen*, § 67, Rn. 1; Ludovisy/Eggert/Burhoff/*Burhoff*, § 5, Rn. 339; *Schmitz*, wistra 2016, 129, 134; Zwischenbericht des Bundeskartellamts zum Expertenkreis Kartellsanktionenrecht, NZKart 2015, 2, 6.

Beschuldigung, durch die der Gegenstand des Prozesses in sachlicher, rechtlicher und persönlicher Hinsicht konkretisiert wird.[1281]

Der Richter ist daher auch nicht an die getroffenen Feststellungen im Bußgeldbescheid gebunden, sondern vielmehr zur selbstständigen Entscheidungsfindung berufen.[1282] Im Hauptverfahren kommt es damit zu einer vollständig neuen Verhandlung über den zugrunde liegenden Sachverhalt.[1283] Dies umschreibt den sog. formellen Unmittelbarkeitsgrundsatz, der insbesondere aus § 261 StPO sowie § 226 Abs. 1 StPO folgt.[1284] Nach dieser Vorschrift entscheidet das Gericht über das Ergebnis der Beweisaufnahme nach seiner freien, aus dem „Inbegriff der Verhandlung geschöpften Überzeugung".[1285] Daraus folgt, dass sich die Urteilsgründe nur auf solche Tatsachen stützen können, die Gegenstand der Hauptverhandlung waren.[1286] Die Entscheidung des Gerichts muss dementsprechend auf seiner eigenen Wahrnehmung des Prozessstoffs beruhen.[1287]

2. Keine Möglichkeit eines Beweistransfers

Ein „Beweistransfer" aus dem Ermittlungsverfahren ist de lege lata nicht vorgesehen.[1288] Das bedeutet, dass der Akteninhalt und die dort getroffenen Feststellungen keine taugliche Urteilsgrundlage bilden[1289], sondern förmlich in die

---

1281 BGH, NJW 1970, 1694; KK-OWiG/*Senge*, § 71, Rn. 6; Burhoff/*Burhoff*, OWi-Verfahren, Rn. 660; Hintergrundpapier des Bundeskartellamtes zum Kartellbußgeldverfahren, S. 26; OLG Düsseldorf, NStZ 2000, 42, 43.

1282 *Krenberger/Krumm*, § 35, Rn. 4; KK-OWiG/*Senge*, § 71, Rn. 6.

1283 *Geppert*, S. 136; Zwischenbericht des Bundeskartellamts zum Expertenkreis Kartellsanktionenrecht, NZKart 2015, 2, 6; *Radtke*, GA 2012, 187, 200.

1284 MüKo-StPO/*Kudlich*, Band 1, Einl., Rn. 180; *Eisenberg*, Beweisrecht StPO, Mündlichkeit und Unmittelbarkeit, Rn. 65; *Dumitrescu*, ZStW 130 (2018), 106, 109; *Eser (u.w.)*, AE-Beweisaufnahme, GA 2014, 1, 3; Zwischenbericht des Bundeskartellamts zum Expertenkreis Kartellsanktionenrecht, NZKart 2015, 2, 8; *C. Dannecker*, NZKart 2015, 30, 33 f.; *Kröpil*, JR 2015, 611, 612; vgl. dazu auch *Ceffinato*, ZStW 128 (2016), 804, 808.

1285 Zwischenbericht des Bundeskartellamts zum Expertenkreis Kartellsanktionenrecht, NZKart 2015, 2, 8; *Bürger*, ZStW 128 (2016), 518, 519.

1286 *Gusy*, StV 2002, 153, 156; Zwischenbericht des Bundeskartellamts zum Expertenkreis Kartellsanktionenrecht, NZKart 2015, 2, 8; Meyer-Goßner/Schmitt/*Schmitt*, § 261, Rn. 5.

1287 *Eisenberg*, Beweisrecht StPO, Mündlichkeit und Unmittelbarkeit, Rn. 65; KK-StPO/*Fischer*, Einl., Rn. 22.

1288 *Bürger*, ZStW 128 (2016), 518, 520; vgl. dazu die Entwicklung des Vorverfahrens im italienischen Strafprozess, *Parlato*, ZIS 2012, 513 f.; teils wird das Transferverbot auch als eine dritte Ausprägung des Unmittelbarkeitsgrundsatzes verstanden, SK-StPO/*Velten*, Band V, Vor §§ 250 StPO, Rn. 7.

1289 *C. Dannecker*, NZKart 2015, 30, 34; Zwischenbericht des Bundeskartellamts zum Expertenkreis Kartellsanktionenrecht, NZKart 2015, 2, 8.

Hauptverhandlung eingeführt werden müssen.[1290] Obwohl das Ordnungswidrigkeitenverfahren auf schnelle Erledigung ausgelegt ist, bedeutet dies eine neue Beweisaufnahme über die Beweise, die im Ermittlungsverfahren gewonnen wurden.[1291] Vor diesem Hintergrund wird angezweifelt, ob eine solche Ausgestaltung des Verfahrens speziell bei Wirtschaftsordnungswidrigkeiten die Wahrheitsfindung erleichtert.[1292]

Auf der anderen Seite sorgt ein solcher Grundsatz durch die vollständige Neuerhebung von Beweisen für unabhängige gerichtliche Entscheidungen.[1293] Daher stehen manche einem Beweistransfer – zumindest für das Strafverfahren – kritisch gegenüber: Die Trennung von Vorverfahren und Hauptverfahren und die damit verbundene Verdopplung der Beweisaufnahme sei „keine bloße Deskription eines historisch gewachsenen Zustands, sondern Ausdruck eines unverzichtbaren Grundprinzips".[1294]

III. Annäherung an den Verwaltungsprozess speziell für das Kartellsanktionenverfahren?

Angesichts der derzeit schwerfälligen Beweisaufnahme wird speziell für die Hauptverhandlung von schweren Wirtschaftsordnungswidrigkeiten gefordert, diese an die Maßstäbe der VwGO zumindest anzunähern und dort durch die Zusammenfassung des wesentlichen Akteninhalts und Erörterung der noch streitigen Punkte eine Beschleunigung des Verfahrens zu erreichen.[1295]

1. Ausgangspunkt: § 108 Abs. 1 VwGO und § 103 Abs. 2 VwGO

Nach *C. Dannecker* soll vor allem § 108 Abs. 1 VwGO einen möglichen Anhaltspunkt für Reformvorhaben liefern.[1296] Nach § 108 Abs. 1 S. 1 VwGO entscheidet das Gericht nach seiner freien, aus dem Gesamtergebnis des Verfahrens gewonnenen

1290 BeckOK-StPO/*Eschelbach*, § 261, Rn. 25; Zwischenbericht des Bundeskartellamts zum Expertenkreis Kartellsanktionenrecht, NZKart 2015, 2, 6; *C. Dannecker*, NZKart 2015, 30,35.

1291 Zwischenbericht des Bundeskartellamts zum Expertenkreis Kartellsanktionenrecht, NZKart 2015, 2, 6; *Gärditz*, AöR 2014, 139, 329,369.

1292 *Eser (u.w.)*, AE-Beweisaufnahme, GA 2014, 1, 3; *C. Dannecker*, NZKart 2015, 30, 34; *Bürger*, ZStW 128 (2016), 518, 535; *Kröpil*, JR 2015, 611,612.

1293 *Eser (u.w.)*, AE-Beweisaufnahme, GA 2014, 1, 14; Zwischenbericht des Bundeskartellamts zum Expertenkreis Kartellsanktionenrecht, NZKart 2015, 2, 8; *C. Dannecker*, NZKart 2015, 30, 34; vgl. auch *Bürger*, ZStW 128 (2016), 518, 524 und *Weigend*, ZStW 113 (2001), 271,280 f.

1294 *Pollähne*, StV 2015, 784,787.

1295 Zwischenbericht des Bundeskartellamts zum Expertenkreis Kartellsanktionenrecht, NZKart 2015, 2, 8 f.; *C. Dannecker*, NZKart 2015, 30,34.

1296 *C. Dannecker*, NZKart 2015, 30,36.

Überzeugung. Unter den Begriff des Gesamtergebnisses des Verfahrens fallen alle tatsächlichen Feststellungen, die im gerichtlichen Verfahren getroffen wurden.[1297] „Darunter ist der umfassende Sachverhalt zu verstehen, wie er sich aufgrund der mündlichen Verhandlung (§ 101 Abs. 1) ergeben hat, um dem Gebot des rechtlichen Gehörs (Art. 103 Abs. 1 GG) zu genügen, und wie er zum Gegenstand der Verhandlung gemacht worden ist."[1298] Im Unterschied zum Strafprozess und zum Ordnungswidrigkeitenverfahren gehört hierzu sogar der Inhalt der Akten aus dem Vorverfahren.[1299] Dazu muss jedoch gem. § 103 Abs. 2 VwGO nach Aufruf zur Sache der Vorsitzende oder der Berichterstatter den wesentlichen Inhalt der Akten vorgetragen haben.[1300] Dieser Vortrag führt gleichzeitig zur Begrenzung des Inhalts der Verfahrensakte im gerichtlichen Verfahren.[1301] Als Folge kann der Inhalt der Akte, so wie er durch den Vorsitzenden oder Berichterstatter zusammengefasst wurde, dem Verfahren zugrunde gelegt werden, ohne dass gesondert Beweis erhoben werden muss.[1302] Entsprechend können auch Zeugenaussagen aus dem Ermittlungsverfahren, die in der Akte dokumentiert wurden, als Teil des Gesamtergebnisses des Verfahrens an der richterlichen Überzeugungsbildung teilhaben.[1303] Einem solchen Ansatz sollen auch nicht die Vorgaben des Grundgesetzes im Wege stehen, da der Grundsatz der formellen Unmittelbarkeit und der Mündlichkeitsgrundsatz keinen Verfassungsrang beanspruchen würden.[1304]

Eine solche Überlegung beschränkt sich nicht nur auf das Bußgeldverfahren. Ein Entwurf des Arbeitskreises deutscher, österreichischer und schweizerischer Strafrechtslehrer wendet den hier angestellten Gedanken teilweise auch auf das Strafverfahren an. In einer dort abgekürzten Hauptverhandlung soll das Gericht seine Überzeugung nicht allein aus dem Inbegriff der Verhandlung schöpfen, sondern auch die Ergebnisse des bisherigen Verfahrens für seine Überzeugungsbildung heranziehen können.[1305] Speziell bei geständigen Angeklagten soll dies

---

1297 BeckOK-VwGO/*Breunig*, § 108, Rn. 2.

1298 BVerfG, NVwZ 1993, 769; BVerwGE NVwZ 1989, 461; BeckOK-VwGO/*Breunig*, § 108, Rn. 2.

1299 BeckOK-VwGO/*Breunig*, § 108, Rn. 2.

1300 BeckOK-VwGO/*Breunig*, § 108, Rn. 2; Zwischenbericht des Bundeskartellamts zum Expertenkreis Kartellsanktionenrecht, NZKart 2015, 2, 8.

1301 Zwischenbericht des Bundeskartellamts zum Expertenkreis Kartellsanktionenrecht, NZKart 2015, 2, 9; siehe *Mende*, S. 278; im Übrigen besteht für einen solchen Schritt in der Praxis von Wirtschaftsstrafverfahren ein großes Bedürfnis. So ist es in manchen Verfahren üblich, nach Verlesung er Anklage den Ermittlungsführer als Zeugen zu hören, um diesen den „Gang der Ermittlungen" darstellen zu lassen, dazu *Schmidt*, NZWiSt 2014, 121.

1302 *C. Dannecker*, NZKart 2015, 30, 35.

1303 *C. Dannecker*, NZKart 2015, 30, 34.

1304 Zwischenbericht des Bundeskartellamts zum Expertenkreis Kartellsanktionenrecht, NZKart 2015, 2, 8; *C. Dannecker*, NZKart 2015, 30, 34.

1305 *Bommer (u.a.)*, GA 2019, 1. 57.

ohnehin den Regelfall der gerichtlichen Praxis im Strafprozess darstellen.[1306] Dies müsse jedoch nur unter der Voraussetzung gelten, dass der Angeklagte sich „eingehend zur Sache äußert“.[1307]

2. Problem der Entgrenzung des Prozessstoffs?

In diesem Zusammenhang erscheint unter dem Gesichtspunkt des Art. 103 GG nach *C. Dannecker* jedoch problematisch, dass durch die Einführung des gesamten Akteninhalts aus dem Ermittlungsverfahren eine Entgrenzung des Prozessstoffs drohe, die zu Informationsdefiziten der Verteidigung führen kann und damit auch das Recht auf rechtliches Gehör einschränken könnte.[1308] Die Verfahrensbeteiligten müssten in der Lage sein, dass Tatsachen nach ihrer Wesentlichkeit geordnet werden können.[1309] Hierzu sei in erster Linie das Gericht berufen, das der Verteidigung etwa durch Beweismittellisten die aus seiner Sicht wesentlichen Akteninhalte kenntlich macht.[1310]

3. Bedenken hinsichtlich des Frage- und Konfrontationsrechts

Bei einem solchen Vorhaben droht ferner eine Verletzung des Frage- und Konfrontationsrechts des Betroffenen: Wenn schon der gesamte Akteninhalt und damit die Ergebnisse aus dem Ermittlungsverfahren in die Hauptverhandlung eingeführt werden und die Verteidigung im Ermittlungsverfahren noch keine Möglichkeit hatte, einen Zeugen zu befragen, könnte Art. 6 Abs. 3 lit. d) EMRK berührt sein.[1311] Der Verteidigung müsse ermöglicht werden, die Zeugenbefragung entweder im Ermittlungs- oder im Hauptverfahren durchzuführen.[1312]

Weil letzterer Ansatz praktikabel erscheint, fordert *C. Dannecker*, dass bei Belastungszeugen eine Beweisaufnahme und konfrontative Befragung in der Hauptverhandlung insbesondere bei „zentralen Belastungszeugen“ erfolgen müsse.[1313] Der AE-Beweisaufnahme möchte dem Recht aus Art. 6 Abs. 3 lit. d) EMRK vor diesem Hintergrund dadurch Rechnung tragen, dass der Betroffene die Möglichkeit erhält, die Vernehmung eines Zeugen in der Hauptverhandlung mittels Beweisantrags zu erzwingen.[1314] Wenn ein Zeuge nicht befragt werden könne, so habe der Betroffene das Recht, der Einführung der Aussage zu widersprechen.[1315]

1306 *Bommer (u.a.)*, GA 2019, 1. 57 f.
1307 Näher: *Bommer (u.a.)*, GA 2019, 1. 11 u. 62.
1308 *C. Dannecker*, NZKart 2015, 30, 35.
1309 *C. Dannecker*, NZKart 2015, 30, 35.
1310 *C. Dannecker*, NZKart 2015, 30, 35.
1311 *C. Dannecker*, NZKart 2015, 30, 39; siehe auch: *Cornelius*, NStZ 2008, 244, 248.
1312 *C. Dannecker*, NZKart 2015, 30, 41; vgl. dazu auch den Zwischenbericht des Bundeskartellamts, NZKart 2015, 12.
1313 *C. Dannecker*, NZKart 2015, 30, 41.
1314 *Eser (u.w.)*, AE-Beweisaufnahme, GA 2014, 1, 6; siehe dazu auch *Jahn*, StV 2015, 778, 781 f.
1315 *Eser (u.w.)*, AE-Beweisaufnahme, GA 2014, 1, 6.

4. Bewertung der Vorschläge

a. Vorreiterrolle des Ordnungswidrigkeitenrechts?

aa. Orientierung am Strafprozess?

Es mag den ersten Blick ungewöhnlich erscheinen, dass solche Reformdiskussionen auch auf das Ordnungswidrigkeitenrecht abzielen, obwohl sie eigentlich aus der Debatte um die Reform des Strafprozesses herrühren.[1316] Eine solche Diskussion läuft damit gleichsam auf eine Vorreiterrolle des Ordnungswidrigkeitenverfahrens für das Strafverfahren hinaus, obwohl nach § 46 Abs. 1 OWiG für das Bußgeldverfahren sinngemäß die Vorschriften der allgemeinen Gesetze über das Strafverfahren anzuwenden sind. Auch § 71 Abs. 1 OWiG spricht davon, dass sich das Hauptverfahren nach den Vorschriften der Strafprozessordnung richtet, die nach zulässigem Einspruch gegen einen Strafbefehl gelten. Das Ordnungswidrigkeitenverfahren scheint sich damit zum großen Teil an den Vorschriften der Strafprozessordnung zu orientieren. Änderungen der Strafprozessordnung wirken sich entsprechend auf das Ordnungswidrigkeitenverfahren aus.[1317] Man könnte damit argumentieren, aufgrund der Verbindung beider Rechtsmaterien vor allem auf prozessualer Ebene sollten sich derart grundlegende Reformen erst im Strafprozess vollziehen und sich dadurch mittelbar auf das Ordnungswidrigkeitenverfahren erstrecken.

bb. Eigenständigkeit des Ordnungswidrigkeitenverfahrens

Dem kann man deutlich entgegentreten. Bereits anhand der Vorschriften des § 46 Abs. 1 OWiG und des § 71 Abs. 1 OWiG lässt sich erkennen, dass die aufgezeigte Verbindung oder Ankopplung des Ordnungswidrigkeitenverfahrens an das Strafverfahren nur dann von Bedeutung ist, „soweit dieses Gesetz nichts anderes bestimmt". Daraus wird deutlich, dass das Ordnungswidrigkeitenverfahren von im Strafprozess normierten Grundsätzen abweichen kann. Zwar sind Ordnungsverstöße und Straftaten zumindest dem Wesen nach ähnlich;[1318] bei der Geldbuße als Rechtsfolge einer Ordnungswidrigkeit handelt es sich um eine Sanktion, die ahnden und gleichzeitig den Gedanken der Spezialprävention verwirklichen möchte.[1319] Auf der anderen Seite rechtfertigt es schon der Charakter der nachdrücklichen

---

1316 *Frister,* FS Fezer, S. 211; *Weigend,* ZStW 113 (2001), 271 oder *Eser* (u.a.), AE-Beweisaufnahme, GA 2014, 1.

1317 Siehe Blum/Gassner/Seith/*Gassner,* § 46, Rn. 1 f.; *Krenberger/Krumm,* § 46, Rn. 1; *Klesczewski,* § 9, Rn. 675.

1318 *Klesczewski,* § 1, Rn. 1.

1319 BeckOK-OWiG/*Sackreuther,* § 17, Rn. 7 f.

Pflichtenmahnung[1320], dass das Vorverfahren durch eine Verwaltungsbehörde geführt wird, die nach den Grundsätzen der Opportunität verfährt und den ersten Verfahrensabschnitt durch eine eigenständige Entscheidung in Form des Bußgeldbescheids zum Abschluss bringt.[1321] Eine Verhängung der Strafe durch die Staatsanwaltschaft wäre schon aufgrund der grundgesetzlichen Vorschrift des Art. 92 GG undenkbar.[1322] Anhand dieses Vergleichs wird auch deutlich, dass die Vorschriften der Strafprozessordnung de lege lata nur soweit herangezogen werden, als sie mit dem Grundcharakter des Ordnungswidrigkeitenverfahrens[1323], in Einklang stehen.[1324] Aus alledem lässt sich schlussfolgern, dass das Ordnungswidrigkeitenverfahren eine eigenständige Verfahrensordnung darstellt, die die Vorgaben der StPO jederzeit überlagern kann und teilweise bereits überlagert hat, denkt man für die Hauptverhandlung an die §§ 77 ff. OWiG. Im Ordnungswidrigkeitenverfahren muss man daher dieselbe Debatte um eine Reform des formellen und materiellen Unmittelbarkeitsgrundsatzes wie im Strafprozess führen und dabei die dort geltenden Eigenheiten des Verfahrens berücksichtigen.

b. Einschränkung des formellen Unmittelbarkeitsgrundsatzes für sämtliche Verfahrensarten?

Darüber hinaus muss die Frage geklärt werden, ob man die genannten Forderungen ausschließlich für schwerwiegende Ordnungswidrigkeiten im Wirtschaftsrecht oder umfassend für sämtliche Verfahrensarten im Ordnungswidrigkeitenrecht umsetzen will. Erstere Verfahren sind – wie bereits zu Beginn der Arbeit dargestellt – sehr aktenlastig, bedürfen ökonomischer Expertise und nehmen daher mehr Zeit in Anspruch als alle übrigen Verfahren im Ordnungswidrigkeitenrecht.[1325]

aa. Zwingende Geltung des formellen Unmittelbarkeitsgrundsatzes bei einfachen Ordnungswidrigkeiten?

Bei Straßenverkehrsverstößen könnte jedoch gerade der formelle Unmittelbarkeitsgrundsatz dafür sorgen, dass sich der betroffene Bürger selbst ein umfassendes Bild des Verstoßes in der gerichtlichen Hauptverhandlung machen kann und angesichts seines begangenen Ordnungsverstoßes auch ernst genommen fühlt.

1320 Dazu: BVerfGE 27, 18, 33 = NJW 1969, 1619, 1622 = DÖV 1969, 715, 716; BVerfGE 45, 272, 289 = NJW 1977, 1629; KK-OWiG/*Mitsch*, § 17, Rn. 7; Maunz/Dürig/*Maunz*, Band V, Art. 74 GG, Rn. 65; *Klesczewski*, § 8, Rn. 582.

1321 Göhler/*Gürtler*, § 35, Rn. 2; *Krenberger/Krumm*, § 35, Rn. 8; *Klesczewski*, § 10, Rn. 843; Himmelreich/Halm/*Dronkovic*, Kap. 34, Rn. 128.

1322 BVerfGE 8, 197, 207 = DÖV 1959, 67; BVerfGE 22, 49, 80 = NJW 1967, 1219, 1221 = DÖV 1967, 453, 455; *Bohnert/Bülte*, § 1, Rn. 40.

1323 *Bohnert/Bülte*, § 3, Rn. 122; *Mitsch*, Recht der Ordnungswidrigkeiten, § 14, Rn. 6.

1324 *Krenberger/Krumm*, § 46, Rn. 1.

1325 Große Strafrechtskommission des Deutschen Richterbundes, S. 51.

Bei solchen Unrechtstatbeständen handelt es sich jedoch um geringfügige Ordnungsverstöße, die sich aufgrund des Charakters der Geldbuße als nachdrückliche Pflichtenmahnung deutlich vom Strafrecht unterscheiden.[1326] Gerade in einem solchen Massenverfahren hat der Bürger aber keinen Anspruch auf eine möglichst umfassende Beweisaufnahme, da ihm allenfalls ein geringfügiges Bußgeld droht und mit diesem schon gar kein sozialethischer Unrechtsvorwurf verbunden ist.[1327] Dies lässt sich am Beispiel der Sanktionen, die in einem solchen Verfahren verhängt werden können, belegen. Geldbußen bewegen sich beispielsweise im Rahmen des § 24 Abs. 2 StVG innerhalb eines Ahndungsrahmens bis zu 2000 €.[1328] Freilich ist die komplette Ausschöpfung dieses ohnehin begrenzten Bußgeldrahmens nur selten der Regelfall. Eine auf weitere Beschleunigung ausgelegte Hauptverhandlung erscheint in solchen Fällen sinnvoll, da auf diese Weise eine effiziente Erledigung von Straßenverkehrsverfahren gewährleistet wird.

bb. Wahrung des Gleichbehandlungsgrundsatzes, Art. 3 Abs. 1 GG

Einen Anspruch auf eine am formellen Unmittelbarkeitsgrundsatz ausgerichtete Beweisaufnahme hätte der Betroffene in Ordnungswidrigkeitenverfahren allenfalls für die genannten schweren Wirtschaftsordnungswidrigkeiten, deren Unrechtsvorwurf sich näher am Strafrecht bewegt. Diskutiert man also über eine Reform des formellen und materiellen Unmittelbarkeitsgrundsatzes für schwere Ordnungswidrigkeiten, muss ein solcher Vorschlag auch sämtliche anderen, „leichteren“ Ordnungsverstöße erfassen. Damit tritt man auch möglichen Bedenken gegen den Gleichbehandlungsgrundsatz, Art. 3 Abs. 1 GG, von Beginn an entgegen. So könnte der Kartelltäter beispielsweise vorbringen, in seinen Fällen werde auf die Verfahrensführung nach dem in einfacheren Ordnungswidrigkeitenverfahren geltenden Grundsatz der formellen Unmittelbarkeit verzichtet, obwohl sich seine Verstöße näher am Strafrecht bewegen bzw. deutlich schädlichere Auswirkungen haben und in rechtlicher und tatsächlicher Hinsicht komplexer zu beurteilen sind.[1329]

cc. Strukturänderung des Ordnungswidrigkeitenverfahrens

An dieser Stelle nun lässt sich eine weitere Schwäche des derzeitigen Ordnungswidrigkeitenverfahrens definieren: Während das Vorverfahren bewusst summarisch und an das Verwaltungsverfahren angenähert ist, lehnt sich die Hauptverhandlung an das Strafverfahren und seine stringenteren Grundsätze an. Ein solcher Ansatz

---

1326 BVerfGE 27, 18, 33 = NJW 1969, 1619, 1622 = DÖV 1969, 715, 716; BVerfGE 45, 272, 289 = NJW 1977, 1629; KK-OWiG/*Mitsch*, § 17, Rn. 7.

1327 Vgl. dazu BGH, NJW 2005, 1381; BeckOK-OWiG/*Hettenbach*, § 77, Rn. 5.

1328 Burhoff/*Güber*, OWi-Verfahren, Rn. 1734 f.

1329 Vgl. beispielsweise *Biermann*, ZWeR 1/2007, 1, 19; *G. Dannecker*, FS Tiedemann, S. 811.

ist angesichts der tatsächlichen Verfahrensrealität und Beweislage besonders bei einfacheren Ordnungswidrigkeiten verfehlt und bedarf Korrekturen. Wie schon bei den Reformen im Vorverfahren dargestellt, muss sich dieses ein Stück weit von seinen verwaltungsrechtlichen Grundsätzen lösen und dem Betroffenen in schwerwiegenden Fällen ein Mehr an Mitwirkungsrechten verschaffen. Dies bedeutet für diese Fälle eine Annäherung des ordnungswidrigkeitenrechtlichen Vorverfahrens an strafprozessuale Grundsätze. Auf der anderen Seite sind die strafprozessualen Elemente der Hautverhandlung angesichts des geringeren Unrechtscharakters besonders von Bagatellordnungswidrigkeiten und der wirtschaftlich komplexen Prozesse im Wirtschaftsordnungswidrigkeitenrecht nicht mehr zeitgemäß. Das Hauptverfahren muss sich daher ein Stück weit von seinen strafprozessualen Grundsätzen lösen und ein Mehr an verwaltungsrechtlichen Elementen vorsehen.

IV. Rezeption und Weiterführung der Vorschläge aus der Literatur

1. *Zugrundelegung der Vorschläge des Zwischenberichts des Bundeskartellamts und* C. Danneckers

Die Regelungsvorschläge des Zwischenberichts des Bundeskartellamts[1330] und *C. Dannecker*[1331] zum formellen Unmittelbarkeitsgrundsatz sind zu begrüßen. Sie greifen die schon zuvor geäußerten Gedanken zur Reform der Beweisaufnahme und insbesondere des Unmittelbarkeitsgrundsatzes von *Frister*[1332], *Weigend*[1333], *Duttge*[1334], sowie dem AE-Beweisaufnahme[1335] auf und führen diese speziell für das Kartellordnungswidrigkeitenverfahren einer Lösung zu. Sie verdienen insbesondere hinsichtlich der Annäherung einzelner Vorschriften des ordnungswidrigkeitenrechtlichen Hauptverfahrens an den Verwaltungsprozess Zuspruch.[1336] Angesichts der schon oben beschriebenen Reformen im Vorverfahren zur Stärkung der Teilhaberechte des Betroffenen erscheint ein solches Vorhaben als Pflicht für schwere Ordnungsverstöße im Wirtschaftsrecht und Chance für alle sonstigen Verstöße, das bisher in allen Bereichen schwerfällige Verfahren einer effizienteren Ausgestaltung zuzuführen. Für die nachfolgenden Ausführungen wird der Vorschlag des Zwischenberichts des Bundeskartellamts

1330 Zwischenbericht des Bundeskartellamtes zum Expertenkreis Kartellsanktionenrecht, NZKart 2015, 2.

1331 *C. Dannecker*, NZKart 2015, 30.

1332 *Frister*, FS Fezer, 211.

1333 *Weigend*, ZStW 113 (2001), 271.

1334 *Duttge*, ZStW 115 (2003), 539.

1335 *Eser (u.a.)*, AE-Beweisaufnahme, GA 2014, 1.

1336 *C. Dannecker*, NZKart 2015, 30, 34.

und *C. Danneckers* zugrunde gelegt und für das gesamte Ordnungswidrigkeitenverfahren konkretisiert.[1337]

2. *Reformen im Ordnungswidrigkeitenverfahren vor Reformen im Strafverfahren?*

Allenfalls für das Strafrecht sollte von einer solchen Ausgestaltung Abstand genommen werden. Hier rechtfertigen es das drohende sozialethische Unwerturteil[1338] und eine mögliche Freiheitsstrafe, dass in einer öffentlichen Hauptverhandlung sämtliche Beweise neu erhoben und mündlich vor dem Gericht behandelt werden. Bevor man daher überhaupt an eine Einschränkung des Unmittelbarkeitsgrundsatzes im Strafverfahren denkt, sollte man zunächst eine solche Reform im Ordnungswidrigkeitenrecht anstreben, die praktischen Folgen beobachten und daraus seine Lehren ziehen. Ein mögliches Ergebnis könnte dann lauten, dass die Einschränkung des Unmittelbarkeitsgrundsatzes nur im Ordnungswidrigkeitenverfahren, nicht jedoch im Strafverfahren angezeigt ist.[1339]

3. *Konkrete Umsetzung*

a. *Neufassung des § 77a OWiG*

Damit bleibt die Frage offen, wie sich eine solche Ausgestaltung im derzeitigen System fruchtbar machen lässt. Das ordnungswidrigkeitenrechtliche Hauptverfahren nach zulässigem Einspruch richtet sich de lege lata nach den Vorschriften der Strafprozessordnung, die nach zulässigem Einspruch gegen einen Strafbefehl gelten, soweit das OWiG selbst nichts anderes bestimmt, §§ 46 Abs. 1, 71 Abs. 1 OWiG. Diese Vorschriften ordnen daher die Geltung des § 261 StPO, nämlich die Entscheidung des Gerichts über das Ergebnis der Beweisaufnahme aus *dem Inbegriff der Verhandlung* geschöpften Überzeugung an. Im Ordnungswidrigkeitengesetz ist nun in Abweichung von diesem Grundsatz in § 77a OWiG ein neuer Absatz 1 zu schaffen. Dieser sollte folgendes normieren:[1340]

1337 *C. Dannecker,* NZKart 2015, 30, 36.

1338 *Klesczewski,* § 8, Rn. 579.

1339 Vgl. dazu *Weigend,* FS Eisenberg, 657, 670: „Umgekehrt kann bei Routinesachen eine administrative Erledigung in einem weitgehend abgekürzten Hauptverfahren auf der Grundlage der Ermittlungen ausreichend und angezeigt sein."; siehe vor diesem Hintergrund auch *Schünemann,* StraFo 2015, 177, 183 ff.

1340 Ausgangspunkt ist der Ansatz von *C. Dannecker,* NZKart 2015, 30, 35, der an dieser Stelle konkretisiert und an das gesamte Ordnungswidrigkeitenverfahren angepasst wird.

§ 77a OWiG n.F. – Vereinfachte Art der Beweisaufnahme

(1) [1]*Nach Aufruf der Sache trägt der Vorsitzende oder der Berichterstatter den wesentlichen Inhalt der Akten vor und gibt den Beteiligten die wesentlichen Beweismittel bekannt.* [2]*Nach dem Vortrag erhalten die Beteiligten Gelegenheit, das Gericht auf weitere wesentliche Umstände oder Beweismittel aufmerksam zu machen.* [3]*Durch den Vortrag des Vorsitzenden oder des Berichterstatters wird der Inhalt der Akte dem weiteren Verfahren zugrunde gelegt, ohne dass die einzelnen Beweismittel erneut förmlich in die Hauptverhandlung eingeführt werden müssen; insoweit ist § 261 StPO nicht anzuwenden.* [4]*Das spätere Urteil darf sich nur auf Tatsachen und Beweisergebnisse stützen, zu denen sich die Beteiligten äußern konnten.* [5]*§ 77 Abs. 1 OWiG sowie § 77b OWiG n.F. bleiben unberührt.*

b. Erläuterungen zur Vorschrift

Ohne dabei explizit auf die Vorschrift des § 108 Abs. 1 VwGO zu verweisen[1341], wird im Ordnungswidrigkeitenrecht die Pflicht aufgestellt, die Verfahrensakte durch Bekanntgabe des wesentlichen Inhalts derselben in Abweichung vom Grundsatz des § 261 StPO in das Verfahren einzuführen, ohne dass im Einzelnen eine förmliche Einführung der Akte in das Verfahren notwendig ist, § 77a Abs. 1 S. 3 OWiG n.F. Dies geschieht nach § 77a Abs. 1 S. 1 OWiG n.F. nach Aufruf der Sache durch den Vortrag des wesentlichen Inhalts der Akten und durch die Bekanntgabe der wesentlichen Beweismittel[1342] durch den Vorsitzenden oder den Berichterstatter. De lege ferenda würden damit sämtliche Akten die Grundlage für die spätere gerichtliche Entscheidungsfindung bilden.[1343] Die eigene gerichtliche Überzeugungsbildung bliebe davon unberührt.[1344] Dies steht im Gegensatz zur derzeitigen Praxis der gerichtlichen Hauptverhandlung im Ordnungswidrigkeitenverfahren, wonach schriftliche Beweise innerhalb der Akte nur dann in die Hauptverhandlung eingeführt werden können, wenn sie in einem „formalisierten Verfahren zum Gegenstand einer Anordnung des Vorsitzenden“ gemacht wurden.[1345]

Um den Anspruch der Betroffenen auf rechtliches Gehör zu verwirklichen, erhalten diese nach dem Vortrag des Vorsitzenden oder Berichterstatters zunächst die Möglichkeit, das Gericht darauf aufmerksam zu machen, dass es wesentliche Teile des Sachverhalts nicht berücksichtigt hat, § 77a Abs. 1 S. 2 OWiG n.F. Ferner darf sich das Urteil nach § 77a Abs. 1 S. 4 OWiG n.F. nur auf Tatsachen und Beweisergebnisse stützen, zu denen sich die Beteiligten äußern konnten.[1346] § 77a

1341 Siehe dazu *C. Dannecker*, NZKart 2015, 30, 35, der die Erweiterung der gerichtlichen Entscheidungsgrundlage an § 108 Abs. 1 VwGO ausrichtet.

1342 *C. Dannecker*, NZKart 2015, 30, 35 f.

1343 *C. Dannecker*, NZKart 2015, 30, 35.

1344 Ausführlich: *C. Dannecker*, NZKart 2015, 30, 35.

1345 Siehe hierzu den Zwischenbericht des Bundeskartellamts zum Kartellsanktionenrecht, NZKart 2015, 2, 9.

1346 *C. Dannecker*, NZKart 2015, 30, 35.

Abs. 1 S. 5 OWiG n.F. hingegen lässt den Grundsatz der Amtsermittlung und § 77b OWiG n.F. unberührt. Diese einzelnen Vorgaben werden nun genauer dargestellt und auf mögliche gesetzliche Unstimmigkeiten hin untersucht. Die Neufassung eines § 77b OWiG in § 77a Abs. 1 S. 5 OWiG n.F. wird hingegen an späterer Stelle näher erörtert.

aa. Vortrag des Vorsitzenden oder des Berichterstatters des wesentlichen Inhalts der Akten

Um überhaupt einen „Transfer" des Ermittlungsergebnisses aus dem Vorverfahren in die Hauptverhandlung zu ermöglichen, müssen die am Prozess beteiligten Personen über diesen zunächst einmal in Kenntnis gesetzt werden.[1347] Dieser Teil der Norm erinnert an § 103 Abs. 2 VwGO oder § 92 Abs. 2 FGO, die wie folgt lauten: „Nach Aufruf der Sache trägt der Vorsitzende oder der Berichterstatter den wesentlichen Inhalt der Akten vor." Im Verwaltungsprozess wird dieser Schritt auch als sog. „Sachbericht" qualifiziert.[1348] Der Sachbericht dient dafür, dass sich das Gericht seine Überzeugung aus dem *Gesamtergebnis des Verfahrens* bilden kann, § 108 Abs. 1 S. 1 VwGO, und dient auch sonst der Unterrichtung der übrigen Verfahrensbeteiligten.[1349] Findet ein solcher Vortrag im Einzelfall nicht statt oder fehlen zentrale Teile des Akteninhalts, so kann das im Verwaltungsverfahren auf einen Verfahrensmangel hindeuten.[1350] Dieser Mangel wirkt sich jedoch nur dann auf das Urteil aus, wenn das rechtliche Gehör der Beteiligten verkürzt wurde oder die Richter nicht umfassend über den Sachvortrag unterrichtet sind.[1351] Nach dem Bundesverwaltungsgericht soll aufgrund der Bindung des Richters an Recht und Gesetz eine Vermutung dahin gehend bestehen, dass allen Richtern im Rahmen der Beratung eine „vollständige Unterrichtung über den Sach- und Streitstoff zuteil wird", selbst wenn von einem Vortrag des wesentlichen Inhalts der Akten abgesehen wurde.[1352]

1347 BeckOK-VwGO/*Brüning*, § 103 VwGO, Rn. 8.

1348 BeckOK-VwGO/*Brüning*, § 103 VwGO, Rn. 8; Schoch/Schneider/Bier/*Ortloff*/*Riese*, § 103 VwGO, Rn. 39; siehe auch: Zwischenbericht des Bundeskartellamtes zum Expertenkreis Kartellsanktionenrecht, NZKart 2015, 2, 8 f.

1349 BVerwG NJW 1984, 251; BeckOK-VwGO/*Brüning*, § 103 VwGO, Rn. 8; *Hufen*, § 37, Rn. 13; Schoch/Schneider/Bier/*Dawin*, § 108 VwGO, Rn. 28; Kopp/Schenke/*Schenke*, § 108 VwGO, Rn. 2; siehe auch: Brandt/Domgörgen/*Jacob*/*Wegner*, S. 757; siehe auch: Zwischenbericht des Bundeskartellamtes zum Expertenkreis Kartellsanktionenrecht, NZKart 2015, 2, 8 oder *C. Dannecker*, NZKart 2015, 30, 35.

1350 BVerwG NJW 1984, 251; BeckOK-VwGO/*Brüning*, § 103 VwGO, Rn. 10; Kopp/Schenke/*Schenke*, § 103 VwGO, Rn. 6.

1351 BVerwG NJW 1984, 251.

1352 BVerwG NJW 1984, 251.

bb. Bekanntgabe der wesentlichen Beweismittel

Über den Wortlaut aus § 103 Abs. 2 VwGO hinaus ist es gerade für komplexe Prozesse in Wirtschaftsordnungswidrigkeitenverfahren unumgänglich, dass den Beteiligten die wesentlichen Beweismittel bekannt gegeben werden.[1353] Dies zeigt gleichzeitig, dass sich das Gericht eine eigene Überzeugung von der Tat gebildet hat.[1354] Hier könnte man in Anschluss an *C. Dannecker* etwa auf die Anfertigung von Beweismittellisten zurückgreifen.[1355]

Speziell im Kartellrecht oder im Recht des Wertpapierhandels ist der zugrunde liegende Sachverhalt oft von erhöhter rechtlicher und tatsächlicher Komplexität.[1356] Hier kann bietet es sich an, dass die Beteiligen den Sachbericht bereits vorab erhalten, um gegebenenfalls Informationen, die das Gericht nicht berücksichtigt hat, zu erkennen und zu Beginn der Hauptverhandlung darzustellen.[1357] Auf diese Weise können sie das ihnen in § 77a Abs. 1 S. 2 OWiG n.F. zugestandene Recht auch tatsächlich wahrnehmen.

cc. Zugrundelegung des Inhalts der Akte für den weiteren Verfahrensablauf

§ 77a Abs. 1 S. 3 OWiG n.F. normiert den eigentlichen Transformationsschritt, weicht also insoweit von § 261 StPO ab und nähert sich dem Maßstab des § 108 VwGO an. So wird der Sachvortrag des Gerichts in Form des Akteninhalts dem weiteren Verfahren zugrunde gelegt, ohne dass dieser erneut förmlich in die Hauptverhandlung eingeführt werden muss.[1358] Für alle Umstände außerhalb der Verfahrensakte bleibt es damit beim Grundsatz des § 261 StPO. Das bedeutet, dass sich die hier dargelegten Änderungen lediglich auf den Akteninhalt des Vorverfahrens beziehen.

dd. Doppelte Äußerungsmöglichkeit der Beteiligten

Blickt man auf § 103 Abs. 3 VwGO, sollten die Beteiligten, also der Betroffene, sein Verteidiger und die Staatsanwaltschaft, nach dem Sachvortrag des Gerichts das Wort erhalten, um ihre Anträge zu stellen und sie zu begründen. Im Verwaltungsprozess

---

1353 So *C. Dannecker*, NZKart 2015, 30, 35: „Das Gericht könnte hinsichtlich der wesentlichen Tatsachen Beweismittellisten erstellen und auf diese Weise die Abgrenzung erheblicher von unerheblichen Akteninhalten leisten."; siehe auch: Zwischenbericht des Bundeskartellamtes zum Expertenkreis Kartellsanktionenrecht, NZKart 2015, 2, 9.

1354 So *C. Dannecker*, NZKart 2015, 30, 35.

1355 *C. Dannecker*, NZKart 2015, 30, 35.

1356 Siehe dazu beispielsweise: Große Strafrechtskommission des Deutschen Richterbundes, S. 50 ff.

1357 BVerwG DÖV 1974, 321; BeckOK-VwGO/*Brüning*, § 103 VwGO, Rn. 8.

1358 *C. Dannecker*, NZKart 2015, 30, 35.

erhalten die Beteiligten am Prozess daher zunächst die Möglichkeit, den Sachbericht durch ihre Anmerkungen zu ergänzen oder zu berichtigen.[1359] Diese Praxis sollte man auch für das Ordnungswidrigkeitenrecht einführen, § 77a Abs. 1 S. 2 OWiG n.F. Einem Missbrauch des Rechts in § 77a Abs. 1 S. 2 OWiG n.F. durch eine „Flut" von Hinweisen durch die Verteidigung wird schon dadurch vorgebeugt, dass das Gericht den für die Verteidigung des Betroffenen entscheidenden Hinweisen nicht die Stellung einräumen kann, wie dies nur bei einer angemessenen Nutzung dieses Rechts der Fall wäre. Ferner gewährt § 77a Abs. 1 S. 2 OWiG n.F. lediglich das Recht zur Stellungnahme und kommt damit keinem Beweisantragsrecht gleich. Will man die Möglichkeiten der Verteidigung vor diesem Hintergrund weiter beschränken, so könnte man allenfalls an eine entsprechende Anwendung des § 244 Abs. 3 S. 2 StPO denken, also die Möglichkeiten zur Ablehnung von Beweisanträgen.

§ 77a Abs. 1 S. 4 OWiG n.F. ist an § 108 Abs. 2 VwGO angelehnt und stellt klar, dass sich das Urteil nur auf Tatsachen und Beweisergebnisse stützen kann, zu denen sich die Beteiligten auch äußern konnten.[1360] Dies verwirklicht gleichzeitig den Grundsatz des rechtlichen Gehörs, Art. 103 Abs. 1 GG.[1361] Vor allem muss der Betroffene die Möglichkeit erhalten, zu dem Inhalt der Behördenakten Stellung zu nehmen.[1362] Das Gericht wiederum muss die Ausführungen „zur Kenntnis nehmen und bei der Urteilsfindung in Erwägung ziehen".[1363]

4. *(Verfassungs-)rechtliche Hindernisse*

Im Folgenden bleibt zu untersuchen, auf welche Weise man möglichen verfassungsrechtlichen Problemstellungen Rechnung tragen kann. Allen voran könnte man anbringen, dass ein solcher Vorstoß nicht in Einklang mit der Unschuldsvermutung stehen könnte.

a. *Verstoß gegen den Grundsatz der Unschuldsvermutung?*

aa. Grundsatz der Unschuldsvermutung im Straf- und Ordnungswidrigkeitenverfahren

In der Debatte um die Reform des Unmittelbarkeitsgrundsatzes im Recht der Ordnungswidrigkeiten kam die Frage um die Vereinbarkeit solcher Regelungen mit dem Grundsatz der Unschuldsvermutung bisher zu kurz. Die Unschuldsvermutung findet in Art. 6 Abs. 2 EMRK ausdrückliche Erwähnung.[1364] Hiernach gilt jede

1359 BeckOK-VwGO/*Brüning*, § 103 VwGO, Rn. 12; *Hufen*, § 37, Rn. 14.
1360 *C. Dannecker*, NZKart 2015, 30, 35.
1361 BeckOK-VwGO/*Breunig*, § 108 VwGO, Rn. 28; *C. Dannecker*, NZKart 2015, 30, 42.
1362 BeckOK-VwGO/*Breunig*, § 108 VwGO, Rn. 29.
1363 BeckOK-VwGO/*Breunig*, § 108 VwGO, Rn. 33.
1364 *Putzke*, StraFo 2016, 1, 3.

Person, die einer Straftat angeklagt ist, bis zum gesetzlichen Beweis ihrer Schuld als unschuldig. Der Staat ist vor diesem Hintergrund dazu angehalten, ein Verfahren einzurichten, dass sich durch eine Ergebnisoffenheit auszeichnet.[1365] Es bedarf einer Unvoreingenommenheit des Gerichts.[1366] Für den Betroffenen muss deutlich werden, wie das Gericht seine Tatüberzeugung anhand der eingeführten Beweise gewonnen hat.[1367] Ist im Einzelfall eine Voreingenommenheit des Richters hinsichtlich der Beweisaufnahme zu erkennen, droht ein Befangenheitsantrag der Verteidigung.[1368]

Im nationalen Recht findet die Unschuldsvermutung ihren Ursprung im Rechtsstaatsprinzip, Art. 20 Abs. 3 GG.[1369] Dabei ist auch das Ordnungswidrigkeitenrecht umfasst.[1370] So führt das Bundesverfassungsgericht aus, dass die Unschuldsvermutung in „engem Zusammenhang mit dem Recht des Beschuldigten, den staatlichen Strafanspruch in einem rechtsstaatlichen, fairen Verfahren abzuwehren und sich zu verteidigen", stehe.[1371] Insbesondere sei sie die Folge eines nach „Inhalt und Grenzen durch das Gebot der Achtung der Menschenwürde bestimmten, auf dem Schuldgrundsatz aufbauenden materiellen Strafrechts".[1372] Sie schütze den Beschuldigten aber auch vor „Nachteilen, die Schuldspruch oder Strafe gleichkommen, denen aber kein rechtsstaatliches prozessordnungsgemäßes Verfahren zur Schuldfeststellung und Strafbemessung vorausgegangen ist".[1373] Das Bundesverfassungsgericht misst der Unschuldsvermutung speziell für das Hauptverfahren besondere Bedeutung zu, da es dem Richter durch deren Abschluss ermöglicht werde, sich seine eigene Überzeugung zur Schuldfrage zu bilden.[1374] Außerdem könnten erst an deren Anschluss die prozessualen Voraussetzungen entstehen, die Feststellungen zur Schuld des Angeklagten ermöglichen.[1375]

1365 MüKo-StPO/*Gaede*, Band 3–2, Art. 6, Rn. 126.
1366 MüKo-StPO/*Gaede*, Band 3–2, Art. 6 EMRK, Rn. 127.
1367 MüKo-StPO/*Gaede*, Band 3–2, Art. 6 EMRK, Rn. 129.
1368 *Fromm*, DAR 2009, 69, 72.
1369 Maunz/Dürig/*Grzeszick*, Band III, Art. 20 GG und die allgemeine Rechtsstaatlichkeit, Rn. 148; BVerfG, NJW 2013, 1418, 1424.
1370 BVerfG, NStZ 1992, 238; BVerfG, NJW 2013, 1418, 1424; *Gaier*, wistra 2014, 161, 163; *Hamm*, NJW 2018, 2099, 2102; KK-OWiG/*Lutz*, Vorbemerkung, Rn. 66.
1371 BVerGE 74, 358, 371.
1372 BVerGE 74, 358, 371.
1373 BVerGE 74, 358, 371.
1374 BVerGE 74, 358, 373.
1375 BVerGE 74, 358, 373.

bb. Unvereinbarkeit des § 77a Abs. 1 OWiG n.F. mit dem Grundsatz der Unschuldsvermutung?

(1) Gefahr einer Vorwegnahme des Urteils

Einer Zugrundelegung der Ermittlungsergebnisse aus dem Vorverfahren in der Hauptverhandlung durch den Aktenvortrag und der Bekanntgabe der wesentlichen Beweismittel durch den Vorsitzenden oder den Berichterstatter könnte entgegenstehen, dass das Gericht der Hauptverhandlung ein bestimmtes Beweisergebnis von Beginn an zugrunde legt und damit gleichsam einen Teil des Urteils antizipiert. Einer solchen Betrachtungsweise kann man entgegenhalten, dass das Gericht die Beweisaufnahme nicht vorwegnimmt, sondern – gerade bei aktenreichen Prozessen – lediglich eine Auswahl des aus seiner Sicht entscheidenden Prozessstoffes anstellt.[1376] Durch den Grundsatz der Amtsaufklärung wird die Möglichkeit eines vollständigen Transfers ohne weitere Beweiserhebungen des Gerichts ohnehin ausgeschlossen. Die Regelung des § 77a Abs. 1 S. 2 OWiG n.F. ermöglicht darüber hinaus, dass die Beteiligten das Gericht darauf aufmerksam machen können, dass dieses wesentliche Teile des Sachverhalts oder wesentliche Beweismittel nicht berücksichtigt hat. § 77a Abs. 1 S. 2 OWiG n.F. trägt damit der Waffengleichheit und den Verteidigungsrechten der Betroffenen in besonderer Weise Rechnung.[1377] Damit die Ergebnisse des Vorverfahrens überhaupt Eingang in das Urteil finden dürfen, muss für die Beteiligten darüber hinaus ein weiteres Äußerungsrecht bestehen, § 77a Abs. 1 S. 4 OWiG n.F.

Durch seine Äußerungsmöglichkeiten erhält der Betroffene daher schon zu Beginn der Hauptverhandlung die Gelegenheit, sämtliche für ihn relevante Umstände in das Verfahren einzubringen und dem Gericht diesbezüglich eine nähere Aufklärung nahezulegen. Widersprechen sich beispielsweise der Akteninhalt des Vorverfahrens und ein Hinweis des Betroffenen bezüglich eines für den Ausgang des Verfahrens zentralen Umstands, so gebietet es schon die Amtsaufklärungspflicht, diesen Aspekt innerhalb der Hauptverhandlung genauer zu erörtern oder Zeugen dazu zu hören.[1378] Dies läuft auch nicht auf eine Obliegenheit des Betroffenen hinaus, dem Gericht eine seiner Ansicht nach falsche Gewichtung der wesentlichen Beweismittel oder unrichtige Zusammenfassung des Akteninhalts direkt nach dem Aktenvortrag darzulegen, da im Ordnungswidrigkeitenrecht nicht der Beibringungsgrundsatz, sondern der Grundsatz der Amtsermittlung gilt, § 77 Abs. 1 S. 1 OWiG.[1379] Beruft sich der Betroffene also auf sein Schweigerecht,

---

1376 *C. Dannecker*, NZKart 2015, 30, 35.

1377 Siehe dazu: MüKo-StPO/*Gaede*, Band 3–2, Art. 6, Rn. 302.

1378 Vgl. *Roxin/Schünemann*, § 45, Rn. 2; *Volk/Engländer*, StPO, § 24, Rn. 2 f.; Zwischenbericht des Bundeskartellamtes zum Expertenkreis Kartellsanktionenrecht, NZKart 2015, 2, 9.

1379 Siehe auch *Kernberger/Krumm*, § 77, Rn. 2 f.; Blum/Gassner/Seith/*Krumm*, § 77, Rn. 6; KK-OWiG/*Senge*, § 77, Rn. 3.

darf dies für ihn keinerlei nachteilige Wirkungen mit sich bringen. Mittelbar bedeutet eine solche Neuordnung eine durch Gericht und Betroffenen gemeinsam gestaltete Beweisaufnahme und Ordnung des Prozessstoffs. Dies macht den weiteren Prozessverlauf für den Betroffenen gar transparenter und trägt seiner Waffengleichheit speziell für die sich anschließende Beweisaufnahme Rechnung. Eine Verletzung der Unschuldsvermutung liegt damit insgesamt fern.

(2) Beschluss des BVerfG vom 30.04.2003 zur Reichweite der Aufklärungspflicht der Gerichte

Ein solcher Ansatz steht auch in Übereinstimmung mit der Rechtsprechung des Bundesverfassungsgerichts, wonach schon im Strafverfahren nicht jeder Verstoß gegen § 244 Abs. 2 StPO oder gar § 261 StPO ein Tätigwerden des Gerichts zur Folge hätten.[1380] Voraussetzung für einen Verstoß sei, dass sich das Tat- oder Revisionsgericht „so weit von der Verpflichtung entfernt haben, in Wahrung der Unschuldsvermutung bei jeder als Täter in Betracht kommenden Person auch die Gründe, die gegen die mögliche Täterschaft sprechen, wahrzunehmen, aufzuklären und zu erwägen, dass der rationale Charakter der Entscheidung verloren gegangen scheint und sie keine tragfähige Grundlage mehr für die mit einem Schuldspruch einhergehende Freiheitsentziehung sein kann".[1381] Für das Ordnungswidrigkeitenverfahren muss dieser Gedanke angesichts der dort verhängten, geringfügigeren nachdrücklichen Pflichtenmahnung[1382] erst Recht Geltung beanspruchen. Vor diesem Hintergrund ist auch die *Jussila*-Rechtsprechung des EGMR zu beachten, wonach die strafrechtlichen Garantien außerhalb des Kernstrafrechts nicht in vollem Umfang zur Anwendung gelangen.[1383] Daraus kann man schlussfolgern, dass eine neue Beweisaufnahme über den gesamten potentiellen Akteninhalt, der dem Verfahren nach § 77a Abs. 1 S. 3 OWiG n.F. zugrunde liegt, genügt.

Für die Ausgestaltung der Hauptverhandlung kann man festhalten, dass ein Verstoß gegen den Grundsatz der Unschuldsvermutung erst dann droht, wenn es dem Gericht durch die prozessualen Vorschriften unmöglich ist, Gründe aufzuklären, die auch gegen die Täterschaft des Betroffenen sprechen oder sich seine Entscheidung insgesamt als offensichtliche Willkür darstellt.[1384] Davon kann aber keine Rede sein, da das Gericht selbst bei der neuen Ausgestaltung nach § 77a Abs. 1 OWiG n.F. weiterhin verpflichtet bleibt, sämtliche unklare oder prozessentscheidende Aspekte aufzuklären, § 77a Abs. 1 S. 5 OWiG n.F.

1380 BVerfG, NJW 2003, 2444, 2446.

1381 BVerfG, NJW 2003, 2444, 2446; so auch schon: BVerGE 74, 358, 371.

1382 Vgl. BVerfGE 27, 18, 33 = NJW 1969, 1619, 1622 = DÖV 1969, 715, 716; BVerfGE 45, 272, 289 = NJW 1977, 1629; KK-OWiG/*Mitsch*, § 17, Rn. 7.

1383 EGMR, Urt. v. 23.11.2006, Nr. 73053/01 (*Jussila/Finnland*), § 43.

1384 BVerfG, NJW 2003, 2444, 2446.

(3) Fehlende Aktenkenntnis der beisitzenden Richter

Zuletzt könnte man eine Verletzung der Unschuldsvermutung noch hinsichtlich der fehlenden Aktenkenntnis der beisitzenden Richter innerhalb von Kollegialgerichten anbringen. Die Zusammenfassung der Aktenlage durch den Vorsitzenden oder den Berichterstatter kann den übrigen beisitzenden Richtern allenfalls einen Überblick über die gesamte Beweislage liefern. Es droht gar eine Prägung der anderen Richter durch die Zusammenfassung des Akteninhalts durch den Vorsitzenden. Dieser Umstand kann jedoch zunächst dadurch relativiert werden, dass die Richter spätestens bei der abschließenden Beratung umfassend über den Sachstand des Verfahrens informiert sind.[1385] Schon zuvor kann die Zusammenfassung des Akteninhalts innerhalb der Hauptverhandlung an zahlreichen Stellen konkretisiert oder auch widerlegt werden. Der Betroffene hat hierfür zahlreiche Möglichkeiten zur Gestaltung des Prozesses. So kann er schon zu Beginn der Hauptverhandlung Ergänzungshinweise zum Bericht des Vorsitzenden oder Berichterstatters geben, § 77a Abs. 1 S. 2 OWiG n.F. Daneben obliegt ihm auch nach wie vor die Gestaltung der eigentlichen Beweisaufnahme durch die Stellung von Beweisanträgen. Zuletzt bleibt auch das Gericht zur Aufklärung des Sachverhalts und damit wesentlicher Umstände, die die Schuldfrage betreffen, verpflichtet, § 77a Abs. 1 S. 5 OWiG n.F., § 77 Abs. 1 OWiG.

Problematisch erscheint vor diesem Hintergrund einzig die Beteiligung von Schöffen, da diesen die Fähigkeit abgesprochen wird, sich einen Überblick besonders über den komplexen Verfahrensstoff im Wirtschaftsrecht allein durch die Hauptverhandlung verschaffen zu können.[1386] Eine notwendige Konsequenz wäre daher, dass die Schöffenbeteiligung bei solchen Prozessen de lege ferenda unterbleiben muss.[1387] Für das Ordnungswidrigkeitenverfahren ist diese Frage mangels der Beteiligung von Schöffen derzeit ohnehin hinfällig. Durch die hier angestellten Änderungen droht damit insgesamt keine Verletzung der Unschuldsvermutung.

b. Zusammenspiel mit § 244 Abs. 2 StPO

aa. Umfang des Amtsermittlungsgrundsatzes im Strafprozess und im Ordnungswidrigkeitenverfahren

Angesichts der Rolle des Amtsermittlungsgrundsatzes und seinem Verhältnis zur Unschuldsvermutung, bleibt seine Stellung in einer Beweisaufnahme zu untersuchen, die sich an den Vorgaben des § 77a Abs. 1 OWiG n.F. orientiert. Nach § 244 Abs. 2 StPO hat das Gericht zur Erforschung der Wahrheit die Beweisaufnahme von Amts wegen auf alle Tatsachen und Beweismittel zu erstrecken, die für die

1385 BVerwG NJW 1984, 251.
1386 *Mende*, S. 325.
1387 Siehe auch *Mende*, S. 325.

Entscheidung von Bedeutung sind. Der Grundsatz der Amtsaufklärung erscheint gerade im Strafprozess vor dem Hintergrund des zu verhängenden sozialethischen Unwerturteils und angesichts des Ziels der Wahrheitsfindung von elementarer Bedeutung.[1388] Er dient gleichzeitig der Verwirklichung des materiellen Schuldprinzips.[1389] Sämtliche Beweisbegehren können den Grundsatz der Amtsermittlung aktualisieren, sodass das Gericht zu einer weiteren Erforschung des Sachverhalts veranlasst werden kann.[1390]

Für das Ordnungswidrigkeitenrecht, das nur auf die Verhängung einer nachdrücklichen Pflichtenmahnung abzielt, bringt § 77 Abs. 1 OWiG diesen Gedanken in abgeschwächter Form zur Geltung.[1391] Nach dieser Vorschrift gilt der Grundsatz der Amtsaufklärung, wobei nach § 77 Abs. 1 S. 2 OWiG auch die Bedeutung der Sache zu berücksichtigen ist.[1392] Hier gilt die Besonderheit, dass es gerade kein Verweis auf § 244 Abs. 2 StPO existiert, wonach das Gericht verpflichtet ist, die Beweisaufnahme auf alle Tatsachen zu erstrecken, die für die Entscheidung von Bedeutung sind.[1393] So spricht auch der BGH davon, dass in § 77 Abs. 1 OWiG der „Grundsatz einer bedeutungsabhängigen Aufklärungsintensität" niedergelegt sei.[1394]

Trotz der Formulierung des § 77 Abs. 1 OWiG ist es dem Gericht dennoch verwehrt, die Beweisaufnahme nach eigenem Ermessen zu gestalten.[1395] Es gilt die Pflicht zur Aufklärung des Sachverhalts.[1396] Diese kann im Einzelfall verletzt sein, sofern das Gericht einen Belastungszeugen, aber keinen Entlastungszeugen vernimmt.[1397] So sprach auch schon das OLG Karlsruhe davon, dass die damalige gesetzliche Neuregelung des § 77 Abs. 1 OWiG am Amtsermittlungsgrundsatz festhalte.[1398] Die Pflicht zur Wahrheitserforschung erfordere eine „gewissenhafte Prüfung und Abwägung unter Berücksichtigung der Umstände des Einzelfalls und nach § 77 Abs. 1 S. 2 OWiG auch des Gesichtspunkts der Bedeutung der Sache."[1399]

1388 Siehe MüKo-StPO/*Trüg/Habetha*, § 244, Rn. 47; *Eisenberg*, Beweisrecht StPO, Rn. 1 f.; Meyer-Goßner/Schmitt/*Schmitt*, § 244, Rn. 11 f.

1389 MüKo-StPO/*Trüg/Habetha*, § 244, Rn. 47; *Eisenberg*, Beweisrecht StPO, Rn. 1 f.

1390 MüKo-StPO/*Trüg/Habetha*, § 244, Rn. 49.

1391 *Krenberger/Krumm*, § 77, Rn. 3; Blum/Gassner/Seith/*Krumm*, § 77, Rn. 1; *Klesczewski*, § 12, Rn. 979; *Mitsch*, Recht der Ordnungswidrigkeiten, § 30, Rn. 17 f.

1392 OLG Bamberg, DAR 2011, 404, 405 m. Anm. *Heinrich*.

1393 KK-OWiG/*Senge*, § 77, Rn. 3.

1394 BGH, NJW 2005, 1381; BeckOK-OWiG/*Hettenbach*, § 77, Rn. 5; dazu auch: *Böttcher*, NStZ 1986, 393.

1395 OLG Düsseldorf, NZV 1989, 163; *Mitsch*, Recht der Ordnungswidrigkeiten, § 30, Rn. 18.

1396 OLG Düsseldorf, NJW 1992, 1521, 1522; Blum/Gassner/Seith/*Krumm*, § 77, Rn. 6 f.

1397 Göhler/*Seitz/Bauer*, § 77, Rn. 7.

1398 OLG Karlsruhe, NStZ 1988, 226.

1399 OLG Karlsruhe, NStZ 1988, 226.

Soweit sich die Erhebung des Beweises danach aufdränge oder zumindest naheliege, müsse das Gericht dem nachgehen.[1400]

bb. Hypothetischer Verlauf der Beweisaufnahme und Abwägung

Die Beweiserhebung durch den Tatrichter ist insbesondere davon abhängig zu machen, „welche Ergebnisse von der Beweisaufnahme zu erwarten sind und wie diese zu erwartenden Ergebnisse zu würdigen wären."[1401] Hier kann auch eine Abwägung von Bedeutung sein.[1402] Ist die Strafsache demnach von Gewicht, so erscheint eine nähere Sachverhaltsaufklärung angezeigt.[1403] Diesen Gedanken kann man im Ordnungswidrigkeitenverfahren für die Differenzierung zwischen einfachen und schweren Ordnungswidrigkeiten fruchtbar machen, gerade weil § 77 Abs. 1 OWiG die Bedeutung der Sache würdigt.[1404]

Im Ordnungswidrigkeitenverfahren spielt zudem ein anderes Kriterium eine wichtige Rolle: Kann man von einem Beweisergebnis sprechen, welches gesichert erscheint, so muss das Gericht die Tatsachengrundlage nicht unbedingt noch näher aufklären.[1405] Dies bezieht sich auch auf eine erneute Einsichtnahme in die Akten, wenn eine dort enthaltene Tatsache für den Ausgang des Verfahrens keine große Rolle spielt.[1406] Auch der Gesetzgeber ging davon aus, dass im Ordnungswidrigkeitenverfahren nicht jede „denkbare Erkenntnisquelle bis auf den letzten Rest auszuschöpfen" sei.[1407] Auf der anderen Seite darf sich die Verurteilung nach *Mitsch* „nicht auf ein dünneres Überzeugungsfundament" stützen als im Strafprozess.[1408]

cc. Vergleich mit § 77a OWiG n.F.

Wenn man die Änderung in § 77a Abs. 1 S. 2 OWiG n.F. betrachtet, fällt auf, dass die Beteiligten den Grundsatz der Amtsermittlung durch ihre Äußerungsmöglichkeit nach dem Vortrag des Akteninhalts und der Bekanntgabe der wesentlichen Beweismittel durch den Vorsitzenden aktualisieren können.[1409] So kann der Betroffene nach dem Vortrag des Berichterstatters oder des Vorsitzenden beispielsweise

---

1400 OLG Karlsruhe, NStZ 1988, 226.

1401 BGH, NJW 2001, 695, 696; BeckOK-StPO/*Bachler,* § 244, Rn. 11; Blum/Gassner/Seith/*Krumm,* § 77, Rn. 8.

1402 BeckOK-StPO/*Bachler,* § 244, Rn. 11.

1403 BGH, NJW 2001, 695, 696; BeckOK-StPO/*Bachler,* § 244, Rn. 11.

1404 Blum/Gassner/Seith/*Krumm,* § 77, Rn. 6.

1405 *Detter,* Verkehrsstrafrecht, S. 194; Blum/Gassner/Seith/*Krumm,* § 77, Rn. 8.

1406 *Detter,* Verkehrsstrafrecht, S. 194; BGH, NJW 2005, 1381.

1407 BT-Drs. 10/2652, S. 22; *Rosenkötter/Louis,* Rn. 754; Göhler/*Seitz/Bauer,* § 77, Rn. 5; KK-OWiG/*Senge,* § 77, Rn. 4.

1408 *Mitsch,* Recht der Ordnungswidrigkeiten, § 30, Rn. 18; vgl. auch Blum/Gassner/Seith/*Krumm,* § 77, Rn. 1; KK-OWiG/*Senge,* § 77, Rn. 4.

1409 Blum/Gassner/Seith/*Krumm,* § 77, Rn. 6 u. 9; vgl. auch MüKo-StPO/*Trüg/Habetha,* Band 2, § 244, Rn. 49.

anbringen, dass das Gericht ein bestimmtes Beweismittel nicht oder nicht genügend berücksichtigt hat.[1410] Zentrale Umstände in der Verfahrensakte, die der Hauptverhandlung nach § 77a Abs. 1 S. 3 OWiG n.F. als potentielle Urteilsgrundlage zugrunde gelegt werden können, müssen ferner schon angesichts ihrer Bedeutung für den Ausgang des Verfahrens noch einmal gesondert in der Hauptverhandlung erhoben werden.[1411] Dies wird durch § 77a Abs. 1 S. 5 OWiG n.F. verdeutlicht, der § 77 Abs. 1 OWiG ausdrücklich unberührt lässt. Die Änderung durch § 77a Abs. 1 OWiG n.F. fügt sich durch die dort vorgenommene Selektion der Beweismittel nahtlos in das System einer bedeutungsabhängigen Aufklärung des Geschehens ein[1412] und passt daher sowohl für einfache Ordnungswidrigkeiten im Straßenverkehr, als auch für gewichtige Ordnungswidrigkeiten im Wirtschaftsrecht. Die bestehende Rechtsprechung zum Grundsatz der Amtsaufklärung im System des Ordnungswidrigkeitenverfahrens lässt sich daher gleichermaßen für die hier angestellten Änderungen durch § 77a Abs. 1 OWiG n.F. fruchtbar machen.

dd. Zwischenergebnis: Mindestmaß an Sachverhaltsaufklärung

Aus alledem wird deutlich, dass trotz Einschränkung des formellen Unmittelbarkeitsgrundsatzes im Ordnungswidrigkeitenverfahren *ein Mindestmaß an Sachverhaltsaufklärung* für das Gericht besteht, das sich nach den Umständen des zugrunde liegenden Geschehens richtet und bei umfangreichen und komplexen Verfahren anders ausgeprägt sein kann, als bei geringfügigeren Verstößen.[1413] Die hier vorgeschlagenen Änderungen führen also speziell vor dem Hintergrund des § 77 Abs. 1 OWiG zu keiner kompletten Neuordnung der Regelungen über die Beweisaufnahme, sondern werden den Schwerpunkt der Beweisaufnahme auf die zentralen Beweismittel des Verfahrens verlagern.[1414] Dies sorgt nicht zwingend für eine Verschlechterung der Betroffenenrechte in der Hauptverhandlung, sondern für eine gewisse Ordnung und Filterung des Prozessstoffs durch das Gericht.[1415] Eine Gefahr, dass gerade im Bagatellbereich eine nähere Sachverhaltsaufklärung gänzlich unterbleibt, droht damit nicht, da ein solches Vorgehen sich schnell dem Vorwurf der Verfassungswidrigkeit ausgesetzt sieht.[1416]

1410 Vgl. MüKo-StPO/*Trüg*/*Habetha*, § 244, Rn. 49.
1411 Siehe auch: *C. Dannecker*, NZKart 2015, 30, 41.
1412 Vgl. *C. Dannecker*, NZKart 2015, 30, 41.
1413 Blum/Gassner/Seith/*Krumm*, § 77, Rn. 6; vgl. auch *C. Dannecker*, NZKart 2015, 30, 32.
1414 *C. Dannecker*, NZKart 2015, 30, 41.
1415 Siehe *C. Dannecker*, NZKart 2015, 30, 35.
1416 Blum/Gassner/Seith/*Krumm*, § 77, Rn. 7.

c. Vereinbarkeit mit Art. 103 Abs. 1 GG

aa. Inhalt des Art. 103 Abs. 1 GG

Gemäß Art. 103 Abs. 1 GG hat vor Gericht jedermann Anspruch auf rechtliches Gehör. Der Beschluss des Bundesverfassungsgerichts vom 30. April 2003 vermag zunächst die Wichtigkeit dieses Rechts zu verdeutlichen.[1417] Hier wird rechtliches Gehör nicht nur als „prozessuales Urrecht des Menschen" beschrieben, sondern auch als „objektivrechtliches Verfahrensprinzip, das für ein rechtsstaatliches Verfahren im Sinne des Grundgesetzes schlechthin konstitutiv ist."[1418] Seine Bedeutung reiche weit über die Grenzen des Grundgesetzes hinaus, was an seiner Verankerung in Art. 6 Abs. 1 EMRK sowie Art. 47 Abs. 2 GRCharta deutlich wird.[1419] Durch das Recht in Art. 103 Abs. 1 GG erhalte der Betroffene die Möglichkeit, sein Verfahren nicht nur als bloßes Objekt zu erleben, sondern dieses aktiv zu beeinflussen.[1420] Die Parteien sollen gleichsam ein „Recht auf Information, Äußerung und Berücksichtigung" erhalten.[1421]

Der Schutzbereich des Art. 103 Abs. 1 GG erstreckt sich auf alle formell am Verfahren Beteiligten, deren Rechte durch den Ausgang des Verfahrens möglicherweise bedroht erscheinen.[1422] Um eine Verletzung des Rechts aus Art. 103 Abs. 2 GG geltend zu machen, muss der Beschwerdeführer die Verletzung spezifischen Verfassungsrechts geltend machen, was zuvorderst bei offenkundigen Gesetzesverletzung gegeben ist.[1423] In erster Linie zielt Art. 103 Abs. 1 GG damit auf den Schutz vor Überraschungsentscheidungen ab.[1424] Von einer derartigen Entscheidung kann man sprechen, wenn sich die Gerichtsentscheidung auf Erwägungen stützt, mit „denen ein gewissenhafter und kundiger Beteiligter selbst unter Berücksichtigung der Vielfalt möglicher Rechtsauffassungen nach dem Prozessverlauf nicht zu rechnen brauchte."[1425] Für die konkrete Ausgestaltung des gerichtlichen Verfahrens muss hieraus geschlussfolgert werden, dass die geltenden rechtlichen Vorgaben auf eine Vermeidung von solchen Überraschungsentscheidungen gerichtet sein müssen.[1426]

1417 BVerfGE 107, 395.
1418 BVerfGE 107, 395, 408.
1419 BVerfGE 107, 395, 408 f.
1420 BVerfGE 107, 395, 409.
1421 BVerfGE 107, 395, 409; vgl. auch Maunz/Dürig/*Remmert*, Band VI, Art. 103 Abs. 1, Rn. 5.
1422 BeckOK-GG/*Radtke/Hagemeier*, Art. 103 GG, Rn. 4.
1423 BeckOK-GG/*Radtke/Hagemeier*, Art. 103 GG, Rn. 5.
1424 BeckOK-GG/*Radtke/Hagemeier*, Art. 103 GG, Rn. 6; *C. Dannecker*, NZKart 2015, 30, 35 f.
1425 BeckOK-GG/*Radtke/Hagemeier*, Art. 103 GG, Rn. 6.
1426 Vgl. *C. Dannecker*, NZKart 2015, 30, 35 f.

bb. Einzelrechte des Art. 103 Abs. 1 GG vor dem Hintergrund der vorgeschlagenen Änderungen

Dem Betroffenen muss gem. Art. 103 Abs. 1 GG dreierlei zugesprochen werden, nämlich das Recht, sich zur Sache zu äußern, über die tatsächlichen und rechtlichen Gesichtspunkte informiert zu werden und die Berücksichtigung seiner Stellungnahme in der Urteilsfindung.[1427] Das Äußerungsrecht betrifft dabei den gesamten Stoff des Verfahrens, beispielsweise in Form von Tatsachen, Beweisergebnissen, aber auch Anmerkungen zur Rechtslage.[1428] Die Informationspflicht adressiert dagegen in erster Linie das Gericht und gibt diesem auf, die Beteiligten über sämtliche Umstände zu informieren, die den prozessualen Ablauf betreffen.[1429] Dazu gehört auch der gesamte Verfahrensstoff.[1430] Die Informationen müssen den Beteiligten vor der jeweiligen gerichtlichen Entscheidung übermittelt werden.[1431] Ein Teil der Garantie des Rechts auf Information über die Sach- und Rechtslage erfasst deshalb auch die dem Gericht vorliegenden Beweismittel oder verfahrensrelevanten Tatsachen.[1432] Zuletzt folgt aus der Berücksichtigung der Äußerungen des Betroffenen, dass das Gericht diese zur Kenntnis nimmt und zumindest in Erwägung zieht.[1433] Der Richter darf beispielsweise den Urteilstext nicht schon vor der Hauptverhandlung abfassen und deshalb den Ausführungen der Parteien kein Gehör mehr schenken.[1434]

Speziell der Informationsanspruch könnte durch die vorliegenden Änderungen dadurch berührt sein, dass alle Inhalte der Verfahrensakte durch den in § 77a Abs. 1 S. 3 OWiG n.F. normierten Transformationsakt dem Hauptverfahren ohne erneute förmliche Einführung zugrunde gelegt werden können. Jedoch bestimmt schon § 77a Abs. 1 S. 1 OWiG n.F., dass der Vorsitzende oder der Berichterstatter den wesentlichen Inhalt der Akten nach Aufruf der Sache vorträgt und den Beteiligten die wesentlichen Beweismittel bekannt gibt. Damit wird den Beteiligten schon vorab nahegelegt, welche Umstände für die spätere Entscheidung von Relevanz sein werden. So spricht auch § 77a Abs. 1 S. 4 OWiG n.F. davon, dass sich das spätere Urteil nur auf Tatsachen und Beweisergebnisse stützen kann, zu denen sich die Beteiligten äußern konnten. Aufgrund dessen sind die dem Verfahren zugrunde gelegten Tatsachen aus der Akte auch nicht in Stein gemeißelt: Durch ihre Anmerkungen oder Beweisanträge können die am Prozess beteiligten Personen das Tatsachenmaterial weiterhin infrage stellen. Der Richter ist damit nicht an

---

1427 BVerfGE 107, 395, 409; BeckOK-GG/*Radtke/Hagemeier*, Art. 103 GG, Rn. 7.
1428 Maunz/Dürig/*Remmert*, Band VI, Art. 103 Abs. 1, Rn. 76.
1429 Maunz/Dürig/*Remmert*, Band VI, Art. 103 Abs. 1, Rn. 79.
1430 Maunz/Dürig/*Remmert*, Band VI, Art. 103 Abs. 1, Rn. 80.
1431 Maunz/Dürig/*Remmert*, Band VI, Art. 103 Abs. 1, Rn. 80.
1432 BeckOK-GG/*Radtke/Hagemeier*, Art. 103 GG, Rn. 9.
1433 Maunz/Dürig/*Remmert*, Band VI, Art. 103 Abs. 1, Rn. 90.
1434 Maunz/Dürig/*Remmert*, Band VI, Art. 103 Abs. 1, Rn. 92 f.

den Tatsachenvortrag zu Beginn des Verfahrens gebunden. Ein Verstoß gegen das Recht des Betroffenen auf rechtliches Gehör kann damit durch die oben dargestellten Änderungen nicht angenommen werden.

d. Umfang der richterlichen Kontrolle

aa. Vorgaben des Art. 92 GG

Es könnten sich zuletzt aus Art. 92 GG und Art. 19 Abs. 4 GG Begrenzungen ergeben. Wie bereits oben erörtert, lässt sich Art. 92 GG nicht entnehmen, dass die Verhängung von hohen Geldbußen im Wirtschaftsrecht dem Richtervorbehalt unterfallen muss.[1435] Auch im Grenzbereich zwischen Straf- und Ordnungswidrigkeitenrecht obliegt es dem Gesetzgeber, eine zweckmäßige Entscheidung über die Einordnung des jeweiligen Unrechtsverhaltens zu treffen.[1436] Nur bei Ordnungswidrigkeiten komme ein Verwaltungsvorverfahren in Betracht, das einer nachträglichen richterlichen Kontrolle unterliegen könne.[1437]

bb. Vorgaben des Art. 19 Abs. 4 GG

Anhaltspunkte zum Umfang des erforderlichen Rechtsschutzes lassen sich vielmehr den Entscheidungen des Bundesverfassungsgerichts zu Art. 19 Abs. 4 GG entnehmen. Hier betonte das Gericht, dass es i.S.d. Art. 19 Abs. 4 GG zur Effektivität des Rechtsschutzes gegenüber der öffentlichen Gewalt gehöre, dass „der Richter [...] eine hinreichende Prüfungsbefugnis über die tatsächliche und rechtliche Seite des Rechtsschutzbegehrens hat sowie über eine zureichende Entscheidungsmacht verfügt, um einer erfolgten oder drohenden Rechtsverletzung wirksam abzuhelfen".[1438] Daraus folge auch, dass das Gericht nicht an die im Verwaltungsverfahren getroffenen Feststellungen und Wertungen gebunden sein dürfe.[1439] Es ist damit Aufgabe des Gerichts, sämtliche Tatsachengrundlagen eigenständig zu ermitteln und hiervon ausgehend seine rechtliche Überzeugung selbstständig zu bilden.[1440] Bei der konkreten Ausgestaltung des Verfahrens muss der Gesetzgeber also gewährleisten, dass das Gericht eine Entscheidung der Verwaltung ohne Einschränkungen

---

1435 BVerfGE 8, 197, 207 = NJW 1958, 1963, 1964.
1436 Blum/Gassner/Seith/*Gassner*, Einleitung, Rn. 3; *Klesczewski*, § 1, Rn. 5 ff.
1437 BVerfGE 22, 49, 81; BVerfGE 8, 197, 207 f.
1438 BVerfGE 61, 82, 111; 101, 106, 123; Zwischenbericht des Bundeskartellamtes zum Expertenkreis Kartellsanktionenrecht, NZKart 2015, 2, 6.
1439 BVerfGE 101, 106, 123; 15, 275, 282; 84, 34, 49; Zwischenbericht des Bundeskartellamtes zum Expertenkreis Kartellsanktionenrecht, NZKart 2015, 2, 7.
1440 BVerfGE 101, 106, 123; Zwischenbericht des Bundeskartellamtes zum Expertenkreis Kartellsanktionenrecht, NZKart 2015, 2, 6.

überprüfen kann.[1441] Ihm kommt damit ein gewisser Gestaltungsspielraum zugute.[1442]

Die Debatte ähnelt daher stark der Diskussion um die Vereinbarkeit der Vorschrift des § 77a Abs. 1 OWiG n.F. mit dem Recht der Unschuldsvermutung. Schon hier wurde jedoch bereits deutlich, dass das Gericht trotz der Einführung der Verfahrensakte in die Hauptverhandlung sich seine für das Urteil relevante Tatsachengrundlage selbst bilden muss. Eine Bindung an die Ergebnisse des Vorverfahrens ist gerade ausgeschlossen, da der Akteninhalt nicht ohne weitere Beweiserhebungen dem Urteil zugrunde gelegt werden darf. Die Konformität der Norm mit der Unschuldsvermutung spricht daher erst Recht für eine Konformität mit Art. 19 Abs. 4 GG.

5. Systembruch im Ordnungswidrigkeitenrecht?

Ungeklärt ist weiterhin, ob und wie sich eine solche Ausgestaltung mit dem bisherigen Charakter des Ordnungswidrigkeitenverfahrens in Einklang bringen lässt.[1443] Bei einer Einführung der oben genannten Vorschriften könnte es zu Widersprüchen mit strafprozessualen Normen kommen, die sich gerade an der Geltung des formellen Unmittelbarkeitsgrundsatzes orientieren. Zwar ergibt sich dann für den Rechtsanwender „etwas anderes“ aus den Vorschriften des OWiG. Jedoch könnte Unklarheit drohen, welche einzelnen strafprozessualen Vorschriften nun Geltung beanspruchen.

Nach § 46 Abs. 1 OWiG i.V.m. § 264 StPO ist Gegenstand der Urteilsfindung de lege lata die im Bußgeldbescheid bezeichnete Tat, wie sie sich nach dem *Ergebnis der Verhandlung* darstellt.[1444] Das Ergebnis der Verhandlung wird aber maßgeblich durch das Ergebnis der Beweisaufnahme geprägt. Dieses wird nach § 261 StPO vom Gericht nach seiner freien, aus dem Inbegriff der Verhandlung geschöpften Überzeugung definiert.[1445] Auch unter den geltenden Maßgaben ließen sich die oben genannten Änderungen folgendermaßen fruchtbar machen: Lediglich der Bezugspunkt nach § 46 Abs. 1 OWiG i.V.m. § 264 StPO ändert sich dergestalt, dass sich das dort normierte Ergebnis der Verhandlung speziell im Ordnungswidrigkeit nun nach § 77a OWiG n.F. richtet. Für alle Umstände außerhalb der Verfahrensakte verbliebe es damit weiter bei der Geltung des § 261 StPO und des formellen Unmittelbarkeitsgrundsatzes.

1441 BVerfGE 101, 106, 123; Zwischenbericht des Bundeskartellamtes zum Expertenkreis Kartellsanktionenrecht, NZKart 2015, 2, 6.

1442 *Wohlers*, FS Eisenberg, S. 807, 808 m.w.N.; Zwischenbericht des Bundeskartellamtes zum Expertenkreis Kartellsanktionenrecht, NZKart 2015, 2, 6.

1443 Siehe *Gerson*, S. 858 f., der anbringt, dass jede Reform an einer bestehenden Verfahrensordnung äußerst sorgfältig geschehen muss, um das fragile Gesamtgefüge eines Verfahrensmodells nicht nachteilig zu beeinflussen.

1444 Göhler/*Seitz/Bauer*, § 71, Rn. 40a; vgl. dazu auch Meyer-Goßner/Schmitt/*Schmitt*, § 264, Rn. 1 f.

1445 Zwischenbericht des Bundeskartellamtes zum Expertenkreis Kartellsanktionenrecht, NZKart 2015, 2, 8; *C. Dannecker*, NZKart 2015, 30, 31.

V. Ergebnis: Einschränkung des Grundsatzes der formellen Unmittelbarkeit im Ordnungswidrigkeitenverfahren

Damit bleibt festzuhalten, dass im System des Ordnungswidrigkeitenverfahrens keine Gründe bestehen, die einer Einschränkung des formellen Unmittelbarkeitsgrundsatzes entgegenstehen. Hierdurch ist der Grundstein gelegt, die bisher sperrige Hauptverhandlung im Ordnungswidrigkeitenrecht gerade für komplexe Wirtschaftsprozesse zu beschleunigen, ohne dabei zentrale rechtsstaatliche Garantien preiszugeben.

B. Reform des materiellen Unmittelbarkeitsgrundsatzes

I. Schwerfälligkeit der Beweisaufnahme bei Wirtschaftsordnungswidrigkeiten

Auf die Frage, in welcher Reihenfolge und auf welche Beweisquellen in der Hauptverhandlung zurückzugreifen ist, gibt der materielle Unmittelbarkeitsgrundsatz Auskunft.[1446] Trotz der Reformen, die den formellen Unmittelbarkeitsgrundsatz betreffen, richtet sich die eigentliche Beweisaufnahme nach den §§ 250 ff. StPO und der Abwandlung durch § 77a OWiG.[1447] Dies gilt speziell dann, wenn es beispielsweise um Umstände zentraler Bedeutung aus der Akte geht, die in der Hauptverhandlung erneut geklärt werden müssen.[1448] So gilt im Strafprozess vor allem § 250 S. 1 StPO, nach dem eine Person selbst in der Hauptverhandlung zu vernehmen ist, wenn der Beweis einer Tatsache auf der Wahrnehmung eben dieser Person beruht. Die Vernehmung darf nach § 250 S. 2 StPO insbesondere nicht durch Verlesung des über eine frühere Vernehmung aufgenommenen Protokolls oder einer Erklärung ersetzt werden.[1449]

Gerade bei Wirtschaftsordnungswidrigkeitenverfahren beruhen die zu klärenden Voraussetzungen der Erfüllung des jeweiligen Tatbestandes aber oft nicht auf einer unmittelbaren Wirklichkeitswahrnehmung durch den Menschen.[1450] Daher wird angebracht, der Grundsatz der materiellen Unmittelbarkeit sei in solchen Konstellationen zur Erforschung der Wahrheit oftmals schon gar keine zweckdienliche Methode.[1451] Speziell für das Ordnungswidrigkeitenverfahren im Kartellrecht

1446 *Geppert,* S. 136; *Volk/Engländer,* StPO, § 27, Rn. 1; BeckOK-StPO/*Ganter,* § 250, Rn. 1 f.; *Cornelius,* NStZ 2008, 244, 245.

1447 Zwischenbericht des Bundeskartellamts zum Expertenkreis Kartellsanktionenrecht, NZKart 2015, 2, 9.

1448 Siehe Zwischenbericht des Bundeskartellamts zum Expertenkreis Kartellsanktionenrecht, NZKart 2015, 2, 9 f.

1449 Zwischenbericht des Bundeskartellamts zum Expertenkreis Kartellsanktionenrecht, NZKart 2015, 2, 9 f.

1450 *C. Dannecker,* NZKart 2015, 30, 32 f.

1451 *C. Dannecker,* NZKart 2015, 30, 33.

sei eine Reform angezeigt.[1452] Im Folgenden wird daher in konsequenter Fortführung der Ausführungen zum formellen Unmittelbarkeitsgrundsatz untersucht, inwieweit auch die Regeln zum materiellen Unmittelbarkeitsgrundsatz speziell im Ordnungswidrigkeitenverfahren Änderungen unterliegen können.[1453] Dabei ist insbesondere auf die schon bestehenden Möglichkeiten der erleichterten Beweisaufnahme im Ordnungswidrigkeitenverfahren einzugehen.

II. Materieller Unmittelbarkeitsgrundsatz im Recht der Ordnungswidrigkeiten

1. *Strafprozessuale Grundsätze*

Bevor auf die Besonderheiten des materiellen Unmittelbarkeitsgrundsatzes im Recht der Ordnungswidrigkeiten einzugehen ist, wird an dieser Stelle zunächst geklärt, welche Stellung der Grundsatz im Strafverfahren einnimmt, um die Grundlagen dieses Prinzips näher herauszuarbeiten. Nach *Geppert* bedeutet materielle Unmittelbarkeit in einer abstrakten Betrachtung die Forderung nach der Heranziehung des Beweismittels, „das die zu erweisende (Haupt- oder Indiz-)Tatsache aus erster Hand beleuchtet“ und seine Beweiskraft originär aus sich selbst schöpft“.[1454] Nur mittelbar seien Beweismittel, „die ihre Kraft aus anderen Beweisen herleiten, indem sie diese lediglich inhaltlich reproduzieren“.[1455] Damit erteilt der materielle Unmittelbarkeitsgrundsatz der Beweisführung durch abgeleitete Beweise eine Absage.[1456] Insgesamt schlussfolgert *Geppert,* ein Beweis sei unmittelbar, „wenn er der Hilfe eines Beweismediums nicht bedarf“.[1457]

Blickt man nun auf die Umsetzung eben dieses Prinzips in der heutigen Strafprozessordnung, so fällt auf, dass der Gesetzgeber in einzelnen Vorschriften Ausnahmen von dem Prinzip des materiellen Unmittelbarkeitsgrundsatzes vorgesehen hat.[1458] Genannt seien hier etwa die §§ 251, 253, 255a oder 256 StPO.[1459]

2. *Verfahrensrechtliche Besonderheiten im Ordnungswidrigkeitenrecht*

Im Ordnungswidrigkeitenverfahren unterliegt die Geltung des materiellen Unmittelbarkeitsgrundsatzes weiteren Einschränkungen. Hier ist insbesondere die

---

1452 *C. Dannecker,* NZKart 2015, 30, 33.

1453 Vgl. Zwischenbericht des Bundeskartellamts zum Expertenkreis Kartellsanktionenrecht, NZKart 2015, 2, 9 f.; *C. Dannecker,* NZKart 2015, 30, 32 f.

1454 *Geppert,* S. 166.

1455 *Geppert,* S. 166.

1456 *Geppert,* S. 166.

1457 *Geppert,* S. 180.

1458 *Geppert,* S. 186; MüKo-StPO/*Kudlich,* Band 1, Einl., Rn. 182.

1459 MüKo-StPO/*Kudlich,* Band 1, Einl., Rn. 182.

Vorschrift des § 77a OWiG zu nennen. So darf nach § 77a Abs. 1 OWiG die Vernehmung eines Zeugen, Sachverständigen oder Mitbetroffenen durch die Verlesung von Protokollen über eine frühere Vernehmung sowie von Urkunden, die eine von ihnen stammende Äußerung enthalten, *ersetzt* werden. Dieses Verfahren bedarf jedoch nach § 77a Abs. 4 OWiG der Zustimmung des Betroffenen, des Verteidigers und der Staatsanwaltschaft, soweit sie in der Hauptverhandlung anwesend sind. Das Gericht wird dennoch nicht von seiner Obliegenheit entbunden, unmittelbare Beweismittel heranzuziehen, insbesondere, wenn sich vorherige Beweise nicht als verlässlich erweisen.[1460]

Das Gericht hat über die vereinfachte Beweisaufnahme durch Beschluss in der Hauptverhandlung zu entscheiden, §§ 77a Abs. 4 S. 2 OWiG, 251 Abs. 4 S. 1 StPO.[1461] Der praktische Anwendungsbereich der Vorschrift in Ordnungswidrigkeitenverfahren einer Kartellsache ist äußerst gering, da die Zustimmung von den Verfahrensbeteiligten aufgrund prozesstaktischer Gründe nur selten erteilt wird.[1462] Die Praxistauglichkeit einer solchen von der Zustimmung aller Verfahrensbeteiligten abhängigen Regelung steht daher infrage: Eine Zustimmung wird nämlich bei abstrakter Betrachtung zumindest den Interessen einer Prozesspartei, also entweder dem Betroffenen oder der Staatsanwaltschaft zuwiderlaufen. Zudem besteht bei Kartellordnungswidrigkeiten im Vorverfahren nur selten die Möglichkeit, dass der Betroffene und sein Verteidiger den Zeugen konfrontativ befragen können.[1463]

III. Konkrete Reformen

1. Änderung des § 77a OWiG

§ 77a OWiG ist dahin gehend zu reformieren, dass das Zustimmungserfordernis nach Abs. 4 zu streichen ist. Demnach kann das Gericht de lege ferenda die Vernehmung eines Zeugen, Sachverständigen oder Mitbetroffenen durch Verlesung von Protokollen über eine frühere Vernehmung sowie von Urkunden ersetzen, ohne dass der Betroffene, sein Verteidiger oder die Staatsanwaltschaft zustimmen müssen. Aus Klarstellungsgründen sollte im aktuellen Abs. 1 noch erwähnt werden, dass der Amtsermittlungsgrundsatz nach § 244 Abs. 2 StPO unberührt bleibt und damit auch eine persönliche Vernehmung eines Zeugen angezeigt sein kann.

2. Zusammenspiel mit dem Amtsermittlungsgrundsatz

Durch den Amtsermittlungsgrundsatz wird der Tatrichter verpflichtet, den Sachverhalt erschöpfend zu ermitteln, selbst wenn die Prozessbeteiligten hiermit nicht

1460 Göhler/*Seitz/Bauer*, § 77a, Rn. 19; ERST/*Engelhart*, § 77a, Rn. 3.
1461 ERST/*Engelhart*, § 77a, Rn. 2.
1462 Große Strafrechtskommission des Deutschen Richterbundes, S. 53 f.
1463 Große Strafrechtskommission des Deutschen Richterbundes, S. 54.

einverstanden sind.[1464] Beweisanträge oder Beweisermittlungsanträge sind geeignet, den Amtsaufklärungsgrundsatz des Gerichts zu aktualisieren.[1465] Aus dem Amtsermittlungsgrundsatz folgt insbesondere auch, dass das Gericht zur erschöpfenden Aufklärung des Sachverhalts grundsätzlich auf das *sachnähere Beweismittel* zurückzugreifen hat.[1466] Dieser Rückgriff kann auch in einer unmittelbaren Vernehmung eines Zeugen liegen.[1467] Speziell in wirtschaftsrechtlich geprägten Sachverhalten kann ein solcher Grundsatz mit sich bringen, dass der Sachverständige über die Verlesung seines Gutachtens hinaus noch genaue Erklärungen abgeben und zu einer Stellungnahme bereit sein muss.[1468] Einer Abschaffung des Zustimmungsbedürfnisses des Betroffenen steht damit nicht entgegen, dass dadurch die Wahrheitsfindung oder die Aufklärung des Sachverhalts erschwert würde.

3. Starke Stellung des Richters im Ordnungswidrigkeitenverfahren?

Aus dieser Reform resultiert jedoch eine starke Stellung des Richters im ordnungswidrigkeitenrechtlichen Hauptverfahren, wenn dieser ohne Zustimmung der am Verfahren Beteiligten eine vernehmungsersetzende Verlesung anordnen kann. Der Grundsatz der Amtsermittlung würde zum bestimmenden Prinzip in der Hauptverhandlung des Ordnungswidrigkeitenverfahrens.[1469]

a. Bedenken an einer starken Stellung des Richters im Strafprozess

Die überwiegende Ausrichtung der Hauptverhandlung am Grundsatz der Amtsermittlung wäre im Strafprozess angesichts eines möglichen drohenden Freiheitsentzugs und des damit einhergehenden sozialethischen Unwerturteils nur schwer zu rechtfertigen.[1470] Hier wird man über weitere Ausgleichsmechanismen für den Beschuldigten nachdenken müssen. Im Recht der Ordnungswidrigkeiten ist eine solche Änderung einfacher zu vollziehen: Hier wird lediglich eine nachdrückliche Pflichtenmahnung verhängt, die sich von einem sozialethischen Unwerturteil

---

1464 MüKo-StPO/*Trüg/Habetha*, Band 2, § 244, Rn. 48.

1465 MüKo-StPO/*Trüg/Habetha*, Band 2, § 244, Rn. 49; Blum/Gassner/Seith/*Krumm*, § 77, Rn. 6 u. 9.

1466 MüKo-StPO/*Trüg/Habetha*, Band 2, § 244, Rn. 59.

1467 MüKo-StPO/*Trüg/Habetha*, Band 2, § 244, Rn. 59; für das Ordnungswidrigkeitenverfahren: Göhler/*Seitz/Bauer*, § 77a, Rn. 19.

1468 Große Strafrechtskommission des Deutschen Richterbundes, S. 54.

1469 Durch eine Stärkung des Amtsermittlungsgrundsatzes ohne Ausgleichsmechanismen droht u.U. eine Belastung der Revisionsgerichte, die vor diesem Hintergrund vermehrt mit Aufklärungsrügen konfrontiert würden, vgl. dazu *Hamm*, StV 2018, 525, 532. Angesichts der weitreichenden Mitwirkungsrechte des Betroffenen in § 77a OWiG n.F., der Möglichkeit zur Stellung von Beweisanträgen, sowie dem neuen Recht zur Absicherung des Konfrontationsrechts ist eine solche Befürchtung jedoch unbegründet.

1470 Siehe *Kühl*, FS Maiwald, S. 433, 441 f.; *Geiger*, S. 84 f.

und dessen gesellschaftlichen Folgewirkungen unterscheidet.[1471] Auch der EGMR erkennt an, dass die strafrechtlichen Fundamentalgarantien außerhalb eines strafrechtlichen Kernbereichs nicht vollumfänglich zur Anwendung gelangen.[1472]

b. Notwendigkeit eines Anhörungsrechts der Beteiligten

Die Beteiligten sollten aber im Zuge einer solchen Reform des materiellen Unmittelbarkeitsgrundsatzes nach § 77a Abs. 4 OWiG angehört werden, ob und inwieweit sie einer solchen Vorgehensweise Einwände entgegenzusetzen haben, etwa, weil es sich nach ihrer Ansicht um einen zentralen Belastungszeugen handelt, dessen Vernehmung dringend erforderlich erscheint. Dies kann gar den Amtsermittlungsgrundsatz aktualisieren[1473], der die stärkere Stellung des Richters damit teilweise relativiert.

Eine Einschränkung des Zustimmungsbedürfnisses korreliert vor diesem Hintergrund nicht zwingend mit der optimalen Wahrheitsfindung, sondern vielmehr mit den *Verteidigungsrechten* des Betroffenen und gehört damit zu den Grundpfeilern eines fairen Verfahrens i.S.d Art. 6 EMRK.[1474] Dies belegt auch ein Blick auf die Gesetzgebungsmaterialien: Das Zustimmungserfordernis des Betroffenen wurde geschaffen, um seine Verfahrensrechte nicht „unvertretbar einzuengen".[1475] Anlässlich der lediglich in Aussicht gestellten „geldlichen Einbuße" im Ordnungswidrigkeitenverfahren, könne dem Betroffenen „ein gewisses Dispositionsrecht" eingeräumt werden.[1476]

c. Weitergehender Ausgleich: Recht auf konfrontative Zeugenbefragung

aa. Regelung zur konfrontativen Befragung von Zeugen im Vorverfahren nicht ausreichend

Ein solch gewichtiger Einschnitt in die Verteidigungsrechte der Betroffenen braucht über das Anhörungsrecht hinaus einen Ausgleich, insbesondere, wenn man an das Recht der Betroffenen denkt, nach Art. 6 Abs. 3 lit. d) EMRK Fragen an Belastungszeugen stellen zu können.[1477] Für schwere Wirtschaftsordnungswidrigkeiten besteht nach den Reformen im Vorverfahren zwar die Möglichkeit, dass die Verwaltungsbehörde dem Betroffenen schon während der Ermittlungen die

---

1471 BVerfGE 27, 18, 33 = NJW 1969, 1619, 1622 = DÖV 1969, 715, 716; BVerfGE 45, 272, 289 = NJW 1977, 1629; KK-OWiG/*Mitsch*, § 17, Rn. 7.

1472 EGMR, Urt. v. 23.11.2006, Nr. 73053/01 (*Jussila/Finnland*), § 43.

1473 Blum/Gassner/Seith/*Krumm*, § 77, Rn. 6 u. 9; vgl. auch MüKo-StPO/*Trüg/Habetha*, Band 2, § 244, Rn. 49.

1474 Siehe dazu: *C. Dannecker*, NZKart 2015, 30, 37.

1475 BT-Drs. 10/2652, S. 24.

1476 BT-Drs. 10/2652, S. 26.

1477 *C. Dannecker*, NZKart 2015, 30, 38 ff.

Möglichkeit gewähren kann, Belastungszeugen zu befragen, § 54 OWiG n.F. In einem solchen Fall könnte gar auch unter Berücksichtigung des Amtsermittlungsgrundsatzes eine schlichte Verlesung der Ergebnisse aus dem Vorverfahren angezeigt sein. *Duttge* spricht vor diesem Hintergrund für den Strafprozess davon, dass dann keine Bedenken gegen einen Transfer der im Ermittlungsverfahren gewonnen Beweise in die Hauptverhandlung bestehen, wenn die Verteidigung schon im Ermittlungsverfahren in die Lage versetzt werde, ihre Kontrollfunktion während eines „kontradiktorisch ausgestalteten Ermittlungsverfahrens" effektiv auszuüben.[1478] Die Unmittelbarkeit werde gleichsam „in das Ermittlungsverfahren vorverlagert".[1479] Auf der anderen Seite ist diese Regelung für das Vorverfahren nur als Ermessensnorm ausgestaltet und kann daher im Einzelfall nicht zur Anwendung gelangen. Ferner fehlt eine solche Befragungsmöglichkeit schon für die überwiegenden Bagatellordnungswidrigkeiten.

bb. Weitere Relativierung der starken Stellung des Richters

Dem Betroffenen muss also in sämtlichen Fällen die Möglichkeit bleiben, zentrale Belastungszeugen unmittelbar vor dem erkennenden Gericht in der Hauptverhandlung befragen zu können.[1480] Dies trägt entscheidend dazu bei, seine Verteidigungsrechte und damit die Verfahrensfairness insgesamt zu wahren.[1481] Damit wäre es beispielsweise bei Verkehrsordnungswidrigkeiten ausgeschlossen, die mündliche Zeugenaussage eines Polizeibeamten als einzigen Belastungszeugen durch Verlesung eines Protokolls aus dem Vorverfahren zu ersetzen.[1482] Der Verteidigung wird es damit nach wie vor ermöglicht, Fragen an die Messperson zu richten, um konkrete Anhaltspunkte für mögliche Messfehler zu ermitteln, wenn der Polizeibeamte der zentrale Belastungszeuge ist.[1483] Damit bleibt festzustellen, dass die scheinbar starke Stellung des Richters schnell relativiert wird, denkt man an den Grundsatz der Amtsermittlung und ein für den Betroffenen zu schaffendes Recht auf Befragung von Belastungszeugen in der Hauptverhandlung des Ordnungswidrigkeitenrechts. Wie genau insbesondere der letzteren Vorgabe Rechnung zu tragen ist, bleibt im Folgenden zu untersuchen.

1478 *Duttge,* ZStW 115 (2003), 539, 566; vgl. dazu auch *Weigend,* ZStW 113 (2001), 271, 282 f.; *Radtke,* GA 2012, 187, 201.

1479 *Duttge,* ZStW 115 (2003), 539, 566.

1480 *C. Dannecker,* NZKart 2015, 30, 39 ff.

1481 *C. Dannecker,* NZKart 2015, 30, 37.

1482 Siehe *Fromm,* NJOZ 2015, 721, 724.

1483 *Fromm,* NJOZ 2015, 721, 724.

4. Gewährleistung des Konfrontationsrechts des Betroffenen, Art. 6 Abs. 3 lit. d) EMRK

Neben § 77a Abs. 1 OWiG n.F. sollte eine weitere Vorschrift im Hauptverfahren geschaffen werden, um das Recht des Betroffenen zur Konfrontation von Belastungszeugen zu gewährleisten. Zunächst ist dabei fraglich, welcher Inhalt und welche Reichweite der Vorschrift des Art. 6 Abs. 3 lit. d) EMRK überhaupt zukommen.

a. Rechtsprechung des EGMR

aa. Inhalt und Reichweite des Art. 6 Abs. 3 lit. d) EMRK

(1) Gewährleistungen für den Betroffenen

Nach Art. 6 Abs. 3 lit. d) EMRK hat jede angeklagte Person das Recht, *Fragen an Belastungszeugen zu stellen oder stellen zu lassen* und die Ladung und Vernehmung von Entlastungszeugen unter denselben Bedingungen zu erwirken, wie sie für Belastungszeugen gelten. Das hier normierte Fragerecht ist Ausfluss eines fairen Verfahrens nach Art. 6 Abs. 1 EMRK und dient vor allem dem Grundsatz der Waffengleichheit.[1484] Daher ist nicht verwunderlich, dass der EGMR in seinen Entscheidungen sowohl Art. 6 Abs. 1 EMRK, als auch Art. 6 Abs. 3 lit. d) EMRK nennt.[1485] Zeugenaussagen müssen im Rahmen einer öffentlichen und mündlichen Verhandlung in Anwesenheit des erkennenden Gerichts vom Betroffenen kontradiktorisch erörtert werden.[1486] Eine Pflicht, dass der Betroffene sein Recht schon im Ermittlungsverfahren ausüben kann, wie es der oben genannte Vorschlag für schwere Wirtschaftsordnungswidrigkeiten in § 54 OWiG n.F. nahelegt, existiert nicht.[1487]

(2) Einschränkungen des Fragerechts

Das Fragerecht ist nicht grenzenlos gewährleistet, sondern unterliegt auch Einschränkungen, die vorrangig aus öffentlichen Interessen folgen.[1488] Als Einschränkung ungenügend sind jedenfalls generell formulierte Hinweise, etwa, auf eine effektive Verbrechensbekämpfung.[1489] Vielmehr bedarf es beispielsweise eines

1484 *Peters/Altwicker,* § 21, Rn. 16; *Grabenwarter/Pabel,* § 24, Rn. 130; *C. Dannecker,* NZKart 2015, 30, 39.

1485 EGMR, Entscheidung v. 17.11.2005, Nr. 73047/01 (*Haas/Deutschland*); *Peters/Altwicker,* § 21, Rn. 16 m.w.N.

1486 *Grabenwarter/Pabel,* § 24, Rn. 131; Meyer-Ladewig/*Meyer-Ladewig/Harrendorf/König,* Art. 6, Rn. 241.

1487 Siehe: Meyer-Ladewig/*Mayer-Ladewig/Harrendorf/König,* Art. 6 EMRK, Rn. 239 m.w.N; siehe auch *C. Dannecker,* NZKart 2015, 30, 39.

1488 *Peters/Altwicker,* § 21, Rn. 16; Meyer-Ladewig/*Mayer-Ladewig/Harrendorf/König,* Art. 6 EMRK, Rn. 244.

1489 *Grabenwarter/Pabel,* § 24, Rn. 132.

Aussageverweigerungsrechts oder die Unzulässigkeit einer Zeugenvernehmung aus gesetzlichen Gründen.[1490] Ob man im Einzelfall von einem Konventionsverstoß sprechen kann, ist erneut aufgrund einer Gesamtbetrachtung des Verfahrens festzustellen.[1491] Kann ein Zeuge auf andere Weise vernommen oder dessen Glaubwürdigkeit überprüft werden, liegt keine Verletzung von Art. 6 EMRK vor.[1492] Im Grunde geht es damit um eine „Abwägungsentscheidung".[1493]

(3) Prüfungssystematik des EGMR

Die konkrete Prüfung des EGMR erfolgt dabei in abgestufter Art und Weise.[1494] Zuvorderst blickt der Gerichtshof auf das Kriterium, ob für die fehlende Möglichkeit zur Befragung eines Belastungszeugen in der Hauptverhandlung ein „triftiger Grund" vorliegt.[1495] Ist dies der Fall, so ist zu begutachten, ob die Entscheidung hauptsächlich oder größtenteils auf einer mittelbaren Zeugenaussage beruht.[1496] Dann untersucht der EGMR in einer umfassenden Betrachtung, ob im gesamten Verfahren Mechanismen existieren, die eine solchen Rechtszustand ausgleichen können.[1497] Dabei spielt auch der Umstand Rechnung, ob die fehlende Möglichkeit der Zeugenbefragung nicht zu vermeiden war oder durch das Gericht hätte irgendwie ermöglicht werden können.[1498] Üblicherweise liegt eine Verletzung aber schon dann nahe, wenn der Verurteilung eine Zeugenaussage zugrunde liegt und der betreffende Zeuge in keinem Verfahrensabschnitt vernommen werden konnte.[1499] Aus alledem kann für die abstrakte Ausgestaltung der Verfahrensordnung im Ordnungswidrigkeitenrecht gefolgert werden, dass sie möglichst zahlreiche Anknüpfungspunkte – auch schon im Vorverfahren – vorsehen sollte, in denen der Betroffene die Möglichkeit zur Befragung eines Zeugen erhält.

1490 *Grabenwarter/Pabel,* § 24, Rn. 132.

1491 Meyer-Ladewig/*Mayer-Ladewig/Harrendorf/König/,* Art. 6 EMRK, Rn. 238; *Grabenwarter/Pabel,* § 24, Rn. 133.

1492 So *Grabenwarter/Pabel,* § 24, Rn. 133.

1493 *Grabenwarter/Pabel,* § 24, Rn. 134.

1494 *Grabenwarter/Pabel,* § 24, Rn. 134.

1495 *Grabenwarter/Pabel,* § 24, Rn. 134.

1496 *Grabenwarter/Pabel,* § 24, Rn. 134.

1497 *Grabenwarter/Pabel,* § 24, Rn. 134.

1498 *Grabenwarter/Pabel,* § 24, Rn. 134.

1499 Meyer-Ladewig/*Mayer-Ladewig/Harrendorf/König,* Art. 6 EMRK, Rn. 241.

bb. Art. 6 EMRK vor dem Hintergrund der Einschränkung des Unmittelbarkeitsgrundsatzes

Der Rechtsprechung des EGMR kann man darüber hinaus noch weitere Einzelheiten entnehmen, speziell wenn es zur Einschränkung des Unmittelbarkeitsgrundsatzes kommt.

(1) Urteil *Menarini/Italien*

In seinem Urteil *Menarini/Italien* konkretisiert der EGMR die Bedingungen, unter denen eine kartellrechtliche Geldbuße von einer Verwaltungsbehörde verhängt werden kann. So führte er an, dass die behördlich erlassene Entscheidung über ein Bußgeld einer nachträglichen Kontrolle durch ein Gericht mit der Befugnis zu uneingeschränkter Nachprüfung unterliegen muss.[1500] Das Gericht muss die Entscheidung unter rechtlichen und tatsächlichen Gesichtspunkten abändern können.[1501] Auch die EMRK stellt für ein solches Vorhaben damit kein Hindernis dar, solange dem Gericht genügend Befugnisse zur Abänderung der Entscheidung zuerkannt werden.[1502]

(2) Entscheidung *P.K./Finnland*

Der EGMR stellte in einer Entscheidung von 2002 klar, dass die Möglichkeit des Betroffenen, Zeugen in der Hauptverhandlung befragen zu können, ein wichtiger Umstand für ein faires Verfahren nach Art. 6 EMRK sei:[1503]

„The Court considers that an important element of fair criminal proceedings is also the possibility of the accused to be confronted with the witness in the presence of the judge who ultimately decides the case. Such a principle of immediacy is an important guarantee in criminal proceedings in which the observations made by the court about the demeanour and credibility of a witness may have important consequences for the accused."[1504] Besondere Bedeutung kommt dabei dem Satzteil *„in the presence of the judge who ultimately decides the case"* zu. Im Ergebnis bedeutet eine solche Passage nichts anderes als die Geltung eines eingeschränkten Unmittelbarkeitsgrundsatzes für die Befragung des Betroffenen von Belastungszeugen.[1505]

1500 EGMR, Urt. v. 27.09.2011, Nr. 43509/08 (*Menarini/Italien*), § 59.

1501 EGMR, Urt. v. 27.09.2011, Nr. 43509/08 (*Menarini/Italien*), § 59; siehe dazu auch das Urteil des EuG, NZKart 2015, 439 f.

1502 *Dumitrescu*, ZStW 130 (2018), 106, 108 f.

1503 EGMR, Entscheidung v. 09.07.2002, Nr. 37442/97 (*P.K./Finnland*); *Bürger*, ZStW 128 (2016), 518, 541.

1504 EGMR, Entscheidung v. 09.07.2002, Nr. 37442/97 (*P.K./Finnland); Bürger*, ZStW 128 (2016), 518, 541.

1505 *Bürger*, ZStW 128 (2016), 518, 541; *Paeffgen* ist der Ansicht, dass aus dem Erfordernis der Beweiserhebung in Gegenwart des Beschuldigten in einer öffentlichen Verhandlung und im Rahmen eines kontradiktorischen Verfahrens keine

(3) Möglichkeiten der Einschränkung des Unmittelbarkeitsgrundsatzes

Damit lässt sich festhalten, dass die EMRK die Einschränkung des Unmittelbarkeitsgrundsatzes dergestalt beschränkt, dass eine Beweisaufnahme vor dem erkennenden Gericht jedenfalls im Hinblick auf Belastungszeugen stattzufinden hat und die Möglichkeit der Befragung derselben durch den Betroffenen garantiert wird.

(4) Wahrung der gesamten Fairness des Verfahrens

Schafft man eine Regelung, die dem Betroffenen die Befragung von Belastungszeugen in der Hauptverhandlung ermöglicht, ist auch insgesamt die Fairness des Verfahrens i.S.d. Art. 6 EMRK gewahrt: Schon im Vorverfahren soll dem Betroffenen in schweren Fällen nach den geltenden Reformen ein Mehr an Mitwirkungsrechten zugesichert werden. Die dort bisher vorherrschende überlegene Stellung der Ermittlungsbehörden wird – ohne dabei die Effizienz des Verfahrens zu gefährden – geringfügig aufgeweicht und die Rechte des Betroffenen für gewichtige Ordnungswidrigkeiten gestärkt. Durch die für die Verwaltungsbehörden nunmehr bestehende einmalige Chance der Übermittlung des Falles an das Gericht – man denke an die Reformen im Zwischenverfahren – sind auch diese schon von Beginn an bemüht, den Sachverhalt umfassend zu ermitteln und dem Betroffenen ausreichend Gelegenheiten zur Äußerung zu geben. Der scheinbar übermächtigen Stellung des Richters sind schon durch § 244 Abs. 2 StPO Grenzen gesetzt. Selbst wenn man für das Strafverfahren an einer solchen Ausgestaltung zweifelt, bewegen sich die hier vorgestellten Reformbestrebungen im Ordnungswidrigkeitenrecht, in dem nach der Rspr. des EGMR in der Rechtssache *Jussila/Finnland* die strafrechtlichen Fundamentalgarantien nur eingeschränkt angewendet werden.[1506] Eine Gesamtbetrachtung der hier angestellten Reformen wäre daher weit entfernt davon, einen Verstoß gegen Art. 6 EMRK zu begründen.

b. Rechtsprechung des Bundesverfassungsgerichts

Die Reform muss auch in Übereinstimmung mit dem Beschluss des Bundesverfassungsgerichts vom 26.02.2018 stehen.[1507] Die hier genannten Vorgaben sind jedoch nahezu identisch mit denen des EGMR: Es soll selbst dann noch keine Verletzung von Art. 6 EMRK vorliegen, wenn der Beschuldigte einen Belastungszeuge nicht im gerichtlichen Verfahren konfrontieren kann.[1508] Vielmehr hänge der Verstoß

Gleichsetzung mit dem Grundsatz der Unmittelbarkeit folgt, da der EGMR die Erhebung von belastenden Beweisen in den verschiedenen Stadien des Strafverfahrens für grundsätzlich gleichwertig halte, siehe SK-StPO/*Paeffgen*, Band X, Art. 6 EMRK, Rn. 166 (4. Aufl. 2014).

1506 EGMR, Urt. v. 23.11.2006, Nr. 73053/01 (*Jussila/Finnland*), § 43.

1507 BVerfG, Beschluss v. 26.02.2018, 2 BvR 107/18.

1508 BVerfG, Beschluss v. 26.02.2018, 2 BvR 107/18, Rn. 30 – juris.

von einer umfassenden Betrachtung des Strafverfahrens ab.[1509] In diese Betrachtung einfließen müssen auch, aus welchem Grund ein Zeuge nicht gehört wurde und ob dem Betroffenen nicht schon im Ermittlungsverfahren die Möglichkeit zur Konfrontation eröffnet wurde.[1510]

c. *Neufassung des § 77b OWiG in Anlehnung an §§ 250, 253 StPO AE-Beweisaufnahme?*

aa. Ausgangslage: Gewährleistung des Konfrontationsrechts des Betroffenen

Eine Reform, die den Unmittelbarkeitsgrundsatz für Verfahren einschränkt, die unter den Begriff der strafrechtlichen Anklage des Art. 6 EMRK fallen, muss angesichts der Rechtsprechung des EGMR und des Einschnitts an Mitwirkungsrechten für den Betroffenen damit jedenfalls von einer Regelung begleitet werden, die dem Konfrontationsrecht des Betroffenen Rechnung trägt.[1511] Eine solche Regelung hat vor allem zu behandeln, wie man bei einer fehlenden Möglichkeit zur Vernehmung von Belastungszeugen im Hauptverfahren verfährt bzw. ob ein Ausgleich durch eine Vernehmung im Ermittlungsverfahren möglich ist. Speziell für die nach dieser Arbeit entstehende Lücke der fehlenden Möglichkeit zur Befragung von Belastungszeugen durch Betroffene im Ermittlungsverfahren für die überwiegenden einfachen Ordnungswidrigkeiten verdient diese Frage eine vertiefende Betrachtung.

bb. Vorgaben der §§ 250, 253 AE-Beweisaufnahme

(1) **Ersetzung der Zeugen- oder Sachverständigenvernehmung nach § 250 Abs. 1 S. 1 StPO AE-Beweisaufnahme**

Angesichts der für den Strafprozess geführten Diskussion um eine Einschränkung des formellen und materiellen Unmittelbarkeitsgrundsatzes, existieren bereits Vorschläge für eine solche Ausgestaltung, allen voran die §§ 250, 253 StPO des AE-Beweisaufnahme.[1512] Nach § 250 Abs. 1 S. 1 StPO AE-Beweisaufnahme kann die Vernehmung eines Zeugen oder Sachverständigen durch die Einführung früherer Aussagen oder sonstiger schriftlicher oder mündlicher Erklärungen der betreffenden Person ersetzt werden, soweit es zur Wahrheitserforschung nicht erforderlich

---

1509 BVerfG, Beschluss v. 26.02.2018, 2 BvR 107/18, Rn. 30 – juris.
1510 BVerfG, Beschluss v. 26.02.2018, 2 BvR 107/18, Rn. 30 – juris.
1511 *C. Dannecker,* NZKart 2015, 30, 41 f.
1512 *Eser (u.w.),* AE-Beweisaufnahme, GA 2014, 1, 34.; siehe im Kontext des Kartellordnungswidrigkeitenverfahrens: *C. Dannecker,* NZKart 2015, 30, 31.

oder nicht möglich ist, den Zeugen oder Sachverständigen in der Hauptverhandlung zu vernehmen.[1513]

(1) Antragsrecht nach § 250 Abs. 1 S. 2 StPO AE-Beweisaufnahme

Das Antragsrecht nach § 250 Abs. 1 S. 2 StPO des AE-Beweisaufnahme sieht vor, dass die Staatsanwaltschaft, der Angeklagte und der Verteidiger sowohl zur Bestätigung, als auch zur Widerlegung einer in der früheren Aussage oder Erklärung bekundeten Tatsache die Vernehmung des Zeugen oder Sachverständigen beantragen können.[1514] Hat der Angeklagte nach den Vorgaben des Abs. 2 S. 1 keinen Verteidiger, so belehrt ihn der Vorsitzende über sein Recht, zur Bestätigung oder Widerlegung einer in einer früheren Aussage oder Erklärung bekundeten Tatsache die Vernehmung des Zeugen oder Sachverständigen zu beantragen. Soweit dies erforderlich ist, erläutert er nach Abs. 2 S. 2 die Bedeutung eines solchen Antrags für das Konfrontationsrecht des Angeklagten. Dies sichert die Mitwirkungsrechte und Waffengleichheit des Betroffenen und dient damit dem Ausgleich der durch Einschränkung des Unmittelbarkeitsgrundsatzes erlittenen Einbußen an verfahrensrechtlichen Standards.[1515] Für dieses Beweisantragsrecht sollen nach § 250 Abs. 1 S. 3 StPO AE-Beweisaufnahme die §§ 244 Abs. 4 und 5, 384 Abs. 3 und 420 Abs. 4 StPO nicht anwendbar sein.[1516]

(2) Folgen fehlender Konfrontationsmöglichkeiten: § 253 Abs. 1 StPO AE-Beweisaufnahme

Nach § 253 Abs. 1 StPO AE-Beweisaufnahme dürfen frühere Aussagen oder sonstige schriftliche oder mündliche Erklärungen des Zeugen zum Zweck der Beweiserhebung oder des Vorhalts nur mit Zustimmung des Angeklagten in die Hauptverhandlung eingeführt werden, sofern weder der Angeklagte noch sein Verteidiger im bisherigen Verfahren Gelegenheit hatte, einen Zeugen zu befragen und eine solche Befragung auch durch einen Beweisantrag nach § 250 Abs. 1 S. 2 StPO AE-Beweisaufnahme nicht herbeigeführt werden kann.[1517] Damit deutet der AE-Beweisaufnahme an, dass eine Befragung im Ermittlungsverfahren durch den Betroffenen ausreichen kann, eine solche Aussage des Zeugen in die Hauptverhandlung zu transferieren. Absatz 3 hingegen präzisiert den Fall, dass im gesamten Verfahren gar keine Möglichkeit zur Befragung des Belastungszeugen bestanden hat, entweder, weil diese Möglichkeit rechtlich oder tatsächlich nicht gewährt werden konnte, oder weil zu erwarten war, dass der Zeuge in der Hauptverhandlung für eine Befragung zur Verfügung steht. In diesem Fall nun sollen die Angaben

1513 *Eser (u.w.)*, AE-Beweisaufnahme, GA 2014, 1,49 f.
1514 *Eser (u.w.)*, AE-Beweisaufnahme, GA 2014, 1,49 f.
1515 *Weigend*, FS Eisenberg, S. 657,661.
1516 *Eser (u.w.)*, AE-Beweisaufnahme, GA 2014, 1,50.
1517 *Eser (u.w.)*, AE-Beweisaufnahme, GA 2014, 1,61.

des Zeugen nicht als alleinige oder maßgebliche Grundlage eines Urteils verwertet werden.[1518]

cc. Anwendbarkeit im Recht der Ordnungswidrigkeiten

(1) Inhaltsähnliche Regelung des § 250 Abs. 1 S. 1 StPO AE-Beweisaufnahme und § 77a Abs. 4 S. 1 OWiG n.F.

Fraglich ist, ob die hier für den Strafprozess angebrachten Änderungen überhaupt auf das Ordnungswidrigkeitenrecht übertragen werden können. Dies erscheint deshalb zweifelhaft, da das Ordnungswidrigkeitenverfahren vornehmlich auf Effizienz ausgelegt ist und die dort verhängte Rechtsfolge keinem strafrechtlichen Unwerturteil gleichkommt.[1519] Vor diesem Hintergrund kann man zunächst von einer Umsetzung der Vorschrift des § 250 Abs. 1 S. 1 StPO AE-Beweisaufnahme absehen, wonach die Vernehmung eines Zeugen durch die Einführung früherer Aussagen oder Erklärungen ersetzt werden kann, soweit es nicht möglich ist, Zeugen und Sachverständige in der Hauptverhandlung zu vernehmen oder zur Wahrheitserforschung nicht erforderlich ist. Durch den Wegfall des Zustimmungserfordernisses in § 77a Abs. 4 S. 1 OWiG nach den oben dargestellten Reformbestrebungen lassen sich für das Ordnungswidrigkeitenverfahren nämlich bereits gleiche Wirkungen erzielen. Dem dort im Vergleich zur Vorschrift des AE-Beweisaufnahme fehlenden Hinweis auf die Erforderlichkeit zur Wahrheitserforschung wird durch den Verweis auf die Geltung des Amtsermittlungsgrundsatzes Rechnung getragen.

(2) Antragsrecht des Betroffenen nach Vorbild des § 250 Abs. 1 S. 2 StPO AE-Beweisaufnahme?

Infrage steht jedoch, ob man dem Betroffenen ein nach § 250 Abs. 1 S. 2 StPO AE-Beweisaufnahme ausgestaltetes Antragsrecht zugesteht, wonach die Verfahrensbeteiligten sowohl zur Bestätigung, als auch zur Widerlegung einer in der früheren Aussage oder Erklärung bekundeten Tatsache die Vernehmung des Zeugen oder Sachverständigen beantragen können. Damit korrespondiert gleichzeitig die Vorschrift des § 253 Abs. 1 StPO AE-Beweisaufnahme, wonach frühere Aussagen oder sonstige schriftliche oder mündliche Erklärungen des Zeugen zum Zweck der Beweiserhebung oder des Vorhalts nur mit Zustimmung des Angeklagten in die Hauptverhandlung eingeführt werden, sofern weder der Angeklagte noch sein Verteidiger im bisherigen Verfahren Gelegenheit hatte, einen Zeugen zu befragen und eine solche Befragung auch durch einen Beweisantrag nach § 250 Abs. 1 S. 2 StPO AE-Beweisaufnahme nicht herbeigeführt werden kann.

1518 *Eser (u.w.)*, AE-Beweisaufnahme, GA 2014, 1, 61.

1519 BVerfGE 27, 18, 33 = NJW 1969, 1619, 1622 = DÖV 1969, 715, 716; BVerfGE 45, 272, 289 = NJW 1977, 1629; KK-OWiG/*Mitsch*, § 17, Rn. 7.

Das Recht des Betroffenen zur Beantragung der Vernehmung des Zeugen oder Sachverständigen zur Widerlegung oder Bestätigung einer früheren Aussage oder Erklärung einer bekundeten Tatsache könnte besonders bei einfachen Ordnungswidrigkeiten relevant sein, in denen der Betroffene im Vorverfahren nach dem hier vorgestellten Entwurf keine Möglichkeit erhält, einen Belastungszeugen befragen zu können. Ein spezielles Antragsrecht nach § 250 Abs. 1 S. 2 StPO AE-Beweisaufnahme läuft jedoch Gefahr, die Hauptverhandlung der überwiegenden Bagatellordnungswidrigkeiten in die Länge ziehen und dem Betroffenen und seinem Verteidiger ein Instrument zur Hand geben, das schon de lege lata im Ordnungswidrigkeitenverfahren nicht vorgesehen ist. Es genügt, dass der Betroffene durch einen Beweisantrag Einfluss auf die Beweisaufnahme des Gerichts nehmen kann. Von einem eigenen, speziellen Antragsrecht des Betroffenen sollte man daher für das Ordnungswidrigkeitenverfahren absehen. Die Umsetzung der Vorschrift des § 253 StPO AE-Beweisaufnahme dagegen erscheint für das Ordnungswidrigkeitenverfahren unbedenklich und ist hinsichtlich der Gewährleistung des Konfrontationsrechts des Betroffenen auch notwendig. Eine neue Vorschrift im Ordnungswidrigkeitenverfahren könnte man daher in Abwandlung des § 253 StPO AE-Beweisaufnahme so gestalten, dass eine Verlesung einer Aussage eines Belastungszeugen nur mit Zustimmung des Angeklagten in die Hauptverhandlung eingeführt werden kann, wenn der Richter im bisherigen Verlauf der Hauptverhandlung keine Möglichkeit zur unmittelbaren Befragung des Belastungszeugen geschaffen hat. So würde das Zustimmungsbedürfnis des geltenden § 77a Abs. 4 S. 1 OWiG gleichsam auf eine solche Vorschrift für die Befragung von Belastungszeugen verlagert und zwingt den Richter in Verbindung mit dem Amtsermittlungsgrundsatz, der Äußerungsmöglichkeit der Beteiligten und dem Recht aus Art. 6 Abs. 3 lit. d) EMRK bei Belastungszeugen zu einer Befragungsmöglichkeit durch den Betroffenen.

dd. Reichweite des Zustimmungserfordernisses

Damit bleibt aber vor allem die Frage offen, wie weit im Einzelnen das neue Zustimmungsbedürfnis reicht, d.h. welche konkreten Änderungen sich bei einer Verlagerung des Zustimmungserfordernisses von § 77a Abs. 4 OWiG auf § 77b Abs. 1 OWiG n.F. ergeben. Dies hängt maßgeblich von der Definition von Belastungszeugen i.S.d. Art. 6 Abs. 3 lit. d) EMRK ab.

(1) Begriff des Belastungszeugen

Als Belastungszeugen kann man alle Personen verstehen, die den Betroffenen belasten und dadurch die Entscheidungsfindung des Gerichts im Sinne der Anklage beeinflussen.[1520] Der Begriff des Zeugen wird dabei autonom

1520 LR-EMRK/*Esser*, Art. 6, Rn. 764; *Grabenwarter/Pabel*, § 24, Rn. 131.

verstanden.[1521] Erfasst ist jede natürliche Person, deren Aussage geeignet ist, Beweis für eine gerichtliche Entscheidung zu erbringen.[1522] Erfasst sind damit nicht nur Mitbeschuldigte, sondern auch Sachverständige oder gar Nebenbeteiligte.[1523] Es handelt sich also um Zeugen im verfahrensrechtlichen Sinne.[1524] *Esser* zieht daraus die Schlussfolgerung, dass das Konfrontationsrecht sich sowohl auf alle vom Gericht formal als Zeuge eingestuften Personen bezieht und auch auf nicht in der Hauptverhandlung vernommene Personen anwendbar ist, deren Aussagen zum Nachteil des Angeklagten herangezogen werden.[1525] Insgesamt handelt es sich damit um ein sehr weites Begriffsverständnis.

(2) Vergleich mit der geltenden Fassung des § 77a Abs. 1 OWiG

Zum Vergleich spricht die derzeitige Fassung des § 77a Abs. 1 OWiG davon, dass die Vernehmung eines *Zeugen, Sachverständigen oder Mitbetroffenen* durch Verlesung von Protokollen über eine frühere Vernehmung ersetzt werden kann, sofern das Zustimmungserfordernis der Beteiligten nach § 77a Abs. 4 OWiG vorliegt. Auf den ersten Blick scheint die Reform um die Streichung des Zustimmungsbedürfnisses in § 77a Abs. 4 OWiG und Verlagerung auf § 77b Abs. 1 OWiG n.F. daher keine tatsächlichen Änderungen hervorzurufen, da die Begrifflichkeiten nahezu übereinstimmen.

Für alle Umstände, die keine belastenden, sondern sonstige verfahrensrelevante Tatsachen behandeln, entfällt de lege ferenda jedoch das Zustimmungserfordernis aller Verfahrensbeteiligten. Das bedeutet gar eine Stärkung der Rechte des Betroffenen, da der Staatsanwaltschaft beispielsweise bei einer schriftlichen Verlesung einer den Betroffenen entlastenden Zeugenaussage de lege ferenda lediglich ein Anhörungsrecht zukommt, das allenfalls den Amtsermittlungsgrundsatz des Gerichts aktualisieren kann.[1526]

Freilich kann man argumentieren, eine solche Änderung hätte man ohne weiteres auch an der geltenden Vorschrift des § 77a Abs. 4 OWiG vornehmen können. Dadurch kommt aber zum einen nicht die Bedeutung des Konfrontationsrechts des Betroffenen in einem neuen, vom Amtsermittlungsgrundsatz geprägten System zum Ausdruck. Zum anderen ermöglicht eine solche Reform eine Orientierung des Ordnungswidrigkeitenverfahrens anhand der gesetzlichen Vorgaben der EMRK und ihrer Interpretation durch den EGMR.

1521 LR-EMRK/*Esser*, Art. 6, Rn. 765.

1522 Näher: LR-EMRK/*Esser*, Art. 6, Rn. 765.

1523 LR-EMRK/*Esser*, Art. 6, Rn. 771.

1524 LR-EMRK/*Esser*, Art. 6, Rn. 766.

1525 Im letzteren Fall handelt es sich damit beispielsweise um Personen, die als Zeuge im Vorverfahren, nicht aber in der Hauptverhandlung vernommen wurden, dazu LR-EMRK/*Esser*, Art. 6, Rn. 768.

1526 Blum/Gassner/Seith/*Krumm*, § 77, Rn. 6 u. 9; vgl. auch MüKo-StPO/*Trüg/Habetha*, Band 2, § 244, Rn. 49.

ee. Konkrete Fassung eines neuen § 77b OWiG

Die Vorschrift könnte sich in Anlehnung an den AE-Beweisaufnahme[1527] damit wie folgt gestalten:

§ 77b OWiG – Rechte des Betroffenen

(1) [1]Hatte im bisherigen Verfahren weder der Betroffene noch sein Verteidiger Gelegenheit, einen Belastungszeugen zu befragen, so dürfen frühere Aussagen oder sonstige schriftliche oder mündliche Erklärungen des Zeugen zum Zweck der Beweiserhebung oder des Vorhalts dem Urteil nur mit Zustimmung des Betroffenen zugrunde gelegt werden. [2]§ 77 Abs. 1 OWiG bleibt unberührt.

(2) Der Zustimmung bedarf es nicht, wenn der Betroffene oder eine nicht gegen seinen Willen handelnde Person den Zeugen für den Fall einer belastenden Aussage bedroht.

(3) Der Zustimmung bedarf es auch nicht, wenn im bisherigen Verfahren Gelegenheit zur Befragung des Zeugen nicht gegeben werden konnte oder dazu kein Anlass bestand, weil zu erwarten war, dass der Zeuge in der Hauptverhandlung für eine Befragung zur Verfügung steht. Jedoch dürfen die Angaben des Zeugen in diesen Fällen nicht als alleinige oder maßgebliche Grundlage eines Urteils verwertet werden.

(4) Die Absätze 1 und 2 gelten für Sachverständige und Mitbetroffene entsprechend.

§ 77b Abs. 1 S. 1 OWiG stellt darauf ab, dass der Betroffene und sein Verteidiger im bisherigen Verlauf keine Gelegenheit hatten, einen Belastungszeugen befragen zu können. Eine erneute Konfrontationsmöglichkeit kann damit für Fälle, in denen die Verwaltungsbehörde dem Betroffenen schon im Vorverfahren eine solche Befragungsmöglichkeit eingeräumt hat, im Einzelfall entbehrlich sein.

Systematisch bewegen sich die hier vorgeschlagenen Neuordnungen im Zweiten Teil des Ordnungswidrigkeitengesetzes („Bußgeldverfahren") im fünften Abschnitt („Einspruch und gerichtliches Verfahren") im zweiten Teil („Hauptverfahren") nach der Vorschrift des § 77 OWiG, der den Umfang der Beweisaufnahme regelt. Die Neuregelung des § 77a Abs. 1 OWiG verschiebt konsequenterweise die übrigen Absätze um eine Position nach hinten. Der geltende § 77b OWiG („Absehen von Urteilgründen") kann in einem neu zu schaffenden § 77c OWiG kodifiziert werden. Entscheidend ist die direkte Verbindung beider Normen des § 77a und b OWiG anlässlich des Ausgleichs einer Einschränkung des Unmittelbarkeitsgrundsatzes.

ff. Zwischenergebnis: Konfrontationsrecht des Betroffenen

Insgesamt bleibt damit festzustellen, dass eine weitere Einschränkung des materiellen Unmittelbarkeitsgrundsatzes im Ordnungswidrigkeitenrecht von einer Regelung begleitet werden muss, die der Einschränkung der Verteidigungsrechte des Betroffenen ausreichend Rechnung trägt.[1528] Dies ist mit § 77b OWiG der Fall,

---

1527 *Eser (u.w.)*, AE-Beweisaufnahme, GA 2014, 1.

1528 *C. Dannecker*, NZKart 2015, 30, 41 f.

wonach sich das Zustimmungserfordernis des Betroffenen de lege ferenda auf die Befragung von Belastungszeugen, Sachverständigen und Mitbetroffenen konkretisiert. Das geltende Zustimmungserfordernis nach § 77a Abs. 4 S. 1 OWiG wird also auch bei einer Änderung nicht gänzlich abgeschafft. Ein spezielles Beweisantragsrecht für die Hauptverhandlung im Ordnungswidrigkeitenrecht ist darüber hinaus nicht zu empfehlen.

IV. Bedeutungsverlust der Hauptverhandlung?

Gegen ein solches Vorhaben könnte man vorbringen, dass speziell für Fälle, in denen der Zeuge bereits im Ermittlungsverfahren durch den Betroffenen befragt wurde, ein „Bedeutungsverlust der Hauptverhandlung" des Ordnungswidrigkeitenverfahrens droht.[1529] Wenn insoweit den Ergebnissen des Ermittlungsverfahrens mehr Bedeutung geschenkt wird, könnte sich die Funktion der Hauptverhandlung nur noch in einer Reproduktion der schon gewonnenen Ergebnisse erschöpfen.[1530] Parallel zu der für das Strafverfahren drohenden These „jede Person gilt als unschuldig (...) bis zum (erfolgreichen) Ende der polizeilichen Ermittlungen"[1531], könnte man für das Ordnungswidrigkeitenverfahren die These aufstellen: Jede Person gilt als unschuldig bis zum erfolgreichen Abschluss der Ermittlungen der Verwaltungsbehörde. Aufgrund des zunehmenden Einflusses von Experten könnte sich die Hauptverhandlung ferner zu einem „Expertenforum wandeln, in dem eher angehört denn verhandelt wird".[1532]

Diesen Bedenken muss man auf der einen Seite zugestehen, dass bei einer derartigen Ausgestaltung des Verfahrens die Bedeutung der Hauptverhandlung im Ordnungswidrigkeitenverfahren mehr in den Hintergrund tritt als bisher. Die Ermöglichung des rechtlichen Rahmens für einen teilweisen Beweistransfer wertet das Ermittlungsverfahren auf und die ordnungswidrigkeitenrechtliche Hauptverhandlung ab. Auf der anderen Seite bedeutet dies nicht zwingend auch eine Abwertung der Rechte des Betroffenen: Die teilweise Stärkung der Verfahrensposition des Betroffenen im Ermittlungsverfahren, der Fokus auf sein Frage- und Konfrontationsrecht für Belastungszeugen, sowie die zahlreichen Äußerungsmöglichkeiten tragen dessen Rechten ausreichend Rechnung. Das

---

1529 Siehe *Pollähne,* StV 2015, 784 f. für das Strafverfahren; *Jahn,* GA 2014, 588, 589.

1530 *Pollähne,* StV 2015, 784, 785; *Hamm,* StV 1994, 456, 457; *Schlothauer/Weider,* StV 2004, 504; *Brodzisz,* ZIS 2009, 109, 118 spricht gar davon, dass das Ermittlungsverfahren schon heutzutage oft als Kern des Strafverfahrens wahrgenommen wird; ebenso AE-EV, S. 27: „Im Strafverfahren fallen die Würfel nicht erst in der Hauptverhandlung, sondern bereits im Ermittlungsverfahren"; siehe auch: *Däubler-Gmelin,* StV 2001, 359, 361.

1531 *Pollähne,* StV 2015, 784, 785.

1532 So *Pollähne,* StV 2015, 784, 787.

Ordnungswidrigkeitenverfahren ist anders als das Strafverfahren in größerem Maße auf Effizienz und schnelle Erledigung ausgelegt.[1533]

V. Verfassungsrechtliche Problemstellungen

Auch bei der Einschränkung des materiellen Unmittelbarkeitsgrundsatzes müssen die hier vollzogenen Änderungen den Vorgaben des Grundgesetzes und strafprozessualen Fundamentalgarantien genügen. Hier kann man sich bereits eng an den bisher festgestellten Ergebnissen orientieren:

Ein Verstoß gegen Art. 103 Abs. 1 GG ist schon durch die zahlreichen Äußerungsmöglichkeiten der Beteiligten ausgeschlossen, die § 77a Abs. 1 OWiG n.F. nun vorsieht. Ferner besteht nach wie vor die Möglichkeit der Stellung eines Beweisantrags, über den das Gericht entscheiden muss. Das Zustimmungsbedürfnis der geltenden Fassung des § 77a Abs. 4 S. 1 OWiG wird durch eine Äußerungsmöglichkeit der Beteiligten ersetzt und für die Befragung von Belastungszeugen gar weiterhin aufrechterhalten. Ein Verstoß gegen Art. 103 Abs. 1 GG ist daher fernliegend. Gleiches gilt für den Grundsatz der Unschuldsvermutung, da die Änderungen zum materiellen Unmittelbarkeitsgrundsatz nichts an der Tatsache ändern, dass sich das Gericht stets ein eigenes Bild in einer neuen, wenn auch erleichterten, Beweisaufnahme von der Tatsachengrundlage machen muss. Erst Recht droht damit auch schon keine Verletzung des Art. 19 Abs. 4 GG.

Die Frage um die Einschränkung des materiellen Unmittelbarkeitsgrundsatzes betrifft – auch vor dem Hintergrund der Einschränkungen des formellen Unmittelbarkeitsgrundsatzes – damit hauptsächlich die Frage nach angemessenen Beteiligungsmöglichkeiten des Betroffenen und die Gewährleistung einer konfrontativen Zeugenbefragung. Durch die Änderungen in § 77b OWiG wird diesen Rechten aber ausreichend Rechnung getragen. Der vorgeschlagenen Änderung stehen damit auch keine sonstigen Hindernisse entgegen.

VI. Zusammenschau aller Änderungen zum formellen und materiellen Unmittelbarkeitsgrundsatz

1. *Übersicht zu den §§ 77a, 77b OWiG n.F.*

In einer Zusammenschau stellen sich die Neufassungen der §§ 77a, 77b OWiG wie folgt dar:

1533 *Klesczewski*, § 9, Rn. 675; Beck/Berr/Schäpe/*Heberlein*/*Bergmann*, OWi-Sachen Straßenverkehrsrecht, Rn. 2; *Mitsch*, Recht der Ordnungswidrigkeiten, § 14, Rn. 6; *Schmitz*, wistra 2016, 129, 130.

§ 77a OWiG – Vereinfachte Art der Beweisaufnahme

(1) [1]Nach Aufruf der Sache trägt der Vorsitzende oder der Berichterstatter den wesentlichen Inhalt der Akten vor und gibt den Beteiligten die wesentlichen Beweismittel bekannt. [2]Nach dem Vortrag erhalten die Beteiligten Gelegenheit, das Gericht auf weitere wesentliche Umstände oder Beweismittel aufmerksam zu machen. [3]Durch den Vortrag des Vorsitzenden oder des Berichterstatters wird der Inhalt der Akte dem weiteren Verfahren zugrunde gelegt, ohne dass die einzelnen Beweismittel erneut förmlich in die Hauptverhandlung eingeführt werden müssen; insoweit ist § 261 StPO nicht anzuwenden. [4]Das spätere Urteil darf sich nur auf Tatsachen und Beweisergebnisse stützen, zu denen sich die Beteiligten äußern konnten. [5]§ 77 Abs. 1 OWiG sowie § 77b OWiG n.F. bleiben unberührt.

(2) [1]Die Vernehmung eines Zeugen, Sachverständigen oder Mitbetroffenen kann durch Verlesung von Protokollen über eine frühere Vernehmung sowie von Urkunden, die eine von ihnen stammende Äußerung enthalten, ersetzt werden.

(3) Erklärungen von Behörden und sonstigen Stellen über ihre dienstlichen Wahrnehmungen, Untersuchungen und Erkenntnisse sowie über diejenigen ihrer Angehörigen dürfen auch dann verlesen werden, wenn die Voraussetzungen des § 256 der Strafprozeßordnung nicht vorliegen.

(4) [1]Das Gericht kann eine behördliche Erklärung (Absatz 3) auch fernmündlich einholen und deren wesentlichen Inhalt in der Hauptverhandlung bekanntgeben. [2]Der Inhalt der bekanntgegebenen Erklärung ist auf Antrag in das Protokoll aufzunehmen.

(5) Vor dem Verfahren nach Absatz 2 bis 4 sind der Betroffene, der Verteidiger und die Staatsanwaltschaft anzuhören, soweit sie in der Hauptverhandlung anwesend sind.

§ 77b OWiG – Rechte des Betroffenen

(1) [1]Hatte im bisherigen Verfahren weder der Betroffene noch sein Verteidiger Gelegenheit, einen Belastungszeugen zu befragen, so dürfen frühere Aussagen oder sonstige schriftliche oder mündliche Erklärungen des Zeugen zum Zweck der Beweiserhebung oder des Vorhalts dem Urteil nur mit Zustimmung des Betroffenen zugrunde gelegt werden. [2]§ 77 Abs. 1 OWiG bleibt unberührt.

(2) Der Zustimmung bedarf es nicht, wenn der Betroffene oder eine nicht gegen seinen Willen handelnde Person den Zeugen für den Fall einer belastenden Aussage bedroht.

(3) Der Zustimmung bedarf es auch nicht, wenn im bisherigen Verfahren Gelegenheit zur Befragung des Zeugen nicht gegeben werden konnte oder dazu kein Anlass bestand, weil zu erwarten war, dass der Zeuge in der Hauptverhandlung für eine Befragung zur Verfügung steht. Jedoch dürfen die Angaben des Zeugen in diesen Fällen nicht als alleinige oder maßgebliche Grundlage eines Urteils verwertet werden.

(4) Die Absätze 1 und 2 gelten für Sachverständige und Mitbetroffene entsprechend.

2. *Zusammenfassung der Ergebnisse*

Damit lässt sich festhalten, dass die Beweisaufnahme im Ordnungswidrigkeitenverfahren nach den hier vorgestellten Reformen zahlreichen Änderungen unterliegen sollte. Zunächst ist speziell für das Ergebnis der Ermittlungsakte vom formellen Unmittelbarkeitsgrundsatz Abstand zu nehmen. Dem trägt die Neufassung des § 77a Abs. 1 OWiG Rechnung, indem sie den Inhalt der Akte durch den Vortrag des Akteninhalts durch den Vorsitzenden oder den Berichterstatter nach dem Aufruf zur Sache dem Verfahren zugrunde legt, ohne dass der Inhalt förmlich in die Hauptverhandlung eingeführt werden muss.[1534] Freilich darf sich das Urteil in diesem Fall nur auf Tatsachen und Beweisergebnisse stützen, zu denen sich die Beteiligten auch äußern konnten.[1535]

Kommt es zur Geltung des materiellen Unmittelbarkeitsgrundsatzes im Ordnungswidrigkeitenverfahren, so sollte man das Zustimmungserfordernis in § 77a Abs. 4 OWiG unter Aufrechterhaltung eines Anhörungsrechts der Beteiligten streichen. Danach könnte das Gericht die Vernehmung eines Zeugen, Sachverständigen oder Mitbetroffenen durch Verlesung von Protokollen über eine frühere Vernehmung sowie von Urkunden ersetzen, ohne dass der Betroffene, sein Verteidiger oder die Staatsanwaltschaft zustimmen müssen. Um das Recht des Betroffenen aus Art. 6 Abs. 3 lit. d) EMRK zu wahren, sollte in Anlehnung an den § 253 AE-Beweisaufnahme eine weitere Änderung in einem neuen § 77b OWiG erfolgen: Falls für den Betroffenen oder seinen Verteidiger bisher keine Gelegenheit bestand, einen Zeugen befragen zu können, dürfen frühere Aussagen oder sonstige schriftliche oder mündliche Erklärungen des Zeugen nur mit Zustimmung des Betroffenen in die Hauptverhandlung eingeführt werden.

C. Reform des Mündlichkeitsgrundsatzes

I. Ausgangslage: Verfahrensvereinfachungen des § 78 OWiG

Für das Ordnungswidrigkeitenverfahren sieht § 78 OWiG weitere Verfahrensvereinfachungen vor.[1536] Nach dessen Abs. 1 S. 1 kann das Gericht statt der Verlesung einer *Urkunde* deren wesentlichen Inhalt bekannt geben, außer es kommt auf den Wortlaut der Urkunde an. Letzteres Kriterium ist einschlägig, wenn schon die Formulierung des jeweiligen Schriftstücks für die Wahrheitsfindung bedeutsam sein kann.[1537]

Haben nach § 78 Abs. 1 S. 2 OWiG der Betroffene, der Verteidiger und der Vertreter der Staatsanwaltschaft in der Hauptverhandlung von dem Wortlaut der

---

1534 Siehe: *C. Dannecker,* NZKart 2015, 30, 35.

1535 *C. Dannecker,* NZKart 2015, 30, 35.

1536 ERST/*Engelhart,* § 78, Rn. 2; BeckOK-OWiG/*Hettenbach,* § 78, vor Rn. 1; *Klesczewski,* § 12, Rn. 981.

1537 Göhler/*Seitz/Bauer,* § 78, Rn. 1c; siehe auch: Blum/Gassner/Seith/*Krumm,* § 78, Rn. 4.

Urkunde Kenntnis genommen oder dazu Gelegenheit gehabt, so genügt es, die Feststellung hierüber in das Protokoll aufzunehmen. Das Gericht muss in diesem Fall noch nicht einmal den wesentlichen Inhalt des Schriftstücks bekannt geben.[1538] Die so vorgenommene protokollarische Feststellung hat zur Folge, dass die Urkunde gleichsam einem verlesenen Schriftstück Eingang in die Hauptverhandlung findet.[1539] Soweit nach S. 3 die Verlesung von Urkunden von der Zustimmung der Verfahrensbeteiligten abhängig ist, gilt dies auch für das Verfahren nach den Sätzen 1 und 2. Hier ist bedeutsam, dass die Zustimmung nach § 77a Abs. 4 OWiG zur Verlesung eines Schriftstücks nicht automatisch auch die Zustimmung zu einer Bekanntgabe des Schriftstückes seinem wesentlichen Inhalt nach umfasst.[1540] In den Fällen der §§ 249, 251, 254 und 256 Abs. 1 StPO ist die Verlesung einer Urkunde nicht zustimmungsbedürftig.[1541]

Dies ähnelt der Regelung im Strafverfahren über das Selbstleseverfahren, § 249 Abs. 2 StPO.[1542] Im Unterschied zu § 78 OWiG ist ein Einverständnis der Verfahrensbeteiligten zum Selbstleseverfahren jedoch nicht erforderlich, § 249 Abs. 2 S. 2 StPO.[1543] § 78 Abs. 1 S. 2 OWiG ersetzt daher eigentlich die Regelung des § 249 Abs. 2 StPO; ein Selbstleseverfahren muss hier nicht mehr durchgeführt werden.[1544]

II. Reform des § 78 OWiG

Aufgrund der Reform des § 77a Abs. 4 OWiG und die damit verbundene Abschaffung des Zustimmungsbedürfnisses der Beteiligten bei der vernehmungsersetzenden Verlesung, entfällt auch das Zustimmungsbedürfnis bei einem Vorgehen nach § 78 Abs. 1 S. 1 u. 2 OWiG, vgl. § 78 Abs. 1 S. 3 OWiG. Ohne Zustimmungsbedürfnis läuft daher vor allem die Regelung des § 78 Abs. 1 S. 2 OWiG nahezu auf eine inhaltsähnliche Wiedergabe des Selbstleseverfahrens nach § 249 Abs. 2 StPO hinaus.[1545] Freilich verlagert sich das Zustimmungsbedürfnis jedoch auf die Vorgaben der Neufassung des § 77b Abs. 1 OWiG n.F.

Es erscheint jedoch darüber hinaus wenig überzeugend, warum man für das Ordnungswidrigkeitenverfahren durch das Zustimmungsbedürfnis der Beteiligten strengere Anforderungen an das Selbstleseverfahren stellt, als im Strafverfahren. § 78 Abs. 1 S. 3 OWiG ist daher zu streichen. Auch hier erscheint ein Anhörungsrecht des Betroffenen zweckmäßiger, um dem Gericht mögliche Bedenken gegen ein solches Vorhaben deutlich zu machen. Alternativ kann man zumindest einen

1538 Göhler/*Seitz/Bauer,* § 78, Rn. 1d; KK-OWiG/*Senge,* § 78, Rn. 2; ERST/*Engelhart,* § 79 OWiG, Rn. 2; BeckOK-OWiG/*Hettenbach,* § 78, Rn. 3.

1539 Göhler/*Seitz/Bauer,* § 78, Rn. 1d.

1540 NK-GVR/*Krumm,* § 78 OWiG, Rn. 2a; KK-OWiG/*Senge,* § 78, Rn. 5; siehe auch Blum/Gassner/Seith/*Krumm,* § 78, Rn. 5; *Krenberger/Krumm,* § 78, Rn. 1.

1541 KK-OWiG/*Senge,* § 78, Rn. 7.

1542 Hierzu ausführlich: *Kirchner,* StraFo 2015, 52, 53 f.

1543 Große Strafrechtskommission des Deutschen Richterbundes, S. 24 u. S. 100 f.

1544 KK-OWiG/*Senge,* § 78, Rn. 2.

1545 Siehe dazu: *Dumitrescu,* ZStW 130 (2018), 106, 116 f.

Gleichlauf mit § 249 Abs. 2 StPO anstreben und ein Widerspruchsrecht der Beteiligten einrichten, über dessen Erfolgsaussichten das Gericht zu entscheiden hat.

III. Verfassungsrechtliche Problemstellungen

Aus Art. 103 Abs. 1 GG sowie aus § 77 Abs. 1 OWiG, der Pflicht zur Amtsaufklärung folgt ungeachtet der Vorgaben des § 78 OWiG, dass eine Urkunde dann mit ihrem originalen Wortlaut verlesen werden muss, wenn dies im Einzelfall zur Wahrheitsfindung geboten erscheint.[1546] Naheliegend ist dies etwa, wenn aus dem genauen Wortlaut weitere Anhaltspunkte zum Beweis einer Tatsache folgen.[1547] Folglich steht es im Widerspruch zu dem Recht des Betroffenen auf ein faires Verfahren, Art. 6 Abs. 1 EMRK, wenn der Betroffene der Abkürzungsmöglichkeit nach § 78 Abs. 1 S. 2 OWiG ablehnt, weil er den Inhalt nicht mehr kennt und dennoch weiter verhandelt wird.[1548]

Auch die sich dadurch ergebende Einschränkung des Öffentlichkeitsgebots steht solchen Reformen nicht entgegen, da im Bußgeldverfahren oft schon ohne Öffentlichkeit verhandelt wird.[1549] Aufgrund der Tatsache, dass dem Betroffenen kein sozialethisches Unwerturteil droht, kann man eine Einschränkung im Ordnungswidrigkeitenverfahren hinnehmen.[1550] Vor allem aber brächte es der Öffentlichkeit keinen Mehrwert, wenn diese bei der Verlesung von komplexen Schriftstücken beiwohnen könnte.[1551] Auf eine durchgängige Öffentlichkeit der Beweisaufnahme kann daher verzichtet werden.[1552]

IV. Zwischenergebnis: Annäherung an das strafprozessuale Selbstleseverfahren

§ 78 Abs. 1 S. 3 OWiG ist zu streichen. Damit verfügt auch das Ordnungswidrigkeitenverfahren über die Möglichkeit zum Selbstleseverfahren ohne Zustimmungserfordernis der beteiligten Parteien. Dies entspricht weitgehend schon der heutigen Praxis im Strafprozess. Freilich muss sich der Betroffene zumindest äußern oder einer solchen Vorgehensweise nach dem Vorbild des § 249 Abs. 2 StPO widersprechen können.

1546 *Krenberger/Krumm*, § 78, Rn. 1.
1547 *Krenberger/Krumm*, § 78, Rn. 1.
1548 Näher: *Krenberger/Krumm*, § 78, Rn. 4.
1549 *Mitsch*, Recht der Ordnungswidrigkeiten, § 30, Rn. 21.
1550 Göhler/*Seitz/Bauer*, § 78, Rn. 1b.
1551 MüKo-StPO/*Kreicker*, Band 2, § 249 StPO, Rn. 51.
1552 MüKo-StPO/*Kreicker*, Band 2, § 249 StPO, Rn. 51; krit. Kamann/Ohlhoff/Völcker/*Wagener/Oest*, § 18, Rn. 216.

D. Einschränkungen des Beweisantragsrechts

I. Einschränkung des Beweisantragsrechts im Recht der Ordnungswidrigkeiten?

Als weitere Reform könnte man über die Einschränkung des Beweisantragsrechts des Betroffenen nachdenken.[1553] Hier sieht das Recht der Ordnungswidrigkeiten im Vergleich zum Strafprozess bereits Erleichterungen vor. Nach § 77 Abs. 2 OWiG kann das Gericht außer in den Fällen des § 244 Abs. 3 StPO einen Beweisantrag auch dann ablehnen, wenn es den Sachverhalt nach dem bisherigen Ergebnis der Beweisaufnahme für geklärt hält und entweder nach seinem pflichtgemäßen Ermessen die Beweiserhebung zur Erforschung der Wahrheit nicht erforderlich ist *oder* nach seiner freien Würdigung das Beweismittel oder die zu beweisende Tatsache ohne verständigen Grund so spät vorgebracht wird, dass die Beweiserhebung zur Aussetzung der Hauptverhandlung führen würde.[1554]

Die erste Alternative, also die Nichterforderlichkeit der Beweiserhebung, ist erfüllt, „wenn der Sachverhalt aufgrund verlässlicher Beweismittel bereits so eindeutig geklärt ist, dass die beantragte Beweiserhebung an der Überzeugung des Gerichts nichts ändern würde".[1555] Die Aufklärungspflicht des Gerichts ist dementsprechend verletzt, „wenn sich dem Gericht eine Beweiserhebung aufdrängen musste oder diese nahe lag."[1556] So muss das Gericht beispielsweise den Sachverhalt dann genauer aufklären, wenn etwa der Betroffene oder sein Verteidiger i.R.d. standardisierten Messverfahrens „konkrete Anhaltspunkte für technische Fehlfunktionen" vorbringt.[1557] Für die Praxis des Straßenverkehrsordnungswidrigkeitenrechts kann der Norminhalt am Beispiel eines Lichtbilds gut verdeutlicht werden. Das Gericht kann davon absehen, weitere Zeugen zu hören, wenn es den Täter anhand des Lichtbilds eindeutig identifizieren kann.[1558]

1553 Zwischenbericht des Bundeskartellamtes zum Expertenkreis Kartellsanktionenrecht, NZKart 2015, 2, 10 f.

1554 OLG Düsseldorf, NStZ 1991, 542 m. Anm. Göhler; *Mitsch,* Recht der Ordnungswidrigkeiten, § 30, 19 ff.; *Fromm,* Verteidigung in Straßenverkehrs-Ordnungswidrigkeitenverfahren, S. 154 f.; *Bellardita,* DAR 2014, 382 f.; siehe auch *Cierniak/Niehaus,* DAR 2018, 181, 184 ff. m.w.N. bzw. Burhoff/*Stephan*/*Niehaus,* OWi-Verfahren, Rn. 2399 zu Fallbeispielen aus der Praxis der Ordnungswidrigkeiten im Straßenverkehr.

1555 OLG Celle, Beschl. v. 10.02.1986 – 2 Ss OWi 297/85, BeckRS 2015, 07292; Ludovisy/Eggert/Burhoff/*Burhoff,* § 5, Rn. 412; BeckOK-OWiG/*Hettenbach,* § 77, Rn. 1; KK-OWiG/*Senge,* § 77, Rn. 6; *Krenberger/Krumm,* § 77, Rn. 3; *Fromm,* NJOZ 2015, 721 f.; vgl. auch *Meyer,* DAR-Extra 2011, 744, 746.

1556 OLG Hamm, NZV 2007, 155, 156.

1557 OLG Hamm, NZV 2007, 155, 156.

1558 *Huckenbeck/Krumm,* NZV 2017, 453, 455; ausführlich zur Frage der Ablehnung von Beweisanträgen nach § 77 Abs. 2 Nr. 1 OWiG bei standardisierten Messverfahren: *Fromm,* NJOZ 2015, 721, 723; vgl. zu der genannten Konstellation aber

Für die zweite Alternative ist relevant, dass die Voraussetzung „ohne Verständigen Grund“ dann nicht gegeben ist, wenn während der Hauptverhandlung völlig neue Umstände zutage treten, die eine weitere Beweisaufnahme notwendig erscheinen lassen.[1559] Darüber hinaus hat das Gericht zu erwägen, ob die Fortführung der Hauptverhandlung mit der Beweiserhebung innerhalb der Frist des § 299 Abs. 1 StPO möglich ist.[1560]

Lehnt das Gericht den Beweisantrag nach § 77 Abs. 2 Nr. 1 OWiG ab, so kann nach § 77 Abs. 3 OWiG die Begründung für die Ablehnung in dem Gerichtsbeschluss nach § 244 Abs. 6 StPO in der Regel darauf beschränkt werden, dass die Beweiserhebung zur Erforschung der Wahrheit nicht erforderlich ist. Die Grenzen des § 77 Abs. 2 OWiG liegen im Grundsatz der Amtsermittlung, § 244 Abs. 2 StPO.[1561] Für das Gericht kommt die Erleichterung des § 77 Abs. 2 Nr. 1 OWiG im Regelfall nur gegen Ende der Verhandlung in Betracht, da der Sachverhalt zu Beginn der Verhandlung meist noch zu klären ist.[1562] Dies berücksichtigend muss das Gericht seine Überzeugung auf eine verlässliche Grundlage stützen können, sodass auch eine weitere Beweisaufnahme seine Überzeugung nicht mehr erschüttern kann.[1563]

II. Reformforderungen: Ausschließliche Geltung eines Beweisanregungsrechts im Kartellbußgeldverfahren

Vor diesem Hintergrund regt das Bundeskartellamt an, das förmliche Beweisantragsrecht im Ordnungswidrigkeitenverfahren speziell für schwere Wirtschaftsordnungswidrigkeiten in ein „Beweisanregungsrecht“ umzuwandeln.[1564] Dadurch soll der formale Aufwand insbesondere bei Beweisanträgen reduziert werden, „die nur zur Wahrung der Rechte im Hinblick auf eine Rechtsbeschwerde gestellt werden“.[1565]

Dem hält *C. Dannecker* entgegen, dass die Abschaffung des Beweisantragsrechts dem Gericht die „alleinige Verantwortung für die Sachaufklärung“ übertragen

---

auch: KG, 3. Senat für Bußgeldsachen, Beschl. v. 22.11.2018, 3 Ws (B) 282/18, Rn. 8 – *juris.*

1559 *Fromm,* NJOZ 2015, 721, 722.

1560 *Fromm,* NJOZ 2015, 721, 722.

1561 OLG Düsseldorf, NJW 1992, 1521, 1522; KK-OWiG/*Senge,* § 77, Rn. 6; *Krenberger/Krumm,* § 77, Rn. 2; *Fromm,* SVR 2016, 255, 260; *Fromm,* NJOZ 2015, 721.

1562 Zwischenbericht des Bundeskartellamts zum Expertenkreis Kartellsanktionenrecht, NZKart 2015, 2, 11.

1563 KG Berlin, Beschl. v. 22.11.2018, 3 Ws (B) 282/18 – 122 Ss 123/18, B., -*juris.*

1564 Zwischenbericht des Bundeskartellamts zum Expertenkreis Kartellsanktionenrecht, NZKart 2015, 2, 11; generell zu Beweisanregungen im Strafprozess: Meyer-Goßner/Schmitt/*Schmitt,* § 244, Rn. 23.

1565 Zwischenbericht des Bundeskartellamts zum Expertenkreis Kartellsanktionenrecht, NZKart 2015, 2, 11.

würde.[1566] Dies steigere die Gefahr, dass aufklärungsbedürftige Aspekte übersehen werden, was die Anfälligkeit für eine Aufhebung des Urteils erhöhen würde.[1567] Auch bei einer Beweisanregung bedürfe es eines Beschlusses nach § 258 Abs. 2 StPO.[1568] Insgesamt sei daher einer Ersetzung des Beweisantragsrechts durch ein bloßes Beweisanregungsrecht nicht zu empfehlen.[1569]

III. Bewertung: Starke Beschneidung der Mitwirkungsrechte der Betroffenen

Infrage steht eine Umwandlung des Beweisantrags in ein Beweisanregungsrecht. Zunächst ist hierfür erneut zwischen dem Grundsatz der Ermittlung des wahren Sachverhalts und der Gewährleistung der Verteidigungsrechte des Betroffenen zu differenzieren.[1570] Letzterer Aspekt ist als Teil der Waffengleichheit des Betroffenen ein Aspekt des Grundsatzes des fairen Verfahrens nach Art. 6 Abs. 1 EMRK.[1571]

1. Bedeutung und Funktion eines Beweisantrags

Ein Beweisantrag stellt das ernsthafte Verlangen dar, „zum Nachweis eines bestimmten Sachverhalts, der den Schuld- oder Rechtsfolgenausspruch betrifft, durch ein bestimmtes Beweismittel Beweis zu erheben.[1572] *Börner* misst dem Beweisantrag die Eignung zur Fehlervermeidung zu.[1573] Er ist auch geeignet, die Akzeptanz des Angeklagten für ungewünschte Urteile zu erhöhen.[1574] Darüber hinaus komme dem Beweisantrag eine *Diskursfunktion* zu:[1575] Indem das Gericht beispielsweise einen Beweisantrag negativ bescheidet, kann der Betroffene sich ein Bild über die Auffassung des Gerichts verschaffen und darauf aufbauend weitere Anträge stellen.[1576] Schließlich wird das Gericht genötigt, Beweise aufzunehmen, die es selbst

1566 *C. Dannecker,* NZKart 2015, 30, 38.

1567 *C. Dannecker,* NZKart 2015, 30, 38; ebenso kritisch sieht diesen Vorstoß *Stockmann,* ZWeR 2015, 189, 200.

1568 *C. Dannecker,* NZKart 2015, 30, 38.

1569 *C. Dannecker,* NZKart 2015, 30, 38.

1570 *C. Dannecker,* NZKart 2015, 30, 37; *Herzog,* StV 1994, 166, 167; näher auch: *Schwenn,* StV 1981, 631, 635; siehe darüber hinaus: *Börner,* StraFo 2014, 133: „Gegengewicht zu den richter-psychologisch nachteiligen Verfahrensstrukturen und zu den ansonsten nur beschränkten Möglichkeiten zur Mitwirkung an hoheitlicher Sachverhaltsaufklärung".

1571 MüKo-StPO/*Gaede,* Band 3–2, Art. 6 EMRK, Rn. 302; siehe auch *C. Dannecker,* NZKart 2015, 30, 37.

1572 *Habetha,* StV 2011, 239; siehe auch Meyer-Goßner/Schmitt/*Schmitt,* § 244, Rn. 18.

1573 *Börner,* StraFo 2014, 133.

1574 *Börner,* StraFo 2014, 133; ähnlich: *Widmaier,* NStZ 1994, 414, 416.

1575 *Börner,* StraFo 2014, 133.

1576 *Börner,* StraFo 2014, 133.

eigentlich für nicht erforderlich gehalten hat.[1577] Schon *Schulz* sprach von einem Beweisantragsrecht als „notwendiges parteiprozessuales Korrektiv eines so stark durch die Inquisitionsmaxime geprägten Verfahrens".[1578]

Eine neue Regelung zu einem Beweisanregungsrecht muss daher auf der einen Seite sicherstellen, dass die Ermittlung des wahren Sachverhalts gewährleistet bleibt und auf der anderen Seite genügend Mitwirkungsrechte des Betroffenen existieren, um seinem Anspruch auf ein faires Verfahren zu genügen.[1579] Das Beweisantragsrecht kann nämlich nicht nur die richterliche Aufklärungspflicht aktualisieren, sondern gibt den Beteiligten ein eigenständiges Mittel an die Hand, die Beweisaufnahme mitzugestalten.[1580]

Im hier vorgeschlagenen System scheint es jedoch unwahrscheinlich, dass aufklärungsbedürftige Aspekte übersehen werden, denkt man an die zahlreichen Äußerungsrechte der Beteiligten in § 77a Abs. 1 OWiG n.F. und die Möglichkeit einer Beweisanregung de lege ferenda, die den Amtsermittlungsgrundsatz des Gerichts aktualisieren kann.[1581] Für die Befragung von Belastungszeugen zwingt § 77b Abs. 1 OWiG den Richter zu einer persönlichen Vernehmung und Befragung des Zeugen durch den Betroffenen. In einem Prozess, in dem der Grundsatz der Amtsaufklärung durch Hinweis- und Anmerkungsmöglichkeiten der Beteiligten angereichert ist, lässt sich die Wahrheit ebenso gut erforschen, wie in einer Prozessordnung, die statt einer Beweisanregung ein förmliches Beweisantragsrecht vorsieht.

2. *Gefahr der Einschränkung der Mitwirkungsrechte der Betroffenen*

Jedoch droht durch eine solche Reform eine zu starke Einschränkung der Mitwirkungsrechte des Betroffenen, deren Wurzeln vor allem in den Grundsätzen des fairen Verfahrens liegen.[1582] Im Recht der Ordnungswidrigkeiten wird zwar keine Kriminalstrafe verhängt, doch folgt aus dem strafähnlichen Charakter der Ordnungswidrigkeit auch im Sinne der Rechtsprechung des EGMR selbst bei Berücksichtigung der *Jussila*-Rechtsprechung[1583], dass gewisse Mindeststandards

---

1577 *Börner*, StraFo 2015, 46, 47; *Ventzke*, StV 2009, 655; zum Verhältnis von Aufklärungspflicht und Beweisantragsrecht siehe: *Julius*, NStZ 1986, 61, 63 f.

1578 *Schulz*, StV 1991, 354, 362; siehe auch *Kindhäuser/Schumann*, StPO, § 22, Rn. 1.

1579 Siehe *C. Dannecker*, NZKart 2015, 30, 37.

1580 *Roxin/Schünemann*, § 45, Rn. 6; *Herzog*, StV 1994, 166, 167; MüKo-StPO/*Trüg/Habetha*, Band 2, § 244, Rn. 49.

1581 Blum/Gassner/Seith/*Krumm*, § 77, Rn. 6 u. 9; vgl. auch MüKo-StPO/*Trüg/Habetha*, Band 2, § 244, Rn. 49.

1582 MüKo-StPO/*Gaede*, Band 3–2, Art. 6 EMRK, Rn. 302; siehe auch *C. Dannecker*, NZKart 2015, 30, 37.

1583 EGMR, Urt. v. 23.11.2006, Nr. 73053/01 (*Jussila/Finnland*), § 36.

an Mitwirkungsrechten des Betroffenen gewährleistet werden.[1584] Dazu gehört bei einer Einschränkung des formellen und materiellen Unmittelbarkeitsgrundsatzes in jedem Fall ein förmliches Beweisantragsrecht des Betroffenen, zumal Beweisanträge im Recht der Ordnungswidrigkeiten ohnehin nach den Grundsätzen des § 77 Abs. 2 OWiG Einschränkungen unterliegen.[1585] Ferner wird die durch die obigen Reformen mächtigere Stellung des Richters gerade durch die Aufrechterhaltung des Beweisantragsrechts relativiert.[1586]

3. *Rechtsprechung des Bundesverfassungsgerichts*

Das Bundesverfassungsgericht stellt vor diesem Hintergrund fest, dass aus dem Anspruch auf ein faires Verfahren ein Anspruch auf „materielle Beweisteilhabe" folgt, der u.a. den „Zugang zu den Quellen der Sachverhaltsfeststellung" umfasst.[1587] „Erst wenn sich bei einer Gesamtschau aller Umstände eindeutig ergibt, dass rechtsstaatlich unverzichtbare Erfordernisse nicht mehr gewahrt sind, können aus dem Rechtsstaatsprinzip selbst konkrete Folgerungen für die Verfahrensgestaltung gezogen werden; diese haben sich im Rahmen der vom Gesetzgeber gewählten Grundstruktur des Verfahrens zu halten."[1588] Vor diesem Hintergrund soll vor allem den Rechten aus Art. 103 Abs. 1 GG, Art. 101 Abs. 1 S. 2 GG und Art. 1 Abs. 1 GG, sowie dem Rechtsstaatsprinzip Bedeutung zukommen.[1589] Insgesamt könne der Anspruch auf ein faires Verfahren damit durch verfahrensrechtliche Gestaltungen berührt werden, „die der Ermittlung der Wahrheit und somit einem gerechten Urteil entgegenstehen".[1590] Um sich dem Inhalt der Rechtsprechung des Bundesverfassungsgerichts zu nähern, insbesondere dem Begriff der rechtsstaatlich unverzichtbaren Erfordernisse, muss man auf die Rechte und Grundsätze blicken, die das Gericht in seinen Entscheidungen hervorhebt. Aus Art. 103 Abs. 1 GG, Art. 101 Abs. 1 S. 2 GG und Art. 1 Abs. 1 GG, aus dem Kriterium der materiellen Beweisteilhabe sowie der Möglichkeit des Betroffenen zu dem Zugang zu den Quellen der Sachverhaltsfeststellung folgt, dass auch im Verfahren einer Ordnungswidrigkeit für den Betroffenen als eigenständiges Verfahrenssubjekt unabhängig von Kriterium der Sachverhaltsaufklärung Möglichkeiten bestehen müssen, aktiv auf den

---

1584 Siehe etwa beispielhaft: Meyer-Ladewig/*Meyer-Ladewig/Harrendorf/König*, Art. 6, Rn. 211; ferner: *C. Dannecker*, NZKart 2015, 30, 38; Zwischenbericht des Bundeskartellamts zum Expertenkreis Kartellsanktionenrecht, NZKart 2015, 2, 10.

1585 *C. Dannecker*, NZKart 2015, 30, 38.

1586 *Roxin/Schünemann*, § 45, Rn. 6.

1587 BVerfG, NJW 2001, 2245, 2246; dazu auch *Habetha*, StV 2011, 239, 241; *C. Dannecker*, NZKart 2015, 30, 37.

1588 BVerfG, NJW 2001, 2254, 2246; BVerfG 57, 250, 275 f.

1589 BVerfG, NJW 2001, 2245, 2246.

1590 BVerfG, NJW 2001, 2245, 2246.

Ablauf des Verfahrens Einfluss nehmen zu können:[1591] Das bedeutet, dass er die wesentlichen Beweismittel, auf die sich das spätere Urteil stützt, in Anlehnung an Art. 103 Abs. 1 GG zur Kenntnis nehmen und verstehen können muss, das Recht bekommt, dazu Stellung zu beziehen und im selben Zuge durch anderweitige Beweisanträge Gegenmaßnahmen treffen kann.[1592]

In einem anderen Beschluss stellt das Bundesverfassungsgericht fest, dass die durch Art. 103 Abs. 1 GG abgesicherte prozessuale Befugnis des Angeklagten beinhaltet, dass dieser durch Anträge auf die „Beischaffung des sachnäheren Beweismittels" dringen kann.[1593] Der Anspruch auf rechtliches Gehör gewähre aber auf der anderen Seite weder ein „Recht auf ein bestimmtes Beweismittel noch auf bestimmte Arten von Beweismitteln".[1594] Die Stellung von Beweisanträgen trage jedoch dazu bei, dass der Angeklagte an der Aufklärung des Sachverhalts mitwirken kann, was auch der Sicherung der Gerechtigkeit des Verfahrens diene.[1595] Damit wird deutlich, dass das Beweisantragsrecht des Betroffenen ein wichtiges Element ist, um den Erfordernissen eines fairen Verfahrens Rechnung zu tragen. Dies gilt umso mehr, betrachtet man die oben genannten Einschränkungen zum formellen und materiellen Unmittelbarkeitsgrundsatz.

4. *Keine Beschneidung des Beweisantragsrechts: Gefährdung der Waffengleichheit des Betroffenen*

Blickt man nun auf den Vorschlag des Bundeskartellamts zur Einschränkung des Beweisantragsrechts und bezieht die Änderungen zum formellen und materiellen Unmittelbarkeitsgrundsatz, sowie zum Mündlichkeitsgrundsatz ein, so erscheint aber die eben skizzierte Waffengleichheit des Betroffenen gefährdet: Eine schlichte Beweisanregung ist die Möglichkeit des Betroffenen bzw. seines Verteidigers lediglich die Aufklärungspflicht des Gerichts zu beeinflussen.[1596] Sie ist nicht an dieselben Formalitäten gebunden wie der Beweisantrag.[1597] Es würde dem Betroffenen daher schon an einer tatsächlichen Mitwirkungs- und Einwirkungsmöglichkeit fehlen, mit der sich das Gericht auch ausführlich auseinandersetzen muss. *Roxin*

1591 *Hübner,* DStR 2018, 1410, 1411; *C. Dannecker,* NZKart 2015, 30, 37; siehe auch: Zwischenbericht des Bundeskartellamts zum Expertenkreis Kartellsanktionenrecht, NZKart 2015, 2, 10.

1592 Zum Ganzen: *Hübner,* DStR 2018, 1410, 1411; BeckOK-VwGO/*Breunig,* § 108 VwGO, Rn. 33; Zwischenbericht des Bundeskartellamts zum Expertenkreis Kartellsanktionenrecht, NZKart 2015, 2, 9.

1593 BVerfGE 57, 250, 274; siehe auch: *C. Dannecker,* NZKart 2015, 30, 32.

1594 BVerfGE 57, 250, 274.

1595 BVerfGE 57, 250, 279 f.

1596 MüKo-StPO/*Trüg/Habetha,* Band 2, § 244, Rn. 175; siehe auch *C. Dannecker,* NZKart 2015, 30, 38.

1597 MüKo-StPO/*Trüg/Habetha,* Band 2, § 244, Rn. 175; siehe auch *C. Dannecker,* NZKart 2015, 30, 38.

und *Schünemann* sprechen vor dem Hintergrund der Einschränkung des Beweisantragsrechts davon, dass damit die Stellung des Tatrichters „endgültig mit derjenigen eines *Hauptverhandlungsdespoten*" zu vergleichen sei.[1598] Dies bedeute einen „Anschlag auf die Idee der Verfahrensbalance und damit des rechtsstaatlichen Strafverfahrens".[1599]

Speziell bei schweren Ordnungswidrigkeiten im Wirtschaftsrecht, die einem strafrechtlichen Unrechtsvorwurf nahekommen, bedarf es angesichts der drohenden, hohen Geldbuße, der Komplexität des Verfahrens und der Schwere des Unrechts erweiterter Mitwirkungsrechte des Betroffenen, mit denen eine über die oben beschriebenen Reformen weitergehende Beschneidung des Beweisantragsrechts nicht in Einklang zu bringen wäre. Von einer weiteren Einschränkung der Rechte des Betroffenen im Sinne einer Einschränkung des Beweisantragsrechts ist daher insbesondere angesichts der Reformen zum formellen und materiellen Unmittelbarkeitsgrundsatz Abstand zu nehmen.[1600]

E. Prozessförderungspflichten der Parteien

I. Annäherung an das verwaltungsgerichtliche Verfahren nach Vorbild des europäischen Kartellsanktionenrechts

Das BKartA regt in weiterer Annäherung an den Verwaltungsprozess an, eine Rügeobliegenheit im gerichtlichen Verfahren gegen Kartellbußgeldentscheidungen einzuführen.[1601] Vorbild sei erneut das Verwaltungsverfahren: Hier seien die Parteien bei der Sachverhaltsaufklärung heranzuziehen, § 86 Abs. 1 S. 1 VwGO.[1602] Diese treffe insbesondere eine Prozessförderungspflicht, dessen Missachtung das Gericht durch Zurückweisung verspäteter Vorbringen nach § 87b VwGO sanktionieren könne.[1603] Dadurch werde auch die allgemeine Amtsaufklärungspflicht des Gerichts eingeschränkt.[1604]

1598 *Roxin/Schünemann,* § 45, Rn. 41.
1599 *Roxin/Schünemann,* § 45, Rn. 41.
1600 *C. Dannecker,* NZKart 2015, 30, 37 f.; siehe vor diesem Hintergrund die Entwicklungen im Strafprozess zur Fristsetzung für Beweisanträge, dazu *Mosbacher,* NStZ 2018, 9.
1601 Zwischenbericht des Bundeskartellamts zum Expertenkreis Kartellsanktionenrecht, NZKart 2015, 2, 13.
1602 Zwischenbericht des Bundeskartellamts zum Expertenkreis Kartellsanktionenrecht, NZKart 2015, 2, 12.
1603 Zwischenbericht des Bundeskartellamts zum Expertenkreis Kartellsanktionenrecht, NZKart 2015, 2, 12.
1604 Zwischenbericht des Bundeskartellamts zum Expertenkreis Kartellsanktionenrecht, NZKart 2015, 2, 12.

Vorbild könnte die europäische Ausgestaltung sein, in der sich die Parteien im Rechtsmittelfahren im adversarischen Verfahren gegenüberstehen.[1605] Die Entscheidung der Kommission wird hier nur hinsichtlich der Beanstandungen des Klägers untersucht.[1606] Ferner würden keine rechtlich unerfahrenen Personen involviert sein, sodass den dort betroffenen Unternehmen oder Leitungspersonen ein solcher Einschnitt an Rechten eher zugemutet werden könne.[1607]

II. Bewertung: Erschwerung der Wahrheitsfindung und weitere Einschränkung der Betroffenenrechte

1. Systemuntauglichkeit eines solchen Vorschlags

Eine solche Reform ist nicht zu empfehlen. Den Parteien soll keine Prozessförderungspflicht zukommen. Aus dem Normzweck der Konzentration und Beschleunigung des Verfahrens des § 87b VwGO lässt sich erkennen, dass der Gesetzgeber der Beschleunigung des Verfahrens mehr Stellenwert einräumt, als dem öffentlichen Interesse an der „sachlichen Richtigkeit verwaltungsgerichtlicher Entscheidungen".[1608] Nach den oben beschriebenen Reformen kommt dem Grundsatz der Amtsaufklärung aber de lege ferenda eine größere Bedeutung zu als bisher. Schränkt man diesen weiter ein, indem man den Beteiligten nun auch noch eine Prozessförderungspflicht auferlegt und Präklusionsvorschriften schafft, sägt man an zwei Ästen zugleich, nämlich der Erschwerung der Wahrheitsfindung und der Einschränkung der Betroffenenrechte im Hauptverfahren. In einer Gesamtschau kann ein solcher Umstand im Einzelfall gar geeignet sein, die Verfahrensfairness infrage zu stellen. Schon im Verwaltungsprozess wird von *Brink* und *Fertig* angebracht, dass diese eine Regelung, wie die des § 87b VwGO, nicht unproblematisch sei, da diese die Aufklärungspflicht des Gerichts einschränkt, die eigentlich erst eine gewisse Waffengleichheit zwischen den Betroffenen und dem Staat herzustellen versucht.[1609]

1605 Zwischenbericht des Bundeskartellamts zum Expertenkreis Kartellsanktionenrecht, NZKart 2015, 2, 12.

1606 Zwischenbericht des Bundeskartellamts zum Expertenkreis Kartellsanktionenrecht, NZKart 2015, 2, 12.

1607 Zwischenbericht des Bundeskartellamts zum Expertenkreis Kartellsanktionenrecht, NZKart 2015, 2, 13.

1608 Schoch/Schneider/Bier/*Ortloff/Riese*, Band 1, § 87b VwGO, Rn. 2; siehe auch BeckOK-VwGO/*Brink/Fertig*, § 87b VwGO, vor Rn. 1.

1609 So BeckOK-VwGO/*Brink/Fertig*, § 87b VwGO, vor Rn. 1.

2. *Keine Annäherung an das europäische Kartellsanktionenrecht zu empfehlen*

Als weiteren Punkt bringt das Bundeskartellamt an, mit einer solchen Regelung nähere man sich auch einer adversarischen Prozessordnung an, in der der Betroffene und die Staatsanwaltschaft sich als Parteien im Prozess gegenüberstehen.[1610] Eine angestrebte Annäherung an die europäische Rechtslage im Kartellrecht ist jedoch unter rechtsstaatlichen Gesichtspunkten ein Irrweg, den es nicht weiter zu beschreiten gilt.[1611] Im gerichtlichen Verfahren im europäischen Kartellsanktionenrecht nämlich bestimmen die Parteien den Umfang der Prüfung des Sachverhalts und dementsprechend auch den Ausgang des gerichtlichen Verfahrens in Form des Urteils.[1612] Es gilt nicht der Grundsatz der Amtsermittlung, sondern Gegenstand der Entscheidung ist lediglich das Parteivorbringen.[1613] Das gilt trotz der Möglichkeit des Gerichts nach Art. 31 VO 1/2003 die Bußgeldentscheidung unbeschränkt auf ihre Rechtmäßigkeit hin nachzuprüfen.[1614]

In der Praxis sieht auch das EuG im Regelfall davon ab, eigene Ermittlungen zu führen, die Tatsachen der Kommissionsentscheidung betreffen.[1615] Auch lassen die europäischen Gerichte eine eigene Bußgeldpolitik vermissen und überlassen vielmehr der Kommission zu einem großen Teil die Berechnung der Geldbuße.[1616] Aufgrund dieser Ausgestaltung attestieren *Schwarze, Bechtold* und *Bosch* die Unvereinbarkeit des Verfahrens vor dem EuG mit Art. 6 EMRK:[1617] Es mangelt an einer eigenen Feststellung des Gerichts über einen strafrechtlichen Vorwurf.[1618] Ferner bestünde in diesem Verfahren de lege lata keine Möglichkeit für eine konfrontative Zeugenvernehmung, was speziell Art. 6 Abs. 3 lit. d) EMRK zuwiderlaufen würde.[1619]

3. *Ausreichende Möglichkeit zur Ablehnung verspäteter Beweisanträge*

Schließlich existiert mit § 77 Abs. 2 Nr. 2 OWiG eine ausreichende Möglichkeit, verspätete Beweisanträge abzulehnen. Diese Regelung zielt dabei auf eine Verhinderung der Prozessverschleppung ab, wenn etwa Betroffene bewusst Beweismittel

1610 Zwischenbericht des Bundeskartellamts zum Expertenkreis Kartellsanktionenrecht, NZKart 2015, 2, 12 f.
1611 *Schwarze/Bechtold/Bosch*, Rechtsstaatliche Defizite, S. 55 ff.
1612 *Schwarze/Bechtold/Bosch*, Rechtsstaatliche Defizite, S. 56.
1613 *Schwarze/Bechtold/Bosch*, Rechtsstaatliche Defizite, S. 56.
1614 *Schwarze/Bechtold/Bosch*, Rechtsstaatliche Defizite, S. 56 f.
1615 *Schwarze/Bechtold/Bosch*, Rechtsstaatliche Defizite, S. 57 f.
1616 *Schwarze/Bechtold/Bosch*, Rechtsstaatliche Defizite, S. 58.
1617 *Schwarze/Bechtold/Bosch*, Rechtsstaatliche Defizite, S. 61 f.
1618 *Schwarze/Bechtold/Bosch*, Rechtsstaatliche Defizite, S. 61.
1619 *Schwarze/Bechtold/Bosch*, Rechtsstaatliche Defizite, S. 62.

später vorbringen wollen.[1620] Dabei kann es im Einzelfall schon ausreichen, wenn der Betroffene es versäumt hat, ein Beweismittel bereits vor Beginn der gerichtlichen Verhandlung zu bezeichnen.[1621] Dem Betroffenen muss ein „früheres Vorbringen ohne Gefährdung eigener Verteidigungspositionen möglich und zumutbar" gewesen sein.[1622] Daraus folgt, dass der Beweisantrag des Betroffenen nicht aus diesem Grund zurückgewiesen werden kann, wenn die Hauptverhandlung eine unvorhersehbare Wende genommen hat.[1623] Hierzu stellte das Bundesverfassungsgericht klar, dass die Befragung eines Entlastungszeugen, die zum Ersten Mal in der Hauptverhandlung möglich wird, nicht wegen Verspätung abgelehnt werden kann, wenn der Betroffene behauptet, er habe die Anschrift des Entlastungszeugen erst zum derzeitigen Zeitpunkt des Verfahrens ermitteln können und sich dieses Vorbringen nicht durch anderweitige Angaben widerlegen lässt.[1624] Insgesamt sollte daher auch von weitergehenden Präklusionsregeln im Ordnungswidrigkeitenverfahren Abstand genommen werden.

1620 BVerfG, NJW 1992, 2811; BeckOK-OWiG/*Hettenbach,* § 77, Rn. 18; vgl. hierzu auch die vorgesehenen Neuerungen zum Beweisantragsrecht des Gesetzentwurfs der Fraktionen der CDU/CSU und SPD v. 5.11.2019, BT-Drs. 19/14747, S. 33 f. („Beweisersuchen mit dem Ziel der Prozessverschleppung sollen künftig nicht mehr als Beweisantrag behandelt werden.").

1621 BeckOK-OWiG/*Hettenbach,* § 77, Rn. 18.

1622 BeckOK-OWiG/*Hettenbach,* § 77, Rn. 20.

1623 BeckOK-OWiG/*Hettenbach,* § 77, Rn. 20.

1624 BVerfG, NJW 1992, 2811 f.

Teil 9 Schlussbetrachtungen

A. Zusammenfassung der Reformergebnisse

I. Grundstruktur des Verfahrens

Die Arbeit hat gezeigt, dass in vielen Bereichen des Ordnungswidrigkeitenverfahrens Reformbedarf besteht ist, speziell wenn es sich bei dem Verfahrensgegenstand um schwere Ordnungswidrigkeiten aus dem Wirtschaftsrecht handelt.

1. Keine Abspaltung des Kartellsanktionenrechts

Fragt man vor diesem Hintergrund zunächst nach der grundlegenden Ausgestaltung des Ordnungswidrigkeitenverfahrens sollte man von dem Gedanken einer Abspaltung des Kartellsanktionenrechts derzeit Abstand nehmen. Zwar erleichtert ein solcher Schritt angesichts der starken Prägung des Kartellrechts durch das Europarecht und der Stellung der Europäischen Kommission als eigenständige Wettbewerbsbehörde weitergehende europäische Harmonisierungsbestrebungen. Auf der anderen Seite stellen gerade die hohen Geldbußen im Kartellrecht keine Ausnahmeerscheinung dar, denkt man an Geldbußen im Recht des Wertpapierhandels oder im Recht der Außenwirtschaft. Auch die Sanktionierung vornehmlich juristischer Personen ist keine Eigenheit des Kartellordnungswidrigkeitenrechts. Solange der nationale Gesetzgeber unter Geltung des Grundsatzes der Verfahrensautonomie der Mitgliedsstaaten noch Gestaltungsspielräume hat, sollte er diese angesichts der rechtsstaatlich fragwürdigen Ausgestaltung des europäischen Kartellsanktionenrechts nutzen. Dazu gehört in erster Linie die Beibehaltung der Regelungen des Ordnungswidrigkeitenverfahrens, die sich deutlich von den Vorschriften des europäischen Kartellordnungswidrigkeitenverfahrens unterscheiden.[1625]

2. Reform des § 30 OWiG

Knüpft man an den Gedanken der Sanktionierung von juristischen Personen an, kann man in der Literatur derzeit vermehrt Stimmen vernehmen, die sich für ein eigenes Unternehmensstrafrecht stark machen. Vor diesem Hintergrund hat es sich die Arbeit zur Aufgabe gemacht, die Auswirkung dieser Debatte auf das Ordnungswidrigkeitenverfahren zu betrachten und ausgehend hiervon Reformansätze zur Sanktionierung von Unternehmen im bestehenden Ordnungswidrigkeitenverfahren zu beleuchten. Erstere Frage brachte zum Vorschein, dass die Vorschrift des § 30 OWiG bei einer Einführung des Unternehmensstrafrechts einer

1625 Vgl. Immenga/Mestmäcker/*Dannecker*/*Biermann*, vor § 81, Rn. 23.

Änderung dahin gehend bedürfte, dass sämtliche Straftaten als Anknüpfungstaten für unselbstständige und selbstständige Verfahren aus dem Wortlaut zu streichen wären oder dass eine ausdrückliche Klarstellung zum Verhältnis des neuen Verbandsstrafgesetzbuchs erfolgen müsste. Hier drohen für den Gesetzgeber darüber hinaus weitere Kompetenzprobleme, denkt man an die Vorschrift des § 82 GWB.

Die Arbeit gelangte bei der Anschlussfrage über Reformen der Sanktionierungspraxis von Unternehmen im Ordnungswidrigkeitenverfahren zum Ergebnis, dass de lege ferenda für Straftaten als Anknüpfungstaten i.S.d. § 30 OWiG das Legalitäts- statt das Opportunitätsprinzip Geltung beanspruchen sollte, um eine einheitliche Sanktionierungspraxis von juristischen Personen sicherzustellen und dem zugrunde liegenden sozialethischen Unwerturteil und den Auswirkungen der Straftat auf die Gesellschaft gerecht zu werden. Hier stellte die Arbeit gleichzeitig die Forderung auf, in einem Verbandsbußgeldverfahren sowohl für Ordnungswidrigkeiten als auch Straftaten als Anknüpfungstaten voraussehbare Einstellungs- und Milderungskriterien einzuführen, an denen sich die Unternehmen orientieren können. Dazu gehört auch die gesetzliche Berücksichtigung von Compliance-Systemen der Unternehmen.

3. Keine Verhängung hoher Geldbußen durch die Gerichte in erster Instanz

Als letzten Punkt zur Reform der Grundstruktur des Ordnungswidrigkeitenverfahrens ist die Arbeit der Frage nachgegangen, inwieweit die Verhängung einer Geldbuße nicht mehr durch die Verwaltungsbehörden, sondern durch die Gerichte sinnvoll und geboten erscheint. Dies könnte man speziell aufgrund der oftmals hohen Höhen der Geldbußen im Wirtschaftsrecht fordern.[1626] Dieser Reformansatz ist aber nicht nur deshalb zu verwerfen, da er im Einzelfall zu einer erheblichen Verzögerung der einzelnen Bußgeldverfahren führen könnte, sondern auch sämtliche Filterfunktionen wegfallen würden, die vor der Beanspruchung gerichtlicher Ressourcen in Anspruch genommen werden könnten. Speziell für das Kartellrecht würden die Behörden die Möglichkeit zur flexiblen Ausgestaltung des Vorverfahrens verlieren, denkt man beispielsweise an die Bonusregelung des Bundeskartellamts. Dies könnte zu einer erheblichen Erschwerung der Aufdeckung von Kartellen führen.[1627] Ein solcher Ansatz steht auch in Widerspruch zur europäischen Rechtsentwicklung, die die nationalen Wettbewerbsbehörden zu stärken versucht. Im Bereich der Grundstruktur des Ordnungswidrigkeitenverfahrens sollten Reformen damit nur im Bereich der Verbandssanktionierung vollzogen werden.

1626 *Möschel,* WuW 2010, 869, 876 f.

1627 Vgl. Momsen/Grützner/*Prechtel/Schulz,* S. 770; *Poelzig,* S. 204; *Pierenkemper,* S. 84.

II. Reformen im Vorverfahren

1. Recht des Betroffenen auf konfrontative Zeugenbefragung

Änderungen, die auf das ordnungswidrigkeitenrechtliche Vorverfahren abzielen, betrafen zunächst die Frage, ob und inwieweit man den Gedanken zur Reform des Ermittlungsverfahrens im Strafprozess hin zu einem partizipatorischen Verfahrensabschnitt auch für das Ordnungswidrigkeitenverfahren heranziehen kann. Die Arbeit gelangte dabei zum Ergebnis, dass sich eine vollständige Umgestaltung des Vorverfahrens unter Einbeziehung vermehrt partizipatorischer Elemente nicht empfiehlt, da dieser Verfahrensabschnitt vornehmlich auf schnelle Erledigung und Effizienz ausgelegt ist. Für schwere Wirtschaftsordnungswidrigkeiten jedoch, sollte man dem Betroffenen in geeigneten Fällen die Möglichkeit geben, Belastungszeugen schon im Vorverfahren konfrontativ befragen zu können. Dies trägt seinem Recht aus Art. 6 Abs. 3 lit. d) EMRK Rechnung und schafft für solche schweren Verstöße die Voraussetzungen für ein faires und transparenteres Verfahren. Auch Reformen im Hauptverfahren können sich an einer solchen Regelung für schwere Wirtschaftsordnungswidrigkeiten orientieren, um im Einzelnen einen Beweistransfer aus dem Vorverfahren zu erleichtern. Um die Erledigung von Massenverfahren nicht zu gefährden, hat die Arbeit Kriterien herausgearbeitet, mit denen eine Abgrenzung von einfachen Ordnungswidrigkeiten zu schweren Ordnungswidrigkeiten gelingt. Dies waren namentlich die Höhe der Geldbuße, der Grad der Beeinträchtigung von individuellen oder kollektiven Rechtsgütern und der Schwierigkeit der Sach- oder Rechtslage.

2. Keine Einschränkung des allgemeinen Opportunitätsgrundsatzes

Darüber hinaus hat die Arbeit untersucht, ob nicht der Opportunitätsgrundsatz im Recht der Ordnungswidrigkeiten aufgrund der durch ihn ermöglichten flexiblen Verfahrensführung die Betroffenenrechte zu stark einschränkt, denkt man beispielsweise an die Bonusregelung oder Settlements des Bundeskartellamts. Auf der anderen Seite erleichtert gerade diese flexible Führung des Verfahrens die Aufdeckung von Kartellverstößen und steht in Übereinstimmung mit dem Grundcharakter des Ordnungswidrigkeitenverfahrens auf eine schnelle und effiziente Führung des Vorverfahrens.[1628] Eine Einschränkung des Opportunitätsgrundsatzes brächte auch Probleme im gesamten Gefüge des Ordnungswidrigkeitenrechts mit sich, da dies eine vollständige Typenänderung des Verfahrens bedeutet. Die Arbeit gelangt insoweit zum Ergebnis, dass der Opportunitätsgrundsatz im Ordnungswidrigkeitenrecht keinen Einschränkungen unterliegen sollte.

1628 Vgl. BGH, NJW 1997, 1862, 1863 = NZV 1997, 315; *Klesczewski*, § 9, Rn. 675.

3. *Keine Reform des § 47 Abs. 3 OWiG*

Umgekehrt sollte man aber auch keine Erweiterung der Einstellungsmöglichkeiten nach dem Opportunitätsprinzip anstreben, indem man § 47 Abs. 3 OWiG abschafft. Dann nämlich bestünde die Möglichkeit zur Einstellung des Bußgeldverfahrens gegen Zahlung an eine gemeinnützige Einrichtung oder sonstige Stelle. Eine Einstellung des Verfahrens soll nicht dazu benutzt werden, um die gesetzlich vorgesehene Sanktion durch eine andere zu ersetzen und so gesetzlich vorgesehene Nebenfolgen zu vermeiden.[1629]

4. *Reform des § 55 Abs. 2 OWiG bei schweren Ordnungswidrigkeiten*

Ein weiterer Schwerpunkt der Reformen im Vorverfahren betrifft – speziell für schwere Wirtschaftsordnungswidrigkeiten – die Vorschrift des § 55 OWiG. Angesichts der Einschränkung von Anhörungsrechten in § 55 Abs. 1 OWiG, sowie fehlenden Hinweismöglichkeiten auf das Recht zur Befragung eines Verteidigers vor der Vernehmung in § 55 Abs. 2 OWiG wurde vor allem untersucht, ob diese Regeln im Einzelfall geeignet sein können, einen Verstoß gegen Art. 6 EMRK zu begründen. Für § 55 Abs. 1 OWiG hat die Arbeit dies verneint. Der Betroffene kann selbst bei schweren Wirtschaftsordnungswidrigkeiten seinen Anspruch auf rechtliches Gehör noch im Zwischenverfahren oder im gerichtlichen Verfahren verwirklichen. Ein Verstoß gegen die Verfahrensfairness, die sich aus einer Gesamtbetrachtung ergibt, erscheint daher fernliegend. Bei § 55 Abs. 2 OWiG ist indes das Gegenteil der Fall: De lege lata braucht der Betroffene nicht darauf hingewiesen zu werden, dass er auch schon vor seiner Vernehmung einen von ihm zu wählenden Verteidiger befragen kann. Speziell für schwere Wirtschaftsordnungswidrigkeiten, die dem Betroffenen hohe Bußgelder androhen, rechtlich und tatsächlich komplex zu beurteilen sind und denen ein erhöhter Unrechtsgehalt innewohnt, erscheint eine solche Regelung unangemessen, blickt man auf die Bedeutung des Rechts auf Belehrung über die Verteidigerkonsultation im Gefüge des Art. 6 EMRK.[1630] § 55 Abs. 2 OWiG ist für schwere Ordnungswidrigkeiten im Wirtschaftsrecht damit dahin gehend zu ändern, dass der Betroffene auch schon vor seiner Vernehmung auf sein Recht zur Verteidigerkonsultation hingewiesen wird.

5. *Systematisch-klarstellende Reform des § 46 Abs. 2 OWiG*

Eine systematisch-klarstellende Änderung zum Kräftegleichgewicht zwischen den Ermittlungsbehörden und dem Betroffenen betrifft die Reform des § 46 Abs. 2 OWiG, der der Verfolgungsbehörde de lege lata dieselben Rechte und Pflichten einräumt, wie der Staatsanwaltschaft bei der Verfolgung von Straftaten. Hier sollte man in einem zweiten Satz klarstellen, dass die Ermittlungsbehörde insbesondere

---

1629 BT-Drs. 7/550, S. 348.

1630 EGMR, Urt. v. 13.09.2016, Nr. 50541/08 (*Ibrahim u.a./U.K.*), § 272 f.

auch dazu verpflichtet ist, die zur Entlastung des Betroffenen dienenden Umstände zu ermitteln. Neben einer Appellfunktion kann dem § 46 Abs. 2 OWiG de lege ferenda entnommen werden, dass zwar einseitige Ermittlungsmaßnahmen im Vorverfahren des Ordnungswidrigkeitenrechts angelegt sind. Dies wird insbesondere durch die §§ 47 Abs. 1, 65 f. OWiG untermauert, die der Verfolgungsbehörde eine flexible Verfahrensführung ermöglichen und die eigenständige Ahndung der Ordnungswidrigkeit durch den Bußgeldbescheid anordnen. Das Ermittlungsverfahren ist jedoch stets mit Rücksicht auf die Rechte des Betroffenen durchzuführen.

6. *Reform des § 66 OWiG: Erweiterte Begründungspflichten*

Reformen, die § 66 OWiG betreffen, der dem Gesetzesanwender den Mindestinhalt eines Bußgeldbescheids vorschreibt, zielen auf eine Anhebung der eingeschränkten Begründungspflicht in § 66 Abs. 3 OWiG für schwere Wirtschaftsordnungswidrigkeiten ab. Anderenfalls werden die Rechtsschutzmöglichkeiten des Betroffenen in diesem Bereich zu stark verkürzt.

7. *Beschleunigung der Einführung der E-Akte*

Zuletzt ist es gerade in Kartellverfahren angesichts der Vielzahl an Akten notwendig, die Einführung der elektronischen Akte voranzutreiben. Bis dahin können kurzfristige Beschleunigungseffekte durch den Einsatz einer elektronischen Doppelakte erzielt werden, um Wartezeiten und Verzögerungen bei der Akteneinsicht zu vermeiden.[1631] Den Kartellämtern ist die dafür notwendige Technik zur Verfügung zu stellen.[1632]

8. *Zusammenfassung: Stärkung der Betroffenenrechte*

Reformen im Vorverfahren sollten damit vorwiegend auf die Stärkung der Betroffenenrechte für gewichtige Ordnungswidrigkeiten abzielen. Dies ist angesichts der Schwere und Komplexität bei Ordnungsverstößen im Wirtschaftsrecht auch dringend angezeigt.[1633] Aus dem weiten Spielraum des Gesetzgebers zur Einordnung eines Unrechtsverhaltens als Straftat oder Ordnungswidrigkeit außerhalb eines strafrechtlichen Kernbereichs folgt zwangsläufig eine gewaltige Kluft des Unrechtsgehalts der jeweiligen Ordnungsverstöße. Folglich ist es gerade systemimmanent, dass das Ordnungswidrigkeitenverfahren mit dieser Diskrepanz umgehen muss.

1631 Große Strafrechtskommission des Deutschen Richterbundes, S. 138.

1632 Große Strafrechtskommission des Deutschen Richterbundes, S. 136 f.

1633 Vgl. nur BGH, Beschl. v. 9.10.2018 – KRB 60/17 (Flüssiggas III), NZKart 2019, 155, 156 f.

III. Reformen im Zwischenverfahren: Änderung des § 69 OWiG

Auch das Zwischenverfahren im Ordnungswidrigkeitenrecht sollte Reformen unterliegen. Allen voran wird an der Rolle der Staatsanwaltschaft als schlichte Aktenversendungsbehörde Kritik laut, § 69 Abs. 3 u. 4 OWiG. Die Arbeit ist vor diesem Hintergrund zu dem Ergebnis gelangt, dass de lege ferenda in einfach gelagerten Ordnungswidrigkeiten auf die Mitwirkung der Staatsanwaltschaft im Zwischenverfahren verzichtet werden sollte. In allen anderen Fällen, d.h. vor allem bei Ordnungswidrigkeiten im Wirtschaftsrecht ist die Mitwirkung der Staatsanwaltschaft – auch im Zwischenverfahren – empfehlenswert. Sie sollte jedoch die Möglichkeit erhalten, zu entscheiden, ob und in welchem Umfang sie noch am Zwischenverfahren teilnehmen möchte.

Auch § 69 Abs. 5 OWiG sollte einer Neuordnung unterliegen. Der Richter sollte de lege ferenda die Sache bei unausgereiften Ermittlungen mit einem unanfechtbaren Beschluss an die Verwaltungsbehörde zurückgeben. Diese hätte also nur eine Chance, ihren Fall vor Gericht zu bringen. Dies schont öffentliche Ressourcen und zwingt die Verwaltungsbehörden den Sachverhalt von Beginn an gründlich zu ermitteln. Die Reformen im Zwischenverfahren betreffen damit vorrangig Forderungen nach Effizienz, Strukturänderungen und Ressourcenschonung.

IV. Reformen im Hauptverfahren

1. *Einschränkung des formellen und materiellen Unmittelbarkeitsgrundsatzes*

Reformen im Hauptverfahren zielen auf die Reform der Beweisaufnahme, namentlich auf den formellen und materiellen Unmittelbarkeitsgrundsatz, sowie den Mündlichkeitsgrundsatz ab. De lege ferenda sollte der Richter den wesentlichen Akteninhalt des Vorverfahrens vortragen und den Betroffenen die wesentlichen Beweismittel bekannt geben. Dadurch wird der Akteninhalt der Hauptverhandlung zugrunde gelegt, ohne dass dieser erneut förmlich in die Hauptverhandlung eingeführt werden muss.[1634] Die Beteiligten erhalten als Ausgleich zahlreiche Äußerungsrechte, mit denen sie ihren Anspruch auf rechtliches Gehör verwirklichen können. Es bleibt weiterhin die Aufgabe des Gerichts, alle tatsächlichen Umstände des Sachverhalts selbst zu ermitteln.[1635] Damit einhergehend sollte das Zustimmungserfordernis des § 77a Abs. 4 S. 1 OWiG gestrichen werden, was dazu führt, dass beispielsweise die Vernehmung von Zeugen durch die Verlesung von Protokollen über eine frühere Vernehmung ersetzt werden kann. Den Betroffenen sollte aber de lege ferenda zumindest ein Anhörungsrecht zugesprochen werden. Aufgrund der daraus folgenden Einschränkung der Mitwirkungsrechte des

---

1634 Zum Ganzen: *C. Dannecker*, NZKart 2015, 30, 35.
1635 *C. Dannecker*, NZKart 2015, 30, 41.

Betroffenen ist in einer weiteren Vorschrift als Ausgleich zu regeln, inwieweit dem Recht des Betroffenen auf konfrontative Zeugenbefragung Rechnung getragen werden kann.

2. *Einschränkung des Mündlichkeitsgrundsatzes*

Konsequenterweise entfällt damit teilweise auch das Zustimmungsbedürfnis der Beteiligten in § 78 OWiG, was zu einer Aufweichung des Mündlichkeitsgrundsatzes führt. Hiervon losgelöst erscheint es sinnvoll, die Ausgestaltung im OWiG an die rechtlichen Rahmenbedingungen des Selbstleseverfahrens im Strafprozess anzupassen.

3. *Aufrechterhaltung des Beweisantragsrechts*

Eine Einschränkung des Beweisantragsrechts oder gar die Einrichtung einer Prozessförderungspflicht für die Hauptverhandlung im Ordnungswidrigkeitenrecht ist abzulehnen. Angesichts der ohnehin weitreichenden Änderungen zum formellen und materiellen Unmittelbarkeitsgrundsatz sowie Mündlichkeitsgrundsatz droht eine zu starke Beschneidung der Mitwirkungsrechte und damit auch der Waffengleichheit des Betroffenen.

4. *Zusammenfassung: Strukturänderung für das Hauptverfahren*

Die Reformen in diesem Verfahrensabschnitt zielen damit – im Gegensatz zu den Reformen im Vorverfahren – auf eine Strukturänderung der ordnungswidrigkeitenrechtlichen Hauptverhandlung ab: Der Grundsatz der Amtsermittlung wird stärker in den Vordergrund gerückt und durch Mitwirkungs- und Äußerungsrechte der Betroffenen ergänzt. Gleichzeitig werden grundlegende Prinzipien aus der strafprozessualen Hauptverhandlung weiter aufgeweicht, um das Verfahren effizienter zu gestalten und um dem Grundcharakter von Geldbußen als Rechtsfolge der Ordnungswidrigkeiten als nachdrückliche Pflichtenmahnung Rechnung zu tragen.

B. Ausblick auf die Zukunft des Ordnungswidrigkeitenverfahrens

Die Ansprüche an das Ordnungswidrigkeitenverfahren wachsen immens. Dabei ist die Entwicklung hin zu einer Verfahrensordnung, die sowohl einfachste Verkehrsdelinquenz, als auch gewichtige Verstöße im Wirtschaftsrecht behandeln muss, noch nicht abgeschlossen. Dies zeigen schon die neuen Rekordbußgeldrahmen im europäischen Datenschutz: Nach Art. 83 Abs. 4 und Abs. 5 der DSGVO drohen den Verantwortlichen Geldbußen bis zu 20.000.000 €.[1636] Ob das

---

1636 *Petri,* StraFo 2018, 231, 236; Gola/*Gola,* Art. 83 DSGVO, Rn. 22 f.; Kühling/Buchner/*Bergt,* Art. 83 DSGVO, Rn. 38; siehe auch: *Kurzböck/Weinbeck,* BB 2018, 1652,

Ordnungswidrigkeitenverfahren dem Druck standhält, die zahlreichen Ordnungsverstöße weiterhin unter einer einheitlichen Verfahrensordnung zu bewältigen, bleibt abzuwarten. Ohne grundlegende Reformen drohen auf lange Sicht jedenfalls Abtrennungen einzelner Verfahren speziell im Wirtschaftsrecht, um vor allem dem europäischen Rechtsrahmen Rechnung zu tragen. Dies zeigt beispielsweise die Richtlinie 2019/1 EU zur Stärkung der Wettbewerbsbehörden der Mitgliedstaaten, die den Kartellbehörden nun auch bei der Rechtsdurchsetzung im Zwischenverfahren eine stärkere Stellung verschaffen will und damit die Befugnisse der Staatsanwaltschaft gleichzeitig abschwächt, Art. 30 RL 2019/1 EU.

Ferner bedarf es angesichts der unterschiedlichsten Verfahrenskonstellationen bei Ordnungswidrigkeiten im Straßenverkehrs- und Wirtschaftsrecht eines unterschiedlichen Maßes an Mitwirkungsrechten für die Betroffenen. Besonders bei schweren Ordnungswidrigkeiten im Wirtschaftsrecht wird das ordnungswidrigkeitenrechtliche Vorverfahren rechtsstaatlichen Standards derzeit nicht gerecht. Teilweise sorgen Vorschriften im Ordnungswidrigkeitenverfahren gar dafür, die gesamte Verfahrensdauer zu verzögern, ohne dabei einen rechtsstaatlichen Mehrwert hervorzubringen, denkt man an die Vorschriften zur Mitwirkung der Staatsanwaltschaft im Zwischenverfahren. Auch die Beweisaufnahme in der Hauptverhandlung kann angesichts der im Raum stehenden nachdrücklichen Pflichtenmahnung einer grundlegenderen Reform unterzogen werden, die vor allem für eine schnellere Erledigung von Kartellverfahren sorgen dürfte.[1637] Es bleibt daher der Auftrag des Gesetzgebers, die bestehenden verfahrensrechtlichen Unzulänglichkeiten im Ordnungswidrigkeitenrecht zu beheben und sein Verfahren punktuell zu reformieren.

1653; *Braun*, ZD-Aktuell 2019, 06445. Der Gedanke einer umsatzbezogenen Geldbuße ist im Bereich des Datenschutzes ein Novum: *Punte/Rode*, DB 2018, 2161, 2163.

1637 Dabei ist derzeit noch keine Absicht des Gesetzgebers erkennbar, schon das Kartellbußgeldverfahren zu reformieren, dazu: *Ost/Breuer*, NZKart 2019, 119, 122.

Abkürzungsverzeichnis

a.A.	andere(r) Ansicht
Abs.	Absatz
AE-Beweisaufnahme	Alternativ-Entwurf Beweisaufnahme
AE-EV	Alternativ-Entwurf Ermittlungsverfahren
AEUV	Vertrag über die Arbeitsweise der Europäischen Union
a.F.	alte Fassung
AG	Amtsgericht / Die Aktiengesellschaft
Alt.	Alternative
Anm.	Anmerkung
AO	Abgabenordnung
AO-StB	AO-Steuerberater
AöR	Archiv für öffentliches Recht
Art.	Artikel
AStBV	Anweisungen für das Straf- und Bußgeldverfahren
AT	Allgemeiner Teil
Aufl.	Auflage
ausf.	ausführlich
AWG	Außenwirtschaftsgesetz
Az.	Aktenzeichen
BaFin	Bundesanstalt für Finanzdienstleistungsaufsicht
BayObLG	Bayerisches Oberstes Landesgericht
BB	Der Betriebs-Berater
Bd.	Band
BeckRS	Beck online Rechtsprechung
Begr.	Begründer
BGBl.	Bundesgesetzblatt
BGH	Bundesgerichtshof
BGHSt	Entscheidungen des Bundesgerichtshofs in Strafsachen
BKartA	Bundeskartellamt
Bl.	Blatt
BRAK	Bundesrechtsanwaltskammer
BReg	Bundesregierung
BT-Drs.	Verhandlungen des Deutschen Bundestages, Drucksachen
BtMG	Betäubungsmittelgesetz
BUJ	Bundesverband der Unternehmensjuristen
BuStra	Bußgeld- und Strafsachenstelle
BVerfG	Bundesverfassungsgericht
BVerfGE	Entscheidungen des Bundesverfassungsgerichts
BVerwG	Bundesverwaltungsgericht
BVerwGE	Bundesverwaltungsgerichtsentscheidung

bzw.	beziehungsweise
CCZ	Corporate Compliance Zeitschrift
CR	Computer und Recht
DAR	Deutsches Autorecht
DB	Der Betrieb
ders.	derselbe
d.h.	das heißt
diff.	differenzierend
DÖV	Die Öffentliche Verwaltung
Drs.	Drucksache
DStR	Deutsches Steuerrecht
DuD	Datenschutz und Datensicherheit
DVP	Deutsche Verwaltungspraxis
ECN	European Competition Network
EGMR	Europäischer Gerichtshof für Menschenrechte
EMRK	Europäische Konvention zum Schutze der Menschenrechte und Grundfreiheiten
EnWG	Energiewirtschaftsgesetz
EU	Europäische Union
EuG	Europäisches Gericht
EuGH	Europäischer Gerichtshof
EuR	Zeitschrift Europarecht
EUV	Europäischer Vertrag
EuZW	Europäische Zeitschrift für Wirtschaftsrecht
EWS	Europäisches Wirtschafts- und Steuerrecht
f., ff.	folgende
FAER	Fahreignungsregister
Fn.	Fußnote
FPR	Familie Partnerschaft Recht
GA	Goltdammer´s Archiv für Strafrecht
gem.	gemäß
GG	Grundgesetz
GRCharta	Charta der Grundrechte der Europäischen Union
GWB	Gesetz gegen Wettbewerbsbeschränkungen
HRRS	Höchstrichterliche Rechtsprechung Strafrecht
Hrsg.	Herausgeber
Hs.	Halbsatz
HV	Hauptverhandlung
i.d.R.	in diesem Rahmen
InvG	Investmentgesetz
i.S.d.	im Sinne des
i.S.v.	im Sinne von
IT	Informationstechnik
i.V.m.	in Verbindung mit

JA	Juristische Arbeitsblätter
JR	Juristische Rundschau
JurBüro	Das Juristische Büro
JuS	Juristische Schulung
JZ	Juristenzeitung
KAGB	Kapitalanlagegesetzbuch
Kap.	Kapitel
KBA	Kraftfahrt-Bundesamt
KWG	Kreditwesengesetz
LG	Landgericht
MDAX	Midcap-DAX
MDR	Monatsschrift für deutsches Recht
m.w.N.	mit weiteren Nachweisen
n.F.	neue Fassung
NJ	Neue Justiz
NJOZ	Neue Juristische Online-Zeitschrift
NJW	Neue Juristische Wochenschrift
No.	Number
Nr.	Nummer
NStZ	Neue Zeitschrift für Strafrecht
NVwZ	Neue Zeitschrift für Verwaltungsrecht
NZG	Neue Zeitschrift für Gesellschaftsrecht
NZKart	Neue Zeitschrift für Kartellrecht
NZV	Neue Zeitschrift für Verkehrsrecht
NZWiSt	Neue Zeitschrift für Wirtschafts-, Steuer- und Unternehmensstrafrecht
OECD	Organisation for Economic Co-operation and Development
OLG	Oberlandesgericht
OWiG	Gesetz über Ordnungswidrigkeiten
PinG	Privacy in Germany – Datenschutz und Compliance
RiFlEtikettG	Rindfleischetikettierungsgesetz
RiStBV	Richtlinien für das Strafverfahren und das Bußgeldverfahren
Rn.	Randnummer
Rs.	Rechtssache
Rspr.	Rechtsprechung
RStPO	Reichsstrafprozessordnung
S.	Seite / Satz
sog.	sogenannte(r)(s)
StGB	Strafgesetzbuch
StPO	Strafprozessordnung
StraFO	Strafverteidigerforum
StV	Strafverteidiger
StVG	Straßenverkehrsgesetz

StVO	Straßenverkehrsordnung
SVR	Blätter Straßenverkehrsrecht
u.a.	unter anderem, und andere
Urt.	Urteil
UStG	Umsatzsteuergesetz
u.U.	unter Umständen
UWG	Gesetz gegen den unlauteren Wettbewerb
v.	vom, von
VerbSanktG	Verbandssanktionengesetz
VerbStrG	Verbandsstrafgesetz
VerkProspG	Verkaufsprospektgesetz
VermAnlG	Vermögensanlagengesetz
VersR	Versicherungsrecht
vgl.	vergleiche
VO	Verordnung
VwGO	Verwaltungsgerichtsordnung
wistra	Zeitschrift für Wirtschafts- und Steuerstrafrecht
WpHG	Wertpapierhandelsgesetz
WpPG	Wertpapierprospektgesetz
WpÜG	Wertpapiererwerbs- und Übernahmegesetz
WRP	Wettbewerb in Recht und Praxis
WuW	Wirtschaft und Wettbewerb
WuW/E	Wirtschaft und Wettbewerb – Entscheidungssammlung
ZaöRV	Zeitschrift für ausländisches öffentliches Recht und Völkerrecht
ZAP	Zeitschrift für die anwaltliche Praxis
ZEuS	Zeitschrift für Europarechtliche Studien
ZfS	Zeitschrift für Schadensrecht
ZHR	Zeitschrift für das gesamte Handelsrecht und Wirtschaftsrecht
ZIS	Zeitschrift für Internationale Strafrechtsdogmatik
zit.	zitiert
ZJS	Zeitschrift für das Juristische Studium
ZRP	Zeitschrift für Rechtspolitik
ZStW	Zeitschrift für die gesamte Strafrechtswissenschaft
ZWeR	Zeitschrift für Wettbewerbsrecht
ZWH	Zeitschrift für Wirtschaftsstrafrecht und Haftung im Unternehmen

Literaturverzeichnis

A

Achenbach, Hans: Ahndung materiell sozialschädlichen Verhaltens durch bloße Geldbuße? Zur Entwicklung und Problematik „großer" Wirtschafts-Ordnungswidrigkeiten, GA 2008, 1–17.

Achenbach, Hans: Das Strafrecht als Mittel der Wirtschaftslenkung, ZStW 119 (2007), 789–815.

Achenbach, Hans: Die 8. GWB-Novelle und das Wirtschaftsstrafrecht, wistra 2013, 369–374.

Achenbach, Hans: Die „großen" Wirtschafts-Ordnungswidrigkeiten – ein Phänomen im Dunkelfeld der kritischen Strafrechtstheorie in: *Beulke, Werner/Lüderssen, Klaus/Popp, Andreas/Wittig, Petra* (Hrsg.): Das Dilemma des rechtsstaatlichen Strafrechts – Symposium für Bernhard Haffke zum 65. Geburtstag 28./29. März 2009, Universität Passau, Berliner Wissenschafts-Verlag Berlin: 2009, 101–110 (zitiert als: „*Achenbach*, Wirtschafts-Ordnungswidrigkeiten, S.").

Achenbach, Hans: Die Verselbstständigung der Unternehmensgeldbuße bei strafbaren Submissionsabsprachen – ein Papiertiger?, wistra 1998, 168–175.

Achenbach, Hans: Grundfragen des Wirtschaftsstrafrechts – Ausgewählte Abhandlungen (Hrsg. *Schröder*, Christian), Berliner Wissenschafts-Verlag Berlin: 2018.

Achenbach, Hans: Haftung und Ahndung – Wider die Vertauschung zweier disparater Rechtsfolgemodelle, ZIS 2012, 178–182.

Achenbach, Hans: Neue Sanktionen im Finanzmarktrecht – alte und neue Zweifelsfragen, wistra 2018, 13–21.

Achenbach, Hans: Ordnungsfaktor Wirtschaftsstrafrecht, StV 2008, 324–327.

Achenbach, Hans: Was kann Strafrecht heute noch leisten?, StraFo 2011, 422–429.

Achenbach, Hans/Ransiek, Andreas/Rönnau, Thomas (Hrsg.): Handbuch Wirtschaftsstrafrecht, C.F. Müller Heidelberg: 5. Auflage 2019 (zitiert als „Achenbach/Ransiek/Rönnau/*Bearbeiter*, Teil, Kap., Rn.").

Achenbach, Matthias: Strafrechtlicher Schutz des Wettbewerbs? – Eine kritische Analyse von Sinn und Zweck der Straftatbestände zum Schutz des Wettbewerbs, Peter Lang Frankfurt/Main: 2009.

Ackermann, Thomas: Grundrechte juristischer Personen im kartellrechtlichen Sanktionenverfahren: Ein Reformhindernis?, NZKart 2015, 17–24.

Ackermann, Thomas: Kartellgeldbußen als Instrument der Wirtschaftsaufsicht, ZWeR 2012, 3–19.

Adam, Michael/Hentschke, Helmar/Kopp-Assenmacher, Stefan: Handbuch des Emissionshandelsrechts, Springer Verlag Berlin: 2006.

Albrecht, Frank: Tateinheit und Tatmehrheit bei mehreren nacheinander begangenen gleichartigen Straßenverkehrsordnungswidrigkeiten, SVR 2007, 121–129.

Alternativ-Entwurf Abgekürzte Strafverfahren im Rechtsstaat (AE-ASR): Entwurf eines Arbeitskreises deutscher, österreichischer und schweizerischer Strafrechtslehrer (Arbeitskreis AE), vorgelegt v. *Bommer, Felix/Deiters, Mark/Eser, Albin/Frister, Helmut/Gleß, Sabine/Jahn, Matthias/Jung, Heike/Meier, Bernd-Dieter/Rengier, Rudolf/Roxin, Claus/Schmoller, Kurt/Schöch, Heinz/Stuckenberg, Carl-Friedrich/Verrel, Torsten/Weigend, Thomas*, GA 2019, 1–128.

Alternativ-Entwurf Beweisaufnahme (AE-Beweisaufnahme): Entwurf eines Arbeitskreises deutscher, österreichischer und schweizerischer Strafrechtslehrer (Arbeitskreis AE), vorgelegt v. *Eser, Albin/Frister, Helmut/Höpfel, Frank/Huber, Barbara/Jahn, Matthias/Jung, Heike/Meier, Bernd-Dieter/Radtke, Henning/Rengier, Rudolf/Rieß, Peter/Riklin, Frank/Rolinski, Klaus/Roxin, Claus/Schöch, Heinz/Verrel, Torsten/Weigend, Thomas*, GA 2014, 1–72 (zitiert als „AE-Beweisaufnahme, S.").

Alternativ-Entwurf Reform des Ermittlungsverfahrens (AE-EV): Entwurf eines Arbeitskreises deutscher, österreichischer und schweizerischer Strafrechtslehrer (Arbeitskreis AE), vorgelegt v. *Bannenberg, Britta/Baumann, Jürgen/Höpfel, Frank/Huber, Barbara/Jung, Heike/Kock, Katharina/Lilie, Hans/Luther, Horst/Maihofer, Werner/Meier, Bernd-Dieter/Rengier, Rudolf/Rieß, Peter/Riklin, Franz/Rössner, Dieter/Rolinski, Klaus/Roxin, Claus/Schöch, Heinz/Schuler-Springorum, Horst/Weigend, Thomas/Wolter, Jürgen*, C.H. Beck München: 2001 (zitiert als „AE-EV, S.").

Anders, Ralf Peter: Internal Investigations – Arbeitsvertragliche Auskunftspflicht und der nemo-tenetur-Grundsatz, wistra 2014, 329–334.

Anders, Ralf Peter: Legitimationsdefizite des deutschen Wirtschaftsstrafrechts, ZStW 130 (2018), 374–419.

Arslan, Mehmet: Die Aussagefreiheit des Beschuldigten in der polizeilichen Befragung: Ein Vergleich zwischen EMRK, deutschem und türkischem Recht, Duncker & Humblot Berlin: 2015.

Asholt, Martin: Die Akteneinsicht gem. § 406e StPO zwecks Vorbereitung einer Zivilklage gegen eine juristische Person, ZStW 126 (2014), 925–950.

Asholt, Martin: Die Debatte über das „Feindstrafrecht" in Deutschland – Aufleben eines alten Dilemmas am Anfang des 21. Jahrhunderts?, ZIS 2011, 180–192.

Asholt, Martin: Straßenverkehrsstrafrecht – Reformdiskussion und Gesetzgebung seit dem Ausgang des 19. Jahrhunderts, Berliner Wissenschafts-Verlag Berlin: 2007.

Asholt, Martin: Verjährung im Strafrecht – Zu den theoretischen, historischen und dogmatischen Grundlagen des Verhältnisses von Bestrafung und Zeit in §§ 78 ff. StGB, Mohr Siebeck Tübingen: 2016.

B

Backmann, Jan: Fahrlässige Körperverletzung und Tötung im Straßenverkehr als Straftat?, NZV 2013, 465–470.

Bandilla, Wolfgang/Hassemer, Raimund: Zur Abhängigkeit strafrichterlicher Beweiswürdigung vom Zeitpunkt der Zeugenvernehmung im Hauptverfahren, StV 1989, 551–554.

Barth, Christoph/Budde, Stefanie: Die Stellung des Bundeskartellamtes im gerichtlichen Bußgeldverfahren, WuW 2010, 377–387.

Baumann, Jürgen/Arzt, Gunther: Kartellrecht und allgemeines Strafrecht – Mögliche Beiträge des allgemeinen Strafrechts zur Bekämpfung der Ausnutzung marktbeherrschender Positionen, ZHR 1970, Band 134, 24–52.

Baur, Alexander: Kommt jetzt das „Unternehmensstrafrecht"? – Eine Bestandsaufnahme anlässlich der anstehenden Reform der Verbandssanktionierung, AG 2018, 457–466.

Bechtold, Rainer: Das neue Kartellgesetz, NJW 1998, 2769–2774.

Bechtold, Rainer/Bosch, Wolfgang (Hrsg.): Kartellgesetz, C.H. Beck München: 9. Auflage 2018.

Beck, Wolf-Dieter/Berr, Wolfgang/Schäpe, Markus (Hrsg.): OWi-Sachen im Straßenverkehrsrecht mit OWi-Verfahren im Ausland, C.F. Müller Heidelberg: 7. Auflage 2017.

Beck, Wolf-Dieter/Löhle, Ulrich (Hrsg.)/*Schmedding, Klaus/Siegert, Filip*: Fehlerquellen bei polizeilichen Messverfahren, Geschwindigkeit – Abstand – Rotlicht, Deutscher Anwalt Verlag Bonn: 12. Auflage 2018 (zitiert als „Beck/u.a./*Bearbeiter*, § Rn.").

Becker, Christian/Rönnau, Thomas: Freiheit, Wirtschaft, Macht – Braucht der freiheitliche Staat ein marktkritisches Strafrecht?, ZStW 130 (2018), 340–373.

Becker, Ralf/Canzler, Sabine: Die WpHG-Bußgeldleitlinien der BaFin – Eine Übersicht unter Berücksichtigung erster praktischer Erfahrungen, NZG 2014, 1090–1096.

Behr, Nicolai: BGH: Compliance-Management-System kann Geldbuße mindern, BB 2017, 1931–1932.

Beisheim, Carsten/Jung, Laura: Unternehmensstrafrecht: Der neue Kölner Entwurf eines Verbandssanktionengesetzes (VerbSG-E), CCZ 2018, 63–67.

Bellardita, Alessandro: Die richterliche Aufklärungspflicht bei Geschwindigkeitsverstößen im Bußgeldverfahren – neue Ansätze durch sogenannte „Zusatzdaten“?, DAR 2014, 382–386.

Bélorgey, Harald: Gegebener und gebotener Einfluß des Art. 6 EMRK auf das deutsche Bußgeldverfahren, Shaker Verlag Aachen: 2003.

Beninca, Jürgen/Zschocke, Christian: Kartellrecht in der Praxis – Ein Leitfaden, C.F. Müller Heidelberg: 2007.

Berg, Werner/Mäsch, Gerald (Hrsg.): Deutsches und Europäisches Kartellrecht, Luchterhand Verlag Köln: 3. Auflage 2018 (zitiert als „Berg/Mäsch/*Bearbeiter*, § Rn.“).

Bergt, Matthias: Sanktionierung von Verstößen gegen die Datenschutz-Grundverordnung, DuD 2017, 555–561.

Beulke, Werner: Muß die Polizei dem Beschuldigten vor der Vernehmung „Erste Hilfe“ bei der Verteidigerkonsultation leisten?, NStZ 1996, 257–262.

Beulke, Werner/Moosmayer, Klaus: Der Reformvorschlag des Bundesverbandes der Unternehmensjuristen zu den §§ 30, 130 OWiG – Plädoyer für ein modernes Unternehmenssanktionenrecht, CCZ 2014, 146–152.

Beyer, Dirk: Ausschluss der Unternehmensgeldbuße gem. § 30 OWiG bei steuerlichen Selbstanzeigen und in anderen Fällen (§ 30 OWiG), BB 2016, 542–543.

Bibbo, Sabrina Maria: Kriterien zur Konkretisierung des Opportunitätsprinzips im Bußgeldverfahren, Köhler-Druck Tübingen: 2006.

Bien, Florian: Kartellsanktionenrecht – Eine Einführung, ZWH 2016, 133–139.

Biermann, Jörg: Neubestimmung des deutschen und europäischen Kartellsanktionenrechts: Reformüberlegungen, Determinanten und Perspektiven einer Kriminalisierung von Verstößen gegen das Kartellrecht, ZWeR 1/2007, 1–47.

Bischke, Alf-Henrik/Brack, Sebastian: Neuere Entwicklungen im Kartellrecht – Was bringt 2016? die 9. GWB-Novelle, NZG 2016, 99–102.

Bittmann, Folker: Das Eckpunktepapier zur Reform des Strafverfahrens, ZRP 2001, 441–444.

Bittmann, Folker: Wider ein Strafrecht als alltäglicher Begleiter, NStZ 2016, 249–255.

Bittmann, Folker/Brockhaus, Matthias/von Coelln, Sibylle/Heuking, Christian: Regelungsbedürftige Materien in einem zukünftigen „Gesetz über Interne Ermittlungen“, NZWiSt 2019, 1–10.

Blum, Heribert/Gassner, Kathi/Seith, Sebastian (Hrsg.): Ordnungswidrigkeitengesetz (Handkommentar), Nomos Baden-Baden: 2016 (zitiert als „Blum/Gassner/Seith/*Bearbeiter*, § Rn.“).

Bock, Dennis: Compliance und Aufsichtspflichten im Unternehmen in: *Kuhlen, Lothar/Kudlich, Hans/Ortiz de Urbina, Ingo* (Hrsg.), Compliance und Strafrecht, C.F. Müller Heidelberg: 2013, 57–70.

Böhm, Klaus Michael: Aktuelle Entwicklungen im Auslieferungsrecht, NStZ 2017, 77–84.

Börner, René: Aktuelles zum Beweisantrag – Begründungspflicht und forensische Wahrheit, StraFo 2015, 46–52.

Börner, René: Die Diskursfunktion des Beweisantrags, StraFo 2014, 133–136.

Böse, Martin: Wirtschaftsaufsicht und Strafverfolgung, Mohr Siebeck Tübingen: 2005.

Böttcher, Reinhard: Das neue Beweisrecht im Verfahren nach dem OWiG, NStZ 1986, 393–397.

Bohnert, Joachim: Neue Regelungen im Zwischenverfahren des OWiG, NZV 1999, 322–324.

Bohnert, Joachim: Ordnungswidrigkeiten und Jugendrecht – Eine Zusammenstellung, Mohr Siebeck Tübingen: 1989.

Bohnert, Joachim: Wiederholte Aktenabgabe im Zwischenverfahren nach § 69 IV, V OWiG, NZV 1995, 140–143.

Bohnert, Joachim/Bülte, Jens: Ordnungswidrigkeitenrecht, C.H. Beck München: 5. Auflage 2016.

Bontrup, Heinz-J.: Das Kartellrecht novellieren: Strafrechtliche Konsequenzen für Kartelltäter!, Orientierungen zur Wirtschafts- und Gesellschaftspolitik 125 (3/2010), 17–23.

Bosch, Wolfgang: Die Entwicklung des deutschen und europäischen Kartellrechts, NJW 2018, 1731–1738.

Bräunig, Alexander: Wider die Strafbarkeit von „Hardcore-Kartellen" de lege ferenda, HRRS 2011, 425–435.

Brandt, Jürgen/Domgörgen, Ulf (Hrsg.): Handbuch Verwaltungsverfahren und Verwaltungsprozess, C.F. Müller Heidelberg: 4. Auflage 2017.

Braun, Steffen: Kooperation oder Konfrontation? Erste Bußgelder nach DS-GVO, ZD-Aktuell 2019, 06445.

von Brevern, Daniel/Hack, Sebastian: Die „Nichtverfolgungszusage" des Bundeskartellamtes, WuW 2013, 936–946.

Brink, Stefan/Wolff, Heinrich Amadeus (Hrsg.): BeckOK Datenschutzrecht, C.H. Beck München: 30. Edition, Stand: 01.11.2019 (zitiert als „BeckOK-DR/*Bearbeiter*, §, Rn.").

Brinker, Ingo: Die Zukunft des Kartellrechts, NZKart 2013, 2–11.

Brodowski, Dominik: Die Verwaltung darf nicht strafen – warum eigentlich nicht? Zugleich eine Vorstudie zu einer rechts-evolutionären, weichen

Konstitutionalisierung strafrechtsdogmatischer Grundannahmen, ZStW 128 (2016), 370–393.

Brodzisz, Zdzisław: Der Grundsatz der Waffengleichheit und seine Bedeutung für das Ermittlungsverfahren in Polen – Staatsanwaltschaft und kontradiktorisches Vorverfahren, ZIS 2009, 109–119.

De Bronett, Georg-Klaus: Die zivilrechtliche Grundstruktur des gerichtlichen Schutzes gegen rechtswidrige Kartellgeldbußen der EU-Kommission – eine Blaupause für die Reform der Kartellverfahrensrechte der Mitgliedstaaten?, NZKart 2015, 512–520.

Bülte, Jens: Das Datenschutzbußgeldrecht als originäres Strafrecht der Europäischen Union?, StV 2017, 460–470.

Bülte, Jens: Weitreichende Sanktionslücken im Wirtschaftsstrafrecht durch die Entscheidung des BVerfG zu § 10 RiFlEtikettG?, BB 2016, 3075–3082.

Bueren, Eckart: EU-Kartellbußgeldverfahren und EMRK: Aktuelle Implikationen aus der Rechtsprechung des EGMR – Zugleich Besprechung vom EGMR, 27.10.2011, Menarini Diagnostics vs. Italy, EWS 2012, 363–372.

Bürger, Sebastian: Unmittelbarkeitsgrundsatz und kontradiktorische Beweisaufnahme, ZStW 128 (2016), 518–546.

Bürger, Sebastian: Unternehmen als Täter, ZStW 130 (2018), 704–744.

Bundeskartellamt(Hrsg.): Erfolgreiche Kartellverfolgung – Nutzen für Wirtschafts und Verbraucher, Bonn 2016, abrufbar unter https://www.bundeskartellamt.de/SharedDocs/Publikation/DE/Broschueren/Informationsbrosch%C3%BCre%20-%20Erfolgreiche%20Kartellverfolgung.pdf?__blob=publicationFile&v=12 (zuletzt abgerufen am: 23.05.2019).

Bundesministerium der Justiz und für Verbraucherschutz (Hrsg.): Bericht der Expertenkommission zur effektiveren und praxistauglicheren Ausgestaltung des allgemeinen Strafverfahrens und des jugendgerichtlichen Verfahrens, abrufbar unter https://www.bmjv.de/SharedDocs/Downloads/DE/PDF/Abschlussbericht_Reform_StPO_Kommission.pdf?__blob=publicationFile&v=2 (zuletzt abgerufen am: 23.05.2019).

Bundesverband der Unternehmensjuristen (BUJ): Gesetzgebungsvorschlag für eine Änderung der §§ 30, 130 des Ordnungswidrigkeitengesetzes (OWiG), Frankfurt am Main: 2004 (nicht mehr online abrufbar).

Bunte, Hermann-Josef: Regress gegen Mitarbeiter bei kartellrechtlichen Unternehmensgeldbußen, NJW 2018, 123–126.

Buntscheck, Martin: § 81 Abs. 4 GWB n.F. – die geänderte Obergrenze für Unternehmensgeldbußen, WuW 2008, 941–950.

Burchardt, Dana: Kehrtwende in der Grundrechts- und Vorrangrechtsprechung des EuGH? – Anmerkung zum Urteil des EuGH vom 5.12.2017 in der Rechtssache M.A.S. und M.B. (C-42/17, „Taric co II“), EuR 2018, 248–264.

Burhoff, Detlef: Das Bußgeldverfahren – ein Überblick, ZAP 2017, 437–446.

Burhoff, Detlef (Hrsg.): Handbuch für das straßenverkehrsrechtliche OWi-Verfahren, ZAP-Verlag Köln: 5. Auflage 2018 (zitiert als „Burhoff/*Bearbeiter*, OWi-Verfahren, Rn.").

Burhoff, Detlef (Hrsg.): Handbuch für die strafrechtliche Hauptverhandlung, ZAP-Verlag Köln: 9. Auflage 2019.

Burmann, Michael/Heß, Rainer/Hühnermann, Katrin/Jahnke, Jürgen (Hrsg.): Straßenverkehrsrecht, C.H. Beck München: 25. Auflage 2018.

C

Canzler, Sabine/Hammermaier, Steffen: Die Verfolgung und Ahndung wertpapierrechtlicher Delinquenz durch die Wertpapieraufsicht der BaFin: Das kapitalmarktrechtliche Bußgeldverfahren, AG 2014, 57–73.

Ceffinato, Tobias: Beweiswürdigung und Indizkonstruktionen im Wirtschaftsstrafrecht, ZStW 128 (2016), 804–823.

Chmeis, Ahmad: Ermittlungsbefugnisse und Stellung des Bundeskartellamtes im Kartellbußgeldverfahren nach der 9. GWB Novelle: Weiterer Reformbedarf, NZKart 2016, 564–568.

Chmeis, Ahmad: Kartellsanktionenrecht – Verfahrensrechtliche Konvergenz innerhalb der Europäischen Union unter besonderer Berücksichtigung des deutschen Rechts, Duncker & Humblot Berlin: 2018.

Cierniak, Jürgen/Niehaus, Holger: Beweisantrag im Verkehrsstraf- und Verkehrsordnungswidrigkeitenrecht, DAR 2018, 181–190.

Classen, Claus Dieter: Schwierigkeiten eines harmonischen Miteinanders von nationalem und europäischem Grundrechtsschutz, EuR 2017, 347–367.

Claus, Susanne: Elektronischer Rechtsverkehr und elektronische Akte im Strafverfahren, jurisPR-StrafR 2/2018 (Hrsg. *Kubiciel*, Michael), Anm. 1.

Coeppicus, Rolf: Eine Bilanz des OWiG 1968, DAR 1985, 97–105.

Cornelius, Kai: Anforderungen des Parlamentsvorbehalts an unionsrechtsakzessorische Strafblankette – Zugleich eine Besprechung von BVerfG, Beschl. v. 21.9.2016–2 BvL 1/15 –, NStZ 2017, 682–688.

Cornelius, Kai: Konfrontationsrecht und Unmittelbarkeitsgrundsatz, NStZ 2008, 244–248.

Cornelius, Kai: Verweisungsbedingte Akzessorietät bei Straftatbeständen, Mohr Siebeck Tübingen: 2016.

D

Däubler-Gmelin, Herta: Überlegungen zur Reform des Strafprozesses, StV 2001, 359–363.

Dannecker, Christoph: Der nemo tenetur-Grundsatz – prozessuale Fundierung und Geltung für juristische Personen, ZStW 127 (2015), 370–409.

Dannecker, Christoph: Die Beweisaufnahme im Kartellordnungswidrigkeitenverfahren: Verfassungsrechtliche Anmerkungen zum Unmittelbarkeitsgrundsatz, Beweisantragsrecht und kontradiktorischen Charakter der Beweisaufnahme, NZKart 2015, 30–43.

Dannecker, Christoph: Konturierung prozessualer Gewährleistungsinhalte des nemo tenetur-Grundsatzes anhand der Rechtsprechung des EGMR, ZStW 127 (2015), 991–1017.

Dannecker, Gerhard: Anforderungen des nationalen Strafverfassungsrechts an die Inbezugnahme EU-rechtlicher Verhaltensnormen und an Rückverweisungsklauseln in nationalen Rechtsverordnungen – Begrenzung des nationalen Grundrechtsschutzes durch den unionsrechtlichen „effet utile"? in: *Rotsch, Thomas* (Hrsg.), Zehn Jahre ZIS – Zeitschrift für Internationale Strafrechtsdogmatik, Nomos Baden-Baden: 2018, 1037–1056.

Dannecker, Gerhard: Der strafrechtliche Schutz des Wettbewerbs, in: *Sieber, Ulrich/Dannecker, Gerhard/Kindhäuser, Urs/Vogel, Joachim/Walter, Tonia* (Hrsg.), Strafrecht und Wirtschaftsstrafrecht – Dogmatik, Rechtsvergleich, Rechtstatsachen – Festschrift für Klaus Tiedemann zum 70. Geburtstag, Carl Heymanns Verlag Köln: 2008, 789–812.

Dannecker, Gerhard: Stellungnahme zum Zwischenbericht des Bundeskartellamts zum Expertenkreis Kartellsanktionenrecht, NZKart 2015, 14–17.

Dannecker, Gerhard/Dannecker, Christoph/Müller, Nadja: Das Kartellordnungswidrigkeitenrecht nach der 8. GWB-Novelle: weiterer Reformbedarf?, ZWeR 4/2013, 417–447.

Danwitz, Thomas von: Europäisches Verwaltungsrecht, Springer Verlag Berlin: 2008.

Dawirs, Gordon: Der vorprozessuale und innerprozessuale Zugriff auf Kronzeugenerklärungen im Private Enforcement unter der Kartellschadensersatzrichtlinie 2014/104/EU, Nomos Baden-Baden: 2017.

Derleder, Peter/Knops, Kai-Oliver/Bamberger, Heinz Georg (Hrsg.): Deutsches und europäisches Bank- und Kapitalmarktrecht, Band 2, Springer Verlag Berlin: 3. Auflage 2017 (zitiert als „Derleder/Knops/Bamberger/*Bearbeiter*, S.").

Deselaers, Wolfgang: Uferlose Geldbußen bei Kartellverstößen nach der neuen 10 % Umsatzregel des § 81 Abs. 4 GWB?, WuW 2006, 118–127.

Detter, Klaus: Verkehrsstrafrecht, Ordnungswidrigkeiten, prozessuale Besonderheiten, Hagener Wissenschaftsverlag Hagen: 4. Auflage 2015.

Dettmar, Juliane Sophia: Legalität und Opportunität im Strafprozess – Reformdiskussion und Gesetzgebung von 1877 bis 1933, Berliner Wissenschafts-Verlag Berlin: 2008.

Deutscher, Axel: Erste praktische Erfahrung mit der OWiG-Reform aus gerichtlicher und behördlicher Sicht, NZV 1999, 185–189.

Dietrich, Bernhard: Die Bindung des Bußgeldverfahrens an das Strafverfahrensrecht. Eine Studie zu Notwendigkeit und Grenzen des § 46 Abs. 1 OWiG – zugleich ein Beitrag zum Schweigerecht des Betroffenen, Nomos Baden-Baden: 2003.

Dreher, Meinrad: Die kartellrechtliche Bußgeldverantwortlichkeit von Vorstandsmitgliedern. Vorstandshandeln zwischen aktienrechtlichem Legalitätsprinzip und kartellrechtlicher Unsicherheit in: *Dauner-Lieb, Barbara/Hommelhoff, Peter/ Jacobs, Matthias/Kaiser, Dagmar/Weber, Christoph* (Hrsg.), Festschrift für Horst Konzen zum siebzigsten Geburtstag, Mohr Siebeck Tübingen: 2006, 85–108.

Dreher, Meinrad: Wider die Kriminalisierung des Kartellrechts, WuW 2011, 232–244.

Dumitrescu, Adrian: Das Unmittelbarkeitsprinzip im deutschen und schweizerischen Strafprozessrecht, ZStW 130 (2018), 106–155.

Duttge, Gunnar: Möglichkeiten eines Konsensualprozesses nach deutschem Strafprozessrecht, ZStW 115 (2003), 539–569.

E

Ebers, Martin: Rechte, Rechtsbehelfe und Sanktionen im Unionsprivatrecht, Mohr Siebeck Tübingen: 2016.

Eckhardt, Jens/Menz, Konrad: Bußgeldsanktionen der DS-GVO, DuD 2018, 139–144.

Eckpunkte einer Reform des Strafverfahrens, Beschluß der Bundesregierung, Stand: 6.4.2001, StV 2001, 314–317.

Eidam, Gerd: Die Verbandsgeldbuße des § 30 Abs. 4 OWiG – eine Bestandsaufnahme, wistra 2003, 447–456.

Eisenberg, Ulrich: Beweisrecht der StPO, C.H. Beck München: 10. Auflage 2017.

Engel, Daniel: Der Beitritt der Europäischen Union zur EMRK, Mohr Siebeck Tübingen: 2015.

Engelbracht, Thiemo: Die einvernehmliche Beendigung von Kartellbußgeldverfahren vor der Europäischen Kommission und dem Bundeskartellamt – Eine rechtsvergleichende Untersuchung aus strafrechtlicher Perspektive, Peter-Lang Frankfurt: 2015.

Engemann, Uta Inse: Überblick über das Bußgeldverfahren nach dem OWiG, JA 2002, 152–160.

Epping, Volker: Grundrechte, Springer Verlag Berlin: 7. Auflage 2017.

Epping, Volker/Hillgruber, Christian (Hrsg.): BeckOK Grundgesetz, C.H. Beck München: 41. Edition, Stand: 15.05.2019 (zitiert als „BeckOK-GG/*Bearbeiter*, Art. Rn.").

Erb, Volker: Legalität und Opportunität – Gegensätzliche Prinzipien der Anwendung von Strafrechtsnormen im Spiegel rechtstheoretischer, rechtsstaatlicher und rechtspolitischer Überlegungen, Duncker & Humblot Berlin: 1999.

Erb, Volker/Esser, Robert/Franke, Ulrich/Graalmann-Scheerer, Kirsten/Hilger, Hans/Ignor, Alexander (Hrsg.): Die Strafprozeßordnung und das Gerichtsverfassungsgesetz, Kommentar, Band Zwei (§§ 48 – 93), Walter de Gruyter Berlin: 27. Auflage 2017 (zitiert als „LR-StPO/*Bearbeiter*, Band 2, § Rn.").

Erb, Volker/Esser, Robert/Franke, Ulrich/Graalmann-Scheerer, Kirsten/Hilger, Hans/Ignor, Alexander (Hrsg.): Die Strafprozeßordnung und das Gerichtsverfassungsgesetz, Kommentar, Band Elf (EMRK, IPBPR), Walter de Gruyter Berlin: 26. Auflage 2012 (zitiert als „LR-EMRK/*Esser*, Art. Rn.").

Erb, Volker/Esser, Robert/Franke, Ulrich/Graalmann-Scheerer, Kirsten/Hilger, Hans/Ignor, Alexander (Hrsg.): Die Strafprozeßordnung und das Gerichtsverfassungsgesetz, Kommentar, Band Zwölf (Nachtrag), Walter de Gruyter Berlin: 26. Auflage 2014 (zitiert als „LR-StPO/*Bearbeiter*, Band 12, § Rn.").

Erbs, Georg/Kohlhaas, Max (Hrsg.): Strafrechtliche Nebengesetze, C.H. Beck München, 226. Ergänzungslieferung, Stand: August 2019.

Erhardt, Elmar: Strafrecht für Polizeibeamte, Kohlhammer Stuttgart: 5. Auflage 2016.

Esser, Robert: Anwendungsbereich der Grundrechtecharta – Konsequenzen der Bindungswirkung, in: *Jahn, Matthias/Radtke, Henning* (Hrsg.), Deutsche Strafprozessreform und Europäische Grundrechte – Herausforderungen auch an die Rechtsprechung des BGH in Strafsachen? – 5. Karlsruher Strafrechtsdialog am 12. Juni 2015, 55–90 (zitiert als „*Esser*, Anwendungsbereich der Grundrechtecharta, S.").

Esser, Robert: Auf dem Weg zu einem europäischen Strafverfahrensrecht, Die Grundlagen im Spiegel der Rechtsprechung des Europäischen Gerichtshofs für Menschenrechte (EGMR) in Straßburg, Walter De Gruyter Berlin: 2002 (zitiert als „*Esser*, Auf dem Weg zu einem europäischen Strafverfahrensrecht, S.").

Esser, Robert: Unternehmerische Fehlentscheidungen als Untreue – Plädoyer für den Erhalt einer strafrechtlichen Wertungsebene, NZWiSt 2018, 201–208.

Esser, Robert: Zur Bestellung des Verteidigers im Ermittlungsverfahren, in: *Esser, Robert/Günther, Hans-Ludwig/Jäger, Christian/Mylonopoulos, Christis/Ötztürk, Bahri* (Hrsg.), Festschrift für Hans-Heiner Kühne zum 70. Geburtstag, C.F. Müller Heidelberg 2013, 539–563.

Esser, Robert/Gaede. Karsten/Tsambikakis, Michael: Übersicht zur Rechtsprechung des EGMR in den Jahren 2010 bis 2011 (Teil 2), NStZ 2012, 619–625.

Esser, Robert/Rübenstahl, Markus/Saliger, Frank/Tsambikakis, Michael (Hrsg.): Wirtschaftsstrafrecht, Otto Schmidt Köln: 2017 (zitiert als: „ERST/*Bearbeiter*, § Rn.").

Eufinger, Alexander: Das Judikat des BGH zur Compliance und seine Bedeutung für die kartellrechtliche Verbandsgeldbuße, NZG 2018, 327–330.

Ewald, Christian: Ökonomie im Kartellrecht: Vom more economic approach zu sachgerechten Standards forensischer Ökonomie, ZWeR 2011, 15–47.

F

Fehl, Elske: Monetäre Sanktionen im deutschen Rechtssystem, Peter Lang Frankfurt/Main: 2002.

Fink, Gudrun: Gilt „nemo tenetur se ipsum accusare" auch für juristische Personen? – Zum Problem der Selbstbelastungsfreiheit anlässlich des Entwurfs eines „Verbandsstrafgesetzbuchs" –, wistra 2014, 457–463.

Flore, Ingo/Tsambikakis, Michael (Hrsg.): Steuerstrafrecht, Carl Heymanns Verlag Köln: 2013.

Flore, Ingo/Tsambikakis, Michael (Hrsg.): Steuerstrafrecht, Carl Heymanns Verlag Köln: 2. Auflage 2016.

Follert, Florian: Kriminalität und Strafrecht aus ökonomischer Sicht, ZStW 130 (2018), 420–437.

Franke, Ulrich: Ambivalente Wirkungen des Beschleunigungsgebotes nach Art. 6 Abs. 1 S. 1 EMRK, StV 2010, 433–436.

von Freier, Friedrich: Selbstbelastungsfreiheit für Verbandspersonen?. ZStW 122 (2010), 117–156.

Frisch, Wolfgang: Strafwürdigkeit, Strafbedürftigkeit und Straftatsystem, GA 2017, 364–382.

Frister, Helmut: Plädoyer für die Streichung der Vorschriften über die Unmittelbarkeit der Beweisaufnahme in: *Weßlau, Edda/Wohlers, Wolfgang* (Hrsg.), Festschrift für Gerhard Fezer zum 70. Geburtstag am 29.10.2008, Walter De Gruyter Berlin: 2008, 211–226.

Frister, Helmut: Strafrecht Allgemeiner Teil, C.H. Beck München: 8. Auflage 2018.

Fromm, Ingo E.: Aktueller Rechtsprechungsüberblick im Verkehrsordnungswidrigkeitenrecht, SVR 2016, 255–260.

Fromm, Ingo E.: Das Beweisantragsrecht in Verkehrsbußgeldverfahren, NJOZ 2015, 721–725.

Fromm, Ingo E.: Die Ablehnung des Bußgeldrichters wegen Besorgnis der Befangenheit, DAR 2009, 69–74.

Fromm, Ingo E.: Massentermine in Bußgeldverfahren, NJW 2012, 1131–1132.

Fromm, Ingo E.: Verstöße des Unternehmers gegen Lenk- und Ruhezeitenvorschriften, SVR 2015, 406–411.

Fromm, Ingo E.: Verteidigung in Straßenverkehrs-Ordnungswidrigkeitenverfahren, De-Gruyter Berlin: 2. Auflage 2015.

G

Gaede, Karsten: Sanktion durch Verfahren – Grenzen der Justizpflicht des Beschuldigten insbesondere in Wirtschaftsstrafverfahren, ZStW 129 (2017), 911–960.

Gänswein, Oliver/Hiéramente, Mayeul: Kartellstrafverfahren – Herausforderungen für die Unternehmensverteidigung, NZKart 2017, 502–508.

Gärditz, Klaus Ferdinand: Die gerichtliche Kontrolle behördlicher Tatsachenermittlung im europäischen Wettbewerbsrecht zwischen Untersuchungsmaxime und Effektivitätsgebot, AöR 2014, 139, 329–383.

Gärditz, Klaus Ferdinand: Strafprozeß und Prävention – Entwurf einer verfassungsrechtlichen Zuständigkeits- und Funktionenordnung, Mohr Siebeck Tübingen: 2003.

Gaier, Reinhard: Garantien des deutschen Verfassungsrechts bei Verhängung von Kartellgeldbußen, wistra 2014, 161–165.

Von Galen, Margarete/ Wattenberg, Andreas: Eckpunkte einer Reform des Strafverfahrens – Reform des reformierten Strafprozesses oder Gefahr für rechtsstaatliche Standards?, ZRP 2001, 445–450.

Gebhardt, Hans-Jürgen: Das verkehrsrechtliche Mandat, Band 1: Verteidigung in Verkehrsstraf- und Ordnungswidrigkeitenverfahren, Deutscher Anwalts Verlag Bonn: 8. Auflage 2015.

Gehm, Matthias H.: Kompendium Steuerstrafrecht, Erich Schmidt Verlag Berlin: 3. Auflage 2017.

Geiger, Thomas: Die Rechtsnatur der Sanktion, Duncker & Humblot Berlin: 2006.

Geiß, Robin: Europäischer Grundrechtsschutz ohne Grenzen?, DÖV 2014, 265–272.

Geppert, Klaus: Der Grundsatz der Unmittelbarkeit im deutschen Strafverfahren, Walter De Gruyter Berlin: 1978.

Gercke, Björn: Außerstrafrechtliche Nebenfolgen in Wirtschaftsstrafverfahren – ein Überblick, wistra 2012, 291–297.

Gerson, Oliver Harry: Das Recht auf Beschuldigung – Strafprozessuale Verfahrensbalance durch kommunikative Autonomie, Walter De Gruyter Berlin: 2016.

Gerson, Oliver Harry: Die elektronische Akte als kognitive Herausforderung für das Strafverfahren, StraFo 2017, 402–408.

Glöckner, Jochen: Kartellrecht – Recht gegen Wettbewerbsbeschränkungen, Kohlhammer Stuttgart: 2. Auflage 2017.

Göhler, Erich (Begr.): Gesetz über Ordnungswidrigkeiten, C.H. Beck München: 17. Auflage 2017 (zitiert als „Göhler/*Bearbeiter*, § Rn.“).

Göhler, Erich: Umfang der Aufklärungspflicht, Anmerkung zu OLG Düsseldorf, Beschluß vom 03.05.1991–5 Ss (OWi) 75/91 – (OWi) 37/91 I543, NStZ 1991, 542–544.

Göhler, Erich: Zum Gesetz über Ordnungswidrigkeiten, NStZ 1985, 62–67.

Göhler, Erich: Zur „Vereinfachung“ des Bußgeldverfahrens wegen Verkehrsordnungswidrigkeiten (Reformüberlegungen und Gesetzesinitiativen), DAR 1996, 182–192.

Gola, Peter (Hrsg.): Datenschutz-Grundverordnung VO (EU) 2016/679, C.H. Beck München: 2. Auflage 2018.

Golla, Sebastian J.: Das Opportunitätsprinzip für die Verhängung von Bußgeldern nach der DSGVO – Oder: How I Learned to Stop Worrying about Fines and Love the GDPR, CR 2018, 353–357.

Grabenwarter, Christoph/Pabel, Katharina: Europäische Menschenrechtskonvention, C.H. Beck München: 6. Auflage 2016.

Grabitz, Eberhard/Hilf, Meinhard/Nettesheim, Martin (Hrsg.): Das Recht der Europäischen Union: EUV, AEUV, Band 2, C.H. Beck München: 66. EL 2019 (zitiert als „Grabitz/*Bearbeiter*, § Rn.“).

Graf, Jürgen-Peter (Hrsg.): Beck'scher Online-Kommentar OWiG, C.H. Beck München: 24. Edition, Stand: 15.09.2019 (zitiert als „BeckOK-OWiG/*Bearbeiter*, § Rn.“).

Graf, Jürgen-Peter (Hrsg.): Beck'scher Online Kommentar StPO mit RiStBV und MiStra, C.H. Beck München: 35. Edition, Stand: 01.10.2019 (zitiert als „BeckOK-StPO/*Bearbeiter*, § Rn.“).

Graf, Jürgen-Peter/Jäger, Markus/Wittig, Petra (Hrsg.): Wirtschafts- und Steuerstrafrecht, C.H. Beck München: 2. Auflage 2017 (zitiert als „Graf/Jäger/Wittig/*Bearbeiter*, § Rn.“).

Grafunder, René/Gänswein, Oliver: Das Merkblatt des Bundeskartellamts zu Settlements, BB 2015, 968–972.

Greco, Luis: >>Fortgeleiteter Schmerz<< – Überlegungen zum Verhältnis von Prozessabsprache, Wahrheitsermittlung und Prozessstruktur, GA 2016, 1–15.

Greeve, Gina: Privatisierung behördlicher Ermittlungen, StraFo 2013, 89–96.

Große Strafrechtskommission des Deutschen Richterbundes: Bedarf es zur Effektivierung und Beschleunigung von Wirtschaftsstraf- und Kartellbußgeldverfahren einer Durchbrechung des Mündlichkeits- und Unmittelbarkeitsprinzips?, Ergebnisse der Sitzung vom 24. Bis 29. September 2012 in Worpswede (nicht veröffentlicht).

Grützner, Thomas: Unternehmensstrafrecht vs. Ordnungswidrigkeitenrecht, CCZ 2015, 56–62.

Grützner, Thomas/Boerger, Björn/Momsen, Carsten: Die „Dieselaffäre" und ihre Folgen für Compliance-Management-Systeme – Evolution durch Einbeziehung des Bereichs Produkt-Compliance in ein CMS (zB zum Zweck der Prävention produktbezogener Täuschungen), CCZ 2018, 50–63.

Grützner, Thomas/Jakob, Alexander (Hrsg.): Compliance von A – Z, C.H. Beck München: 2. Auflage 2015 (zitiert als „Grützner/Jakob/*Bearbeiter*, § Rn.").

Gusy, Christoph: Verfassungsfragen des Strafprozeßrechts, StV 2002, 153–160.

H

Haas, Volker: Strafbegriff, Staatsverständnis und Prozessstruktur – Zur Ausübung hoheitlicher Gewalt durch Staatsanwaltschaft und erkennendes Gericht im deutschen Strafverfahren, Mohr Siebeck Tübingen: 2008.

Haase, Mirko/Brouwer, Tobias: VCI/BCM-Position für ein moderneres Unternehmenssanktionsrecht, CCZ 2018, 276–281.

Habetha, Jörg: Übergehen >>unwahrscheinlicher<< Beweisanträge ohne Ablehnungsgrund – Zugleich Anmerkung zu BGH, Beschl. v. 03.11.2010, 1 StR 497/10, StV 2011, 239–245.

Hallmann, Amina: Gebundene Freiheit und strafrechtliche Schuld – Zur Reformbedürftigkeit des Schuldbegriffs vor dem Hintergrund neurowissenschaftlicher Erkenntnisse, Mohr Siebeck Tübingen: 2017.

Hamm, Rainer: Das Ende des formalisierten Dialogs im Beweisantragsrecht, StV 2018, 525–532.

Hamm, Rainer: Im Zweifel für den virtuellen Pranger? Das BVerfG, der Verbraucherschutz und die Unschuldsvermutung, NJW 2018, 2099–2103.

Hamm, Rainer: Richten mit und über Strafrecht, NJW 2016, 1537–1542.

Hamm, Rainer: Was wird aus der Hauptverhandlung nach Inkrafttreten des Verbrechensbekämpfungsgesetzes?, StV 1994, 456–459.

Hamm, Rainer/Gerhardt, Rudolf: Strafrecht als ultima ratio – Das Geständnis darf keine „Handelsware" sein, ZRP 2016, 59–61.

Hannich, Rolf (Hrsg.): Karlsruher Kommentar zur Strafprozessordnung mit GVG, EGGVG und EMRK, C.H. Beck München: 8. Auflage 2019 (zitiert als „KK-StPO/*Bearbeiter*, § Rn.").

Harrendorf, Stefan: Überlegungen zur materiellen Entkriminalisierung absoluter Bagatellen am Beispiel der Beförderungserschleichung und des Ladendiebstahls, NK 2018, 250–267.

Hassemer, Winfried: Die Basis des Wirtschaftsstrafrechts, wistra 2009, 169–174.

Hassemer, Winfried: Freiheitliches Strafrecht, Philo Berlin: 2001.

Hassemer, Winfried: Kennzeichen und Krisen des modernen Strafrechts, ZRP 1992, 378–383.

Hassemer, Winfried: Sicherheit durch Strafrecht, HRRS 2006, 130–143.

Hassemer, Winfried: Symbolisches Strafrecht und Rechtsgüterschutz, NStZ 1989, 553–559.

Haucap, Justus: Wettbewerbspolitischer Handlungsbedarf in der kommenden Legislaturperiode, WuW 2013, 1163.

Hauptgutachten XX. der Monopolkommission: Eine Wettbewerbsordnung für die Finanzmärkte, 2012/2013, abrufbar unter https://www.monopolkommission.de/images/PDF/HG/HG20/HG_XX_gesamt.pdf (zuletzt abgerufen am: 01.12.2019).

Haus, Klaus-Ludwig/Krumm, Carsten/Quarch, Matthias (Hrsg.): Gesamtes Verkehrsrecht, Nomos Baden-Baden: 2. Auflage 2017 (zitiert als: „NK-GVR/*Bearbeiter*, § Rn.“).

Hefendehl, Roland: Ordnungswidrigkeiten. Legitimation und Grenzen – Ein vergleichender Blick auf Deutschland und Chile, ZIS 2016, 636–645.

Heinrich, Bernd: Strafrecht Allgemeiner Teil, Kohlhammer Stuttgart: 6. Auflage 2019.

Heinrich, Thomas: Pflicht des Gerichts zur weiteren Aufklärung von Amts wegen bei Vorbringen von Anknüpfungstatsachen – Anmerkung zu OLG Bamberg, Beschluss vom 26.1.2011 (3 Ss OWi 2/2011), DAR 2011, 404–406.

Von Heintschel-Heinegg, Bernd (Hrsg.): Beck'scher Online Kommentar StGB, C.H. Beck München: 44. Edition, Stand: 01.11.2019 (zitiert als „BeckOK-StGB/*Bearbeiter*, § Rn.“).

Helmken, Dierk: Reformüberlegungen zur Mitwirkung der Staatsanwaltschaft im Ordnungswidrigkeitsverfahren, NZV 1997, 289–292.

Henssler, Martin/Hoven, Elisa/Kubiciel, Michael/Weigend, Thomas: Kölner Entwurf eines Verbandssanktionengesetzes, NZWiSt 2018, 1–10.

Hentschel, Peter/Krumm, Carsten: Fahrerlaubnis – Alkohol – Drogen im Straf- und Ordnungswidrigkeitenrecht, Nomos Baden-Baden: 7. Auflage 2018.

Herdegen, Gerhard: Was ist unter „Beweiswürdigung“ im Sinne von § 261 StPO zu verstehen? in: *Müller, Henning Ernst/Sander, Günther M./Valkova, Helena* (Hrsg.), Festschrift für Ulrich Eisenberg zum 70. Geburtstag, C.H. Beck München: 2009, 528–542.

Herrlinger, Justus: Das Kartellordnungswidrigkeitenverfahren zwischen Strafprozessordnung und Opportunitätsprinzip, ZWeR 2012, 137–156.

Herzog, Felix: Die Stellung zum Beweisantragsrecht als Indikator autokratischer und korporatistischer Vorstellungen vom Strafverfahren, StV 1994, 166–168.

Hiéramente, Mayeul/Pfister, Andreas: Einsicht in die Kartellakte – der strafprozessuale Bonner Sonderweg, BB 2016, 968–973.

Hillenkamp, Thomas: Zur Beobachtungs- und Nachbesserungspflicht des Gesetzgebers im Strafrecht in: *Müller, Henning Ernst/Sander, Günther M./Valkova, Helena* (Hrsg.), Festschrift für Ulrich Eisenberg zum 70. Geburtstag, C.H. Beck München: 2009, 301–320.

Himmelreich, Klaus/Halm, Wolfgang (Hrsg.): Handbuch des Fachanwalts Verkehrsrecht, Luchterhand Verlag Köln: 6. Auflage 2017 (zitiert als „Himmelreich/Halm/*Bearbeiter*, § Rn.").

Hintergrundpapier des Bundeskartellamtes: Kartellbußgeldverfahren zwischen deutschem Systemdenken und europäischer Konvergenz, Tagung des Arbeitskreises Kartellrecht am 4. Oktober 2012; abrufbar unter: https://www.bundeskartellamt.de/SharedDocs/Publikation/DE/Diskussions_Hintergrundpapier/Bundeskartellamt%20-%20Kartellbu%C3%9Fgeldverfahren%20zwischen%20deutschem%20Systemdenken%20und%20europ%C3%A4ischer%20Konvergenz.html (zuletzt abgerufen am: 23.05.2019).

Von Hirsch, Andreas: Eine retributive Rechtfertigung des Unternehmensstrafrechts?, NZWiSt 2016, 161–162.

Hohnel, Andreas (Hrsg.): Kapitalmarktstrafrecht, C.H. Beck München: 2013 (zitiert als „Hohnel/*Bearbeiter*, Teil, § Rn.").

Hombrecher, Lars: Strafbarkeit von Hardcore-Kartellen?, NZKart 2017, 143–149.

Hotz, Dominik: Kartelle im Lichte des Strafrechts, JuS 2017, 922–929.

Hoven, Elisa: Was macht Straftatbestände entbehrlich? – Plädoyer für eine Entrümpelung des StGB, ZStW 129 (2017), 334–348.

Hoven, Elisa/Weigend, Thomas: Praxis und Probleme des Verbandsstrafrechts in den USA, ZStW 130 (2018), 213–253.

Hoven, Elisa/Wimmer, Renate/Schwarz, Thomas/Schumann, Stefan: Der nordrhein-westfälische Entwurf eines Verbandsstrafgesetzes – Kritische Anmerkungen aus Wissenschaft und Praxis, Teil 2, NZWiSt 2014, 201–212.

Huckenbeck, Wolfgang/Krumm, Carsten: Täteridentifizierung durch Lichtbilder in der verkehrsrechtlichen Praxis, NZV 2017, 453–458.

Hübner, Roberta: Unbeachteter Vortrag – Verletzung rechtlichen Gehörs oder fehlende Begründung?, DStR 2018, 1410–1413.

Hüls, Silke/Reichling, Tilman (Hrsg.): Steuerstrafrecht, C.F. Müller Heidelberg: 2016 (zitiert als „Hüls/Reichling/*Bearbeiter*, § Rn.").

Hufen, Friedhelm: Verwaltungsprozessrecht, C.H. Beck München: 11. Auflage 2019.

Hummel, Karin: Amtshaftung im Kartellrecht – Zum Verschulden bei Fehlentscheidungen des Bundeskartellamts, Springer Verlag Berlin: 2016.

I

Ignor, Alexander/Matt, Holger: Integration und Offenheit im Strafprozeß – Vorschläge zu einer Reform des Strafverfahrens, StV 2002, 102–109.

Imme, Roxin: Compliance-Maßnahmen und Unternehmenssanktionierung de lege lata, ZIS 2018, 341–349.

Immenga, Ulrich: Strafrechtliche Sanktionen bei schweren Kartellverstößen?, NZKart 2016, 201–202.

Immenga, Ulrich/Mestmäcker, Ernst-Joachim (Begr.): EU-Wettbewerbsrecht, Band 1, C.H. Beck München: 6. Auflage 2019 (zitiert als „Immenga/Mestmäcker/*Bearbeiter*, EU-Wettbewerbsrecht, Band 1, § Rn.").

Immenga, Ulrich/Mestmäcker, Ernst-Joachim (Begr.): Wettbewerbsrecht, Band 2 GWB, Teil 1, C.H. Beck München: 5. Auflage 2014 (zitiert als „Immenga/Mestmäcker/*Bearbeiter*, Band 2, § Rn.").

Ionescu, Emanuel C.: Innerstaatliche Wirkungen des Vertragsverletzungsverfahrens, Mohr Siebeck Tübingen: 2016.

J

Jaeger, Thomas: System einer Europäischen Gerichtsbarkeit für Immaterialgüterrechte, Grundlagen – Struktur – Verfahren, Springer Verlag Berlin: 2013.

Jaeger, Wolfgang/Dicks, Heinz-Peter: Der Kartellsenat und der Vergabesenat des Oberlandesgerichts Düsseldorf in: *Paulsen, Anne-José* (Hrsg.), 100 Jahre Oberlandesgericht Düsseldorf, Festschrift, Berliner Wissenschafts-Verlag Berlin: 2006, 155–210.

Jahn, Matthias: Das partizipatorische Ermittlungsverfahren im deutschen Strafprozess – Theoretische Grundlagen und praktische Ausgestaltung, ZStW 115 (2003), 815–844.

Jahn, Matthias: Das verfassungsrechtliche Gebot bestmöglicher Sachaufklärung im Strafverfahren, GA 2014, 588–601.

Jahn, Matthias: Der Beweistransfer aus dem Ermittlungsverfahren in die Hauptverhandlung nach dem Modell des AE-Beweisaufnahme, StV 2015, 778–783.

Jahn, Matthias/Pietsch, Franziska: Der NRW-Entwurf für ein Verbandsstrafgesetzbuch – Eine Einführung in das Konzept und seine Folgefragen, ZIS 1/2015, 1–4.

Jahresbericht 2016 der Bundesanstalt für Finanzdienstleistungsaufsicht, Bundesanstalt für Finanzdienstleistungsaufsicht (Hrsg.), Bonn und Frankfurt am Main: Mai 2017.

Jenne, Moritz/Martens, Jan Henning: Compliance-Management-Systeme sind bei der Bußgeldbemessung nach § 30 OWiG zu berücksichtigen – Anmerkung zu BGH, Urteil vom 9.5.2017–1 StR 265/16, CCZ 2017, 285–288.

Jüttner, Markus: Die 42 der Compliance – Das Kriterium der Wirksamkeit eines Compliance Management Systems, CCZ 2018, 168–170.

Julius, Karl-Peter: Zum Verhältnis von Aufklärungspflicht und Beweisantragsrecht im Strafprozeß, NStZ 1986, 61–64.

Jungheim, Stephanie: Medienordnung und Wettbewerbsrecht im Zeitalter der Digitalisierung und Globalisierung, Mohr Siebeck Tübingen: 2012.

Just, Clemens/Voß, Thorsten/Ritz, Corinna/Becker, Ralf (Hrsg.): Wertpapierhandelsgesetz, C.H. Beck München: 2015 (zitiert als „Just/Voß/*Bearbeiter*, § Rn.").

K

Kallfaß, Gunnar: Durchsetzung des Unionsrechts in den Mitgliedsstaaten – am Beispiel des Kartellrechts, EuR 2018, 175–191.

Kamann, Hans-Georg/Ohlhoff, Stefan/Völcker, Sven (Hrsg.): Kartellverfahren und Kartellprozess – Handbuch, C.H. Beck München: 2017 (zitiert „Kamann/Ohlhoff/Völcker/*Bearbeiter*, § Rn.").

Kapp, Thomas: Kartellrecht in der Unternehmenspraxis – Was Unternehmer und Manager wissen müssen, Springer Verlag Berlin: 3. Auflage 2018.

Kark, Andreas: Compliance-Risikomanagement – Früherkennung, Prävention und operative Umsetzung, C.H. Beck München: 2013.

Karlsruher Kommentar zum Gesetz über Ordnungswidrigkeiten: Mitsch, Wolfgang (Hrsg.), C.H. Beck München: 5 Auflage 2018 (zitiert als „KK-OWiG/*Bearbeiter*, § Rn.").

Karpenstein, Ulrich/Mayer, Franz C. (Hrsg.): Konvention zum Schutz der Menschenrechte und Grundfreiheiten, C.H. Beck München: 2. Auflage 2015 (zitiert als „Karpenstein/Mayer/*Bearbeiter*, Art. Rn.").

Kasiske, Peter: Strafrecht II: Wirtschaftsstrafrecht, Kohlhammer Stuttgart: 2013.

Kassebohm, Nils: Das Ende des Papierzeitalters – Gesetz zur Einführung der elektronischen Akte in Strafsachen vom 12.7.2017, StraFo 2017, 393–402.

Katholnigg, Oskar: Das Gesetz zur Änderung des Gesetzes über Ordnungswidrigkeiten und anderer Gesetze, NJW 1998, 568–572.

Kaul, Maximilian: Gegenwärtige Effektivitätshindernisse der Kartellrechtsdurchsetzung durch die rechtliche Ausgestaltung der Kronzeugenregelungen im unionalen und deutschen Kartellrecht, ZEuS 2018, 269–287.

Kay, Wolfgang/Keller, Christoph: Bußgeldverfahren – Eingriffsbefugnisse der Verwaltungsbehörden und der Polizei im Ermittlungsverfahren, Kohlhammer Stuttgart: 2016.

Keller, Rolf/Schmid, Wolfgang: Möglichkeiten der Verfahrensbeschleunigung in Wirtschaftsstrafsachen, wistra 1984, 201–209.

Kempf, Eberhard: Das neue Ordnungswidrigkeitenverfahren, StV 1986, 364–367.

Kerl, Hermann-Jürgen: Das Opportunitätsprinzip als Magd des Legalitätsprinzips, ZRP 1986, 312–317.

Kiehne, Nadja: Zur Entscheidungsnützlichkeit von Zwischenberichten – Eine kritische Würdigung vor dem Hintergrund der IFRS-Rechnungslegung und der aktuellen Corporate Governance, Springer Verlag Berlin: 2012.

Kindhäuser, Urs/Neumann, Ulfrid/Paeffgen, Hans-Ullrich (Hrsg.): Strafgesetzbuch, Nomos Baden-Baden: 5. Auflage 2017 (zitiert als „NK-StGB/*Bearbeiter*, § Rn.").

Kindhäuser, Urs/Schumann, Kay H.: Strafprozessrecht, Nomos Baden-Baden: 5. Auflage 2019.

Kingreen, Thorsten: Ne bis in idem: Zum Gerichtswettbewerb um die Deutungshoheit über die Grundrechte – Anmerkung zur Entscheidung des EuGH vom 26.2.2013 (C-617/10), EuR 2013, 446–453.

Kirch-Heim, Claudio: Sanktionen gegen Unternehmen, Rechtsinstrumente zur Bekämpfung unternehmensbezogener Straftaten, Duncker & Humblot Berlin: 2007.

Kirchner, Christian: Rechtliche Rahmenbedingungen für Kooperationen: Eine kritische Analyse des deutschen und europäischen Wettbewerbs- und Kartellrechts in: *Engelhard, Johann/Sinz, Elmar J.* (Hrsg.): Kooperation im Wettbewerb, Neue Formen und Gestaltungskonzepte im Zeichen von Globalisierung und Informationstechnologie, Springer Verlag Berlin: 1999, 445–478 (zitiert als „*Kirchner*, Kooperationen, S.").

Kirchner, Juliane: Das Selbstleseverfahren – Blackbox der Beweisaufnahme, StraFo 2015, 52–59.

Klein, Marvin: Friedensgrüße aus Luxemburg: Neue Entwicklungen im europäischen Grundrechteverbund, DÖV 2018, 605–612.

Klein, Nico C.: Die Beratungsprotokollpflicht im System des europarechtlich determinierten Anlegerschutzes, Mohr Siebeck Tübingen: 2015.

Kleine, Maxim: Nicht effiziente Compliance Management Systeme sind bußgelderhöhend zu berücksichtigen, CCZ 2017, 241.

Kleinheisterkamp, Daniela: Kreditwesengesetz und Strafverfahren, Zur Bedeutung des „nemo tenetur"-Prinzips für das bankaufsichtliche Verfahren, Mohr Siebeck Tübingen: 2010.

Klement, Jan Henrik: Wettbewerbsfreiheit, Bausteine einer europäischen Grundrechtstheorie, Mohr Siebeck Tübingen: 2015.

Klemke, Olaf/Elbs, Hansjörg: Einführung in die Praxis der Strafverteidigung, C.F. Müller Heidelberg: 4. Auflage 2019.

Klesczewski, Diethelm: Ordnungswidrigkeitenrecht, Franz Vahlen München: 2. Auflage 2016 (zitiert als „*Klesczewski*, § Rn.").

Klockner, Peter/Ost, Konrad: Nach der Novelle ist vor der Novelle – Themen einer 8. GWB-Novelle in: *Brinker, Ingo/Scheuing, Dieter H./Stockmann, Kurt* (Hrsg.), Recht und Wettbewerb, Festschrift für Rainer Bechtold zum 65. Geburtstag, C.H. Beck München: 2006, 229–251.

Knapp, Wolfgang: Recht der Ordnungswidrigkeiten, JuS 1979, 609–618.

Knierim, Thomas C./Rübenstahl, Markus/Tsambikakis, Michael (Hrsg.): Internal Investigations, Ermittlungen im Unternehmen, C.F. Müller Heidelberg: 2. Auflage 2016.

Knops, Kai-Oliver/Korff, Niklas/Lassen, Malte: Bank- und Kapitalmarktrecht, Kohlhammer Stuttgart: 2012.

Koch, Alexander: Verwaltungssanktionen im europäischen und niederländischen Kartellrecht, Universitätsverlag Osnabrück Göttingen: 2011.

Koehl, Felix: Fahrtenbuchauflage, SVR 2018, 94–99.

Kölbel, Ralf: Kriminologischer Kommentar zum Kölner Entwurf eines Verbandssanktionengesetzes, NZWiSt 2018, 407–412.

Kölner Kommentar zum Kartellrecht, *Busche, Jan/Röhling, Andreas* (Hrsg.), Band 2, Deutsches Kartellrecht, Carl Heymanns Verlag Köln: 2015 (zitiert als „KK-Kartellrecht/*Bearbeiter*, Band 2, § Rn.").

Kopp, Ferdinand O. (Begr.)/*Schenke, Wolf-Rüdiger* (Hrsg.): Verwaltungsgerichtsordnung, C.H. Beck München: 24. Auflage 2018.

Korte, Matthias: Aus der Rechtsprechung zum Gesetz über Ordnungswidrigkeiten – 2005 –, NStZ 2007, 21–28.

Korte, Matthias: Verbandsstrafrecht zwischen Wissenschaft und Politik, NZWiSt 2018, 393–398.

Krauß, Katharina: Kurzbericht: Sanktionen gegen kartellbeteiligte Unternehmensangehörige in der Praxis des Bundeskartellamtes, NZKart 2017, 179–180.

Krausbeck, Matthias: Konfrontative Zeugenbefragung – Vorgaben des Art. 6 Abs. 3 lit. d EMRK für das deutsche Strafverfahren, Mohr Siebeck Tübingen: 2010.

Krekeler, Wilhelm: Brauchen wir ein Unternehmensstrafrecht? in: *Ebert, Udo/Rieß, Peter/Roxin, Claus/Wahle, Eberhard* (Hrsg.), Festschrift für Ernst-Walter Hanack zum 70. Geburtstag, Walter de Gruyter Berlin: 1999, 639–663.

Krenberger, Benjamin/Krumm, Carsten (Hrsg.): Ordnungswidrigkeitengesetz, C.H. Beck München: 5. Auflage 2018.

Kreuzer, Arthur: Kriminalpolitische Kurskorrekturen durch die neue Bundesregierung? – Kein Weiter-So mit steten Strafrechtsausweitungen, NK 2018, 141–156.

Krey, Volker/Esser, Robert: Deutsches Strafrecht Allgemeiner Teil, Kohlhammer Stuttgart: 6. Auflage 2016 (zitiert als „*Krey/Esser*, § Rn.").

Krönke, Christoph: Die Verfahrensautonomie der Mitgliedstaaten der Europäischen Union, Mohr Siebeck Tübingen: 2013.

Kröpil, Karl: Alternativ-Entwurf Beweisaufnahme und das strafprozessuale Verfahrensziel, JR 2015, 611–616.

Krüger, Hans-Wilhelm: Öffentliche und private Durchsetzung des Kartellverbots von Art. 81 EG – Eine rechtsökonomische Analyse in: Ökonomische Analyse des Rechts (Hrsg.: *Behrens, Peter/Holler, Manfred/Ott, Claus/Schäfer, Hans-Bernd*), Deutscher Universitäts-Verlag Wiesbaden: 2007 (zitiert als „*Krüger*, Kartellverbot, S.").

Krüger, Jochen: Probleme der anwaltlichen Interessenvertretung im Ordnungswidrigkeiten-Verfahren – Überlegungen zur Reform des Bußgeldverfahrens, NJW 1981, 1642–1649.

Krumm. Carsten: Besoldung als Schmerzensgeld – Vorschläge für eine Reform des gerichtlichen Ordnungswidrigkeitenverfahrens, ZRP 2004, 85–87.

Krumm, Carsten: Bußgeldverfahren wegen „Nicht angepasster Geschwindigkeit" – keine Auffang-OWi!, DAR 2018, 710–713.

Krumm, Carsten: Grundlagen der straßenverkehrsrechtlichen Verwarnung und des Verwarnungsverfahrens, NJ 2018, 144–148.

Krumm. Carsten: OWi-Zwischenverfahren – das unbekannte Wesen, NJ 2017, 187–190.

Krumm, Carsten: Rechtsstaatswidrige Verfahrensverzögerung als Problem des Bußgeldverfahrens, DAR 2010, 612–613.

Krumm, Carsten: Verteidigung bei standardisierten Messverfahren, SVR 2013, 18–22.

Krumm, Carsten: Verteidigung im OWi-Zwischenverfahren ... in 10 Punkten, ZfS 2011, 487–491.

Krumm, Carsten/Kuhnert, Sven/Staub, Carsten/Weber, Klaus: Straßenverkehrssachen – Basiswissen, Strategien, Arbeitshilfen, C.H. Beck München: 2. Auflage 2016 (zitiert als „Krumm/Kuhnert/Staub/Weber/*Bearbeiter*, § Rn.").

Kubiciel, Michael: Datenschutz-Grundverordnung: Verfolgungszwang und Sanktionierungspflicht im Bußgeldverfahren?, jurisPR-StrafR 14/2018 (Hrsg. *Kubiciel*, Michael) Anm. 1.

Kubiciel, Michael: Die deutschen Unternehmensgeldbußen: Ein nicht wettbewerbsfähiges Modell und seine Alternativen, NZWiSt 2016, 178–181.

Kubiciel, Michael: Unentbehrliches Wirtschaftsstrafrecht, entbehrliche Tatbestände, ZStW 129 (2017), 473–491.

Kubicki, Philipp: Aktueller Begriff – Europa, Bindung der Mitgliedsstaaten an EU-Grundrechte und EuGH, Rs. C-617/10 (Åkerberg Fransson), Wissenschaftlicher Dienst des Deutschen Bundestags, abrufbar unter: https://www.bundestag.de/blob/194076/93a2329b98d1b1201c3f816565cdb870/bindung_der_mitgliedstaaten_an_eu-grundrechte_und_eugh-data.pdf (zuletzt abgerufen am 23.05.2019).

Kudlich, Hans/Oglakcioglu, Mustafa Temmuz: Wirtschaftsstrafrecht, C.F. Müller Heidelberg: 2. Auflage 2014.

Kühl, Kristian: Von der gerechten Strafe zum legitimen Bereich des Strafbaren – Eine Wegbeschreibung aus Anlass neuer Entscheidungen des Bundesverfassungsgerichts in: *Bloy, René/Böse, Martin/Hillenkamp, Thomas/Momsen, Carsten/Rackow, Peter* (Hrsg.), Gerechte Strafe und legitimes Strafrecht, Festschrift für Manfred Maiwald zum 75. Geburtstag, Duncker & Humblot Berlin: 2010, 433–450.

Kühling, Jürgen/Buchner, Benedikt (Hrsg.): Datenschutz-Grundverordnung/BDSG, C.H. Beck München: 2. Auflage 2018.

Kuhlen, Lothar: Grundfragen von Compliance und Strafrecht in: *Kuhlen, Lothar/Kudlich, Hans/Ortiz de Urbina, Inigo* (Hrsg.) Compliance und Strafrecht, C.F. Müller Heidelberg: 2013, 1–25.

Kurzböck, Christoph/Weinbeck, Kathrin: DSGVO-Verstöße im Betriebsratbüro – wer haftet?, BB 2018, 1652–1655.

Kutschaty, Thomas: Der Entwurf für ein Verbandsstrafgesetzbuch, comply 2015, 14–16.

Kutschaty, Thomas: Deutschland braucht ein Unternehmensstrafrecht, ZRP 2013, 74–75.

Kwaschik, Annett: Die Parteivernehmung und der Grundsatz der Waffengleichheit im Zivilprozess – Zugleich ein Beitrag zur Konkretisierung von Rechtsprinzipien, Mohr Siebeck Tübingen: 2004.

L

Lagodny, Otto: Strafrecht vor den Schranken der Grundrechte – Die Ermächtigung zum strafrechtlichen Vorwurf im Lichte der Grundrechtsdogmatik dargestellt am Beispiel der Vorfeldkriminalisierung, Mohr Siebeck Tübingen: 1996.

Landau, Herbert: Alternativ-Entwurf Reform des Ermittlungsverfahrens, ZRP 2002, 136–137.

Landau, Herbert: Chancen und Risiken einer Reform des Strafverfahrens, ZRP 2004, 146–150.

Leichthammer, Philip Wulf: Verteidigung in Verkehrsbußgeldsachen: Anspruch auf Messunterlagen, NJW 2018, 3760–3762.

Leipold, Klaus: Braucht Deutschland ein Unternehmensstrafrecht?, StraFo 2017, 217–222.

Leitner, Werner/Rosenau, Henning (Hrsg.): Wirtschafts- und Steuerstrafrecht, Nomos Baden-Baden: 2017 (zitiert als „Leitner/Rosenau/*Bearbeiter*, § Rn.“).

Lemke, Michael/Mosbacher, Andreas (Hrsg.): Ordnungswidrigkeitengesetz, C.F. Müller, Heidelberg: 2. Auflage 2005.

Letzgus, Klaus: Der neue Straftatbestand der Zwangsheirat, FPR 2011, 451–456.

Liebhart, Christian: Das Beschleunigungsgebot in Strafsachen – Grundlagen und Auswirkungen, NStZ 2017, 254–262.

Lippert, André: Der grenzüberschreitende Sachverhalt im Unionsrecht – Eine Analyse anhand der Rechtsprechung des Europäischen Gerichtshofs zu den Kontrollkompetenzen, Mohr Siebeck Tübingen: 2013.

Loewenheim, Ulrich/Meessen, Karl M./Riesenkampff, Alexander/Kersting, Christian/Meyer-Lindemann, Hans-Jürgen (Hrsg.): Kartellrecht, C.H. Beck München: 3. Auflage 2016 (zitiert als „Loewenheim/*Bearbeiter*, § Rn.").

Lorenzmeier, Stefan: Kartellrechtliche Geldbußen als strafrechtliche Anklage im Sinne der Europäischen Menschenrechtskonvention, ZIS 2008, 20–30.

Ludovisy, Michael/Eggert, Christoph/Burhoff, Detlef (Hrsg.): Praxis des Straßenverkehrsrechts, ZAP-Verlag Köln: 6. Auflage 2015 (zitiert als „Ludovisy/Eggert/Burhoff/*Bearbeiter*, § Rn.").

Lübbig, Thomas: Die freiheitliche Grundordnung in der Europäischen Union, WuW 2012, 376–381.

M

Mäger, Thorsten: Dürfen im deutschen Bußgeldverfahren mitten im Spiel die Regeln geändert werden?, WuW 2018, 293.

Mager, Ute: Einrichtungsgarantien – Entstehung, Wurzeln, Wandlungen und grundgesetzmäßige Neubestimmung einer dogmatischen Figur des Verfassungsrechts, Mohr Siebeck Tübingen: 2003.

Maiazza, Robert: Das Opportunitätsprinzip im Bußgeldverfahren unter besonderer Berücksichtigung des Kartellrechts, Centaurus-Verlag Herbolzheim: 2003.

Mantovani, Ferrando: Feindstrafrecht, Freundstrafrecht, Feind des Strafrechts und Freund des Strafrechts in: *Vormbaum, Thomas* (Hrsg.)/*Asholt, Martin* (Mit.): Kritik des Feindstrafrechts, Rechtsgeschichte und Rechtsgeschehen, Band 9, Lit Verlag Berlin: 2009, 141–168.

Manzel, Martin: Das Recht auf Verteidigerkonsultation im deutschen und türkischen Wehrdisziplinarrecht im Lichte der Vorgaben des Art. 6 EMRK, Berliner Wissenschafts-Verlag Berlin: 2018.

Martín, Adán Nieto: Grundlegende Probleme von Compliance und Strafrecht in: *Kuhlen, Lothar/Kudlich, Hans/Ortiz de Urbina, Inigo* (Hrsg.), Compliance und Strafrecht, C.F. Müller Heidelberg: 2013, 27–55.

Maume, Philipp: Staatliche Rechtsdurchsetzung im deutschen Kapitalmarktrecht: eine kritische Bestandsaufnahme, ZHR 2016 (180), 358–359.

Maunz, Theodor/Dürig, Günter (Begr.): Grundgesetz, Band III, Art. 16–22, C.H. Beck München: Lfg. 88, August 2019 (zitiert als „Maunz/Dürig/*Bearbeiter*, Band III, Art. Rn.").

Maunz, Theodor/Dürig, Günter (Begr.): Grundgesetz, Band V, Art. 54–85, C.H. Beck München: Lfg. 88, August 2019 (zitiert als „Maunz/Dürig/*Bearbeiter*, Band V, Art. Rn.").

Maunz, Theodor/Dürig, Günter (Begr.): Grundgesetz, Band VI, Art. 86–106b, C.H. Beck München: Lfg. 88, August 2019 (zitiert als „Maunz/Dürig/*Bearbeiter*, Band VI, Art. Rn.").

May, Ulrich/Vogt, Wolfgang (Hrsg.): Lexikon Straßenverkehrsrecht, C.H. Beck München: 2016 (zitiert als „May/Vogt/*Bearbeiter*, § Rn.").

Mende, Larissa: Das Deutsche Kartellbußgeldverfahren – Vom reformierten Strafprozess zum modernen Wirtschaftsstrafverfahren, Nomos Baden-Baden: 2018.

Meßmer, Stefan/Bernhard, Jochen (Hrsg.): Praxishandbuch Kartellrecht im Unternehmen, Walter de Gruyter Berlin: 2. Auflage 2018 (zitiert als „Meßmer/Bernhard/*Bearbeiter*, Rn.").

Meurer-Meichsner, Dorothea: Untersuchungen zum Gelegenheitsgesetz im Strafrecht – Zugleich ein Betrag zu § 316a StGB (Autostraßenraub), Duncker & Humblot Berlin: 1974.

Meyer, Dieter: Zum Ansatz von Dolmetscherkosten bei dem kostenpflichtig verurteilten sprachunkundigen Ausländer im Straf- und Bußgeldverfahren – Erledigung eines Meinungsstreits durch die Entscheidung des „Europäischen Gerichtshofs für Menschenrechte" vom 23.10.1978, JurBüro 1980, 322–326.

Meyer, Torsten: Der Beweisantrag im Verkehrsordnungswidrigkeitenverfahren (insbesondere Geschwindigkeits-, Abstands-, Rotlichtverstöße), DAR-Extra 2011, 744–748.

Meyer-Goßner, Lutz/Schmitt, Bertram (Hrsg.): Strafprozessordnung – Gerichtsverfassungsgesetz, Nebengesetze und ergänzende Bestimmungen, C.H. Beck München: 62. Aufl. 2019 (zitiert als „Meyer-Goßner/Schmitt/*Bearbeiter*, § Rn.").

Meyer-Ladewig, Jens/Nettesheim, Martin/von Raumer, Stefan (Hrsg.): Europäische Menschenrechtskonvention, Nomos Baden-Baden: 4. Auflage 2017 (zitiert als „Meyer-Ladewig/*Bearbeiter*, Art. Rn.").

Meyer-Lohkamp, Jes/Hübner, Joseph: Bonusregelung und Selbstbelastungsfreiheit – unauflösbare Widersprüche bei Kartellstraftaten?, ZWH 2016, 99–104.

Michalke. Regina: „Best Criminal Compliance" im Unternehmen – eine „Falle" für Beschuldigte und Betroffene im Straf- und Bußgeldverfahren?, ZIS 2018, 334–340.

Milej, Tomasz: Rechtsprechung als Dialog – Zur Entwicklung des Rechts auf ein faires Strafverfahren in der polnischen Verfassungsrechtsprechung mit Blick auf die Entscheidungspraxis des EGMR und ausländischer Verfassungsgerichte, Berliner Wissenschafts-Verlag Berlin: 2007.

Minoggio, Ingo: Das Schweigerecht der juristischen Person als Nebenbeteiligte im Strafverfahren, wistra 2003, 121–129.

Mitsch, Wolfgang: Recht der Ordnungswidrigkeiten, Springer Verlag Berlin Heidelberg: 2. Auflage 2005.

Möschel, Wernhard: Geldbußen im europäischen Kartellrecht, DB 2010, 2377–2381.

Möschel, Wernhard: Kartellgeldbußen und Artikel 92 Grundgesetz, WuW 2010, 869–877.

Momsen, Carsten/Grützner, Thomas: Gesetzliche Regelung unternehmensinterner Untersuchungen – Gewinn an Rechtsstaatlichkeit oder unnötige Komplikation?, CCZ 2017, 242–253.

Momsen, Carsten/Grützner, Thomas (Hrsg.): Wirtschaftsstrafrecht, C.H. Beck München: 2013 (zitiert als „Momsen/Grützner/*Bearbeiter*, S.").

Momsen, Carsten/Willumat, Marco: Ergänzungsrichter, der Grundsatz des gesetzlichen Richters und das Beschleunigungsgebot – Sind Ergänzungsrichter und -schöffen zum Urteil berufene Personen iSd § 229 III 1 Alt. 2 StPO?, NStZ 2018, 369–373.

Moosmayer, Klaus: Straf- und bußgeldrechtliche Aspekte des Wertpapiererwerbs- und Übernahmegesetzes, wistra 2004, 401–407.

Mosbacher, Andreas: Der Grundsatz des fairen Verfahrens in der Rechtsprechung des BGH – eine Skizze mit einigen Fallbeispielen, GA 2018, 195–201.

Mosbacher, Andreas: Fristsetzung für Beweisanträge, NStZ 2018, 9–14.

Moser, Melanie: Konzernhaftung bei Kartellrechtsverstößen – Haftet eine Muttergesellschaft auch zivilrechtlich für ihre Töchter?, Nomos Baden-Baden: 2017.

Mühle, Jan/Weitbrecht, Andreas: Die Entwicklung des europäischen Kartellrechts 2017, EuZW 2018, 181–188.

Mühlenfeld, Leonhard: Die informelle Strafe im deutschen und europäischen Wirtschaftsstrafrecht, Wissenschaftlicher Verlag Berlin: 2010.

Müller-Gugenberger, Christian (Hrsg.): Wirtschaftsstrafrecht, Handbuch des Wirtschaftsstraf- und Ordnungswidrigkeitenrechts, Otto Schmidt Köln: 6. Auflage 2015 (zitiert als „Müller-Gugenberger/*Bearbeiter*, § Rn.").

Münchener Kommentar zum StGB, *Joecks, Wolfgang/Miebach, Klaus* (Hrsg.), Band 1, §§ 1–37 StGB, C.H. Beck München: 3. Auflage 2017 (zitiert als „MüKo-StGB/*Bearbeiter*, Band 1, § Rn.").

Münchener Kommentar zum StGB, *Joecks, Wolfgang/Miebach, Klaus* (Hrsg.), Band 2, §§ 38–79b StGB, C.H. Beck München: 3. Auflage 2016 (zitiert als „MüKo-StGB/*Bearbeiter*, Band 2, § Rn.").

Münchener Kommentar zum StGB, *Joecks, Wolfgang/Miebach, Klaus* (Hrsg.), Band 5, §§ 263–358 StGB, C.H. Beck München: 3. Auflage 2019 (zitiert als „MüKo-StGB/*Bearbeiter*, Band 5, § Rn.").

Münchener Kommentar zur StPO, *Knauer, Christoph/Kudlich, Hans/Schneider, Hartmut* (Hrsg.), Band 1, §§ 1–150 StPO, C.H. Beck München: 2014 (zitiert als „MüKo-StPO/*Bearbeiter*, Band 1, § Rn.“).

Münchener Kommentar zur StPO, *Knauer, Christoph/Kudlich, Hans/Schneider, Hartmut* (Hrsg.), Band 2, §§ 151 – 332 StPO, C.H. Beck München: 2016 (zitiert als „MüKo-StPO/*Bearbeiter*, Band 2, § Rn.“).

Münchener Kommentar zur StPO, *Knauer, Christoph/Kudlich, Hans/Schneider, Hartmut* (Hrsg.), Band 3–2, GVG – EGGVG – EMRK – EGStPO – EGStGB – ZSHG – StrEG – JGG – G 10 – AO, C.H. Beck München: 2018 (zitiert als „MüKo-StPO/*Bearbeiter*, Band 3–2, § Rn.“).

Mundt, Andreas: Der Koalitionsvertrag und der Wettbewerb, WuW 2018, 233.

N

N'toumon, N'kouano Anasthasie: Das kartellrechtliche Sanktionensystem der UEMOA, ZStW 130 (2018), 909–944.

Neef, Andreas: Kartellrecht, C.F. Müller Heidelberg: 2008.

Nelles, Ursula/Velten, Petra: Einstellungsvorschriften als Korrektiv für unverhältnismäßige Strafgesetze?, NStZ 1994, 366–370.

Nestler, Nina: Bank- und Kapitalmarktstrafrecht, Springer Verlag Berlin: 2017.

Noak, Torsten: Einführung ins Ordnungswidrigkeitenrecht – Teil 3* Bußgeldverfahren, ZJS 2012, 458–466.

Nobis, Frank: Strafrecht in Zeiten des Populismus, StV 2018, 453–464.

Nöckel, Anja: Grund und Grenzen eines Marktwirtschaftsstrafrechts, C.F. Müller Heidelberg: 2012 (zitiert als „*Nöckel*, Marktwirtschaftsstrafrecht, Rn.“).

Noltenius, Bettina: Die Europäische Idee der Freiheit und die Etablierung eines Europäischen Strafrechts – Zum Zusammenhang von freiheitlicher Rechtsverfassung und Strafe, Duncker & Humblot Berlin: 2017.

Noltenius, Bettina: Grenzenloser Spielraum des Gesetzgebers im Strafrecht? Kritische Bemerkungen zur Inzestentscheidung des Bundesverfassungsgerichts vom 26. Februar 2008, ZJS 1/2009, 15–21.

Noltenius, Bettina: „Verhältnismäßige“ Gerechtigkeit im Strafmaß? Zugleich eine Anmerkung zu LG Itzehoe, Beschluss vom 12. März 2009, HRRS 2009 Nr. 362, 499–509.

Noltenius, Bettina: Zur Legitimationseinheit von materiellem Strafrecht und Strafverfahren in Hegels Rechtsphilosophie, in: *Kubiciel, Michael/Pawlik, Michael/-Seelmann, Kurt* (Hrsg.), Hegels Erben?, Mohr Siebeck Tübingen: 2017.

Nothdurft, Jörg: Ökonomie vor Gericht, Richterliche Überprüfung wirtschaftlicher Fragen im deutschen und europäischen Kartellverwaltungsprozess in: *Müller,*

Gerda/Osterloh, Eilert/Stein, Torsten (Hrsg.), Festschrift für Günter Hirsch zum 65 Geburtstag, C.H. Beck München: 2008, 285–300.

O

Ost, Konrad: Die Regelung der Rechtsnachfolge und weitere Neuerungen im Kartellordnungswidrigkeitenrecht durch die 8. GWB Novelle in: *Bien, Florian* (Hrsg.): Das deutsche Kartellrecht nach der 8. GWB-Novelle, Nomos Baden-Baden: 2013, 303–308.

Ost, Konrad: Die Richtlinie 1/2019: Ein Meilenstein für die Rechtsdurchsetzung im European Competition Network, NZKart 2019, 69–70.

Ost, Konrad/Breuer, Ludger: Behördliche und gerichtliche Bußgeldzumessung im Kartellrecht: Fakten und Mythen, NZKart 2019, 119–126.

Ost, Konrad/Kallfaß, Gunnar/Roesen, Katrin: Einführung einer Unternehmensverantwortlichkeit im deutschen Kartellsanktionenrecht – Anmerkungen zum Entwurf der 9. GWB-Novelle, NZKart 2016, 447–458.

Ostendorf, Heribert: Reform des Ordnungswidrigkeitenrechts, ZRP 1994, 335–338.

Otto, Harro: Grundkurs Strafrecht – Allgemeine Strafrechtslehre, Walter De Gruyter Berlin: 7. Auflage 2004.

P

Park, Tido (Hrsg.): Kapitalmarktstrafrecht, Nomos Baden-Baden: 4. Auflage 2017 (zitiert als „Park/*Bearbeiter*, § Rn.“).

Parlato, Lucia: Ein Blick auf den italienischen Strafprozess: Vorbild oder abschreckendes Beispiel? Die aktuelle Situation und Gedanken zur Reform, ZIS 2012, 513–520.

Patzig, Werner: Landesgesetzgeber und Ordnungswidrigkeitenrecht (I) – Tendenzen und Probleme, DÖV 1956, 261–265.

Peter, Frank F./Kramer, Ralph: Steuerstrafrecht – Grundlagen – Anwendungsfelder – Musterfälle, Springer Verlag Berlin: 2009.

Petermann, Stefan: Die Bedeutung von Compliance-Maßnahmen für die Sanktionsbegründung und -bemessung im Vertragskonzern, Nomos Baden-Baden: 2015.

Peters, Anne/Altwicker, Tilmann: Europäische Menschenrechtskonvention – Mit rechtsvergleichenden Bezügen zum deutschen Grundgesetz. C.H. Beck München: 2. Auflage 2012.

Petersohn, Nadine: Die Abhängigkeit von Geldbußtatbeständen von einer Einzelentscheidung der Verwaltungsbehörden – Dargestellt am Beispiel der verwaltungsaktsakzessorischen Kartellordnungswidrigkeiten im Sinne des § 81 Abs. 2 Nr. 1, 2 lit. a, 2 lit. b, 5 und 6 GWB, V&R unipress Göttingen: 2006.

Petri, Dirk: Mitarbeiterüberwachung 4.0. im Lichte der neuen Bußgeldrisiken der DSGVO – Zugleich eine Anmerkung zu BAG NJW 2017, 3258, StraFo 2018, 231–238.

Pfeiffer, Gerd (Hrsg.): Strafprozessordnung, C.H. Beck München: 5. Auflage 2005.

Pichler, Philipp/Klar, Manuel: Rechtliche Rahmenbedingungen für kartellrechtliche Settlements in Deutschland – insbesondere Reichweite der Übertragbarkeit strafprozessualer Vorgaben für Verständigungen, NZKart 2015, 217–223.

Pierenkemper, Roger: Kartellbußen aus rechtlicher und ökonomischer Sicht – der Problemfall der Zementkartelle, Mohr Siebeck Tübingen: 2012.

Pietrowicz, Marike: Die Umsetzung der zu Art. 6 Abs. 1 EMRK ergangenen Urteile des EGMR in der Russischen Föderation, Berliner Wissenschafts-Verlag Berlin: 2010.

Poelzig, Dörte: Durchsetzung und Sanktionierung des Marktmissbrauchsrechts, NZG 2016, 492–502.

Poelzig, Dörte: Normdurchsetzung durch Privatrecht, Mohr Siebeck Tübingen: 2012.

Poelzig, Dörte/Bauermeister, Tabea: Kartellrechtsdurchsetzung, *ne bis in idem* und Verhältnismäßigkeit (Teil 1) – Die kartellrechtlichen Sanktionen und *ne bis in idem*, NZKart 2017, 491–496.

Pötters, Stephan: Arbeitsrecht: Entgeltzahlung im Kündigungsschutzverfahren – Anwendungsbereich der Grundrechtecharta, Anmerkung zu EuGH, Urt. v. 10.7.2014 – C-198/13, EuZW 2014, 795–799.

Pohl, Dirk: Durchsetzungsdefizite der DSGVO? – Der schmale Grad zwischen Flexibilität und Unbestimmtheit –, PinG 2017, 85–91.

Pollähne, Helmut: Unmittelbarkeit, Unschuldsvermutung und (anderweitig) Unverzichtbares – Wider den Bedeutungsverlust der Hauptverhandlung, StV 2015, 784–790.

Polley, Romina: Leniency in the ECN Framework of Parallel Competences in: *Messen, Karl M.* (Hrsg.): Economic Law as an Economic Good, Its Rule Function and its Tool Function in the Competition of Systems, Sellier München: 2009, 269–278 (zitiert als „*Polley*, Leniency, S.").

Polley, Romina/Heinz, Silke: Settlements bei der Europäischen Kommission und beim Bundeskartellamt – Ein Praxisvergleich, WuW 2012, 14–27.

Posser, Herbert/Wolff, Heinrich Amadeus (Hrsg.): BeckOK VwGO, C.H. Beck München: 51. Edition, Stand: 01.10.2019 (zitiert als „BeckOK-VwGO/*Bearbeiter*, §, Rn.").

Preuß, Tamina: Die Strafbarkeit nicht genehmigter Kraftfahrzeugrennen de lege lata und de lege ferenda, NZV 2017, 105–111.

Prittwitz, Cornelius: Begrenzung des Wirtschaftsstrafrechts durch die Rechtsgutslehre, sowie die Grundsätze der ultima ratio, der Bestimmtheit der Tatbestände, des Schuldgrundsatzes, der Akzessorietät und der Subsidiarität in: *Kempf,*

Eberhard/Lüderssen, Klaus/Volk, Klaus (Hrsg.), Die Handlungsfreiheit des Unternehmers – wirtschaftliche Perspektiven, strafrechtliche und ethische Schranken, Walter De Gruyter Berlin: 2009 (zitiert als „*Prittwitz*, Handlungsfreiheit des Unternehmens, S.").

Prittwitz, Cornelius: Strafrecht als propria ratio in: *Heinrich, Manfred/Jäger, Christian/Schünemann, Bernd* (Hrsg.), Strafrecht als Scientia Universalis, Festschrift für Claus Roxin zum 80. Geburtstag am 15. Mai 2011, Walter de Gruyter Berlin: 2011, 23–37 (zitiert als „*Bearbeiter*, FS Roxin II, S.").

Punte, Jan-Henric M./Rode, Paul Caesar: Bußgeldrisiken nach der DSGVO im Rahmen von M&A-Transaktionen, DB 2018, 2161–2164.

Putzke, Holm: Der Richtervorbehalt als Garantie der Unschuldsvermutung, StraFo 2016, 1–11.

Putzke, Holm/Hardtung, Bernhard: Examinatorium Strafrecht AT, C.H. Beck München: 2016.

Q

Quedenfeld, Dietrich/Füllsack, Markus (Hrsg.): Verteidigung in Steuerstrafsachen, C.F. Müller Heidelberg: 5. Auflage 2016.

R

Radtke, Henning: Wahrheitsermittlung im Strafverfahren – Leitprinzipien, Methoden und Grenzen, GA 2012, 187–201.

Rebler, Adolf: Der Umfang der Beweisaufnahme in Bußgeldverfahren (§§ 77 ff. OWiG), SVR 2017, 458–460.

Rebler, Adolf: Die Abgrenzungsfunktion des Bußgeldbescheids, NZV 2016, 304–308.

Rebler, Adolf: Polizeiliche Messverfahren für Geschwindigkeit und Abstand im Straßenverkehr, SVR 2013, 208–215.

Redaktion beck-aktuell: Staatsanwaltschaften klagen über Personalmangel, Verlag C.H. Beck München, 27. März 2017, Becklink 2006178.

Redaktion beck-aktuell: Wurstkartell: BKartA verhängt wegen illegaler Preisabsprachen Gesamtbußgeld von 338 Millionen Euro, becklink 1033537, Verlag C.H. Beck München, 15. Juli 2014.

Reuling, Hendrik/Schoop, Christian: „Internal Investigations" im Lichte des Koalitionsvertrages 2018 – Notwendige Inhalte einer gesetzlichen Regelung, ZIS 2018, 361–367.

Rieder, Markus S./Menne, Jonas: Internal Investigations – Rechtslage, Gestaltungsmöglichkeiten und rechtspolitischer Handlungsbedarf, CCZ 2018, 203–211.

Rieß, Peter: Die Zukunft des Legalitätsprinzips, NStZ 1981, 2–10.

Rosenfeld, Andreas: Die Ahndung von Hardcore-Kartellen nach deutschem und europäischem Recht, ZWH 2016, 139–144.

Rosenkötter, Günter/Louis, Jürgen: Das Recht der Ordnungswidrigkeiten, Boorberg Stuttgart: 7. Auflage 2011.

Roth, Hartmut (Hrsg.): Verkehrsrecht, Nomos Baden-Baden: 4. Auflage 2016 (zitiert als „Roth/*Bearbeiter*, § Rn.").

Roth, Wulf-Henning: Das Kartelldeliktsrecht in der 7. GWB-Novelle in: *Baums, Theodor/Wertenbruch, Johannes/Schmidt, Karsten* (Hrsg.), Festschrift für Ulrich Huber zum siebzigsten Geburtstag, Mohr Siebeck Tübingen: 2006, 1133–1172.

Rotsch, Thomas: Criminal Compliance in Theorie und Praxis des Wirtschaftsstrafrechts in: *Rotsch, Thomas* (Hrsg.), Criminal Compliance vor den Aufgaben der Zukunft, Nomos Baden-Baden: 2013, 3–17.

Roxin, Claus: Der gesetzgebungskritische Rechtsgutsbegriff auf dem Prüfstand, GA 2013, 433–453.

Roxin, Claus: Strafrecht Allgemeiner Teil (Band I: Grundlagen – Der Aufbau der Verbrechenslehre), C.H. Beck München: 4. Auflage 2006 (zitiert als „*Roxin*, Strafrecht AT, Band 1, § Rn.").

Roxin, Claus/Schünemann, Bernd: Strafverfahrensrecht, Ein Studienbuch, C.H. Beck München: 29. Auflage 2017.

Ruderisch, Dagmar: Verfassungsrechtliche Aspekte der Rechtsprechung zum Verkehrsordnungswidrigkeitenrecht in: *Böttcher, Reinhard/Huther, Edda/Rieß, Peter* (Hrsg.), Verfassungsrecht – Menschenrechte – Strafrecht – Kolloquium für Dr. Walter Gollwitzer zum 80. Geburtstag am 16. Januar 2004 in München, Walter De Gruyter Berlin: 2004, 209–228.

S

Sacher, Mariana: Die Stellung der Verteidigung im zukünftigen Ermittlungsverfahren, in: *Schünemann, Bernd* (Hrsg.), Risse im Fundament, Flammen im Gebälk: Zum Zustand des kontinentaleuropäischen Strafverfahrens, Berliner Wissenschafts-Verlag Berlin: 2010, 9–28.

Safferling, Christoph: Audiatur et altera pars – die prozessuale Waffengleichheit als Prozessprinzip? Qui statuit aliquid parte inaudita altera, Aequum liquet statuerit haud aequs fuit, NStZ 2004, 181–188.

Safferling, Christoph: Der EuGH, die Grundrechtecharta und nationales Recht: Die Fälle Åkerberg Fransson und Melloni, NStZ 2014, 545–551.

Salditt, Franz: Eckpunkte – Streitfragen des partizipatorischen Strafprozesses, StV 2001, 311–314.

Saller, Michael: Vorgehensweise des Bundeskartellamtes bei der Sicherstellung von IT-Asservaten im Rahmen einer Unternehmensdurchsuchung im Kartellordnungswidrigkeitenverfahren, CCZ 2012, 189–193.

Satzger, Helmut: Chancen und Risiken einer Reform des strafrechtlichen Ermittlungsverfahrens, Gutachten C für den 65. Deutschen Juristentag in: Verhandlungen des fünfundsechzigsten Deutschen Juristentages (Hrsg. Ständige Deputation des Deutschen Juristentages), Band 1, C.H. Beck München: 2004.

Satzger, Helmut: Grund- und menschenrechtliche Grenzen für die Vollstreckung eines Europäischen Haftbefehls? – „Verfassungsgerichtliche Identitätskontrolle" durch das BVerfG vs. Vollstreckungsaufschub bei „außergewöhnlichen Umständen" nach dem EuGH, NStZ 2016, 514–522.

Sauer, Dirk/Münkel, Sebastian: Absprachen im Strafprozess, C.F. Müller Heidelberg: 2. Auflage 2014.

Sauer, Heiko: „Solange" geht in Altersteilzeit – Der unbedingte Vorrang der Menschenwürde vor dem Unionsrecht, NJW 2016, 1134–1138.

Saurer, Johannes: Der Einzelne im europäischen Verwaltungsrecht – Die institutionelle Ausdifferenzierung der Verwaltungsorganisation der Europäischen Union in individueller Perspektive, Mohr Siebeck Tübingen: 2014.

Schäler, Marco: Atemalkoholanalyse im standardisierten Messverfahren – Anwendungsvoraussetzungen und Verfahrensdurchführung -, NZV 2017, 422–425.

Scharnberg, Josephine: Illegale Internal Investigations – Strafrechtliche Grenzen unternehmensinterner Ermittlungen, Peter Lang Frankfurt/Main: 2015.

Scheffler, Uwe/Matthies, Denis: Zum Rechtlichen Gehör bei Verkehrsordnungswidrigkeiten, NZV 2007, 607–609.

Schilling, Akatshi/Dolata, Uwe (Hrsg.): Korruption im Wirtschaftssystem Deutschland, Mankau Verlag Murnau: 3. Auflage 2004 (zitiert als „Schilling/Dolata/*Bearbeiter*, S.").

Schlothauer, Reinhold/Weider, Hans-Joachim: Erweiterte Handlungsspielräume – gesteigerte Verantwortung der Verteidigung im künftigen Ermittlungsverfahren – Zum Diskussionsentwurf für eine Reform des Strafverfahrens, StV 2004, 504–517.

Schmidt, Jens: Der Ermittlungsführer als (Universal-)Zeuge der Anklage?!, NZWiSt 2014, 121–126.

Schmidt, Karsten: Zur Verantwortung von Gesellschaften und Verbänden im Kartell-Ordnungswidrigkeitenrecht – Diskussionsbeitrag eines Wirtschaftsrechtlers zu § 30 OWiG und zum Verständnis der Bußgeldpraxis nach dem GWB, wistra 1990, 131–138.

Schmitz, Roland: Kartellordnungswidrigkeitenverfahren des BKartA und der Grundsatz des Fairen Verfahrens nach Art. 6 EMRK, wistra 2016, 129–137.

Schmola, Gerald/Rapp, Boris (Hrsg.): Compliance/Governance und Risikomanagement im Krankenhaus – Rechtliche Anforderungen – Praktische Umsetzung – Nachhaltige Organisation, Springer Verlag Berlin: 2016 (zitiert als „Schmola/Rapp/*Bearbeiter*, S.").

Schneider, Hendrik: Generalprävention im Wirtschaftsstrafrecht – Voraussetzungen von Normanerkennung und Abschreckung in: *Hilgendorf, Eric/Rengier, Rudolf* (Hrsg.), Festschrift für Wolfgang Heinz zum 70. Geburtstag, Nomos Baden-Baden: 2012, 663–676.

Schoch, Friedrich/Schneider, Jens-Peter/Bier, Wolfgang (Hrsg.): Verwaltungsgerichtsordnung, Band I, C.H. Beck München, 37. Ergänzungslieferung, Stand: Juli 2019.

Schönke/Schröder Strafgesetzbuch, (Hrsg. *Eser, Albin* u.a.), C.H. Beck München: 30. Auflage 2019 (zitiert als „Schönke/Schröder/*Bearbeiter*, § Rn.").

Schroeder, Dirk: Kronzeugenregelungen im Kartellrecht, in: *Brinker, Ingo/Scheuing, Dieter H./Stockmann, Kurt* (Hrsg.), Recht und Wettbewerb, Festschrift für Rainer Bechtold zum 65. Geburtstag, C.H. Beck München: 2006, 437–453.

Schröder, Thomas: Unternehmensverantwortung und Unternehmenshaftung von und in Konzernen – zur Zukunft des Unternehmenskriminalstrafrechts – zugleich ein Tagungsbericht zu den Unternehmensstrafrechtlichen Tagen 2016 in Heidelberg, NZWiSt 2016, 452–464.

Schubert, Rupert: Aktuelle Entwicklungen bei der Sanktion von Verkehrsverstößen – Zum Arbeitskreis VI des Verkehrsgerichtstags 2018, NZV 2018, 21–24.

Schünemann, Bernd: Der Gesetzentwurf zur Bekämpfung der Korruption – überflüssige Etappe auf dem Niedergang der Strafrechtskultur, ZRP 2015, 68–71.

Schünemann, Bernd: Der Kampf ums Verbandsstrafrecht in dritter Neuauflage, der „Kölner Entwurf eines Verbandssanktionengesetzes" und die Verwandlung von Kuratoren in Monitore – much ado about something, StraFo 2018, 317–327.

Schünemann, Bernd: Der Richter im Strafverfahren als manipulierter Dritter? Zur empirischen Bestätigung von Perseveranz- und Schulterschlußeffekt, StV 2000, 159–165.

Schünemann, Bernd: Die aktuelle Forderung eines Verbandsstrafrechts – Ein kriminalpolitischer Zombie, ZIS 1/2014, 1–18.

Schünemann, Bernd: Die Europäisierung der Strafrechtspflege als Demontage des demokratischen Rechtsstaats, Berliner Wissenschafts-Verlag Berlin: 2014 (zitiert als „*Schünemann*, Europäisierung, S.").

Schünemann, Bernd: Die Vorschläge der Expertenkommission des BMJV zur Reform des Strafprozesses – Parturient montes, nascetur ridiculus mus, StraFo 2016, 45–53.

Schünemann, Bernd: Ein Linsengericht zum Tausch für den Strafprozess von 1877?, StraFo 2004, 293–295.

Schünemann, Bernd: Legitimation durch Verfahren? – Von den Mindestbedingungen, unter denen die Ausübung der furchtbaren Strafgewalt durch Menschen in samtbesetzter Robe gerecht sein kann, StraFo 2015, 177–187.

Schünemann, Bernd: Überfordert die Komplexität der Wirklichkeit die Juristen?, wistra 2015, 161–166.

Schünemann, Bernd: Wetterzeichen vom Untergang der deutschen Rechtskultur, Die Urteilsabsprachen im Strafprozess als Abgesang auf die Gesetzesbindung der Justiz und den Beruf unserer Zeit zur Gesetzgebung, Berliner Wissenschafts-Verlag Berlin: 2005 (zitiert als „*Schünemann*, Rechtskultur, S.").

Schünemann, Bernd: Wohin treibt der deutsche Strafprozess?, ZStW 114 (2002), 1–62.

Schünemann, Bernd: Zur Frage der Verfassungswidrigkeit und der Folgen eines Strafrechts für Unternehmen. Rechtsgutachten zum Gesetzesantrag des Landes Nordrhein-Westfalen, Stiftung Familienunternehmen (Hrsg.), München: 2013.

Schuler, Patrick: Strafrechtliche und ordnungswidrigkeitenrechtliche Probleme bei der Bekämpfung von Submissionsabsprachen unter besonderer Berücksichtigung der Änderungen durch das Korruptionsbekämpfungsgesetz und die 6. GWB-Novelle, Universität Konstanz, abrufbar unter: https://kops.uni-konstanz.de/bitstream/handle/123456789/3353/schuler.pdf?sequence=1.

Schuler, Patrick: Zur Diskussion um ein Aussageverweigerungsrecht juristischer Personen, JR 2013, 265–270.

Schulte, Josef/Just, Christoph (Hrsg.): Kartellrecht, Carl Heymanns Verlag Köln: 2. Auflage 2016 (zitiert als „Schulte/Just/*Bearbeiter*, § Rn.").

Schultze, Jörg-Martin: Effizienz ja, aber bitte für beide Seiten: zur Reform des Kartellverfahrensrechts, BB 2012, Heft 46, S. 1.

Schulz, Joachim: Die Erosion des Beweisantragsrechts – Zum Entwurf eines Gesetzes zur Entlastung der Rechtspflege, StV 1991, 354–362.

Schurig, Roland (Hrsg.): AnwaltKommentar StVO, Deutscher Anwalt Verlag Bonn: 15. Auflage 2015.

Schwarze, Jürgen: Rechtsstaatliche Defizite des europäischen Kartellbußgeldverfahrens, WuW 2009, 6–12.

Schwarze, Jürgen/Bechtold, Rainer/Bosch, Wolfgang: Rechtsstaatliche Defizite im Kartellrecht der Europäischen Gemeinschaft. Eine kritische Analyse der derzeitigen Praxis und Reformvorschläge, Gleiss Lutz Rechtsanwälte Stuttgart: 2008.

Schwenn, Johann: Was wird aus dem Beweisantrag?, StV 1981, 631–635.

Seer, Roman/Krumm, Marcel: Die Kriminalisierung der Cum-/Ex-Dividende-Geschäfte als Herausforderung für den Rechtsstaat (Teil 2), DStR 2013, 1814–1818.

Seier, Jürgen: Zur Reform des Ordnungswidrigkeitenrechts, NZV 1996, 17–23.

Seier, Sebastian: Kartellrechtsrelevante Marktmanipulationen – Die Europäische Marktmissbrauchsverordnung und der Schutz des Wettbewerbs auf dem Kapitalmarkt, Nomos Baden-Baden: 2018.

Sieber, Ulrich: Compliance-Programme im Unternehmensstrafrecht – Ein neues Konzept zur Kontrolle von Wirtschaftskriminalität in: *Sieber, Ulrich/Dannecker, Gerhard/Kindhäuser, Urs/Vogel, Joachim/Walter, Tonia* (Hrsg.), Strafrecht und Wirtschaftsstrafrecht – Dogmatik, Rechtsvergleich, Rechtstatsachen – Festschrift für Klaus Tiedemann zum 70. Geburtstag, Carl Heymanns Verlag Köln: 2008, 449–484.

Simon, Eberhard/Wagner, Andrea (Hrsg.): Steuerstrafrecht, Schäffer-Poeschel Verlag Stuttgart: 4. Auflage 2015 (zitiert als „Simon/Wagner/*Bearbeiter*, § Rn").

Singelnstein, Tobias/Derin, Benjamin: Das Gesetz zur effektiveren und praxistauglicheren Ausgestaltung des Strafverfahrens – Was aus der StPO-Reform geworden ist, NJW 2017, 2646–2652.

Soltész, Ulrich: Due Process, Gesetzesvorbehalt und richterliche Kontrolle im Europäischen Kartellbußgeldverfahren, WuW 2012, 141–150.

Soltész, Ulrich/Steinle, Christian/Bielesz, Holger: Rekordgeldbußen versus Bestimmtheitsgebot – Die Kartellverordnung auf dem Prüfstein höherrangigen Gemeinschaftsrechts, EuZW 2003, 202–210.

Sommer, Ulrich: Effektive Strafverteidigung, Recht – Psychologie – Überzeugungsarbeit der Verteidigung, Carl Heymanns Verlag Köln: 3. Auflage 2016.

Sondergutachten 41 der Monopolkommission: Das allgemeine Wettbewerbsrecht in der Siebten GWB-Novelle: 2004, https://www.monopolkommission.de/images/PDF/SG/s41_volltext.pdf (zuletzt abgerufen am: 23.05.2019).

Sondergutachten 72 der Monopolkommission: Strafrechtliche Sanktionen bei Kartellverstößen: 2015, https://www.monopolkommission.de/images/PDF/SG/s72_volltext.pdf (zuletzt abgerufen am: 01.12.2019).

Staffler, Lukas: Strafgesetzlichkeit im Dialog zwischen Verfassungs- und Unionsrecht, ZStW 130 (2018), 1147–1179.

Stahlmecke, Dominik/Roger, Benjamin (Berichterstatter): Diskussion zum Thema: Die Rechtsstellung der Verteidigung im Ermittlungsverfahren in Europa in: *Schünemann, Bernd* (Hrsg.), Risse im Fundament, Flammen im Gebälk: Zum Zustand des kontinentaleuropäischen Strafverfahrens, Berliner Wissenschafts-Verlag Berlin: 2010, 63–70.

Stellungnahme der Bundesrechtsanwaltskammer zum Entwurf eines Gesetzes zur Einführung der strafrechtlichen Verantwortlichkeit von Unternehmen und sonstigen Verbänden, Nr. 15/2014, https://www.brak.de/zur-rechtspolitik/stellungnahmen-pdf/stellungnahmen-deutschland/2014/april/stellungnahme-der-brak-2014-15.pdf, (zuletzt abgerufen am: 23.05.2019).

Stellungnahme der Bundesrechtsanwaltskammer zum Vorlagebeschluss des LG Berlin vom 16. April 2015 – (572) 242 AR 27/12 Ns

(82/12) – (Rindfleischetikettierungsgesetz) – 2 BvL 1/15, Nr. 03/2016, Februar 2016, https://www.brak.de/zur-rechtspolitik/stellungnahmen-pdf/stellungnahmen-deutschland/2016/februar/stellungnahme-der-brak-2016-3.pdf (zuletzt abgerufen am: 23.05.2019).

Stellungnahme des Deutschen Richterbundes zur Einführung eines Unternehmensstrafrechts, Nr. 16/14, https://www.drb.de/fileadmin/DRB/pdf/Stellungnahmen/2014/DRB_141125_Stn_Nr_16_Unternehmensstrafrecht.pdf (zuletzt abgerufen am: 23.05.2019).

von Stetten, Annette: Die elektronische Akte in Strafsachen: Segen oder Fluch?, ZRP 2015, 138–141.

Stober, Rolf/Paschke, Marian (Hrsg.): Deutsches und Internationales Wirtschaftsrecht, Kohlhammer, Stuttgart: 3. Auflage 2016 (zitiert als „Stober/Paschke/*Bearbeiter*, § Rn.").

Stockmann, Kurt: Stellungnahme zum Zwischenbericht des Bundeskartellamtes zum Expertenkreis Kartellsanktionenrecht, ZWeR 2015, 189–209.

Stoffers, Kristian F.: Anwesenheitsrechte des Verteidigers bei Zeugenvernehmungen im Ermittlungsverfahren, NJW 2013, 1495–1497.

Suchy, Oliver: Der Verfall im Ordnungswidrigkeitenrecht: Eine Untersuchung ausgewählter Gesichtspunkte im wirtschaftsstrafrechtlichen Kontext, Herbert Utz Verlag München: 2014.

Süße, Sascha: Gesetzliche Vorgaben für interne Untersuchungen – Ein Weg zur Beseitigung von Rechtsunsicherheiten bei der Kooperation in Wirtschaftsstrafverfahren?, ZIS 2018, 350–360.

Süße, Sascha/Schneider, Frédéric: Entwurf eines Gesetzes zur Einführung der strafrechtlichen Verantwortlichkeit von Unternehmen und sonstigen Verbänden aus Nordrhein-Westfalen, Newsdienst Compliance 2014, Heft 1, 71002.

Swoboda, Sabine: Definitionsmacht und ambivalente justizielle Entscheidungen – Der Dialog der europäischen Gerichte über Grundrechtsschutzstandards und Belange der nationalen Verfassungsidentität, ZIS 2018, 276–295.

Szesny, André-M.: Das Sanktionsregime im neuen Marktmissbrauchsrecht, DB 2016, 1420–1425.

T

Taschke, Jürgen: „Interne Untersuchungen" in internationalen Konzernen – rechtliche und tatsächliche Probleme in: *Rotsch, Thomas* (Hrsg.), Criminal Compliance vor den Aufgaben der Zukunft, Nomos Baden-Baden: 2013, 65–76.

Teigelack, Lars/Dolff, Christian: Kapitalmarktrechtliche Sanktionen nach dem Regulierungsentwurf eines Ersten Finanzmarktnovellierungsgesetzes – 1. FimanoG, BB 2016, 387–393.

Tepperwien, Ingeborg: Beschleunigung über alles? Das Beschleunigungsgebot im Straf- und Ordnungswidrigkeitenverfahren, NStZ 2009, 1–7.

Teupe, Sebastian: Verhandelte Grenzüberschreitungen – Die Entwicklungstrends der deutschen Kartellrechtspraxis am Beispiel der Fernsehgeräteindustrie, 1950 bis 1990 in: *Berghoff, Hartmut/Rauh, Cornelia/Welskopp, Thomas* (Hrsg.), Tatort Unternehmen – Zur Geschichte der Wirtschaftskriminalität im 20. und 21. Jahrhundert, Walter De Gruyter Berlin: 2016.

Theile, Hans: >>Internal Investigations<< und Selbstbelastung – Zum Verantwortungstransfer bei Akkumulation privater und staatlicher Ermittlungen -, StV 2011, 381–386.

Theile, Hans: Wirtschaftskriminalität und Strafverfahren, Systemtheoretische Überlegungen zum Regulierungspotential des Strafrechts, Mohr Siebeck Tübingen: 2009.

Theurer, Fabian: Geldbußen im EU-Wettbewerbsrecht, Peter Lang Frankfurt/Main: 2009.

Thiele, Alexander: Die Integrationsidentität des Art. 23 Abs. 1 GG als (einzige) Grenze des Vorrangs des Europarechts, EuR 2017, 367–381.

Tiedemann, Klaus: Die „Bebußung" von Unternehmen nach dem 2. Gesetz zur Bekämpfung der Wirtschaftskriminalität, NJW 1988, 1169–1174.

Tiedemann, Klaus: Die Gesetzgebungskompetenz für Ordnungswidrigkeiten, AöR 1964, 56–87.

Tiedemann, Klaus: Wirtschaftsstrafrecht, Franz Vahlen München: 5. Auflage 2017.

Töllner, Wilko: Die Ermittlungsbefugnisse der Kartellbehörden in Deutschland, EWS 2011, 21–25.

Tormöhlen, Helmut: Die Stellung der BuStra im Steuerstraf- und Ordnungswidrigkeitenverfahren, Antworten zu Fragen zu den weit reichenden Kompetenzen der BuStra, AO-StB 2013, 316–322.

Trüg, Gerson: Gebotene Bestimmtheit und Taterfolg der strafbaren Marktmanipulation, NZG 2016, 820–823.

Trurnit, Christoph: Eingriffsrecht – Maßnahmen der Polizei nach der Strafprozessordnung und dem Polizeigesetz Baden-Württemberg, Kohlhammer Stuttgart: 4. Auflage 2017.

V

Ventzke, Klaus-Ulrich: Warum stellen Sie denn keinen Beweisermittlungsantrag? oder: Die revisionsrechtliche Aufklärungsrüge – ein beweisantragsrechtliches Problem, StV 2009, 655–662.

Vigano, Francesco: Menschenrechte und Strafrecht. Ein Plädoyer für eine Neuorientierung in: *Fahl, Christian/Müller, Eckhart/Satzger, Helmut/Swoboda, Sabine*

(Hrsg.), Ein menschengerechtes Strafrecht als Lebensaufgabe, Festschrift für Werner Beulke zum 70. Geburtstag, C.F. Müller, Heidelberg: 2015, 55–68.

Vincze, Attila: Europäisierung des nationalen Verwaltungsrechts – eine rechtsvergleichende Annäherung, ZaöRV 77 (2017), 235–267.

Vocke, Christian: Die Ermittlungsbefugnisse der EG-Kommission im kartellrechtlichen Voruntersuchungsverfahren – Eine Untersuchung zur Auslegung der Ermittlungsrechte im Spannungsfeld zwischen öffentlichen und Individualinteressen, Berliner Wissenschafts-Verlag Berlin: 2006.

Vockeroth, Rainer: Das Bußgeldverfahren vor der Verwaltungsbehörde, der Staatsanwaltschaft und dem Gericht in Fragen und Antworten, DVP 2008, 1–11.

Volk, Klaus: Marktmissbrauch und Strafrecht in: *Herzog, Felix/Neumann, Ulfrid* (Hrsg.), Festschrift für Winfried Hassemer zum 70. Geburtstag, C.F. Müller Heidelberg: 2010, 915–926.

Volk, Klaus/Engländer, Armin: Grundkurs StPO, C.H. Beck München: 9. Auflage 2018.

van Vormizeele, Philipp: Kartellrecht und Verfassungsrecht, NZKart 2013, 386–393.

W

Wabnitz, Heinz-Bernd/Janovsky, Thomas (Hrsg.): Handbuch des Wirtschafts- und Steuerstrafrechts, C.H. Beck München: 4. Auflage 2014 (zitiert als „Wabnitz/Janovsky/*Bearbeiter*, Kap. Rn.").

Wagner, Gerhard: Steuerung unternehmerischen Verhaltens durch Verbandsstrafen – Präventionsgewinne durch Sanktionierung von Unternehmen? –, NZWiSt 2018, 399–407.

Wagner-von Papp, Florian: Kriminalisierung von Kartellen, WuW 2010, 268–282.

Wallimann, Matthias: Der Unmittelbarkeitsgrundsatz im Zivilprozess, Mohr Siebeck Tübingen: 2016.

Weber, Ulrich: Zum Verhältnis von Bundes- und Landesrecht auf dem Gebiet des straf- und bußgeldrechtlichen Denkmalschutzes in: *Jescheck, Hans-Heinrich/Vogler, Theo* (Hrsg.), Festschrift für Herbert Tröndle zum 70. Geburtstag am 24. August 1989, Walter De Gruyter Berlin: 1989, 337–353.

Weck, Thomas: Sanktionen für Unternehmen: Theorie und Praxis, wistra 2017, 169–174.

Weck, Thomas: Strafsanktionen bei Kartellverstößen, ZStW 131 (2019), 65–96.

Weigend, Thomas: Mehr Strafrecht – und alles wird gut?, StV 2016, Editorial S. 1.

Weigend, Thomas: Unmittelbare Beweisaufnahme – ein Konzept für das Strafverfahren des 21. Jahrhunderts? in: *Müller, Henning Ernst/Sander, Günther M., Valkova, Helena* (Hrsg.), Festschrift für Ulrich Eisenberg zum 70. Geburtstag, C.H. Beck München: 2009, 657–671.

Weigend, Thomas: Unverzichtbares im Strafverfahrensrecht, ZStW 113 (2001), 271–304.

Weinhold, Alexander: Die Vergütung der Anlageberatung zu Kapitalanlagen – Das Transparenzgebot hinsichtlich der Zuwendungen Dritter und der daraus resultierende Anlegerschutz, Nomos Baden-Baden: 2017.

Weiß, Axel: Kein Recht auf Rausch, JR 1994, 490–494.

Weiß, Wolfgang: Haben juristische Personen ein Aussageverweigerungsrecht?, JZ 1998, 289–297.

Wendt, Rudolf: Das Recht auf Offenlegung der Messunterlagen im Bußgeldverfahren, NZV 2018, 441–446.

Weßlau, Edda: In welche Richtung geht die Reform des Sanktionensystems?, StV 1999, 278–287.

Wessels, Johannes/Beulke, Werner/Satzger, Helmut: Strafrecht Allgemeiner Teil, C.F. Müller Heidelberg: 49. Auflage 2019 (zitiert als „*Wessels/Beulke/Satzger,* § Rn.").

Widmaier, Gunter: Kritische Gedanken zur diskutierten Reform des Beweisantrags- und Revisionsrechts, NStZ 1994, 414–418.

Wiedemann, Gerhard (Hrsg.): Handbuch des Kartellrechts, C.H. Beck München: 3. Auflage 2016 (zitiert als „Wiedemann/*Bearbeiter*, § Rn.").

Wiedmann, Michael/Greubel, Marco: Compliance Management Systeme – Ein Beitrag zur effektiven und effizienten Ausgestaltung, CCZ 2019, 88–94.

Wieser, Raimund: Handbuch des Bußgeldverfahrens, Boorberg Verlag Stuttgart: 7. Auflage 2015.

Wiesner, Till: Zur Rechtmäßigkeit einer „Bonusregelung" im Kartellrecht, WuW 2005, 606–615.

Wilfert, Marei Verena: Strafe und Strafgesetzgebung im demokratischen Verfassungsstaat, Mohr Siebeck Tübingen: 2017.

Willems, Heiko: Der NRW-Entwurf für ein Verbandsstrafgesetzbuch aus Sicht der Wirtschaft, GewArch Beilage WiVerw Nr. 03/2015, 135–144.

Wimmer, Renate: Ermittlungsmaßnahmen gegen Konzerne: Die Regelungen der Strafprozessordnung als adäquate Ermächtigung zum Eingriff in die Grundrechte juristischer Personen?, NZWiSt 2017, 252–254.

Winkler, Rolf: Die Rechtsnatur der Geldbuße im Wettbewerbsrecht der Europäischen Wirtschaftsgemeinschaft, Mohr Siebeck Tübingen: 1971.

Winter, Regine: Deutliche Worte des EuGH im Grundrechtsbereich, NZA 2013, 473–477.

Wittig, Petra: Wirtschaftsstrafrecht, C.H. Beck München: 4. Auflage 2017.

Wohlers, Wolfang: Das partizipatorische Ermittlungsverfahren: kriminalpolitische Forderung oder >>unverfügbarer<< Bestandteil eines fairen Strafverfahrens?, GA 2005, 11–35.

Wohlers, Wolfang: Das Strafverfahren in Zeiten der „Eilkrankheit“, NJW 2010, 2470–2475.

Wohlers, Wolfgang: Deliktstypen des Präventionsstrafrechts – zur Dogmatik „moderner“ Gefährdungsdelikte, Duncker & Humblot Berlin: 2000.

Wohlers, Wolfgang: Grundlagen der Verbandsverantwortlichkeit, NZWiSt 2018, 412–419.

Wohlers, Wolfgang: Legalität und Opportunität im teilharmonisierten europäischen Strafverfahren und der Grundsatz ne bis in idem in: *Müller, Henning Ernst/Sander, Günther M., Valkova, Helena* (Hrsg.), Festschrift für Ulrich Eisenberg zum 70. Geburtstag, C.H. Beck München: 2009, 808–821.

Wolter, Jürgen (Hrsg.): Systematischer Kommentar zur Strafprozessordnung, Band II, §§ 94–136a StPO, Carl Heymanns Verlag Köln: 5. Auflage 2016 (zitiert als „SK-StPO/*Bearbeiter*, Band II, § Rn.“).

Wolter, Jürgen (Hrsg.): Systematischer Kommentar zur Strafprozessordnung, Band V, §§ 246a – 295 StPO, Carl Heymanns Verlag Köln: 5. Auflage 2016 (zitiert als „SK-StPO/*Bearbeiter*, Band V, § Rn.“).

Wolter, Jürgen (Hrsg.): Systematischer Kommentar zur Strafprozessordnung, Band X, Art. 1–8 EMRK, Carl Heymanns Verlag Köln: 4. Auflage 2014 (zitiert als „SK-StPO/*Bearbeiter*, Band X, § Rn.“ [4. Aufl. 2014]).

Wolter, Jürgen (Hrsg.): Systematischer Kommentar zur Strafprozessordnung, Band X, Art. 1–8 EMRK, Carl Heymanns Verlag Köln: 5. Auflage 2019 (zitiert als „SK-StPO/*Bearbeiter*, Band X, § Rn.“).

Würzberg, Jürgen: Zur Verpflichtung der Verwaltungsbehörde, nach Einspruch gegen einen Bußgeldbescheid die Beschuldigung zu überprüfen, DAR 1972, 325–327.

Wunderlich, Claudia: Die Akzessorietät des § 298 StGB zum Gesetz gegen Wettbewerbsbeschränkungen (GWB), Centaurus Verlag Freiburg: 2009.

Wurmnest, Wolfgang: Marktmacht und Verdrängungsmissbrauch – Eine rechtsvergleichende Neubestimmung des Verhältnisses von Recht und Ökonomik in der Missbrauchsaufsicht über marktbeherrschende Unternehmen, Mohr Siebeck Tübingen: 2. Auflage 2012.

Z

Zabel, Benno: Die Ordnung des Strafrechts – Zum Funktionswandel von Normen, Zurechnung und Verfahren, Mohr Siebeck Tübingen: 2017.

Zerbes, Ingeborg/El-Ghazi, Mohamad: Unternehmensstrafprozess – Überlegungen zur verfahrensrechtlichen Seite des „Kölner Entwurfs“, NZWiSt 2018, 425–432.

Zimmer, Mark/Walther, Michael: Kartellanten und Böllerwerfer – Bußgeldregress beim Verursacher, BB 2017, 629–632.

Zimmermann, Reinhard: Die Europäisierung des Privatrechts und die Rechtsvergleichung, Walter De Gruyter Berlin: 2006.

Zöller, Mark A.: Zur Frage der Einführung eines Unternehmensstrafrechts in Deutschland – Gutachten zur Erforderlichkeit und rechtssystematischen Einordnung, Stiftung Familienunternehmer (Hrsg.), München, 2017.

Zwischenbericht des Bundeskartellamtes zum Expertenkreis Kartellsanktionenrecht – Reformimpulse für das Kartellbußgeldverfahren, NZKart 2015, 2–14.